W0078940

Schwerpunkte Peine • Klausurenkurs im Verwaltungsrecht

Klausurenkurs im Verwaltungsrecht

Ein Fall- und Repetitionsbuch zum Allgemeinen und Besonderen Verwaltungsrecht mit Verwaltungsprozessrecht

von

Dr. Dr. h.c. Franz-Joseph Peine

em. o. Professor an der Europa-Universität Viadrina, Frankfurt/Oder

6., neu bearbeitete Auflage

Bibliografische Information der Deutschen Nationalbibliothek
Die Deutsche Nationalbibliothek verzeichnet diese Publikation in der Deutschen Nationalbibliografie; detaillierte bibliografische Daten sind im Internet über <http://dnb.d-nb.de> abrufbar.

ISBN 978-3-8114-4209-2

E-Mail: kundenservice@cfmueller.de
Telefon: +49 89 2183 7923
Telefax: +49 89 2183 7620

www.cfmueller.de
www.cfmueller-campus.de

© 2016 C.F. Müller GmbH, Waldhofer Straße 100, 69123 Heidelberg

Dieses Werk, einschließlich aller seiner Teile, ist urheberrechtlich geschützt. Jede Verwertung außerhalb der engen Grenzen des Urheberrechtsgesetzes ist ohne Zustimmung des Verlages unzulässig und strafbar. Dies gilt insbesondere für Vervielfältigungen, Übersetzungen, Mikroverfilmungen und die Einspeicherung und Verarbeitung in elektronischen Systemen.

Satz: TypoScript, München
Druck: Westermann Druck Zwickau GmbH, Zwickau

Vorwort

Dieses Buch ergänzt die in der Reihe *Schwerpunkte* erschienenen Bücher zum Allgemeinen Verwaltungsrecht vom *Verfasser* (11. Aufl. 2014), zum Verwaltungsprozessrecht (14. Aufl. 2014) bzw. zum Polizei- und Ordnungsrecht (9. Aufl. 2016) von *Schenke* und zum Besonderen Verwaltungsrecht (12. Aufl. 2015) von *Erbguth/Mann/Schubert*. Der Gedanke der Ergänzung erscheint aus folgendem Grund sinnvoll: Immer wieder beobachten Hochschullehrer selbst noch bei der Korrektur von Klausuren, die im Rahmen der Ersten Juristischen Prüfung verfasst wurden, Schwächen und Unsicherheiten inhaltlicher und auch eher technischer Art – Umgang mit dem Sachverhalt, Erfassen des Norminhalts, Subsumtionstechnik, Formulierungen. Dieses Buch gibt anhand von 36 Falllösungen Studierenden Beispiele und konkrete Hilfestellungen, wie die Lösung eines Falls auf dem Niveau von Fortgeschrittenen-Übung und Examen aussehen könnte. Es ist verfasst worden in der Hoffnung, dass die Beispiele den Studierenden die immer wieder zu beobachtende Scheu vor dem Verwaltungsrecht nehmen und sie in der Folge mit einem höheren Maß an Sicherheit das Examen absolvieren.

Für die 6. Auflage habe ich das Buch vollständig durchgesehen,verbessert und um einen Fall erweitert. Die Aufgabenstellungen betreffen ausschließlich den verwaltungsrechtlichen Pflichtfachbereich, also das Bau-, Polizei- und das Kommunalrecht.

Bei der Abfassung des Textes, seiner Korrektur und der Korrektur der Druckfahnen hat mir *Dr. Hannelore Orth-Peine* sehr geholfen. Ihr danke ich herzlich.

Für Anregungen und Kritik, die eine Verbesserung des Buchs fördern, bin ich im Interesse der Studierenden dankbar. Sie erreichen mich unter fjpeineberlin@t-online.de oder 14089 Berlin, Kurpromenade 56.

Berlin, Juni 2016 *Franz-Joseph Peine*

Inhaltsverzeichnis

Schwierigkeitsgrade:
** Übungsfall für Fortgeschrittene
*** Examensfall

Abkürzungsverzeichnis

aaO	am angeführten/angegebenen Ort
Abs.	Absatz
AG	Ausführungsgesetz
AGVwGO	Ausführungsgesetz zur Verwaltungsgerichtsordnung
AllgVerwR	Allgemeines Verwaltungsrecht
Anm.	Anmerkung
AO	Abgabenordnung
AöR	Archiv des öffentlichen Rechts
ArbGG	Arbeitsgerichtsgesetz
AufenthG	Aufenthaltsgesetz
Aufl.	Auflage
Az.	Aktenzeichen
BAföG	Bundesausbildungsförderungsgesetz
BauGB	Baugesetzbuch
BauNVO	Baunutzungsverordnung
BauR	Baurecht
Bay	Bayern/bayerische(s)
BayBG	Bayerisches Beamtengesetz
BayBO	Bayerische Bauordnung
BayGO	Bayerische Gemeindeordnung
BayKG	Bayerisches Kostengesetz
BayOblG	Bayerisches Oberstes Landesgericht
BayPAG	Bayerisches Polizeiaufgabengesetz
BayStrWG	Bayerisches Straßen- und Wegegesetz
BayVBl	Bayerische Verwaltungsblätter
BayVfGHG	Gesetz über den Bayerischen Verfassungsgerichtshof
BayVGH	Bayerischer Verwaltungsgerichtshof
BayVwZVG	Bayerisches Verwaltungszustellungs- und Vollstreckungsgesetz
BBesG	Bundesbesoldungsgesetz
BBG	Bundesbeamtengesetz
BbgBeStG	Brandenburgisches Bestattungsgesetz
BbgHG	Brandenburgisches Hochschulgesetz
BbgJagdG	Brandenburgisches Jagdgesetz
BbgKVerf	Brandenburgische Kommunalverfassungsgesetz
BbgNatSchG	Brandenburgisches Naturschutzgesetz
BbgOBG	Brandenburgisches Ordnungbehördengesetz
BbgPolG	Brandenburgisches Polizeigesetz
BbgStVRZV	Brandenburgische Straßenverkehrsrechts-Zuständigkeits-Verordnung
BbgVwGG	Brandenburgisches Verwaltungsgerichtsgesetz

BbgVwVfG	Brandenburgisches Verwaltungsverfahrensgesetz
BbgVwVG	Brandenburgisches Verwaltungsvollstreckungsgesetz
BBodSchG	Bundes-Bodenschutzgesetz
BeamtStG	Beamtenstatusgesetz
BerlASOG	Berliner Gesetz über die öffentliche Sicherheit und Ordnung
BerlBO	Berliner Bauordnung
BerlStrG	Berliner Straßengesetz
BerlVwVfG	Gesetz über das Verfahren der Berliner Verwaltung
BerlVwVG	Berliner Verwaltungsvollstreckungsgesetz
BesVerwR	Besonderes Verwaltungsrecht
BGB	Bürgerliches Gesetzbuch
BGH	Bundesgerichtshof
BGHZ	Entscheidungen des Bundesgerichtshofs in Zivilsachen
BImSchG	Bundes-Immissionsschutzgesetz
BImSchV	Bundes-Immissionsschutzverordnung
BNatSchG	Bundesnaturschutzgesetz
BO	Bauordnung
BPersVG	Bundespersonalvertretungsgesetz
BPolG	Bundespolizeigesetz
BremBG	Bremisches Beamtengesetz
BremBO	Bremische Landesbauordnung
BremStrG	Bremisches Landestraßengesetz
BremPolG	Bremisches Polizeigesetz
BremVwVG	Bremisches Verwaltungsvollstreckungsgesetz
BRS	Baurechtssammlung
BtMG	Betäubungsmittelgesetz
BVerfGE	Entscheidungen des Bundesverfassungsgerichts
BVerwG	Bundesverwaltungsgericht
BVerwGE	Entscheidungen des Bundesverwaltungsgerichts
BW	Baden-Württemberg
cic	Culpa in contrahendo
dB(A)	Dezibel
ders.	derselbe
dgl.	dergleichen
DÖV	Die Öffentliche Verwaltung
DRiG	Deutsches Richtergesetz
DVBl	Deutsches Verwaltungsblatt
DVP	Deutsche Verwaltungspraxis
EuGH	Europäischer Gerichtshof
EuR	Europarecht

FAZ	Frankfurter Allgemeine Zeitung
ff.	fortfolgende
FG	Festgabe
FGO	Finanzgerichtsordnung
FS	Festschrift
FStrG	Fernstraßengesetz
GastG	Gaststättengesetz
GewO	Gewerbeordnung
GG	Grundgesetz
GmbHG	Gesetz betreffend die Gesellschaften mit beschränkter Haftung
GO	Gemeindeordnung
GoA	Geschäftsführung ohne Auftrag
GOrgG MV	Gerichtsorganisationsgesetz Mecklenburg-Vorpommern
GVG	Gerichtsverfassungsgesetz
HessBG	Hessisches Beamtengesetz
HessBO	Hessische Bauordnung
HessGO	Hessische Gemeindeordnung
HessLKrO	Hessische Landkreisordnung
HessSOG	Hessisches Sicherheits- und Ordnungsgesetz
HessStrG	Hessisches Straßengesetz
HessVwVG	Hessisches Verwaltungsvollstreckungsgesetz
h.M.	herrschende Meinung
HmbBG	Hamburger Beamtengesetz
HmbBO	Hamburger Bauordnung
HmbKVO	Hamburger Kostenverordnung
HmbVwVG	Hamburger Verwaltungsvollstreckungsgesetz
Hrsg.	Herausgeber
Hs.	Halbsatz
i.F.	im Folgenden
IfSG	Infektionsschutzgesetz
InVorG	Investitionsvorranggesetz
iSd	im Sinne des
iSv	im Sinne von
iVm	in Verbindung mit
JA	Juristische Arbeitsblätter
Jura	Juristische Ausbildung
JuS	Juristische Schulung
JZ	Juristenzeitung
KG	Kostengesetz
KO	Kostenordnung

KrO	Kreisordnung
KrWG	Kreislaufwirtschaftsgesetz
KWG	Kommunalwahlgesetz
LBG	Landesbeamtengesetz
LImSchG	Landesimmissionsschutzgesetz
Lit.	Litera = Buchstabe
LKrO	Landkreisordnung
LKV	Landes- und Kommunalverwaltung
LOG	Landesorganisationsgesetz
LSA	Land Sachsen-Anhalt
LStrG	Landesstraßengesetz
LVwG SH	Landesverwaltungsgesetz von Schleswig-Holstein
m.E.	meines Erachtens
MV	Mecklenburg-Vorpommern
NdsAGVwGO	Niedersächsisches Ausführungsgesetz zur Verwaltungsgerichtsordnung
NdsBO	Niedersächsische Bauordnung
NdsBG	Niedersächsisches Beamtengesetz
NdsKomVG	Niedersächsisches Kommunalverfassungsgesetz
NdsSOG	Niedersächsisches Sicherheits- und Ordnungsgesetz
NdsVwKG	Niedersächsisches Verwaltungskostengesetz
NdsVwVG	Niedersächsisches Verwaltungsvollstreckungsgesetz
NJ	Neue Justiz
NJW	Neue Juristische Wochenschrift
NuR	Natur und Recht
NVwZ	Neue Zeitschrift für Verwaltungsrecht
NVwZ-RR	Neue Zeitschrift für Verwaltungsrecht RechtsprechungsReport
NW	Nordrhein-Westfalen
NWVBl	Nordrhein-Westfälische Verwaltungsblätter
OBG	Ordnungsbehördengesetz
ÖffBauR	Öffentliches Baurecht
OrdenG	Gesetz über Titel, Orden und Ehrenzeichen
örV	öffentlich-rechtlicher Vertrag
OVG	Oberverwaltungsgericht
OWiG	Ordnungswidrigkeitengesetz
PartG	Parteiengesetz
PBefG	Personenbeförderungsgesetz
POG	Polizei- und Ordnungsbehördengesetz
PolG	Polizeigesetz
POR	Polizei- und Ordnungsrecht
pVV	positive Vertragsverletzung

Rn.	Randnummer
RP	Rheinland-Pfalz
Rs.	Rechtssache
s.	siehe
S.	Seite
SaarlBG	Saarländisches Beamtengesetz
SaarlBO	Saarländische Bauordnung
SaarlKSVG	Saarländisches Kommunalselbstverwaltungsgesetz
SaarlPolG	Saarländisches Polizeigesetz
SaarlVwVG	Saarländisches Verwaltungsvollstreckungsgesetz
SächsBG	Sächsisches Beamtengesetz
SächsBO	Sächsische Bauordnung
SächsGO	Sächsische Gemeindeordnung
SächsKVZ	Sächsisches Kostenverzeichnis
SächsPolG	Sächsisches Polizeigesetz
SächsStrG	Sächsisches Straßengesetz
SächsVwVG	sächsisches Verwaltungsvollstreckungsgesetz
SGB I	Sozialgesetzbuch Allgemeiner Teil
SGG	Sozialgerichtsgesetz
SH	Schleswig-Holstein
Slg.	Sammlung
SOG	Sicherheits- und Ordnungsgesetz
StGB	Strafgesetzbuch
StrG	Straßengesetz
StrWG	Straßen- und Wegegesetz
StVO	Straßenverkehrsordnung
TA-Lärm	Technische Anleitung Lärm
TA-Luft	Technische Anleitung Luft
ThürBG	Thüringisches Beamtengesetz
ThürBO	Thüringische Bauordnung
ThürKO	Thüringische Kommunalordnung
ThürOBG	Thüringisches Ordnungsbehördengesetz
ThürPAG	Thüringisches Polizeiaufgabengesetz
ThürStrG	Thüringisches Straßengesetz
ThürVwZVG	Thüringisches Verwaltungszustellungs- und Vollstreckungsgesetz
ThürVwZVGKO	Verwaltungskostenordnung zum Thüringer Verwaltungszustellungs- und Vollstreckungsgesetz
TierSG	Tierseuchengesetz
u.a.	und andere
UmwRG	Umwelt-Rechtsbehelfsgesetz
UPR	Umwelt- und Planungsrecht

VA	Verwaltungsakt
Var.	Variante
VBlBW	Verwaltungsblätter für Baden-Württemberg
Verf	Verfassung
VerfBrhv	Verfassung für die Stadt Bremerhaven
VerfGH	Verfassungsgerichtshof
VersG	Versammlungsgesetz
VerwArch	Verwaltungsarchiv
VerwProzess	Verwaltungsprozessrecht
VG	Verwaltungsgericht
VGH	Verwaltungsgerichtshof
vgl.	vergleiche
VKO	Vollstreckungskostenordnung
VO	Verordnung
VR	Verwaltungsrundschau
VwGO	Verwaltungsgerichtsordnung
VwVfG	Verwaltungsverfahrensgesetz
VwVG	Verwaltungsvollstreckungsgesetz
VwVKVO	Verwaltungsvollzugskostenverordnung
WaStrG	Wasserstraßengesetz
WHG	Wasserhaushaltsgesetz
WM	Wertpapiermitteilungen
WoBauG	Wohnungsbaugesetz
WPflG	Wehrpflichtgesetz
WRP	Wettbewerb in Recht und Praxis
ZfBR	Zeitschrift für deutsches und internationales Bau- und Vergaberecht
ZPO	Zivilprozessordnung
ZUR	Zeitschrift für Umweltrecht
ZustKat	Zuständigkeitskatalog

Literaturverzeichnis

I. Lehrbücher zum Verwaltungsrecht

1. Darstellungen des Allgemeinen Verwaltungsrechts

Battis, U.	Allgemeines Verwaltungsrecht, 3. Aufl., 2002
Bull, H. P./Mehde, V.	Allgemeines Verwaltungsrecht mit Verwaltungslehre, 9. Aufl., 2015
Detterbeck, S.	Allgemeines Verwaltungsrecht, 14. Aufl., 2016
Ehlers, D./Pünder, H.	Allgemeines Verwaltungsrecht, 15. Aufl., 2015
Erbguth, W.	Allgemeines Verwaltungsrecht, 8. Aufl., 2016
Hendler, R.	Allgemeines Verwaltungsrecht, 4. Aufl., 2008
Ipsen, J.	Allgemeines Verwaltungsrecht, 9. Aufl., 2015
Koch, H.-J./Rubel, R./ Heselhaus, F.	Allgemeines Verwaltungsrecht, 3. Aufl., 2003
Maurer, H.	Allgemeines Verwaltungsrecht, 18. Aufl., 2011
Peine, F.-J.	Allgemeines Verwaltungsrecht, 11. Aufl., 2014
Wallerath, M.	Allgemeines Verwaltungsrecht, 6. Aufl., 2009
Wolff, H. J./Bachof, O./ Stober, R./Kluth, W.	Verwaltungsrecht, Bd. 1: 12. Aufl., 2007; Bd. 2: 6. Aufl., 2000; Bd. 3: 5. Aufl., 2004

2. Ältere, noch immer lesenswerte Darstellungen des Allgemeinen Verwaltungsrechts

Fleiner, F.	Institutionen des deutschen Verwaltungsrechts, 8. Aufl., 1928
Forsthoff, E.	Lehrbuch des Verwaltungsrechts, Bd. 1, 10. Aufl., 1973
Jellinek, W.	Verwaltungsrecht, 3. Aufl., 1931 (Nachdrucke 1948 und 1966)
Mayer, O.	Deutsches Verwaltungsrecht, 2 Bde., 3. Aufl., 1924

3. Darstellungen der Verwaltungslehre

Püttner, G.	Verwaltungslehre, 4. Aufl., 2007

4. Darstellungen des Rechts der staatlichen Ersatzleistungen

Baldus, M./Grzeszick, B./ Wienhues, S.	Staatshaftungsrecht, 4. Aufl., 2013
Zur Amtshaftung:	s. auch die Kommentierungen zu § 839 BGB und zu Art. 34 GG

5. Darstellungen des Verwaltungsvollstreckungsrechts

App, M./Wettlaufer, A.	Verwaltungsvollstreckungsrecht, 5. Aufl., 2011
Engelhardt, H./App, M./ Schlatmann, A.	Verwaltungs-Vollstreckungsgesetz, Verwaltungszustellungsgesetz, 10. Aufl., 2014

6. Darstellungen des Verwaltungsprozessrechts

Gersdorf, H.	Verwaltungsprozessrecht, 5. Aufl., 2015
Hufen, F.	Verwaltungsprozessrecht, 9. Aufl., 2013
Schenke, W.-R.	Verwaltungsprozessrecht, 14. Aufl., 2014
Schmitt Glaeser, W./ Horn, H.-D.	Verwaltungsprozessrecht, 16. Aufl., 2013
Mann, T./Wahrendorf, V.	Verwaltungsprozessrecht, 4. Aufl., 2015
Würtenberger, T.	Verwaltungsprozessrecht, 3. Aufl., 2011

7. Kommentare zum Verwaltungsverfahrensgesetz

Fehling, M./Kastner, B./ R. Störmer (Hrsg.)	Verwaltungsrecht VwVfG – VwGO – Nebengesetze, 4. Aufl., 2016
Knack, H.-J./Henneke, H.-G.	Verwaltungsverfahrensgesetz, 10. Aufl., 2014
Kopp, F.-O./Ramsauer, U.	Verwaltungsverfahrensgesetz, 17. Aufl., 2016
Stelkens, P./Bonk, H.J./ Sachs, M.	Verwaltungsverfahrensgesetz, 8. Aufl., 2014

8. Kommentare zur Verwaltungsgerichtsordnung

Bader, J./Funke-Kaiser, M. u. a.	Verwaltungsgerichtsordnung, 6. Aufl., 2015
Eyermann, E.	Verwaltungsgerichtsordnung, 14. Aufl., 2014
Kopp, F.-O./Schenke, W.-R.	Verwaltungsgerichtsordnung, 22. Aufl., 2016
Redeker, K./von Oertzen, H.-J.	Verwaltungsgerichtsordnung, 16. Aufl., 2014
Sodan, H./Ziekow, J. (Hrsg.)	Verwaltungsgerichtsordnung, 4. Aufl., 2014
Wolff, H. A./Decker, A.	Studienkommentar, VwGO und VwVfG, 3. Aufl., 2012
Wysk, Peter (Hrsg.)	Verwaltungsgerichtsordnung, 2. Aufl., 2016

9. Fallsammlungen und Anleitungen zur Lösung von Fällen

Böhm, M./Gaitanides, C.	Fälle zum Allgemeinen Verwaltungsrecht, 4. Aufl., 2007
Brinktrine, R./Kastner, B.	Fallsammlung zum Verwaltungsrecht, 2. Aufl., 2005
Dietlein, J./Dünchheim, T.	Examinatorium Allgemeines Verwaltungsrecht, 3. Aufl., 2007
Muckel, S./Stemmler, T.	Fälle zum öffentlichen Baurecht, 7. Aufl., 2013

Heyen, E. V./Collin, P./Spieker gen. Döhmann, I.	40 Klausuren aus dem Verwaltungsrecht, 11. Aufl., 2016
Schwerdtfeger, G.	Öffentliches Recht in der Fallbearbeitung, 14. Aufl., 2012
Seiler, C.	Examens-Repetitorium Verwaltungsrecht, Allgemeines Verwaltungsrecht, Polizei-, Bau-, Kommunalrecht, Staatshaftungsrecht, 5. Aufl., 2014
Stern, K./Blanke, H.-J.	Verwaltungsprozessrecht in der Klausur, 9. Aufl., 2008
Uerpmann-Wittzack, R.	Examens-Repetitorium Allgemeines Verwaltungsrecht mit Verwaltungsprozessrecht, 4. Aufl., 2013

10. Standardwerke zum Besonderen Verwaltungsrecht

Bauer, H./Peine, F.-J. (Hrsg.)	Staats- und Verwaltungsrecht für Brandenburg, 3. Aufl., 2016
Ehlers, D./Fehling, M./ Pünder, H. (Hrsg.)	Besonderes Verwaltungsrecht Band 1: Öffentliches Wirtschaftsrecht, 3. Aufl., 2012; Bände 2 und 3, 3. Aufl., 2013
Peine, F.-J.	Öffentliches Baurecht, 4. Aufl., 2003
Schenke, W.-R.	Polizei- und Ordnungsrecht, 9. Aufl., 2016
Schoch (Hrsg.)	Besonderes Verwaltungsrecht, 15. Aufl., 2013
Steiner, U. (Hrsg.)	Besonderes Verwaltungsrecht, 8. Aufl., 2006
Erbguth, W./Mann, T./ Schubert, M.	Besonderes Verwaltungsrecht. Kommunalrecht, Polizei- und Ordnungsrecht, Baurecht, 12. Aufl., 2015

II. Gesetzessammlungen

1. Bundesrecht

Das Deutsche Bundesrecht	Systematische Sammlung der Gesetze und Verordnungen mit Bundesrecht Erläuterungen (Hrsg. *Köble*), Loseblatt
Kirchhof, P./Kreuter-Kirchhof, C.	Staats- und Verwaltungsrecht Bundesrepublik Deutschland 54. Aufl., 2015
Nomos Texte	Öffentliches Recht, 25. Aufl., 2016
Sartorius	Verfassungs- und Verwaltungsgesetze der Bundesrepublik Deutschland (Sartorius I), Loseblatt, Textausgabe

2. Landesrecht

Baden-Württemberg:

Dürig, G.	Gesetze des Landes Baden-Württemberg, Loseblatt-Textausgabe
Dolde, K.-P./Kirchhof, F./ Stilz, E.	Landesrecht Baden-Württemberg, 8. Aufl., 2013
Kirchhof, P./Kreuter-Kirchhof, C.	Staats- und Verwaltungsrecht Baden-Württemberg, 38. Aufl., 2016

Bayern:

Bauer, H./Huber, P.-M./ Schmidt, R. — Staats- und Verwaltungsrecht Freistaat Bayern, 23. Aufl., 2016

Brandhuber, R./Theobald, A./ Typelt M. — Vorschriftensammlung für die Verwaltung in Bayern, Loseblatt-Textausgabe

Ziegler/Tremel — Verwaltungsgesetze des Freistaates Bayern, Loseblatt-Textausgabe

Heckmann, D./Huber, K./ Numberger, U. — Landesrecht Bayern, 11. Aufl., 2016

Berlin:

Berliner Rechtsvorschriften — Amtliche Sammlung der Berliner Gesetze und Verordnungen, Hrsg. Senatsverwaltung für Justiz, Loseblatt-Textausgabe

Driehaus — Verfassungs- und Verwaltungsgesetze Berlins, Loseblatt-Textausgabe

Sodan, H./Kuhla, W. — Landesrecht Berlin, 11. Aufl., 2016

Brandenburg:

Gesetze des Landes Brandenburg — hrsg. unter Beratung von *Knöll*, Loseblatt-Textausgabe

v. Brünneck, A./Dombert, M. — Landesrecht Brandenburg, 18. Aufl., 2015

Bremen:

Schefold, D./Ernst, M./ Stauch, M. — Landesrecht Bremen, 16. Aufl., 2013

Hamburg:

Hoffmann-Riem, W./ Schwemer, H. — Landesrecht Hamburg, 25. Aufl., 2016

Hessen:

Fuhr/Pfeil — Hessische Verwaltungs- und Verfassungsgesetze, Loseblatt-Textausgabe

Groß, T. — Staats- und Verwaltungsrecht Hessen, 3. Aufl., 2010

v. Zezschwitz, F. — Landesrecht Hessen, 25. Aufl., 2015

Mecklenburg-Vorpommern:

Gesetze des Landes — hrsg. unter Beratung von *Knöll*

Erbguth, W./Kronisch, J./ Darsow, T. — Landesrecht Mecklenburg-Vorpommern, 17. Aufl., 2015

Niedersachsen:

März, G. Niedersächsische Gesetze, Loseblatt-Textausgabe

Götz, V./Starck, C. Landesrecht Niedersachsen, 25. Aufl., 2016

Ipsen, J./Kühne, J.-D. Staats- und Verwaltungsrecht Niedersachsen, 9. Aufl., 2014

Nordrhein-Westfalen:

Erichsen, H.-U. Staats- und Verwaltungsrecht Nordrhein-Westfalen, 25. Aufl., 2011

v. Hippel/Rehborn Gesetze des Landes Nordrhein-Westfalen, Loseblatt-Textausgabe

Pappermann, E. Rechtsvorschriften in Nordrhein-Westfalen, Loseblatt-Textausgabe

Rehborn Verwaltungsvorschriften in Nordrhein-Westfalen, Loseblatt-Textausgabe

Mayen, T./Sachs, M./Seibert, M.-J. Landesrecht Nordrhein-Westfalen, 10. Aufl., 2015

Rheinland-Pfalz:

Rumetsch, R. Landesrecht in Rheinland-Pfalz, Loseblatt-Textausgabe

Sammlung des bereinigten Landesrechts in Rheinland-Pfalz hrsg. von der Landesregierung des Landes Rheinland-Pfalz

Hufen, F./Jutzi, S./Westenberger, N. Landesrecht Rheinland-Pfalz, 24. Aufl., 2015

Saarland:

Hümmerich/Kopp Saarländische Gesetze, Loseblatt-Textausgabe

Sammlung des bereinigten saarländischen Landesrechts hrsg. von der Regierung des Saarlandes

Freymann, H.-P./Kröninger, H./Wendt, R. Landesrecht Saarland, 22. Aufl., 2016

Sachsen:

Gesetze des Freistaats Sachsen hrsg. unter Beratung von *Knöll*

Degenhart, C./Reich, S. Staats- und Verwaltungsrecht Freistaat Sachsen, 9. Aufl., 2013

Musall, P./Birk, H.-J./Fassbender, K.. Landesrecht Sachsen, 19. Aufl., 2015

Sachsen-Anhalt:

Gesetze des Landes Sachsen-Anhalt	hrsg. unter Beratung von *Knöll*
Kluth, W./Robra, R.	Landesrecht Sachsen-Anhalt, 18. Aufl., 2015

Schleswig-Holstein:

Bausenhardt/Guilleaume	Landesrecht in Schleswig-Holstein, Loseblatt-Textausgabe
Brintzinger, O. L.	Landesrecht in Schleswig-Holstein, Loseblatt-Textausgabe
Brüning, C./Ewer, W./Thomsen, M.	Landesrecht Schleswig-Holstein, 23. Aufl., 2016

Thüringen:

Gesetze des Landes Thüringen	hrsg. unter Beratung von *Knöll*
Brenner, M./Burmann, M./Gülsdorff, F.-H.	Landesrecht Thüringen, 15. Aufl., 2011

3. Entscheidungssammlungen zum Verwaltungsrecht

Amtliche Sammlungen von Entscheidungen der Oberverwaltungsgerichte Rheinland-Pfalz und Saarland; Entscheidungssammlung des BVerwGs (BVerwGE); Entscheidungssammlung des Oberverwaltungsgerichts Berlin; Entscheidungssammlung des Hessischen Verwaltungsgerichtshofs und des Verwaltungsgerichtshofs Baden-Württemberg mit Entscheidungen des Staatsgerichtshofs beider Länder (ESVGH); Entscheidungen des Oberverwaltungsgerichts für das Land Nordrhein-Westfalen sowie für die Länder Niedersachsen und Schleswig-Holstein (OVGE); Leitsätze aus Entscheidungen des Oberverwaltungsgerichts der Freien Hansestadt Bremen; Sammel- und Nachschlagewerk der Rechtsprechung des BVerwGs.

4. Zeitschriften

a) Zeitschriften des öffentliches Rechts
Bayerische Verwaltungsblätter (BayVBl); Der Staat; Deutsches Verwaltungsblatt (DVBl); Die Öffentliche Verwaltung (DÖV); Die Verwaltung; Neue Zeitschrift für Verwaltungsrecht (NVwZ); Landes- und Kommunalverwaltung (LKV); Niedersächsische Verwaltungsblätter (NdsVBl); Zeitschrift für öffentliches Recht in Norddeutschland (NordÖR); Nordrhein-westfälische Verwaltungsblätter (NWVBl); Rechtsprechungsreport zum Verwaltungsrecht (NVwZ-RR); Sächsische Verwaltungsblätter (SächsVBl); Thüringische Verwaltungsblätter (ThürVBl); Verwaltungsblätter für Baden-Württemberg (VBlBW); Verwaltungsrundschau (VR).

b) Ausbildungszeitschriften
Juristische Arbeitsblätter (JA); Juristische Ausbildung (JURA); Juristische Schulung (JuS).

c) Andere Zeitschriften mit gelegentlich öffentlich-rechtlichen Beiträgen
Juristenzeitung (JZ); Neue Juristische Wochenschrift (NJW).

d) Weitere Fachzeitschriften
Es gibt mehr als 100 Fachzeitschriften, die sich Spezialgebieten des öffentlichen Rechts widmen; sie können hier nicht aufgezählt werden.

1. Teil

Allgemeiner Teil

1. Kapitel

Einführung

A. Zur Arbeit mit diesem Buch

Das Buch ist konzipiert für fortgeschrittene Studierende der Rechtswissenschaft. Es wendet sich somit zuerst an diejenigen Studierenden, die sich ein über allgemeine Grundkenntnisse hinausgehendes Wissen des Allgemeinen und des Besonderen Verwaltungsrechts sowie des Verwaltungsprozessrechts angeeignet haben. Zum Adressatenkreis zählen zum einen diejenigen, die sich auf die Pflichtklausur innerhalb der so genannten Fortgeschrittenen-Übung im Öffentlichen Recht vorbereiten. Zum anderen sind die Personen angesprochen, die die verwaltungsrechtlichen Klausuren des 1. (Staats-)Examens absolvieren wollen. 1

Den Bedürfnissen dieses Personenkreises entsprechend sind die Klausuren entworfen. Sie reichen von einfachen Klausuren mit der Funktion der „Aufwärmrunde“ über mittelschwere Klausuren im Niveau der Fortgeschrittenen-Übung bis zu schwereren Examensklausuren. 2

Neben den Studierenden der Rechtswissenschaft an den juristischen Fakultäten ist das Buch für Personen, die sich in anderen Ausbildungsgängen befinden, nützlich. Insbesondere Referendaren kann das Buch als Repetitorium zur Lösung verwaltungsrechtlicher Fälle dienen. Zwar ist die an Referendare gerichtete Aufgabenstellung insoweit eine andere, als sie zunächst aus einem bestimmten Aktenauszug den maßgeblichen Sachverhalt herauszufiltern haben; eine dem Sachverhalt angemessene Entscheidung, die Rechtsfindung als solche, folgt indes hergebrachten Mustern, die in diesem Buch umfassend dargestellt werden. 3

Wenn eingangs vom fortgeschrittenen Studierenden die Rede war, so ist zu präzisieren, welches Wissen der Verfasser bei diesen Personen voraussetzt. Es werden ihnen Kenntnisse der Rechtsgebiete des Verwaltungsrechts unterstellt, die alle Studierenden spätestens zu dem Zeitpunkt beherrschen müssen, wenn sie sich zum ersten Examen melden. Zumindest Grundkenntnisse betreffend die einschlägigen Regelwerke des Verwaltungsverfahrensrechts, des Verwaltungsprozessrechts, des Polizei- und Ordnungsrechts, des öffentlichen Baurechts und des Kommunalrechts werden erwartet – ohne diese Kenntnisse kann nach meiner Einschätzung niemand ernsthaft versuchen, den „großen ÖffR-Schein“ zu erstreiten. Soweit Klausuren Schwerpunkte im Umweltrecht oder im Wirtschaftsverwaltungsrecht haben, ist anzumerken, dass in diesen Fällen auch in der Examensklausur Spezialwissen nicht erwartet wird (Schwerpunktklausuren betreffen eine andere Situation). In der Regel wird auch in Klausuren, die scheinbar 4 einen Schwerpunkt in speziellen Fächern des besonderen Verwaltungsrechts haben, kein anderes Wissen als Grundprinzipien des Verwaltungsrechts betreffendes nachgefragt. Viele Studierende sind verunsichert, wenn sie einen Klausurtext zu bearbeiten haben, in dem ein Gesetz eine Rolle spielt, von dem sie allenfalls am Rande etwas gehört haben. In den allermeisten Fällen sind genau diese Klausuren einfach zu lösen. Anhand der Bearbeitung einer scheinbar fernen Themenwahl zeigt sich schnell der Unterschied zwischen den Studierenden, die das verwaltungsrechtliche „System" verstanden haben, und denen, die sich anstelle systematischen Wissens Einzelfallwissen angeeignet haben und der Ansicht sind, das sei es gewesen (und die mit diesem Einzelfallwissen regelmäßig scheitern). *Aber bitte:* Nehmen Sie die Dinge nicht schwerer, als sie sind. „It's so hard to see the rainbow/through glasses – dark as these"[1]: Setzen Sie einfach die Sonnenbrille ab!

5 Das Besondere Verwaltungsrecht ist in weiten Teilen Landesrecht. Dieser Umstand wirft für die Konzeption dieses Buchs gewisse Probleme auf. Da der Autor an einer brandenburgischen Universität lehrt(e), liegt es nahe, brandenburgisches Landesrecht als Grundlage für die Falllösung zu wählen. Es kann aber den Studierenden aus anderen Bundesländern zugemutet werden, das für sie einschlägige Landesrecht mit dem von Brandenburg zu vergleichen. Als Lösung des Problems bieten sich verschiedene Vorgehensweisen an. Am praktikabelsten erscheint dem Verfasser, das brandenburgische Landesrecht als Bearbeitervermerk zu zitieren. Auf dieser Basis ist es jedem Lernenden möglich, den Fall zu lösen. Vergessen Sie aber nicht einen Blick in das parallele Recht Ihres Bundeslands. Ich bitte Sie, den Fall auf der Grundlage des für Sie einschlägigen Landesrechts zu lösen und dann den Lösungsweg mit dem hier vorgeschlagenen zu vergleichen.

6 Von den Studierenden, die mit diesem Buch arbeiten, erwartet der Autor ferner gewisse Kenntnisse betreffend die Behördenstruktur des Bundeslands, in dem sie studieren und das Examen ablegen werden. Anders gewendet müssen die Studierenden die Fähigkeit besitzen, die vorgestellten Fälle in die Verwaltungsstruktur ihres Bundeslands hineinzudenken. Beispiel: Brandenburg hat einen so genannten zweistufigen Aufbau der Landesverwaltung, weil auf die Einrichtung von Regierungspräsidien (= staatliche Mittelbehörden, die in den verschiedenen Bundesländern unterschiedlich benannt sind) verzichtet worden ist. Bearbeiter aus anderen Bundesländern haben daher stets zu bedenken, dass Zuständigkeiten in ihrem Bundesland anders geregelt sein können.

7 Selbstverständlich kann das Buch einen umfassenden Blick über alle denkbaren Probleme, die in einer Klausur gestellt werden könnten, nicht liefern; diese Arbeit ist in einem Buch dieses Umfangs nicht zu leisten. Ferner kann der Autor nicht vorhersehen, was sich die Prüfungsämter zukünftig „ausdenken". Freilich: Der Autor ist seit 1973 „im Geschäft"; im Oktober 1973 schrieb er seine Klausuren für das erste Staatsexamen. Seit 1982 ist er Prüfer in der ersten Staatsprüfung (zeitweise war er auch Prüfer in der zweiten Staatsprüfung): zuerst in Nordrhein-Westfalen, dann in Niedersachsen, in Ber-

---

1 *Johnny Cash*, Unchained – american recordings 2, track 13.

lin und seit 2000 in Brandenburg, jetzt des Gemeinsamen Prüfungsamts der Länder Berlin und Brandenburg. Er hat sicherlich weit mehr als 100 Klausuren aller Schwierigkeitsgrade entworfen; die Zahl der korrigierten Klausuren kann er nicht mehr abschätzen. Es hat sich gezeigt: Es gibt eine Anzahl immer wiederkehrender Problemkonstellationen; diese werden hier vorgestellt und gelöst. Sie sollten aber bedenken: Das ist nicht alles: Die Banalität, dass die Zeiten sich ändern, hat Konsequenzen für das Recht; es gibt ständig neue Konstellationen. Deshalb: Das selbständige Studium aktueller Rechtsprechung und Literatur bleibt wesentliche Voraussetzung für den Examenserfolg.

B. Hinweise zur Lösung von Klausuren im Allgemeinen

Anleitungen zur Fertigung von Klausuren gibt es in der Ausbildungsliteratur in kaum noch zu übersehender Menge. Sicher ist es sinnvoll, dass jeder Studierende sich irgendwann intensiv mit einem solchen Falllösungs-Kompendium auseinandersetzt. Schließlich schöpfen die Autoren aus den vielfältigen Erfahrungen, die sie im Lehrbetrieb und als Prüfer gewonnen haben, und am Ende bewerten sie die Examensarbeiten. Man möge nicht glauben, dass es ausreichend sei, einmal im Studium ein Buch über das Anfertigen von Klausuren zu lesen und mit diesem gewonnenen Wissen in das Examen zu gehen. Dieses Verhalten wird höchstwahrscheinlich nicht vom Erfolg begleitet sein. Das Erlernen der Technik des Klausurenschreibens ist ein lang andauernder Prozess. „Übung macht den Meister" – das gilt insbesondere im Bereich der Jurisprudenz. Als Jurist wird man nicht geboren, sondern im Laufe des Studiums sozialisiert; deshalb erleben auch hervorragende Abiturienten oder im Ergebnis außerordentlich erfolgreiche Juristen häufig zu Beginn des Studiums furchtbare Pleiten. Auch hier spendet die Erkenntnis Trost: „Zehn Mal fällt man um, dann steht man für immer – es sei denn, man hat vorher aufgegeben."[2] Vollkommenheit wird selten erreicht. Auch in diesem Buch wird der aufmerksame Leser immer wieder Stellen finden, die kritikwürdig sind, weil eine elegantere Sprache möglich gewesen wäre – von anderen Lösungsvarianten ganz zu schweigen. 8

Wie für die meisten Dinge im Leben ist auch für die Teilmenge Jurisprudenz richtig: Das intensive Studium der Theorie und die Aneignung einer großen Menge theoretischen Wissens ersetzt die praktische Anwendung des Wissens auf einen konkreten Fall nicht. Die Anwendung muss – die Wiederholung macht Sinn, damit Sie nicht auf eine falsche Spur geraten – *geübt* werden. Üben bedeutet: Nicht nur Skizzieren einer Lösung, sondern Ausformulieren einer Lösung unter Fingierung von Examensbedingungen! Im Zeitalter des Schreibens mit dem Computer will fünf Stunden langes Schreiben mit dem Füllfederhalter oder Kugelschreiber trainiert sein, auch um Sehnenscheidenentzündungen zu vermeiden. 9

2 *Mao Zedong.*

10 Es mag schwierig sein, sich auf die Fortgeschrittenenübung durch Klausurentraining vorzubereiten. In der Universität werden entsprechende Veranstaltungen schon aus Kostengründen selten oder gar nicht (mehr) angeboten. Hier bieten privat organisierte Lerngemeinschaften einen Ausweg. Für Examenskandidaten werden allerdings an allen juristischen Fakultäten regelmäßig Examensklausurenkurse angeboten; in ihnen werden unter mehr oder weniger realistischen Examens-Bedingungen Klausuren mit höherem Anspruch angefertigt. Von dieser Möglichkeit sollte der in der Examensvorbereitung stehende Studierende unbedingt Gebrauch machen. Es ist zu empfehlen: Jede – aber auch jede – Übungsklausur sollte geschrieben werden – es sollte ein Volltext verfasst werden, nicht lediglich eine Lösungsskizze (ich erbitte Ihr Verständnis für die Wiederholung), und Sie sollten selbst dann in dieser Weise vorgehen, wenn Sie nach erster Lektüre des Sachverhalts den Eindruck haben, zu diesem Fall keine halbwegs brauchbare Bearbeitung beisteuern zu können. Im Übrigen handelt es sich um eine Situation, mit der man im Examen klarkommen muss – niemand garantiert, dass die Examensklausur Gegenstände zur Bearbeitung stellt, die man schon einmal im Rahmen einer Klausur bearbeitet hat.

11 Jede praktische Übung, die Sie erbringen, verliert ihren Wert, wenn Sie sich im Anschluss an sie mit ihr nicht kritisch auseinandersetzen. Das bedeutet: Sie müssen jede schriftliche Leistung in der Ausbildung nach der Bewertung intensiv auswerten. Welche Fehler habe ich gemacht? Welche Fehler waren vermeidbar (weil ich das Problem kannte, es aber beispielsweise als ein Problem der Klausur nicht gesehen habe; weil ich den Sachverhalt oder den entscheidenden Gesetzestext nicht sorgfältig gelesen habe; weil ich zu schnell oder nicht sorgfältig genug bin)? Welche Lehren muss ich aus den gemachten Fehlern ziehen? Was ist bei der nächsten Klausurbearbeitung anders zu machen? – Jeder Mensch kann sich und muss sich insoweit finden, er muss es nur wollen; er muss an sich selbst die richtigen Fragen stellen und das Handeln in Reaktion auf die Antwort auf Erfolg überprüfen.

12 Die Analyse Ihrer Klausur darf sich keinesfalls darauf beschränken, die Lösungsskizze oder die zugrunde liegende Entscheidung nachzulesen. Vielmehr müssen Sie sich fragen, welche Denkschritte zur falschen Lösung führten, ob Fehler in der Darstellung einen Punkteabzug nach sich zogen, oder warum trotz richtiger Lösung nur eine geringe Punktzahl erreicht wurde. Ob am Ende der Klausur das richtige Ergebnis erzielt wurde, ist oftmals zweitrangig. Der Weg zur Lösung ist entscheidend, die folgerichtige Entwicklung der Lösung aus Rechtsnormen, ihre Anwendung (normtextorientiertes Arbeiten), die sprachliche und gedankliche (logische) Darstellung.

13 Es können im Rahmen dieses Buchs umfangreiche Ausführungen zur Klausurtechnik nicht erfolgen; das ist auch nicht nötig, weil genügend einschlägige Literatur existiert. Die Erfahrungen des Verfassers sollen jedoch in einigen wenigen Leitsätzen zusammengefasst werden.

Gutachtenstil: Der Gutachtenstil erschöpft sich nicht in der Anwendung des Konjunktivs. Richtiger Gutachtenstil ist vor allem richtiger Fragestil. In richtig gestellten Fragen offenbart sich folgerichtiges (logisches) Denken. 14

Die Fragestellung erfolgt in Form von Obersätzen und zwar nach dem Wenn-dann-Schema. Der Lösungsprozess beginnt mit dem eigentlichen Obersatz, der grob skizziert, welche Bedingungen erfüllt sein müssen, um die Fallfrage in dem einen oder anderen Sinne zu beantworten. Dieser „Einleitungsobersatz“ wird im Gutachten immer weiter in Einzelfragen zerlegt, die Schritt für Schritt beantwortet werden. Je weiter sich die Rechtsfrage auffächert, desto differenzierter werden die Obersätze. Ob die Einzelfragen im Konjunktiv („des Weiteren müsste eine Gefahr vorgelegen haben“) oder im Indikativ („Voraussetzung ist ferner das Vorliegen einer Gefahr“) aufgeworfen werden, ist unwesentlich. Die falsche Verwendung des Konjunktivs ist unschön; wenn Sie ihn nicht beherrschen – was immer häufiger zu beobachten ist –, lässt sich ein Fehler vermeiden, wenn Sie auf den Konjunktiv vollständig verzichten. Die im Obersatz aufgeworfene Frage muss am Schluss des den Obersatz betreffenden Abschnitts beantwortet werden; leider wird die Antwort häufig vergessen. Die Antwort muss sich schlüssig aus der Darstellung ergeben. 15

Nicht allen Einzelfragen ist ein Obersatz voranzustellen. Bei unproblematischen Voraussetzungen wird kurz im *Urteilsstil* festgestellt, dass die Voraussetzung vorliegt. Dabei sollte jedoch nicht lediglich eine Behauptung aufgestellt werden („A ist klagebefugt“), sondern in einem Nebensatz eine kurze Begründung mitgeliefert werden („Die Gemeinderatsfraktion X ist beteiligtenfähig im Sinne von § 61 Nr. 2 VwGO, weil sie jedenfalls in analoger Anwendung der Norm als Vereinigung anzusehen ist.“). 16

Da sich die in den Obersätzen formulierten Fragestellungen nicht beliebig aus Ihrem Willen ergeben, sondern aus Rechtssätzen herzuleiten sind, müssen die entsprechenden Normen benannt werden. Das Gutachten ist unverständlich, wenn Studierende Voraussetzungen bestimmter Rechtsfolgen behaupten, und der Leser nicht weiß, in welcher Norm die Behauptung ihre Basis besitzt. 17

Methodik, Sprache: Allen Lesern sei empfohlen, sich ständig mit Fragen der juristischen Methodenlehre und der Logik zu beschäftigen. Leider werden diese Fachgebiete in Anfängerveranstaltungen gelehrt; zu diesem Zeitpunkt des Studiums fehlt den Zuhörern oftmals das Verständnis für die praktische Relevanz dieser Fächer. Später wird dieses Wissen nicht aktiviert oder überhaupt erstmalig erworben, obwohl es gerade für die Fallbearbeitung von außerordentlicher Bedeutung ist. Im Ernstfall hilft ein methodisch korrektes Arbeiten auch über den unbekannten Fall hinweg. Es ist nicht sinnvoll, möglichst viele Einzelfälle oder Entscheidungen zu kennen, ohne die Dogmatik verstanden zu haben, die diese Entscheidungen generiert. Sich darauf zu verlassen, dass im Examen der einstudierte Fall geprüft wird, ist grob fahrlässig. Es kommt bei der Examensvorbereitung daher auf eine gelungene Mischung von theoretischem Grundlagenwissen und Einzelfallkenntnis an. 18

19 Natürlich werden Sie im Examen nicht ohne einen Grundbestand an Definitionen auskommen. Rechtsbegriffe zu definieren und auszulegen ist elementares Rüstzeug eines jeden Juristen. Zu bedenken ist aber, dass gerade im Verwaltungsrecht mit seiner Vielzahl von Einzelgesetzen immer wieder juristische Begriffe verwendet werden, die dem Bearbeiter unbekannt sind und vielen Juristen ihr Leben lang unbekannt bleiben werden. An dieser Stelle kann der Jurist zeigen, dass er auch ohne eingepaukte Definitionen zu einem sachgerechten Begriffsverständnis imstande ist. Oftmals sind Klausuren gerade so konzipiert, dass die Bearbeiter beweisen sollen, dass sie abseits vom üblichen Musterfall in der Lage sind, zu nachvollziehbaren Lösungen zu gelangen.

20 Der sprachlichen Darbietung kommt insbesondere in Zweifelsfällen Bedeutung zu. Ist die Bearbeitung in einem schlechten Stil abgefasst oder hat sie Mängel in Rechtschreibung und Grammatik, wird der Korrektor zum Punktabzug neigen. Indes ist darauf hinzuweisen, dass eine inhaltlich missratene Arbeit nicht durch überzeugende Sprache und korrekte Rechtschreibung gerettet wird: Schwachsinn – elegant verpackt – bleibt Schwachsinn; Überzeugung entfaltet Unsinn in Hochform lediglich bei Ahnungslosen; wenn Ihnen das reicht: Bitte schön. Sätze mit langem verschachteltem Satzaufbau, die der Korrektor mehrfach lesen muss, um sie zu verstehen, oder auch gar nicht versteht bzw. lange überlegen muss, was der Verfasser wohl gemeint hat, obwohl die Satzaussage ganz einfach ist und der lange Schachtelsatz, der sich nicht immer vermeiden lässt, nur deshalb nicht verständlich ist, weil das Verb ganz am Ende steht, vermitteln den Eindruck unpräzisen Denkens und sollten vermieden werden, was der Sache nach heißt: *Keine Sätze wie diesen*. Das gilt auch für den folgenden: „Dies (gemeint ist: die Kundenorientierung) verlangt nämlich, daß in einem ersten Schritt der intern-organisatorischen Restrukturierung mit dem Ziel der Verwirklichung des Entrepreneurship die Geschäftsbereiche die alleinige operative Verantwortung und in einem zweiten Schritt der extern-juristischen Neuorientierung durch deren rechtliche Verselbstständigung mit dem Ziel der Realisierung echten Unternehmertums auch die strategische Verantwortung für ihr weltweites Geschäft übernehmen."[3] Vorzuziehen sind knappe Sätze mit klaren Aussagen. Das juristische Gutachten muss sprachlich korrekt, aber nicht sprachlich brillant sein – wer an *Eminem oder Bushido* gewöhnt ist, kann diese Dinge sowieso nicht beurteilen. Die Zeit für die Bearbeitung einer Klausur ist viel zu knapp, um die sprachlich vollendete Formulierung zu finden. Außerdem beschränkt die juristische Fachsprache von vornherein die stilistischen Möglichkeiten. Es ist deshalb schwierig, im Gutachten eine originelle Sprache zu entwickeln. Hilfreich ist es immer, seine Übungsklausuren einem Dritten zum Lesen zu geben, sei es der befreundete Kommilitone oder sei es ein juristischer Laie. Ebenso hilfreich ist es, seine Klausuren nach längerer Zeit selbst noch einmal zu lesen und zu überdenken.

21 **Streitstände, Rechtsprechung, Meinungen, Schwerpunktsetzung:** Im Verwaltungsrecht kommt es, wie gesagt, nicht so sehr darauf an, Streitstände zu kennen oder Definitionen aus der Rechtsprechung des Bundesverwaltungsgerichts parat zu haben. Entscheidend ist vielmehr, dass der Bearbeiter zu erkennen gibt, dass er das System, den

3 Leserbrief, abgedruckt in der FAZ vom 24.11.2003, S. 10.

Regelmechanismus des Verwaltungsrechts, verstanden hat. Das soll nicht heißen, dass verwaltungsrechtliche Klausuren keine Probleme enthalten. Anders als beispielsweise im Strafrecht bestehen sie allerdings nicht nur aus einer Aneinanderreihung von Problemen. Meist lässt sich aus dem Sachverhalt – z.B. aus den Behauptungen der Parteien – recht schnell erkennen, wann unterschiedliche Rechtsauffassungen aufeinander treffen. Hier hat der Bearbeiter frühzeitig ein Gespür dafür zu entwickeln, welche Dinge dem Klausurensteller offenbar wichtig sind. Dementsprechend sind Schwerpunkte zu setzen. Vielleicht die wesentliche Fähigkeit, die einen guten von einem schlechten Juristen trennt, ist das Problembewusstsein hinsichtlich der Unterscheidung von Wesentlich und Unwesentlich. Es sollte unbedingt vermieden werden, der Lösung Probleme aufzuzwingen oder den Sachverhalt über Gebühr zu strapazieren.

Zur Vertiefung: *Zur Sprache: Hendrik Wieduwilt*, Die Sprache des Gutachtens, JuS 2010, 288; *Brian Valerius*, Der Gutachtenstil in der juristischen Fallbearbeitung, JA Sonderheft 2007, 47; *Friedrich E. Schnapp:* 1. Augen zu und „durch“? Von der Schwierigkeit im Umgang mit Präpositionen, JURA 2002, 312; 2. Das vertrackte „Verbindungs“-Wesen: Zum richtigen Gebrauch von Konjunktionen, JURA 2002, 599; 3. Das Kreuz mit dem Konjunktiv, JURA 2002, 32; 4. Krebsübel Substantivitis? Der richtige Umgang mit dem Nominalstil, JURA 2003, 173; Von der (Un-)Verständlichkeit der Juristensprache, JZ 2004, 475; Aktiv oder passiv, JURA 2004, 526; Wie entspricht man dem Gebot der Knappheit?, JURA 2003, 602; *Gerhard Wolf*, Bemerkungen zum Gutachtenstil, JuS 1996, 30. – *Zum Stil: Tonio Walter*, Kleine Stilkunde für Juristen, 2002; *Thomas M.J. Möllers*, Juristischer Stil, JuS, 2001, L 65 und L 81. – *Sonstiges: Christian Fahl*, 10 Tipps zum Schreiben von (nicht nur) strafrechtlichen Klausuren und Hausarbeiten, JA 2008, 350; *Jürgen Vahle*, Grundlagen der juristischen Methodik und Klausurentechnik, DVP 2007, 309; *Ingo Schmidt*, Grundlagen rechtswissenschaftlichen Arbeitens, JuS 2003, 551, 649.

C. Hinweise zur Lösung verwaltungsrechtlicher Klausuren

I. Allgemeines – Die Erfolgsaussichten eines Rechtsbehelfs als Ausgangspunkt

Klausuren im Verwaltungsrecht – darin unterscheiden sich auf dieses Rechtsgebiet bezogene Klausuren nicht von solchen, die andere Rechtsmaterien betreffen – fordern von Ihnen ein juristisches Gutachten. Das juristische Gutachten soll eine bestimmte Rechtsfrage beantworten, die am Ende des Sachverhalts formuliert ist: **22**

- *Hat die Klage des A Aussicht auf Erfolg?*
- *Wie wird das Verwaltungsgericht entscheiden?*

oder sich aus der Aufgabenstellung ergibt:

- *Prüfen Sie die Erfolgsaussichten des Widerspruchs!*

Im Zivil- und Strafrecht sind die zu beantwortenden Fragen immer nach demselben Schema strukturiert: Wer kann was von wem woraus verlangen? (A schlägt B einen **23**

Nagel in den Kopf; B stirbt; C ist Alleinerbe des B; kann A von C die Herausgabe des Nagels verlangen?) Hat A sich durch ein bestimmtes Verhalten strafbar gemacht? (A betört die B: Love me forever and let forever begin tonight; B gerät außer sich und stirbt an Herzversagen; hat A sich strafbar gemacht?) Im Verwaltungsrecht ist die Fragestellung regelmäßig anderer Art: *Es wird nach den Erfolgsaussichten eines eingelegten oder noch einzulegenden Rechtsbehelfs gefragt.* Es sind deshalb sowohl prozessrechtliche als auch materiell-rechtliche Fragen zu beantworten.

24 Nicht ausgeschlossen sind rein prozessrechtliche oder ausschließlich materiell-rechtliche Aufgabenstellungen. *Hat C einen Anspruch auf Schadensersatz?* Fehlerhaft wäre es, bei einer rein materiell-rechtlichen Aufgabenstellung prozessuale Probleme zu erörtern. Indes dürften solche Klausuren selten sein.

25 Die „gefürchtete" Anwaltsklausur *(Was ist dem C zu raten?)*, sollte sie tatsächlich im Referendarexamen einmal gestellt werden, ist kein Klausurtyp eigener Art. Es ist sachlich nichts anderes gefragt als das im Normalfall Gefragte auch: nämlich die Beurteilung der Erfolgsaussichten eines bestimmten Rechtsbehelfs. Der Unterschied zu einer „normalen" Klausur besteht darin, dass der Bearbeiter (wie immer) ein fiktives Rechtsproblem löst und *zusätzlich* von den in Betracht kommenden Rechtsbehelfen den für den Rechtssuchenden „geeigneten" oder „richtigen" Rechtsbehelf nach einer Prüfung benennt. Solche Anwaltsklausuren sind beliebt für die Lösung bestimmter Probleme: Sie eignen sich besonders für solche Konstellationen, die kennzeichnet, dass nicht ganz klar ist, welcher Rechtsweg einzuschlagen oder welcher Rechtsbehelf der richtige ist oder wenn die Frage der Wiedereinsetzung in den vorigen Stand angesprochen werden soll.

26 Für nahezu alle möglichen Fragestellungen kann nach alldem behauptet werden, dass nach den Erfolgsaussichten eines Rechtsbehelfs gefragt wird. Der Begriff „Rechtsbehelf" sollte nicht nur in der Klausur **nicht** mit dem Begriff „Rechtsmittel" verwechselt werden. Mit einem **Rechtsmittel** greift man gerichtliche Entscheidungen an: z.B. mit der Berufung, der Revision und der Beschwerde.

II. Besonderes – Die Rechtsbehelfe

27 Rechtsbehelfe lassen sich unterscheiden in außergerichtliche und gerichtliche Rechtsbehelfe.

1. Außergerichtliche Rechtsbehelfe

28 **Außergerichtliche Rechtsbehelfe** werden unterschieden in formlose und förmliche. Von Bedeutung in der Ausbildung und im Referendarexamen ist allein der **Widerspruch** nach §§ 68 ff. VwGO als förmlicher Rechtsbehelf. Keine Rolle spielen die formlosen Rechtsbehelfe. Gemeint sind beispielsweise die Gegenvorstellung, die Dienst- und die Fachaufsichtsbeschwerde. Aber Achtung! Was äußerlich als formloser Rechtsbehelf erscheint, muss mitunter ausgelegt werden. Eine Gegenvorstellung kann der Sache nach ein Widerspruch sein. Formloses „Ersuchen" oder eine „Bitte" an das Verwaltungsgericht muss gegebenenfalls als Klage ausgelegt werden.

2. Gerichtliche Rechtsbehelfe

Die **gerichtlichen Rechtsbehelfe** werden unterteilt in ordentliche und außerordentliche Rechtsbehelfe sowie Rechtsmittel. 29

Von den **ordentlichen** Rechtsbehelfen interessieren hier die **Klage** (§§ 42, 43, 81 VwGO) und der **Antrag** auf Normenkontrolle (§ 47 VwGO), von den **außerordentlichen** der **Antrag** auf Anordnung bzw. Wiederherstellung der aufschiebenden Wirkung (§ 80 Abs. 5 VwGO), der **Antrag** auf Gewährung einstweiligen Rechtsschutzes (§ 123 VwGO) und der **Antrag** auf Wiedereinsetzung[4] in den vorigen Stand (§ 60 VwGO). 30

Andere ordentliche wie außerordentliche Rechtsbehelfe kommen im Referendarexamen genauso wenig vor wie die als Rechtsmittel bezeichneten speziellen Rechtsbehelfe gegen verwaltungsgerichtliche Entscheidungen: Berufung (§§ 124 ff. VwGO), Revision (§§ 132 ff. VwGO) und Beschwerde (§§ 146 ff. VwGO). 31

Wie die Aufzählung zeigt, unterscheidet die VwGO zwischen Klage- und Antragsverfahren. Der Bearbeiter einer Klausur sollte sich – wie immer – frühzeitig um terminologische Klarheit bemühen. Dieses Bemühen betrifft vor allem die Verwendung von Begriffen wie Kläger oder Antragsteller, Beklagter oder Antragsgegner, Klagebefugnis oder Antragsbefugnis usw. Im Verfahren nach § 80 Abs. 5 VwGO von Klagebefugnis zu sprechen, ist zwar im Examen kein Fehler mit letaler Wirkung, aber immerhin ein Fehler: Die Aufmerksamkeit des Korrektors wird geschärft. Als Faustformel lässt sich merken: Spricht die VwGO von einer Klage, können auch die am Prozess Beteiligten (§ 63 VwGO) als Kläger oder Beklagte usw. bezeichnet werden. Klageverfahren sind nur die in §§ 42, 43 VwGO genannten Verfahren einschließlich der nicht ausdrücklich erwähnten Klagearten Fortsetzungsfeststellungsklage und allgemeine Leistungsklage. 32

Wird das verwaltungsgerichtliche Verfahren durch einen Antrag eingeleitet, werden die handelnden Personen als Antragsteller und Antragsgegner bezeichnet bzw. es ist von der Antragsbefugnis zu sprechen. Antragsverfahren sind die Normenkontrolle nach § 47 Abs. 1 VwGO, das Verfahren nach §§ 80 Abs. 5 Satz 1 bzw. 80a Abs. 3 VwGO sowie das Verfahren auf Erlass einer einstweiligen Anordnung nach § 123 Abs. 1 VwGO. 33

Entsprechendes gilt für die Terminologie im Zusammenhang mit einem Widerspruchsverfahren. Hier ist von Widerspruchsführer, Widerspruchsbefugnis usw. zu sprechen. Aber Achtung: Man spricht nicht von Widerspruchsgegner, sondern von der Ausgangsbehörde. 34

Ebenso beliebt wie vermeidbar sind in diesem Zusammenhang Fehler wie *„Das Verwaltungsgericht wird die Klage zurückweisen."* oder *„Der Widerspruch wird verworfen."* Derartige Formulierungen finden sich regelmäßig in Gutachten zu der Fallfrage *„Wie wird das Verwaltungsgericht oder die Widerspruchsbehörde entscheiden?"* Hier 35

4 Der Antrag auf Wiedereinsetzung spielt vorwiegend im Zusammenhang mit Anwaltsklausuren eine Rolle und ist inzident zu prüfen.

ist zu merken: Klagen werden (als unzulässig bzw. unbegründet) **ab**gewiesen. Anträge werden **ab**gelehnt. Widersprüche werden **zurück**gewiesen.

36 Hat die Klage Erfolg, wird das Verwaltungsgericht tenorieren: *Der Bescheid der Beklagten vom ... und der Widerspruch des ... vom ... werden aufgehoben. – Die Beklagte wird unter Aufhebung ihres ablehnenden Bescheids vom ... und des Widerspruchsbescheids des ... vom ... verpflichtet, dem Kläger die beantragte Baugenehmigung zu erteilen. – Die Beklagte wird verurteilt, an den Kläger 6000 Euro nebst 3 % Zinsen seit ... zu zahlen. – Der Beklagte wird verurteilt, (eine bestimmte Handlung) zu unterlassen. – Es wird festgestellt, dass ...*

37 Entsprechend sollte der Bearbeiter am Ende seines Gutachtens formulieren: *Das Verwaltungsgericht wird den Bescheid vom . . . aufheben.* Ebenso zulässig ist der Satz: *Das Verwaltungsgericht wird der Klage stattgeben.*

2. Kapitel

Aufbaufragen

I. Über die Verwendung von Schemata

38 Bevor ich Ihnen den Aufbau der examensrelevanten Verfahren vorstelle, seien mir einige kurze Anmerkungen über die Verwendung von Schemata gestattet. Über Nutzen und Schaden von Schemata hat *Schwerdtfeger* Allgemeingültiges gesagt[5]. Sie haben ihre Berechtigung dort, wo sie methodisches Arbeiten erleichtern und als Gedächtnisstütze dienen. Die Kenntnis schematischer Aufbaustrukturen erspart Zeit bei der Gliederung der Arbeit und verschafft eine gewisse Sicherheit. Der richtige Klausuraufbau zeigt folgerichtiges Denken, das in einem Schema gewissermaßen vorweggenommen ist. Schemata stiften Schaden, wenn an ihnen stur festgehalten wird, wenn Punkt für Punkt ohne Gewichtung auf Wesentliches nur die eingepaukten Prüfungsschritte abgearbeitet werden. Bei vielen Studenten herrscht die Vorstellung, die Arbeit könne jedenfalls dann nicht mit „mangelhaft" bewertet werden, wenn alle Schemapunkte irgendwie angesprochen wurden. Damit verbindet sich die Vorstellung von einem pedantischen Korrektor, der auf Stichworte und Nennung bestimmter Paragrafen Wert legt, die er seinem eigenen Lösungsschema folgend abhakt. Diese Vorstellung mag vielleicht im Einzelfall bei Ausbildungsklausuren zutreffend sein, im Examen ist diese Denkweise fatal.

39 Was ist zu empfehlen? Jeder Studierende sollte sich möglichst vor dem Examenskurs ein in sich schlüssiges Schema erarbeiten, an dem er festhält, es jedenfalls nicht regelmäßig in Frage stellt, weil der eine oder andere Autor oder Studienkollege ein anderes Schema für richtig hält. Dabei sollte er sich an den Gepflogenheiten der eigenen Fakultät orientieren in Ansehung dessen, welche Prüfungspunkte zwingend und welche fakultativ sind.

5 *Schwerdtfeger*, Öffentliches Recht in der Fallbearbeitung, Rn. 11 ff.

Das Schema darf nicht als unumstößliche Größe angesehen werden. Das Auffinden der wesentlichen Klausurprobleme hat stets Vorrang vor Aufbaufragen. Eine Klausur ist misslungen, wenn sie die Schwerpunkte verkennt, dafür im Aufbau richtig ist. 40

Hat sich der Studierende für einen Aufbau entschieden, sollte er ihn beibehalten und auch nicht mehr begründen. Überflüssig ist es, die Prüfungsschritte zu kommentieren. Beispiel: *„Um festzustellen, ob die Verfügung des Oberbürgermeisters rechtmäßig war, muss zunächst die Frage nach der Ermächtigungsgrundlage gestellt werden, weil gerade im Polizeirecht die Zuständigkeit erst anhand der Ermächtigung festgestellt werden kann."* oder *„Nunmehr ist zu prüfen, ob die Klage auch begründet ist."* 41

II. Aufbaufragen im Zusammenhang einer verwaltungsgerichtlichen Entscheidung

Die nachfolgenden Klausurlösungen folgen hinsichtlich der verwaltungsgerichtlichen Verfahren im Wesentlichen dem nachstehenden Grundschema[6], das, wie gesagt, kein Dogma ist. Zu berücksichtigen ist immer, dass bestimmte Prüfungspunkte zueinander in einem logischen Verhältnis stehen. So muss vor der Frage der Zuständigkeit des Gerichts selbstverständlich geprüft werden, ob der Verwaltungsrechtsweg eröffnet ist. 42

Die im Schema **fettgedruckten** Prüfungspunkte sind in jeder Arbeit anzusprechen. Die Prüfungspunkte in „Normalschrift" sind nur anzusprechen, wenn der Sachverhalt zu ihrer Behandlung Veranlassung gibt. 43

Das Grundschema ist mit einigen kurzen Anmerkungen versehen, die nicht vollständig alle Rechtsfragen wiedergeben, die in diesem Zusammenhang eine Rolle spielen. Wert habe ich dabei vor allem auf die Punkte gelegt, die nach meiner Erfahrung besondere Schwierigkeiten bereiten. 44

Im Anschluss daran werden die Klageverfahren und die wichtigsten Antragsverfahren vorgestellt. Auf die vom Grundschema abweichenden Besonderheiten des jeweiligen Verfahrens wird gesondert eingegangen. 45

Im Rahmen dieses Buchs können nicht alle prozessualen Fragestellungen angesprochen werden. Sofern Leser bei sich Wissenslücken feststellen, sollten sie diese durch Nacharbeit der einschlägigen Lehrbücher zum Verwaltungsprozess schließen. 46

Eine Sonderstellung nimmt in diesem Zusammenhang das Widerspruchsverfahren ein. Es gelangt deshalb im Anschluss gesondert zur Darstellung. 47

Bevor Sie in die Lektüre der Schemata „einsteigen", erbitte ich Ihre Aufmerksamkeit für folgenden **wichtigen Hinweis**: Der Text ersetzt die Lektüre von Lehrbüchern zum 48

6 In der Ausbildungsliteratur existiert eine Vielzahl von Schemata, die im Wesentlichen einander ähneln, s. z.B. *Schenke*, VerwProzess, Rn. 65; *Pietzner/Ronellenfitsch*, Das Assessorexamen im Öffentlichen Recht, 12. Aufl., 2010, S. 36; *Hufen*, VerwProzess, § 10; *Schwerdtfeger*, Öffentliches Recht in der Fallbearbeitung, Rn. 7.

Allgemeinen Verwaltungsrecht und zum Prozessrecht nicht; wie im Vorwort gesagt, ist er geschrieben in der Absicht, die einschlägigen Bücher von *Schenke* und dem *Verfasser* zu ergänzen. Bitte beachten Sie dieses und nehmen Sie diese Bücher (oder natürlich auch andere einschlägige) zur Hand. Beides zusammen – theoretische Darlegung des Stoffs; seine Anwendung auf Fälle – dürfte eine sehr gute Basis für den Erfolg sein.

III. Das Grundschema – Sachentscheidungsvoraussetzungen

1. Die deutsche Gerichtsbarkeit – § 173 VwGO iVm §§ 18 ff. GVG
2. **Die Eröffnung des Verwaltungsrechtswegs – § 40 Abs. 1 Satz 1 VwGO**
3. **Die statthafte Verfahrensart (Anfechtungs-, Verpflichtungs-, Leistungs-, Gestaltungs- oder Feststellungsklage sowie Normenkontrollantrag und Antrag auf vorläufigen Rechtsschutz) – §§ 42 Abs. 1, 43 Abs. 1, 47, 80, 123 VwGO**
4. **Die verfahrensartabhängigen Sachentscheidungsvoraussetzungen**
5. (Antrags-)Klagehäufung – § 44 VwGO
6. Die sachliche, örtliche und instanzielle Zuständigkeit des Gerichts – §§ 45 ff. VwGO
7. **Die Beteiligtenfähigkeit – § 61 VwGO**
8. Die Prozessfähigkeit, Prozessvertretung und Postulationsfähigkeit – § 62 und § 67 VwGO, Beiladung – § 65 VwGO
9. Die ordnungsgemäße Klageerhebung/Antragstellung – §§ 81 ff. VwGO
10. **Das allgemeine Rechtsschutzinteresse**
11. Das Fehlen der Rechtshängigkeit und einer rechtskräftigen Entscheidung

49 Zunächst eine Bemerkung zum gewählten Sprachgebrauch „Sachentscheidungsvoraussetzung“: Ein Blick auf die Vielzahl veröffentlichter Musterlösungen oder Lösungsschemata zeigt, dass einige Autoren die Voraussetzungen für den Eintritt des Gerichts in die materiell-rechtliche Prüfung unter dem Begriff „Zulässigkeit“ zusammenfassen, andere hingegen die Formulierung „Sachurteilsvoraussetzungen“, „Sachentscheidungsvoraussetzungen“ oder „Prozessvoraussetzungen“ bevorzugen. Von diesem differenten Sprachgebrauch sollten sich die Studierenden nicht beeindrucken lassen: sie sollten sich für *einen* Begriff entscheiden – alle Begriffe dürfen gebraucht werden mit Ausnahme des Begriffs „Sachurteilsvoraussetzung“ in Verfahren des vorläufigen Rechtsschutzes, weil die Gerichte hier durch Beschluss entscheiden. Der Grund für die begriffliche Vielfalt ist folgender: Fehlt eine Zulässigkeitsvoraussetzung in einem mit einem Urteil endenden Verfahren, wird eine Klage als unzulässig durch ein so genanntes **Prozessurteil** abgewiesen (der Begriff **„Prozessurteil“** beruht auf der Erwägung, dass das Gericht „lediglich“ zu den Sachentscheidungsvoraussetzungen und nicht zur Sache selbst entschieden hat; der „Gegensatz“ ist **Sachurteil**). Das Fehlen einer Zulässigkeitsvoraussetzung kann sprachlich unterschiedlich sachlich korrekt ausgedrückt werden.

50 Das Prozessurteil hat den Vorteil, dass dieselbe Streitsache nochmals gerichtlich ausgetragen werden kann, wenn das Fehlen einer Zulässigkeitsvoraussetzung geheilt ist; der zweite Streit muss nicht wegen entgegenstehender Rechtskraft als unzulässig abgewiesen werden. Diese Rechtsfolge gilt allerdings nicht für die Prüfungspunkte „Eröffnung des Verwaltungsrechtswegs“ und „Zuständigkeit des Gerichts“. Ist der Verwaltungsrechtsweg nicht eröffnet oder ist das angerufene Gericht unzuständig, ergeht kein abweisendes Prozessurteil, sondern die Sache wird an das zuständige Gericht verwiesen. Beide Prüfungspunkte bilden deshalb bei strenger Betrachtung nicht Sachentscheidungsvoraussetzungen der Art, deren Fehlen zur Klageabweisung führt[7]. Einige Autoren schlagen in der Folge dieser Erkenntnis einen dreistufigen Aufbau der Zulässigkeitsprüfung vor[8]; sie behandeln die Prüfungspunkte „Eröffnung des Verwaltungsrechtswegs“ und „Zuständigkeit des Gerichts“ im Rahmen einer Vorabprüfung vor der „eigentlichen“ Zulässigkeitsprüfung. Andere Autoren hingegen prüfen unter der Bezeichnung „Sachentscheidungsvoraussetzungen“ alle verfahrensrechtlichen Voraussetzungen.

Die Diskussion um die „richtige“ Bezeichnung sowie den „richtigen“ Aufbau sollte **51**
nicht zum Selbstläufer werden. Es ist jedem Studierenden überlassen, sich für eine bestimmte Terminologie sowie für einen bestimmten Aufbau zu entscheiden; er sollte sich aber anschließend an die getroffene Entscheidung strikt halten. Sinnvoll erscheint es mir, von „Sachentscheidungsvoraussetzungen“ zu sprechen, weil dieser Terminus gleichermaßen für die Klage- wie Antragsverfahren richtig ist. Von „Prozessvoraussetzungen“ oder „Sachurteilsvoraussetzungen“ sollte nur dann gesprochen werden, wenn tatsächlich ein Prozess geführt wird und er mit einem Urteil endet. Von dem dreistufigen Aufbau rate ich ab; er bringt keinen Vorteil[9]. Auf keinen Fall sollten Studierende während des Abfassens der Klausur über diese terminologischen Fragen nachdenken oder sie gar im Gutachten erörtern.

1. Die deutsche Gerichtsbarkeit (§ 173 VwGO iVm §§ 18 ff. GVG)

Viele Schemata[10] beginnen mit dem Prüfungspunkt **Deutsche Gerichtsbarkeit**. Andere **52**
lassen ihn weg. Dem Verfasser ist bislang keine Klausur bekannt, in der die Frage der deutschen Gerichtsbarkeit eine Rolle gespielt hätte. Beantwortet wird die Frage nach der deutschen Gerichtsbarkeit in den §§ 18–20 GVG, auf die § 173 VwGO verweist. Als Basisaussage kann gelten: Ist einer der Verfahrensbeteiligten ausländischer Diplomat oder Mitglied einer konsularischen Vertretung, gilt die Regel: Als Beklagter ist er von der deutschen Gerichtsbarkeit befreit, als Kläger von ihr nicht ausgeschlossen[11]. In der Verwaltungsgerichtsbarkeit ist ein Mitglied der Personengruppe nur als Kläger/Antragsteller denkbar[12].

---

7 Näheres bei *Hufen*, VerwProzess, § 10 Rn. 3.

8 So z.B. *Hufen*, VerwProzess, § 10 Rn. 1.

9 S. zur Begründung näher *Fischer*, Zulässigkeit der Klage und Zulässigkeit des Rechtswegs, JURA 2003, 748.

10 *Brüning*, Die Konvergenz der Zulässigkeitsvoraussetzungen der verschiedenen verwaltungsgerichtlichen Klagearten, JuS 2004, 882.

11 BVerwGE 100, 300, 301; es ging um die Frage, ob ein Diplomat sozialhilfeberechtigt ist.

12 Vgl. *Schenke*, VerwProzess, Rn. 65 mit Fn. 39; *Hufen*, VerwProzess, § 11 Rn. 1; *Schmitt Glaeser/Horn*, VerwProzess, Rn. 32.

2. Die Eröffnung des Verwaltungsrechtswegs (§ 40 Abs. 1 Satz 1 VwGO)

53 Die Frage nach der Eröffnung des Verwaltungsrechtswegs[13] ist nur deshalb zu stellen, weil es in Deutschland mehrere Gerichtszweige gibt, die von einander unabhängig sind. Die unterschiedlichen Gerichtszweige mit unterschiedlichen Rechtswegen sind historisch überkommen; möglicherweise wird in der Zukunft die Vielfalt reduziert. Es gibt die ordentliche Gerichtsbarkeit: Sie behandelt die privatrechtlichen Streitigkeiten sowie strafrechtliche Fälle. Neben ihr existiert die Arbeitsgerichtsbarkeit: Sie befasst sich mit Streitigkeiten aus dem Arbeitsverhältnis. Davon zu trennen ist die Verwaltungsgerichtsbarkeit: Sie gliedert sich in eine allgemeine und in eine besondere Verwaltungsgerichtsbarkeit; zur letzteren zählen die Sozialgerichtsbarkeit und die Finanzgerichtsbarkeit. Unabhängig von diesen Gerichten gibt es die Verfassungsgerichtsbarkeit des Bundes und der Länder.

Schaubild: Die deutsche Gerichtsbarkeit

Verfassungsgerichtsbarkeit: Bundesverfassungsgericht/Landesverfassungsgerichte				
Ordentliche Gerichtsbarkeit	**Arbeitsgerichtsbarkeit**	**Verwaltungsgerichtsbarkeit**	**Sozialgerichtsbarkeit**	**Finanzgerichtsbarkeit**
Zivilsachen/Strafsachen § 13 GVG	Arbeitsrechtliche Streitigkeiten §§ 2, 2a ArbGG	Öffentlich-rechtliche Streitigkeiten nichtverfassungsrechtlicher Art, § 40 Abs. 1 Satz 1 VwGO	Sozialrechtliche Streitigkeiten iSv § 51 SGG	Öffentlich-rechtliche Streitigkeiten über Abgabenangelegenheiten iSv § 33 Abs. 1 FGO
Bundesgerichtshof	Bundesarbeitsgericht	Bundesverwaltungsgericht	Bundessozialgericht	Bundesfinanzhof
Oberlandesgericht	Landesarbeitsgericht	Oberverwaltungsgericht/Verwaltungsgerichtshof	Landessozialgericht	Finanzgericht
Landgerichte	Arbeitsgericht	Verwaltungsgericht	Sozialgericht	
Amtsgerichte				

54 In Klausuren mit prozessualer Einkleidung ist der erste anzusprechende Prüfungspunkt die Eröffnung des Verwaltungsrechtswegs. Insoweit ist häufig Unsicherheit gerade bei Anfängern im Verwaltungs(-prozess)recht mit Blick auf den Umfang der Prüfung zu beobachten. Zentrale Norm ist § 40 Abs. 1 Satz 1 VwGO. Schulmäßig werden regelmäßig folgende Prüfungsschritte abgearbeitet:
erster Schritt: Existiert eine aufdrängende Sonderzuweisung; wenn nein, dann
zweiter Schritt: Handelt es sich um eine öffentlich-rechtliche Streitigkeit; wenn ja, dann
dritter Schritt: Ist diese Streitigkeit nichtverfassungsrechtlicher Art; wenn ja, dann
vierter Schritt: Gibt es eine abdrängende Sonderzuweisung?

13 Genau genommen muss es Verwaltungs*gerichts*weg heißen. *Leifer*, Die Eröffnung des Verwaltungsrechtswegs als Problem des Klausuraufbaus, JuS 2004, 956; *Fischer*, Zulässigkeit der Klage und Zulässigkeit des Rechtswegs, JURA 2003, 748.

Auch hier gilt: Erörterungen sind nur dann nötig, wenn der Sachverhalt zu ihnen Veranlassung gibt. Ansonsten reicht eine knappe Feststellung.

a) Aufdrängende Sonderzuweisung

Als erstes ist immer die Überlegung anzustellen, ob eine **aufdrängende Sonderzuweisung** gegeben ist. Sachlich geht es um folgende Prüfung: Gibt es eine Norm, die einen bestimmten Streitgegenstand (im Rahmen einer Klausur: den von Ihnen rechtlich zu würdigenden Streitgegenstand) unabhängig von seiner Rechtsnatur ausdrücklich den Verwaltungsgerichten zur Entscheidung zuweist? Diese so genannte aufdrängende Sonderzuweisung wird in § 40 Abs. 1 Satz 1 VwGO nicht ausdrücklich erwähnt. Die Notwendigkeit, sie vorrangig zu prüfen, ergibt sich indes aus dem Charakter des § 40 Abs. 1 Satz 1 VwGO als Generalklausel. Aus der Methodenlehre wissen Sie, dass die lex generalis nicht mehr zu prüfen ist, wenn eine Spezialnorm die Rechtsfrage positiv beantwortet. **55**

Die **wichtigste** aufdrängende Sonderzuweisung, die jeder Studierende kennen muss, enthält § 54 Abs. 1 BeamtStG – für Bundesbeamte iVm § 126 BBG; beamtenrechtliche Streitigkeiten sind den Verwaltungsgerichten zur Entscheidung zugewiesen. Weitere Sonderzuweisungen, die im Einzelfall zur Anwendung kommen können, sind: § 32 WPflG, § 82 SG, § 83 BPersVG. Sonderzuweisungen können an bestimmte Tatbestandsmerkmale gebunden sein („aus dem Beamtenverhältnis"); der Bearbeiter hat zu prüfen, ob die spezielle Voraussetzung vorliegt. Weitere einschlägige Normen sind: § 54 BAföG, § 56 2. Fall BPolG, § 68 IfSG, § 23 InVorG, § 4 Abs. 1 Satz 2 OrdenG, § 72b TierSG. **56**

Fehlt eine aufdrängende Sonderzuweisung, ist dieser Punkt im Gutachten nicht zu erwähnen. Nach meinem Dafürhalten sind deshalb selbst Sätze wie: *„Eine aufdrängende Sonderzuweisung ist nicht ersichtlich."* oder *„Eine aufdrängende Sonderzuweisung fehlt."* überflüssig[14]. **57**

b) Öffentlich-rechtliche Streitigkeit

Liegt eine aufdrängende Sonderzuweisung nicht vor, entscheidet sich nach den Maßstäben der Generalklausel § 40 Abs. 1 Satz 1 VwGO, ob der Verwaltungsrechtsweg eröffnet ist. **58**

Im Rahmen des § 40 Abs. 1 Satz 1 VwGO ist das zentrale Tatbestandsmerkmal die „öffentlich-rechtliche Streitigkeit". Die den Streit entscheidende Norm muss öffentlich-rechtlicher Natur sein oder, anders gewendet, dem öffentlichen Recht zugehören. **59**

Zur Abgrenzung des öffentlichen vom privaten Recht sind im Laufe der Zeit viele Theorien[15] entwickelt worden; heute finden in den Lehrbüchern regelmäßig drei Theo- **60**

---

14 Vgl. *Schenke*, VerwProzess, Rn. 134 ff.; *Hufen*, VerwProzess, § 11 Rn. 9–14; *Schmitt Glaeser/Horn*, VerwProzess, Rn. 33.

15 Der Begriff „Theorie" wird in der Jurisprudenz regelmäßig nicht in einem wissenschaftstheoretisch exakten Sinn verwendet.

rien Erwähnung: Interessentheorie, Subordinationstheorie, Sonderrechtstheorie. Diese Theorien seien (auch) an dieser Stelle ausführlich vorgestellt, weil das Problem, welches sie lösen sollen, eines der wichtigsten im Bereich des öffentlichen Rechts ist: Die Relevanz der Differenzierung zwischen öffentlichem Recht und Privatrecht erweisen wenigstens folgende Gründe: Streitigkeiten, die das Privatrecht betreffen, werden vor den ordentlichen Gerichten ausgetragen, s. § 13 GVG; für Streitigkeiten, die das öffentliche Recht betreffen, sind in der Regel die Verwaltungsgerichte zuständig, s. § 40 VwGO; deliktisches Handeln der Verwaltung unterliegt einem speziellen Haftungsregime, s. § 839 BGB iVm Art. 34 GG; das Verwaltungsverfahrensgesetz gilt nur „für die öffentlich-rechtliche Verwaltungstätigkeit" von Behörden, s. § 1 Abs. 1; die Verwaltungsvollstreckung ist prinzipiell nur zur Durchsetzung öffentlichrechtlicher Forderungen und Verpflichtungen möglich; die Bestimmung des Umfangs der Gesetzgebungskompetenz nach Art. 74 Abs. 1 Nr. 1 GG (Bürgerliches Recht), die freilich unter Berücksichtigung traditioneller Aspekte zu erfolgen hat[16].

61 Die **Interessentheorie** differenziert nach dem im Rechtssatz verkörperten Interesse. Öffentliches Recht sind deshalb die dem öffentlichen Interesse, Privatrecht die dem Individualinteresse verpflichteten Rechtssätze. Diese Theorie geht auf den römischen Juristen Ulpian zurück: publicum jus est quod ad statum rei Romanae spectat, privatum quod ad singulorum utilitatem. – Der Einwand gegen diese „Theorie" beruht auf ihrer mangelnden Trennschärfe: Es gibt eine Vielzahl von Normen, die sowohl dem öffentlichen als auch dem privaten Interesse dienen. Ferner kann zwischen öffentlichem Interesse und privatem Interesse nicht immer trennscharf unterschieden werden. Die Richtigkeit dieser Aussage zeigt der berühmte Satz von Henry Ford: Was gut für Ford ist, ist gut für Amerika. – Auf der Basis eines solchen wenig trennscharfen Kriteriums lässt sich nicht überzeugend arbeiten.

Beispiel: Eine steuerrechtliche Norm (eindeutig öffentliches Recht), die den privaten Wohnungsbau durch Steuerverschonung fördert, dient sowohl dem privaten Interesse (der Begünstigte entrichtet weniger Steuern) als auch dem öffentlichen Interesse an der Vermeidung von Obdachlosigkeit.

62 Die **Subordinationstheorie**, auch Über-Unterordnungstheorie oder Subjektionstheorie genannt, nimmt das Rangverhältnis der in einer Rechtsbeziehung zueinander Stehenden in den Blick. Öffentliches Recht ist gegeben, wenn die Rechtsbeziehung der an dem Rechtsverhältnis Beteiligten durch ein Über-Unterordnungsverhältnis gekennzeichnet ist, Privatrecht liegt vor, wenn Gleichordnung die Rechtsbeziehung charakterisiert. Die Einwände gegen diese Lehre liegen ebenfalls auf der Hand: Diese „Theorie" ist teilweise unzutreffend. Es gibt auch im öffentlichen Recht Gleichordnungsverhältnisse (z.B. verwaltungsrechtlicher Vertrag zwischen Hoheitsträgern); ferner existieren im Privatrecht Über- und Unterordnungsverhältnisse (Eltern-Kind-Verhältnis, arbeitsrechtliches Direktionsrecht). Schließlich vermag diese Theorie die Einordnung der Leistungsverwaltung nicht stimmig zu erklären; diese beruht gerade auf dem Verzicht von Über- und Unterordnung. Endlich ist die Subjektion Folge der

16 S. BVerfGE 42, 28 ff.; 61, 174 ff.

Geltung des öffentlichen Rechts; die Subordinationstheorie basiert also auf einer Verkennung von Ursache und Wirkung.

Die **(modifizierte) Subjektstheorie**, auch Zuordnungstheorie oder Sonderrechtstheorie genannt, differenziert danach, wer auf Grund welchen Rechts handelt. Zum öffentlichen Recht zählen diejenigen Rechtssätze, die allein den Staat oder einen sonstigen Träger hoheitlicher Gewalt berechtigen oder verpflichten; dem Privatrecht gehören die für jedermann geltenden Rechtssätze an. Das öffentliche Recht ist also der Inbegriff derjenigen Rechtssätze, deren Zuordnungssubjekt ausschließlich ein Hoheitsträger ist. Öffentliches Recht ist das Sonderrecht des Staats. – Diese Lehre hat *H. J. Wolff* 1950 begründet[17]. Sie hat in jüngerer Zeit eine Modifikation erfahren (deshalb „modifizierte Subjektstheorie")[18]. Maßgebend ist nicht, ob die Rechtsnorm allein einen **Hoheitsträger schlechthin**, sondern einen **Hoheitsträger als solchen** als Zuordnungssubjekt kennt, dh einen Hoheitsträger gerade in seiner Eigenschaft als Träger öffentlicher Gewalt berechtigt oder verpflichtet. – Die Modifizierung der Subjektstheorie ist praktisch bedeutungsvoll. 63

Ein immer wieder herausgestelltes **Beispiel:** Das in § 928 Abs. 2 BGB geregelte Aneignungsrecht des Staats ist nach Wolff öffentliches Recht, weil es allein den Staat berechtigt. Nach *Bettermann* und *Bachof* ist es ein privates Recht, weil nicht der Staat als Hoheitsträger, sondern als Teilnehmer am bürgerlich-rechtlichen Rechtsverkehr Anspruchsinhaber ist.

Das entscheidende Kriterium ist die „hoheitliche Gewalt". Indem dieses – rein formale – Kriterium den Mittelpunkt der Betrachtung bildet, wird den unterschiedlichen Funktionen des öffentlichen Rechts und des Privatrechts Rechnung getragen: Öffentliches Recht dient der Begründung und Begrenzung staatlicher Befugnisse gegenüber dem Einzelnen und berechtigt und verpflichtet den Staat, die Befugnisse gegenüber dem Einzelnen einseitig durchzusetzen – das Privatrecht setzt die Privatautonomie des Einzelnen voraus und stellt Regelungen bereit, mit deren Hilfe Interessenkonflikte zwischen Privaten gelöst werden. – Auch gegen die modifizierte Subjektstheorie liegt ein Einwand gegen ihre Brauchbarkeit auf der Hand. Sie ist zirkelschlüssig: Wer auf Grund öffentlichen Rechts handelt, handelt mit „hoheitlicher Gewalt", wozu ihn das öffentliche Recht berechtigt; wann öffentliches Recht vorliegt, soll sich aber danach bestimmen, wann jemand mit „hoheitlicher Gewalt" handelt. Damit wird das zu Bestimmende Bedingung für die Möglichkeit der Bestimmung. Bei rein logischer Betrachtung ist dieses ausgeschlossen. 64

Nach alldem vermag keine der „Abgrenzungstheorien" überzeugende Abgrenzungskriterien zu liefern. – Die Praxis betrachtet den Wert der Abgrenzungstheorien mit Recht als gering. Die Rechtsanwender wissen (und Sie werden es nach einiger Zeit ebenfalls wissen), ob eine Norm dem öffentlichen Recht oder dem Privatrecht angehört. Praktisch bereitet deshalb weniger die Qualifizierung der Rechtssätze denn die Zuordnung 65

17 AöR Bd. 76, 205 ff.

18 Durch *Bettermann*, NJW 1977, 715 f.; *Bachof*, FG BVerwG, 1978, S. 9 ff.

eines Lebenssachverhalts zu bestimmten Rechtsnormen Schwierigkeiten. „Der Unterschied zwischen öffentlichem Recht und Privatrecht ist für die Praxis **kein Qualifikationsproblem**, sondern ein **Zuordnungsproblem**“ *(Maurer)*.

66 Dieses bedingt für die Lösung praktischer Fälle: Es kann normalerweise darauf verzichtet werden, für ihre Lösung die verschiedenen Abgrenzungstheorien heranzuziehen. Wenn in der Juristenzunft geklärt ist, ob die für die Lösung relevante Norm dem öffentlichen oder dem privaten Recht zugehört, ist es ausreichend, auf das bekannte Ergebnis zu verweisen. Problematisch sind deshalb nur folgende Konstellationen:

- Es ist streitig, ob die einschlägige Norm dem öffentlichen oder dem privaten Recht zugehört;
- es existiert keine den Streit entscheidende Norm;
- es existieren für die Lösung eines Problems Normen des öffentlichen und des privaten Rechts; die jeweilige Lösung ist unterschiedlich.

67 Im ersten Falle ist mithilfe der dargestellten Theorien zu klären, welchem Rechtsgebiet die Norm zugehört (da dieses streitig ist, wird von Ihnen eine persönliche Entscheidung verlangt); in den beiden anderen Fällen müssen Sie den Streitstoff einer Norm zuordnen (auch in diesen Fällen wird von Ihnen eine eigene Entscheidung verlangt; indessen gibt es hier häufig Vorarbeiten durch die Rechtsprechung und die Literatur). Umstritten ist insbesondere die Lösung folgender Einzelfälle: das Benutzungsverhältnis öffentlicher Einrichtungen; die Ausstrahlung von Fernseh- und Rundfunksendungen; das behördliche Hausverbot; Unterlassungs- bzw. Widerrufsansprüche gegen rufgefährdende Erklärungen von Behörden im Zusammenhang mit gutachtlichen Äußerungen sowie mit wettbewerbswidrigem Verhalten der öffentlichen Hand; „nachbarrechtliche Einwirkungen“; öffentliche Subventionierung Privater.

68 Anfänger neigen regelmäßig dazu – meist umständlich und viel zu ausführlich – die Theorien zur Abgrenzung des öffentlichen vom privaten Recht darzustellen; zumindest gelegentlich meinen sie, mit der Darstellung eine der Hürden der Klausur genommen zu haben. Fortgeschrittene wissen von diesem Irrtum und behandeln den Punkt mit wenigen Worten. Sie übersehen dabei manchmal die wirklich problematischen Fälle. Was ist hier zu raten? Im Grunde hilft Folgendes:

1. Kenntnis der problematischen Fallgruppen,
2. etwas Erfahrung, und
3. Orientierung am Grundsatz „im Zweifel für den Verwaltungsrechtsweg“.

69 Die **problematischen Fallgruppen** sind (um es zu wiederholen) folgende:

1. die Rückabwicklung fehlgeschlagener Subventionen[19],
2. der Nutzungsanspruch in öffentlichen Einrichtungen (Hausverbot)[20],
3. wirtschaftlicher Wettbewerb unter Beteiligung öffentlich-rechtlicher Körperschaften,
4. die Realakte,

---

19 Hier wird mit der so genannten Zweistufentheorie argumentiert, zu der im Übrigen das zu den „Theorien“ eben Gesagte gilt.

20 *Zilkens*, Hausverbot im Planungsamt, nach VG Minden (NVwZ-RR 1999, 334), JuS 2003, 165–170.

5. die Tätigkeit einer Privatperson als „Beliehener“,
6. die Abgrenzung öffentlich-rechtlicher von privatrechtlichen Verträgen.

Die Erfahrung sagt Ihnen, dass die regelmäßig in Klausuren relevanten Rechtsmaterien Baurecht, Polizeirecht und Kommunalrecht dem öffentlichen Recht zugehören. **70**

Der Grundsatz „im Zweifel für den Verwaltungsrechtsweg“ gilt deshalb, weil es höchst unwahrscheinlich ist, dass Sie in der Übung im öffentlichen Recht für Fortgeschrittene oder im Examen als öffentlich-rechtliche Klausur einen Fall zu lösen haben werden, der **nicht** öffentlich-rechtlicher Natur ist. Konsequenz einer solchen Aufgabenstellung wäre nämlich, dass Sie alle Probleme des Falls im Wege des Hilfsgutachtens lösen müssten: Das kann ich mir als faire Klausur nicht vorstellen, weil die Kandidaten nicht den Mut aufbringen, diesen Weg zu wählen; Klausuren sollen den Bearbeitern Gelegenheit geben, ihr Können zu präsentieren, sie aber nicht in Fallen locken. **71**

Diesen Ausführungen entsprechend hat in einfachen Fallkonstellationen die Darstellung knapp im Urteilsstil, in Problemfällen ausführlicher im Gutachtenstil zu erfolgen. Ein **Beispiel** für einen **einfachen** Fall; er hat zum Gegenstand, ob Professor P eine Baugenehmigung für ein Vorhaben auf seinem Grundstück am Sacrower See (Außenbereich von Potsdam) beanspruchen kann: *Den Streit über die Erteilung einer Baugenehmigung entscheidet § 67 Abs. 1 BbgBO iVm § 35 BauGB. Beide Normen zählen zum öffentlichen Recht, weil sie einen Träger öffentlicher Gewalt berechtigen und verpflichten. Es fehlt sowohl an einer verfassungsrechtlichen Streitigkeit als auch an einer abdrängenden Sonderzuweisung. Der Verwaltungsrechtsweg ist eröffnet.*[21] – Ein **Beispiel** für einen **mittelschweren** Fall; er hat zum Gegenstand, ob Professor P die in einem Vertrag (er enthält alle möglichen Festlegungen) mit der Stadt Potsdam erteilte Baugenehmigung für sein Vorhaben auf dem Seegrundstück nutzen und mit dem Bau beginnen kann; die Stadt Potsdam behauptet, der Vertrag sei nichtig, weil P die Stadt mit seinem überlegenen Wissen „über den Tisch gezogen habe“: *Voraussetzung für die Eröffnung des Verwaltungsrechtswegs nach § 40 Abs. 1 Satz 1 VwGO ist zunächst, dass eine öffentlich-rechtliche Streitigkeit vorliegt. Der Streit um die Nichtigkeit des Vertrags lässt sich nicht mithilfe der (einfachen) Nennung einer Norm entscheiden, da zuvor die Frage zu beantworten ist, aus welchem Rechtsgebiet die Norm zu stammen hat. Die Antwort ist abhängig von der Rechtsnatur des Vertrags. Nach § 54 Satz 2 VwVfG ist ein Vertrag als öffentlich-rechtlich zu qualifizieren, wenn er an die Stelle eines zu erlassenden Verwaltungsakts tritt. Die Baugenehmigung ist ein Verwaltungsakt. Deshalb ersetzt der geschlossene Vertrag den Erlass eines Verwaltungsakts. Der Vertrag ist (insoweit*[22]*) öffentlich-rechtlicher Natur. Eine öffentlich-rechtliche Streitigkeit ist gegeben.* **72**

Mit der im einfachen Fall gewählten Formulierung bekennt sich der Bearbeiter zur so genannten Sonderrechtstheorie (modifizierten Subjektstheorie). Der Fall ist eindeutig; weitere Ausführungen sind nicht nötig. **73**

---

21 Zu den Prüfungspunkten verfassungsrechtliche Streitigkeit und abdrängende Sonderzuweisung im Folgenden.

22 Auf die Beantwortung der Frage, ob damit der Vertrag insgesamt öffentlich-rechtlicher Natur ist, kommt es nicht an; die Frage ist hier nicht zu beantworten, da nähere Einzelheiten nicht mitgeteilt wurden.

74 Zurückhaltung mit den Abgrenzungstheorien ist im Rahmen der Klausur geboten. „Theorien“ dienen im Bereich der Jurisprudenz dazu, in Zweifelsfällen vertretbare Ergebnisse zu erzielen; „Theorien“ formulieren im Bereich der Jurisprudenz Kriterien, die eine Antwort nach dem Schema ja/nein ermöglichen sollen. Die ausführliche Dokumentation aller „Theorien“ in unproblematischen Fällen wird als falsche Schwerpunktsetzung negativ vermerkt[23]. Nur die wirklich problematischen Fälle bedürfen regelmäßig einer ausführlichen Darstellung[24].

c) Streitigkeit nichtverfassungsrechtlicher Art

75 Die Zuständigkeit der Verwaltungsgerichte ist von der Zuständigkeit der Verfassungsgerichte abzugrenzen; beiden Gerichten sind öffentlich-rechtliche Streitigkeiten zur Lösung zugewiesen. Die Abgrenzung findet sich in § 40 Abs. 1 Satz 1 VwGO. Nach dieser Norm entscheiden die Verwaltungsgerichte nur solche öffentlich-rechtlichen Streitigkeiten, die nichtverfassungsrechtlicher Art sind. Dieser Prüfungspunkt ist in der Praxis regelmäßig unproblematisch, in der Lehre nicht.

76 Unbestrittener Ausgangspunkt für die Bestimmung der „Streitigkeit nichtverfassungsrechtlicher Art“ ist heute die Erkenntnis, dass eine lediglich formale Bestimmung – ein verfassungsrechtlicher Streit ist ein solcher, den eine Rechtsnorm einem Verfassungsgericht zur Entscheidung zuweist – nicht hinreicht. Es müssen materielle Elemente hinzukommen.

77 Regelmäßig fällt jetzt das Stichwort **doppelte Verfassungsunmittelbarkeit**[25]. Eine verfassungsrechtliche Streitigkeit ist nach diesem Kriterium gegeben, wenn 1. die den Streit maßgebend entscheidende Norm dem materiellen Verfassungsrecht zugehört, und 2. die Rechtsstellung der Beteiligten unmittelbar in der Verfassung wurzelt[26].

78 Als **Merkhilfe** kann dienen: Streitigkeiten zwischen Bürger und Staat sind nie verfassungsrechtlich, selbst wenn eine beteiligte Partei ein Verfassungsorgan ist bzw. über die Reichweite der Grundrechte gestritten wird (aber Vorsicht: der Streit über die Reichweite eines Grundrechts in Form einer Verfassungsbeschwerde ist natürlich eine verfassungsrechtliche Streitigkeit im formellen Sinn)[27]. Ebenso wenig ist der Kommunalverfassungsstreit ein Streit über Verfassungsrecht, sondern ein Streit über Normen des Kommunalrechts[28].

---

23 *Schenke*, VerwProzess, Rn. 99.

24 Vgl. *Schenke*, VerwProzess, Rn. 112 ff.; *Hufen*, VerwProzess, § 11 Rn. 14 ff.; *Schmitt Glaeser/Horn*, VerwProzess, Rn. 35 ff.; BVerwG, NJW 2002, 2894 = JuS 2003, 201(cic aus öffentlich-rechtlichem Vertrag).

25 Dazu *Hufen*, VerwProzess, § 11 Rn. 49; *Stern/Blanke*, VerwProzess, Rn. 84 ff.; kritisch zur h.M. *Schenke*, VerwProzess, Rn. 127.

26 Nach *Hufen* und *Stern/Blanke* meint doppelte Verfassungsunmittelbarkeit: Beide Parteien müssen verfassungsunmittelbar berechtigt und verpflichtet sein. Nach *Schenke* heißt doppelt verfassungsunmittelbar: Beide Parteien *und* das dem Streit zugrunde liegende Recht müssen ihren Ursprung in der Verfassung haben.

27 A.A. *Schenke*, VerwProzess, Rn. 129 ff.

28 Vgl. *Schenke*, VerwProzess, Rn. 124 ff.; *Hufen*, VerwProzess, § 11 Rn. 52; *Schmitt Glaeser/Horn*, VerwProzess, Rn. 53.

d) Keine abdrängende Sonderzuweisung

Liegt eine öffentlich-rechtliche Streitigkeit nichtverfassungsrechtlicher Art vor, muss abschließend untersucht werden, ob dieser Streit durch Bundes- (§ 40 Abs. 1 Satz 1 Hs. 2 VwGO) oder Landesrecht (§ 40 Abs. 1 Satz 2 VwGO) einem anderen Gericht zugewiesen ist. Damit ist die so genannte abdrängende Zuweisung angesprochen. Mit dem anderen Gericht ist ein anderer Gerichtszweig gemeint: ordentliche Gerichtsbarkeit, Sozial-, Finanz- und Arbeitsgerichtsbarkeit. **79**

Eine abdrängende Zuweisung an die ordentliche Gerichtsbarkeit enthalten die Art. 14 Abs. 3 Satz 4 GG, Art. 19 Abs. 4 Satz 2 GG und 34 Satz 3 GG; Art. 14 Abs. 3 Satz 4 GG ist wohl die bedeutendste. **80**

Eine wichtige abdrängende Sonderzuweisung findet sich in § 40 Abs. 2 Satz 1 Var. 1 VwGO: vermögensrechtliche Ansprüche aus Aufopferung für das gemeine Wohl; § 40 Abs. 2 Satz 1 Var. 2 VwGO: vermögensrechtliche Ansprüche aus öffentlich-rechtlicher Verwahrung; § 40 Abs. 2 Satz 1 Var. 3 VwGO: Schadenersatzansprüche aus der Verletzung öffentlich-rechtlicher Pflichten. Ferner ist § 49 Abs. 6 Satz 3 VwVfG zu nennen. **81**

Probleme ergeben sich regelmäßig im Zusammenhang mit polizeilichen Maßnahmen, wenn unklar ist, ob die angegriffene Maßnahme präventiven (Gefahrenabwehr) oder repressiven (Strafverfolgung) Charakter hatte. Nach der einschlägigen Verweisungsnorm § 23 EGGVG sind für die Maßnahmen der Strafverfolgungsbehörden die ordentlichen Gerichte zuständig. **82**

Den Rechtsweg zu den ordentlichen Gerichten eröffnet § 13 GVG, zu den Arbeitsgerichten §§ 2, 2a ArbGG, zu den Sozialgerichten § 51 SGG und zu den Finanzgerichten § 33 FGO. **83**

Hinzuweisen ist auf § 217 Abs. 1 Satz 4 BauGB, der bestimmte öffentlich-rechtliche Streitigkeiten aus dem Baurecht den bei den Landgerichten eingerichteten Kammern für Baulandsachen zuweist[29]. **84**

Eine Besonderheit im Zusammenhang Fragen des Verwaltungsrechtswegs stellen die §§ 17 Abs. 2 und 17a GVG dar. § 17 Abs. 2 GVG regelt den Fall, dass ein Begehren nach verschiedene Anspruchsgrundlagen entschieden werden kann und für die verschiedenen Anspruchsgrundlagen unterschiedliche Rechtswege eröffnet sind. Das auf einem zulässigen Rechtsweg angerufene Gericht muss den Rechtsstreit unter allen in Betracht kommenden rechtlichen Gesichtspunkten entscheiden. Genau genommen handelt es sich bei § 17 Abs. 2 GVG nicht um eine Rechtswegverweisung. Die Literatur behandelt die Norm regelmäßig unter dem Stichwort „Rechtsweg kraft Sachzusammenhang“. **85**

Beispiel: Klage eines Beamten gegen seinen Dienstherrn auf Schadenersatz wegen rechtswidrigen Verhaltens. Anspruchsgrundlagen: Verletzung der Fürsorgepflicht des Dienstherrn, § 45 BeamtStG – Rechtsweg nach § 54 Abs. 1 BeamtStG: Verwaltungsgericht, und Amtshaftungsanspruch, § 839 BGB iVm Art. 34 GG – ordentlicher Rechtsweg nach Art. 34 Satz 3 GG.

---

29 Vgl. *Schenke*, VerwProzess, Rn. 134 ff.; *Hufen*, VerwProzess, § 11 Rn. 53 ff.; *Schmitt Glaeser/Horn*, VerwProzess, Rn. 61 ff. Zu den Baulandgerichten *Peine*, ÖffBauR, Rn. 902 ff.

86 Das angerufene ordentliche Gericht muss im Beispielsfall nach beiden Anspruchsgrundlagen entscheiden. Wird das Verwaltungsgericht angerufen, prüft es nur den Anspruch nach § 45 BeamtStG; wegen der Ausnahmevorschrift § 17 Abs. 2 Satz 2 GVG ist dem Verwaltungsgericht die Prüfung des Amtshaftungsanspruchs verwehrt. Derartige Fälle dürften selten in der Verwaltungsrechtsklausur gestellt werden; denkbar ist es ohne weiteres, Anwaltsklausuren mit entsprechendem Sachverhalt zu konstruieren. Erinnert werden muss in diesem Zusammenhang daran, dass § 17 Abs. 2 GVG nur relevant ist, wenn **ein** Streitgegenstand nach unterschiedlichen Rechtsnormen zu beurteilen ist. Wenn über **mehrere** Streitgegenstände aus demselben Sachzusammenhang stammend zu befinden ist, muss für jeden Gegenstand gesondert der Rechtsweg geprüft werden[30].

87 Von größerer praktischer Bedeutung dürften Fälle sein, in denen § 17a Abs. 2 GVG zur Anwendung kommt. Diese Norm erfasst die Sachverhalte, in denen ein objektiv fälschlicherweise angerufenes Gericht eine Sache an das Gericht des zulässigen Rechtswegs verweist. Dieses Gericht ist an die Verweisung gebunden, § 17a Abs. 2 Satz 3 GVG.

Beispiel: Das unzuständige Amtsgericht verweist eine Sache an das zuständige Verwaltungsgericht.

88 Der Studierende beginge einen Fehler, wenn er erneut § 40 Abs. 1 Satz 1 VwGO prüfte. Die Frage nach dem zulässigen Rechtsweg hat für ihn bereits das Amtsgericht entschieden. Das Verwaltungsgericht ist zuständig nach § 17a Abs. 2 GVG.

Schaubild: Die Prüfung des § 40 Abs. 1 Satz 1 VwGO

Erster Schritt:	Aufdrängende Sonderzuweisung? → es ist nach einer einschlägigen Norm zu suchen	Antwort „ja“: Prüfung beendet	Antwort „nein“: zweiter Schritt
Zweiter Schritt:	Öffentlich-rechtliche Streitigkeit? → es ist nach den Theorien zur Abgrenzung des öffentlichen vom privaten Recht zu entscheiden	Antwort „ja“: dritter Schritt	Antwort „nein“: Prüfung beendet
Dritter Schritt:	Streitigkeit nichtverfassungsrechtlicher Art? → es ist nach der Lehre von der doppelten Verfassungsunmittelbarkeitzu entscheiden	Antwort „ja“: vierter Schritt	Antwort „nein“: Prüfung beendet
Vierter Schritt:	Abdrängende Sonderzuweisung? → z.B. Art. 14 Abs. 3 GG; § 51 SGG	Antwort „ja“: Verwaltungsrechtsweg nicht eröffnet	Antwort „nein“: Verwaltungsrechtsweg eröffnet

30 Zum Streitgegenstand vgl. *Hufen*, VerwProzess, § 10 Rn. 7–10.

3. Die statthafte Verfahrensart

a) Die „Qualität" des Rechtsschutzes

Unter dem Aspekt der „Qualität" des Rechtsschutzes kennt das Verwaltungsprozessrecht drei Typen: endgültigen, vorläufigen und vorbeugenden Rechtsschutz. Die Trennlinie zwischen den unterschiedlichen Qualitäten verläuft folgendermaßen: Endgültiger und vorläufiger Rechtsschutz setzen geschehenes oder unterlassenes/verweigertes Handeln des Staats voraus: 89

Beispiel: Die Stadt Potsdam erlässt oder verweigert den Erlass einer an Professor P gerichteten Baugenehmigung. – Vorbeugender Rechtsschutz will verhindern, dass der Staat überhaupt tätig wird.

Beispiel: Die Stadt Potsdam will Professor P die Baugenehmigung verweigern; bereits vor Erlass des ablehnenden Bescheids erhebt P Klage vor dem Verwaltungsgericht Potsdam. Die VwGO ermöglicht die differenten Qualitäten des Rechtsschutzes. Während endgültiger und vorläufiger Rechtsschutz mit unterschiedlichen Verfahrensarten erzielt wird, besteht das Problem des vorbeugenden Rechtsschutzes darin, ob für die zu erhebende Klage das Rechtsschutzbedürfnis besteht. Es zeigt sich: Während bei der ersten Gruppe die Statthaftigkeit einer Verfahrensart als solche das Problem darstellt, ist im zweiten Fall eine Sachentscheidungsvoraussetzung einer Verfahrensart der besondere Prüfungspunkt.

b) Die allgemeinen Verfahrensarten

Das allgemeine Prozessrecht unterscheidet folgende Verfahrensarten: Klageverfahren und Antragsverfahren. Es kennt folgende Klagetypen: Leistungsklage, Gestaltungsklage, Feststellungsklage. Eine Leistungsklage liegt vor, wenn der Kläger ein Tun, Dulden oder Unterlassen begehrt – *Beispiel: A begehrt von B die Zahlung von 1000,– €*; mit einer Gestaltungsklage kann der Kläger die Veränderung eines Rechtsverhältnisses erreichen – *A begehrt die Scheidung seiner mit B bestehenden Ehe*; bei der Feststellungsklage geht es um das Bestehen oder Nicht-Bestehen eines Rechtsverhältnisses – *A begehrt die Feststellung, dass das von B geborene Kind C nicht sein leibliches sei.* – Das allgemeine Prozessrecht kennt als Antragsverfahren das Verfahren auf Erlass einer einstweiligen Anordnung. Mit ihr wird ein Zustand vorläufig geregelt – *Beispiel: Bis zur wirksamen Scheidung einer Ehe erhält Frau B als Mutter von C vorläufig das Sorgerecht.* 90

c) Die Verfahrensarten nach der Verwaltungsgerichtsordnung

Die VwGO kennt ebenso wie die allgemeine Prozessrechtslehre die Verfahrensarten Klageverfahren und Antragsverfahren (die Durchführung eines Widerspruchsverfahrens nach §§ 68 ff. VwGO ist für die Zulässigkeit bestimmter Klagen Voraussetzung; es ist deshalb keine besondere Verfahrensart). Einige Zulässigkeitsvoraussetzungen gelten für alle Verfahren (z.B. Beteiligtenfähigkeit, allgemeines Rechtsschutzbedürfnis), andere sind an spezielle Verfahrenstypen gebunden (z.B. die Notwendigkeit eines Widerspruchsverfahrens). Dementsprechend muss im Gutachten frühzeitig festgestellt wer- 91 den, welche Verfahrensart für das beantragte Begehren einschlägig ist, damit die richtigen „besonderen Sachentscheidungsvoraussetzungen“ geprüft werden.

aa) Die Klagearten

92 Die zuvor aufgezählten Klagearten gibt es auch im Verwaltungsprozessrecht – sie heißen nur anders: freilich nicht durchgehend. **Die Leistungsklage** gibt es im Verwaltungsprozessrecht in Gestalt der **Verpflichtungsklage** und der **allgemeinen Leistungsklage**; die **Gestaltungsklage** existiert unter dem Namen **Anfechtungsklage** – eine **allgemeine Gestaltungsklage** parallel zur allgemeinen Leistungsklage gibt es nicht; die **Feststellungsklage** heißt auch im Verwaltungsprozessrecht **Feststellungsklage**, neben ihr gibt es die so genannte **Fortsetzungsfeststellungsklage**.

93 Die zuvor aufgeführte **allgemeine Leistungsklage** findet keine ausdrückliche Erwähnung in der VwGO, sie wird vom Gesetz indes in folgenden Vorschriften als eine statthafte Klageart vorausgesetzt: § 40 iVm § 43 Abs. 2 Satz 1 VwGO; §§ 111, 113 Abs. 4, 169 Abs. 2 und 170 VwGO.

Schaubild: Die Klagearten

Allgemein	Gestaltungsklage	Leistungsklage	Feststellungsklage
Im Verwaltungsprozessrecht	Anfechtungsklage	Verpflichtungsklage Allgemeine Leistungsklage	Feststellungsklage Fortsetzungsfeststellungsklage

(1) Das mit den Klagearten erreichbare Ziel

94 Welche Klageart für den Kläger geeignet ist, um sein Ziel zu erreichen, hängt vom Ziel des Klägers ab. Mit den unterschiedlichen Klagearten sind nach der VwGO (nur) spezifische Ziele zu erreichen:

- **Anfechtungsklage:** Aufhebung eines Verwaltungsakts, § 42 Abs. 1 Var. 1 VwGO;
- **Verpflichtungsklage:** Verurteilung zum Erlass eines Verwaltungsakts, § 42 Abs. 1 Var. 2 VwGO;
- **allgemeine Leistungsklage:** jedes Tun, Dulden oder Unterlassen, welches nicht die Rechtsnatur eines Verwaltungsakts hat = schlicht hoheitliches Handeln; die allgemeine Leistungsklage existiert in zwei Varianten: positive Leistungsklage = Vornahmeklage: mit ihr verlangt der Kläger ein bestimmtes Tun, und negative Leistungsklage = Unterlassungsklage: mit ihr verlangt der Kläger, etwas Bestimmtes zu unterlassen;
- **Feststellungsklage:** Bestehen oder Nichtbestehen eines Rechtsverhältnisses oder Nichtigkeit eines Verwaltungsakts, § 43 Abs. 1 VwGO;
- **Fortsetzungsfeststellungsklage:** Feststellung der Rechtswidrigkeit eines Verwaltungsakts, nachdem dieser sich erledigt hat; **mit Blick auf den Zeitpunkt der Erledigung** sind drei Fälle zu unterscheiden: Erledigung während des Klageverfahrens, § 113 Abs. 1 Satz 4 VwGO; Erledigung während des Widerspruchsverfahrens, § 113

Abs. 1 Satz 4 VwGO analog; Erledigung vor Einleitung eines noch zulässigen Widerspruchsverfahrens, § 113 Abs. 1 Satz 4 doppelt analog (Die **analoge Anwendung** des § 113 Abs. 1 Satz 4 VwGO für den Fall der Erledigung des Verwaltungsakts während des Widerspruchsverfahrens ergibt sich daraus, dass § 113 Abs. 1 Satz 4 VwGO nur den Fall der Erledigung während des Klageverfahrens erfasst; für die anderen Fälle besteht jeweils eine Regelungslücke, die durch die analoge bzw. doppelt analoge Anwendung der Norm geschlossen wird.).

(2) Die Bestimmung des Klageziels

Für den Richter ist der vom Kläger gestellte Antrag maßgebend. Ist der Antrag unklar **95**
oder falsch formuliert, muss der Richter nach § 88 VwGO den Antrag auslegen; er hat den wirklichen Willen des Antragstellers zu erforschen. Das Ergebnis muss den gesamten Schriftsatz und das in ihm erkennbar verfolgte Rechtsschutzziel berücksichtigen.

Eine Klausur enthält regelmäßig keinen auszulegenden Antrag als Fallfrage. Der Stu- **96**
dierende muss einen fiktiven Lebenssachverhalt rechtlich würdigen, der mit der Mitteilung endet, X oder Y habe beim Verwaltungsgericht Klage erhoben. Diesen Informationen muss der Studierende das Begehren des Antragstellers entnehmen. Dann muss er feststellen, welche Klageart dem Begehren der klagenden Person gerecht wird, dem Klagebegehren entspricht. Diese Feststellung leiten Anfänger mit besonders beliebten Formulierungen ein wie: *„Die Klageart richtet sich nach dem Begehren des Klägers, § 88 VwGO."* oder *„Die statthafte Klageart richtet sich nach dem Begehren des Klägers. Das Begehren ist nach § 88 VwGO auszulegen."* Richtig daran ist: Das Begehren/das Klageziel bestimmt die Klageart. Welches Ziel der Kläger verfolgt, ergibt der in der Klausur geschilderte Sachverhalt; mit § 88 VwGO hat das nichts zu tun. Nur wenn der Sachverhalt einen genauen an das Gericht gerichteten Antrag enthält und wenn der Antrag und das erkennbare Klageziel einander widersprechen, ist der Handlungsauftrag des § 88 VwGO zu berücksichtigen.

Beispiel: Die Polizei schleppt den PKW des A ab. Sie zieht A zu den Kosten heran. A erhebt Klage zum Verwaltungsgericht mit dem Antrag, festzustellen, dass der Kostenbescheid und der Widerspruchsbescheid rechtswidrig sind. Wie wird das Verwaltungsgericht entscheiden?

Es geht A erkennbar nicht um ein Feststellungsbegehren, sondern um die Anfechtung des Kostenbescheids; das Gericht soll ihn aufheben, damit A die Kosten nicht tragen muss. Laienhaft wäre es, die Zulässigkeitsvoraussetzungen einer Feststellungsklage abzuarbeiten und bei der Prüfung ihrer Subsidiarität zum Ergebnis zu gelangen, sie sei unzulässig. Solche Umwege werden erspart, wenn der falsche Antrag sofort nach dem erkennbaren Klagebegehren ausgelegt wird. Im Beispielsfall ist es richtig, den Antrag nach § 88 VwGO auszulegen und zu formulieren, dass richtigerweise die Anfechtungsklage dem Klagebegehren entspricht.

Schaubild: Die Relation Klagearten – Klageziel

Klageziel	**Anfechtungsklage**	**Verpflichtungsklage**	**Feststellungsklage**	**Allgemeine Leistungsklage**	**Fortsetzungsfeststellungsklage**
Aufhebung eines VA	+				
Erlass eines VA		+			
Bestehen oder Nichtbestehen eines Rechtsverhältnisses			+		
Feststellung der Nichtigkeit eines VA			+		
Verurteilung zu einem Tun, Dulden oder Unterlassen, das nicht VA-Qualität hat				+	
Sämtliche Fälle von erledigtem Staatshandeln mit oder ohne VA-Qualität					+

97 Der fortgeschrittene Studierende erkennt sofort, welches Verfahren statthaft ist. Bestehen Unsicherheiten, muss er Schritt für Schritt die Verfahren ausscheiden, die nicht in Betracht kommen, und hat dann in der Lösung zu begründen, warum er sich für eine bestimmte Verfahrensart entschieden hat.

bb) Die Antragsverfahren

98 Die VwGO kennt drei verschiedene Antragsverfahren: die prinzipale Normenkontrolle nach § 47 VwGO; Maßnahmen im Zusammenhang der aufschiebenden Wirkung von Rechtsbehelfen nach §§ 80 Abs. 5, 80a Abs. 3 VwGO; die einstweilige Anordnung nach § 123 Abs. 1 VwGO.

(1) Die prinzipale Normenkontrolle

99 Die Normenkontrolle nach § 47 VwGO ist als Antragsverfahren ausgestaltet; sie findet nach dem Wortlaut des Gesetzes „auf Antrag" statt, § 47 Abs. 1 VwGO. Sie ist prinzipal ausgestaltet. Das bedeutet, dass in dem Normenkontrollverfahren ausschließlich die Gültigkeit der angegriffenen Norm überprüft wird. Der Gegensatz zur prinzipalen Normenkontrolle ist die inzidente; die Gültigkeit einer Norm wird im Rahmen eines anderen Verfahrens **mit**geprüft.

Beispiel: Professor P klagt auf Erteilung einer Baugenehmigung mit der Begründung, der Bebauungsplan, auf den die Behörde ihre ablehnende Entscheidung stütze, sei nichtig. Das Verwaltungsgericht muss im Rahmen der Verpflichtungsklage auf Erteilung einer Baugenehmigung die Gültigkeit des Bebauungsplans, einer kommunalen Satzung nach § 10 BauGB, prüfen.

Das Oberverwaltungsgericht (in den süddeutschen Ländern: der Verwaltungsgerichtshof) entscheidet nach § 47 Abs. 1 VwGO in zwei Fällen über die Gültigkeit von Normen: **100**

1. über Satzungen, die nach den Vorschriften des BauGB erlassen worden sind, sowie über Rechtsverordnungen nach § 246 Abs. 2 BauGB;
2. über andere im Rang unter dem Landesgesetz stehende Rechtsvorschriften, sofern das Landesrecht die Kontrollmöglichkeit eröffnet.

Der **erste** Fall betrifft im Wesentlichen Bebauungspläne; die Überprüfung von Bebauungsplänen ist ein höchst beliebter Prüfungsstoff. Der **zweite** Fall erfasst vor allem (landesrechtliche!) Rechtsverordnungen, Anstaltsordnungen und Benutzungsordnungen öffentlicher Einrichtungen (Friedhofsordnungen, Badeordnungen kommunaler Bäder, Benutzungsordnung einer öffentlichen Bibliothek), Satzungen einer juristischen Person des öffentlichen Rechts (Hauptbeispiel: Satzungen kommunaler Selbstverwaltungskörperschaften: Gebührensatzung, Kindergartenordnung). Entscheidend ist, dass das Landesrecht diese Rechtsschutzmöglichkeit eröffnet; das ist geschehen in den Ländern Baden-Württemberg, Bayern, Brandenburg, Bremen, Hessen, Mecklenburg-Vorpommern, Niedersachsen, Rheinland-Pfalz, Saarland, Sachsen, Sachsen-Anhalt, Schleswig-Holstein und Thüringen; die einschlägige Norm findet sich im jeweiligen Ausführungsgesetz zur Verwaltungsgerichtsordnung. Nur **Berlin**, **Hamburg** und **Nordrhein-Westfalen** kennen diese Rechtsschutzvariante **nicht**. **101**

(2) Die Herstellung bzw. Wiederherstellung der aufschiebenden Wirkung

Der Widerspruch gegen einen Verwaltungsakt hat nach § 80 Abs. 1 VwGO aufschiebende Wirkung; in keinem Fall darf der Verwaltungsakt vollzogen werden. Von dieser Regel macht § 80 Abs. 2 VwGO mehrere Ausnahmen; beim Vorliegen einer Ausnahme darf der Verwaltungsakt sofort vollzogen werden. Die Ausnahmen lassen sich in zwei Gruppen zusammenfassen: erste Gruppe: die aufschiebende Wirkung entfällt kraft Gesetzes; zweite Gruppe: das Entfallen der aufschiebenden Wirkung wird im Einzelfall angeordnet. Als gesetzliche Reaktion auf das Entfallen der aufschiebenden Wirkung des Widerspruchs kennt § 80 Abs. 5 VwGO zwei Reaktionsmöglichkeiten: im ersten Fall wird die aufschiebende Wirkung auf Antrag angeordnet, im zweiten Fall wird sie auf Antrag wiederhergestellt. **102**

Für Verwaltungsakte mit Doppelwirkung (**Beispiel:** *P wird begünstigt durch eine Baugenehmigung: Er kann bauen; Nachbar N wird benachteiligt: Das zu errichtende Gebäude versperrt ihm den Blick auf den See.*) kennt § 80a Abs. 1, 2 VwGO Sonderregelungen; § 80a Abs. 3 Satz 2 VwGO verweist auf § 80 Abs. 5 VwGO. **103**

(3) Der Erlass einer einstweiligen Anordnung

§ 123 Abs. 1 VwGO gestattet auf Antrag vorläufige Regelungen in zwei Fällen: die **Sicherungsanordnung**, sie ergeht, wenn Gefahr besteht, dass eine Veränderung des bestehenden Zustands die Verwirklichung eines Rechts des Antragstellers vereiteln oder wesentlich erschweren könnte; die **Regelungsanordnung**, sie ergeht zur Regelung **104** eines vorläufigen Zustands in Bezug auf ein streitiges Rechtsverhältnis, wenn die Regelung, vor allem bei auf Dauer angelegten Rechtsverhältnissen, nötig erscheint, um wesentliche Nachteile abzuwenden oder drohende Gewalt zu verhindern, oder wenn sie aus anderen Gründen nötig erscheint.

Schaubild: Die Antragsverfahren

Typ	Normenkontrolle	Herstellung/ Wiederherstellung der aufschiebenden Wirkung eines Widerspruchs	Einstweilige Anordnung
Gegenstand	1. Satzungen nach dem BauGB 2. Landesrechtliche Verordnungen; Satzungen	Verwaltungsakt	Jeder denkbare Gegenstand einschließlich VA, soweit er nicht dem endgültigen Rechtsschutzziel entspricht, mit Ausnahme des Verfahrens nach § 80 Abs. 5 VwGO

4. Die verfahrensartabhängigen = besonderen Sachentscheidungsvoraussetzungen

105 Unter dem Begriff „besondere Sachentscheidungsvoraussetzungen" werden – wie gesagt – die Zulässigkeitsvoraussetzungen zusammengefasst, die nur für bestimmte Verfahren gelten. Sie sind erst dann zu prüfen, wenn feststeht, welches Verfahren statthaft ist. Der Bearbeiter muss sich deshalb die einzelnen Zulässigkeitsvoraussetzungen für die wichtigsten Verfahrensarten einprägen. Die Verfahren, ihre besonderen Sachentscheidungsvoraussetzungen und die Grundzüge der jeweiligen Begründetheitsprüfung werden im Anschluss an das allgemeine Schema einzeln dargestellt.

5. (Antrags-)Klagehäufung

106 Ein Klausursachverhalt kann in einer Weise gestaltet sein, dass zwei Klagebegehren vorliegen. Ferner können mehrere Kläger oder mehrere Beklagte vorhanden sein; bei einer all diese Personen betreffenden Klage werden mehrere Prozessrechtsverhältnisse begründet. **Beispiel:** *Mehrere Eltern klagen gemeinsam gegen die geplante Schließung einer Schule.*

107 Häufig ist die Konstellation, dass eine Person mit ihrer Klage zwei Ansprüche gegen den Beklagten verfolgt. **Beispiel:** *Aufhebung eines Kostenbescheids und Rückzahlung bereits geleisteter Zahlungen.*

108 In diesen Fällen ist als erstes festzustellen, ob **beide** Verfahren statthaft sind. Die Statthaftigkeitsprüfung und die Prüfung der besonderen Sachentscheidungsvoraussetzungen finden zweimal statt; der Sachverhalt ist gespalten. Unter dem Stichwort Klagehäufung ist zweitens zu untersuchen, ob beide Begehren in einem gemeinsamen gerichtlichen Verfahren verbunden werden können. Im ersten Fall spricht man von **subjektiver** Klagehäufung oder Streitgenossenschaft – mehrere Personen, ein Ziel; im zweiten ist von **objektiver** Klagehäufung die Rede – eine Person, mehrere Ziele.

Die subjektive Klagehäufung spielt im Referendarexamen eine untergeordnete Rolle. Sie ist in der VwGO nicht ausdrücklich geregelt. Sie ist rechtlich zulässig wegen der Bezugnahme in § 64 VwGO auf die ZPO. **109**

Die objektive Klagehäufung kommt regelmäßig vor. Hier ist die **kumulative** Klagehäufung: – mehrere prozessuale Ansprüche werden nebeneinander verfolgt – zu trennen von der **eventualen** Klagehäufung – ein weiterer Anspruch wird unter der Voraussetzung geltend gemacht, dass der Hauptantrag entweder keinen Erfolg hat oder gerade erfolgreich ist –; im letzten Fall spricht man von der so genannten **Stufenklage**. **110**

Die Studierenden haben die Zulässigkeit der objektiven Klagehäufung nach § 44 VwGO zu prüfen. Übertrieben ausführliche Ausführungen sind regelmäßig nicht angezeigt, weil sich in der Antwort auf die Zulässigkeit der objektiven Klagehäufung regelmäßig kein Problem des Falls verbirgt. Im Zweifel sollten sich die Bearbeiter für die Zulässigkeit der Klagehäufung entscheiden; anderenfalls müssen sie das zweite Begehren in einem gesonderten Gutachten prüfen. Zu beachten ist, dass § 113 Abs. 1 Satz 2 VwGO eine Sonderregelung hinsichtlich der Stufenklage enthält[31]. **111**

6. Die sachliche, örtliche und instanzielle Zuständigkeit des Gerichts – §§ 45 ff. VwGO

Fragen der sachlichen Zuständigkeit: welches Gericht ist für die Entscheidung des relevanten Gegenstands zuständig, der örtlichen und der instanziellen Zuständigkeit: welches Gericht im hierarchischen Gerichtsaufbau zuständig ist, müssen in der Klausur regelmäßig nicht angesprochen werden. Ausnahmen sind Fallgestaltungen, in denen die Antwort auf die Frage nach dem anzurufenden Gericht offen ist (regelmäßig Anwaltsklausuren), oder wenn ein spezielles Verfahren ausnahmsweise eine andere erstinstanzliche Zuständigkeit als die des Verwaltungsgerichts begründet, z.B. ist für das Normenkontrollverfahren das Oberverwaltungsgericht zuständig. **112**

7. Die Beteiligtenfähigkeit – § 61 VwGO

Die in § 61 VwGO geregelte Beteiligtenfähigkeit – *Schenke*, VerwProzess, spricht von Beteiligungsfähigkeit, s. Rn. 455 ff.; die anderen Autoren verwaltungsprozessualer Lehrbücher nutzen das Wort Beteiligtenfähigkeit; die sprachliche Varianz ist sachlich bedeutungslos – macht in der Fallbearbeitung nie wirklich Probleme. Sie entspricht der Parteifähigkeit des Zivilprozesses, ist jedoch viel weiter gefasst als in der ZPO (§ 50 ZPO). Bestehen dennoch Zweifel, sollte sich der Bearbeiter erinnern, dass die Rechtsprechung in dieser Hinsicht sehr großzügig den Begriff „Vereinigung“ auslegt (z.B. Gemeinderatsfraktionen) bzw. analog anwendet (z.B. das einzelne Gemeinderatsmitglied). Behörden sind beteiligtenfähig, wenn das Landesrecht es erlaubt, so in Branden- **113**

31 Vgl. *Schenke*, VerwProzess, Rn. 73 ff.; *Hufen*, VerwProzess, § 13 Rn. 13–15; *Schmitt Glaeser/Horn*, VerwProzess, Rn. 398 ff.

burg § 8 Abs. 1 BbgVwGG[32]. Die Beteiligtenfähigkeit ist nach den meisten Musterlösungen zu prüfen. Deshalb sollte der Bearbeiter diesen Punkt nicht entfallen lassen, sondern kurz im Urteilsstil abhandeln.

8. Die Prozessfähigkeit, Prozessvertretung und Postulationsfähigkeit – § 62 und § 67 VwGO, Beiladung – § 65 VwGO

114 Die Prozessfähigkeit ist die Fähigkeit, Verfahrenshandlungen im Prozess vorzunehmen, § 62 Abs. 1 VwGO. Sie ist nur anzusprechen, wenn der Sachverhalt Anlass zur Diskussion bietet, z.B. bei Minderjährigen.

115 Die Prozessvertretung betrifft das Problem, wer für eine der Prozessparteien vor Gericht auftreten, sie also vertreten darf. Die Postulationsfähigkeit beantwortet die Frage, ob eine Vertretung durch einen Rechtsanwalt oder einen Rechtslehrer an einer deutschen Hochschule mit Befähigung zum Richteramt zwingende Prozessvoraussetzung ist, § 67 VwGO. Regelmäßig muss zu diesen Gegenständen in der Klausur nicht Stellung genommen werden.

116 Mit Blick auf die Beiladung ist die einfache und die notwendige Beiladung zu unterscheiden, § 65 VwGO. Während erstere im Ermessen des Gerichts steht, hat das Gericht einen Dritten zwingend beizuladen, wenn die Entscheidung auch ihm gegenüber nur einheitlich ergehen kann, § 65 Abs. 2 VwGO. In der Klausur ist – wenn überhaupt – nur etwas zur notwendigen Beiladung zu sagen. Erfolgen sollte die Aussage regelmäßig in einem Satz im Urteilsstil: *Es wird festgestellt, dass der X notwendig beizuladen ist.*

9. Die ordnungsgemäße Klageerhebung/Antragstellung – §§ 81 ff. VwGO

117 Viele Schemata beinhalten den Punkt der ordnungsgemäßen Klageerhebung bzw. Antragstellung[33]. Wenn der Klausurbearbeiter den Schriftsatz, in dem die Klage erhoben wurde, nicht kennt, muss er zu diesem Punkt nichts ausführen.

118 Wird der Antrag durch technische Einrichtungen erhoben (Faxgerät usw.), erwartet der Klausursteller zum Problem, ob mittels dieser Einrichtung Prozesserklärungen wie die Klageerhebung abgegeben werden können, einige Worte. Meistens reicht eine kurze Feststellung. Im Zweifel ist die Klageerhebung mittels technischer Einrichtungen zulässig, vgl. § 55a VwGO.

10. Das allgemeine Rechtsschutzbedürfnis

119 Unter dem Stichwort „allgemeines Rechtsschutzbedürfnis" werden Fallgruppen vereinigt, bei denen als verbindendes Kriterium Billigkeitserwägungen im Vordergrund stehen. Fehlt es an diesem Kriterium, ist die Klage oder der Antrag unzulässig.

32 *Entspricht:* § 14 GOrgG MV; § 8 NdsAGVwGO; § 5 AGVwGO NW; § 19 SaarlAGVwGO; § 8 AGVwGO LSA.
33 Beispiel bei *Schenke*, VerwProzess, Rn. 65.

Wichtigste Fallgruppe ist das an den Kläger adressierte Gebot, vor Klageerhebung alle anderen sachgemäßen und gesetzeskonformen Möglichkeiten auszuschöpfen, um sein Begehren zu erreichen. Dieses Gebot ist Folge des Rechtsgedankens, dass die Durchführung eines gerichtlichen Verfahrens stets ultima ratio ist. 120

Beispiel: Klagt ein Mitglied einer Stadtverordnetenversammlung gegen seinen Ausschluss von der Teilnahme an den nächsten Sitzungen, so fehlt der Klage das Rechtsschutzbedürfnis, wenn er nicht vorher seine Zulassung zur Sitzung beantragt hat.

Eine weitere Fallgruppe lässt sich dem Stichwort „Verbot des Rechtsmissbrauchs" subsumieren. Geht es dem Kläger sachlich nicht darum, seine subjektive Rechtsposition zu verteidigen, sondern hat er die Intention, einem Dritten zu schaden, entfällt das Rechtsschutzbedürfnis. 121

Beispiel: Professor P bekommt die Baugenehmigung für ein Vorhaben auf seinem Grundstück. Nachbar N klagt gegen die Erteilung der Genehmigung, um P zu nerven nach dem Motto: Das Potential des öffentlichen Rechts, seinem Nachbarn zu schaden, ist noch lange nicht erschöpft.

Gleiches gilt, wenn der Rechtsbehelf nicht geeignet ist, das angestrebte Ziel zu erreichen. 122

Beispiel: A möchte, dass die Behörde ihm eine Subvention bewilligt. Er erhebt Anfechtungsklage gegen den an den Nachbarn N adressierten Bewilligungsbescheid nach dem Motto: Wenn ich nichts erhalte, sollst auch du leer ausgehen.

Die Studierenden müssen die wichtigsten Fallgruppen zum Rechtsschutzbedürfnis präsent haben. Aber: Auf keinen Fall sollte jede einzelne Fallgruppe geprüft werden, um ihr Fehlen festzustellen. Enthält der Sachverhalt Anhaltspunkte zur Diskussion oder beruft sich die beklagte Partei auf das Rechtsschutzbedürfnis, muss der Gegenstand erörtert werden. Ansonsten ist knapp festzustellen, dass Gründe nicht ersichtlich sind, die das Rechtsschutzbedürfnis entfallen lassen[34].

11. Das Fehlen der Rechtshängigkeit und einer rechtskräftigen Entscheidung

Sollte eine Klausur einmal Fragen dieser Art beinhalten (was in einer Klausur für das erste Examen freilich schwer vorstellbar erscheint), so wird es sich wahrscheinlich um die Konstellation handeln, dass parallel zum verwaltungsgerichtlichen Verfahren ein Prozess haftungsrechtlicher Art anhängig ist. Sie sollten sich lediglich merken, dass es ein absolutes Prozesshindernis darstellt, wenn über den gleichen Streitgegenstand bereits ein verwaltungsgerichtliches Verfahren anhängig oder bereits abgeschlossen ist. „Streitgegenstand" ist das auf einem bestimmten Lebenssachverhalt beruhende Klagebegehren. Um ein und denselben Streitgegenstand handelt es sich, wenn die an den ver- 123

34 Vgl. *Schenke*, VerwProzess, Rn. 557, 560; *Hufen*, VerwProzess, § 23 Rn. 10–18; *Schmitt Glaeser/Horn*, VerwProzess, Rn. 117 ff.

schiedenen Prozessen beteiligten Parteien, der Sachverhalt und der geltend gemachte Anspruch identisch sind.

124 Probleme hinsichtlich des Streitgegenstands sind erfahrungsgemäß erst Gegenstand der Referendarausbildung. Bearbeiter sollten zu diesem Thema nur dann etwas sagen, wenn der Sachverhalt ausdrücklich einschlägige Fragen anspricht.

3. Kapitel

Aufbauschemata der verwaltungsgerichtlichen Verfahren – repressiver Rechtsschutz endgültiger Natur

A. Die Anfechtungsklage

I. Aufbauschema

Teil 1: Die Sachentscheidungsvoraussetzungen einer Anfechtungsklage

1. Die deutsche Gerichtsbarkeit – § 173 VwGO iVm §§ 18 ff. GVG
2. **Die Eröffnung des Verwaltungsrechtswegs – § 40 Abs. 1 Satz 1 VwGO**
3. **Anfechtungsklage als statthafte Verfahrensart – § 42 Abs. 1 Var. 1 VwGO**
4. **Die verfahrensartabhängigen Sachentscheidungsvoraussetzungen**
   a) **Klagebefugnis – § 42 Abs. 2 VwGO**
   b) **Die Durchführung eines Vorverfahrens – §§ 68 ff. VwGO**
   c) **Die Einhaltung der Klagefrist – § 74 Abs. 1 VwGO**
   d) **Die Prozessführungsbefugnis – § 78 VwGO**
5. Klagehäufung – § 44 VwGO
6. Die sachliche, örtliche und instanzielle Zuständigkeit des Gerichts – §§ 45 ff. VwGO
7. **Die Beteiligtenfähigkeit – § 61 VwGO**
8. Die Prozessfähigkeit, Prozessvertretung und Postulationsfähigkeit – § 62 und § 67 VwGO
9. Die ordnungsgemäße Klageerhebung – §§ 81 ff. VwGO
10. **Das allgemeine Rechtsschutzinteresse**
11. Das Fehlen der Rechtshängigkeit und einer rechtskräftigen Entscheidung

Teil 2: Die Begründetheit einer Anfechtungsklage

1. **Ermächtigungsgrundlage**
2. **Formelle Rechtmäßigkeitsvoraussetzungen**
3. **Materielle Rechtmäßigkeitsvoraussetzungen**
4. **Rechtsverletzung**

II. Erläuterungen zum Aufbauschema – Zulässigkeitsfragen

1. Zur Statthaftigkeit der Anfechtungsklage

Klagen gegen belastende Verwaltungsakte gehören zum ständigen Repertoire verwaltungsrechtlicher Klausuren. Dem Wesen nach handelt es sich um eine Gestaltungsklage – das Verwaltungsgericht greift mit seiner Entscheidung unmittelbar rechtsgestaltend in die Beziehung Bürger – Staat ein, indem es eine bestimmte hoheitliche Einzelfallmaßnahme aufhebt, die die Verwaltung zulasten des Klägers getroffen hat. 125

Ergibt eine Prüfung des Begehrens, dass der Kläger eine bestimmte hoheitliche Maßnahme angreift, ist zunächst zu prüfen, ob diese Maßnahme ein Verwaltungsakt ist. Das Recht des Verwaltungsakts wird hier nicht vollständig dargestellt. Es sei hier aber betont: Die Tatbestandsmerkmale des VA-Begriffs filtern aus der infinitiven Menge von Handlungen diejenigen heraus, die den sechs Kriterien: **bestimmter Erzeuger, bestimmte Handlungsart, bestimmtes Rechtsgebiet, bestimmtes Ziel, bestimmter Adressat und bestimmter Wirkungsort** genügen. Keines der Kriterien ist überflüssig. Jedes Kriterium muss erfüllt sein, um zur VA-Qualität einer Handlung gelangen zu können. 126

Anfänger neigen dazu, umfassend im Gutachtenstil zu prüfen, ob eine behördliche Maßnahme die Qualität eines Verwaltungsakts besitzt. Gelegentlich neigen auch Fortgeschrittene noch dazu, alle Tatbestandsmerkmale eines Verwaltungsakts nach § 35 Satz 1 VwVfG zu prüfen. Dem Examenskandidaten darf dergleichen nicht passieren. Ist eine behördliche Maßnahme ohne Zweifel ein Verwaltungsakt, z.B. ein Kostenbescheid, eine polizeiliche Verfügung, genügt die kurze Feststellung, dass ein Verwaltungsakt vorliegt. 127

Beispiel: Die an Professor P gerichtete Verfügung der Stadt Potsdam, sein ohne Baugenehmigung errichtetes Gebäude abzureißen, ist ein Verwaltungsakt.

Bestehen Zweifel an der VA-Qualität, sind natürlich Ausführungen nötig. Es sind aber ausschließlich die problematischen Tatbestandsmerkmale anzusprechen. 128

Beispiel: Bei der Anordnung des Bürgermeisters der Stadt P handelt es sich um eine behördliche Einzelfallregelung auf dem Gebiet des Öffentlichen Rechts. Fraglich ist, ob das Tatbestandsmerkmal „auf unmittelbare Rechtswirkung nach außen gerichtet“ vorliegt. Dieses Tatbestandsmerkmal wird definiert …

Mit Blick auf den Normalfall des Verwaltungsakts, § 35 Satz 1 VwVfG, folgendes Schaubild betreffend die einzelnen Tatbestandsmerkmale und ihre Funktion:

Schaubild: Normalfall des Verwaltungsakts

VA-Merkmal	Zuordnung	Aussonderung
Behörde	alle Bundes-, Landes- und Kommunalbehörden; Organe der Körperschaften, Anstalten und Stiftungen des öffentlichen Rechts; Beliehene; Verfassungsorgane, wenn sie Verwaltungsaufgaben wahrnehmen	Verfassungsorgane bei der Wahrnehmung verfassungsrechtlicher Aufgaben; unselbstständige Stellen der Verwaltung
Hoheitliche Maßnahme	jede verwaltungsrechtliche Willenserklärung; diese besteht aus – Willensbildung – Willensäußerung	Tathandlungen Unterlassungen Schweigen geschäftsähnliche Handlungen
Auf dem Gebiete des öffentlichen Rechts	das Verwaltungsrecht „umsetzende" Maßnahmen	Maßnahmen, die das Völker-, Europa- oder Staatsrecht im formellen Sinn „umsetzen"
Regelung	verwaltungsrechtliche Willenserklärung, die einseitig, rechtsverbindlich und Rechtsfolgen festlegend einen Lebenssachverhalt ordnet	Maßnahmen ohne verfügenden Teil; Vorbereitungs- und Teilakte; Aufrechnung, Fristsetzung, Stundung
Einzelfall	bestimmte oder bestimmbare Zahl der Adressaten einer hoheitlichen Maßnahme – Konkretheit der Regelung entscheidend	abstrakt-generelle Rechtsnormen; jede Maßnahme, die in einem Normsetzungsverfahren erlassen wurde, auch wenn sie materiell einen Einzelfall betrifft
Außenwirkung	Regelung wirkt außerhalb der Behörde – betrifft alle natürlichen und juristischen Personen, die sich zur Behörde in einem „allgemeinen" Gewaltverhältnis befinden	innerdienstliche Weisung; beamtenrechtliche Umsetzung; der „Normalfall" der behördlichen Zustimmung zu anderen Entscheidungen

In Ansehung der Sonderfälle des Verwaltungsakts nach § 35 Satz 2 VwVfG folgendes

Schaubild: Sonderfälle des Verwaltungsakts iSv § 35 Satz 2 VwVfG

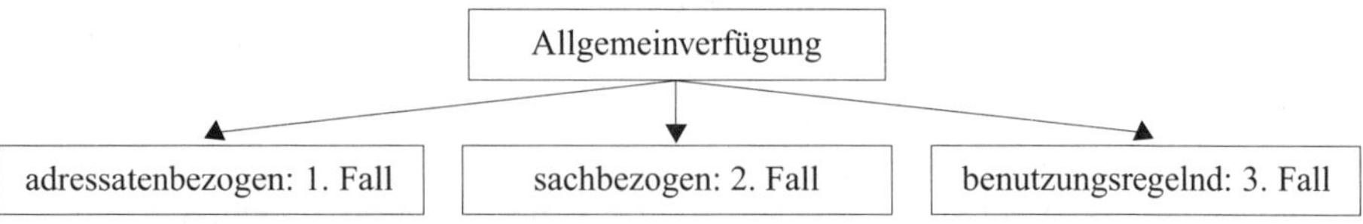

2. Besondere Sachentscheidungsvoraussetzungen der Anfechtungsklage

a) Die Klagebefugnis nach § 42 Abs. 2 VwGO

129 An erster Stelle der besonderen Sachentscheidungsvoraussetzungen steht für die Anfechtungsklage die so genannte Klagebefugnis.

Sehr oft lassen Ausführungen in Klausuren erkennen, dass ihre Bearbeiter die Kernaussage des § 42 Abs. 2 VwGO nicht verstanden haben. Kernaussage der Norm ist: Der Sachvortrag des Klägers muss ergeben, dass er durch den Verwaltungsakt[35] in seinen eigenen subjektiven Rechten betroffen ist. Stattdessen ist oft zu lesen, dass es die Schlüssigkeitstheorie und die Möglichkeitstheorie gibt, dass die Klagebefugnis die Popularklage ausschließen soll oder dass die Adressatentheorie Anwendung findet usw. **130**

aa) „Eröffnungslehren"

§ 42 Abs. 2 VwGO gestattet nur bestimmten Personen, das Verwaltungsgericht mit Erfolg (wenn die Klage im Übrigen zulässig und auch begründet ist) anzurufen. Mit Blick auf die Möglichkeit, ein Verwaltungsgericht anrufen zu dürfen, kennt die allgemeine Prozessrechtslehre drei „Eröffnungslehren": **131**

- Jedermann kann beliebig klagen; dieser Fall heißt **Popularklage**; **Beispiel:** *Art. 98 Satz 4 BayVerf iVm Art. 55 BayVfGHG*;
- bestimmte Personen, die ein gesetzlich anerkanntes Interesse am Klageausgang haben, können klagen; dieser Fall heißt **Interessentenklage**; **Beispiel:** *Der Verein „Schutz des Sacrower Sees vor Bauten reicher Berliner" ist nach § 63 BNatSchG iVm § 3 UmwRG anerkannt. Er kann nach § 64 BNatSchG in bestimmten Fällen klagen, ohne in seinen Rechten verletzt zu sein*;
- bestimmte Personen, für die die Möglichkeit der Verletzung ihrer subjektiv-öffentlichen Rechte besteht, können klagen; dieser Fall heißt **Verletztenklage**.

Beispiel: Professor P hat einen (hier als gegeben zu unterstellenden) Anspruch auf Erteilung einer Baugenehmigung für ein Bauvorhaben auf seinem Grundstück am Sacrower See; sie wird ihm verweigert. Die Verweigerung verletzt ihn in seinem durch Art. 14 Abs. 1 GG geschützten Recht, im Rahmen des geltenden Rechts sein Vorhaben zu errichten.

In einem ersten Schritt ist zu entscheiden, nach welcher „Eröffnungslehre" sich die Klagebefugnis ergeben könnte. Regelmäßig sind die in einer Klausur zu bearbeitenden Fälle solche der Verletztenklage. Selten werden Fälle gestellt, die den Bereich einer Interessentenklage berühren; dieser Typ von Klage, regelmäßig *Verbandsklage* genannt, ist auszudifferenzieren in die *altruistische* und die *egoistische* Verbandsklage. Bei der altruistischen Variante geht es darum, dass der Verband die Verletzung von Normen des objektiven Rechts geltend macht; bei der egoistischen Möglichkeit macht der Verband die Verletzung eigener Rechte oder die seiner Mitglieder geltend – streng genommen ist die egoistische Verbandsklage in Form der Geltendmachung eigener Rechte ein Fall der Verletztenklage. **132**

Beispiele: Der Verein „Schutz des Sacrower Sees vor Bauten reicher Berliner" hat zum Ziel den Naturschutz; er handelt altruistisch. Der Verein „Opfer der verfehlten Restitutionspolitik der Kohl-Regierung" macht Rechte seiner Mitglieder geltend, er handelt egoistisch im weiteren Sinne, weil der Verbandszweck die Interessen der Mitglieder zum Gegenstand hat. Der Sportverein Kladow e.V.

35 Oder im Falle der Verpflichtungsklage durch seine Ablehnung.

wendet sich gegen die Abrissverfügung betreffend das ihm gehörende Vereinshaus, er macht ein eigenes Interesse geltend, weil die Zerstörung seines Eigentums droht, er handelt egoistisch im engeren Sinne.

133 Die Zulässigkeit der altruistischen Verbandsklage ist von ihrer gesetzlichen Einführung abhängig, s. § 42 Abs. 2 VwGO: „Soweit gesetzlich nichts anderes bestimmt ist, …“; die egoistische Verbandsklage in ihrer weiten Variante ist immer unzulässig; die enge Variante ist immer zulässig, wenn die Voraussetzungen der Verletztenklage erfüllt sind.

Schaubild: Eröffnungslehren iSv § 42 Abs. 2 VwGO

Popularklage:	Art. 98 Satz 4 BayVerf
Interessentenklage:	§ 64 BNatSchG
Verletztenklage:	§ 42 Abs. 2 VwGO

bb) Die Intensität der Darlegung

134 Wenn entschieden ist, dass es sich um einen Fall der Verletztenklage handelt – davon ist, wie gesagt, regelmäßig auszugehen –, ist zu fragen, wie *intensiv* der Kläger darzulegen hat, dass er **in seinen Rechten verletzt** ist. Es ist zu bedenken, dass nach der richtigen Rechtsprechung des Bundesverwaltungsgerichts sowie der ihm folgenden Literatur die Klagebefugnis entfällt und die Klage damit unzulässig ist, „wenn offensichtlich und eindeutig nach keiner Betrachtungsweise die vom Kläger behaupteten Rechte bestehen oder ihm zustehen können“[36]. Wenn ein kurzer Blick auf die Rechtslage zum Resultat führt, dass der Kläger im Sinne des Zitats ohne Rechte ist, muss das Fehlen der Klagebefugnis festgestellt und die Klage als unzulässig zurückgewiesen werden. Dieses Resultat ist sehr selten. Im Normalfall einer Klausur ist zu fragen, ob der Kläger seine Rechtsverletzung dargelegt hat. Mit Blick auf die Intensität der Darlegung sind zwei Theorien entwickelt worden: die **Schlüssigkeitstheorie** und die **Möglichkeitstheorie**[37]. Die Theorien fordern unterschiedliche Grade betreffend die rechtliche Richtigkeit des klägerischen Vortrags. Nach der ersten Theorie ist im Rahmen der Klagebefugnis zu prüfen, ob der Vortrag des Klägers ergibt, dass sein behauptetes Recht schlüssig begründet ist; nach der zweiten Lehre ist es hinreichend, wenn die Verletzung des Rechts möglich ist. Welcher zu folgen ist, sollte in der Klausur nicht erörtert werden. An die Darlegungslast, in einer Klausur identisch mit der Sachverhaltsschilderung, dürfen hohe Anforderungen nicht gestellt werden – davon geht auch die Praxis aus. Der Möglichkeitstheorie ist der Vorzug einzuräumen – es ist in der Klausur darzulegen, dass für den Kläger die Möglichkeit der Verletzung eigener Rechte besteht. Der Bearbeiter legt seine Entscheidung für diese Theorie dadurch offen, dass er von einer **möglichen** Rechtsbetroffenheit des Klägers spricht.

36 BVerwGE 39, 345 ff. = DÖV 1964, 205 f.
37 *Schenke*, VerwProzess, Rn. 494 ff.

Beispiel: Professor P möchte die Baugenehmigung für sein Vorhaben erstreiten. Er müsste klagebefugt nach § 42 Abs. 2 VwGO sein. Er ist klagebefugt, wenn sein Vortrag ergibt, dass er möglicherweise durch die Ablehnung der Baugenehmigung in seinen eigenen subjektiven Rechten betroffen ist.

Dass § 42 Abs. 2 VwGO die Popularklage ausschließen soll, ist sein Zweck. Ausführungen über den Normzweck verbieten sich im Gutachten, wenn der Zweck einer Norm für die Auslegung der Tatbestandsmerkmale irrelevant ist. Deshalb sollte die Prüfung, ob der Kläger möglicherweise in eigenen Rechten verletzt ist, niemals mit Erörterungen zur Unzulässigkeit der Popularklage eingeleitet werden, es sei denn, es handelt sich um eine Popularklage. Allenfalls in Zweifelsfällen kann mit diesem Hinweis argumentiert werden. 135

Ähnlich verhält es sich mit der so genannten **Adressatentheorie**. Sie ist eine Ausprägung der Möglichkeitstheorie für den Fall, dass der Kläger Adressat eines belastenden Verwaltungsakts ist: Bei einem Adressaten eines belastenden Verwaltungsakts besteht immer die Möglichkeit der Verletzung eigener subjektiver Rechte, zumindest des Rechts aus Art. 2 Abs. 1 GG. Mit der Nennung des Schlagworts **Adressatentheorie** ist aber sachlich noch nichts dazu gesagt, dass der Kläger klagebefugt ist. Deshalb sollten Formulierungen wie: *„Nach der Adressatentheorie ist A als Adressat eines belastenden Verwaltungsakts klagebefugt"*, vermieden werden[38]. Der Bearbeiter sollte kurz darstellen, dass bei Verwaltungsakten, die ein Gebot oder ein Verbot beinhalten, immer auch die Möglichkeit besteht, dass der Adressat in seiner allgemeinen Handlungsfreiheit nach Art. 2 Abs. 1 GG als Auffanggrundrecht betroffen ist. 136

Beispiel: Professor P ist Adressat eines Bescheids, mit dem ihm der Abriss seines Bootshauses am Sacrower See aufgegeben wird. Bei dem Adressaten eines belastenden Verwaltungsakts ist zumindest die Verletzung der allgemeinen Handlungsfreiheit nach Art. 2 Abs. 1 GG möglich. Deshalb ist P klagebefugt.

Weitere Ausführungen zu speziellen Grundrechten erübrigen sich. Es ist ein schwerer Fehler, wenn Studierende die „Adressatentheorie" bei Verpflichtungsbegehren oder bei Drittanfechtungsklagen anwenden. Bei Verpflichtungsbegehren kommt es darauf an, ob der Kläger möglicherweise einen Anspruch auf das Begehrte hat; für die Antwort auf diese Frage ist irrelevant, dass der Kläger Adressat eines ablehnenden Bescheids betreffend sein Begehren ist: Aus der Ablehnung folgt nicht der mögliche Anspruch. Bei einem Verwaltungsakt mit Doppelwirkung – der Bescheid ist für den Adressat begünstigend, für seinen Nachbarn belastend; **Beispiel:** *eine an A adressierte Baugenehmigung für ein Hochhaus begünstigt ihn, belastet seinen Nachbarn* – ist ausschließlich der direkte Empfänger des Bescheids der Adressat. 137

Liegt eine kommunalaufsichtliche Weisung vor oder streiten sich zwei Träger öffentlicher Gewalt, ist der Verweis auf Art. 2 Abs. 1 GG oder die Adressatenstellung fehlerhaft. Er offenbart Verständnislücken in Ansehung des Problems, für wen Grundrechte 138

38 Ebenso kritisch *Schwerdtfeger*, Öffentliches Recht in der Fallbearbeitung, S. 27 Fn. 9.

gelten. Grundrechte sind in aller Regel zwischen Trägern hoheitlicher Gewalt nicht anwendbar. Deshalb muss bei einer kommunalaufsichtlichen Weisung auf Art. 28 Abs. 2 Satz 1 GG verwiesen werden, in anderen Fällen auf das einschlägige Grundrecht, beispielsweise die Forschungsfreiheit nach Art. 5 Abs. 3 GG, niemals aber auf Art. 2 Abs. 1 GG.

cc) Die Schutznormtheorie

139 Fälle, die einen so genannten Verwaltungsakt mit Doppelwirkung zum Gegenstand haben, werden mit der **Schutznormtheorie** gelöst. Für sie gilt ebenfalls das zur Adressatentheorie Gesagte: Das Stichwort ersetzt nicht die Begründung. Der Bearbeiter muss wenigstens eine knappe Prüfung vornehmen: Die Norm, die zur Begünstigung des Adressaten führte, ist daraufhin zu untersuchen, ob sie **auch** Dritte schützen soll. Es gilt also, eine drittschützende Norm, das ist die so genannte **Schutznorm**, zu finden. Im Bereich des Baurechts ist der Dritte häufig der Nachbar; man spricht deshalb auch von einer „nachbarschützenden Norm".

140 Mit der Schutznorm oder der Schutznormtheorie ist folgendes Problem angesprochen: Unter welchen Voraussetzungen ist eine Norm eine Schutznorm bzw. mithilfe welcher Kriterien identifiziert man eine beliebige Norm als Schutznorm. Es ist ein wenig weiter auszuholen: Mit den Rechtsbindungen der Verwaltung korrespondiert partiell das Recht des Bürgers gegenüber der Verwaltung, die objektiven Rechtsbindungen zu beachten. Der Bürger hat dann gegenüber der Verwaltung einen Anspruch auf Einhaltung des objektiven Rechts, wenn ihm ein **subjektives öffentliches Recht** diese Rechtsmacht – auf Einhaltung des Rechts – verleiht.

141 Unter einem subjektiven Recht ist die einem Subjekt durch eine Rechtsnorm zuerkannte Rechtsmacht zu verstehen, eigene Interessen zu verfolgen und zu diesem Zweck von einem anderen ein bestimmtes Tun, Dulden oder Unterlassen zu verlangen. Subjektive Rechte gibt es sowohl im Privatrecht als auch im öffentlichen Recht. Ein subjektives öffentliches Recht ist vorhanden, wenn eine Person kraft öffentlichen Rechts die Rechtsmacht besitzt, vom Staat zur Verfolgung eigener Interessen ein bestimmtes Verhalten zu verlangen.

142 Die Bedeutung des subjektiven öffentlichen Rechts liegt darin, dass als Folge seiner Existenz der Bürger gegenüber dem Staat die Stellung eines Rechtssubjekts genießt. Der Bürger kann die Beachtung der ihn betreffenden Gesetze verlangen. Fehlte es am subjektiven öffentlichen Recht allgemein, wäre der Bürger nicht Bürger, sondern Untertan des Staats und Objekt staatlichen Handelns. Das subjektive öffentliche Recht verleiht dem Bürger seine Subjektstellung in Relation zur staatlichen Gewalt.

143 Diese objektive Bedeutung des subjektiven öffentlichen Rechts erfährt eine Verstärkung durch Art. 19 Abs. 4 GG. Diese Norm ermöglicht, jedes subjektive öffentliche Recht vor den Gerichten durchzusetzen. Ein Verstoß des Staats gegen ein subjektives öffentliches Recht kann deshalb immer zur Folge haben, dass der vom Rechtsverstoß betroffene Bürger sich gegen diesen Verstoß vor den Gerichten wehrt.

Um ein subjektives öffentliches Recht bejahen zu können, ist eine positive Antwort auf die beiden folgenden Fragen notwendig: **144**

- Existiert eine gesetzlich bestimmte Rechtspflicht der Verwaltung?
- Existiert die Rechtspflicht der Verwaltung auch im Interesse einzelner Bürger?

Ein subjektives öffentliches Recht liegt demnach vor, wenn gesetzlich eine spezielle Pflicht der Verwaltung begründet ist und diese gesetzlich begründete Pflicht zugleich einem Individualinteresse dient bzw. ein Individualinteresse schützt – **Schutznorm.** **145**

Die Beantwortung der Frage, ob ein subjektives öffentliches Recht – also eine Schutznorm – vorhanden ist, gestaltet sich einfach, wenn die Norm selbst zum Ausdruck bringt, dass sie ein Recht der Bürger enthält. Subjektive öffentliche Rechte finden sich z.B. im Sozialgesetzbuch. **146**

Beispiel: Nach § 4 Abs. 2 SGB I hat derjenige, der in der Sozialversicherung versichert ist, im Rahmen der gesetzlichen Kranken-, Unfall- und Rentenversicherung einschließlich der Altershilfe für Landwirte ein Recht auf 1. die notwendigen Maßnahmen zum Schutz, zur Erhaltung, zur Besserung und zur Wiederherstellung der Gesundheit und der Leistungsfähigkeit und 2. wirtschaftliche Sicherung bei Krankheit, Mutterschaft, Minderung der Erwerbsfähigkeit und Alter.

Schwieriger ist es, im Wege der Interpretation festzustellen, ob eine Norm ein subjektives öffentliches Recht enthält. Beispielsweise hat sich im Bereich des Bauplanungsrechts, das für die Ausbildung bedeutsam ist, eine verwirrende Kasuistik entwickelt[39]. Im Bereich des öffentlichen Baurechts geht man von einem subjektiven öffentlichen Recht des Nachbarn aus, wenn der Kreis der durch die Norm potentiell Berechtigten hinreichend abgrenzbar ist. Damit ist im Grundsatz alles klar; die Schwierigkeiten beginnen bei der Einzelfallentscheidung. Bejaht wird die nachbarschützende Funktion von baurechtlichen Normen, die Regelungen über den seitlichen Grenzabstand, über Brandmauern, über die Beschaffenheit von Rauchschornsteinen, über die Art der baulichen Nutzung, über die Anordnung der Garagen- und Einstellplätze enthalten. Verneint wird die nachbarschützende Wirkung für Regelungen, die die Baugestaltung, den Fensterabstand, die Geschosshöhe, die Geschossflächenzahl betreffen. Ein großes Problem bildet in diesem Zusammenhang das so genannte baurechtliche Gebot der Rücksichtnahme. **147**

Weil häufig nicht voraussehbar ist, ob die Gerichte einer Norm ein subjektives öffentliches Recht entnehmen, stößt die Schutznormtheorie auf breite Kritik in der Literatur[40]. Eine Mindermeinung nimmt an, dass bereits eine tatsächliche Betroffenheit des Bürgers ein subjektives öffentliches Recht begründen könne[41]; diese Auffassung ist abzulehnen, weil sich aus einer tatsächlichen Betroffenheit noch nicht auf ein rechtlich geschütztes Interesse schließen lässt. Zu eng ist die h.M. allerdings deswegen, weil sie einen grund- **148**

39 S. die Nachw. bei *Peine*, ÖffBauR, § 11 D 2.
40 Vgl. mit zahlreichen Nachw. *Bauer*, AöR 1988, 582–631; *Hölscheidt*, Abschied vom subjektiv-öffentlichen Recht, EuR 2001, 376 ff.
41 *Henke*, Das subjektive öffentliche Recht, 1968.

rechtlichen Bezug nicht erkennen lässt. Das Grundgesetz räumt dem Einzelnen eine Vielzahl von Freiheitsrechten ein. Auf diese Freiheitsrechte ist jedenfalls auch abzustellen, sodass es mit der Interpretation des einfachen Rechts sein Bewenden nicht haben kann. Insbesondere vermittelt Art. 2 Abs. 1 GG den Anspruch, von Nachteilen verschont zu werden, die die verfassungsmäßige Ordnung nicht deckt[42].

149 Führt die Interpretation des einfachen Rechts dazu, dass es ein subjektives öffentliches Recht nicht einräumt, so ist die Frage nach der Klagemöglichkeit sowie die Frage nach der möglichen Begründetheit einer Klage noch nicht abschließend beantwortet, sondern es ist zu prüfen, ob Freiheitsrechte den fraglichen Fall erfassen. Existieren grundrechtliche Abwehrrechte, so ist entweder das einfache Recht im Lichte dieser Abwehrrechte zu interpretieren, oder, falls diese Möglichkeit entfällt, direkt auf das Grundrecht als subjektives öffentliches Recht zurückzugreifen. Auf diese Weise wird heute auch häufig vorgegangen.

Beispiel: Im Bereich des Subventionsrechts fehlen häufig Normen. Deshalb werden gesetzlich keine subjektiven öffentlichen Rechte begründet. Nach der Rechtsprechung[43] kann die Begünstigung eines Unternehmens ein anderes in dessen durch Art. 2 Abs. 1 GG geschützte Wettbewerbsfreiheit treffen[44].

150 Die Anerkennung des Umstands, dass das subjektive öffentliche Recht einen grundrechtlichen Bezug hat, führt indessen nicht dazu, jede Beeinträchtigung durch eine staatliche Maßnahme mit einem Abwehranspruch zu bewehren. Voraussetzung für die Existenz eines Abwehranspruchs des Einzelnen ist eine unmittelbare Beziehung zwischen der Beeinträchtigung und der Maßnahme. Ferner darf der Gesetzgeber die Grundrechte ausgestalten und begrenzen; dazu zählt auch, ob er dem Einzelnen ein Abwehrrecht einräumt. Durch Interpretation der Grundrechte ist deshalb das Vorhandensein eines Abwehranspruchs zu ermitteln.

151 Alles in allem darf als Ratschlag formuliert werden, den Prüfungspunkt „subjektives öffentliches Recht" nicht zu kopflastig zu gestalten. Ob *tatsächlich* subjektive drittschützende Rechtspositionen verletzt sind, bleibt der Begründetheitsprüfung vorbehalten.

b) Widerspruchsverfahren/Vorverfahren

aa) Die Pflicht zur Durchführung

152 § 68 Abs. 1 VwGO verlangt vor Erhebung der Anfechtungsklage die ordnungsgemäße und im Ergebnis erfolglose Durchführung eines Widerspruchsverfahrens. Das Widerspruchsverfahren ist erfolgreich, wenn die Behörde den eingelegten Widerspruch für zulässig und begründet hält und ihm abhilft. Es ergeht ein **Abhilfebescheid**. Ihn kennzeichnet, dass die Behörde den angefochtenen Verwaltungsakt aufhebt. Den Verwaltungsakt aufhebende Behörde ist nach § 72 VwGO die Behörde, die ihn erlassen hat.

42 BVerfGE 9, 83/88; 29, 402/408.
43 BVerwGE 30, 191/198.
44 Vgl. ferner BVerwGE 60, 159 f. und 65, 174.

Hilft die Behörde nicht ab, ergeht nach § 73 VwGO ein Widerspruchsbescheid. Die Zuständigkeit regelt § 73 Abs. 1 Satz 2 VwGO. **153**

Es verbietet sich, Ausführungen über Sinn und Zweck des Vorverfahrens zu machen, wenn die Normauslegung dazu keine Veranlassung gibt. **154**

Wenn problemlos die Feststellung möglich ist, dass das Vorverfahren durchgeführt wurde, darf dieses Faktum in der Bearbeitung kurz festgestellt werden. **155**

bb) Bei der Durchführung zu beachtende Modalitäten

(1) Die Frist

Das Vorverfahren beginnt nach § 69 VwGO mit der Erhebung des Widerspruchs. Der Widerspruch muss *fristgemäß* eingelegt werden. Die Frist ergibt sich aus § 70 Abs. 1 Satz 1 VwGO: einen Monat nach Bekanntgabe an den Beschwerten. Diese Frist ist eine Ausschlussfrist; verspätete Widersprüche werden als unzulässig zurückgewiesen – Ausnahme: unten dd). **156**

Die Frage, ob der Widerspruch rechtzeitig erhoben wurde, lässt sich als ein hübsches zusätzliches Problem in alle denkbaren Fallkonstellationen einbauen. Klausurenkonstrukteure machen das sehr häufig, weil ca. 50 % der Bearbeiter den „Klassiker" bringen: *„Die Widerspruchsfrist beträgt vier Wochen"*, ein Fehler, der Formalfetischisten regelmäßig köstlich erregt. Bitte verbreiten Sie Lebensfreude auf andere Weise. **157**

Die Studierenden müssen mit den Grundzügen der Verwaltungszustellung und der Fristberechnung vertraut sein. In Kürze Folgendes: Nach § 43 Abs. 1 Satz 1 VwVfG wird der Verwaltungsakt in dem Zeitpunkt wirksam, in dem er bekannt gegeben wird. Die insoweit relevanten Fristen regelt § 41 Abs. 2 VwVfG – regelmäßig gilt ein Verwaltungsakt drei Tage nach seiner Aufgabe zur Post als bekannt gegeben. Bitte beachten Sie in diesem Zusammenhang das Verwaltungszustellungsgesetz. Die erwähnte Ein-Monatsfrist berechnet sich auf folgende Weise: § 57 VwGO. Absatz 2 dieser Vorschrift verweist auf die §§ 222, 224 Abs. 2 und 3, §§ 225, 226 ZPO. Nach § 222 Abs. 1 ZPO gelten für die Berechnung der Fristen die Vorschriften des BGB, also §§ 187 bis 193 BGB. Den Fristbeginn bestimmt § 187 BGB; hier gilt regelmäßig Absatz 1. Das Ende der Frist regelt § 188 BGB; hier gilt Absatz 2. Daraus ergibt sich: Der Tag der Bekanntgabe des Verwaltungsakts bzw. der Tag seiner Zustellung wird nicht mitgerechnet. **158**

Häufig stellt sich bei Klausuren das Problem der Fristüberschreitung. In diesem Fall ist an § 222 Abs. 2 ZPO zu denken: Fällt das Ende einer Frist auf einen Sonntag, einen allgemeinen Feiertag oder einen Sonnabend, so endet die Frist mit Ablauf des nächsten Werktags. Fairerweise kann der Aufgabensteller ein Fristproblem dieser Art nur dann in die Klausur einarbeiten, wenn er einen Auszug aus einem Kalender der Klausur als Anhang beifügt. Wenn das der Fall ist, müssten Sie sofort Bescheid wissen. **159**

Ein weiteres sich häufig stellendes Problem im Zusammenhang der Einhaltung der Frist nimmt Bezug auf die Rechtsmittelbelehrung/Rechtsbehelfsbelehrung. Die Frage, ob all- **160** gemein eine Rechtspflicht zur Belehrung über das Rechtsmittel besteht, kann hier unbeantwortet bleiben[45]. Denn Folge einer fehlenden oder unrichtig erteilten Rechtsbehelfsbelehrung ist nicht, dass etwa der Verwaltungsakt rechtswidrig wäre, sondern die Verlängerung der Ein-Monatsfrist nach § 70 Abs. 1 Satz 1 VwGO auf ein Jahr: § 70 Abs. 2 iVm § 58 Abs. 2 Satz 1 VwGO. Typische Fehler betreffend die Rechtsmittelbelehrung sind die Folgenden: 1. ihr völliges Fehlen, 2. unrichtige Belehrung über a. den Adressaten des Rechtsmittels, b. dessen Sitz, c. die einzuhaltende Frist, d. dieses alles in Schriftform, 3. nicht vorgeschriebene Hinzufügungen; **Beispiel:** *Der Widerspruch kann nur durch einen Rechtsanwalt eingelegt werden.*

161 Ist der Widerspruch verspätet eingelegt und enthält der Sachverhalt detaillierte Angaben zur Rechtsbehelfsbelehrung, liegt die Wahrscheinlichkeit eines Fehlers nahe, sodass § 58 VwGO zur Anwendung kommt.

(2) Die Form

162 Der Widerspruch muss schriftlich oder zur Niederschrift bei der Behörde eingelegt werden, die ihn erlassen hat, so genannte Erlassbehörde, § 70 Abs. 1 Satz 1 VwGO. Die zuvor diskutierte Frist wird gewahrt, wenn der Widerspruch bei der Widerspruchsbehörde eingelegt wird.

cc) Gesetzlicher Verzicht auf Durchführung

163 Kraft Gesetzes ist in bestimmten Fällen die Durchführung eines Widerspruchsverfahrens entbehrlich. Die wichtigsten Fälle dieser Art regelt § 68 Abs. 1 Satz 2 Nr. 1 und 2 VwGO. Ferner gibt es einfachgesetzlich normierte Fälle, in denen ein Widerspruchsverfahren entfällt: z.B. § 70 VwVfG, § 119 BbgKVerf. Schließlich ist zu bedenken, dass einige Bundesläner, z.B. NW, das Widerspruchsverfahren weitestgehend abgeschafft haben. An diese Möglichkeiten ist immer zu denken, wenn ersichtlich kein anderer Grund dafür in Betracht kommt, weshalb das Widerspruchsverfahren unterblieb.

164 In der Literatur wird in diesem Zusammenhang teilweise mit den Begriffen „Erforderlichkeit“[46] bzw. „Entbehrlichkeit“ des Widerspruchs bzw. des Vorverfahrens gearbeitet; man versucht, beiden Begriffen bestimmte Fallgruppen zuzuordnen. Die Bearbeiter sollten sich nicht an diese Begriffe klammern, sondern erklären, aus welchen Gründen das Vorverfahren ausnahmsweise nicht notwendig ist.

165 Eine solche Ausnahme bildet zum Beispiel der in § 75 Satz 1 VwGO geregelte Ausnahmetatbestand (so genannte Untätigkeitsklage – Bitte beachten: Es handelt sich **nicht** um eine besondere Klageart!). Diese Norm regelt den Fall, dass die Widerspruchsbehörde in unangemessen langer Zeit nicht über den Widerspruch befindet. Als unangemessener Zeitraum gilt gemeinhin ein längerer als drei Monate. Ist dieser zeitliche Rahmen überschritten, muss die – an sich erforderliche – Beendigung des Widerspruchsverfahrens

45 S. ausführlich *Peine*, AllgVerwR, Rn. 657.
46 Gemeint ist regelmäßig die Nicht-Erforderlichkeit.

durch den Erlass eines Widerspruchsbescheids nicht abgewartet werden. Eine sofortige Klage ist zulässig.

Ein Widerspruch muss ferner dann nicht erhoben werden, wenn ein Verwaltungsverfahren einschließlich des Widerspruchsverfahrens in der gleichen Sache bereits stattgefunden hat, und wenn die Behörde einen zweiten Verwaltungsakt erlässt, der dem ersten inhaltlich gleicht. **166**

dd) Behördlicher Verzicht auf Durchführung

In der Ausbildungsliteratur wird regelmäßig die Konstellation erwähnt, dass die beklagte Behörde im Verwaltungsprozess das fehlende Vorverfahren bzw. das verspätete Einlegen des Widerspruchs nicht rügt, sondern Ausführungen zur Sache macht. Genau genommen ist dieser Fall nicht einer der „Entbehrlichkeit" des Vorverfahrens, sondern es stellt sich die Frage, ob die Behörde auf die Durchführung des Widerspruchsverfahrens verzichten darf. Wenn sie verzichten darf, ist die erhobene Klage zulässig. Das Ergebnis ist umstritten. Gegen die Möglichkeit zu verzichten spricht, dass eine gesetzliche Klagevoraussetzung nicht zur Disposition der Behörde stehen kann. Für die Möglichkeit eines Verzichts ist anzuführen, dass es ein reiner Formalismus wäre, auf der Durchführung des Widerspruchsverfahrens zu beharren, da nach der Zurückweisung der Klage als unzulässig der Streitstoff wenig später wieder zum Gericht kommen wird; das Beharren auf der Durchführung des Widerspruchsverfahrens in diesem Fall also reine Zeitverschwendung ist. Dem letzten Argument ist aus Gründen praktischer Vernunft und der Prozessökonomie zu folgen. **167**

c) Die fristgerechte Klageerhebung

Weitere Voraussetzung der zulässigen Erhebung einer Anfechtungsklage ist die Einhaltung der Klagefrist. Nach § 74 Abs. 1 VwGO muss die Klage einen Monat nach Zustellung des Widerspruchsbescheids erhoben werden. Mit Blick auf die Frist gilt das zuvor bei der Rechtsbehelfsbelehrung Gesagte. **168**

d) Die (passive) Prozessführungsbefugnis

Die letzte besondere Zulässigkeitsvoraussetzung für die Anfechtungsklage erfasst § 78 VwGO. Die prozessrechtliche Einordnung dieser Norm ist umstritten. Einige Autoren sehen in ihr die Frage der Passivlegitimation beantwortet[47], andere die Frage der passiven Prozessführungsbefugnis geregelt. Dieser Streit sollte in der Klausur nicht ausgebreitet werden. Beide Auffassungen ändern nichts an dem korrekten Ergebnis, dass die Klage gegen den richtigen Beklagten erhoben werden muss. Der Unterschied besteht darin, dass die Passivlegitimation im Grunde eine Frage der Begründetheit der Klage ist, während die Prozessführungsbefugnis zu den Zulässigkeitsvoraussetzungen zählt. **169**

---

47 *Schmitt Glaeser/Horn*, VerwProzess, Rn. 238.

170 Zu beachten ist bei der Prüfung von § 78 Abs. 1 VwGO Folgendes: Die Ziffer 1 hat den Charakter einer Generalklausel, Ziffer 2 regelt die Ausnahme („sofern"). Bedeutungsvoll ist es deshalb, wie die Frage in dem Bundesland beantwortet ist, in dem die Klausur zu bearbeiten ist. Schreibt das Landesrecht vor, wie z.B. Brandenburg in § 8 Abs. 2 Satz 1 BbgVwGG, dass die **Behörden** zu verklagen sind – **Beispiel:** *der Oberbürgermeister der Stadt Frankfurt (Oder)* –, kommt Ziffer 1 nicht zur Anwendung; in diesem Fall ist der Rechtsträger der Behörde – **Beispiel:** *die Stadt Frankfurt (Oder)* – der falsche Beklagte.

III. Erläuterungen zum Aufbauschema – Begründetheitsfragen

1. Der Eingangssatz

171 Die Anfechtungsklage ist begründet, soweit der Verwaltungsakt rechtswidrig und der Kläger dadurch in seinen Rechten verletzt ist, § 113 Abs. 1 Satz 1 VwGO.

172 Diese Formulierung sollte bei Anfechtungsklagen als Obersatz die Begründetheitsprüfung einleiten. Ein in diesem Zusammenhang immer wieder zu beobachtender Fehler: Anstelle von „soweit" benutzen Studierende das Wort „wenn". Das ist deshalb falsch, weil „wenn" sprachlich nicht die Möglichkeit der Teilaufhebung des Verwaltungsakts ausdrückt.

2. Die Benennung der Ermächtigungsgrundlage

173 In der **normalen** Fallkonstellation, wenn der Kläger Adressat eines belastenden Verwaltungsakts ist, ist zuerst zu prüfen, ob eine **Ermächtigungsgrundlage** für den erlassenen Verwaltungsakt vorliegt[48]. Der Grund für dieses Prüfungserfordernis ist folgender: Fehlt eine Ermächtigungsgrundlage, sei es, dass überhaupt keine Ermächtigungsgrundlage, die den Verwaltungsakt stützen könnte, ersichtlich ist, oder sei es, sie ist nichtig, z.B. eine kommunale Satzung, dann ist der Verwaltungsakt in jedem Fall rechtswidrig[49]. Dieses Ergebnis folgt aus dem Grundsatz des Vorbehalts des Gesetzes, Art. 20 Abs. 3 GG, bzw. aus den Grundrechtsschranken und muss nicht näher begründet werden.

Beispiel: Die Stadt Potsdam erlässt einen an Professor P gerichteten Steuerbescheid, der eine spezielle Einkommensteuer von allen reichen Berlinern fordert, die am Sacrower See Eigentümer von Häusern sind. Rechtsgrundlage ist die Satzung „Spezielle Einkommensteuer von speziellen Berlinern". Diese Satzung ist nichtig, weil das Recht zum Erlass von Einkommensteuerrecht nach Art. 105 Abs. 2 GG beim Bund liegt.

174 Beim Aufsuchen der Ermächtigungsgrundlage hat der Bearbeiter der Klausur den Grundsatz der Vorrangigkeit spezieller Normen vor den allgemeinen zu beachten.

48 Ermächtigungsgrundlage als erster Prüfungspunkt, *Hufen*, VerwProzess, § 25 Rn. 3.

49 Achtung! Es können nur untergesetzliche Ermächtigungsgrundlagen durch das Verwaltungsgericht verworfen werden, *Hufen*, VerwProzess, § 25 Rn. 15.

Beispiel: Im Bereich des Polizeirechts gilt: Es ist erstens nach einer Spezialnorm im Bundesrecht oder im Landesrecht zu suchen; ist die Suche erfolglos, ist zweitens eine so genannte Standardmaßnahme nach dem Polizeigesetz zu diskutieren; ist die Diskussion ohne Ergebnis, muss drittens auf die polizeiliche Generalklausel zurückgegriffen werden.

3. Die Rechtmäßigkeit des Verwaltungsakts

Ist die Ermächtigungsgrundlage gefunden, ist zu prüfen, ob der Verwaltungsakt formell und materiell rechtmäßig erlassen wurde. 175

a) Die formelle Rechtmäßigkeit

Im Rahmen der **formellen Rechtmäßigkeit** werden die Zuständigkeit der Behörde sowie die Einhaltung zwingender Verfahrens- und Formvorschriften geprüft. 176

aa) Die Zuständigkeit der Behörde

Der Behördenaufbau in Bund und Ländern ist relativ kompliziert. Die Basisaussage zur Verwaltungsstruktur findet sich in Art. 83 ff. GG. Hier wird folgendermaßen differenziert: 177

1. Art. 83 GG: Vollzug von Bundesgesetzen durch die Länder als deren eigene Angelegenheit,
2. Art. 85 GG: Vollzug von Bundesgesetzen durch die Länder im Auftrag des Bundes,
3. Art. 86 GG: Vollzug von Bundesgesetzen durch bundeseigene Verwaltung oder bundesunmittelbare Körperschaften, Anstalten und Stiftungen des öffentlichen Rechts,
4. nicht erwähnt: Vollzug von Landesgesetzen durch landeseigene Verwaltung oder landesunmittelbare Körperschaften, Anstalten oder Stiftungen des öffentliches Rechts.

Diese Grundaussage lässt sich in folgendem *Schaubild* **Normvollzug und Behörde** darstellen: 178

Vollzug von Bundesrecht durch Bundesbehörden:	Vollzug von Bundesrecht durch Landesbehörden im Auftrag des Bundes:	Vollzug von Bundesrecht durch Landesbehörden als eigene Angelegenheit:	Vollzug von Landesrecht durch Landesbehörden
Art. 86 GG	**Art. 85 GG**	**Art. 83 GG**	**Keine Regelung**

Für die Lösung von Klausuren lässt sich allgemein festhalten: Regelmäßig spielt die Zuständigkeitsfrage keine Rolle; diese Aussage ist deshalb richtig, weil sich in vielen Klausuren der Hinweis findet: Es handelt die zuständige Behörde. **Beispiel:** *Der zuständige Oberbürgermeister von Frankfurt (Oder) richtet an Professor P einen Bescheid mit folgendem Inhalt.* In diesem Fall ist zur Zuständigkeitsfrage kein Wort mehr zu verlieren. 179

Fehlt es an einem solchen Hinweis, dann ist auf die Zuständigkeitsfrage nur kurz einzugehen (ausführlich aber dann, wenn in der Zuständigkeitsfrage ein Problem des Falls liegt: sehr selten!). Regelmäßig werden in Klausuren Sachverhalte zur Bearbeitung gestellt, die sich den Fallgruppen 1 oder 4 zuordnen lassen. Mit Blick auf die Behör- 180 denzuständigkeit gilt regelmäßig Folgendes: Bei der Fallgruppe 1 ist für jedes Bundesgesetz ein so genanntes Ausführungsgesetz des Landes notwendig, in dem die sachliche Zuständigkeit meistens am Schluss des Gesetzes geregelt ist; es kann auch sein, dass für mehrere Bundesgesetze ein einziges Gesetz diese Zuständigkeit regelt.

Beispiel: Das Kreislaufwirtschafts- und Abfallgesetz ist ein Bundesgesetz. Es benötigt ein Ausführungsgesetz. In Brandenburg liegt dieses in Gestalt des Brandenburgischen Abfall- und Bodenschutzgesetzes vor. Dieses regelt die Behörden und ihre Zuständigkeiten in den §§ 42 f. Ein weiteres Beispiel für die Fallgruppe 4: Das Polizeirecht ist Ländersache. Die Landespolizeigesetze regeln die Zuständigkeit für den Vollzug selbst oder in einem speziellen Gesetz.

181 Mit Blick auf die Zuständigkeit ist zwischen örtlicher, sachlicher und instanzieller zu unterscheiden. Der letzte Fall meint die Zuständigkeit innerhalb des Behördenaufbaus; er ergibt sich aus den zuvor erwähnten landesrechtlichen Regelungen; er spielt in Klausuren so gut wie keine Rolle.

182 § 3 VwVfG regelt die örtliche Zuständigkeit. Regelmäßig ergibt sich die örtliche Zuständigkeit der handelnden Behörde aus § 3 Abs. 1 Nr. 3 VwVfG: Wohnsitz/Sitz der Person, deren rechtliche Beziehung zur Behörde streitig ist.

bb) Die Einhaltung von Verfahrens- und Formvorschriften

(1) Die Verfahrensvorschriften

183 Das Verwaltungsverfahrensgesetz kennt folgende Verfahrensvorschriften:

- Handeln durch geeignete Amtsträger: §§ 20, 21;
- die richtige Verfahrensart – gesetzlich nicht geregelt; das Erfordernis ergibt sich aus dem Umstand, dass es differente Verfahrensarten gibt: nichtförmliches Verfahren, § 10; förmliches Verfahren, § 63; Planfeststellungsverfahren, § 72; außerhalb des Verwaltungsverfahrensgesetzes geregelte Verfahren: z.B. das Genehmigungsverfahren nach § 10 BImSchG – 9. BImSchV, Bauplanaufstellungsverfahren nach §§ 2 ff. BauGB;
- das Antragsbedürfnis: § 22;
- die vollständige Sachaufklärung, § 24 Abs. 1 Satz 1;
- die Mitwirkung anderer Behörden; keine Regelung im VwVfG, sondern in Spezialgesetzen: z.B. § 36 BauGB;
- die Beteiligung Betroffener, § 13;
- die Anhörung Beteiligter, § 28;
- die Beratung und Information Beteiligter, § 25;
- das Recht auf Akteneinsicht, § 29; hier gibt es landesrechtlich abweichende Vorschriften; in Spezialgesetzen gibt es „Sonderrecht“, z.B. im Umweltinformationsgesetz und Informationsfreiheitsgesetz.

(2) Die Formvorschriften

Zu den Formvorschriften äußern sich § 37 Abs. 2–4 und § 39 VwVfG. Im Einzelnen muss beachtet werden: **184**

- das Formgebot: schriftlich, elektronisch, mündlich oder in anderer Weise, § 37 Abs. 2 Satz 1; in welcher Form der Verwaltungsakt ergeht, regeln das Verfahrensrecht und das materielle Recht: **Beispiele:** *§ 69 Abs. 2 Satz 1 VwVfG, § 67 Abs. 4 Satz 1 BbgBO: Die Baugenehmigung bedarf der Schriftform*;
- das Bestätigungsgebot, § 37 Abs. 2 Satz 2;
- Bezeichnung der erlassenden Behörde, Unterschrift oder Namenswiedergabe bzw. bei elektronisch erlassenen Verwaltungsakten Signatur und qualifiziertes Zertifikat/qualifiziertes Attributzertifikat: Ausnahmeregelung in § 37 Abs. 5;
- Begründungsgebot, § 39.

cc) Die Heilung von Verfahrens- und Formfehlern

Ein außerordentlich beliebter Gegenstand von Klausurenkonstrukteuren ist die in § 45 VwVfG geregelte Heilung von Verfahrens- und Formfehlern. Die Norm wird heute durchweg als verfassungsrechtlich korrekt betrachtet; eine Diskussion ihrer verfassungsrechtlichen Zulässigkeit ist nicht (mehr) indiziert. Bitte beachten Sie die differenten Folgen: Die Verletzung der in § 45 Abs. 1 aufgezählten Anforderungen ist nach Absatz 1, 2 unbeachtlich, wenn die Handlungen bis zum Abschluss der letzten Tatsacheninstanz – regelmäßig: Verhandlung vor dem Verwaltungsgericht – nachgeholt wird. Bei Verletzung des Begründungsgebots oder Anhörungsgebots gilt bei Vorliegen der weiteren im Gesetz genannten Voraussetzungen die Versäumung der Rechtsbehelfsfrist als nicht verschuldet. **185**

b) Die materielle Rechtmäßigkeit

aa) Die inhaltliche Bestimmtheit

Inhaltlich hinreichend bestimmt ist ein Verwaltungsakt dann, wenn in ihm der Wille der Behörde vollständig zum Ausdruck kommt und für die Beteiligten des Verfahrens unzweideutig zu erkennen ist. Ferner ist der Adressat bestimmt anzugeben; es reicht aber der Künstlername oder eine Namensverkürzung; **Beispiel:** *Marlene Dietrich = Maria Magdalena von Losch; Jürgen von der Lippe = Jürgen Dohrenkamp; Patrick Lindner = Friedrich Raab*[50]. **186**

Ein Problem, welches in diesem Zusammenhang immer gern gebracht wird, betrifft das Sicherheits-(Polizei-)Recht im weiteren Sinne: nämlich, ob es für die inhaltliche Bestimmtheit reicht, wenn die Behörde dem Adressaten das zu erreichende Ziel aufgibt, sich aber zu den für die Zielerreichung geeigneten Mitteln nicht äußert; **187**

50 FAZ vom 27.11.2003, S. 11.

Beispiel: Der Betrieb einer Anlage des X überschreitet den höchst zulässigen Lärmwert um 20 db(A). Die Behörde fordert X auf, den Grenzwert einzuhalten, überlässt es freilich dem X, wie er das schaffen will.

Nach h.M. ist das Vorgehen der Behörde rechtmäßig; ein Weg zur Zielerreichung muss dem X nicht aufgezeigt werden. Wichtige Ausnahme: Ein auf Vollstreckung angelegter Verwaltungsakt muss das Mittel benennen, weil sich sonst die Anordnung der Vollstreckung nicht auf einen Grund-Verwaltungsakt bezieht.

bb) Die Prüfung der Ermächtigungsgrundlage

188 Es ist zu untersuchen, ob die Tatbestandsmerkmale der Ermächtigungsnorm und gegebenenfalls zwingende Sekundärvorschriften erfüllt sind.

189 (Nicht nur, aber auch) an dieser Stelle müssen Sie zeigen, ob Sie das Handwerk des Juristen beherrschen. Sie müssen die Tatbestandsmerkmale der Ermächtigungsnorm definieren (denken Sie in diesem Zusammenhang daran, dass die h.M. der Behörde einen Beurteilungsspielraum nicht zuerkennt), ihren Anwendungsbereich möglicherweise in Relation zu anderen potentiell einschlägigen Normen bestimmen und der Norm den Sachverhalt subsumieren *(bitte sprechen Sie in der Zukunft nicht mehr davon, dass Sie einen Sachverhalt* unter *eine Norm subsumieren; Sie zeigen damit, dass Sie von Latein keine Ahnung haben; „sub" heißt „unter": s. das schöne Wort „suboptimal"; im Deutschen gibt es die im Englischen übliche Verdopplung wie: „I can't get no satisfaction" nicht).*

190 Wenn die Tatbestandsmerkmale der Ermächtigungsgrundlage vorliegen, ist in einem zweiten Schritt zu untersuchen, ob die angeordnete Rechtsfolge der Ermächtigungsgrundlage entspricht. Die Feststellung ist relativ problemlos möglich, wenn es sich bei der einschlägigen Norm um eine solche handelt, die eine bestimmte Rechtsfolge anordnet – also der Behörde kein Ermessen eröffnet.

cc) Die rechtmäßige Ermessensausübung

191 Eröffnet die Ermächtigungsnorm Ermessen, muss untersucht werden, ob die Behörde ihr Ermessen richtig ausgeübt hat. Oftmals wird das Ermessen im „luftleeren Raum" geprüft – also ohne Bezug zur Norm, die für die Lösung des Falls entscheidend ist. Das ist falsch. Zum Ermessen ist nur dann Stellung zu beziehen, wenn die fallentscheidende Norm Ermessen eröffnet.

192 Nach § 40 VwVfG hat die Behörde das ihr gesetzlich eingeräumte Ermessen nach dem Zweck der Ermächtigungsgrundlage auszuüben und die gesetzlichen Grenzen des Ermessens zu beachten. Es gibt folgende Ermessensfehler: **Ermessensüberschreitung**: die Behörde wählt eine Rechtsfolge, die das Gesetz nicht einräumt; **Ermessensnichtgebrauch**: trotz eingeräumten Ermessens macht die Behörde von ihm keinen Gebrauch, weil sie beispielsweise annimmt, es liege ein Fall gebundener Verwaltung vor; **Ermessensfehlgebrauch**: kommt in drei Varianten vor: **Abwägungsdefizit**: die Behörde berücksichtigt nicht alles, was nach Lage der Dinge berücksichtigungsbedürftig ist; **Ermessensmissbrauch**: die Behörde verfolgt sachfremde Zwecke oder Motive; **Abwägungsdisproportionalität**: fehlerhafte Gewichtung eines für die Entscheidungsfindung relevanten Gesichtspunkts.

In Klausurfällen sehr beliebt ist der Fehler **Ermessensnichtgebrauch:** 193

Beispiel: Professor P baut sein Haus am Sacrower See ohne Baugenehmigung. Die zuständige Behörde erlässt eine Beseitigungsanordnung (Abrissverfügung), weil sie generell Schwarzbauten nicht duldet. Die Verfügung ist rechtswidrig, weil der Behörde bei der Beseitigung von Schwarzbauten nach § 74 Abs. 1 BbgBO Ermessen eingeräumt ist.

Ausnahme: Es liegt ein Fall der Ermessensreduzierung auf Null vor; in diesem Fall muss die Behörde handeln. Ein häufiges **Beispiel** für einen Ermessensfehlgebrauch in der Variante Abwägungsdefizit: *Die Behörde geht von einem falschen Sachverhalt aus.*

Die Grenzen der Ermessensausübung bilden die Grundrechte und der Grundsatz der Verhältnismäßigkeit. 194

Normativer Ansatz mit Blick auf die Suche nach Ermessensfehlern ist § 114 Satz 1 VwGO; der Wortlaut der Norm ist zu eng; es kommen die zuvor genannten Ermessensfehler zum Tragen. Den sehr wichtigen Prüfungspunkt „Grundsatz der Verhältnismäßigkeit" nennt § 114 Satz 1 VwGO nicht, obwohl er hier hingehört. 195

Vielfach nehmen Bearbeiter nach der Feststellung, das eingeräumte Ermessen sei *ordnungsgemäß* ausgeübt worden, eine Verhältnismäßigkeitsprüfung vor. Damit demonstrieren sie mustergültig, dass sie das Wesen des Ermessens (die Einhaltung der Anforderungen des Grundsatzes der Verhältnismäßigkeit sind Teil der rechtmäßigen Ermessensausübung) nicht verstanden haben: Wenn sie sagen, alles sei ordnungsgemäß, entfällt zwingend eine Prüfung, mit der das Gegenteil bewiesen werden könnte. Sie ist schon vorgenommen worden; es bleibt für die Prüfung des Grundsatzes der Verhältnismäßigkeit kein Raum. Der Satz muss also lauten: Nach der bisherigen Prüfung ist ein Ermessensfehler nicht ersichtlich; mit dem Wort „bisherig" drücken Sie aus, dass die Prüfung noch nicht abgeschlossen und ein endgültiges Urteil noch nicht gefällt worden ist. 196

Oft erörtern Bearbeiter vorschnell eine **Ermessensreduzierung auf Null**. Davor sei gewarnt. Ohne konkreten Hinweis im Sachverhalt (Gleichbehandlung, Verwaltungsvorschriften) ist das Thema nicht anzusprechen. Wird der Sachverhalt übermäßig interpretiert oder eigenwillig weitergedacht, stellt dieses Vorgehen einen schweren Fehler der Bearbeitung dar. 197

dd) Die Verletzung klägerischer Rechte

Ist der Verwaltungsakt rechtswidrig, ergibt sich die Verletzung klägerischer Rechte von selbst und wird am Ende des Prüfungspunkts „materielle Rechtmäßigkeit" kurz festgestellt. 198

199 Schwieriger ist die Konstellation bei so genannten Drittanfechtungsklagen. Hierbei genügt die bloße (objektive) Rechtswidrigkeit des angegriffenen Verwaltungsakts nicht, sondern der Kläger muss gerade in seinem subjektiven Recht verletzt sein. Daher ist unter dem Stichwort „Rechtsverletzung" zu prüfen, ob die Rechtswidrigkeit des angegriffenen Verwaltungsakts auf einer Verletzung einer drittschützenden Norm beruht.

c) Zusammenfassung: Der fehlerhafte Verwaltungsakt

200 Der fehlerhafte Verwaltungsakt kann rechtswidrig oder nichtig sein. Die **Nichtigkeit** eines Verwaltungsakts richtet sich nach § 44 Abs. 1, 2 VwVfG. Ein nichtiger Verwaltungsakt ist außerordentlich selten.

201 Eine bestimmte Kategorie von Fehlern schließt das VwVfG jedoch aus den Fehlern aus, die einen fehlerhaften Verwaltungsakt im Rechtssinne bedingen: Schreibfehler, Rechenfehler und ähnliche offenbare Unrichtigkeiten, s. § 42. Um **„offenbare Unrichtigkeiten"** – dieses ist der Oberbegriff – handelt es sich beispielsweise bei falschen Namens- oder Grundstücksbezeichnungen, Additionsfehlern oder Auslassungen, die im Sinnzusammenhang des Verwaltungsakts unmittelbar einsichtig sind. Die Rechtsprechung[51] verfährt großzügig und behandelt auch erkennbar falsche Eingaben für einen computergefertigten Bescheid als „offenbare Unrichtigkeiten" iSd § 42. Entscheidend für die Annahme dieses Tatbestandsmerkmals ist zweierlei: ob die Fehlerhaftigkeit des Verwaltungsakts für den Empfänger offenbar ist und ob das von der Behörde Gewollte (also das richtige Ergebnis) erkennbar oder jedenfalls aus dem Schriftstück ableitbar ist. In diesen Fällen gilt der VA mit dem Inhalt, den die Behörde erkennbar mit ihm verbinden wollte – selbst wenn der Inhalt nach außen hin nicht zum Ausdruck gekommen ist.

202 Die örtlich, sachlich und instanziell **zuständige Behörde** muss den VA erlassen haben. Es ist ohne weiteres denkbar, dass eine unzuständige Behörde gehandelt hat.

Mit Blick auf die **Verfahrensfehler** ist festzuhalten:

203 Es kann ein **befangener Amtsträger** oder ein solcher Amtsträger gehandelt haben, gegen den die Besorgnis der Befangenheit besteht, Verstoß gegen §§ 20, 21.

204 Der **Sachverhalt** kann **mangelhaft aufgeklärt** sein. Davon ist beispielsweise auszugehen, wenn die Behörde

- gegen konkrete gesetzliche Ermittlungsgebote (einschl. §§ 24, 26) oder Verfahrensvorschriften des Ermittlungsvorgangs verstößt,
- zur Auslegung materieller Normen erforderliche Tatsachenelemente nicht ermittelt oder nach deren Ermittlung nicht in das Verfahren einbezieht,
- ermessensfehlerhaft offenkundige oder angebotene Beweismittel und Informationen nicht zur Kenntnis nimmt oder zur Verfügung stehende Schriftstücke, Akten usw. nicht hinzuzieht,

51 BVerwG, NVwZ 1986, 198.

- grundlos von Verwaltungsvorschriften oder anderen Formen der Selbstbindung bei der Sachverhaltsklärung abweicht und dadurch zu schützendes Vertrauen oder den Gleichheitsgrundsatz verletzt,
- ohne adäquate Begründung von anerkannten Bewertungsgrundsätzen abweicht,
- sich auf schriftliche oder andere mittelbare Informationen beschränkt, wo es auf die Unmittelbarkeit und Persönlichkeit der Information ankommt,
- wesentliche Sachverhaltsänderungen während des Verfahrens nicht zur Kenntnis nimmt oder nicht in das Verfahren einbezieht.

Ein Verwaltungsakt, der auf Informationen beruht, die die Behörde erlangte, weil sie **205**
gegen Ermittlungs- und Beweisverbote verstieß, ist verfahrensfehlerhaft.

Die zur Entscheidung befugte Behörde kann es unterlassen, eine von Gesetzes wegen **206**
zu **beteiligende Behörde** ihren Beitrag zur Entscheidungsfindung „abgeben" zu lassen. Die fehlende Mitwirkung einer mitwirkungsberechtigten Behörde ist sachlich als Fehler der Sachaufklärung zu betrachten. Der Verfahrensfehler liegt in einem Verstoß gegen die Verpflichtung zur angemessenen Informationsvorbereitung der Entscheidung.

Folgende **Beteiligungs- und Anhörungsfehler** sind neben anderen denkbar: **207**

- Die Behörde hat einen Betroffenen nicht beteiligt und es kommt deshalb nicht zu seiner Anhörung.
- Die Behörde verkennt die Anwendbarkeit von § 28 VwVfG oder erkennt nicht, dass diese Norm als Ausdruck allgemeiner rechtsstaatlicher Prinzipien dem Grundsatz nach auch anzuwenden ist, wenn ein spezialgesetzliches Anhörungsrecht nicht besteht.
- Die Behörde führt eine Anhörung durch, vernachlässigt dabei aber in gleichheitswidriger Weise die Belange eines Betroffenen.
- Die Behörde erlässt einen belastenden Verwaltungsakt ohne Anhörung.
- Die Behörde erlässt einen begünstigenden, dem Antrag aber nicht in vollem Umfang stattgebenden oder mit einschränkenden Nebenbestimmungen versehenen Verwaltungsakt ohne Anhörung.
- Die Behörde führt eine Anhörung erst so spät durch, dass ihr Ergebnis für das Verfahren ohne tatsächliche oder rechtliche Bedeutung ist.
- Die Behörde ändert einen Verwaltungsakt zulasten des Betroffenen ohne vorherige Anhörung.
- Die Behörde erstreckt die Anhörung nicht auf alle für den Rechtsschutz des Beteiligten und für seine Grundrechtsstellung erheblichen Belange.
- Die Behörde führt die Anhörung eines Sprachunkundigen ohne Dolmetscher oder ausreichende fremdsprachige Hinweise durch.
- Die Behörde nimmt das Ergebnis der Anhörung nicht zur Kenntnis.
- Die Behörde hält einen Ausnahmetatbestand für gegeben, der nach der Fallkonstellation und der Rechtslage nicht gegeben ist.

- Die Behörde hat die mögliche Versäumung einer Frist selbst zu vertreten und verweigert anschließend die Anhörung unter Hinweis auf die andernfalls drohende Fristversäumnis.

208 Die Behörde begeht im Zusammenhang des **Rechts auf Akteneinsicht** in der Regel einen Verfahrensfehler, wenn sie

- die Akten eines Verwaltungsverfahrens nicht vollständig führt, also für den Verfahrensgang und das Ergebnis wesentliche Aspekte nicht aktenkundig werden lässt,
- wesentliche Informationen in einer der Einsicht nicht geöffneten „Nebenakte" führt oder sich auf den Beteiligten nicht zugängliche Datenträger stützt,
- einem Beteiligten die Akteneinsicht grundlos nicht gewährt,
- einem noch nicht Beteiligten, aber faktisch Betroffenen ermessensfehlerhaft die Akteneinsicht verweigert,
- das rechtliche Interesse eines Beteiligten oder die Erforderlichkeit der Akteneinsicht zur Verteidigung dieses Interesses verkennt,
- das Vorliegen eines Ausnahmegrundes annimmt, der in Wahrheit entweder nicht vorliegt oder, gemessen an den für die Akteneinsicht sprechenden rechtlichen Gründen, nachrangig ist,
- grundlos auf einer Art der Durchführung der Akteneinsicht beharrt, die diese unzumutbar erschwert,
- verkennt, dass die für einen Teil der Akte bestehenden Ausnahmegründe (z.B. Geheimnisschutz für ein bestimmtes Schriftstück) nicht die gesamte Akte betreffen und dass die vorübergehende Entfernung dieses Schriftstücks im Vergleich zur Verweigerung der gesamten Akte das mildere Mittel wäre,
- die Akteneinsicht entgegen einem gesetzlichen Verbot oder verfassungsrechtlicher „Gegenpositionen" gewährt und dadurch die Rechte Dritter verletzt.

209 **Formfehler** liegen vor, wenn

- der Verwaltungsakt in einer bestimmten Form hätte erlassen werden müssen, diese Form aber nicht aufweist (Hauptfall: Verstoß gegen das Gebot der Schriftform),
- der Verwaltungsakt zwar in Schriftform erlassen wurde, aber keine Unterschrift trägt oder die ausstellende Behörde nicht erkennen lässt,
- die Behörde einen mündlichen Verwaltungsakt nicht schriftlich bestätigt, obwohl der Adressat dieses mit Recht verlangt hat (§ 37 Abs. 2 Satz 2 VwVfG),
- ein mithilfe automatischer Einrichtungen erstellter Verwaltungsakt für den Empfänger auch mithilfe beigefügter Erläuterungen nicht oder nur mithilfe Dritter verständlich ist, die Erläuterungen auf für den Empfänger nicht zugängliche Hilfsmittel verweisen oder so verschlüsselt sind, dass die Entschlüsselung einen unzumutbaren Zeitaufwand verlangt.

Die Verwaltung verstößt gegen das **Begründungsgebot**, wenn **210**

- eine Begründung bei einer schriftlichen Entscheidung ganz fehlt,
- die Behörde fälschlicherweise vom Vorliegen einer Ausnahme vom Begründungsgebot ausgeht oder ermessensfehlerhaft im Einzelfall keine Begründung gibt,
- die Begründung lediglich aus der Wiederholung des Gesetzestextes oder abstrakten Formeln ohne Fallbezug besteht, die Begründung für einen durchschnittlich gebildeten Adressaten unverständlich ist,
- die Behörde bei der Begründung vergleichbarer Fälle nicht hinreichend differenziert oder ohne Berücksichtigung des Einzelfalls „Textbausteine", Formblätter oder maschinelle Schreibhilfen verwendet,
- entgegen § 39 die tragenden rechtlichen oder tatsächlichen Gründe – einschl. Faktoren der Selbstbindung, Verwaltungsvorschriften, Präzedenzfälle (bzw. des Abweichens von ihnen) – nicht offen gelegt werden,
- auf die in einem Antrag, einer schriftlichen Einlassung oder einer Anhörung vorgetragenen Rechts- und Tatsachenargumente des Adressaten nicht eingegangen wird,
- wesentliche Verfahrensschritte, die für das Gesamtergebnis von Bedeutung waren, nicht wiedergegeben werden.

Inhaltlich unbestimmt ist ein Verwaltungsakt, dem eine eindeutige Aussage als solche **211**
fehlt, der widersprüchlich oder aus der Sicht des Betroffenen unverständlich ist. Inhaltlich unbestimmt ist ebenfalls ein Bescheid, der ohne eine klar ersichtliche Trennung mehrere unterschiedliche Angelegenheiten zusammenfasst und dadurch für den Betroffenen unverständlich wird.

Ein materiell-rechtlicher Fehler liegt ferner vor, wenn gegen die Grundsätze, die für die **212**
rechtmäßige Ausübung des Ermessens erarbeitet worden sind, verstoßen wird. Ein Verwaltungsakt, für den eine Inkongruenz zwischen Gesetzeslage und seinem Inhalt festzustellen ist, ist fehlerhaft. Insoweit sind zwei Fälle zu unterscheiden: die Gesetzlosigkeit und die Gesetzesverletzung. Gesetzlos ist ein Verwaltungsakt dann, wenn er nicht auf ein gültiges Gesetz bezogen werden kann. Gesetzlose Verwaltungsakte sind nur dann fehlerhaft, wenn sie belastend sind. Für begünstigende Verwaltungsakte, insbesondere für Subventionen, bedarf es einer gesetzlichen Ermächtigungsgrundlage nicht.

Gesetzeswidrigkeit liegt vor, wenn der belastende Verwaltungsakt durch das als **213**
Ermächtigungsgrundlage herangezogene Gesetz wegen falscher Interpretation des Gesetzes oder wegen unrichtiger Sachverhaltsermittlung nicht gedeckt ist. – Die Angabe einer definitiv unzutreffenden Ermächtigungsgrundlage führt aber nicht zwingend zur Rechtswidrigkeit des Verwaltungsakts.

Ein Verwaltungsakt ist verfassungswidrig, wenn er gegen Grundrechte oder das Über- **214**
maßverbot verstößt.

B. Die Verpflichtungsklage

I. Aufbauschema

Teil 1: Die Sachentscheidungsvoraussetzungen einer Verpflichtungsklage
1. Die deutsche Gerichtsbarkeit – § 173 VwGO iVm §§ 18 ff. GVG
2. **Die Eröffnung des Verwaltungsrechtswegs – § 40 Abs. 1 Satz 1 VwGO**
3. **Die Verpflichtungsklage als statthafte Verfahrensart – § 42 Abs. 1 Var. 2 VwGO**
4. **Die verfahrensartabhängigen Sachentscheidungsvoraussetzungen**
   a) **Klagebefugnis – § 42 Abs. 2 VwGO**
   b) **Vorverfahren – §§ 68 ff. VwGO**
   c) **Klagefrist – § 74 Abs. 1 VwGO**
   d) **Prozessführungsbefugnis – § 78 VwGO**
5. Klagehäufung ggf. mit anderen Klagearten
6. Die sachliche, örtliche und instanzielle Zuständigkeit des Gerichts – §§ 45 ff. VwGO
7. **Die Beteiligtenfähigkeit – § 61 VwGO**
8. Die Prozessfähigkeit, Prozessvertretung und Postulationsfähigkeit – § 62 und § 67 VwGO
9. Die ordnungsgemäße Klageerhebung – §§ 81 ff. VwGO
10. **Das allgemeine Rechtsschutzinteresse**

Teil 2: Die Begründetheit einer Verpflichtungsklage
1. **Der Eingangssatz**
2. **Die Benennung der Anspruchsgrundlage**
3. **Materielle Anspruchsvoraussetzungen**

II. Erläuterungen zum Aufbauschema – Zulässigkeitsfragen

1. Zur Statthaftigkeit der Verpflichtungsklage

215 Die Verpflichtungsklage ist eine spezielle Form der Leistungsklage. Von einer Leistung im Sinne der Verpflichtungsklage ist immer dann auszugehen, wenn der Kläger seine momentane Rechtssituation verbessern will. Die begehrte Leistung muss die Rechtsnatur eines Verwaltungsakts besitzen. Deshalb muss am Anfang der Überlegung immer die Frage stehen, welche Art von Leistung der Kläger will.

216 Problemlos sind die Fälle, in denen der Kläger eine bestimmte Genehmigung, Erlaubnis etc. anstrebt (Baugenehmigung, Gaststättenerlaubnis, Gewerbeerlaubnis, Waffenschein etc.). Bei diesen Genehmigungen/Erlaubnissen handelt es sich stets um Verwaltungsakte. Ebenso wie bei der Anfechtungsklage gilt bei der Verpflichtungsklage: Die Verwaltungsakt-Qualität der angestrebten Leistung ist nur in Zweifelsfällen eingehend zu prüfen. Indiz für das Vorliegen einer Verpflichtungsklage ist ein zuvor gestellter Antrag.

Exkurs: Zur Abgrenzung der Anfechtungsklage von der Verpflichtungsklage

Die Abgrenzung der Anfechtungsklage von der Verpflichtungsklage bereitet gelegentlich Schwierigkeiten. Als Faustformel gilt: Ist das Klagebegehren darauf gerichtet, den status quo vor Erlass des Verwaltungsakts wiederherzustellen, liegt ein Anfechtungsbegehren vor; denn die durch den erlassenen Verwaltungsakt verschlechterte Rechtssituation soll wiederhergestellt werden. Bei der Verpflichtungsklage ist von der gegenwärtigen Rechtssituation des Klägers auszugehen; er begehrt ihre Verbesserung. **217**

Problemtisch ist in diesem Zusammenhang regelmäßig die Einordnung von *Nebenbestimmungen* in das Schema Abwehr oder Leistung. Begehrt der Kläger lediglich die Aufhebung der ihn belastenden Nebenbestimmung und will er ansonsten den ihn begünstigenden Verwaltungsakt aufrechterhalten, so ist fraglich, mit welcher Klage er sein Ziel optimal erreicht. **218**

Den Meinungsstand zu dieser Streitfrage hat *Schenke* ausführlich dargestellt[52]. Die Studierenden sollten sich in der Ausbildung mit diesem Problem auseinandersetzen und sich für eine der vertretenen Hauptmeinungen entscheiden. Da beide Meinungen gut vertretbar sind, ist es auch keine Frage von „richtig“ oder „falsch“, wenn sich der Bearbeiter einer Auffassung folgt. Er sollte allerdings darauf achten, dass die Statthaftigkeitsprüfung nicht zu umfangreich und damit zu „kopflastig“ ausfällt; das ist regelmäßig der Fall, wenn Fragen der Begründetheit innerhalb der Zulässigkeit erörtert werden. **219**

2. Die besonderen Sachentscheidungsvoraussetzungen der Verpflichtungsklage

Die besonderen Sachentscheidungsvoraussetzungen stimmen im Wesentlichen mit denen der Anfechtungsklage überein. Zu prüfen sind: die Klagebefugnis, die Durchführung eines Vorverfahrens, die Beachtung der Klagefrist und die Prozessführungsbefugnis. Mit Ausnahme der sogleich erfolgenden Feststellungen zur Klagebefugnis kann auf die entsprechenden Aussagen im Rahmen der Behandlung der Anfechtungsklage verwiesen werden: Vor Erhebung der Verpflichtungsklage muss ein Widerspruchsverfahren durchgeführt worden sein; auch hier gilt es, die Fälle „Entbehrlichkeit“ oder „Nicht-Erforderlichkeit“ des Widerspruchsverfahrens zu kennen. Die passive Prozessführungsbefugnis und die Klagefrist sind wie bei der Anfechtungsklage zu prüfen. **220**

Der Prüfungspunkt **Klagebefugnis** weist einige Besonderheiten in Relation zur Anfechtungsklage auf. Der Bearbeiter kann mit Blick auf die Bejahung der Klagebefugnis nicht auf die Adressatenstellung des Klägers abstellen: Der Kläger ist nicht Adressat des begehrten Verwaltungsakts, er möchte es (noch/erst) werden! Das heißt für die Fallbearbeitung: Der Bearbeiter muss die Vorschrift nennen, die dem Kläger die begehrte Rechtsposition zuerkennen könnte, also den geltend gemachten **221**

52 *Schenke*, VerwProzess, Rn. 292 ff.

Anspruch begründen könnte. Das Benennen der den Kläger begünstigenden Vorschrift ist einfach, wenn der Kläger einen Anspruch formuliert, den ihm eine einfachgesetzliche Norm zusprechen könnte:

Beispiel: Nach §§ 7, 16 AufenthG ist Ausländern eine Aufenthaltsgenehmigung zu erteilen, wenn sie darauf einen Anspruch haben. Der russische Staatsangehörige P möchte an der Viadrina Jurisprudenz studieren. Versagungsgründe fehlen. P hat einen Anspruch auf Erteilung der Aufenthaltsgenehmigung. – **Weiteres Beispiel:** Andrea Di Napoli ist italienischer Staatsangehöriger. Als solcher ist er nach Art. 20 Abs. 1 Satz 2 AEUV Unionsbürger und genießt nach Art. 21 AEUV Freizügigkeit in Deutschland; das Aufenthaltsgesetz greift nicht: § 1 Abs. 2 AufenthG.

222 Schwieriger wird es, wenn der Kläger Leistungsansprüche aus den Grundrechten herleitet. In diesem Fall muss dogmatisch sauber begründet werden, inwieweit Grundrechte Leistungsansprüche begründen können.

223 In jedem Fall gilt, dass leistungsgewährende Normen des einfachen Rechts als leges speciales Vorrang vor den Grundrechten haben. Zu beachten ist, dass Leistungsansprüche auch aus öffentlich-rechtlichen Verträgen (Verpflichtung zum Erlass eines Verwaltungsakts) oder aus einer Zusicherung nach § 38 VwVfG hergeleitet werden können.

224 An der Klagebefugnis fehlt es, wenn der vom Kläger behauptete Anspruch nach keiner Rechtsgrundlage oder nach keiner Betrachtungsweise existieren kann.

III. Erläuterungen zum Aufbauschema – Begründetheitsfragen

1. Der Eingangssatz

225 Maßstab für die Prüfung der Begründetheit einer Verpflichtungsklage ist § 113 Abs. 5 VwGO. Entsprechend dieser Norm muss der Eingangssatz formuliert werden: Die Klage ist begründet, soweit die Ablehnung oder Unterlassung des Verwaltungsakts rechtswidrig, der Kläger dadurch in seinen Rechten verletzt und die Sache spruchreif ist.

2. Die Benennung der Anspruchsgrundlage

226 Die Norm, die dem Kläger den geltend gemachten Anspruch „geben" oder „gewähren" könnte, ist eingangs der Begründetheitsprüfung zu benennen. Die zu nennende Norm muss identisch mit der Norm sein, die die Klagebefugnis des Klägers begründete. Um es zu wiederholen: Normen des einfachen Rechts gehen den Grundrechten als Anspruchsgrundlage vor.

3. Die Prüfung des Anspruchs

a) Die Erfüllung der formellen Voraussetzungen

227 Das vom Kläger Begehrte muss in Gestalt eines formell rechtmäßigen Verwaltungsakts erlassen werden können. Das bedeutet:

- Die beklagte Behörde muss für den Erlass des begehrten Verwaltungsakts örtlich, sachlich und instanziell zuständig sein.
- Verfahrensvorschriften müssen beachtet worden sein; freilich ist eine Klage nicht deshalb unbegründet, weil eine Behörde z.B. die Mitwirkung einer anderen Behörde nicht veranlasst und den begehrten Verwaltungsakt aus sonstigen Erwägungen nicht erlässt; der Bürger hat keinen Anspruch auf die Durchführung einzelner Verfahrensschritte und kann sie deshalb nicht erzwingen; daran kann die Begründetheit einer Klage folglich nicht scheitern.

b) Die Erfüllung der materiellen Voraussetzungen

Zu unterscheiden sind bei den einfachgesetzlichen Leistungsansprüchen geldwerte Leistungen: das sind Geldzahlungen oder Sachleistungen, und Erlaubnisse/Genehmigungen für ein bestimmtes Tun. Letztere lassen sich unterteilen in so genannte präventive Verbote mit Erlaubnisvorbehalt und repressive Verbote mit Ausnahmemöglichkeit/Befreiungsvorbehalt. **228**

Wie immer bei anspruchsbegründenden Normen sind Tatbestand und Rechtsfolge zu prüfen. Der einfachste Fall der Prüfung besteht darin, dass es an einem Tatbestandselement offensichtlich fehlt; der Anspruch ist dann unbegründet. **229**

Beispiel: Professor P möchte im Außenbereich von Potsdam ein Hochhaus errichten. Nach § 35 BauGB ist im Außenbereich die Errichtung eines Hochhauses nicht gestattet. Diese Erkenntnis bringt ein simples Lesen des Gesetzestextes. P hat keinen Anspruch.

Ein weiterer einfacher Fall liegt vor, wenn der Sachverhalt und die begehrte Entscheidung der Verwaltung Tatbestand und Rechtsfolge der Anspruchsgrundlage entsprechen. Dann hat der Kläger den geltend gemachten Anspruch. Die Unterlassung des begehrten Verwaltungsakts ist deshalb rechtswidrig, der Kläger ist in seinen Rechten verletzt, das Gericht muss Weiteres nicht bedenken und kann zugunsten des Klägers entscheiden. Die Klage ist begründet. **230**

Beispiel: Ein Bebauungsplan sieht den Bau bestimmter Häuser vor. P möchte ein Haus entsprechend den Festsetzungen des Bebauungsplans bauen. Die Behörde verweigert die Baugenehmigung. P hat einen Anspruch auf Erteilung der Baugenehmigung. Das Unterlassen der Behörde verletzt P in seinem Recht aus dem Bebauungsplan und aus Art. 14 GG. Das Gericht verurteilt die Behörde, dem P die Baugenehmigung zu erteilen.

Normen, die ein präventives Verbot mit Erlaubnisvorbehalt formulieren, kennzeichnet regelmäßig eine gebundene Rechtsfolge; der Text lautet: „Die Genehmigung ist zu erteilen, wenn …“; Normen, die repressive Verbote mit Ausnahmemöglichkeit/Befreiungsvorbehalt regeln, räumen der Verwaltung regelmäßig Ermessen ein; der Text lautet: „Die Erlaubnis kann erteilt werden, wenn …“. **231**

232 Zum **Ermessen** gilt das oben Gesagte entsprechend. Anders als bei der Anfechtungsklage ist jedoch zu beachten, dass **Spruchreife** vorliegen muss. Davon ist auszugehen, wenn alle tatsächlichen und rechtlichen Voraussetzungen einer abschließenden Entscheidung vorliegen. Die wichtigste Fallgruppe für fehlende Spruchreife ist die der Ermessensentscheidungen. Besteht ein Ermessensspielraum der Behörde, kann das Gericht nicht an der Stelle der Behörde das Ermessen ausüben, sondern muss die Behörde verpflichten, eine erneute Entscheidung unter Beachtung der Rechtsauffassung des Gerichts zu treffen, § 113 Abs. 5 Satz 2 VwGO; es ergeht ein so genanntes **Bescheidungsurteil**.

C. Die Feststellungsklage

I. Aufbauschema

Teil 1: Die Sachentscheidungsvoraussetzungen einer Feststellungsklage

1. Die deutsche Gerichtsbarkeit – § 173 VwGO iVm §§ 18 ff. GVG
2. **Die Eröffnung des Verwaltungsrechtswegs – § 40 Abs. 1 Satz 1 VwGO**
3. **Die Feststellungsklage als statthafte Verfahrensart – § 43 Abs. 1 VwGO**
4. **Die verfahrensartabhängigen Sachentscheidungsvoraussetzungen**
   a) **Feststellungsinteresse – § 43 Abs. 1 VwGO**
   b) **Subsidiarität – § 43 Abs. 2 VwGO**
   c) **Klagebefugnis – § 42 Abs. 2 VwGO**
   d) **Passive Prozessführungsbefugnis, § 78 Abs. 1 VwGO**
5. Klagehäufung – § 44 VwGO
6. Die sachliche, örtliche und instanzielle Zuständigkeit des Gerichts – §§ 45 ff. VwGO
7. **Die Beteiligtenfähigkeit – § 61 VwGO**
8. Die Prozessfähigkeit, Prozessvertretung und Postulationsfähigkeit – § 62 und § 67 VwGO
9. Die ordnungsgemäße Klageerhebung – §§ 81 ff. VwGO
10. **Das allgemeine Rechtsschutzinteresse**

Teil 2: Die Begründetheit einer Feststellungsklage

1. **Der Eingangssatz**
2. **Die unterschiedlichen Fälle der Feststellungsklage**
   a) **Das Bestehen oder Nichtbestehen eines Rechtsverhältnisses**
   b) **Die Nichtigkeit eines Verwaltungsakts**

II. Erläuterungen zum Aufbauschema – Zulässigkeitsfragen

1. Zur Statthaftigkeit der Feststellungsklage

Mit einer zulässigen Feststellungsklage erreicht der Kläger, dass das Verwaltungsgericht die Frage beantwortet, ob zwischen den Parteien ein bestimmtes Rechtsverhältnis besteht oder nicht besteht – erster Fall –, oder ob ein Verwaltungsakt nichtig ist – zweiter Fall. **233**

Die Bearbeiter müssen mit dem Begriff „Rechtsverhältnis" vertraut sein. In Anlehnung an die Rechtsprechung wird unter einem Rechtsverhältnis die rechtliche Beziehung verstanden, die sich aus einem konkreten Sachverhalt aufgrund einer öffentlich-rechtlichen Norm (Gesetz, Verordnung, Satzung), Vertrag oder Zusicherung für das Verhältnis von Personen untereinander oder einer Person zu einer Sache ergibt, kraft derer eine der beteiligten Personen etwas Bestimmtes tun kann oder darf oder nicht zu tun braucht[53]. **234**

Das bedeutet: Das Rechtsverhältnis muss bestimmte **Rechtsfolgen** zwischen den Parteien bedingen. Für die Beantwortung von **Rechtsfragen** ist das Verwaltungsgericht unzuständig; Antworten auf Rechtsfragen, an denen die Beteiligten ein Interesse besitzen, lassen sich mit der Feststellungsklage nicht erreichen. Ferner muss es sich um ein Rechtsverhältnis handeln, welches **in der Gegenwart** Rechtsfolgen zeitigt; Rechtsfolgen zukünftiger Rechtsverhältnisse sind nicht feststellungsfähig. Schließlich müssen die Rechtsfolgen aus dem Rechtsverhältnis **streitig** sein. **235**

2. Die besonderen Zulässigkeitsvoraussetzungen

a) Das Feststellungsinteresse

Die Feststellungsklage erfordert als erste besondere Zulässigkeitsvoraussetzung, dass der Kläger ein so genanntes Feststellungsinteresse nachweisen kann, § 43 Abs. 1 VwGO. Diese Voraussetzung ist eine spezielle Ausformung des allgemeinen Rechtsschutzbedürfnisses und dient funktionell dazu, einen konkreten individuellen Bezug des Klägers zum Klagegegenstand anzuzeigen und somit die Erhebung einer Popularklage auszuschließen; die Feststellungsklage ist eine Interessentenklage. Das Feststellungsinteresse verhindert ferner, dass die Parteien das Verwaltungsgericht als Rechtsberatungsstelle missbrauchen. **236**

An das Feststellungsinteresse sind hohe Forderungen nicht zu stellen: Jedes schutzwürdige Interesse rechtlicher, wirtschaftlicher oder ideeller Art reicht aus, um diese Zulässigkeitsvoraussetzung zu erfüllen. In der Folge ist die Anwendung der zuvor genannten Kriterien in der Klausur hinreichend. **237**

53 *Schmitt Glaeser/Horn*, VerwProzess, Rn. 328.

Beispiel: Professor P schreibt gelegentlich Rechtsgutachten. Der Präsident der Universität, an der P lehrt, weist in einem Rundschreiben darauf hin, dass Erlöse aus Nebentätigkeiten ab einer bestimmten Höhe ohne besondere Aufforderung an die Universität abzuführen seien. P klagt vor dem Verwaltungsgericht und beantragt, festzustellen, diese Abführungspflicht gelte nicht für ein dem Justizminister erstattetes Gutachten, weil Erlöse aus Gutachten für oberste Bundes- und Landesbehörden einer Abführungspflicht nicht unterlägen. An dieser Feststellung hat P ein wirtschaftliches Interesse.

238 Das Feststellungsinteresse muss ferner nach § 43 Abs. 1 VwGO ein „berechtigtes" sein. Diese Prämisse ist erfüllt, wenn die Rechtslage unklar ist und der Kläger sein künftiges Verhalten an der Feststellung orientieren will.

Beispiel: Nach dem zuvor geschilderten Fall existieren unterschiedliche Rechtsauffassungen hinsichtlich der Abführungspflicht. Die Rechtslage ist unklar. P will rechtmäßig handeln und sich entsprechend der Entscheidung des Gerichts verhalten. P hat ein berechtigtes Interesse.

239 Das Feststellungsinteresse muss schließlich nach § 43 Abs. 1 VwGO ein „baldiges" sein. Das ist der Fall, wenn es spätestens zum Zeitpunkt der Entscheidung des Gerichts vorliegt, im Regelfall am Schluss der letzten mündlichen Verhandlung jeder Instanz.

Beispiel: Da der Justizminister Professor P das Honorar für das Gutachten in naher Zukunft auszahlen wird, hat er ein Interesse an der Feststellung des Gerichts bereits vor der mündlichen Verhandlung. Sein Interesse ist somit ein alsbaldiges.

b) Die Subsidiaritätsklausel

240 Nach § 43 Abs. 2 Satz 1 VwGO kann der Kläger die Feststellung nicht begehren, wenn er seine Rechte durch Erhebung einer Gestaltungsklage oder einer Leistungsklage verfolgen könnte oder hätte verfolgen können; Ausnahme nach § 43 Abs. 2 Satz 2 VwGO: der Fall der Feststellung der Nichtigkeit eines Verwaltungsakts. Diese Klausel dient der Prozessökonomie: Es gilt zu verhindern, dass zunächst ein Anspruch festgestellt und nach „erfolgreicher" Feststellung eine Leistungsklage erhoben wird. Ferner soll die Subsidiaritätsklausel ausschließen, durch die Feststellungsklage die Sachentscheidungsvoraussetzungen anderer Klagearten zu unterlaufen.

241 Die Subsidiaritätsklausel zwingt den Bearbeiter der Klausur, sich – zumindest gedanklich – mit anderen Klagemöglichkeiten auseinander zu setzen. Kommt eine andere ebenso effektive Klageart in Betracht – unabhängig davon, ob deren Sachentscheidungsvoraussetzungen vollständig vorliegen – kann nicht auf Feststellung geklagt werden. Ist dagegen die Feststellungsklage rechtsschutzintensiver als eine mögliche andere Klageart, ist sie nicht subsidiär. Eine Ausnahme von diesem Grundsatz gilt für die Nichtigkeitsfeststellungsklage gegen Verwaltungsakte: Hier soll der Kläger die Wahl zwischen Anfechtungs- und Nichtigkeitsfeststellungsklage haben. Klagebegehren von „Laien" sollten hier aber besonders sorgfältig ausgelegt werden, d.h.: Im Zweifel ist eine Anfechtungsklage anzunehmen.

Die Rechtsprechung hat die Subsidiaritätsklausel mit einer weiteren Ausnahme „durchlöchert“: Die Subsidiarität der Feststellungsklage zur allgemeinen Leistungsklage soll entfallen, wenn der Beklagte eine juristische Person des öffentlichen Rechts ist[54]. Diese Ausnahme erklärt sich mit der Erwägung, dass eine juristische Person des öffentlichen Rechts aus festgestellten Rechtsverhältnissen keine unrechtmäßigen Ansprüche geltend machen wird – es dementsprechend eines Leistungstitels nicht bedarf. Diese Annahme wird von der Praxis gelegentlich widerlegt[55]. **242**

Bei der Feststellungsklage ist umstritten, ob analog § 42 Abs. 2 VwGO die Klagebefugnis zu fordern ist. Ohne den gesamten Streitstand aufzubereiten, sollte der Bearbeiter der h.M. folgend kurz prüfen, ob der Kläger aus dem festzustellenden Rechtsverhältnis eigene Rechte herleitet[56]. **243**

III. Erläuterungen zum Aufbauschema – Begründetheit der Feststellungsklage

1. Der Eingangssatz

In § 113 VwGO wird die Feststellungsklage nicht erwähnt, nur die später zu behandelnde so genannte Fortsetzungsfeststellungsklage in § 113 Abs. 1 Satz 4 VwGO. § 113 VwGO versagt deshalb mit Blick auf unsere Fragestellung. Der Eingangssatz ist unter Berücksichtigung von § 43 Abs. 1 VwGO zu formulieren. **244**

2. Das Bestehen oder Nichtbestehen eines Rechtsverhältnisses

Die Feststellungsklage ist begründet, wenn entsprechend der Behauptung des Klägers das Rechtsverhältnis besteht oder nicht besteht. **245**

Beispiel: Professor P möchte ein Vorhaben errichten; er ist der Ansicht, es sei nicht genehmigungspflichtig; die Behörde ist anderer Ansicht. P klagt auf Feststellung der Richtigkeit seiner Ansicht. Die Klage ist begründet, wenn das geplante Vorhaben nicht genehmigungspflichtig ist.

Streiten die Parteien darüber, ob ein öffentlich-rechtlicher Vertrag überhaupt wirksam geschlossen wurde, sind die Vertragspflichten jedoch nicht strittig, ergibt sich das Rechtsverhältnis aus dem Gesetz – denn an seinem Maßstab entscheidet sich die „Wirksamkeitsfrage“ – und nicht aus dem Vertrag. **246**

3. Die Nichtigkeit eines Verwaltungsakts

Die Feststellungsklage ist begründet, wenn entsprechend der Behauptung des Klägers der Verwaltungsakt nichtig ist. Die Nichtigkeit eines Verwaltungsakts beurteilt sich nach § 44 VwVfG. Mit Blick auf die Prüfungsreihenfolge ist zu beachten: 1. § 44 Abs. 2; 2. § 44 Abs. 3; 3. § 44 Abs. 1. **247**

54 S. *Schenke*, VerwProzess, Rn. 420.
55 Vgl. die Fallkonstellation BVerwG, JZ 2003, 45, mit Anm. *Schenke*, JZ 2003, 31.
56 *Schenke*, VerwProzess, Rn. 410.

D. Die Fortsetzungsfeststellungsklage

I. Aufbauschema

Teil 1: Die Sachentscheidungsvoraussetzungen einer Fortsetzungsfeststellungsklage
1. Die deutsche Gerichtsbarkeit – § 173 VwGO iVm §§ 18 ff. GVG
2. **Die Eröffnung des Verwaltungsrechtswegs – § 40 Abs. 1 Satz 1 VwGO**
3. **Fortsetzungsfeststellungsklage als statthafte Verfahrensart – § 113 Abs. 1 Satz 4 VwGO**
4. **Die verfahrensartabhängigen Sachentscheidungsvoraussetzungen**
   a) **Besonderes Feststellungsinteresse – § 113 Abs. 1 Satz 4 VwGO**
   b) **Besondere Sachentscheidungsvoraussetzungen der Anfechtungs- oder Verpflichtungsklage analog – s. bei Anfechtungs- und Verpflichtungsklage**
5. Ggf. Klagehäufung – § 44 VwGO
6. Die sachliche, örtliche und instanzielle Zuständigkeit des Gerichts – §§ 45 ff. VwGO
7. **Die Beteiligtenfähigkeit – § 61 VwGO**
8. Die Prozessfähigkeit, Prozessvertretung und Postulationsfähigkeit – § 62 und § 67 VwGO
9. Die ordnungsgemäße Klageerhebung – §§ 81 ff. VwGO
10. **Das allgemeine Rechtsschutzinteresse**

Teil 2: Die Begründetheit der Fortsetzungsfeststellungsklage
1. **Der Eingangssatz**
2. **Prüfungsprogramm der Begründetheit der Ausgangsklage**
3. **Die Tenorierung**

II. Erläuterungen zum Aufbauschema – Zulässigkeitsfragen

1. Zur Statthaftigkeit der Fortsetzungsfeststellungsklage

248 Die Fortsetzungsfeststellungsklage findet sich nicht im Katalog der gesetzlich erwähnten Klagearten nach §§ 42 f. VwGO. Ihre Zulässigkeit ergibt sich aus § 113 Abs. 1 Satz 4 VwGO. Sie ist für folgende Prozesskonstellationen geschaffen: Das ursprünglich mit einer Anfechtungs- oder Verpflichtungsklage verfolgte Begehren kann nicht mehr erreicht werden; dem Kläger soll aber die Möglichkeit eröffnet werden, gerichtlich feststellen zu lassen, dass dasjenige Verhalten der Verwaltung, welches Anlass zur Klage bot, rechtswidrig war. Prozessual erlaubt § 113 Abs. 1 Satz 4 VwGO, die Ausgangsklage = Anfechtungsklage in Gestalt einer Feststellungsklage fortzusetzen, deshalb der Name Fortsetzungsfeststellungsklage. Das Gleiche gilt für die Verpflichtungsklage als Ausgangsklage.

249 Ausgangspunkt der Überlegungen für das Gutachten ist immer, dass eine Anfechtungs- oder Verpflichtungsklage im Ergebnis unzulässig ist, da sich das Rechtsschutzbegehren durch Geschehnisse nach oder auch schon vor Klageerhebung erledigt hat. In diesen

Fällen entfällt das Rechtsschutzinteresse, weil dem Begehren tatsächlich nicht mehr entsprochen werden kann.

Vier bzw. sechs Fälle der Fortsetzungsfeststellungsklage werden unterschieden:

- nach Erhebung der Anfechtungsklage hat sich der belastende Verwaltungsakt erledigt, Fortsetzungsfeststellungsklage in direkter Anwendung des § 113 Abs. 1 Satz 4 VwGO;
- schon vor Erhebung der Anfechtungsklage (sei es vor Einlegung des Widerspruchs, sei es während des Widerspruchsverfahrens) hat sich der belastende Verwaltungsakt erledigt, Fortsetzungsfeststellungsklage in analoger Anwendung des § 113 Abs. 1 Satz 4 VwGO;
- nach Erhebung der Verpflichtungsklage treten Ereignisse ein, die die Gewährung der Leistung unmöglich oder sinnlos machen, Fortsetzungsfeststellungsklage in analoger Anwendung des § 113 Abs. 1 Satz 4 VwGO;
- nach Antragstellung (sei es vor Einlegung des Widerspruchs, sei es während des Widerspruchsverfahrens) aber noch vor der Erhebung der Verpflichtungsklage treten Ereignisse ein, die den Erlass des begünstigenden Verwaltungsakts unmöglich oder sinnlos machen, Fortsetzungsfeststellungsklage in doppelt analoger Anwendung des § 113 Abs. 1 Satz 4 VwGO.

Um diese Fallkonstellationen gutachtlich zu bewältigen, muss der Bearbeiter die Fälle **250** der „Erledigung“ eines Verwaltungsakts beherrschen. Erledigung heißt im Falle der (Anfechtungs-)Fortsetzungsfeststellungsklage, dass der Verwaltungsakt zurückgenommen, widerrufen, anderweitig aufgehoben oder durch Zeitablauf gegenstandslos wurde; im Falle der (Verpflichtungs-)Fortsetzungsfeststellungsklage liegt Erledigung vor, wenn der begehrte Verwaltungsakt gegenstandslos ist, weil er zu spät kommt, der Anspruch bereits anderweitig erfüllt oder wegen zwischenzeitlich geänderter Rechtslage weggefallen ist.

2. Die besonderen Sachentscheidungsvoraussetzungen der Fortsetzungsfeststellungsklage

a) Das besondere Feststellungsinteresse

Da sich das ursprünglich mit der Anfechtungs- bzw. der Verpflichtungsklage verfolgte **251** Begehren erledigt hat, fehlt grundsätzlich ein Interesse des Klägers an einer Sachentscheidung. Deshalb ist die Fortsetzungsfeststellungsklage nach § 113 Abs. 1 Satz 4 VwGO nur dann zulässig, wenn ein **besonderes Feststellungsinteresse** existiert. Diese Voraussetzung gilt sowohl im Fall der direkten Anwendung des § 113 Abs. 1 Satz 4 VwGO als auch bei seiner analogen Anwendung.

Anerkannt ist das besondere Feststellungsinteresse für vier Fallgruppen: **252**

- bei begründeter Gefahr, dass die Behörde ihr Verhalten wiederholt;
- wenn der Eingriff in eine Rechtsposition des Klägers so schwerwiegend war, dass der Kläger ein Interesse an seiner Rehabilitation hat;

- wenn die erstrebte Sachentscheidung für einen erfolgreichen Schadensersatzprozess/Entschädigungsprozess eine Vorfrage bildet, es sei denn, die Maßnahme hat sich schon vor der Klageerhebung erledigt;
- bei Beeinträchtigung einer wesentlichen Grundrechtsposition.

b) Die besonderen Sachentscheidungsvoraussetzungen der Anfechtungs- oder Verpflichtungsklage analog

253 Die Fortsetzungsfeststellungsklage setzt im Prinzip das erledigte Anfechtungs- oder Verpflichtungsbegehren fort. Deshalb müssen die besonderen Zulässigkeitsvoraussetzungen der erledigten Anfechtungs- oder Verpflichtungsklage vorliegen. Mit anderen Worten: Ist die (hypothetische) Anfechtungs- oder Verpflichtungsklage vor dem Erledigungszeitpunkt unzulässig, ist auch die Fortsetzungsfeststellungsklage nicht zulässig. In der Folge ist zu prüfen, ob

1. der Kläger für die erledigte Anfechtungs- oder Verpflichtungsklage klagebefugt war, Klagebefugnis analog § 42 Abs. 2 VwGO;
2. die passive Prozessführungsbefugnis des Beklagten muss analog § 78 VwGO vorliegen;
3. beim Vorverfahren ist zu differenzieren:
   - Hat sich das Begehren **nach** Klageerhebung erledigt, muss selbstverständlich das Widerspruchsverfahren ordnungsgemäß durchgeführt worden sein. Gleiches gilt für die Frist, da bereits ein Widerspruchsbescheid ergangen ist.
   - Bei Erledigung des Klagebegehrens **vor** Klageerhebung gibt es einen Streit, der unter dem Stichwort „Fortsetzungsfeststellungswiderspruch" geführt und von den Bearbeitern oftmals in aller Breite dargelegt wird. Da sich die Positionen unvereinbar gegenüberstehen und ein entscheidendes Argument für die eine oder andere Sicht nicht zu erwarten ist, sollten die Bearbeiter kurz Stellung nehmen und sich klausurtaktisch der Auffassung anschließen, die ein Hilfsgutachten ausschließt: also der Rechtsprechung folgen, die den Fortsetzungsfeststellungswiderspruch für entbehrlich hält.

III. Erläuterungen zum Aufbauschema – Begründetheit der Fortsetzungsfeststellungsklage

1. Der Eingangssatz

254 Die Formulierung für den Eingangssatz lässt sich einer Rechtsnorm nicht entnehmen. Sie bereitet aber keine Probleme. Sie lautet für die Fortsetzungsfeststellungsklage, die eine Anfechtungsklage fortsetzt: Die Klage des A ist begründet, soweit der Beklagte den erledigten Verwaltungsakt rechtswidrig erließ und dieser den Kläger in seinen Rechten verletzte. Für die Verpflichtungsklage ist folgender Satz geeignet: Die Klage des A ist begründet, wenn er einen Anspruch auf Erlass des verweigerten und nunmehr erledigten Verwaltungsakts hatte.

2. Das Prüfungsprogramm der Begründetheit der Ausgangsklage

Das Prüfungsprogramm mit Blick auf die Begründetheit der Fortsetzungsfeststellungsklage entspricht dem der Anfechtungs- oder der Verpflichtungsklage. **255**

3. Die Tenorierung

Da die Fortsetzungsfeststellungsklage eine Anfechtungs- oder Verpflichtungsklage fortsetzt, unterscheidet sich die Begründetheit der Fortsetzungsfeststellungsklage in Relation zu diesen Klagen nur in einem Punkt: der Tenorierung. Das Gericht hebt nicht einen Verwaltungsakt auf oder verpflichtet eine Behörde, einen Verwaltungsakt zu erlassen, sondern es wird die Feststellung treffen, dass der Verwaltungsakt rechtswidrig war und den Kläger in seinen Rechten verletzte oder die Ablehnung seines Erlasses rechtswidrig war. **256**

In der Folge enden Klausuren mit einer Fortfeststellungsklage mit diesem Satz: Die Klage des A ist begründet; das Gericht wird feststellen, dass A (z.B. im Fall der Verpflichtungsklage) einen Anspruch auf den verweigerten Verwaltungsakt hatte. **257**

E. Die allgemeine Leistungsklage

I. Aufbauschema

Teil 1: Sachentscheidungsvoraussetzungen einer allgemeinen Leistungsklage

1. Die deutsche Gerichtsbarkeit – § 173 VwGO iVm §§ 18 ff. GVG
2. **Die Eröffnung des Verwaltungsrechtswegs – § 40 Abs. 1 Satz 1 VwGO**
3. **Allgemeine Leistungsklage als statthafte Verfahrensart**
4. **Die verfahrensartabhängigen Sachentscheidungsvoraussetzungen**
   a) **Klagebefugnis – § 42 Abs. 2 VwGO**
   b) **Das Entfallen des Widerspruchsverfahrens**
5. Klagehäufung – § 44 VwGO
6. Die sachliche, örtliche und instanzielle Zuständigkeit des Gerichts – §§ 45 ff. VwGO
7. **Die Beteiligtenfähigkeit – § 61 VwGO**
8. Die Prozessfähigkeit, Prozessvertretung und Postulationsfähigkeit – § 62 und § 67 VwGO
9. Die ordnungsgemäße Klageerhebung – §§ 81 ff. VwGO
10. **Das allgemeine Rechtsschutzinteresse**

Teil 2: Die Begründetheit einer allgemeinen Leistungsklage

1. **Der Eingangssatz**
2. **Die Anspruchsgrundlage**

II. Erläuterungen zum Aufbauschema – Zulässigkeitsfragen

1. Die Statthaftigkeit der allgemeinen Leistungsklage

258 In Klausurbearbeitungen finden sich gelegentlich lange Ausführungen zur Herleitung der allgemeinen Leistungsklage. Diese Ausführungen sind überflüssig – die allgemeine Leistungsklage ist heute trotz ihres Fehlens im „Katalog" der Klagearten nach § 42 VwGO eine unbestritten anerkannte Klageart. Sie hat zum Gegenstand ein Leistungsbegehren des Klägers. „Leistung" meint positives Tun, Dulden und (negativ) Unterlassen, das **nicht** auf Erlass eines Verwaltungsakts gerichtet ist. Die Leistungsklage ist in der Regel auf ein so genanntes schlicht hoheitliches Handeln (Realakt) gerichtet.

Einen Spezialfall der Leistungsklage stellt die so genannte **vorbeugende Unterlassungsklage** dar. Dieser Fall sowie andere Konstellationen vorbeugender Klagen werden später vorgestellt.

259 In allen bislang behandelten Fällen von Klagen war der Bürger Kläger, der Staat Beklagter. Bei der allgemeinen Leistungsklage ist erstmalig die „umgekehrte Situation" denkbar, nämlich: dass Kläger der Staat ist, Beklagter der Bürger. Eine solche Klage ist nur dann zulässig, wenn dem Staat andere Mittel zur Durchsetzung seines Begehrens fehlen.

Beispiel: In einem öffentlich-rechtlichen Vertrag hat sich Professor P verpflichtet, der Stadt Potsdam ein Grundstück zu verkaufen. Später überlegt er sich die Sache und unterschreibt den von einem Notar aufgesetzten Grundstückskaufvertrag nicht. Die Stadt klagt gegen P auf Abgabe der Unterschrift. Es fehlen andere Möglichkeiten, die Vertragsverpflichtungen des P zu erzwingen, insbesondere ist der Erlass eines gegen ihn gerichteten Verwaltungsakts nicht möglich.

2. Die besonderen Sachentscheidungsvoraussetzungen der allgemeinen Leistungsklage

260 Da die VwGO die allgemeine Leistungsklage nicht ausdrücklich erwähnt, fehlen ausdrücklich normierte besondere Voraussetzungen für die Zulässigkeit dieser Klage.

261 Es ist umstritten, ob die **Klagebefugnis** unmittelbar oder analog nach § 42 Abs. 2 VwGO zu prüfen ist. In einer Klausur ist dieser Streit regelmäßig nicht aufzubereiten; eine Auseinandersetzung verbietet sich schon deshalb, weil beide Auffassungen zum selben Ergebnis gelangen. Der Bearbeiter muss feststellen – insoweit entspricht das Vorgehen dem bei der Verpflichtungsklage –, welche Norm das begehrte Tun oder Unterlassen stützt.

3. Entfallende allgemeine Sachentscheidungsvoraussetzungen

262 Die Durchführung eines **Vorverfahrens** ist als Sachentscheidungsvoraussetzung für die Zulässigkeit einer allgemeinen Leistungsklage nicht vorgesehen. Der Bearbeiter muss aber daran denken, dass Spezialgesetze auch für Leistungsklagen ein Vorverfahren verlangen können. Wichtigste Norm ist insoweit § 54 Abs. 2 BeamtStG.

Ferner muss eine bestimmte Klagefrist nicht eingehalten werden. Mit Blick auf die Verfristung einer allgemeinen Leistungsklage ist an das Institut der Verwirkung zu denken. 263

4. Besonderheit beim Rechtsschutzbedürfnis

Im Zusammenhang der Prüfung des Rechtsschutzbedürfnisses ist bei der allgemeinen Leistungsklage umstritten, ob der Kläger vor Klageerhebung einen Antrag auf Zuerkennung des mit der Klage zu Erreichenden beim Beklagten zu stellen hat[57]. Fehlt es an dem Antrag, so spricht vieles dafür, die Klage nicht als unzulässig anzusehen, sondern den Kläger mit den Kosten der Klage zu belasten, wenn der Beklagte sofort den Anspruch anerkennt. 264

III. Erläuterungen zum Aufbauschema – Begründetheitsfragen

1. Der Eingangssatz

Wegen fehlender gesetzlicher Ausgestaltung der allgemeinen Leistungsklage ist ein gesetzlicher Anknüpfungspunkt für seine Formulierung nicht vorhanden. Der Eingangssatz ist parallel zu dem der Verpflichtungsklage zu formulieren: Die Klage ist begründet, wenn der Kläger einen Anspruch auf die begehrte Leistung hat. 265

Entsprechend der Unterteilung der Leistung in positives Tun, Dulden und Unterlassen fällt die Begründetheitsprüfung bei der allgemeinen Leistungsklage different aus. 266

2. Die Anspruchsgrundlage

Es muss die Anspruchsgrundlage für das Begehren benannt werden. Sie muss der Aussage entsprechen, die bei der Klagebefugnis bereits eine Rolle spielte. Sie kann aus dem Gesetz, einem anerkannten öffentlich-rechtlichen Rechtsinstitut, einem öffentlich-rechtlichen Vertrag oder einer Zusicherung hergeleitet werden. 267

a) Klagen auf positives Tun

Ist die erstrebte Leistung ein positives Tun, besteht mit Blick auf die Begründetheit der allgemeinen Leistungsklage in Relation zur Verpflichtungsklage nur ein Unterschied: Die erstrebte Leistung ergeht *nicht* in Gestalt eines Verwaltungsakts. 268

aa) Gesetzliche Anspruchsgrundlagen

Regelmäßig existieren für Geld- oder Sachleistungsansprüche des Bürgers gegen den Staat gesetzliche Grundlagen. Diese dienen als Anspruchsgrundlagen. **Beispiel:** *Zuviel gezahlte Steuern, Beiträge und Gebühren sind zu erstatten. Sachlich vorausgesetzt wird diese Aussage z.B. in § 46 Abs. 1 AO: Die Ansprüche auf Erstattung von Steuern … können abgetreten … werden.* 269

57 *Schenke*, VerwProzess, Rn. 363.

270 Eine ausdrückliche gesetzliche Aussage eines Geldleistungsanspruchs gegen den Staat regelt § 3 Abs. 1 Satz 1 BBesG: Die Beamten, Richter und Soldaten haben Anspruch auf Besoldung.

271 Neben den gesetzlich geregelten Leistungsansprüchen sind hier zu nennen Abwicklungen fehlgeschlagener Leistungsbeziehungen mit Rückabwicklungsansprüchen, soweit sie gesetzlich geregelt sind. Vertragliche Ansprüche dieser Art werden später aufgeführt.

272 In diesem Zusammenhang ist als erstes zu nennen der **öffentlich-rechtliche Erstattungsanspruch**, soweit er gesetzlich geregelt ist. Das ist in § 49a VwVfG und in § 52 Abs. 2 BBesG der Fall. Hier ist allerdings daran zu denken, dass zurück zu gewährende Leistungen mithilfe eines Verwaltungsakts festgesetzt werden können, s. § 49a Abs. 1 Satz 2 VwVfG. Für die Statthaftigkeit der allgemeinen Leistungsklage muss es an einem zwischengeschalteten Verwaltungsakt fehlen. – Das **Prüfungsprogramm** mit Blick auf die Begründetheit der Klage ergibt sich aus dem Gesetz; die im Gesetz genannten Anspruchsvoraussetzungen sind abzuarbeiten.

273 Ferner spielt hier eine Rolle der Anspruch auf Gleichbehandlung in Fällen der Selbstbindung der Verwaltung. Für diesen Anspruch ist zu bedenken: In den Fällen der Selbstbindung der Verwaltung bindet sich die Verwaltung nicht selbst mit gesetzesähnlicher Wirkung, sondern die Verwaltungsübung ist Anlass für die Anwendung des Gleichheitssatzes, der seinerseits als Rechtsnorm die Bindung bewirkt; Rechtsgrundlage für den Anspruch ist Art. 3 Abs. 1 GG, nicht davon losgelöst das „Institut der Selbstbindung“[58]. – Das **Prüfungsprogramm** ergibt sich aus dem Satz, dass der Gleichheitssatz verletzt ist, wenn 1. eine lang andauernde Verwaltungsübung zu bejahen ist, und 2. von dieser Übung grundlos abgewichen wird.

274 Schließlich sind hier zu nennen **verwaltungsrechtliche Schuldverhältnisse** aufgrund eines Anschluss- und Benutzungszwangs, für die die sogleich vorzustellenden Regeln über vertragliche Ansprüche gelten, und die **öffentlich-rechtliche Verwahrung**. Die Anspruchsgrundlage für einen Anspruch aus öffentlich-rechtlicher Verwahrung ergibt sich aus §§ 688 ff. BGB analog.

bb) Anerkanntes öffentlich-rechtliches Rechtsinstitut

275 Anerkannte öffentlich-rechtliche Rechtsinstitute, die einen Geld- oder Sachleistungsanspruch gewähren, sind die öffentlich-rechtliche Geschäftsführung ohne Auftrag und der Folgenbeseitigungsanspruch.

276 Das Prüfungsprogramm für einen Anspruch aus **öffentlich-rechtlicher GoA** ergibt sich aus den Anspruchsvoraussetzungen entsprechend §§ 677, 683, 670 BGB analog:

1. Keine spezialgesetzliche Regelung,
2. Maßnahme des Geschäftsherrn (Verwaltung) darf keinen Einsatz spezifisch hoheitlicher Befugnisse erfordern,

58 Statt vieler und mit weiteren Nachweisen *Gubelt*, Art. 3 GG, in: von Münch/Kunig, GG, Kommentar, 5. Aufl. 2000, Rn. 39.

3. Vorgenommene Maßnahme des Bürgers liegt im öffentlichen Interesse; Kriterien für die Bejahung des öffentlichen Interesses sind:
   - Verwaltung muss zum eigenen Handeln außer Stande sein bzw. sie handelt pflichtwidrig nicht (entgegenstehender Wille der Behörde – § 679 BGB gilt entsprechend),
   - Schutz individueller Rechtsgüter (Leben, Gesundheit, Eigentum),
   - Ausschöpfung von Rechtsschutzmöglichkeiten,
4. Kein Ermessensspielraum der Verwaltung bei eigener Wahrnehmung des Geschäfts: öffentlich-rechtliche GoA nur dann, wenn Staat zum Einschreiten verpflichtet ist, sonst wird staatliches Ermessen unterlaufen.

Das Prüfungsprogramm für einen **Folgenbeseitigungsanspruch** ergibt sich aus folgenden Anspruchsvoraussetzungen: **277**

1. Hoheitlicher Eingriff,
2. Eingriff in ein subjektives Recht,
3. Rechtswidriges Handeln der Verwaltung,
4. Andauern des rechtswidrigen Zustands,
5. Beachtung der Grenzen des Anspruchs: die Wiederherstellung des früheren Zustands muss a) tatsächlich möglich, b) rechtlich zulässig und c) zumutbar sein.

cc) Vertragliche Ansprüche

Vertragliche Ansprüche können sich ergeben im Fall eines so genannten verwaltungsrechtlichen Schuldverhältnisses. Es handelt sich um ein öffentlich-rechtliches Rechtsverhältnis, welches einem bürgerlich-rechtlichen Rechtsverhältnis ähnelt unter dem Aspekt der Struktur und des Gegenstands. Das Schuldrecht des BGB gilt analog. Heranzuziehen sind die Vorschriften über die Leistungsstörungen. **278**

dd) Sonstige Zusagen

Eine Anspruchsgrundlage kann letztlich eine verbindliche Zusage der Verwaltung sein. **279**

b) Klagen auf Duldung

Ansprüche auf Duldung, besser: Duldenmüssen eines bestimmten Tuns können mit der allgemeinen Leistungsklage verfolgt werden. Freilich sind diese Ansprüche im öffentlichen Recht selten. **280**

Beispiel: Die Stadt Potsdam hat auf dem Grundstück von Professor P einen Weg gebaut. Er teilt der Stadt mit, er werde den Weg beseitigen. Die Stadt tobt und droht härteste Konsequenzen an. P erhebt Klage mit dem Antrag, die Stadt zu verurteilen, die Beseitigung des Wegs zu dulden.

Das **Prüfungsprogramm** ergibt sich aus der Norm, die den Duldungsanspruch gewährt.

c) Klagen auf Unterlassen

281 Klagen auf Unterlassen sind ebenfalls nicht häufig. Bei der Unterlassungsklage geht es um einen Anspruch des Inhalts, staatliches Handeln abzuwehren. Dieses Handeln muss seiner Rechtsnatur nach ein Realakt sein. **Beispiele:** *Staatliche Warnungen, Immissionen durch Hoheitsträger, innerbehördliches Handeln.*

282 Der öffentlich-rechtliche Unterlassungsanspruch wird regelmäßig aus § 1004 iVm § 823 BGB analog hergeleitet. Einzelheiten sind umstritten. – Das **Prüfungsprogramm** ergibt sich aus §§ 1004, 823 BGB.

F. Die Normenkontrolle nach § 47 VwGO

I. Aufbauschema

Teil 1: Die Sachentscheidungsvoraussetzungen einer Normenkontrolle
1. Die deutsche Gerichtsbarkeit – § 173 VwGO iVm §§ 18 ff. GVG
2. **Die Eröffnung des Verwaltungsrechtswegs – § 40 Abs. 1 Satz 1 VwGO**
3. **Statthaftigkeit des Normenkontrollantrags – § 47 Abs. 1 VwGO**
4. **Die verfahrensartabhängigen Sachentscheidungsvoraussetzungen**
   a) **Beteiligte – § 47 Abs. 2 Satz 1 VwGO**
   b) **Antragsbefugnis – § 47 Abs. 2 Satz 1 VwGO**
   c) **Frist – § 47 Abs. 2 Satz 1 VwGO**
5. Die sachliche, örtliche und instanzielle Zuständigkeit des OVG – § 47 VwGO
6. Die Prozessfähigkeit, Prozessvertretung und Postulationsfähigkeit – § 62 und § 67 VwGO
7. Die ordnungsgemäße Antragstellung – §§ 81 ff. VwGO
8. **Das allgemeine Rechtsschutzinteresse**

Teil 2: Die Begründetheit einer Normenkontrolle
1. **Der Eingangssatz**
2. **Der Prüfungsmaßstab**

II. Erläuterungen zum Aufbauschema – Zulässigkeitsfragen

1. Die Statthaftigkeit eines Normenkontrollantrags

283 Der Normenkontrollantrag wird gelegentlich als Normenkontrollklage bezeichnet. Diese Bezeichnung ist insoweit berechtigt, als das Verfahren mit einem Urteil und nicht wie andere Antragsverfahren mit einem Beschluss endet. Dennoch sollte der Bearbeiter in diesem Zusammenhang den Terminus „Antrag" verwenden; diese Sprache entspricht der des Gesetzes, s. § 47 Abs. 1 VwGO.

Das mit dem Normenkontrollantrag verfolgte Begehren ist darauf gerichtet, dass das Oberverwaltungsgericht über die Gültigkeit bestimmter untergesetzlicher Rechtsnormen befindet. Diese Normen legt § 47 Abs. 1 Nr. 1 und 2 VwGO fest. Für Klausuren relevant sind insbesondere Bebauungspläne, die nach § 47 Abs. 1 Nr. 1 VwGO überprüft werden können[59]. **284**

Ziffer 2 stellt es dem Landesgesetzgeber frei, auch sonstige Vorschriften unterhalb des Landesrechts durch das Oberverwaltungsgericht überprüfen zu lassen; es handelt sich um Rechtsverordnungen und Satzungen. Insoweit muss der Bearbeiter mit dem Landesrecht vertraut sein; die Frage wird in den Landesausführungsgesetzen zur Verwaltungsgerichtsordnung beantwortet. Freilich wird der Klausursteller niemals einen Fall mit einem Normenkontrollantrag in einem Land zur Bearbeitung stellen, in dem eine entsprechende landesrechtliche Vorschrift fehlt – das ist in Berlin, Hamburg und Nordrhein-Westfalen der Fall. In Brandenburg ist diese Frage in § 4 Abs. 1 BbgVwGG geregelt. **285**

Umstritten ist, ob die Geschäftsordnung eines Selbstverwaltungsorgans (Gemeindevertretung) dem Begriff „untergesetzliche Rechtsnorm" unterfällt. **286**

2. Die besonderen Antragsvoraussetzungen einer Normenkontrolle

a) Die Beteiligten nach § 47 Abs. 2 VwGO

Antragsberechtigt zur Normenkontrolle sind natürliche und juristische Personen sowie Behörden, s. § 47 Abs. 2 Satz 1 VwGO. Dieser weit gefasste Kreis möglicher Antragsteller dürfte in der Klausur nicht zu Problemen führen, zumal die Vorschrift großzügig ausgelegt wird. **287**

Antragsgegner können Körperschaften (dazu zählen auch Genossenschaften, z.B. Jagdgenossenschaften; rechtlich sind diese Körperschaften des öffentlichen Rechts[60]), Anstalten und Stiftungen des öffentlichen Rechts sein, § 47 Abs. 2 Satz 2 VwGO. Es handelt sich um die juristischen Personen des öffentlichen Rechts, die zum Erlass untergesetzlicher Normen befugt sind. **288**

Zu beachten ist, dass die Vorschrift des § 47 Abs. 2 VwGO als spezielle Regelung zur Beteiligtenfähigkeit angesehen wird. Eine gesonderte Prüfung des § 61 VwGO entfällt. **289**

b) Die Antragsbefugnis nach § 47 Abs. 2 Satz 1 VwGO

Stellt den Antrag eine natürliche oder juristische Person, muss sie ihre Antragsbefugnis belegen. Sie muss folglich den Nachweis führen, dass die angegriffene Rechtsvorschrift oder deren Anwendung sie zurechenbar in ihren eigenen Rechten verletzt oder verletzen wird. Die Parallele zur Klagebefugnis nach § 42 Abs. 2 VwGO liegt auf der Hand. Entsprechend ist es ausreichend, dass die Rechtsverletzung nach dem Sachvortrag als möglich erscheint. **290**

---

59 Vollständige Aufzählung bei *Kopp/Schenke*, Kommentar zur VwGO, § 47 Rn. 21.
60 S. z.B. § 10 Abs. 1 BbgJagdG.

Zu beachten ist hier § 47 Abs. 2a VwGO. Diese Norm enthält eine Präklusionsvorschrift.

291 Ausgenommen vom Erfordernis der Antragsbefugnis sind Behörden. Allerdings ist anerkannt, dass die Behörde „irgendwie" mit der angegriffenen Vorschrift befasst sein muss. Eine „Behörden-Popularklage" ist unzulässig.

c) Die Antragsfrist

292 Die Antragsfrist beträgt ein Jahr nach Bekanntmachung der angegriffenen Vorschrift in dem für sie vorgesehenen Verkündigungsblatt.

d) Besonderheiten

293 Nach § 67 Abs. 1 VwGO sind vor dem OVG nur Rechtsanwälte oder Professoren mit der Befähigung zum Richteramt an einer deutschen Hochschule postulationsfähig.

III. Erläuterungen zum Aufbauschema – Begründetheitsfragen

1. Der Eingangssatz

294 Der Eingangssatz ergibt sich aus § 47 Abs. 5 Satz 2 VwGO. Der Normenkontrollantrag ist begründet, wenn die beanstandete Norm „ungültig" ist. Davon ist auszugehen, wenn die angegriffene Norm gegen höherrangiges Recht verstößt. Die noch in der Antragsbefugnis geforderte Rechtsbeeinträchtigung ist für die Begründetheit des Antrags bedeutungslos; dass die Norm den Antragsteller in seinen Rechten auch verletzt, entfällt als Prüfungsmaßstab und spielt deshalb im Eingangssatz keine Rolle mehr. Der zulässige Normenkontrollantrag eröffnet ein objektives Rechtsbeanstandungsverfahren.

2. Der Prüfungsmaßstab

295 Die untergesetzliche Norm ist unter formellen und materiellen Maßstäben auf ihre Vereinbarkeit mit höherem Recht zu prüfen. Die Norm kann deshalb aus formell- wie materiell-rechtlichen Gründen ungültig sein. Unter formell-rechtlichen Aspekten wird die bekannte Abfolge Zuständigkeit, Verfahren, Form geprüft. Diese Prüfungspunkte dürfen nicht unterschätzt werden. Sehr gut lassen sich kommunalrechtliche Fragestellungen (Befangenheit) als Verfahrensproblem in den Fall einflechten. **Beispiel:** *Mit Blick auf die Rechtmäßigkeit eines Bebauungsplans als Satzung ist eine Vielzahl so genannter formeller Fehler möglich, die differente Rechtsfolgen auslösen*[61]; zu ihnen zählen Fehler, die das Kommunalrecht betreffen.

296 Materiell-rechtlich ist zu untersuchen, ob die untergesetzliche Norm mit höherrangigem Recht vereinbar ist. Zwei Fälle sind zu unterscheiden: Zum einen der Fall, dass die

---

61 S. *Peine*, ÖffBauR, Rn. 652 ff.

Ermächtigungsnorm konkrete inhaltliche Vorgaben enthält, die die untergesetzliche Norm unbeachtet gelassen hat. Zum anderen kann es sein, dass die beanstandete Norm Vorschriften außerhalb der eigentlichen Ermächtigung verletzt. In Betracht kommen insbesondere Vorschriften des Grundgesetzes: die Grundrechte, das Rechtsstaatsprinzip aus Art. 20 Abs. 3 GG und insbesondere das Rückwirkungsverbot, der Verhältnismäßigkeitsgrundsatz, das Bestimmtheitsgebot.

In Klausuren dürften die Bearbeiter primär mit der Überprüfung von Bebauungsplänen konfrontiert werden. Hier ergeben sich aus den §§ 1 ff. BauGB mehrere Gebote, die bei Erlass des Bebauungsplans zu beachten sind. Immer ist auch an die speziellen Heilungsvorschriften zu denken, z.B. §§ 214 f. BauGB, § 3 Abs. 3 BbgKVerf. **297**

4. Kapitel

Aufbauschemata der verwaltungsgerichtlichen Verfahren – repressiver Rechtsschutz vorläufiger Natur

A. Die Verfahren des vorläufigen Rechtsschutzes

Sowohl in der Praxis als auch in der universitären Ausbildung sind die beiden wichtigsten Verfahren des vorläufigen Rechtsschutzes, die zugleich, wie wir sahen, Antragsverfahren sind, das Verfahren auf **Anordnung oder Wiederherstellung der aufschiebenden Wirkung** bzw. auf **Anordnung der sofortigen Vollziehung** nach § 80 Abs. 5 Satz 1 VwGO/§ 80a Abs. 3 VwGO und auf Erlass einer *einstweiligen Anordnung* nach § 123 VwGO. Nicht ausgeschlossen, aber sehr selten dürfte eine Fallgestaltung mit vorläufigem Rechtsschutz nach § 47 Abs. 6 VwGO sein. Hier wird auf diesen Fall nicht eingegangen; es soll genügen, dass der Leser von der Existenz dieser Sondervorschrift weiß. **298**

Wenn vor dem Verwaltungsgericht vorläufiger Rechtsschutz begehrt wird, muss der Bearbeiter zunächst die Frage nach der statthaften Klageart in der Hauptsache stellen. Denn: Nach § 123 Abs. 5 VwGO gilt, dass einstweiliger Rechtsschutz im Wege der einstweiligen Anordnung nach § 123 Abs. 1 VwGO zu suchen ist – es sei denn, die für die Verfolgung der Hauptsache statthafte Klageart ist eine Anfechtungsklage. **299**

Wenn in der Hauptsache der Kläger sein Begehren mittels einer Verpflichtungs-, allgemeinen Leistungs- oder Feststellungsklage als statthafter Klageart verfolgen kann, kommt vorläufiger Rechtsschutz ausschließlich nach § 123 VwGO zur Anwendung. **300**

In Ansehung der Fortsetzungsfeststellungsklage gibt es ihrer Funktion entsprechend keinen vorläufigen Rechtsschutz, da das in der Hauptsache verfolgte Begehren durch Erledigung entfallen ist. **301**

302 Wird in der Hauptsache die Anfechtung eines Verwaltungsakts begehrt, kommt ausschließlich eine gerichtliche Anordnung nach § 80 Abs. 5 VwGO/§ 80a Abs. 3 VwGO in Betracht. Das Gericht fällt nach diesen Vorschriften eine strukturell andere Entscheidung als im Verfahren nach § 123 Abs. 1 VwGO. Während bei letzterer eine **vorläufige Regelung** über einen Anspruch bzw. über ein Rechtsverhältnis zu treffen ist, versucht der Antragsteller im Verfahren nach § 80 Abs. 5 VwGO/§ 80a Abs. 3 VwGO den drohenden Vollzug eines ihn belastenden Verwaltungsakts **vorübergehend** auszusetzen bzw. den sofortigen Vollzug **vorübergehend** zu erreichen.

B. Der Antrag auf Anordnung/Wiederherstellung der aufschiebenden Wirkung nach § 80 Abs. 5 Satz 1 VwGO und die Anträge nach § 80a Abs. 3 VwGO

I. Aufbauschema

Teil 1: Die Sachentscheidungsvoraussetzungen eines Antrags nach § 80 Abs. 5 Satz 1 VwGO/§ 80a Abs. 3 VwGO

1. Die deutsche Gerichtsbarkeit – § 173 VwGO iVm §§ 18 ff. GVG
2. **Eröffnung des Verwaltungsrechtswegs – § 40 Abs. 1 Satz 1 VwGO**
3. **Statthaftigkeit des Antrags – § 80 Abs. 1, Abs. 2 VwGO**
4. **Die verfahrensartabhängigen Sachentscheidungsvoraussetzungen**
   a) **Vorliegen aller Zulässigkeitsvoraussetzungen des Widerspruchs – §§ 68 ff. VwGO**
   b) **Sonderfall des § 80 Abs. 6 VwGO**
5. Zuständigkeit des Gerichts der Hauptsache – § 80 Abs. 5 VwGO
6. **Beteiligtenfähigkeit – § 61 VwGO**
7. Die Prozessfähigkeit, Prozessvertretung und Postulationsfähigkeit – § 62 und § 67 VwGO
8. Die ordnungsgemäße Antragstellung – §§ 81 ff. VwGO
9. **Das allgemeine Rechtsschutzinteresse**

Teil 2: Die Begründetheit eines Antrags nach § 80 Abs. 5 Satz 1 VwGO/§ 80a Abs. 3 VwGO

1. **Der Eingangsatz**
2. **Der Prüfungsmaßstab**

II. Erläuterungen zum Aufbauschema – Zulässigkeitsfragen

1. Einführung

Studierende fürchten Klausurfälle mit einem Antrag auf Anordnung oder Wiederherstellung der aufschiebenden Wirkung eines Rechtsbehelfs – vollkommen zu Unrecht. Die Furcht basiert zum einen auf der auf den ersten Blick verwirrenden Regelungsvielfalt der §§ 80, 80a VwGO, zum anderen beruht sie auf dem vom herkömmlichen Schema geringfügig abweichenden Aufbau der Begründetheitsprüfung. Wenn der Regelungsmechanismus der §§ 80 ff. VwGO erst einmal verstanden ist, lassen sich die meisten Fälle ebenso leicht lösen wie die Fälle, deren Lösung einer bestimmten Klageart folgt. **303**

Der Antrag auf Anordnung bzw. Wiederherstellung der aufschiebenden Wirkung ist statthaft, wenn in der Hauptsache eine Anfechtungsklage statthafter Rechtsbehelf ist, § 123 Abs. 5 VwGO. Diese Formel soll nicht zu der Annahme verleiten, dass der Kläger im Hauptsacheverfahren immer mit dem Antragsteller im vorläufigen Rechtsschutzverfahren identisch ist. Legt der Betroffene einen Rechtsbehelf gegen einen Verwaltungsakt ein, der einen Dritten begünstigt, kann der Dritte einstweiligen Rechtsschutz erlangen, obwohl er nicht Kläger ist. **304**

Ausgangspunkt für das Verständnis der §§ 80 ff. VwGO ist folgende Überlegung: Der Adressat eines belastenden Verwaltungsakts (eventuell in der Form des Widerspruchsbescheids) kann die Vollstreckung des Verwaltungsakts mit einem einfachen Mittel abwehren: Er muss Widerspruch und nach dessen Zurückweisung bzw. bei Entfallen eines Widerspruchsverfahrens sofort Anfechtungsklage erheben, die nach § 80 Abs. 1 Satz 1 VwGO grundsätzlich aufschiebende Wirkung entfalten; die aufschiebende Wirkung endet mit der Rechtskraft eines abweisenden Urteils. Folglich kann, solange die Verwaltungsgerichte über die Rechtmäßigkeit des Verwaltungsakts nicht rechtskräftig entschieden haben, die Behörde Vollstreckungsmaßnahmen nicht ergreifen. Gleiches gilt für so genannte Verwaltungsakte mit Doppelwirkung, § 80 Abs. 1 Satz 2 VwGO. In diesem Fall ist Inhalt des Verwaltungsakts eine Begünstigung, die zugleich einen Dritten belastet. Legt der Dritte Widerspruch ein oder erhebt er eine Klage, kann der Begünstigte Ansprüche aus dem an ihn adressierten Verwaltungsakt nicht herleiten, solange die Frage der Rechtmäßigkeit des Verwaltungsakts nicht gerichtlich geklärt ist. **305**

Gegenstand der Verfahren nach § 80 Abs. 5 VwGO/§ 80a Abs. 3 VwGO sind die Fälle, die von diesem Regelungsmechanismus abweichen. **306**

Im **Zwei-Personen-Verhältnis** (Behörde – ein Bürger) gibt es **zwei Fälle** des Abweichens vom Regelmechanismus: Der Antragsteller als Adressat eines ihn belastenden Verwaltungsakts legt zwar Widerspruch ein oder erhebt Klage, gleichwohl droht die Vollstreckung des Verwaltungsakts, weil **307**

1. dem Widerspruch oder der Klage kraft Gesetzes ausnahmsweise keine aufschiebende Wirkung zukommt – diesen Fall beinhaltet § 80 Abs. 2 Satz 1 Nrn. 1–3 VwGO; oder

2. die aufschiebende Wirkung des Widerspruchs bzw. der Klage entfällt, weil die Behörde mit Erlass des Verwaltungsakts oder nachträglich die sofortige Vollziehung des Verwaltungsakts angeordnet hat – diesen Fall beinhaltet § 80 Abs. 2 Satz 1 Nr. 4 VwGO.

308 Im ersten Fall kann der Betroffene nach § 80 Abs. 5 Satz 1 Fall 1 VwGO die Anordnung der aufschiebenden Wirkung seines Rechtsbehelfs durch das Verwaltungsgericht beantragen – es geht um die **Herstellung** der aufschiebenden Wirkung. Im zweiten Fall kann er nach § 80 Abs. 5 Satz 1 Fall 2 VwGO die **Wiederherstellung** der aufschiebenden Wirkung seines Rechtsbehelfs beantragen. Anzumerken ist, dass die Terminologie des Gesetzes nicht vollkommen präzise ist; denn im Falle der Anordnung der sofortigen Vollziehung uno actu mit dem ergehenden Verwaltungsakt wird nicht die Wiederherstellung der aufschiebenden Wirkung, sondern genau genommen ihre erstmalige Herstellung begehrt. Freilich sind Bearbeitungen unschön, die die terminologische Unterscheidung zwischen „Anordnung" und „Wiederherstellung" nicht beachten. Der Bearbeiter sollte die Sprache des Gesetzes nutzen.

309 Bei der Prüfung der Statthaftigkeit eines Antrags ist jedenfalls das beantragte Verfahren genau zu benennen.

2. Die Sachentscheidungsvoraussetzungen in der Zweipersonenkonstellation

Schaubild: Konstellationen im Zwei-Personen-Verhältnis Bürger-Behörde

Norm	Beispiel
Antrag nach § 80 Abs. 5 Satz 1 Fall 1 VwGO: Anordnung der aufschiebenden Wirkung	Festsetzung der Ersatzvornahme nach §§ 24, 19 BbgVwVG, aufschiebende Wirkung entfällt nach § 39 BbgVwVG
Antrag nach § 80 Abs. 5 Satz 1 Fall 2 VwGO: Wiederherstellung der aufschiebenden Wirkung	Abbruchverfügung wird durch Behörde für sofort vollziehbar erklärt, § 80 Abs. 2 Satz 1 Nr. 4 VwGO

a) Die Statthaftigkeit des Antrags

310 Der Antrag auf Anordnung/Wiederherstellung ist statthaft, wenn zwei Voraussetzungen erfüllt sind: Es muss

1. ein belastender Verwaltungsakt erlassen worden sein; es darf
2. dem wirksam eingelegten Widerspruch/der wirksam erhobenen Klage Suspensiveffekt nicht zukommen, § 80 Abs. 2 Satz 1 VwGO.

311 Der Suspensiveffekt entfällt **erstens** nach § 80 Abs. 2 Satz 1 Nrn. 1–3 VwGO – sofortige Vollziehung kraft Gesetzes – bei Anforderung öffentlicher Abgaben (= Steuern, Gebühren, Beiträge) und Kosten (= Gebühren, Auslagen, Kosten einer Ersatzvornahme); bei unaufschiebbaren Anordnungen und Maßnahmen von Polizeivollzugsbeamten; in anderen durch Bundes- oder Landesgesetz angeordneten Fällen, **Beispiele:** *§ 212a BauGB, § 17e Abs. 2 Satz 1 FStrG, § 39 BbgVwVG.*

Der Suspensiveffekt entfällt **zweitens** nach § 80 Abs. 2 Satz 1 Nr. 4 VwGO – sofortige Vollziehung kraft behördlicher Anordnung –, wenn die den Verwaltungsakt erlassende oder über den Widerspruch entscheidende Behörde die sofortige Vollziehung im öffentlichen oder im überwiegenden Interesse eines Beteiligten besonders anordnet. Insoweit ist zu bedenken, dass § 80 Abs. 3 Satz 1 VwGO fordert, das besondere Interesse an der sofortigen Vollziehung schriftlich zu begründen, Ausnahme: Satz 2. Die einen solchen Fall betreffende Entscheidung der Behörde enthält zwei Aussagen: 1. die Verfügung = Grundverwaltungsakt, 2. die Anordnung seiner sofortigen Vollziehung = Vollziehbarkeitsentscheidung; beide Aussagen sind zu begründen: die erste nach § 39 Abs. 1 Satz 1 VwVfG, die zweite nach § 80 Abs. 3 Satz 1 VwGO; es ist offensichtlich, dass sich die zweite Begründung von der ersten qualitativ unterscheiden muss: Sie bezieht sich auf einen anderen Gegenstand. Nur gegen die erste Entscheidung, den Verwaltungsakt, ist der „normale“ Rechtsschutz in Gestalt von Widerspruch und Anfechtungsklage eröffnet. 312

b) Die besonderen Sachentscheidungsvoraussetzungen

aa) Widerspruchseinlegung und/oder Klageerhebung

Es ist streitig, ob die hier relevanten Anträge nur dann zulässig gestellt sind, wenn Widerspruch eingelegt oder im Falle des Entfallens des Widerspruchsverfahrens Klage erhoben worden ist. Die Frage ist zu beantworten unter Berücksichtigung des von Art. 19 Abs. 4 GG gewährleisteten effektiven Rechtsschutzes. In besonders eiligen Fällen kann es für den Antragsteller eine Erschwerung und sogar eine Gefährdung seines Anspruchs auf effektiven vorläufigen Rechtsschutz bedeuten, wenn er gezwungen wäre, zunächst bei der Behörde den Widerspruch einzulegen und erst dann einen Antrag nach § 80 Abs. 5 VwGO zu stellen. Deshalb ist das Verfahren nach § 80 Abs. 5 VwGO schon **vor** Einlegen des Widerspruchs zulässig (anders die wohl h.M.). – Mit Blick auf die Erhebung einer Anfechtungsklage bestimmt § 80 Abs. 5 Satz 2 VwGO, dass das Verfahren nach § 80 Abs. 5 Satz 1 VwGO schon **vor** Erhebung der Anfechtungsklage zulässig ist. 313

bb) Die Zulässigkeit von Widerspruch und Klage in der Hauptsache

Widerspruch und Klage müssen in der Hauptsache zulässig sein. Alle Zulässigkeitsvoraussetzungen einer Anfechtungsklage müssen vorliegen. Insbesondere muss der Antragsteller widerspruchs- und klagebefugt sein. Ferner darf der Verwaltungsakt nicht bestandskräftig sein oder sich nicht erledigt haben; der Antrag muss sich gegen einen belastenden Verwaltungsakt richten, der erlassen und gegen den Rechtsschutz noch möglich ist. 314

cc) Der Sonderfall des § 80 Abs. 6 VwGO

Nur im Falle des § 80 Abs. 2 Satz 1 Nr. 1 VwGO ist ein vorheriger erfolgloser Antrag bei der Behörde Sachentscheidungsvoraussetzung. 315

3. Die Sachentscheidungsvoraussetzungen in der Dreipersonenkonstellation – Fall des § 80a Abs. 1 VwGO

316 Im Drei-Personen-Verhältnis, also in der Beziehung Behörde-Begünstigter-Belasteter, ist die Sache komplizierter. Es sind zwei Fälle zu unterscheiden: der Fall des § 80a Abs. 1 VwGO und der des § 80a Abs. 2 VwGO. Bei beiden Fällen spielt § 80a Abs. 3 VwGO eine Rolle; in dieser Norm sind die Handlungsmöglichkeiten des Gerichts aufgezählt.

Schaubild: Fälle des § 80a Abs. 3 iVm § 80a Abs. 1 VwGO – Beispiel

Grundfall: A erhält von der zuständigen Behörde die Erlaubnis zum Betrieb einer Gaststätte. Nachbar C ist der Auffassung, die Erlaubnis verletze ihn in seinen Rechten.	**Rechtsgrundlage des Antrags:**
C legt Widerspruch ein. A's Antrag (entbehrlich, str.) auf Anordnung der sofortigen Vollziehung der Erlaubnis (§ 80a Abs. 1 Nr. 1 VwGO) lehnt die Behörde ab. A beantragt beim VG die Anordnung der sofortigen Vollziehung seiner Erlaubnis.	§ 80a Abs. 3 Satz 1 Fall 3 („Maßnahmen treffen“) iVm § 80a Abs. 1 Nr. 1 VwGO
C legt Widerspruch ein. Auf A's Antrag ordnet die Behörde die sofortige Vollziehung von A's Erlaubnis an (§ 80a Abs. 1 Nr. 1 VwGO). C beantragt beim VG, die Vollziehung auszusetzen.	§ 80a Abs. 3 Satz 1 Fall 2 VwGO („aufheben“ der Anordnung nach § 80a Abs. 1 Nr. 1 VwGO) = § 80a Abs. 3 Satz 1 Fall 2 („Maßnahmen treffen“) iVm § 80a Abs. 1 Nr. 2 VwGO

Schaubild: Fälle des § 80a Abs. 3 iVm § 80a Abs. 1 VwGO – abstrakt

Variante zum Grundfall: Die Erlaubnis des A wird mit Erlass für sofort vollziehbar erklärt, § 80 Abs. 2 Satz 1 Nr. 4 VwGO.	**Rechtsgrundlage des Antrags:**
C legt Widerspruch ein und beantragt bei der Behörde, die Vollziehung auszusetzen, § 80a Abs. 1 Nr. 2 iVm § 80 Abs. 4 VwGO. Mit Erfolg. Antrag des A beim VG, die Aussetzung der Vollziehung aufzuheben.	§ 80a Abs. 3 Satz 1 Fall 2 VwGO („aufheben“ der Anordnung nach § 80a Abs. 1 Nr. 2 VwGO)
C legt Widerspruch ein und beantragt (entbehrlich, str.) bei der Behörde, die Vollziehung auszusetzen (§ 80a Abs. 1 Nr. 2 iVm § 80 Abs. 4 VwGO). Der Antrag wird abgelehnt. C beantragt beim VG, die Vollziehung auszusetzen.	§ 80a Abs. 3 Satz 1 Fall 3 VwGO („Maßnahmen treffen“) iVm § 80a Abs. 1 Nr. 2 VwGO

Variante zum Grundfall: C erhebt Widerspruch. A wartet ab. Der Widerspruch des C ist erfolglos.	**Rechtsgrundlage des Antrags:**
C erhebt Anfechtungsklage. A will das Verfahren nicht abwarten und stellt bei der Behörde den Antrag, die sofortige Vollziehung anzuordnen (entbehrlich, str.). Erfolglos. A beantragt beim VG die Anordnung der sofortigen Vollziehung.	§ 80a Abs. 3 Satz 1 Fall 3 VwGO („Maßnahmen treffen") iVm § 80a Abs. 1 Nr. 1 VwGO
C erhebt Anfechtungsklage. A will das Verfahren nicht abwarten und stellt bei der Behörde den Antrag, die sofortige Vollziehung anzuordnen. Mit Erfolg. C beantragt beim VG, die Vollziehung auszusetzen.	§ 80a Abs. 3 Satz 1 Fall 2 VwGO („aufheben") iVm § 80a Abs. 1 Nr. 2 VwGO

Ein Zweifelsfall liegt vor, wenn C erfolgreich Widerspruch erhebt und A daraufhin isolierte Anfechtungsklage auf Aufhebung des Widerspruchsbescheids erhebt. Hier ist fraglich, ob A die sofortige Vollziehung der Genehmigung beantragen kann. Dies ist zu bejahen: Die Genehmigung ist durch den Widerspruch des C noch nicht bestandskräftig geworden; auch über den Widerspruchsbescheid ist durch die Klage noch nicht abschließend entschieden worden. A muss deshalb die Möglichkeit zur Erlangung vorläufigen Rechtsschutzes eingeräumt werden nach § 80a Abs. 3 Fall 3 iVm § 80a Abs. 1 Nr. 1 VwGO.

Die Statthaftigkeit des Antrags und die besonderen Sachentscheidungsvoraussetzungen sind wie zuvor zu prüfen.

4. Die Sachentscheidungvoraussetzungen in der Dreipersonenkonstellation – Fall des § 80a Abs. 2 VwGO

Ist jemand Adressat eines belastenden Verwaltungsakts, der einen Dritten begünstigt, **317**
§ 80a Abs. 2 VwGO, ergeben sich gleichfalls mehrere Konstellationen.

Schaubild: Fälle des § 80a Abs. 3 iVm § 80a Abs. 2 VwGO – Beispiel

Grundfall: A ist bereits Gastwirt. Wegen der in letzter Zeit zunehmenden Lärmbelästigung beschwert sich Nachbar C bei der zuständigen Behörde. Diese erlässt eine „Auflage" (= Verwaltungsakt) nach § 5 Abs. 1 Nr. 3 GastG.	**Rechtsgrundlage des Antrags:**
A legt Widerspruch ein. C stellt bei der Behörde den Antrag auf Anordnung der sofortigen Vollziehung nach § 80a Abs. 2 VwGO. Mit Erfolg. A stellt beim VG den Antrag, die Anordnung der sofortigen Vollziehung aufzuheben.	§ 80a Abs. 3 Satz 1 Fall 2 VwGO („aufheben") iVm § 80a Abs. 2 VwGO
A legt Widerspruch ein. C stellt bei der Behörde den Antrag auf Anordnung der sofortigen Vollziehung nach § 80a Abs. 2 VwGO. Ohne Erfolg. C stellt beim VG den Antrag auf Anordnung der sofortigen Vollziehung.	§ 80a Abs. 3 Satz 1 Fall 3 VwGO („Maßnahmen treffen") iVm § 80a Abs. 2 VwGO

Variante zum Grundfall: Die Auflage der Behörde wird für sofort vollziehbar erklärt. A stellt bei der Behörde den Antrag, die sofortige analoge Vollziehung auszusetzen (§ 80 Abs. 4 VwGO). Mit Erfolg.	Der Fall ist gesetzlich nicht geregelt; C kann beim VG den Antrag stellen, die Aussetzung der sofortigen Vollziehung aufzuheben: Anwendung des § 80a Abs. 3 Satz 1 Fall 3 VwGO („Maßnahmen treffen“).

318 Die Statthaftigkeit des Antrags und die besonderen Sachentscheidungsvoraussetzungen sind wie zuvor zu prüfen. **Zusätzlich** ist im Rahmen der Statthaftigkeit des Antrags die sofortige Vollziehung kraft behördlicher Anordnung auf Antrag des Dritten zu untersuchen.

319 Wegen der vielen Möglichkeiten ist es schwer, die genaue Rechtsgrundlage des gestellten Antrags zu benennen. Viele Bearbeiter helfen sich dadurch, indem sie ungenau arbeiten: „Antrag nach § 80a Abs. 3 VwGO“. Das wird nicht nur der Korrektor kritisch vermerken, sondern führt oft auch zu abwegigen Lösungen, weil das Beziehungsgeflecht der Beteiligten nicht exakt ermittelt wurde.

320 Dem Bearbeiter in der Klausur ist zu empfehlen, sich als erstes die Beziehungen der Beteiligten genau klarzumachen. Gegebenenfalls kann dazu eine Skizze dienen. Der gestellte Antrag sollte genau ermittelt und zitiert werden. **Beispiel:** *Antrag nach § 80a Abs. 3 Satz 1 letzter Fall iVm § 80a Abs. 1 Nr. 1 VwGO iVm § 80 Abs. 5 Satz 1 Fall 2 VwGO.*

321 Anschließend sind die besonderen Sachantragsvoraussetzungen herauszuarbeiten. Wie bei allen Fällen mit Drittbeteiligung, ist auch die Antragsbefugnis sorgfältig zu prüfen. Die Streitigkeit, ob vor dem Antrag bei Gericht zunächst ein Antrag bei der Behörde zu stellen ist, darf nicht überbewertet werden. Meist wird die Klausur so konzipiert sein, dass ohne Schwierigkeiten weiter geprüft werden kann. Im Zweifel ist der Lösung Vorzug einzuräumen, die zur Zulässigkeit des Antrags führt.

III. Erläuterungen zum Aufbauschema – Begründetheitsfragen

1. Der Eingangssatz

322 § 80 Abs. 5 Satz 1 VwGO enthält keinen ausdrücklichen Prüfungsmaßstab für die Entscheidung. Der Eingangssatz kann sich deshalb nicht am Gesetz orientieren. Das Gericht hat zwei Aspekte zu berücksichtigen, deren verbale Umsetzung den Eingangssatz ergeben: Es ist

1. zu berücksichtigen, wer für den Zeitraum bis zur Hauptsacheentscheidung das Risiko tragen soll, welches mit der sofortigen Vollziehung des Verwaltungsakts oder der Aussetzung des Sofortvollzugs einhergeht; es ist
2. zu bedenken, dass der Zweck des vorläufigen Rechtsschutzes in der Sicherung der Hauptsacheentscheidung liegt.

323 Daraus ergibt sich für die **Fälle des § 80 Abs. 2 Satz 1 Nrn. 1–3 VwGO** folgender Eingangssatz: Der Antrag ist begründet, wenn bei der Abwägung der unterschiedlichen

Interessen (Antragsteller, öffentliches Interesse, das eines sonstigen Beteiligten) die für die Anordnung der aufschiebenden Wirkung sprechenden die gegen die Anordnung sprechenden überwiegen. Einfacher formuliert: Der Antrag auf Anordnung der aufschiebenden Wirkung ist begründet, wenn das Interesse des Antragstellers an der Aussetzung der Vollziehung das Vollzugsinteresse, sei es ein öffentliches, sei es das eines Beteiligten, überwiegt.

Mit Blick auf den Fall des **§ 80 Abs. 2 Satz 1 Nr. 4 VwGO** ist die Pflicht aus § 80 Abs. 3 **324**
Satz 1 VwGO einzubeziehen. In der Folge lautet der Eingangssatz: Der Antrag auf Wiederherstellung der aufschiebenden Wirkung ist begründet, wenn entweder die Begründung nach § 80 Abs. 3 Satz 1 VwGO fehlerhaft ist oder wenn das Interesse des Antragstellers an der Wiederherstellung der aufschiebenden Wirkung das Vollzugsinteresse, sei es ein öffentliches, sei es das eines Beteiligten, überwiegt.

2. Der Prüfungsmaßstab

In diesem Zusammenhang schreiben Bearbeiter gern, dass das Gericht eine summarische **325**
Prüfung vornehme, dass es eine Ermessensentscheidung treffe und die Interessen der Parteien abzuwägen habe. Das ist möglicherweise alles richtig und entspricht der Praxis. Freilich missverstehen manche Bearbeiter das Wesen der summarischen Prüfung regelmäßig dahingehend, dass eine genaue Rechtmäßigkeitsprüfung nicht erforderlich sei. Immer dann, wenn die angesprochenen Bearbeiter in der Klausur eine Rechtsfrage beantworten sollen, stellen sie die Entscheidung mit Hinweis auf die summarische Prüfung dahin und nehmen eine weitschweifige Abwägung der verschiedenen Interessen vor. Dieses Vorgehen ist regelmäßig falsch. Was der Sachverhalt mitteilt, sind die Fakten, von denen in der Klausur auszugehen ist, und die sind nicht zweifelhaft. Die Rechtsfrage hat der Bearbeiter zu beantworten und die Antwort kann nicht unter Hinweis auf die nur summarische Prüfung dahinstehen. Eine Ausnahme bildet der seltene Fall, dass im Sachverhalt mitgeteilt wird, entscheidungserhebliche Umstände seien noch nicht ermittelt wurden, sei es, dass Beweise noch nicht erhoben werden konnten, oder sei es, dass noch umfangreiche Untersuchungen eines Gutachters notwendig sind. In solchen Fällen soll dem Bearbeiter gerade vor Augen geführt werden, dass er gegebenenfalls auch ohne vollständige Sachverhaltsermittlung entscheiden muss.

Die Begründetheitsprüfung des Aussetzungsantrags ist different in Abhängigkeit davon, welche der Fallgruppen des § 80 Abs. 2 Satz 1 VwGO vorliegt.

a) Die Anforderung öffentlicher Kosten

Im Fall des § 80 Abs. 2 Satz 1 Nr. 1 VwGO ist für den Erfolg des Aussetzungsantrags **326**
nach der auch für das gerichtliche Verfahren entsprechend anzuwendende Vorschrift des § 80 Abs. 4 Satz 3 VwGO Voraussetzung, dass

- ernstliche Zweifel an der Rechtmäßigkeit des angegriffenen Verwaltungsakts bestehen, oder
- die Vollziehung für den Abgabepflichtigen eine unbillige, nicht durch überwiegende Interessen gebotene Härte zur Folge hätte.

327 Ernstliche Zweifel an der Rechtmäßigkeit des angegriffenen Verwaltungsakts rechtfertigen die Anordnung der aufschiebenden Wirkung nur dann, wenn aufgrund summarischer Prüfung der Sach- und Rechtslage ein Erfolg des Antragstellers im Hauptsacheverfahren wahrscheinlicher ist als sein Unterliegen.

328 Dieser einleitenden Formel entsprechend hat der Bearbeiter die Rechtmäßigkeit des Abgabenbescheids zu prüfen.

329 Bei offensichtlichem Erfolg im Hauptsacheverfahren überwiegt das Aussetzungsinteresse, bei offensichtlichem Misserfolg überwiegt das Vollzugsinteresse. Lässt sich die Rechtsfrage nicht eindeutig beantworten, dann ist eine Abwägung vorzunehmen. Die Abwägungsfrage lautet: Was ist im Ergebnis schlimmer: der Vollzug des Verwaltungsakts oder sein Nichtvollzug. In Abhängigkeit vom Ergebnis der Abwägung ist das Überwiegen des einen oder des anderen Interesses und damit Begründetheit des Antrags oder insoweit seine Nichtbegründetheit festzustellen.

330 Wenn das Interesse des Antragstellers nicht obsiegt, erfolgt die Prüfung des weiteren Kriteriums „unbillige Härte".

b) Unaufschiebbare Maßnahmen; gesetzliche Regelungen

331 In den Fällen des § 80 Abs. 2 Satz 1 Nr. 2 und 3 VwGO kann das Verwaltungsgericht die aufschiebende Wirkung eines Rechtsbehelfs gegen den vom Antragsteller angegriffenen Bescheid anordnen, wenn das Interesse des Antragstellers an der Anordnung der aufschiebenden Wirkung das öffentliche Interesse an der sofortigen Vollziehung des Bescheids überwiegt. Das ist dann der Fall, wenn sich der Bescheid bei der im Rahmen des Verfahrens nach § 80 Abs. 5 VwGO gebotenen summarischen Prüfung als offensichtlich rechtswidrig darstellt. Lässt sich die Rechtswidrigkeit nicht oder noch nicht eindeutig feststellen, ist die sofortige Vollziehung im öffentlichen Interesse geboten. Hierbei ist die Entscheidung des Gesetzgebers zu beachten, in diesen Fällen das öffentliche Interesse an der sofortigen Vollziehung als Regelannahme zu gestalten. Für eine Ausnahme von dieser Regel müssen daher besonders schwerwiegende Interessen des Antragstellers ins Feld geführt werden bzw. Gründe bestehen, nach denen das öffentliche Interesse ausnahmsweise als gering anzusehen ist.

c) Die Anordnung der sofortigen Vollziehung

332 Nur im Fall des § 80 Abs. 2 Satz 1 Nr. 4 VwGO muss die Anordnung der sofortigen Vollziehung den Kriterien des § 80 Abs. 3 Satz 1 VwGO genügen. Fehlt es daran, ist die Anordnung schon deshalb rechtswidrig. Für die Qualität der Begründung ist herauszustellen: Die schriftliche Begründung muss nachvollziehbar die Erwägungen erkennen lassen, die dazu führten, dass die Behörde die sofortige Vollziehung angeordnet hat. Die Begründung muss auf den konkreten Fall bezogen erkennen lassen:

1. das besondere Interesse an der sofortigen Vollziehung,
2. die Ermessenserwägungen, die sie zur Anordnung der sofortigen Vollziehung bewogen haben.

Wegen des materiell-rechtlichen Charakters von § 80 Abs. 3 Satz 1 VwGO muss die Begründung spätestens zum Zeitpunkt der Anordnung der sofortigen Vollziehung vollständig vorliegen. **333**

Bei der Abwägung ist das Regel-Ausnahme-Verhältnis des § 80 Abs. 1 VwGO zu beachten. Grundsätzlich haben nach dieser Grundentscheidung des Gesetzgebers alle Rechtsbehelfe aufschiebende Wirkung, nur in Ausnahmefällen darf die Behörde die sofortige Vollziehung anordnen. Dieser Grundsatz ist natürlich im Eilverfahren zu berücksichtigen. Bei der Wiederherstellung der aufschiebenden Wirkung ist das öffentliche Interesse dergestalt zu berücksichtigen, dass es in den Fällen, in denen die Klage oder der Widerspruch offensichtlich begründet ist, hinter schutzwürdige Interessen des Antragstellers zurücktreten muss. Ist bei der gebotenen summarischen Prüfung des eingelegten Rechtsbehelfs weder festzustellen, dass der Widerspruch oder die Klage offensichtlich begründet, noch offensichtlich unbegründet ist, so ist eine Interessenabwägung im weiteren Sinne vorzunehmen. Öffentliches Interesse und Individualinteresse werden hierbei gegenübergestellt und gewichtet. **334**

Nochmals: Der Bearbeiter sollte die in der Klausur aufgeworfenen Rechtsfragen nicht unbeantwortet lassen, um die Lösung über eine Interessenabwägung zu suchen. In den meisten Fällen sind die Klausuren in der Weise konstruiert, dass sich die Rechtsfrage eindeutig beantworten lässt. **335**

Eine Anhörung ist bei der Anordnung der sofortigen Vollziehung nicht erforderlich. Gegen das Bestehen einer solchen Pflicht spricht, dass die Vollziehungsanordnung selbst kein Verwaltungsakt, der Bestandskraft nicht zugänglich und nicht selbstständig vollstreckbar ist; deshalb kommt § 28 VwVfG nicht zur Anwendung. Die Vollziehungsanordung schließt kein eigenständiges Verwaltungsverfahren ab. Ferner spricht der Wortlaut des § 80 Abs. 3 VwGO, der abschließend die Voraussetzungen der Vollziehungsanordnung regelt, gegen eine Pflicht zur Anhörung. Im Übrigen wird dem rechtsstaatlichen Schutz des Bürgers Genüge getan, da seine Interessen durch das Aussetzungsverfahren nach § 80 Abs. 5 VwGO hinreichend gewahrt sind.

d) Das Verfahren des § 80a Abs. 3 VwGO

Das Verfahren nach § 80a Abs. 3 VwGO folgt im Wesentlichen den gleichen Grundsätzen. Hierbei ist zu beachten, dass die Interessenlage der Beteiligten variiert. Das öffentliche Interesse kann sowohl mit dem Interesse des Dritten zusammenfallen als auch mit dem Interesse des durch den Verwaltungsakt Begünstigten. **336**

e) Schlussbemerkung

Hat der Bearbeiter entsprechend den für die einzelnen Fallgruppen aufgestellten Regeln den Einstieg in die Begründetheitsprüfung geschafft, bewegt er sich in bekannten Bahnen. Es wird die Rechtmäßigkeit eines Verwaltungsakts geprüft. Insoweit gilt das Schema der Prüfung der Begründetheit einer Anfechtungsklage. **337**

C. Das Verfahren nach § 123 VwGO – Erlass einer einstweiligen Anordnung

I. Aufbauschema

Teil 1: Die Sachentscheidungsvoraussetzungen des Antrags auf Erlass einer einstweiligen Anordnung

1. Die deutsche Gerichtsbarkeit – § 173 VwGO iVm §§ 18 ff. GVG
2. **Die Zulässigkeit des Verwaltungsrechtswegs – § 40 Abs. 1 Satz 1 VwGO**
3. **Statthaftigkeit des Antrags – § 123 Abs. 1 VwGO**
4. **Besondere Sachentscheidungsvoraussetzungen**
   a) **Zulässigkeit der Hauptsache**
   b) **Antragsbefugnis – § 42 Abs. 2 VwGO analog**
   c) **Plausibilität von Anordnungsanspruch und Anordnungsgrund**
5. Zuständigkeit des Gerichts der Hauptsache, § 123 Abs. 2 Satz 1 VwGO
6. **Beteiligtenfähigkeit – § 61 VwGO**
7. Die Prozessfähigkeit, Prozessvertretung und Postulationsfähigkeit – § 62 und § 67 VwGO
8. Die ordnungsgemäße Antragstellung – §§ 81 ff. VwGO
9. **Das allgemeine Rechtsschutzinteresse**

Teil 2: Die Begründetheit des Antrags auf Erlass einer einstweiligen Anordnung

1. **Der Eingangssatz**
2. **Der Prüfungsmaßstab**

II. Erläuterungen zum Aufbauschema – Zulässigkeitsfragen

1. Die Statthaftigkeit des Antrags

338 Wie bei den Verfahren nach §§ 80 Abs. 5, 80a Abs. 3 VwGO ist § 123 Abs. 5 VwGO die Norm, nach der die Statthaftigkeit des Verfahrens auf Erlass einer einstweiligen Anordnung zu entscheiden ist. Nach dieser Vorschrift finden alle Eilverfahren, die in der Hauptsache eine Anfechtungsklage **nicht** zum Gegenstand haben, ihre Grundlage in § 123 VwGO.

339 Vorläufiger Rechtsschutz in Gestalt der einstweiligen Anordnung existiert nach alldem, wenn in der Hauptsache die statthafte Klageart eine Verpflichtungsklage, eine allgemeine Leistungsklage oder eine Feststellungsklage ist. Für eine Fortsetzungsfeststellungsklage besteht – wie schon angemerkt – das Bedürfnis nach einem Eilverfahren nicht. Eine Besonderheit nimmt insoweit das Verfahren nach § 47 Abs. 6 VwGO ein; im Wesentlichen kommen für diesen seltenen Fall die Grundsätze des § 123 VwGO zur Anwendung.

Mit Blick auf die Statthaftigkeit der einstweiligen Anordnung ist es nicht ausreichend, die Anfechtungsklage in der Hauptsache auszuschließen. Der Bearbeiter muss feststellen, welche Klage im Hauptsacheverfahren in Betracht kommt. Diese Feststellung ist deshalb zu treffen, weil die besonderen Sachentscheidungsvoraussetzungen in Abhängigkeit von der Klageart differieren. **340**

Sinnvoll ist es ferner, bereits in der Zulässigkeitsprüfung und nicht erst in der Begründetheitsprüfung festzustellen, welche Art der einstweiligen Anordnung begehrt wird. Unterschieden werden zwei Fälle: die Sicherungsanordnung nach § 123 Abs. 1 Satz 1 VwGO und die Regelungsanordnung nach § 123 Abs. 1 Satz 2 VwGO. Ist die Abgrenzung im Einzelfall schwierig, kann die Frage der begehrten Anordnung dahingestellt bleiben. **341**

Als Faustformel in Ansehung der Abgrenzung der beiden Anordnungsvarianten voneinander kann gelten: Mit der Sicherungsanordnung soll der bestehende Zustand erhalten werden – im Vordergrund steht deshalb die Abwehr einer Rechtsverletzung. Die Regelungsanordnung dient der vorläufigen Erweiterung der eigenen Rechtsposition – im Vordergrund steht deshalb ein Leistungsanspruch. **342**

2. Die besonderen Sachentscheidungsvoraussetzungen

Das Hauptsacheverfahren muss zulässig sein. In der Folge hat der Bearbeiter die Sachentscheidungsvoraussetzungen des Hauptsacheverfahrens inzident zu prüfen. **343**

Die Antragsbefugnis muss in analoger Anwendung des § 42 Abs. 2 VwGO vorliegen. **344**

Anordnungsanspruch und Anordnungsgrund sind plausibel zu machen. Unter **Anordnungsanspruch** ist das vom Antragsteller behauptete Recht zu verstehen; **Beispiel:** *Der Anspruch auf Erlass einer beantragten Baugenehmigung.* Unter **Anordnungsgrund** ist die Erforderlichkeit einer vorläufigen gerichtlichen Entscheidung zu verstehen; dem Antragsteller muss es unzumutbar sein, den Abschluss des Hauptsacheverfahrens abzuwarten; nur dann besteht überhaupt ein Bedürfnis nach einer Regelung des Zwischenzeitraums bis zur rechtskräftigen Hauptsacheentscheidung. **345**

Beispiel: Der Schüler S ist „sitzengeblieben". Er klagt auf Versetzung in die nächsthöhere Klasse. Da die Entscheidung in der Hauptsache dauert, möchte er im Wege der einstweiligen Anordnung vorläufig in die nächste Klasse versetzt werden. Wenn dieses nicht geschieht, ist ein Sieg in der Hauptsache sinnlos, weil S den Stoff der höheren Klasse nicht hat lernen können und deshalb in der höheren Klasse versagen wird.

Da die Klagebefugnis bereits als Voraussetzung des Hauptsacheverfahrens anzusprechen war, erschöpft sich die Prüfung der Antragsbefugnis im Wesentlichen in der Geltendmachung der Eilbedürftigkeit. **346**

Im Übrigen sind die allgemeinen Sachentscheidungsvoraussetzungen wie bei den Klageverfahren je nach Relevanz anzusprechen. **347**

III. Erläuterungen zum Aufbauschema – Begründetheitsfragen

1. Der Eingangssatz

348 Für die **Sicherungsanordnung** lautet der Eingangssatz: Der Antrag ist begründet, wenn glaubhaft ein Recht des Antragstellers besteht und glaubhaft die Verwirklichung dieses Rechts vereitelt oder wesentlich erschwert werden könnte. Für die **Regelungsanordnung** ist in diesem Zusammenhang festzuhalten: Der Antrag ist begründet, wenn glaubhaft ein Recht des Antragstellers besteht und der Erlass der Regelung nötig erscheint, um wesentliche Nachteile abzuwenden[62].

2. Die Begründetheit des Antrags auf Erlass einer einstweiligen Anordnung

349 Die einstweilige Anordnung ist begründet, wenn der Antragsteller Anordnungsanspruch und Anordnungsgrund glaubhaft gemacht hat. Glaubhaftmachung bedeutet für die gerichtliche Praxis eine eingeschränkte Beweisaufnahme. Den Klausurbearbeiter betrifft dieses Problem in der Regel nicht. Er geht von den im Sachverhalt mitgeteilten Tatsachen aus.

350 Über die Begründetheitsprüfung der einstweiligen Anordnung werden die verschiedensten Empfehlungen gegeben. Sinnvoll ist es, die Erfolgsaussichten in der Hauptsache zum Ausgangspunkt zu nehmen. Besteht bei der Sicherungsanordnung ein Abwehrrecht des Antragstellers bzw. leitet er bei der Regelungsanordnung zu Recht aus dem strittigen Rechtsverhältnis Ansprüche her, ist der Anordnungsanspruch gegeben.

351 Unter dem Anordnungsgrund ist zu prüfen, ob Gründe vorliegen, die gegen ein Abwarten auf die Hauptsacheentscheidung sprechen. Es müssen also Gründe vorliegen, aus denen sich die **besondere Dringlichkeit** des Erlasses einer einstweiligen Anordnung ergibt. Die zeitliche Komponente steht im Vordergrund. Es gilt, drohende Nachteile oder Gefahren abzuwenden.

352 Grundsätzlich soll die einstweilige Anordnung keine vollendeten Tatsachen schaffen. Deshalb gilt das Verbot der Vorwegnahme in der Hauptsache. Einige Autoren sehen diesen Prüfungspunkt als Zulässigkeitsvoraussetzung an. Der Bearbeiter einer Klausur sollte diesen Punkt allerdings in der Begründetheit ansprechen, um nicht zu viele materiellrechtliche Fragen in die Zulässigkeitsprüfung „hoch" zu ziehen. In der Regel lässt sich die Frage der Vorwegnahme einfach beantworten: Kann die Entscheidung in der Hauptsache später wieder in ihr Gegenteil verkehrt werden, ist sie nicht vorweggenommen. Vom Grundsatz des Vorwegnahmeverbots werden einige Ausnahmen gemacht. Führt die einstweilige Anordnung wegen der Länge des Hauptsacheverfahrens dazu, dass gesicherte Rechtspositionen erworben werden oder gewährte Leistungen verbraucht sind, ist eine de-facto-Vorwegnahme unvermeidbar.

62 § 123 Abs. 1 Satz 2 VwGO enthält zwei weitere Anordnungsgründe, auf die hier nicht weiter eingegangen wird.

Beispiele: Die einstweilige Anordnung im Schulrecht; die Gewährung von Leistungen im Sozialrecht. Hat der einstweilig versetzte Schüler das Abitur bestanden, kann es ihm im Hauptsacheverfahren nicht genommen werden. Ist die Sozialhilfe verbraucht, kann sie nicht zurückgefordert werden.

Das Verwaltungsgericht hat hinsichtlich seiner Entscheidung kein Entschließungsermessen, wohl aber ein Auswahlermessen. Dementsprechend muss in der Klausur geprüft werden, ob unter dem Gesichtspunkt der Verhältnismäßigkeit und Zweckmäßigkeit eine andere Entscheidung als die beantragte möglich ist. **353**

Schaubild: Einstweilige Anordnung

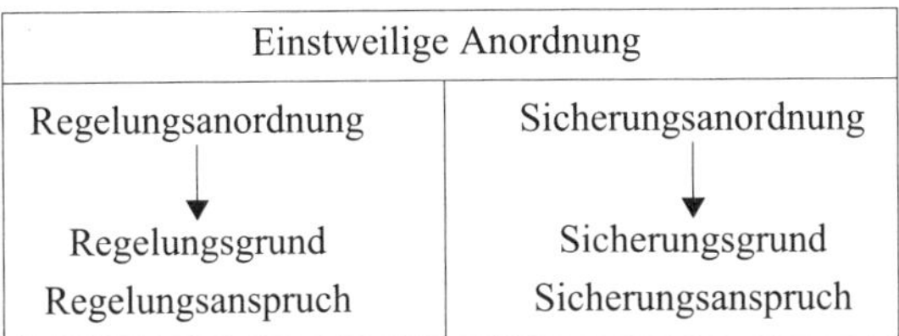

5. Kapitel

Der Sonderfall des vorbeugenden, präventiven Rechtsschutzes

A. Allgemeines zum vorbeugenden Rechtsschutz

Unter dem Blickwinkel, wann, in zeitlicher Hinsicht, Rechtsschutz zulässig ist, lassen sich zwei Fälle unterscheiden: Rechtsschutz bereits **vor** Erlass des Staatsakts, der angegriffen werden soll – **präventiver Rechtsschutz**, und Rechtsschutz erst **nach** Erlass des Staatsakts, der angegriffen wird – **repressiver Rechtsschutz**. Die zuvor behandelten Klagen sowie der einstweilige Rechtsschutz betrafen immer den hier vorgestellten zweiten Fall, den **repressiven Rechtsschutz**: Ein **erlassener** Staatsakt war Angriffsobjekt. Nunmehr ist die Konstellation zu behandeln, ob **schon vor Erlass** des Angriffsobjekts Rechtsschutz möglich ist. Diese Konstellation nennt man **vorbeugenden oder, wie gesagt, präventiven Rechtsschutz**: Um Schaden abzuwehren, soll der Staatsakt erst gar nicht das Licht der Welt erblicken. Das Instrument dazu bildet die vor Erlass des Staatsakts ergehende gerichtliche Aussage, dass der Staatsakt, sollte er erlassen werden, rechtswidrig sei. **354**

Den Ausgangspunkt der Antwortfindung bildet folgende Überlegung: Gerichtlichen Rechtsschutz gegen belastendes Handeln der Exekutive garantiert Art. 19 Abs. 4 GG. Bei der Behauptung der Verletzung eigener Rechte durch die öffentliche Gewalt ist dem Bürger der Rechtsweg eröffnet. Mit dieser Feststellung ist der Garantiegehalt des Art. 19 Abs. 4 GG noch nicht erschöpfend umrissen. Diese Norm gebietet darüber hinaus eine **355** bestimmte Qualität des Rechtsschutzes: Dieser muss zum einen **lückenlos**, zum anderen **effektiv** sein. Lückenlosigkeit bedeutet, dass jedes den Bürger belastende Verwaltungshandeln gerichtlicher Rechtmäßigkeitskontrolle zugeführt werden kann. Effektivität bedeutet, dass die gerichtliche Kontrolle auch tatsächlich wirksam ist. Sie darf nicht erst dann einsetzen bzw. erfolgen, wenn die vom Verwaltungshandeln ausgelösten Belastungen real nicht mehr rückgängig gemacht werden können. Das Schaffen „vollendeter Tatsachen", die im Falle ihrer Rechtswidrigkeit nicht oder nur schwer beseitigungsfähig und deshalb faktisch nur durch Geldzahlungen kompensierbar sind, ist verboten.

356 Art. 19 Abs. 4 GG erfordert die Einrichtung von Gerichten überhaupt und die Schaffung eines gerichtlichen Verfahrens, welches effektiv ist, also „vollendete Tatsachen" verhindert. Diese Effektivität kann theoretisch auf zwei Weisen erreicht werden: **Erstens** kann der Rechtsschutz bereits vor dem Zeitpunkt des Verwaltungshandelns stattfinden. Einem Bürger, dem eine Belastung „droht", kann gesetzlich das Recht eingeräumt werden, den Verwaltungsgerichten die Frage vorzulegen, ob die Verwaltung ihn überhaupt in der vorgesehenen Weise belasten darf. Eine bereits vor dem tatsächlichen Verwaltungshandeln, das Gegenstand gerichtlicher Kontrolle sein soll, vorzunehmende Prüfung ist **vorbeugender** oder **präventiver** Rechtsschutz; er ist effektiv, fraglich ist seine verfassungsrechtliche Zulässigkeit. – **Zweitens** kann der Rechtsschutz erst dann einsetzen, wenn die Verwaltung tatsächlich gehandelt hat; sein Gegenstand ist dann nicht mögliches, sondern geschehenes Handeln. Dieser Rechtsschutz ist **nachträglicher** oder **repressiver** Rechtsschutz; er ist verfassungsrechtlich zulässig, fraglich ist seine Effektivität.

357 Das deutsche Verwaltungsprozessrecht und auch das deutsche Verfassungsprozessrecht gehen davon aus, dass regelmäßig vorbeugende Klagen unzulässig sind. Sind Ausnahmen zulässig? Die Antwort besteht in Folgendem: Wenn die Schaffung vollendeter Tatsachen auf eine andere Weise als mit präventivem Rechtsschutz nicht verhindert werden kann, ist präventiver Rechtsschutz in genau dem Umfang zulässig, der nötig zur Zielerreichung ist.

358 Immer dann, wenn das repressive Rechtsschutzsystem die ihm zugedachte Funktion nicht erfüllt, ist Raum für vorbeugenden Rechtsschutz. Raum für ihn besteht beim Erlass belastender Verwaltungsakte sowie bei belastendem Tathandeln dann, wenn repressiver Rechtsschutz die Schaffung vollendeter Tatsachen nicht hindert. Die Funktionserfüllung darf generell erwartet, die Erwartung kann speziell aber enttäuscht werden. Das ist eine Tatfrage. Bei ihrer Bejahung ist die Notwendigkeit einer vorbeugenden Klage anzunehmen, bei ihrer Verneinung zu versagen.

B. Einzelheiten zum vorbeugenden Rechtsschutz

I. Beispiele

359 Vorbeugender Rechtsschutz füllt die Lücke, die repressiver offen lässt. In welchen Fällen eine Lücke besteht, ist Tatfrage. Es haben sich folgende Fallgruppen herausgebildet.

1. Der strafbewehrte Verwaltungsakt

Wenn ein Verstoß gegen einen Verwaltungsakt eine Ordnungswidrigkeit oder eine mit Strafe bedrohte Handlung darstellt, ist dem Adressaten nicht zumutbar, die Herstellung bzw. Wiederherstellung der aufschiebenden Wirkung durch ein Gericht abzuwarten, weil jeder zwischenzeitliche Verstoß gegen diesen Verwaltungsakt schon die Sanktion nach sich zieht. Zwecks Vermeidung der Sanktion ist der Adressat gezwungen, dem Ge- oder Verbot des Verwaltungsakts nachzukommen. Ist es rechtswidrig, ist das Handeln des in Erfüllung des Gebotenen oder Verbotenen die zu verhindernde vollendete Tatsache, die nicht rückgängig zu machen ist. Ferner sieht sich der Adressat, wenn er gegen die Anordnung des Verwaltungsakts handelt, weil er diese für rechtswidrig hält, einem hohen Risiko ausgesetzt. **360**

Dieses Risiko darf ihm der Rechtsstaat nicht zumuten. Der Bürger muss definitiv wissen, ob eine Handlung strafbar ist oder nicht. Um die Schaffung vollendeter Tatsachen und diese Risikosituation zu vermeiden, muss vorbeugender Rechtsschutz gegen mit Strafe bewehrte Verwaltungsakte zulässig sein. **361**

Beispiele: Widerstand gegen die Staatsgewalt (§ 113 StGB); Verbote nach der StVZO, z.B. § 29 Abs. 6: Verbot des Betriebs eines Kraftfahrzeugs im öffentlichen Verkehr; Verstöße gegen Verkehrszeichen, die sogar bei Nichtigkeit noch zu beachten und deshalb strafbewehrt sind.

2. Sich kurzfristig erledigende Verwaltungsakte

Diese Verwaltungsakte müssen vorbeugend auf ihre Rechtmäßigkeit hin überprüft werden können. Denn der Rechtsschutz kommt zu spät, wenn der Verwaltungsakt sich erledigt hat. Der Adressat ist dann in aller Regel darauf angewiesen, im Wege der Fortsetzungsfeststellungsklage nach § 113 Abs. 1 Satz 4 VwGO bzw. § 113 Abs. 1 Satz 4 VwGO analog die Rechtswidrigkeit des Verwaltungsakts feststellen zu lassen, hat den rechtswidrigen Verwaltungsakt aber bis zu seiner Erledigung dulden müssen. **362**

Beispiel: Das Verbot einer Versammlung, die zu einem bestimmten Termin vorgesehen ist.

3. Vollendete Tatsachen ermöglichende Verwaltungsakte

Wenn vollendete Tatsachen ermöglicht werden, obwohl Widerspruch und Anfechtungsklage gegen einen Verwaltungsakt Suspensiveffekt entfalten, ist vorbeugender Rechtsschutz geboten. *Ein* **Beispiel** *für diese Konstellation ist die rechtswidrig erteilte Baugenehmigung.* Hier besteht die Gefahr, dass der Adressat vollendete Tatsachen in Form des Baues schafft; denn der Behörde wird es nicht immer möglich sein, den Abriss durchzusetzen, weil das Abrissgebot nur dann rechtmäßig ist, wenn es dem Übermaßgebot genügt. Das ist nicht immer gegeben. Hier muss dem Nachbarn vorbeugender Rechtsschutz gegen die zu erteilende Baugenehmigung gewährt werden. **363**

4. Verzögerte Verwaltungsakte

364 Vorbeugender Rechtsschutz ist schließlich zulässig, wenn die Behörde den Erlass eines Verwaltungsakts absichtlich hinauszögert. Unter diesen Umständen lebt der Adressat möglicherweise lange mit der Befürchtung, ihm werde etwas verboten werden. Diese Unsicherheit kann seine persönliche Dispositionsfreiheit erheblich beeinträchtigen. Bereits im Vorfeld der tatsächlichen Belastung liegt deshalb eine „Belastung" vor. Um diese Freiheitsbeschränkung auszuschließen, muss vorbeugender Rechtsschutz zulässig sein, weil er die einzige Möglichkeit darstellt, die unbeschränkte Freiheit wieder herzustellen.

5. Vollendete Tatsachen schaffende Realakte

365 Vorbeugender Rechtsschutz ist letztlich zulässig bei Realakten, die vollendete Tatsachen schaffen. Hier ist das Bedürfnis nach vorbeugendem Rechtsschutz sogar am größten, weil sofortiges Handeln der Verwaltung oft zu irreparablen Schäden führt.

Beispiele: Eine falsche Behauptung ruiniert den Ruf einer Person; ein Unschuldiger ist in der Verbrecherkartei gespeichert; die Polizei erschießt den Hund; die Verwaltung reißt ein Gebäude ein; sie schließt einen Gewerbebetrieb.

II. Die prozessuale Durchsetzung des vorbeugenden Rechtsschutzes

1. Die vorbeugende Unterlassungsklage

a) Angriffsobjekt: Tathandlung

366 Die vorbeugende Unterlassungsklage scheint zur Durchsetzung vorbeugenden Rechtsschutzes geeignet. Die „normale" Unterlassungsklage als Unterfall der Leistungsklage ist gegen eine Tathandlung die zulässige Klageart. Zur Verhinderung von Tathandlungen ist deshalb die vorbeugende Unterlassungsklage statthaft.

b) Angriffsobjekt: Verwaltungsakt

367 Rechtsschutz gegen einen Verwaltungsakt bietet die Anfechtungsklage. Ob im Bereich des vorbeugenden Rechtsschutzes eine Differenzierung im Hinblick auf die Statthaftigkeit der Unterlassungsklage in Abhängigkeit von der Rechtsqualität der zu verhindernden Handlung notwendig erscheint, ist fraglich. Wäre sie notwendig, müsste die vorbeugende Unterlassungsklage als Klageart im Falle der Verhinderung eines Verwaltungsakts ausscheiden. Vorbeugender Rechtsschutz gegen Verwaltungsakte ist der Sache nach ein vorgezogener Anfechtungsstreit. Man könnte deshalb in diesem Falle die Erfüllung der gleichen Voraussetzungen fordern wie bei der „normalen" Anfechtungsklage. Freilich scheidet eine vorbeugende Anfechtungsklage als Instrument vorbeugenden Rechtsschutzes notwendig aus. Die Voraussetzungen einer vorbeugenden Klage gegen Verwaltungsakte sind gleich mit denen der vorbeugenden Klage gegen

Tathandlungen. Auf die Durchführung eines Widerspruchsverfahrens ist zwingend zu verzichten; es fehlt am Angriffsobjekt. Ein Unterschied besteht nur im Hinblick auf die anzugreifenden Objekte. Sind die Voraussetzungen trotz unterschiedlicher Rechtsqualität der Angriffsobjekte aber gleich, dann entfällt der Grund, die Unterlassungsklage vorbeugend gegen den Erlass von Verwaltungsakten nicht einzusetzen. Die vorbeugende Unterlassungsklage, genauer: die Leistungs-Unterlassungsklage ist mithin die Klageart, die geeignet ist, den Erlass von Verwaltungsakten zu verhindern.

2. Die vorbeugende Feststellungsklage

Die „normale" Feststellungsklage hat die Klärung des Bestehens oder Nichtbestehens **368** eines konkreten Rechtsverhältnisses zum Ziel. Unter einem Rechtsverhältnis ist die aus einem konkreten Sachverhalt infolge der Geltung einer Norm sich ergebende Beziehung zu einer Sache bzw. einer Person zu verstehen, im öffentlichen Recht zu einem Träger öffentlicher Gewalt, die konkrete Rechte und Pflichten der Beteiligten bedingt. Die Feststellungsklage ermöglicht folglich Aussagen der Art, dass bestimmte Handlungen erlaubt oder verboten sind. Auch diese ist also letztlich auf Verwaltungsakte und Tathandlungen orientiert, jedoch nicht gegen diese direkt, sondern indirekt. Sie hat direkt zum Gegenstand die zuvor liegende Frage, *ob* die Verwaltung in diesen Formen handeln darf oder nicht.

Problematisch ist die Zulässigkeit dieser Klageart im Verhältnis zur hier einschlägigen **369** Leistungsklage, da die Feststellungsklage gegenüber jener subsidiär ist, § 43 Abs. 2 VwGO. Die vorbeugende Unterlassungsklage ist ein Unterfall der Leistungsklage. Die Anwendbarkeit des Subsidiaritätsprinzips könnte die Unzulässigkeit der vorbeugenden Feststellungsklage bedingen.

Die h.M. sieht es als Funktion des Subsidiaritätsprinzips an, dass es nicht in jedem Fall **370** die Zulässigkeit einer Feststellungsklage ausschließen wolle, wenn eine Gestaltungs- oder Leistungsklage erhoben werden könne. Dieses Prinzip wolle nur verhindern, dass mithilfe der Feststellungsklage die Sonderregeln für die Anfechtungs- oder Verpflichtungsklage (Fristen, Widerspruch) umgangen werden. Werde ein Verwaltungsakt bestandskräftig, weil etwa Fristen versäumt wurden, so könne dieser Mangel nicht durch eine nicht fristgebundene Feststellungsklage geheilt werden. Eine extensive Interpretation ist nicht geboten: Da die öffentliche Hand an das Prinzip der Gesetzmäßigkeit der Verwaltung gebunden ist, muss sie sich Feststellungsurteilen beugen. Diese genügen folglich. Deswegen kann immer dann, wenn eine Gestaltungs- oder Leistungsklage noch zulässig ist und diese kein Widerspruchsverfahren erfordert bzw. dieses durchgeführt ist, eine Feststellungsklage erhoben werden. Da die vorbeugende Leistungsklage kein Widerspruchsverfahren erfordert und ihre Zulässigkeit von Fristen unabhängig ist, greift das Subsidiaritätsprinzip nicht.

Die vorbeugende Feststellungsklage ist somit immer dann zulässig, wenn eine vorbeu- **371** gende Unterlassungsklage zulässig ist. Der Kläger hat demnach in aller Regel die Wahl, ob er eine vorbeugende Unterlassungsklage oder eine vorbeugende Feststellungsklage erheben will. Er erreicht in beiden Fällen ein Urteil über die Rechtmäßigkeit oder die Rechtswidrigkeit des zukünftigen Verwaltungshandelns.

372 Es gibt jedoch Fälle, in denen der Kläger sein Ziel ausschließlich mit einer vorbeugenden Feststellungsklage erreichen kann. Ein **erster** Fall ist dadurch gekennzeichnet, dass das festzustellende Rechtsverhältnis nicht zwischen dem Kläger und der Behörde, sondern zwischen einem Dritten und der Behörde besteht. Denn das nach § 43 VwGO feststellungsfähige Rechtsverhältnis braucht nicht zwischen den Beteiligten zu bestehen. Ein Feststellungsinteresse des Klägers ist hier durchaus vorstellbar, weil nicht unbedingt ein rechtliches Interesse gefordert wird, sondern ein wirtschaftliches oder ideelles Interesse ausreichen kann. Ein **zweiter** Fall ist die Feststellung eines Rechtsverhältnisses, das dem Rechtsverhältnis, aus dem die Behörde Handlungsrechte ableitet, vorgelagert ist. Ein **Beispiel** für diese Konstellation: Droht einem Gewerbetreibenden die Schließung einer Anlage, weil die zuständige Behörde annimmt, es fehle die Genehmigung, so kann der Betroffene zunächst auf Unterlassung der tatsächlichen Schließung klagen. Damit wendet er sich gegen den realen Vollzug eines Verwaltungsakts, der Tathandlung ist. Er kann aber auch auf die Feststellung klagen, der Betrieb der Anlage sei nicht genehmigungsbedürftig. Diese Feststellung hat noch für andere Rechtsbeziehungen Bedeutung, ist also von anderem Interesse als die in dem der Unterlassungsklage stattgebenden Urteil enthaltene Feststellung, die Schließung der Anlage sei rechtswidrig. Der Zulässigkeit einer solchen Klage steht nicht entgegen, dass ihre Notwendigkeit deswegen entfalle, weil der Bürger einen Anspruch gegen die Behörde auf eine Erklärung ihrer Sicht des Rechtsverhältnisses habe, wie angenommen wird. Denn ein solcher Anspruch besteht nicht. Niemand hat ein Recht auf den Erlass eines feststellenden Verwaltungsakts durch die Verwaltung.

3. Das Rechtsschutzbedürfnis/Feststellungsinteresse

373 Das für die Zulässigkeit einer Feststellungsklage erforderliche Feststellungsinteresse ist eine besondere Form des Rechtsschutzbedürfnisses. Beide Problemkreise dürfen deshalb gemeinsam unter dem Stichwort Rechtsschutzbedürfnis behandelt werden.

374 Eine vorbeugende Klage ist unter dem Aspekt individuellen Rechtsschutzbedürfnisses zulässig, wenn sie im Zeitpunkt ihrer Erhebung notwendig ist. Von dieser Notwendigkeit ist auszugehen, wenn ein Kläger ein entsprechend qualifiziertes, d.h.: ein gerade auf die Inanspruchnahme vorbeugenden Rechtsschutzes gerichtetes Rechtsschutzinteresse hat. Das ist der Fall, wenn dem Kläger das Warten bis zum Erlass der drohenden Maßnahme nicht zuzumuten ist. Nicht schon dann, wenn eine Belastung irgendwann einmal droht, ist eine vorbeugende Klage somit zulässig, sondern erst dann, wenn weiteres Abwarten unzumutbar ist. Damit ist der Zeitpunkt der Klageerhebung durch das Kriterium „Zumutbarkeit" charakterisiert. Sie bzw. ihr Gegenteil liegt vor, wenn eine konkrete Gefahr unmittelbar bevorsteht. Es darf deshalb angenommen werden, dass das Rechtsschutzbedürfnis/Feststellungsinteresse zu bejahen ist, wenn die Gefährdung klägerischer Rechte durch die Schaffung vollendeter Tatsachen nicht anders zu beseitigen ist als durch die sofortige Erhebung einer Klage.

4. Vorläufiger Rechtsschutz

Nach dem Rechtsschutzsystem der VwGO ist repressiver Rechtsschutz die Regel, vorbeugender die Ausnahme. Letzterer ist tatsächlich erst dann notwendig, wenn ersterer im Einzelfall versagt. Die Differenzierung ist orientiert am Zeitpunkt des Verwaltungshandelns. Es besteht jedoch nicht nur Trennendes zwischen beiden Rechtsschutzsystemen. Gemeinsam ist ihnen, dass die Ausdifferenzierung des repressiven Rechtsschutzes in endgültigen und vorläufigen auch beim vorbeugenden möglich ist: Vorbeugender Rechtsschutz kann auch als vorläufiger in Form einer einstweiligen Anordnung nach § 123 VwGO beantragt werden. **375**

6. Kapitel

Das Widerspruchsverfahren

A. Allgemeines zum Widerspruchsverfahren

Das Widerspruchsverfahren – so lernen alle Studenten – hat einen Doppelcharakter. Es ist sowohl verwaltungsverfahrensrechtlicher als auch prozessrechtlicher Natur. Dennoch wird immer wieder der Fehler gemacht, verwaltungsverfahrensrechtliche und prozessrechtliche Normen zu verwechseln. Für die Bearbeitung eines Falls ist die so genannte Doppelnatur bedeutungslos. **376**

B. Aufbauschema

Teil 1: Die Sachentscheidungsvoraussetzungen einer Widerspruchsentscheidung

1. **Die Eröffnung des Verwaltungsrechtswegs, § 40 Abs. 1 Satz 1 VwGO analog**
2. **Die Statthaftigkeit des Widerspruchs, § 68 VwGO**
3. **Die Widerspruchsbefugnis, § 42 Abs. 2 VwGO analog**
4. **Die Zuständigkeit der Widerspruchsbehörde, § 73 VwGO**
5. **Die Einlegung des Widerspruchs bei der richtigen Behörde**
6. **Die Beteiligtenfähigkeit, § 11 VwVfG**
7. Die Handlungsfähigkeit, § 12 VwVfG
8. Die Bevollmächtigung, § 14 VwVfG
9. **Das Widerspruchsinteresse**
10. **Die Form und die Frist, § 70 Abs. 1 Satz 1 VwGO**

Teil 2: Die Begründetheit eines Widerspruchs

1. **Der Eingangssatz**
2. **Das Prüfungsprogramm**

C. Erläuterungen zum Aufbauschema

I. Zulässigkeitsfragen

1. Die Eröffnung des Verwaltungsrechtswegs, § 40 Abs. 1 Satz 1 VwGO analog

377 Ob die Vorschrift des § 40 VwGO direkt oder analog geprüft wird, ist für die Bearbeitung einer Klausur bedeutungslos; das Prüfungsprogramm ändert sich nicht. Freilich ist es eindeutig, dass dieser Punkt angesprochen werden muss. Insoweit gilt das Gleiche wie bei den Klageverfahren. Allerdings führt das Fehlen dieser Voraussetzung nicht zu einer Verweisung an ein anderes Gericht wie bei der nicht statthaften Klage, sondern zur Zurückweisung des Widerspruchs als unzulässig[63].

2. Die Statthaftigkeit des Widerspruchs, § 68 VwGO

378 Der Widerspruch ist nur statthaft, wenn er gesetzlich vorgesehen ist. Nach § 68 Abs. 1 Satz 1, Abs. 2 VwGO ist das vor Erhebung der Anfechtungs- und der Verpflichtungsklage der Fall. Ferner verlangt § 54 Abs. 2 BeamtStG für die Zulässigkeit aller Klagen aus dem Beamtenverhältnis die Durchführung eines Widerspruchsverfahrens. Bei den so genannten Fortsetzungsfeststellungsklagen ist umstritten, ob § 68 Abs. 1 VwGO analog anzuwenden ist.

379 § 68 Abs. 1 Satz 2 Nr. 1 und 2 VwGO regelt die wichtigsten Ausnahmen von der Notwendigkeit, ein Widerspruchsverfahren durchzuführen. Verwaltungsakte oberster Bundes- oder Landesbehörden sowie Verwaltungsakte, die als Abhilfebescheid oder Widerspruchsbescheid den Widerspruchsführer erstmalig beschweren, bedürfen ebenso wenig eines Widerspruchsverfahrens wie solche Verwaltungsakte, für die aufgrund eines Spezialgesetzes ein Vorverfahren ausgeschlossen ist.

380 Wie oben erwähnt, gibt es Fallgruppen, die kennzeichnet, dass der Widerspruch bzw. das Widerspruchsverfahren entfällt. Diese Fragen spielen regelmäßig nur dann eine Rolle, wenn die Zulässigkeit einer Anfechtungs- oder Verpflichtungsklage zu prüfen ist. In den so genannten „Widerspruchsklausuren" entfalten diese Fälle keine Bedeutung; es wäre geradezu grotesk, zu erörtern, ob das Widerspruchsverfahren gegebenenfalls entfallen könnte, weil sich die Behörde im gerichtlichen Verfahren zur Sache einlassen könnte.

3. Die Widerspruchsbefugnis, § 42 Abs. 2 VwGO analog

381 Es besteht kein Unterschied zur Prüfung der Klagebefugnis bei einer Klage, von einer Ausnahme abgesehen: Da Prüfungsmaßstab im Widerspruchsverfahren auch die Zweckmäßigkeit eines Verwaltungsakts ist, reicht für die Widerspruchsbefugnis die Behauptung, dass die gewählte Rechtsfolge (Achtung: nur bei Ermessensentscheidungen) unzweckmäßig sei und dadurch die Belange des Widerspruchsführers beeinträchtigt seien.

63 *Hufen*, VerwProzess, § 6 Rn. 2.

4. Die Zuständigkeit der Widerspruchsbehörde, § 73 VwGO

An welcher Stelle im Rahmen des Aufbauschemas dieser Prüfungspunkt anzusprechen ist, beurteilen literarische Stimmen unterschiedlich. Sinnvoll ist es, diese Frage als Sachentscheidungsvoraussetzung zu behandeln[64]. **382**

Für die richtige Beantwortung dieser Frage kommt es entscheidend auf die Kenntnis des landesspezifischen Behördenaufbaus an. Nur diese Kenntnisse gestatten es, die Frage richtig zu beantworten, welche Behörde die nächsthöhere Behörde im Sinne von § 73 Abs. 1 Satz 2 Nr. 1 und 2 VwGO ist. **383**

In Selbstverwaltungsangelegenheiten sieht § 73 Abs. 1 Satz 2 Nr. 3 VwGO grundsätzlich die Zuständigkeit der Selbstverwaltungskörperschaft vor, überlässt andere Regelungen aber dem Landesgesetzgeber. Dieser kann auch bestimmen, ob nur eine Rechtskontrolle oder auch eine Zweckmäßigkeitskontrolle stattfindet. **384**

Beispiel: Die Pflichtaufgaben zur Erfüllung nach Weisung betrachten einige Autoren als Selbstverwaltungsaufgaben, dürften als solche streng genommen nur einer Rechtmäßigkeitskontrolle, nicht aber einer Zweckmäßigkeitskontrolle unterliegen. In Brandenburg erlässt bei diesen Aufgaben allerdings die Aufsichtsbehörde den Widerspruchsbescheid, § 8 Abs. 3 BbgVwGG; eine Begrenzung auf eine rein rechtliche Prüfung fehlt.

5. Die Einlegung des Widerspruchs bei der richtigen Behörde

Der Widerspruch kann sowohl bei der Ausgangsbehörde als auch bei der Widerspruchsbehörde eingelegt werden, § 70 Abs. 1 VwGO. **385**

6.–8. Die Beteiligtenfähigkeit, § 11 VwVfG; die Handlungsfähigkeit, § 12 VwVfG; die Bevollmächtigung, § 14 VwVfG

In diesen Prüfungspunkten zeigt sich der Doppelcharakter des Widerspruchsverfahrens. Diese Punkte werden nicht am Maßstab der einschlägigen Vorschriften der VwGO geprüft, sondern nach denen des VwVfG. **386**

Besonderheiten gibt es nicht. Die Beteiligtenfähigkeit sollte immer erwähnt werden, die anderen Punkte nur, wenn Anhaltspunkte für ihre Erörterungsbedürftigkeit vorliegen. **387**

9. Das Widerspruchsinteresse

Das Widerspruchsinteresse entspricht dem allgemeinen Rechtsschutzinteresse, vgl. oben. **388**

10. Die Form und die Frist, § 70 Abs. 1 Satz 1 VwGO

Die Frist für den schriftlich oder zur Niederschrift bei der Behörde zu erhebenden Widerspruch beträgt einen Monat. Es ist immer an die Fälle der fehlenden Rechtsbe- **389**

64 *Pietzner/Ronellenfitsch*, Assessorexamen, § 30; *Hufen*, VerwProzess, § 6 Rn. 42.

helfsbelehrung zu denken oder auf die Besonderheiten der Bekanntgabe zu achten, s. § 58 Abs. 2 VwGO, § 41 VwVfG.

II. Begründetheitsfragen

1. Der Eingangssatz

390 Es ist zwischen dem Anfechtungswiderspruch und dem Verpflichtungswiderspruch zu entscheiden. Der Eingangssatz folgt dem Prüfungsprogramm des § 68 Abs. 1 Satz 1 VwGO. Er lautet bei einem *Anfechtungswiderspruch*: Der Widerspruch ist begründet, soweit der Verwaltungsakt rechtswidrig oder unzweckmäßig ist; bei einem *Verpflichtungswiderspruch*: Der Widerspruch ist begründet, wenn der Widerspruchsführer einen Anspruch auf Erlass des begehrten Verwaltungsakts hat.

2. Das Prüfungsprogramm

391 Die Prüfung der Begründetheit eines Widerspruchs erfolgt nach dem Muster der Anfechtungs- oder Verpflichtungsklage, je nach dem, um was für einen Typ von Widerspruch es sich handelt. Zu beachten ist immer, dass bei Ermessensentscheidungen auch die Zweckmäßigkeit zu prüfen ist. In der Klausur ist diese Prüfung regelmäßig mit wenigen Worten zu absolvieren, da zu diesem Punkt selten Informationen im Sachverhalt enthalten sind.

Die Widerspruchsbehörde hat grundsätzlich eine uneingeschränkte Kontrollkompetenz. Hat der Bearbeiter eine Klausur aus Sicht der Widerspruchsbehörde zu schreiben, muss immer bedacht werden, dass eine reformatio in peius in Betracht kommen kann.

7. Kapitel

Zusammenfassende Hinweise im Überblick

A. Prüfungsrelevante Fragen

I. Allgemeines

392 Bis jetzt wurden allein Fragen des Verwaltungsprozessrechts angesprochen. Dies schien erforderlich, da das Verwaltungsprozessrecht für die Abfassung einer verwaltungsrechtlichen Klausur den Rahmen darstellt. Ohne Grundkenntnisse der prozessualen Grundlagen können Sie schon formal eine Klausur nicht korrekt aufbauen. Der prozessuale Rahmen muss freilich ausgefüllt werden, und zwar mit Ihren Kenntnissen des Allgemeinen und des Besonderen Verwaltungsrechts.

Ein Buch wie dieses kann Ihnen nicht in gleichem Umfang und in gleicher Art der Darstellung Kenntnisse des Allgemeinen und Besonderen Verwaltungsrechts vermitteln, sondern muss diese voraussetzen. Die vom Fall losgelöste Vermittlung ließe sich nicht mit der Konzeption als Fall- und Repetitionsbuch vereinbaren. Der Leser ist daher gehalten, sich die notwendigen Kenntnisse selbst mithilfe der genannten Literatur zu erarbeiten. In welchem Umfang dieses zu geschehen hat, kann hier nicht für alle Bundesländer einheitlich festgestellt werden. Die Ausbildungsordnungen der einzelnen Bundesländer legen nämlich den Stoff, der Gegenstand der Prüfung sein kann, unterschiedlich fest. Wie immer ist hilfreich ein Blick in das Gesetz. Beispielhaft sei hier zitiert die Brandenburgische Juristenausbildungsordnung (BbgJAO). Als Prüfungsstoff für das Verwaltungsrecht ist dort in § 3 vermerkt:

(2) *Bei Gebieten, die mit dem Buchstaben G gekennzeichnet sind, werden nur Grundzüge verlangt. Grundzüge erfordern das Verständnis der gesetzlichen Systematik und Kenntnisse über Sinn und Inhalt der wesentlichen Vorschriften und Rechtsinstitute. Bei Gebieten, die mit dem Buchstaben R gekennzeichnet sind, sind darüber hinaus Kenntnisse der Rechtsprechung und Lehre zu theoretisch oder praktisch bedeutsamen Rechtsfragen erforderlich.*

(3) ...

(4) *3. Aus dem Öffentlichen Recht:*

a. ...
b. *Allgemeines Verwaltungsrecht (R) einschließlich der Grundzüge (G) des Verwaltungsvollstreckungsrechts und des Rechts der Öffentlichen Ersatzleistungen, jedoch ohne die besonderen Verwaltungsverfahren;*
c. *aus dem Besonderen Verwaltungsrecht:*
- *allgemeines Polizei- und Ordnungsrecht (R)*
- *Versammlungsrecht (G)*
- *aus dem Bauordnungsrecht (G): die allgemeinen Vorschriften, das Grundstück und seine Bebauung, die am Bau Beteiligten, die Bauaufsichtsbehörden und das Verwaltungsverfahren;*
- *aus dem Bauplanungsrecht (G): die Bauleitplanung, deren Sicherung und die Planerhaltung sowie die Regelung der baulichen und sonstigen Nutzung;*
- *das Kommunalrecht (G): jedoch ohne Kommunalwahl- und Kommunalabgabenrecht.*

An dieser Vorschrift können Sie bereits erkennen, wo Sie jedenfalls nicht „auf Lücke" lernen sollten. In anderen Bundesländern mag dies anders gehalten werden. Wenn Ihnen hier im Folgenden einen Überblick über die examensrelevanten Gebiete des Allgemeinen und Besonderen Verwaltungsrechts gegeben wird, dann ist dieser Überblick eine rein subjektive – Sie können auch sagen: willkürliche – Einschätzung des Verfassers. Sie mag Ihnen als Erinnerungshilfe dienen, um sich selbst zu überprüfen, ob es gegebenenfalls noch Probleme gibt, von denen Sie noch nie etwas gehört haben. Dann besteht allerdings Handlungsbedarf.

II. Verwaltungsprozessrecht

1. Allgemeine Sachentscheidungsvoraussetzungen

Allg. Sachentscheidungsvoraussetzungen	**Problemstellung**
Ordnungsgemäße Antragstellung oder Klageerhebung	§§ 81 ff. VwGO
Verwaltungsrechtsweg	Einordnung in Zulässigkeit oder als vorgeschaltete Prüfung (wegen § 17a GVG) Generalklausel, § 40 Abs. 1 VwGO • öffentl.-rechtl. Streitigkeit (Theorien) • nichtverfassungsrechtlicher Art Sonderzuweisungen Einzelfragen: • präventives und repressives polizeiliches Handeln • Zwei-Stufen-Theorie • Sachzusammenhang • Ehrverletzende Äußerungen von Hoheitsträgern
Statthafte Klageart	Siehe bei Klagearten
Zuständigkeit des Gerichts	Sachlich, örtlich, instanziell
Klagebefugnis	§ 42 Abs. 2 VwGO direkt oder analog
Beteiligtenfähigkeit	§ 61 VwGO
Prozessführungsbefugnis	Siehe Anfechtungsklage
Rechtsschutzbedürfnis	Siehe Klageart

2. Voraussetzungen der einzelnen Klagearten

Klagearten (statthafte Klageart)	**Problemstellung**
Anfechtungsklage	**Belastender Verwaltungsakt**
	Eingriffsverwaltung teilweise Aufhebung des belastenden VA Gegenstand der Klage, VA in Gestalt des Widerspruchsbescheids, isolierte Anfechtung Nur formeller VA, nichtiger VA Klagebefugnis Vorverfahren nach § 68 Abs. 1 VwGO Klagefrist § 78 VwGO, Prozessführungsbefugnis des Beklagten oder Passivlegitimation

	§ 78 Abs. 1 Nr. 2 VwGO richtiger Beklagter Vollzugsfolgenbeseitigungsanspruch, § 113 Abs. 1 Satz. 2 VwGO Fehlende Anhörung, § 28 VwVfG Nachholen der Begründung bei gebundenen und Ermessensentscheidungen Nachschieben von Gründen
Verpflichtungsklage	Versagungsgegenklage, Untätigkeitsklage **Bescheidungsanspruch**
Besonderheiten bei Abgrenzung von Anf.- und Verpfl.-klage	**Nachbarklagen** **Konkurrentenklage** Rechtsschutz gegen Nebenbestimmungen
Besonderheiten bei Anf.- und Verpfl.-klage	Anwendbarkeit im Innerorganisationsstreit

Widerspruchsverfahren	Abgrenzung zu formlosen Rechtsbehelfen (Auslegung) Statthaftigkeit, § 68 Abs. 1 Satz 2 VwGO **Zuständigkeit** Fortsetzungsfeststellungswiderspruch Frist, Bescheidung trotz Verfristung, Rechtsbehelfsbelehrung, Wiedereinsetzung **reformatio in peius** Prüfungsumfang Zweckmäßigkeit

Fortsetzungsfeststellungsklage	Begriff Erledigung, Aufhebung, Zeitablauf, Wegfall des Regelungsobjekts, grds. (-) bei Vollzug, wenn rückgängig gemacht werden kann oder VA noch Grundlage der Vollstreckung bzw. der Kostenfolgenlast ist Direkte Anwendung, Anfechtungsklage mit Erledigung nach Klageerhebung Analoge Anwendung bei Anfechtungsklage, Erledigung vor Klageerhebung (str., ob nicht Feststellungsklage) Analoge Anwendung bei Verpflichtungsbegehren, Erledigung nach Klageerhebung Analoge Anwendung bei Verpflichtungsbegehren, Erledigung vor Klageerhebung Fortsetzungsfeststellungsinteresse: hinreichend konkrete Wiederholungsgefahr Fortsetzungsfeststellungsinteresse: Rehabilitationsinteresse

	Fortsetzungsfeststellungsinteresse: Rehabilitationsinteresse Fortsetzungsfeststellungsinteresse: Präjudizität für Folgeverfahren, nicht bei: • offensichtlicher Aussichtslosigkeit • Erledigung nur nach Klageerhebung (Prozessökonomie) Fortsetzungsfeststellungsinteresse: typischerweise sich kurzfristig erledigende VAs Charakter der Klage: Fortgesetzte Anfechtungsklage oder spezifische Feststellungsklage **Klagebefugnis** Analoge Anwendung des § 42 Abs. 2 VwGO (streitig) Vorverfahren insbes. Fortsetzungsfeststellungswiderspruch Frist, §§ 74 Abs. 1 Satz 1, 58 Abs. 2 VwGO Allg. Feststellungsinteresse; str., ob neben Fortsetzungsfeststellungsinteresse erforderlich

Allg. Leistungsklage	Besonderheiten im Zweistufigen Verfahren Beseitigungsklage Unterlassungsklage Begriff „Rechtsverhältnis“ Subsidiarität Klagebefugnis und berechtigtes Interesse

3. Vorläufiger Rechtsschutz

Art	**Problemstellung**
§ 80 Abs. 5 VwGO	Abgrenzung § 123 Abs. 5 VwGO Begriff „Suspensiveffekt“ Ausschluss bei Kosten, § 80 Abs. 2 Satz 1 Nr. 1 VwGO Polizeiliche Maßnahmen Ausschluss durch Gesetz Sofortige Vollziehung, § 80 Abs. 2 Satz 1 Nr. 4 VwGO Rechtsschutzbedürfnis Antrag bei Behörde, § 80 Abs. 6 VwGO Wiederherstellung und Anordnung des Suspensiveffekts Suspensiveffekt bei unzulässigem Antrag Vollzugshemmung oder Wirksamkeitshemmung Fälle im Zusammenhang mit § 80a VwGO Interessenabwägung, summarische Prüfung

§ 123	VwGO Abgrenzung s.o. Sicherungsanordnung, Regelungsanordnung Keine Vorwegnahme der Hauptsache Umfang des Ermessens des Gerichts (streitig)

4. Verwaltungsgerichtliche Normenkontrolle, § 47 VwGO

§ 47	VwGO Gegenstände der Normenkontrolle, Abs. 1 Beteiligte Antragsbefugnis Rechtsschutzbedürfnis Formelle und materielle Prüfung, Heilung Satzungsermächtigung und Verfahren Vereinbarkeit mit höherrangigem Recht

5. Einzelprobleme im Verwaltungsprozessrecht

Zeitpunkt der Entscheidung	Änderung der Sach- und Rechtslage
Nachschieben von Gründen	Im Vorverfahren, im gerichtlichen Verfahren, Begriff „Ergänzen“

III. Allgemeines Verwaltungsrecht

1. Grundbegriffe

Stichwort	**Anmerkung**
Verwaltungsorganisation	Mittelbare und unmittelbare Staatsverwaltung, Selbstverwaltung, Zuständigkeit der handelnden Behörde
Verwaltungsprivatrecht	Bindung an das öffentliche Recht
Unbestimmter Rechtsbegriff	volle gerichtliche Überprüfung, Ausnahme: Beurteilungsspielraum der Verwaltung, Fallgruppen
Ermessen	Begriff, Koppelungsvorschriften, Abgrenzung zur gebundenen Entscheidung (gesetzestechnisch sprachlich), Fehlerlehre (Fallgruppen), Reduzierung auf Null
Subjektives öffentliches Recht	Schutznormtheorie
Rechtsverordnungen	Ermächtigung, Bestimmtheit, Rechtsschutz
Verwaltungsvorschriften	Arten, Funktion
Verwaltungsakt	dazu sogleich
Allgemeinverfügung	Abgrenzung zum Verwaltungsakt, Beispiel: Verkehrszeichen

Öffentlich-rechtlicher Vertrag	Typen, Voraussetzungen, Fehler
Planungsrecht	Anforderungen, Fehler, siehe Bauleitplanung
Besonderes Gewaltverhältnis	Beamtenrecht, Schulrecht u.a.
Recht der öffentlichen Sachen	Benutzungsanspruch, Widmung, Sondernutzungsrecht im Straßenrecht, siehe auch öff. Einrichtungen im Kommunalrecht
Verwaltungsvollstreckung	Gestrecktes Verfahren, Rechtsschutz, insbesondere im POR

2. Der Verwaltungsakt – Begriff

Stichwort	**Anmerkung**
Behörde	Begriff, Private und Beliehene, Gerichtsverwaltungsakte, Parlamentsverwaltungsakte
Regelung	Abgrenzung zu Realakten, Vorbereitungsakte, z.B. Aufforderung MPU-Gutachten vorzulegen, Benotung von Schülern, Abgrenzung zu Teilakten, z.B. baurechtlicher Vorbescheid
Hoheitlich	= öffentl.-rechtl., s.o.: Eröffnung des Verwaltungsrechtswegs
Einzelfallregelung	Konkret-individuelle Regelung, bestimmter bzw. bestimmbarer Adressatenkreis z.B. bei Auflösung einer Versammlung, Problem: Konkret-generelle Regelung (noch offener Adressatenkreis – Endiviensalat-Fall) Zuordnung bestimmter Fallgruppen (Rechtsverbindliche Pläne, Verkehrszeichen, Genehmigung von Satzungen)

3. Einzelfragen zum Verwaltungsakt

Stichwort	**Anmerkung**
Prüfungsmaßstab	Präventives Verbot mit Erlaubnisvorbehalt, repressives Verbot mit Befreiungsvorbehalt
Vorbereitende Rechtsakte	Zusage, Zusicherung und Vorbescheid, Problem: Rücknahme einer Zusicherung
Adressat	Problem der Rechtsnachfolge, dinglicher Verwaltungsakt
Bekanntgabe	Zustellungsprobleme
formelle Fehler	Zuständigkeit, Verfahren, Form (z.B. Anhörung, Schriftform, Fehlerfolgen) Rechtswidrigkeit, Fehlerfolgen (Unbeachtlichkeit, Heilung, Aufhebbarkeit, Nichtigkeit)
materielle Fehler	Abhängig vom materiellen Recht, Rechtswidrigkeit, Fehlerfolgen (Unbeachtlichkeit, Heilung, Aufhebbarkeit, Nichtigkeit)
Widerruf	Zulässigkeit, Voraussetzungen, Rechtsfolgen
Rücknahme	Zulässigkeit, Voraussetzungen, Rechtsfolgen
Nebenbestimmungen	Zulässigkeit, Rechtsschutz

4. Staatshaftung im weiteren Sinn

Stichwort	**Anmerkung**
Amtshaftung	Einheitliche Anspruchsgrundlage, Voraussetzungen, Rechtsfolgen, Staatshaftung in den neuen Bundesländern
Öffentlich-rechtlicher Erstattungsanspruch	Herleitung, Tatbestand, Rechtsfolge
Folgenbeseitigungsanspruch	Herleitung, Tatbestand, Rechtsfolge

IV. Besonderes Verwaltungsrecht

1. Polizei- und Ordnungsrecht

Stichwort	**Anmerkung**
Zuständigkeiten	Polizei- und Ordnungsbehörden, Eilfallkompetenz der Polizei, Abgrenzung präventives und repressives Handeln (Schwerpunkttheorie oder alternative Prüfung), Einschreiten gegen störenden Hoheitsträger, Allgemeine und Sonderordnungsbehörden
Ermächtigungsgrundlage	Auffinden und Auslegen, Vorrang spezieller Vorschriften vor Generalklausel
Gefahrbegriff	Auslegung: Öffentliche Sicherheit und Ordnung, Konkrete und abstrakte Gefahr, Gefahrverdacht, Anscheinsgefahr
Störerauswahl	Verhaltens- und Zustandsstörer, Opferrolle des Zustandsstörers, Haftungsgrenzen des Zustandsstörers, Auswahlermessen mittelbarer und unmittelbarer Verursacher, Zweckveranlasser, latenter Störer, Rechtsnachfolge, Nichtstörer, Verantwortlichkeit auf Primär- und Sekundärebene
Polizeiliches Einschreiten	Opportunitätsprinzip, Ermessen, Schadensersatz für polizeiliche Maßnahmen
Standardmaßnahmen	Platzverweis, Durchsuchung, Ingewahrsamnahme von Personen, Betreten, Durchsuchen und Sicherstellen einer Wohnung, Beschlagnahme, Sicherstellung von Sachen, seltener: Datenerhebung
Polizeiverordnung	Rechtmäßigkeitsvoraussetzungen, Rechtsschutz
Vollstreckung	Gestrecktes Verfahren bzw. Sofortvollzug/unmittelbare Ausführung
Polizeirechtliche Klassiker	Abschleppfälle in verschiedensten Varianten, Sicherstellen einer Wohnung zur Einweisung Obdachloser, Hausbesetzerfälle, Versammlungsrecht (Abgrenzung POR zum VersG)

2. Kommunalrecht

Stichwort	Anmerkung
Innerkommunale Zuständigkeiten	Rat, Bürgermeister, beschließender (Haupt-)Ausschuss, Rechtsfolgen bei Verstößen, Außenvertretungsrecht des Bürgermeisters
Kommunalverfassungsstreit	Statthafte Klageart im Innenrechtsstreit, Interorganstreit bzw. Intraorganstreit, Herleitung wehrfähiger Innenrechte, insb. aus Organisationsnormen, Anwendbarkeit der Grundrechte?
Befangenheitsregeln	Unterschied zur Inkompatibilität, unmittelbarer Vor- bzw. Nachteil, Abstimmung von befangenen Ratsmitgliedern, Rechtsfolgen, Heilung
Bürgermeister	Beanstandungsrecht gegen Beschlüsse des Gemeinderats
Gemeinderat	Rechtmäßigkeit von Ratsbeschlüssen, Ladung, Störungen, Öffentlichkeitsprinzip
Kommunalaufsicht	Befugnisse, Rechtsschutz gegen Maßnahmen der Kommunalaufsicht
kommunale Einrichtungen	Nutzungsanspruch, Anschluss- und Benutzungszwang
Satzungen	Erlass, Ermächtigung, Fehler, Heilung
Wirtschaftliche Betätigung	Formen, Grenzen, Rechtsschutz der kommunalen Wirtschaft

3. Baurecht

a) Bauleitplanung

Stichwort	Anmerkung
Bauleitplanung	Begriffe, Planungsgrundsätze, Planrechtfertigung, Zweistufigkeit
Bebauungsplan	Arten, Aufstellungsbeschluss, Beteiligung der Träger öff. Belange, Verfahren, Bekanntmachung, Auslegung, Satzungsbeschluss der Gemeinde, Anzeige bzw. Genehmigungsverfahren, Entwicklungsgebot, Bestimmtheitsgebot
Abwägung bei Planerlass	Abwägung, Stichworte: Abwägungsvorgang, Abwägungsergebnis, Abwägungsmaterial, Abwägungsfehler
Planungsfehler	Heilung formeller und materieller Fehler, §§ 214 f. BauGB, Rechtsschutz: Normenkontrolle oder Inzidentprüfung, Rechtsschutz der Nachbargemeinden
Flankierende Instrumente der Bauplanung	Veränderungssperre, Zurückstellung, Teilungsgenehmigung – Voraussetzung und Rechtsschutz, Vorkaufsrecht der Gemeinde

b) Zulässigkeit von Vorhaben

Stichwort	**Anmerkung**
Vorhabenbegriff	Bauliche Anlage, Errichtung, Änderung, Nutzungsänderung, Zulässigkeit nach Bauplanungsrecht (Systematik der §§ 29 ff. BauGB) und Bauordnungsrecht
Baugenehmigung	Genehmigungspflichtiges und genehmigungsfreies Vorhaben, Anzeigeverfahren, spezialgesetzliche Regelungen (Konzentrationswirkung), gemeindliches Einvernehmen
Vorhaben im Bereich eines qualifizierten B-Plans	Räumlicher Geltungsbereich, Einklang mit Festsetzungen (Art und Maß), Verhältnis von § 30 BauGB zu § 15 BauNVO, Ausnahmen und Befreiungen, Zulässigkeit während Planaufstellung
§ 34 BauGB	Systematik, zwei Tatbestände (Abs. 1 und 2), Voraussetzungen, Kriterien der einzelnen Tatbestandsmerkmale, Verhältnis zum einfachen B-Plan, nach § 30 Abs. 3 BauGB
§ 35 BauGB	Systematik der Norm; einzelne Genehmigungstatbestände; privilegierte Vorhaben nach Abs. 1 Nr. 1–6, sonstige Voraussetzungen; sonstige Vorhaben nach Abs. 2, Voraussetzung, insb. öff. Belange nach Abs. 3, teilprivilegierte Vorhaben nach Abs. 4, Voraussetzungen
Nachbar im Baurecht	Nachbarschützende Normen, Schutznormtheorie, prozessrechtliche Besonderheiten
Repressives Baurecht	Eingriffsbefugnisse, formelle und materielle Baurechtswidrigkeit

B. Übersicht über die Sachentscheidungsvoraussetzungen einzelner Klagearten nach der Verwaltungsgerichtsordnung

	Anfechtungsklage	Verpflichtungsklage	Allgemeine Leistungsklage	Feststellungsklage	Fortsetzungsfeststellungsklage	Kommunalverfassungsstreitverfahren	Normenkontrollverfahren
Deutsche Gerichtsbarkeit	§§ 18, 19 GVG entspr.	=	=	=	=	=	=
Zulässigkeit des Verwaltungsrechtswegs	§ 40 Abs. 1 Satz 1	=	=	=	=	=	=
Klage- und Verfahrenstyp	§ 42 Abs. 1 Var. 1	§ 42 Abs. 1 Var. 2	§§ 43 Abs. 2, 111, 113 Abs. 3, 169 Abs. 2, 170, 191 Abs. 1	§ 43	§ 113 Abs. 1 Satz 4	Verfahren eig. Art ähnlich Feststellungsklage	§ 47
Klagebefugnis	§ 42 Abs. 2	§ 42 Abs. 2	§ 42 Abs. 2 entspr.?	Feststellungsinteresse (§ 43 Abs. 1 u. 2)	Feststellungsinteresse (§ 113 Abs. 1 Satz 4) u. § 42 Abs. 2 entspr.	§ 42 Abs. 2 entspr.?	§ 47 Abs. 2 S. 1
Zuständigkeit des angerufenen Gerichts	§§ 45, 48, 50 § 52 Nr. 1, 4, 2 u. 3	§§ 45, 48, 50 § 52 Nr. 1, 4, 2 u. 3	§§ 45, 48, 50 § 52 Nr. 1, 4 u. 5	§§ 45, 48, 50 § 52 Nr. 1, 4 u. 5	§§ 45, 48, 50 § 52 Nr. 1, 4, 2 u. 3 entspr.?	§ 45 § 52 Nr. 5	§ 47: OVG
Ordnungsmäßigkeit der Klageerhebung	§§ 81, 82	=	=	=	=	=	Antrag; §§ 81, 82 entspr.
Klagefrist	§ 74 Abs. 1 § 75	§ 74 Abs. 2 § 75	Keine Frist, aber Verwirkung!	=	=	=	§ 47 Abs. 2 S. 1
Allg. Rechtsschutzbedürfnis	Anerk. Voraussetzung	=	=	s. Klagebefugnis	Anerkennung Voraussetzung	s. Klagebefugnis	s. Klagebefugnis
Vorverfahren	§ 68 Abs. 1	§ 68 Abs. 2	Nicht erforderlich	=	=	=	=
Beteiligtenfähigkeit	§ 61	§ 61	§ 61	§ 61	§ 61	§ 61 entspr.?	§ 47 Abs. 2 S. 1
Prozessführungsbefugnis	§ 78	§ 78	Passivlegitimierter od. § 78 entspr.?	Passivlegitimierter od. § 78 entspr.?	Passivlegitimierter od. § 78 entspr.?	Passivlegitimierter	Passivlegitimierter
Prozessfähigkeit, Prozessvertretung, Beistand	§§ 62, 67	=	=	=	=	=	=
Fehlende Rechtshängigkeit und Rechtskraft	§ 90 Abs. 2, § 121	=	=	=	=	=	§ 90 Abs. 2 entspr.; Allgemeinverbindlichkeit

C. Allgemeine Hinweise arbeitsmethodischer und aufbautechnischer Art zur Lösung öffentlich-rechtlicher Fälle (Zusammenfassung)

1. Der Sachverhalt ist sorgfältig zu lesen; auf jede Einzelheit ist zu achten; die Fragestellung genau zu erfassen, ist von größter Bedeutung! Unabhängig davon: **Jeder Text** ist sorgfältig zu lesen; immer wieder können Lesefehler in Ansehung des Gesetzestextes beobachtet werden. **393**
2. Die Lösung ist im so genannten Gutachtenstil zu erarbeiten. Zu vermeiden ist der „Ich-Stil"; **Beispiel:** *Falsch: Ich folge der Rechtsprechung des Bundesverwaltungsgerichts; Richtig – Zu folgen ist der Rechtsprechung des Bundesverwaltungsgerichts, denn die für sie sprechenden Gründe sind durchschlagend.*
3. Die Gliederung der Arbeit als solche ist bestimmt von dem Aufbauschema, welches für den zu lösenden Fall einschlägig ist. Innerhalb eines Gliederungspunkts darf der Text nicht vom Inhalt und der Reihenfolge der Rechtsansichten strukturiert sein, welche die Beteiligten äußern, sondern die Gliederung ergibt sich aus der Sachlogik des zu lösenden Problems. Wenn die Aufgabe rechtliche Gesichtspunkte anspricht, sind diese als Hinweis auf möglicherweise sich stellende Probleme zu sehen – es kann aber auch ein Gesichtspunkt angesprochen werden, auf den es für die Lösung nicht ankommt, was der Bearbeiter erkennen soll. Für die Lösung relevante rechtliche Gesichtspunkte stecken (partiell oder vollständig) das Thema der Aufgabe ab. **Beispiel:** *Der Kläger rügt die Verfassungswidrigkeit der Ermächtigungsgrundlage unter dem Aspekt fehlender Gesetzgebungskompetenz.*
4. Wenn ein Beteiligter einen bestimmten Rechtsbehelf eingelegt hat, ist regelmäßig dessen Zulässigkeit zu prüfen; **Beispiel:** *A erhebt eine Anfechtungsklage vor dem Verwaltungsgericht; die Zulässigkeit dieser Klage ist das erste Thema.*
5. Für die Reihenfolge der Prüfung von Rechtsvorschriften gilt: Spezielle Rechtsvorschriften/Rechtsgrundlagen haben Vorrang vor allgemeinen; **Beispiel:** *Im Polizeirecht haben spezielle Ermächtigungsgrundlagen Vorrang vor der Generalklausel. Geschriebene Rechtsnormen/Rechtsgrundlagen haben Vorrang vor ungeschriebenen.*
6. Wenn in einer Aufgabenstellung Personen bestimmte Leistungen gegen Hoheitsträger geltend machen, folgt die Bearbeitung dieser Ansprüche methodisch den gleichen Aufbaugrundsätzen wie die so genannten Anspruchsfälle im Zivilrecht: Wer kann was von wem woraus verlangen? Die Differenz öffentlich-rechtlicher Aufgaben zu zivilrechtlichen besteht (bzw. bestand früher) in der Regel darin, dass die Anspruchsgrundlage im öffentlichen Recht infolge Fehlens verfassungsrechtlicher, gesetzlicher oder gar schriftlicher Fixierung zu erarbeiten war; **Beispiel:** *öffentlich-rechtlicher Erstattungsanspruch, Anspruch aus öffentlich-rechtlichem Vertrag.*
7. Gelegentlich zerfällt ein einheitlicher Lebensvorgang verwaltungsrechtlich in mehrere Teilakte, die erarbeitet und selbständig beurteilt werden müssen; **Beispiel:** *Die Polizei beschlagnahmt einen Gegenstand und nimmt ihn dem Eigentümer weg.*

8. Wenn in einem Sachverhalt mehrere Personen von einem hoheitlichen Akt betroffen sind, so ist die Rechtmäßigkeit dieses Akts gegenüber jeder Person gesondert zu prüfen. Gleiches gilt, wenn mehrere Personen Rechtsansprüche gegen Hoheitsträger geltend machen. Ausnahmsweise ist eine einheitliche Prüfung gestattet, wenn die unterschiedlichen Personen in sachlich gleicher Weise betroffen sind.
9. Parallel zum Zivilrecht bedürfen bestimmte Tatbestände auch im öffentlichen Recht der rechtlichen „Aufarbeitung"; **Beispiel:** *Leistung iSv § 812 Abs. 1 BGB, öffentliche Ordnung iSd polizeilichen Generalklausel.*
10. Zu Fragen allgemeiner Art sind nur dann Antworten zu geben, wenn der Sachverhalt Veranlassung zur Antwortfindung bietet; **Beispiel:** *Die Vereinbarkeit von Rechtsvorschriften mit höherrangigem Recht: Parlamentsgesetz mit dem Grundgesetz, Verordnung mit dem Parlamentsgesetz; Veranlassung auslösen kann ein Hinweis im Sachverhalt.*
11. Die Antwort auf die Gesetzmäßigkeit eines Hoheitsakts hat Vorrang vor der Antwort auf seine Verfassungsmäßigkeit; Gesetzeswidrigkeit impliziert Verfassungswidrigkeit, ohne dass es einer besonderen Prüfung oder Feststellung bedarf.
12. Rechtsnaturfragen sind ausschließlich dann zu klären, wenn die Problemlösung für die Rechtsfolge im Einzelfall wichtig ist; **Beispiel:** *Qualifikation eines Anspruchs als öffentlich-rechtlich: davon ist die Eröffnung des Rechtswegs zu den Verwaltungsgerichten abhängig.*

2. Teil

Besonderer Teil

1. Kapitel

Hinweise zur Art der Darstellung

Wenn Sie einige Seiten weiter blättern, werden Sie sehen, dass in diesem Buch Fußnoten fehlen. In allen anderen Anleitungsbüchern, Musterlösungen in Ausbildungszeitschriften und in den Landes-Verwaltungsblättern aus dem Boorberg-Verlag ist das bei Falllösungen anders: Die Lösungen entsprechen in ihrer Ausführlichkeit und in ihrer äußeren Anlage Hausarbeiten, und zwar solchen auf Examensniveau. Ein Buch dieser Art wollte ich den Studierenden nicht präsentieren: Der wichtigste Grund für meine Art der Darstellung ist folgender: Die zuvor erwähnten Musterlösungen täuschen ein Anspruchsniveau vor, welches kein Kandidat im Examen erfüllen kann und welches von ihm deshalb auch nicht erwartet werden darf: Niemand kann das Wissen besitzen, welches sich eine Person mithilfe von Urteilen, Kommentaren und sonstiger Fachliteratur mit Blick auf ein Spezialproblem für das unendlich ausdifferenzierte öffentliche Recht erschließen kann, wenn diese Person an sich den Anspruch stellt, einen Fall perfekt zu lösen. Ferner hat der Kandidat im Examen (nur) fünf Stunden Zeit für die Bearbeitung, es ist ihm „technisch" nicht möglich, sein potentiell „unendliches" Wissen zu präsentieren: Er schreibt mit dem Füllfederhalter und nicht mit 200 Anschlägen pro Minute auf seinem PC. Was ich mit alldem sagen will: Für einen Kandidaten ist entscheidend, zu sehen, wie eine Falllösung aussieht, die von ihm unter Examensbedingungen realistischerweise erwartet werden kann. Dieser Anspruch ist ein vollständig anderer als der in Musterlösungen mehr oder wenig erfüllte. Der Anspruch ist ein wesentlich reduzierter; wer als Klausurenkonstrukteur oder -korrektor dieses nicht sieht, versteht nichts von dem, was selbst der intelligenteste oder fleißigste Kandidat in der Examenssituation zu leisten vermag. Im Übrigen: Klausuren sollen dem Kandidaten die Möglichkeit eröffnen, zu zeigen, was er kann; sie haben nicht die Funktion, dem Kandidaten Gelegenheit zu geben, um jeden Preis seine Unfähigkeit zu beweisen. Der Ausgangspunkt muss Wohlwollen sein. 394

Die folgenden Falllösungen sind also vollständig anders formuliert, als Sie es bislang lesen konnten. Es wird ausschließlich Wissen erwartet, welches nicht Spezialwissen ist; jeder Fall kann mithilfe des Gesetzestextes und dem vorauszusetzenden Wissen des allgemeinen Verwaltungsrechts und des Prozessrechts gelöst werden. Ich hoffe sehr, dass die Lektüre der Fälle auf Sie eine gewisse entspannende Wirkung hat und Sie sich sagen: Es ist zu schaffen.

Die Präsentation der Fälle und ihrer Lösung folgt einem einheitlichen Schema:

1. Bezeichnung der Schwerpunkte, die im Fall zu behandeln sind;
2. Sachverhalt;
3. Vorüberlegungen, die auf die Lösung des Falls hinführen;
4. Gliederung;
5. ein Lösungsvorschlag entsprechend dem zuvor formulierten Anspruch;
6. soweit möglich Vertiefungshinweise.

Die Fälle versuchen, die gängigen Probleme des Verwaltungsprozessrechts, des allgemeinen Verwaltungsrechts, des Polizei-, Bau- und Kommunalrechts abzudecken.

Auf Spezialwissen kommt es nicht an. Um so mehr wird von Ihnen erwartet, dass Sie sich im Verwaltungsrecht „bewegen“ können. Das ist sicherlich schwer genug. Der Anspruch, den heute ein Examenskandidat erfüllen muss, ist also folgender: Er muss sich im „System“ auskennen; Details sind sekundär. Sie müssen selbständig denken wollen und es auch tun. Der Weg ist das Ziel und nicht das Ergebnis eines Falls, den ein Gericht vorschlägt: Zwei Juristen, drei Meinungen!

Bitte lösen Sie jeden Fall, bevor Sie den Lösungsvorschlag studieren!

Die Klausurfälle sind zwei Schwierigkeitsgraden zugeordnet:

** Übungsfälle für Fortgeschrittene
*** Examensfälle

2. Kapitel

Klausuren

A. Allgemeines Verwaltungsrecht und Verwaltungsprozessrecht

Fall 1**

Der arme Professor P

Schwerpunkte: Begriff des Verwaltungsakts; Rechtmäßigkeit und Rechtswidrigkeit eines Verwaltungsakts; Widerruf und Rücknahme eines Verwaltungsakts

Die Investitionsbank des Landes Brandenburg GmbH (ILB) ist gesetzlich ermächtigt, **395**
entsprechend den Richtlinien des Wirtschaftsministeriums zinsgünstige Darlehen für den Wohnungsbau zu vergeben. Professor P beantragt ein solches Darlehen für den Bau seines Hauses am Sacrower See. Er füllt alle Antragsunterlagen wahrheitsgemäß aus. Die zuständige Sachbearbeiterin, Frau Hundertmark (H), begeht bei der Berechnung der Höhe des Darlehens einen Fehler, weil sie ein in der Familie des P lebendes Pflegekind als eheliches Kind ansieht und deshalb die Höhe des Darlehens mit 25 000,– € zu hoch berechnet.

Die Revision der ILB erkennt den Fehler zwei Jahre später. Das Haus ist gebaut und abgerechnet.

Frage: Kann Frau H ihren Bewilligungsbescheid aufheben, das Darlehen um 25 000,– € geringer festsetzen und den zuviel bezahlten Betrag zurückfordern?

Abwandlung 1: Angenommen, Frau H unternimmt nichts. Später erfährt sie aus der Zeitung, Professor P könnte der Lottokönig des Jahres werden, da er 1 Mio. Euro gewonnen habe. Kann Frau H nunmehr den Bewilligungsbescheid insgesamt aufheben?

Abwandlung 2: Wie Abwandlung 1; es ist zu unterstellen, dass die Darlehensgewährung rechtmäßig erfolgte.

Vorüberlegung

396 Nach der Fragestellung ist allein die Rechtmäßigkeit des Bescheids zu klären; es kommt also allein die materiell-rechtliche Seite zum Tragen. Es wäre grob falsch und im Ergebnis unverzeihlich, wenn ein Bearbeiter diesen Fall nach dem Schema „Zulässigkeit/Begründetheit einer Klage“ löste; danach ist nicht gefragt.

Nach einem Gesetz erfolgt die Kreditvergabe nicht. „Richtlinien“ sind zu berücksichtigen.

Von gewisser Schwierigkeit ist der „Einstieg“ in die Lösung. Frau H möchte den Bescheid ändern und Geld zurückfordern. Die ILB ist eine GmbH. Findet Öffentliches Recht Anwendung? Wenn ja, dann wissen Sie aus dem Verfassungsrecht, dass eine Belastung des Bürgers dem Vorbehalt des Gesetzes unterliegt. Demnach ist nach einer Norm zu suchen, die die Belastung und die Rückforderung gestattet. Die Ausgangsfrage lautet in der Folge: Welche Rechtsgrundlage erlaubt den Aufhebungsbescheid und den Rückforderungsbescheid?

Gliederung

397 **A. Ausgangsfall**

I. Die Rechtsnatur des Bewilligungsbescheids
II. Die Rechtmäßigkeit oder Rechtswidrigkeit des Bewilligungsbescheids
III. Die Rücknahme des Bewilligungsbescheids

B. Abwandlung 1

C. Abwandlung 2

Lösung

A. Ausgangsfall

I. Die Rechtsnatur des Bewilligungsbescheids

Frau H will den Bewilligungsbescheid „aufheben“. Sie kann das, wenn eine Norm des öffentlichen Rechts das gestattet. Auf den Bescheid finden Normen des öffentlichen Rechts nur dann Anwendung, wenn er öffentlich-rechtlicher Rechtsnatur ist. In Betracht kommt seine Qualifizierung als Verwaltungsakt. **398**

Der Bewilligungsbescheid müsste die Merkmale des § 35 Satz 1 VwVfG erfüllen. Die ILB müsste eine Behörde sein. Nach § 1 Abs. 4 VwVfG/§ 1 Abs. 2 BbgVwVfG ist Behörde jede Stelle, die Aufgaben der öffentlichen Verwaltung wahrnimmt. Die ILB ist eine GmbH und damit nicht öffentlich-rechtlicher Natur; sie könnte deshalb keine Behörde sein. Ausnahmsweise sind „Private“ aber Behörde, wenn sie „beliehen“ sind. Beleihung bedeutet die Übertragung von Hoheitsbefugnissen auf eine Privatperson durch Gesetz oder aufgrund eines Gesetzes. Wohnungsbauförderung ist eine öffentliche Aufgabe; das Ministerium könnte die Wohnungsbauförderung selbst vollziehen. Laut Sachverhalt ist es aber eine gesetzlich zugewiesene Aufgabe der ILB, zu entscheiden, ob jemand ein Darlehen und, wenn ja, in welcher Höhe er es erhält. Damit nimmt die ILB eine öffentliche Aufgabe wahr, die ihr gesetzlich zugewiesen ist. Sie ist insoweit eine Beliehene und somit Behörde.

Der Bescheid ist eine hoheitliche Maßnahme. Er enthält die verwaltungsrechtliche Willenserklärung, dass dem P ein Darlehen in bestimmter Höhe bewilligt worden ist. **399**

Die Maßnahme ist auf dem Gebiet des öffentlichen Rechts ergangen. In ihm findet sie ihre Rechtsgrundlage. Die Richtlinien des Ministeriums sind Verwaltungsvorschriften; sie regeln das Handeln einer nachgeordneten Behörde. **400**

Der Bewilligungsbescheid ist eine Einzelfallregelung mit unmittelbarer Außenwirkung. **401**

Der Bewilligungsbescheid ist somit ein Verwaltungsakt.

II. Die Rechtmäßigkeit oder Rechtswidrigkeit des Bewilligungsbescheids

Frau H möchte den Bescheid „aufheben“. „Aufhebung“ ist der Oberbegriff für Widerruf und Rücknahme. Der Widerruf betrifft grundsätzlich den rechtmäßigen Verwaltungsakt, die Rücknahme den rechtswidrigen. Widerruf und Rücknahme folgen differenten Regeln. In der Folge ist zu entscheiden, ob der Bescheid rechtmäßig oder rechtswidrig ist. **402**

Frau H hat ihrer Entscheidung einen falschen Sachverhalt zugrunde gelegt; sie hat ein eheliches Kind mit einem Pflegekind verwechselt. Nur eheliche Kinder wirken sich auf die Höhe des Darlehens aus. Die Annahme eines falschen Sachverhalts bedingt einen Fehler auf der Tatbestandsseite der Richtlinie und führt zu einer unrichtigen Rechtsfolge. Der Bescheid ist rechtswidrig. **403**

III. Die Rücknahme des Bewilligungsbescheids

404 Nach § 48 Abs. 1 Satz 1 VwVfG kann der rechtswidrige belastende Verwaltungsakt für die Vergangenheit zurückgenommen werden. Der Bescheid ist ein begünstigender Verwaltungsakt iSv § 48 Abs. 1 Satz 2 VwVfG; er bildete die Basis für die Auszahlung des Darlehens. Er kann nur unter Einschränkungen zurückgenommen werden, § 48 Abs. 1 Satz 2 VwVfG.

405 Die Rücknahmemöglichkeit beurteilt sich nach § 48 Abs. 2 VwVfG. Professor P hat auf den Bestand des Bescheids vertraut. Die Rücknahme ist ausgeschlossen, wenn dieses Vertrauen unter Abwägung mit dem öffentlichen Interesse an der Rücknahme schutzwürdig ist. Regelmäßig ist das Vertrauen schutzwürdig, wenn Vermögensdispositionen getroffen wurden, die nur unter unzumutbaren Nachteilen rückgängig zu machen sind. P hat das Haus gebaut und abgerechnet. Diese Vermögensdisposition ist nur durch Verkauf des Hauses rückgängig zu machen. Das dürfte unzumutbar sein.

406 P könnte sich auf Vertrauen nicht berufen, wenn er die Rechtswidrigkeit des Bescheids infolge grober Fahrlässigkeit nicht kannte. Grobe Fahrlässigkeit liegt vor, wenn P die im Rechtsverkehr erforderliche Sorgfalt in besonders schwerem Maß verletzt hat. Der Sachverhalt sagt nichts darüber aus, ob P die Richtlinien im Einzelnen kannte und ob ihm die Berechnung der Höhe des Darlehens offen gelegt wurde. Wenn dem so ist, hat sich P um die Einzelheiten der Bewilligung nicht gekümmert und musste sich auch nicht um sie kümmern. Dann fehlt es an grober Fahrlässigkeit. Also durfte P auf den Bestand der Bewilligung vertrauen.

Frau H kann den Bewilligungsbescheid nicht aufheben. P behält das Darlehen.

B. Abwandlung 1

407 § 48 Abs. 2 VwVfG stellt ausschließlich auf die Situation zum Zeitpunkt der Bewilligung ab. Zu diesem Zeitpunkt war P arm. Späterer Wohlstand könnte zur Rücknahme nach § 48 Abs. 2 Satz 1 VwVfG führen, wenn die Abwägung zwischen dem Vertrauendürfen und dem öffentlichen Interesse an der Rücknahme zulasten des Vertrauendürfens ausfällt. Davon ist auszugehen. In Anbetracht der Finanznot des Staats besteht ein öffentliches Interesse daran, die wenigen Fördermittel denjenigen zukommen zu lassen, die während der gesamten Förderdauer förderungswürdig sind. Es ist die Fördersumme zurückzufordern, damit das Geld Förderungsbedürftigen zur Verfügung gestellt werden kann. Frau H kann den gesamten Bewilligungsbescheid zurücknehmen.

Der Rückforderungsbescheid findet seine Ermächtigungsgrundlage in § 49a Abs. 1 VwVfG.

C. Abwandlung 2

Zu unterstellen ist die Rechtmäßigkeit des Bescheids. Der Fall ist nach § 49 Abs. 2 Satz 1 Nr. 3 VwVfG zu entscheiden. Der Lottogewinn ist eine nachträglich eingetretene Tatsache, die die ILB berechtigt hätte, den Bescheid nicht zu erlassen; P ist nicht förderungsbedürftig. Das Unterlassen des Widerrufs würde das öffentliche Interesse gefährden, s.o. Frau H kann den Bewilligungsbescheid mit Wirkung für die Zukunft widerrufen. **408**

Der Rückforderungsbescheid kann nur den noch nicht getilgten Darlehensbetrag betreffen. Der Bescheid findet seine Ermächtigungsgrundlage nicht in § 49a Abs. 1 VwVfG (Vergangenheit!), sondern im öffentlich-rechtlichen Erstattungsanspruch.

Vertiefungshinweise: Bitte nehmen Sie diesen Fall zum Anlass, sich noch einmal über das Recht der „Aufhebung" von Verwaltungsakten zu informieren

Das Bundesverwaltungsgericht löst einen Fall, in dem ein Verstoß gegen Richtlinien eine Rolle spielt, nicht, wie hier, über den falschen Sachverhalt, sondern über die Selbstbindung der Verwaltung und Art. 3 Abs. 1 GG, BVerwG, NVwZ 2003, 1384. Dieser Weg ist auch möglich, aber nicht nötig.

Repetitorium

Die Begriffsmerkmale des Verwaltungsakts

Den Begriff „VA" definiert § 35 VwVfG. Nach dieser Norm ist ein VA „jede Verfügung, Entscheidung oder andere hoheitliche Maßnahme, die eine Behörde zur Regelung eines Einzelfalls auf dem Gebiet des öffentlichen Rechts trifft und die auf unmittelbare Rechtswirkung nach außen gerichtet ist". Die Begriffsbestimmung des § 35 Satz 1 VwVfG enthält insgesamt sechs Elemente. Erst beim Vorliegen bzw. Erfülltsein aller sechs Elemente ist ein Handeln als VA zu qualifizieren. Die sechs Elemente sind: „Behörde", „Verfügung, Entscheidung oder andere hoheitliche Maßnahme", „auf dem Gebiete des öffentlichen Rechts", „Regelung", „Einzelfall" und „unmittelbare Rechtswirkung nach außen". **409**

1. Behörde

Den Begriff „Behörde" legt § 1 Abs. 4 VwVfG fest. „Behörde (iSd VwVfG) ist jede Stelle, die Aufgaben der öffentlichen Verwaltung wahrnimmt." Der Begriff ist weit gefasst. Er umschließt zunächst alle in die staatliche Verwaltungsorganisation eingebundenen Stellen. **410**

Behörden sind alle Bundes-, Landes- oder Kommunalbehörden, auch Organe der Körperschaften, Stiftungen und Anstalten des öffentlichen Rechts. Auf die Führung des Begriffs „Behörde" kommt es nicht an. Ferner ist mit der Führung des Begriffs nicht automatisch verbunden, dass es sich um eine Behörde iSd VwVfG handelt.

Behörde iSd § 1 Abs. 4 VwVfG ist auch der Beliehene. Ein Beliehener ist eine natürliche oder juristische Person des Privatrechts, der Verwaltungsaufgaben zur Erfüllung im eigenen oder fremden Namen übertragen werden. Diese werden zur Aufgabenerfüllung mit einer Rechtsstellung ausgestattet, die sie ermächtigt, hoheitliche Befugnisse gegenüber Dritten auszuüben. Der Beliehene ist der Verwaltung *an*gegliedert, nicht *ein*gegliedert. Er hat die Pflicht, persönlich die Amtspflichten anhand der einschlägigen Gesetze auszuführen.

2. Hoheitliche Maßnahme

411 Das Gesetz spricht von „Verfügung, Entscheidung oder andere hoheitliche Maßnahme". „Verfügung" und „Entscheidung" sind Beispiele für eine hoheitliche Maßnahme – dieses Tatbestandsmerkmal ist das allgemeinere und umfasst jene speziellen Tatbestandselemente. Das allgemeine Tatbestandsmerkmal ist zu bestimmen.

„Hoheitliche Maßnahme" ist eine verwaltungsrechtliche Willenserklärung. Entsprechend der für das gesamte Recht geltenden Lehre von den Willenserklärungen liegt eine hoheitliche Maßnahme (unter Einschluss des Tatbestandsmerkmals „Behörde") vor, wenn eine Behörde einen final auf eine Rechtsfolge gerichteten Willen äußert; die Rechtsfolge der Willensäußerung muss die Rechtsordnung der Willensäußerung zuerkennen. Entscheidend ist, dass die Existenz dieser Bescheide auf behördlichem Willen beruht[1].

Der Zusatz „hoheitlich" betont das Merkmal der Einseitigkeit der Maßnahme durch die Behörde im Gegensatz zur vertraglichen Regelung[2]. „Hoheitlich" erlaubt ein einseitiges Gebrauchmachen von der Befugnis, öffentliche Gewalt auszuüben. „Hoheitlich" betont mithin die Unabhängigkeit behördlichen Handelns vom Einverständnis des Betroffenen. „Hoheitliche Maßnahme" ist nach alldem als eine vom Willen eines potenziell Betroffenen unabhängige, einseitige Willensäußerung zu verstehen, der eine Willensbildung vorangegangen sein muss.

412 Eine „behördliche Maßnahme" setzt immer positives Tun voraus. Das schlichte „Nichtstun" einer Behörde ist deshalb niemals ein VA.

413 An der Komponente „Willensäußerung" fehlt es, wenn zwar eine Willensbildung stattgefunden hat, dieser Wille aber nicht „nach außen" dringt. Ein Schweigen stellt deshalb grundsätzlich keine Willenserklärung dar. Ausnahmen sind denkbar bei besonderer gesetzlicher Ausgestaltung der Rechtsfolgen.

Vom behördlichen Schweigen zu unterscheiden sind konkludente Willensäußerungen. In diesen Fällen geschieht die Willensäußerung durch ein die mündliche oder schriftliche Aussage ersetzendes Verhalten. Aus dem Verhalten ist der Inhalt der Willensäußerung zu erschließen.

---

1 BGH, NJW 1987, 1945.
2 BVerwG, NJW 1983, 776.

Eine konkludente Willensäußerung anzunehmen, ist ausgeschlossen, wenn für die Äußerung gesetzlich eine bestimmte Form (Schriftform, notarielle Beurkundung) vorgeschrieben ist.

3. Auf dem Gebiete des öffentlichen Rechts

Nur eine Maßnahme auf dem Gebiete des öffentlichen Rechts kann ein VA sein. Ausschlaggebend ist die Abgrenzung zum bürgerlichen Recht. 414

Die Abgrenzung des öffentlichen Rechts vom Privatrecht ist seit der Unterscheidung des Rechts in diese Teilbereiche streitbefangen. Die wichtigsten drei Theorien zur Unterscheidung sind:

- *Interessentheorie:* Öffentliches Recht sind die dem öffentlichen Interesse, Privatrecht die dem Individualinteresse verpflichteten Rechtssätze.
- *Subordinationstheorie:* Öffentliches Recht ist gegeben, wenn die Rechtsbeziehung der an dem Rechtsverhältnis Beteiligten durch ein Über-Unterordnungsverhältnis gekennzeichnet ist; Privatrecht liegt vor, wenn Gleichordnung die Rechtsbeziehung charakterisiert.
- *Zuordnungstheorie:* Zum öffentlichen Recht zählen diejenigen Rechtssätze, die allein den Staat oder einen sonstigen Träger hoheitlicher Gewalt berechtigten oder verpflichten; dem Privatrecht gehören die für jedermann geltenden Rechtssätze an. Das öffentliche Recht ist also der Inbegriff derjenigen Rechtssätze, deren Zuordnungssubjekt ausschließlich ein Hoheitsträger ist.

Keine der „Abgrenzungstheorien" vermag überzeugende Abgrenzungskriterien zu liefern. Es verwundert deshalb nicht, dass eine h.M. zu der Frage fehlt, welche der Theorien im Einzelfall heranzuziehen sei. Weitgehend ist man der Auffassung, im Einzelfall alle drei Theorien zu beachten und je nach Eignung anzuwenden.

4. Regelung

Nur eine etwas regelnde Maßnahme kann ein VA sein. Eine Regelung ist eine Willenserklärung, die einseitig, rechtsverbindlich und Rechtsfolgen festlegend einen Lebenssachverhalt ordnet. Die Rechtsfolge, die wirksam festgelegt wird, besteht in der Begründung, Änderung, Beeinträchtigung, Aufhebung, Verneinung oder Feststellung von Rechten und/oder Pflichten[3]. 415

Eine behördliche Maßnahme, der ein verfügender Teil, also eine Regelung fehlt, ist niemals ein VA. Dies ist durchweg der Fall für behördliches Tun, welches bereits nicht als Maßnahme zu qualifizieren ist; an diesem Tatbestandsmerkmal scheitern Tathandlungen, Unterlassungen, Verschweigungen und schlicht-hoheitliche Maßnahmen, die des „finalen Elements" entbehren. Die fehlende Bekanntgabe eines behördlichen Tuns lässt regelmäßig die Regelung entfallen. 416

3 BVerwGE 77, 271.

417 Vorbereitungs- und Teilakte, die noch keine abschließende Regelung enthalten, sind keine Regelung iSd VA-Begriffs (z.B. Bewertung einer Klassenarbeit, einer Klausur im Rahmen der Übungen, die ein Student zu absolvieren hat; die Bewertung einer Teilleistung in der Staatsprüfung)[4].

418 Von diesen Teilakten zu trennen sind die Teilgenehmigung und der Vorbescheid[5]. Es handelt sich bei diesen Genehmigungen um Teilregelungen im Rahmen „gestufter" Genehmigungsverfahren. Diese Teilregelungen sind abschließend. Es handelt sich deshalb bei ihnen um VAe. Diese Regelungstypen finden sich im Baurecht sowie im Recht der Genehmigung gefährlicher Anlagen.

419 Keine VAe sind ebenfalls rechtserhebliche Willenserklärungen einer Behörde, denen der anordnende Charakter fehlt. In diesem Sinne sind die Aufrechnungserklärung, die Fristsetzung, die Stundung einer Forderung im Rahmen verwaltungsrechtlicher Schuldverhältnisse und die Ausübung eines Zurückbehaltungsrechts keine Anordnungen.

5. Einzelfall

420 Dieses Begriffsmerkmal hat die Aufgabe, die Zahl der Adressaten einer „hoheitlichen Maßnahme" festzulegen, die als VA zu qualifizieren sein kann. Nur eine Einzelfallregelung kann ein VA sein.

421 Eine Einzelfallregelung liegt vor, wenn die Zahl der Adressaten der hoheitlichen Maßnahme bestimmt oder zumindest bestimmbar ist. Entscheidend ist, ob im Zeitpunkt des Erlasses der Maßnahme feststeht, welche Personen zu den Adressaten gehören[6]. Nicht entscheidend ist, dass sich die Maßnahme an eine einzelne Person richtet, lediglich der angesprochene Personenkreis muss individualisierbar sein. „Einzelfall" wird deshalb mit einem bestimmten Lebenssachverhalt identifiziert.

422 Das Kriterium „Einzelfall" dient der Abgrenzung des VAs vom Rechtssatz. Rechtssätze enthalten abstrakt-generell formulierte Regelungen, VAe hingegen konkret-individuelle Regelungen. Der Erlass von Rechtssätzen ist Sache der dafür zuständigen Organe (Parlament, Kreistag oder Stadtverordnetenversammlung).

Dem Kriterium „Einzelfall" genügen alle Regelungen, die einen konkreten Lebenssachverhalt erfassen. Jede Aufforderung an einen bestimmten Personenkreis, etwas Konkretes zu tun, zu dulden oder zu unterlassen, ist deshalb eine Einzelfallregelung.

6. Außenwirkung

423 Das Begriffsmerkmal „unmittelbare Rechtswirkung nach außen" erfüllt die Funktion, den Wirkungsort einer „hoheitlichen Maßnahme" zu bestimmen, die als VA zu qualifizieren sein kann. Nur eine Maßnahme mit Wirkung außerhalb der Behörde kann ein VA sein.

4 BVerwG, DVBl 1994, 1356.
5 BVerwG, DVBl 2003, 543.
6 *Laubinger*, FS Rudolf, 2001, S. 322.

„Außenwirkung" einer Maßnahme ist gegeben, wenn die Regelung außerhalb der Behörde für Bürger oder juristische Personen Rechte oder Pflichten begründet, aufhebt usw. „Außenwirkung" fehlt, wenn die Regelung behördenintern bleibt. Die Regelung muss auf Außenwirkung gerichtet sein. Sie soll außerhalb der Behörde ihre Rechtswirkungen entfalten. **424**

Das Kriterium „Außenwirkung" erfüllen regelmäßig alle Regelungen, die natürliche oder juristische Personen betreffen, die keinen Bezug zur Behörde aufweisen – sich zur Behörde also in einem „allgemeinen Gewaltverhältnis" befinden. **425**

Die Beurteilung, ob „Außenwirkung" vorliegt, kann im Einzelfall problematisch sein. Besondere Problemfelder sind bestimmte „Anordnungen" gegenüber Beamten und die Zustimmungen von Behörden zu anderen behördlichen Entscheidungen.

Vertiefungshinweis: *Peine*, AllgVerwR, Rn. 109 ff

Fall 2**

Die wunderbare Bassgitarre

Schwerpunkte: Bewilligungsbescheid als Verwaltungsakt; Ermächtigungsgrundlage für den Erlass eines belastenden Verwaltungsakts; Rechtmäßigkeit und Rechtswidrigkeit eines Verwaltungsakts

426 A spielt den Bass in der in Potsdam ansässigen Band „Bluespower unlimited". Er beantragt Anfang Januar 2003 bei der zuständigen Behörde einen Zuschuss für die Anschaffung eines neuen Basses „Rickenbacker 4004LK" entsprechend den „Richtlinien für die Unterstützung brandenburger Künstler". Ende März teilt ihm der zuständige Sachbearbeiter telefonisch mit, das Schreiben, mit welchem der Zuschuss bewilligt werde, müsse nur noch vom zuständigen Abteilungsleiter unterschrieben werden. Am gleichen Tag bestellt A die Bassgitarre. Am 1.4. holt er bei der Behörde den Bewilligungsbescheid persönlich ab und unterschreibt die Erklärung, dass er mit dem Inhalt des Bescheids einverstanden sei. Dieser enthält folgende „Besondere Bewilligungsbedingungen":

Für bereits eingegangene Verpflichtungen werden Zuschüsse nicht gewährt. Lieferaufträge dürfen erst dann erteilt werden, wenn Ihre Einverständniserklärung zum Bewilligungsbescheid bei mir eingegangen ist.

Dieser Zuwendungsbescheid wird gegenstandslos und der Landeszuschuss ist zurückzuzahlen, wenn Auflagen und Bedingungen nicht erfüllt werden.

Aufgrund des Ergebnisses einer Anfang Mai 2003 durchgeführten Rechnungsprüfung hebt die Bewilligungsbehörde nach Anhörung des A mit Bescheid vom 1.6.2003 den Bewilligungsbescheid vom 1.4.2003 auf und setzt die Rückzahlungspflicht des A im Bescheid auf 2500,– € fest. Zur Begründung führt sie aus: Der Bewilligungsbescheid sei gegenstandslos geworden, da A das Instrument bestellt habe, bevor seine Einverständniserklärung zum Bewilligungsbescheid bei der Behörde eingegangen sei. Einer formellen Aufhebung des Bewilligungsbescheids bedürfe es an sich nicht, die Aufhebung erfolge aus Gründen der Rechtsklarheit.

A hält den Aufhebungsbescheid vom 1.6.2003 für rechtswidrig. Dem Bescheid fehle eine gesetzliche Grundlage. Er sei ermessensfehlerhaft. Die Behörde hätte berücksichtigen müssen, dass er die Bestellung erst nach der für ihn positiven Auskunft des Sachbearbeiters vorgenommen habe. Er habe den Bewilligungsbescheid deshalb nicht abgewartet, weil ihm sonst ein nur bis zum 31.3.2003 gewährter Sonderrabatt der die Gitarre verkaufenden Firma verloren gegangen wäre. Der Aufhebungsbescheid berücksichtige im Übrigen nicht, dass eine Rückforderung des Zuschusses ihn musikalisch weit ins Abseits dränge, weil der pianoartige Sound des Instruments einfach unvergleichlich sei. Nun müsse er infolge finanzieller Not dieses Instrument der Spitzenklasse verkaufen.

Es ist in einem Rechtsgutachten zu klären, ob der Bescheid vom 1.6.2003 rechtmäßig ist.

Vorüberlegung

Auf die Überlegungen zu **Fall 1** ist hinzuweisen. **427**

Auf ein Gesetz betreffend die Förderung brandenburger Künstler kommt es nicht an; ein solches Gesetz existiert nicht. Es gibt „Bewilligungsbedingungen"; soweit sie nach der Konstruktion des Falls berücksichtigt werden sollen, sind sie im Text genannt.

Von gewisser Schwierigkeit ist der „Einstieg" in die Lösung. Die Behörde erlässt einen den A belastenden Verwaltungsakt: Rückforderungsbescheid. Aus dem Verfassungsrecht wissen Sie, dass eine Belastung des Bürgers dem Vorbehalt des Gesetzes unterliegt. Demnach ist nach einer Norm zu suchen, die die Belastung gestattet. Die Ausgangsfrage lautet in der Folge: Welche Rechtsgrundlage erlaubt den Aufhebungsbescheid und den Rückforderungsbescheid. Bitte bedenken Sie: Bei dem Bescheid vom 1.6.2003 handelt es sich in Wirklichkeit um zwei Bescheide; die Frage ihrer Rechtmäßigkeit könnte unterschiedlich zu beurteilen sein.

Gliederung

A. Die Rechtmäßigkeit des Aufhebungsbescheids vom 1.6.2003 **428**

- I. Mögliche Rechtsgrundlagen
  - 1. Notwendigkeit einer gesetzlichen Grundlage
  - 2. Die möglichen Rechtsgrundlagen
- II. Die Beurteilung der Rechtmäßigkeit des Aufhebungsbescheids
  - 1. § 48 Abs. 2–4 VwVfG als Ermächtigungsgrundlage
  - 2. § 49 VwVfG als Ermächtigungsgrundlage
  - 3. Ergebnis

B. Die Rechtmäßigkeit des Rückforderungsbescheids vom 1.6.2003

C. Ergebnis

Lösung

429 Der Bescheid vom 1.6.2003 muss in formeller und materieller Hinsicht rechtmäßig sein. In formeller Hinsicht gibt es keine Probleme. In materieller Hinsicht ist der Bescheid rechtmäßig, wenn ein Gesetz seinen Erlass erlaubt. Sachlich enthält der Bescheid zwei Aussagen; er vereint in sich mithin zwei Bescheide: den Aufhebungsbescheid und den Rückforderungsbescheid. Für jeden Bescheid ist nach einer Ermächtigungsgrundlage zu suchen.

A. Die Rechtmäßigkeit des Aufhebungsbescheids vom 1.6.2003

I. Mögliche Rechtsgrundlagen

1. Notwendigkeit einer gesetzlichen Grundlage

430 Prinzipiell ist eine gesetzliche Grundlage notwendig, da der Bescheid seiner Rechtsnatur nach ein belastender Verwaltungsakt ist und deshalb der Vorbehalt des Gesetzes für ihn Bedeutung entfaltet.

Möglicherweise ist die Berücksichtigung des Vorbehalts des Gesetzes entbehrlich, da der Verwaltungsakt lediglich deklaratorischer Natur ist. Diese Annahme könnte deshalb zutreffen, weil der Bescheid vom 1.4.2003 seine Wirksamkeit verloren hat. Wann ein Verwaltungsakt seine Wirksamkeit verliert, regelt § 43 Abs. 2 VwVfG. Von den aufgezählten Wirksamkeitsbeendigungsgründen könnte der Fall der Erledigung in Betracht kommen. Die Erledigung könnte eingetreten sein, weil dem Bescheid vom 1.4.2003 eine auflösende Bedingung beigefügt worden und die Auflösung wirksam geworden ist.

431 Die „Besonderen Bewilligungsbedingungen“ müssten den Tatbestand des § 36 Abs. 2 Nr. 2 VwVfG erfüllen. Die Auflösung und mit ihr das Entfallen der Begünstigung müssten vom ungewissen Eintritt eines zukünftigen Ereignisses abhängen, welches die „Bewilligungsbedingungen“ bestimmen. Die Erfüllung dieses Tatbestands erscheint sehr fraglich. Hat man die Definition des Begriffs „Auflage“ in § 36 Abs. 2 Nr. 4 VwVfG im Blick, dann erscheint es einleuchtender, die „Besonderen Bewilligungsbedingungen“ als Auflage zu qualifizieren. Dem A wird ein bestimmtes Tun vorgeschrieben – er muss sein Einverständnis mit den „Bewilligungsbedingungen“ erklären. Das hat er getan; die Erfüllung dieser Pflicht ist aber nicht die auflösende Bedingung. Für die vorfristige Bestellung der Gitarre gilt: Wenn man von einer auflösenden Bedingung ausgeht, ist ein bestimmtes Handeln gefordert, das in der Zukunft, also nach dem Erlass des Verwaltungsakts, geschieht – damit entfällt ein Anküpfen an die Bestellung der Gitarre, weil sie vor dem Wirksamwerden der Bewilligung bestellt worden ist. An dem geforderten zukünftigen Handeln fehlt es. Nach dem Sachverhalt gibt es weder eine spezifische Aussage zu dem Ereignis noch eine Aussage dazu, dass es eingetreten ist.

Alles in allem: Der Bewilligungsbescheid ist nicht gegenstandslos.

2. Die möglichen gesetzlichen Grundlagen

Die §§ 48, 49 VwVfG kommen als gesetzliche Grundlage für die Aufhebung in Betracht. Das Gesetz wird nicht verdrängt durch die Bewilligungsbedingungen; diese sind kein Gesetz im materiellen Sinn. **432**

Die §§ 48 und 49 VwVfG haben unterschiedliche Tatbestandsvoraussetzungen; § 48 VwVfG geht von einem rechtswidrigen Verwaltungsakt aus, § 49 VwVfG grundsätzlich von einem rechtmäßigen. In der Folge dieser Differenzierung ist zu entscheiden, ob der Verwaltungsakt vom 1.6.2003 rechtmäßig oder rechtswidrig ist, um die einschlägige Ermächtigungsgrundlage für die Aufhebung des Bescheids festzustellen.

II. Die Beurteilung der Rechtmäßigkeit des Aufhebungsbescheids

1. § 48 Abs. 2–4 VwVfG als Ermächtigungsgrundlage

a) Die Ermächtigungsgrundlage für die Rücknahme des Verwaltungsakts vom 1.4.2003 könnte sich aus § 48 Abs. 2–4 VwVfG ergeben. Der Bewilligungsbescheid ist ein begünstigender Verwaltungsakt. Dieser Bescheid müsste rechtswidrig sein. **433**

Ein Verstoß gegen Recht in Form eines Gesetzes fehlt. Der Verstoß gegen die Richtlinien könnte bedeutsam sein. A hatte den Bass bereits bestellt, bevor er den Bescheid unterschrieb. In der Regel ist ein solcher Verstoß irrelevant. Bedeutungsvoll könnte der Verstoß freilich dann sein, wenn zugleich ein Verstoß gegen Art. 3 Abs. 1 GG vorliegt. Für diese Annahme enthält der Sachverhalt keine Anhaltspunkte.

Die Entscheidung der Behörde, die formell am 1.4.2003 erfolgte, basierte auf einem unzutreffenden Sachverhalt: Die Behörde ging davon aus, dass A den Bass noch nicht bestellt hatte. Hätte der Sachbearbeiter von der bereits vorgenommenen Bestellung gewusst, hätte er dem A den Bewilligungsbescheid nicht ausgehändigt. Die Annahme eines falschen Sachverhalts führt zu einem falschen Ergebnis. Der Bewilligungsbescheid ist rechtswidrig.

b) § 48 Abs. 2 Satz 1 VwVfG stünde der Rücknahme des Bewilligungsbescheids nicht entgegen, wenn ein Vertrauen des A ausgeschlossen ist. Nach § 48 Abs. 2 Satz 3 Nr. 3 VwVfG kann sich A auf Vertrauen nicht berufen, da er die Richtlinien kannte; es stellt sich deshalb die Frage nach seinem tatsächlichen Vertrauen nicht. Daraus folgt: Die Rücknahme des Bewilligungsbescheids ist nach § 48 Abs. 2 VwVfG möglich. **434**

c) Sonstige Ermessensgesichtspunkte könnten diesem Resultat entgegenstehen. Die Behörde ist davon ausgegangen, dass der Bewilligungsbescheid gegenstandslos geworden sei; sie hat also von ihrem Ermessen, welches § 48 Abs. 1 Satz 1 VwVfG ihr einräumt, keinen Gebrauch gemacht. Dieser Ermessensnichtgebrauch führt dazu, dass der Aufhebungsbescheid vom 1.6.2003 unter diesem Aspekt rechtswidrig ist. **435**

d) Das bedeutet, dass der Bewilligungsbescheid vom 1.4.2003 nicht nach § 48 Abs. 2 VwVfG aufgehoben werden kann, weil seine Voraussetzungen nicht vorliegen.

2. § 49 VwVfG als Ermächtigungsgrundlage

436 **a)** Der Bewilligungsbescheid könnte aber mithilfe von § 49 VwVfG widerrufen werden.

§ 49 Abs. 2 VwVfG gestattet den Widerruf eines begünstigenden Verwaltungsakts nur für die Zukunft; die Norm scheidet als Ermächtigungsgrundlage aus. § 49 Abs. 3 VwVfG erlaubt den Widerruf mit Wirkung für die Vergangenheit.

Grundsätzlich ist § 49 VwVfG auf rechtmäßige Verwaltungsakte anwendbar. Nach der h.M. besteht jedoch auch die Möglichkeit, rechtswidrige Verwaltungsakte nach § 49 VwVfG zu widerrufen. Wenn ein rechtmäßiger Verwaltungsakt widerrufen werden kann, muss das erst recht für einen rechtswidrigen Verwaltungsakt gelten, wenn ein Widerrufsgrund vorliegt. § 49 Abs. 3 VwVfG ist hier trotz der Rechtswidrigkeit des Verwaltungsakts anwendbar. A hat eine Auflage nach § 49 Abs. 3 Satz 1 Nr. 2 VwVfG nicht erfüllt.

b) Auch § 49 VwVfG räumt Ermessen ein. Die Behörde hat jedoch von ihrem Ermessen kein Gebrauch gemacht. Dieser Ermessensnichtgebrauch führt dazu, dass der Aufhebungsbescheid auch unter diesem Aspekt rechtswidrig ist.

3. Ergebnis

Der Aufhebungsbescheid vom 1.6.2003 ist rechtswidrig.

B. Die Rechtmäßigkeit des Rückforderungsbescheids vom 1.6.2003

437 Die Rückforderung findet ihre Ermächtigungsgrundlage in § 49a Abs. 1, 2 VwVfG, öffentlich-rechtlicher Erstattungsanspruch. Dessen Anspruchsvoraussetzungen sind erfüllt: A hat eine Geldleistung der Behörde erlangt. Ferner muss A diese Leistung rechtsgrundlos erlangt haben. Davon ist auszugehen, wenn ein Rechtsgrund für das Behaltendürfen der Leistung nicht mehr besteht. Der Aufhebungsbescheid ist rechtswidrig; deshalb gilt der Bewilligungsbescheid. Insoweit gibt es einen Rechtsgrund für das Behaltendürfen: die Rückforderung ist rechtswidrig. Aber: Der Rückforderungsbescheid ist trotz seiner Rechtswidrigkeit wirksam. Die Behörde hat ihn nicht aufgehoben und A hat gegen ihn Widerspruch nicht eingelegt, sodass der Suspensiveffekt nicht eingetreten ist. Die Rechtswidrigkeit des Aufhebungsbescheids ist insoweit irrelevant. Der Erstattungsanspruch ist mithin wirksam (!) geltend gemacht worden.

C. Ergebnis

Die Aufhebung des Bewilligungsbescheids ist rechtswidrig. Der Erstattungsanspruch ist aber wirksam geltend gemacht worden.

Zur Vertiefung: VGH BW, NVwZ-RR 1992, 126; *Suerbaum*, VerwArch 90 (1999), 361 ff

Repetitorium

I. Bestandskraft und Wirksamkeit von Verwaltungsakten

1. Bestandskraft von Verwaltungsakten

438 Ein VA kann bestandskräftig werden. „Bestandskraft" bedeutet eine normative Beschränkung der Aufhebbarkeit/Abänderbarkeit eines VAs, ferner das Verbot, bei einer erneuten Befassung mit dem Sachproblem eine von der getroffenen Regelung abweichende zu treffen. Ein belastender VA wird bestandskräftig, wenn die gegen ihn von Rechts wegen möglicherer Rechtsmittel wegen Fristablaufs unzulässig werden (Widerspruch: § 70 Abs. 1 VwGO, Anfechtungsklage: § 74 Abs. 1 VwGO) oder ein auf eine Anfechtungsklage hin ergehendes Urteil rechtskräftig wird. Begünstigende VAe werden mit ihrer Wirksamkeit (§ 43 Abs. 1 VwVfG) bestandskräftig. Ist ein VA unanfechtbar, spricht man von formeller Bestandskraft; davon zu unterscheiden ist die materielle Bestandskraft. Sie bedeutet Verbindlichkeit sowohl für den betroffenen Bürger als auch für die erlassende Behörde. Die materielle Bestandskraft bewirkt eine beschränkte Aufhebbarkeit; die Aufhebbarkeit ist abhängig vom Vorliegen der Voraussetzungen der §§ 48–51 VwVfG. Mit der materiellen Bestandskraft sind Wirkungen wie Tatbestandswirkung und Bindungswirkung verbunden.

2. Die Wirksamkeit des Verwaltungsakts

a) Voraussetzungen

439 Die Wirksamkeit des VAs bestimmt sich nach § 43 VwVfG. Voraussetzung für die Wirksamkeit ist ein Doppeltes: Der VA muss bekannt gegeben worden sein, § 43 Abs. 1 Satz 1 VwVfG; der VA darf nicht nichtig sein, § 43 Abs. 3 VwVfG.

Der VA wird wirksam in dem Zeitpunkt, in dem er dem Adressaten oder dem von ihm Betroffenen bekannt gegeben wird, § 43 Abs. 1 Satz 1 VwVfG. Den Zeitpunkt der Bekanntgabe legt § 41 Abs. 2 VwVfG fest. Der VA bleibt wirksam, solange und soweit er nicht zurückgenommen, widerrufen, anderweitig aufgehoben oder durch Zeitablauf oder auf andere Weise erledigt ist, § 43 Abs. 2 VwVfG. Demnach können fünf „Ereignisse" die Wirksamkeit des VAs beenden. Zu diesen „Wirksamkeitsbeendigungsgründen" ist hier festzustellen: Die Rücknahme und den Widerruf eines VAs regeln die §§ 48, 49 VwVfG; der Fall „anderweitige Aufhebung" erfasst in erster Linie die Aufhebung des VAs im Rechtsbehelfsverfahren, also die Aufhebung des VAs nach einem Widerspruch durch Abhilfebescheid (§ 72 VwGO) oder nach Anfechtungsklage (§ 42 Abs. 1 VwGO) durch Urteil (§ 113 Abs. 1 Satz 1 VwGO); „Erledigung durch Zeitablauf", man spricht anstelle von „Erledigung" auch von „Erlöschen", tritt z.B. ein: bei befristeten VAen nach Fristablauf oder bei auflösend bedingten VAen mit Eintritt der Bedingung oder bei einer gesetzlichen Regelung. „Auf andere Weise" erledigt sich ein VA z.B. durch Verzicht des Begünstigten auf Wahrnehmung seiner Rechte, den Tod des Betroffenen bei personengebundenen VAen, Wegfall des Regelungsobjekts, Erfüllung oder Vollzug des Gebots, durch das Ergehen des endgültigen VAs nach vorläufigem VA, durch die Zweckerreichung des VAs.

440 Verjährung und Verwirkung haben auf die Wirksamkeit eines VAs keinen Einfluss.

441 Die Wirksamkeit des VAs in den zuvor dargelegten zeitlichen Grenzen besteht unabhängig von seiner Rechtmäßigkeit oder Rechtswidrigkeit.

442 Mit Blick auf die Wirksamkeit des VAs ist zwischen „äußerer" und „innerer" Wirksamkeit zu unterscheiden. Die äußere Wirksamkeit meint die Rechtsbeständigkeit des VAs als Staatsakt, unabhängig von seinem Inhalt; dieser Fall wird manchmal auch als „rechtliche Existenz des VAs" bezeichnet. Innere Wirksamkeit des VAs bedeutet, dass sich die in der Regelung vorgesehenen Rechtswirkungen entfalten; manchmal spricht man insoweit auch von „Verbindlichkeit des VAs". – Innere und äußere Wirksamkeit eines VAs treten grundsätzlich gleichzeitig ein. Beide Formen von Wirksamkeit können aber auch auseinander fallen; der wichtigste Fall eines VAs, dem die innere Wirksamkeit fehlt, ist die Nichtigkeit eines VAs, s. § 43 Abs. 3 VwVfG. Neben diesen dauernden Ausschluss innerer Wirksamkeit tritt die Möglichkeit der schwebenden Unwirksamkeit.

443 An die Wirksamkeit eines VAs knüpfen sich diese Rechtsfolgen: (1) Der VA ist vollziehbar, das bedeutet, dass ein Ge- oder Verbot durchgesetzt werden kann; in einem weiteren Sinne umfasst die Vollziehbarkeit auch alle sonstigen Möglichkeiten, die in einem VA geregelten Rechtsfolgen zu realisieren; so darf z.B. der Betroffene von einer Genehmigung Gebrauch machen. (2) Der VA kann, wenn er einen vollstreckungsfähigen Inhalt besitzt, von der zuständigen Behörde vollstreckt werden, soweit die in dem Verwaltungsvollstreckungsgesetz geregelten weiteren Voraussetzungen eingetreten sind; diese „Titelfunktion" ist folglich unabhängig von der Rechtmäßigkeit oder Rechtswidrigkeit des VAs. (3) Der VA kann bestandskräftig werden. (4) Der wirksame VA entfaltet manchmal eine so genannte Tatbestandswirkung; sie ist anzunehmen, wenn nach materiellem Recht der Erlass eines wirksamen VAs als solcher Voraussetzung für den Eintritt von Rechtsfolgen ist. (5) Der wirksame VA entfaltet manchmal eine Bindungswirkung genannte Wirkung; darunter versteht man, dass Behörden und Gerichte von einem VA inhaltlich nicht abweichen dürfen – die Verbindlichkeit eines VAs für andere Behörden wird überwiegend als Tatbestandswirkung bezeichnet.

Vertiefungshinweis: *Seibert*, Die Bindungswirkung von Verwaltungsakten, 1989, S. 69 ff., 127 ff.; *Randak*, JuS 1992, 33 ff

b) Der fehlerhafte Verwaltungsakt

Ein VA muss formell und materiell fehlerfrei sein. Diese Differenzierung ist Folge der Unterscheidung des öffentlichen Rechts nach formellen und materiellen Anforderungen an die Rechtmäßigkeit des VAs. Auf der formellen Seite sind Zuständigkeits-, Verfahrens- und Formfehler denkbar. Ein VA ist materiell fehlerhaft, wenn er nicht inhaltlich bestimmt genug ist, die Behörde nicht entsprechend der gesetzlichen Ermächtigungsgrundlage gehandelt hat (Subsumtionsfehler) oder Ermessensfehler ersichtlich sind. 444

- **Zuständigkeitsfehler:**
  - Die örtlich, sachlich und instanziell zuständige Behörde muss den VA erlassen haben. Es ist ohne Weiteres denkbar, dass eine unzuständige Behörde gehandelt hat.
- **Verfahrensfehler:**
  - mangelnde Sachverhaltsaufklärung; fehlerhafte Ermittlungsmethoden
  - Beteiligungs- und Anhörungsfehler (z.B.: Verstoß gegen § 28 VwVfG, § 36 BauGB)
- **Formfehler:**
  - Fehlen einer bestimmten Form (z.B. Verstoß gegen Gebot der Schriftform)
- **Begründungsfehler:**
  - Begründung bei einer schriftlichen Entscheidung fehlt
  - die Begründung besteht lediglich aus der Wiederholung des Gesetzestextes oder abstrakten Formeln ohne Fallbezug
  - die Begründung ist für einen durchschnittlich gebildeten Adressaten unverständlich
- **Materiell-rechtliche Fehler:**
  - Inhaltlich unbestimmt ist ein VA, der inhaltlich nicht hinreichend bestimmt, widersprüchlich oder aus der Sicht des Betroffenen unverständlich ist.
  - Ermessensfehler
  - Inkongruenz zwischen Gesetzeslage und Inhalt des VAs: Gesetzeswidrigkeit liegt vor, wenn der belastende VA durch das als Ermächtigungsgrundlage herangezogene Gesetz wegen falscher Interpretation des Gesetzes oder wegen unrichtiger Sachverhaltsermittlung nicht gedeckt ist.
  - Verfassungswidrigkeit: Verstoß gegen Grundrechte oder das Übermaßverbot.

c) Rechtsfolge der Fehlerhaftigkeit eines Verwaltungsakts

aa) Der nichtige Verwaltungsakt

Ein fehlerhafter Verwaltungsakt ist nicht in jedem Fall nichtig. Die Nichtigkeit eines VAs ist die schwerste Rechtsfolge eines Fehlers. Ein nichtiger VA ist unwirksam, s. § 43 Abs. 3 VwVfG. Er verpflichtet den Adressaten im Falle des Ausspruchs einer Belastung nicht; ein begünstigender VA zwingt die Behörde nicht zur Leistung. Der nichtige VA ist nicht vollstreckungsfähig. 445

Die Unwirksamkeit des VAs (§ 43 Abs. 3 VwVfG) ist eine Ausnahme von der Regel, dass auch der fehlerhafte VA wirksam ist (vgl. § 44 Abs. 2 VwVfG).

446 Die Nichtigkeit des VAs regelt § 44 Abs. 1, 2 VwVfG; § 44 Abs. 3 VwVfG enthält Tatbestände, die nicht die Nichtigkeit des VAs zur Folge haben, sondern lediglich zu seiner Qualifikation als rechtswidrig führen. Im „System" der Nichtigkeitsvoraussetzungen enthält § 44 Abs. 1 VwVfG eine Generalklausel, § 44 Abs. 2 VwVfG spezielle Nichtigkeitstatbestände, § 44 Abs. 3 VwVfG Ausnahmen von einer an sich nach § 44 Abs. 1 VwVfG anzunehmenden Nichtigkeit des VAs. Nichtigkeitsgründe nach speziellen Gesetzen gehen vor[1]. Für die Prüfung, ob ein VA nichtig ist, bedingt der nicht geglückte Aufbau des § 44 VwVfG folgende Reihenfolge: Es ist mit Absatz 2 zu beginnen (Prüfung der lex specialis vor der lex generalis); ist das Ergebnis negativ, Prüfung, ob ein Tatbestand des Absatzes 3 erfüllt ist (Absatz 3 ist eine Ausnahmeregel zu Absatz 1); ist das Ergebnis wiederum negativ, Prüfung des VAs am Maßstab der Generalklausel des Absatzes 1.

Das Gesetz unterscheidet absolute (§ 44 Abs. 2 VwVfG) und relative (§ 44 Abs. 1 VwVfG) Nichtigkeitsgründe.

447 Die absoluten Nichtigkeitsgründe führen stets zur Nichtigkeit des VAs. § 44 Abs. 2 VwVfG enthält insoweit einen Positivkatalog. Dieser Katalog ist abschließend. Eine denkbare analoge Anwendung eines Tatbestands scheidet aus, weil für nicht ausdrücklich erfasste Fälle die Generalklausel des § 44 Abs. 1 VwVfG eingreift.

448 Relative Nichtigkeitsgründe bedingen nicht zwangsläufig die Nichtigkeit eines VAs, sondern nur bei Erfüllung der Voraussetzungen des § 44 Abs. 1 VwVfG. Diese Norm enthält zwei Voraussetzungen: Der VA muss erstens an einem besonders schwerwiegenden Fehler leiden und zweitens muss dieser Fehler bei verständiger Würdigung aller in Betracht kommenden Umstände offenkundig sein. Der VA muss den „Makel der Rechtswidrigkeit auf der Stirn" tragen.

449 Für die erste Voraussetzung des § 44 Abs. 1 VwVfG, den besonders schwerwiegenden Fehler, ist auf das Gewicht und die Bedeutung des Fehlers abzustellen; ein Verstoß gegen eine wichtige Rechtsbestimmung allein erfüllt die Voraussetzung nicht[2]. Erst dann, wenn der Verstoß gegen eine wichtige Rechtsbestimmung über die unrichtige Anwendung hinausgeht und schlechthin unerträglich für die Rechtsordnung ist, ist Nichtigkeit anzunehmen[3].

450 Die zweite Voraussetzung des § 44 Abs. 1 VwVfG, die Offenkundigkeit des Fehlers, ist nicht bereits durch die Schwere des Fehlers bedingt. Die Offenkundigkeit ist auch dann zu verneinen, wenn die besondere Schwere des Fehlers erst später, insbesondere nach einer Rechtsprechungsänderung, ersichtlich wird.

---

1 BVerwG, DVBl 2003, 616 f.
2 BVerwG, NJW 1984, 2113.
3 BVerwG, NJW 1971, 578.

§ 44 Abs. 3 VwVfG enthält einen Negativkatalog. Die in ihm enthaltenen Verfahrensverstöße führen nicht schon ihretwegen zur Nichtigkeit des VAs – selbst wenn diese Fehler den Tatbestand des § 44 Abs. 1 VwVfG erfüllen. § 44 Abs. 3 VwVfG enthält, wie gesagt, Ausnahmen von § 44 Abs. 1 VwVfG. **451**

Ist ein VA nichtig, so kann seine Nichtigkeit nach § 43 Abs. 1 VwGO durch eine Feststellungsklage festgestellt werden, wenn der Kläger ein berechtigtes Interesse an der baldigen Feststellung hat; so genannte „Nichtigkeitsfeststellungsklage“. Da es regelmäßig streitig sein wird, ob ein VA nichtig ist, ist zur Vermeidung von Nachteilen für den Kläger (Abweisung der Nichtigkeitsfeststellungsklage, weil VA lediglich rechtswidrig ist) die Anfechtungsklage nach § 42 Abs. 1 VwGO erlaubt. **452**

bb) Der rechtswidrige Verwaltungsakt

Jeder VA, der an einem der benannten Fehler leidet und entsprechend den zuvor gemachten Feststellungen nicht nichtig ist, ist rechtswidrig. **453**

Die Rechtswidrigkeit des VAs berührt seine Wirksamkeit nicht (Umkehrschluss aus § 43 Abs. 3 VwVfG). – Ausnahme: Ein VA, dessen Rechtswidrigkeit durch rechtskräftiges Urteil nach § 113 Abs. 1 Satz 4 VwGO festgestellt worden ist, entfaltet keine Regelungswirkung[4].

Die Rechtswidrigkeit des VAs hat seine Aufhebbarkeit zur Folge. Die Aufhebung kann entweder von der Behörde selbst vorgenommen oder durch den Bürger erzwungen werden: mithilfe eines Widerspruchs, oder, falls der Widerspruch erfolglos bleibt, durch Anfechtungsklage nach § 42 Abs. 1 VwGO durch das Verwaltungsgericht. Man spricht vom rechtswidrigen VA deshalb auch von einem anfechtbaren VA; dieser Sprachgebrauch ist sachlich unzutreffend, weil auch rechtmäßige VAe anfechtbar sind. Nur hat die Anfechtungsklage keinen Erfolg. **454**

Nach § 46 VwVfG kann die Aufhebung eines VAs, der nicht nach § 44 VwVfG nichtig ist, nicht allein deshalb beansprucht werden, weil er unter Verletzung von Vorschriften über das Verfahren, die Form oder die örtliche Zuständigkeit zustande gekommen ist, wenn offensichtlich ist, dass die Verletzung die Entscheidung in der Sache nicht beeinflusst hat. **455**

§ 46 VwVfG geht davon aus, dass ein Anspruch des Adressaten eines unter bestimmten Mängeln leidenden VAs auf Aufhebung des VAs nicht besteht; der Rechtsverstoß ist deshalb unbeachtlich. § 46 VwVfG ist damit ein behördliches Verteidigungsmittel. Die Norm basiert auf der Idee, dass der sachlich richtige VA, der an formellen Mängeln leidet, den Bürger nicht in seinen Rechten iSd § 113 VwGO verletzt.

---

4 BVerwGE 116, 1 ff.

3. Aufbauschema zur Prüfung der Rechtmäßigkeit eines Verwaltungsakts

a) Ermächtigungsgrundlage

456 **aa)** Nach Art. 20 Abs. 3 GG muss der belastende VA auf ein Gesetz rückführbar sein (Ermächtigungsgrundlage).

bb) Eine Rechtsvorschrift kann nur dann Ermächtigungsgrundlage sein, wenn sie einen materiellen Tatbestand (Voraussetzungen für das Verwaltungshandeln) und die Rechtsfolgen (Befugnis zum Erlass des VAs) aufweist.

cc) Das Gesetz, welches den VA stützt, muss selbst verfassungsmäßig sein: bei Anhaltspunkten ggf. eine Prüfung der Verfassungsmäßigkeit der Ermächtigungsgrundlage.

b) Formelle Rechtmäßigkeit des Verwaltungsakts

457 **aa)** Die Zuständigkeit der handelnden Behörde in sachlicher, örtlicher und instanzieller Hinsicht muss vorliegen.

bb) Das Verfahren muss eingehalten sein. An das Verwaltungsverfahren vor Erlass des VAs können besondere Anforderungen gestellt sein. Es ist z.B. ein förmliches bzw. ein Planfeststellungsverfahren (§§ 63 ff., 72 ff. VwVfG) oder die Beteiligung oder Mitwirkung von Bürgern oder anderer Behörden vorgeschrieben. Ansonsten gelten die allgemeinen Verfahrensanforderungen, §§ 9 ff. VwVfG.

cc) Die Anforderungen an die Bestimmtheit und die Form des VAs müssen erfüllt sein. Besondere Formvorschriften müssen sich aus einem Spezialgesetz ergeben. Ansonsten gilt § 37 VwVfG.

dd) Die Möglichkeit der Heilung von Verfahrens- und Formfehlern ist zu beachten, § 45 VwVfG.

c) Materielle Rechtmäßigkeit des VAs

458 **aa)** Der Tatbestand der Ermächtigungsgrundlage muss den VA „erlauben".

bb) Die Rechtsfolge der Ermächtigungsgrundlage muss die getroffene Regelung „abdecken".

(1) Bei gebundener Verwaltung: Die Behörde muss die gesetzlich bestimmte Maßnahme aussprechen.

(2) Bei der Verwaltung eingeräumten Ermessen:

- Die allgemeinen Anforderungen an die getroffene Maßnahme: Verhältnismäßigkeit der Maßnahme, Möglichkeit und Bestimmtheit der Maßnahme, Beachtung des Gleichbehandlungsgrundsatzes müssen eingehalten sein.
- Ermessensfehler, nämlich Ermessensausfall, Ermessensunterschreitung, Ermessensüberschreitung, Ermessensfehlgebrauch, müssen fehlen.

d) Rechtswidrigkeit und Nichtigkeit des Verwaltungsakts

Ein VA, der materiell nicht rechtmäßig ist, ist rechtswidrig. Ein rechtswidriger VA kann **459** nichtig sein. Die Nichtigkeit eines VAs regelt § 44 VwVfG; § 44 Abs. 2 geht als Spezialvorschrift § 44 Abs. 1 vor. Prüfungsreihenfolge: 1. Absolute Nichtigkeitsgründe nach § 44 Abs. 2 Nr. 1–6, 2. Nichtigkeit entfällt nach § 44 Abs. 3 Nr. 1–4, 3. Nichtigkeit entsprechend der Generalklausel § 44 Abs. 1: besonders schwerwiegender Fehler und Offenkundigkeit des Fehlers.

e) Rechtsfolgen

aa) Ein nichtiger VA ist unwirksam, § 43 Abs. 3 VwVfG; er entfaltet keinerlei Rechts- **460** wirkung und ist deshalb unbeachtlich.

bb) Ist der VA lediglich rechtswidrig, so gilt: Er entfaltet Wirksamkeit ab dem Zeitpunkt der Bekanntgabe an den Adressaten, § 43 Abs. 1 VwVfG; die Dauer der Wirksamkeit richtet sich nach § 43 Abs. 2; der VA ist mit Rechtsmitteln angreifbar; grundsätzlich kann der Betroffene gegen den VA vorgehen – Ausnahme: Ausschluss des Aufhebungsanspruchs nach § 46 VwVfG.

II. Rücknahme und Widerruf von Verwaltungsakten

1. Grundlagen

Das VwVfG räumt der Behörde die Möglichkeit ein, VAe auch, nachdem sie bestands- **461** kräftig geworden sind, wieder „aufzuheben". Dieses führt zur Beendigung der Wirksamkeit eines VAs. Es geht im Folgenden also um besondere Wirksamkeitsbeendigungsgründe.

Das Gesetz unterscheidet zwischen Rücknahme und Widerruf von VAen. Ausgangspunkt für diese Unterscheidung ist die Trennung zwischen rechtswidrigen und rechtmäßigen VAen als Objekten der „Aufhebung". Aufhebung ist der Oberbegriff für Rücknahme und Widerruf. Die Rücknahme betrifft immer rechtswidrige VAe, der Widerruf in der Regel rechtmäßige VAe.

462 Die §§ 48, 49 VwVfG unterscheiden vier Grundfälle der Aufhebung eines VAs; Ausgangspunkt für diese Grundfälle ist die Wirkung des VAs für den Betroffenen:

- die Rücknahme eines rechtswidrigen belastenden VAs, § 48 Abs. 1 Satz 1;
- die Rücknahme eines rechtswidrigen begünstigenden VAs, § 48 Abs. 1 Satz 2;
- den Widerruf eines rechtmäßigen belastenden VAs, § 49 Abs. 1;
- den Widerruf eines rechtmäßigen begünstigenden VAs, § 49 Abs. 2, 3.

463 Rechtmäßigkeit oder Rechtswidrigkeit beziehen sich auf den ursprünglichen VA. Tritt die Rechtswidrigkeit später ein, wirkt sie aber auf den Zeitpunkt des Erlasses des VAs zurück, so handelt es sich um den Fall eines ursprünglich rechtswidrigen VAs[5]. Die Rücknahme eines VAs dient der Korrektur eines ursprünglichen Fehlers. Der Widerruf eines VAs dient der Anpassung an eine veränderte Sach- oder Rechtslage; teilweise geht es auch einfach darum, den Fortbestand eines VAs wegen mangelnden Interesses zu beseitigen.

464 Der Rücknahme und dem Widerruf unterliegen grundsätzlich nur wirksame VAe; nichtige VAe sind nicht wirksam und müssen deshalb weder widerrufen noch zurückgenommen werden (§ 43 Abs. 3 VwVfG). Die Behörde kann die Frage, ob ein VA nichtig oder rechtswidrig ist, nicht unbeantwortet lassen. Ist ein VA lediglich rechtswidrig, können sich für den Bürger an die Rücknahme oder den Widerruf aus dem Gesichtspunkt des Vertrauensschutzes günstige Folgen knüpfen, über welche zu entscheiden ist. Zu beachten ist auch, dass ein rechtswidriger VA geheilt werden kann; liegt Heilung vor, entfällt die Rücknahme. Widerrufen werden kann ein VA auch dann, wenn er rechtswidrig ist; die Rücknahmegründe erweitern die Widerrufsmöglichkeiten[6]. Im Falle eines Widerrufs kann deshalb die Frage, ob der VA rechtmäßig oder rechtswidrig ist, unentschieden bleiben.

465 Rücknahme und Widerruf müssen selbst rechtmäßig sein – also den formellen Anforderungen eines VAs genügen und materiell-rechtlich von den §§ 48 oder 49 VwVfG gedeckt sein. §§ 48, 49 VwVfG sind materiell-rechtliche Ermächtigungsgrundlagen[7].

466 Die §§ 48, 49 VwVfG gelten nicht, wenn das VwVfG nicht zur Anwendung gelangt. Dem VwVfG-Bund gehen bundesgesetzliche Vorschriften über die Rücknahme oder den Widerruf eines VAs vor.

Auch dann, wenn in einem Gesetz den §§ 48, 49 VwVfG entsprechende Spezialregelungen fehlen, können die §§ 48, 49 VwVfG verdrängt sein. Das ist der Fall, wenn eine klare Zielsetzung des Spezialgesetzes dahin festgestellt werden kann, auf der Grundlage des § 1 VwVfG die Vorschriften der §§ 48, 49 VwVfG nicht zur Anwendung gelangen zu lassen.

---

5 BVerwGE, 84, 111; BVerwG, DVBl 1990, 306.
6 BVerwG, NVwZ 1987, 498.
7 BVerwG, NVwZ 1984, 36.

2. Die Rücknahme

a) Die Rücknahme eines rechtswidrigen belastenden Verwaltungsakts, § 48 Abs. 1 Satz 1 VwVfG

Nach § 48 Abs. 1 Satz 1 VwVfG kann ein rechtswidriger VA, auch nachdem er unanfechtbar geworden ist, ganz oder teilweise mit Wirkung für die Zukunft oder für die Vergangenheit zurückgenommen werden. Die Norm stellt den Grundsatz auf, dass jeder rechtswidrige VA voraussetzungslos zurückgenommen werden darf. **467**

Der Grundsatz des § 48 Abs. 1 Satz 1 VwVfG gilt für rechtswidrige belastende VAe. Unerheblich ist, ob der VA unanfechtbar geworden ist oder nicht. Die Rücknahme kann sich auf den vollständigen VA oder auf einzelne Teile des VAs beziehen, wenn der VA teilbar ist. Die Rücknahme kann mit Wirkung für die Zukunft oder für die Vergangenheit ausgesprochen werden. **468**

Der Gedanke des Vertrauensschutzes stellt sich bei rechtswidrigen belastenden VAen nicht. Das Gesetz schützt in diesem Fall das Vertrauen nicht.

Der Grundsatz der Rücknehmbarkeit besteht unabhängig von einer noch möglichen Anfechtung eines VAs. Die formelle Bestandskraft hindert die Rücknahme nicht. Auch der bereits vorgenommene Vollzug eines VAs steht der Rücknahme nicht entgegen.

Die Rücknahme steht nach § 48 Abs. 1 Satz 1 VwVfG im Ermessen der Behörde. Die Rücknehmbarkeit scheidet aus, wenn die Behörde auf ihr Rücknahmerecht verzichtet oder es verwirkt hat[8].

b) Die Rücknahme eines rechtswidrigen begünstigenden Verwaltungsakts, § 48 Abs. 1 Satz 2 VwVfG

Nach § 48 Abs. 1 Satz 2 VwVfG ist für den rechtswidrigen, aber begünstigenden VA der Grundsatz der freien Rücknehmbarkeit eingeschränkt. Die Rücknahme ist nur unter den einschränkenden Voraussetzungen der Absätze 2–4 zulässig. Insoweit sind zwei Fallgestaltungen zu unterscheiden: der Fall der einmaligen oder laufenden Geldleistung oder teilbaren Sachleistung sowie der Fall eines sonstigen VAs. **469**

aa) Der Geld- oder Sachleistungen betreffende Verwaltungsakt

§ 48 Abs. 2 VwVfG betrifft den rechtswidrigen VA, der eine einmalige oder laufende Geldleistung oder teilbare Sachleistung gewährt oder hierfür Voraussetzung ist. Erfasst werden alle Geldleistungen dem Grunde und/oder der Höhe nach. Der VA muss die Geldleistung bzw. seine Feststellung als unmittelbaren Regelungsgehalt enthalten; betrifft der Regelungsgehalt nur mittelbar eine Geldleistung oder die Voraussetzung für eine Geldleistung, so richtet sich die Rücknehmbarkeit des VAs nach § 48 Abs. 3 VwVfG. **470**

8 BVerwG, NVwZ 1983, 159; NVwZ 1984, 520.

Sachleistungen betreffen Sachen als körperliche Gegenstände iSv § 90 BGB. Dienstleistungen erfasst § 48 Abs. 2 VwVfG nicht.

471 Nach § 48 Abs. 2 VwVfG dürfen die gerade dargelegten Leistungen nicht zurückgenommen werden, soweit der Begünstigte auf den Bestand des VAs vertraut hat und sein Vertrauen unter Abwägung mit dem öffentlichen Interesse an einer Rücknahme schutzwürdig ist. Vertrauensschutz existiert demnach bei der Erfüllung zweier Voraussetzungen: Bei dem Begünstigten muss sich Vertrauen entwickelt haben; eine Abwägung dieses Vertrauens mit dem öffentlichen Interesse an einer Rücknahme muss zur Schutzwürdigkeit des Vertrauens führen. Subjektiv muss der Betroffene auf den Bestand des VAs vertraut und dieses Vertrauen auch ins Werk gesetzt haben (Vertrauensbetätigung)[9], objektiv muss das Vertrauen schutzwürdig sein.

472 Ein Vertrauenstatbestand ist nach § 48 Abs. 2 Satz 2 VwVfG in der Regel vorhanden, wenn der Begünstigte gewährte Leistungen verbraucht oder eine Vermögensdisposition getroffen hat, die er nicht mehr oder nur unter unzumutbaren Nachteilen rückgängig machen kann. Es handelt sich um Regelbeispiele für den Vertrauenstatbestand. Ein Leistungsverbrauch fehlt, wenn eine Geldleistung zur Schuldentilgung oder zur Zahlung von Anschaffungen verwendet wird, die wertmäßig im Vermögen des Begünstigten noch vorhanden sind[10]. Leistungsverbrauch und Vermögensdisposition müssen in ursächlichem Zusammenhang mit dem Vertrauen in den Bestand des VAs stehen. Vermögensdisposition iSd Gesetzes ist jedes Verhalten, welches Auswirkungen auf den Vermögensstand hat; dazu zählen auch Unterlassungen. – Es ist im Einzelfall möglich, dass auch im Falle des Verbrauchs von Leistungen das Vertrauen entfällt; das öffentliche Interesse an der Rücknahme eines VAs kann im Einzelfall das private Interesse am Bestand des VAs überwiegen (z.B. bei Widerrufsvorbehalt).

In anderen Fällen als in den in § 48 Abs. 2 Satz 2 VwVfG genannten ist Vertrauensschutz nicht ausgeschlossen. Die Norm setzt einen Maßstab, der an andere Fälle anzulegen ist.

473 Wenn ein Vertrauenstatbestand vorhanden ist, dann muss dieses Vertrauen schutzwürdig sein; § 48 Abs. 2 Satz 3 VwVfG enthält Beispiele, wann Vertrauen nicht schutzwürdig ist (Nr. 1: arglistige Täuschung, Drohung oder Bestechung; Nr. 2: unrichtige oder unvollständige Angaben; Nr. 3: Kennen oder Kennenmüssen der Rechtswidrigkeit). Die in Satz 3 genannten Ausschlusstatbestände sind nicht abschließend.

Nach § 48 Abs. 2 Satz 4 VwVfG ist in den Fällen des Satzes 3 der VA in der Regel mit Wirkung für die Vergangenheit zurückzunehmen.

bb) Der „sonstige" Verwaltungsakt

474 § 48 Abs. 3 VwVfG behandelt die Rücknahme eines rechtswidrigen VAs, der nicht unter Abs. 2 fällt. Diese VAe sind ohne Abwägung des Vertrauens mit dem öffentlichen

---

9 BVerwG, NVwZ 1984, 716 f.
10 BVerwG, BayVBl 1993, 759.

Interesse an der Rücknahme rücknehmbar. Absatz 3 unterscheidet sich von Absatz 2 insoweit, als der Vertrauensschutz nicht mehr Hinderungsgrund für eine Rücknahme ist. Erwägungen des Vertrauensschutzes sind freilich in die Ermessensentscheidung einzubringen. Ausnahmsweise hindert Vertrauensschutz die Rücknahme des VAs, wenn der Betroffene durch die Rücknahme einen immateriellen Schaden erleiden würde, vor dem ihn gerade der Bestand des VAs geschützt hat; dieser Schaden ist unersetzbar, sodass der Betroffene überhaupt nicht geschützt ist; in diesem Fall überschreitet die Rücknahme des VAs die Grenzen des Ermessens[11].

Nimmt die Behörde einen VA, der nicht unter § 48 Abs. 2 VwVfG fällt, zurück, so hat nach § 48 Abs. 3 Satz 1 VwVfG der Betroffene einen Anspruch auf Vermögensausgleich. Dieser Anspruch ist ein verwaltungsrechtlicher, vom Verschulden der Behörde unabhängiger Anspruch sui generis; neben ihm können andere Ansprüche, z.B. der Amtshaftungsanspruch bestehen. Der Anspruch ist antragsbedingt; für den Antrag besteht eine bestimmte Form nicht. **475**

Voraussetzung für den Anspruch ist, dass der von der Rücknahme des VAs Betroffene auf den Bestand des VAs vertraut hat und sein Vertrauen schutzwürdig ist, § 48 Abs. 3 Satz 1 VwVfG. – Der Anspruch ist auf Geldersatz gerichtet; naturgemäß entfällt die Naturalrestitution. Dem Betroffenen ist das Vertrauensinteresse zu ersetzen. Der Anspruch kann nach § 48 Abs. 3 Satz 5 VwVfG nur innerhalb eines Jahres geltend gemacht werden; die Frist beginnt zu laufen, sobald die Behörde den Betroffenen auf sie hingewiesen hat. **476**

cc) Weitere Rücknahmevoraussetzungen

Nach § 48 Abs. 4 Satz 1 VwVfG ist die Rücknahme eines rechtswidrigen VAs nur innerhalb eines Jahres möglich; die Frist läuft von dem Zeitpunkt an, ab dem die Behörde von Tatsachen Kenntnis erlangt, welche die Rücknahme eines rechtswidrigen VAs rechtfertigen. Die Jahresfrist gilt nur für begünstigende VAe; belastende VAe sind zeitlich unbeschränkt rücknehmbar. Das gleiche gilt für VAe, die unter den Voraussetzungen des Absatzes 2 Satz 3 Nr. 1 VwVfG zustande gekommen sind, s. § 48 Abs. 4 Satz 2 VwVfG. **477**

Die Bestimmung der Jahresfrist bereitet in der Praxis erhebliche Probleme. Die Frist beginnt zu laufen, wenn die Behörde Kenntnis von Tatsachen hat, die die Rücknahme rechtfertigen; die Frist berechnet sich also nicht vom Erlass des VAs an. **478**

Das Gesetz fordert „Kenntnis" der Behörde; Kennenmüssen ist deshalb nicht hinreichend[12], „positive" Kenntnis ist notwendig. – Nach dem Sinn der Regelung ist als Behörde die Stelle der Verwaltungsorganisation zu verstehen, die über die Rücknahme des VAs zu entscheiden hat[13]. Die Entscheidungsfrist läuft nach voller Tatsachenkennt- **479**

11 Vgl. h.M.: *Pietzcker*, NJW 1981, 2092; *Wendt*, JA 1980, 90; *Schenke*, DÖV 1983, 322 f.
12 BVerwGE 70, 356.
13 BVerwGE 70, 356.

nis ohne Rücksichtnahme auf vorhandene Rechtskenntnisse der Behörde[14]. Die Frist ist keine Bearbeitungs-, sondern eine Entscheidungsfrist.

480 Nach § 48 Abs. 5 VwVfG entscheidet über die Rücknahme des VAs die nach § 3 VwVfG zuständige Behörde; diese Behörde ist auch dann zuständig, wenn der zurückzunehmende VA von einer anderen Behörde erlassen worden ist. Die Rücknahmeentscheidung selbst ist VA; dieser VA muss die Zuständigkeits- und Formvorschriften wahren. Wenn der zurückzunehmende VA nur in Schriftform erlassen werden darf, so gilt dieses Formerfordernis auch für seine Rücknahme. Adressat des Rücknahme-VAs ist der (noch) Begünstigte; bei objektgebundenen VAen ist Adressat der z.Zt. der Rücknahme dinglich Berechtigte.

3. Der Widerruf von Verwaltungsakten

a) Der Widerruf eines rechtmäßigen nicht begünstigenden Verwaltungsakts, § 49 Abs. 1 VwVfG

481 Nach § 49 Abs. 1 VwVfG kann ein rechtmäßiger nicht begünstigender VA, auch nachdem er unanfechtbar geworden ist, ganz oder teilweise mit Wirkung für die Zukunft widerrufen werden, außer wenn ein VA gleichen Inhalts erneut erlassen werden müsste oder aus anderen Gründen ein Widerruf unzulässig ist.

§ 49 Abs. 1 VwVfG erfasst rechtmäßige VAe. Ein nichtbegünstigender VA iSd Norm ist folglich ein belastender VA.

482 Der Widerruf steht im Ermessen der Behörde. Das Ermessen muss entsprechend begründet werden. Die Grenzen des § 40 VwVfG sind einzuhalten. Nur sachgemäße Gründe erlauben den Widerruf. Das Übermaßverbot erlangt besondere Bedeutung; es ist immer zu prüfen, ob weniger einschneidende Mittel anstelle des Widerrufs ergriffen werden können.

483 Der Widerruf ist in folgenden Fällen gesetzlich ausgeschlossen: Ein belastender VA kann nicht widerrufen werden, wenn ein VA mit gleichem Inhalt erneut erlassen werden müsste. Das ist der Fall bei einer Ermessensreduzierung auf Null oder bei einer Selbstbindung der Verwaltung. Der Widerruf eines belastenden VAs entfällt ferner, wenn der Widerruf aus anderen Gründen unzulässig ist. Die weite Fassung des Gesetzes ermöglicht, Widerrufsverbote gesetzlichen Bestimmungen, dem Sinn und Zweck einer Regelung oder allgemeinen Rechtsgrundsätzen zu entnehmen. Ferner sind Gründe erfasst, die nur verwaltungsintern wirken; verwaltungsinterne Weisungen, Erlasse sowie Verwaltungsvorschriften sind zu beachten. Diese internen Regelungen erhalten über § 49 Abs. 1 VwVfG Außenwirkung mit der Folge, dass ein Verstoß gegen sie zur Rechtswidrigkeit des Widerrufs führt.

484 Der Widerruf kann ganz oder teilweise erfolgen. Insoweit entscheidend ist die Teilbarkeit des VAs. Der Widerruf kann nur mit Wirkung für die Zukunft ausgeübt werden; ein rückwirkender Widerruf ist nicht möglich.

---

14 BVerwGE 100, 199 ff.

b) Der Widerruf eines rechtmäßigen begünstigenden Verwaltungsakts, § 49 Abs. 2, 3 VwVfG

Nach § 49 Abs. 2 Satz 1 VwVfG darf ein rechtmäßiger begünstigender VA, auch nachdem er unanfechtbar geworden ist, ganz oder teilweise mit Wirkung für die Zukunft in insgesamt fünf Fällen widerrufen werden. Absatz 2 enthält eine abschließende Regelung. Eine allgemeine Widerrufsmöglichkeit, evtl. gestützt auf ein öffentliches Interesse, existiert nicht. Die Norm räumt Ermessen ein; insoweit gilt das zuvor zu § 49 Abs. 1 VwVfG Gesagte entsprechend. Die Widerrufsmöglichkeit besteht unabhängig davon, ob der VA anfechtbar oder unanfechtbar ist. Die Widerrufsmöglichkeit besteht nur mit Wirkung für die Zukunft. **485**

§ 49 Abs. 2 VwVfG erfasst alle begünstigenden VAe. Auch rechtsgestaltende VAe dürfen widerrufen werden.

Nach Nr. 1 ist ein Widerruf zulässig, wenn er durch Rechtsvorschrift zugelassen oder im VA vorbehalten ist. **486**

Bei einer gesetzlichen Widerrufsmöglichkeit ist der Widerruf im Rahmen der Zweckbestimmung des Gesetzes zulässig. – Für den im VA vorbehaltenen Widerruf ist entscheidend, ob die Beifügung des Widerrufsvorbehalts rechtmäßig ist. Das ist insbesondere dann nicht der Fall, wenn ein Gesetz die Widerrufsgründe abschließend aufführt oder wenn ein Rechtsanspruch auf den VA ohne Widerrufsvorbehalt bestand. Ist ein Widerrufsvorbehalt rechtmäßig dem VA beigefügt worden, so darf gleichwohl nicht beliebig widerrufen werden. Enthält der Widerrufsvorbehalt besondere Gründe, so müssen diese erfüllt sein. Wenn solche Gründe im Einzelfall fehlen, müssen besondere Gründe des öffentlichen Interesses vorliegen, die den Widerruf erfordern. In der Begründung des Widerrufsbescheids muss die Behörde diese Gründe darlegen.

Nr. 2 erlaubt den Widerruf, wenn mit dem VA eine Auflage verbunden ist und der Begünstigte diese nicht oder nicht innerhalb einer ihm gesetzten Frist erfüllt hat. Mit „Auflage" ist die Nebenbestimmung iSd § 36 Abs. 2 Nr. 4 VwVfG gemeint. Für den Widerruf allein bedeutsam ist das öffentliche Interesse an der Durchsetzung des mit der Auflage verbundenen Zwecks. **487**

Der Grundsatz der Verhältnismäßigkeit kann erfordern, dass vor dem Widerruf die Vollstreckung der Auflage versucht werden muss. Das Übermaßverbot steht einem Widerruf ferner entgegen, wenn eine unwesentliche Auflage unerfüllt geblieben ist.

Nach Nr. 3 ist der Widerruf zulässig, wenn die Behörde aufgrund nachträglich eingetretener Tatsachen berechtigt war, den VA nicht zu erlassen, und wenn ohne den Widerruf das öffentliche Interesse gefährdet würde. Nr. 3 hat demnach zwei Tatbestandsvoraussetzungen zum Inhalt: zum einen den Eintritt nachträglicher Tatsachen, zum anderen eine Gefährdung des öffentlichen Interesses. – Die nachträglich eingetretenen Tatsachen müssen Veränderungen in den sachlichen Voraussetzungen des VAs ergeben. Entscheidend ist, dass die nachträglich bekannt gewordenen Tatsachen, wären sie bei Erlass des VAs bekannt gewesen, die Behörde berechtigt hätten, den VA nicht zu erlassen. **488**

„Berechtigt“ ist eine weite Formulierung; sie erfasst auch Tatsachen, die für Zweckmäßigkeitserwägungen bedeutsam gewesen wären. Ein Widerruf nach Nr. 3 (und nach Nr. 4) entfällt freilich, wenn die Bindungswirkung des VAs darauf abzielt, vor nachträglichen Änderungen der Sach- und Rechtslage zu schützen (z.B. Bestandsschutz einer Baugenehmigung).

Eine Gefährdung des öffentlichen Interesses liegt vor, wenn der Bestand des VAs das öffentliche Interesse konkret gefährdet[15]. Die Gefährdung öffentlicher Interessen und die Änderung der Tatsachen müssen in einem Zusammenhang stehen. Die Behörde darf nur das öffentliche Interesse berücksichtigen, dessen Wahrung ihr Aufgabenbereich ist; diese Begrenzung ergibt sich daraus, dass die Befugnis der Behörde bei einem Widerruf nicht weitergehen kann als beim Erlass eines VAs. – Hat der Begünstigte von dem VA schon Gebrauch gemacht, ist dieser Umstand bei der Ermessensentscheidung zu berücksichtigen.

489 Nach Nr. 4 ist der Widerruf erlaubt, wenn die Behörde aufgrund einer geänderten Rechtsvorschrift berechtigt wäre, den VA nicht zu erlassen, sobald der Begünstigte von der Vergünstigung noch keinen Gebrauch gemacht oder aufgrund des VAs noch keine Leistungen empfangen hat und wenn ohne den Widerruf das öffentliche Interesse gefährdet würde. Nr. 4 erfasst die nachträgliche Änderung der Rechtslage im Gegensatz zu Nr. 3, die die nachträgliche Änderung der Sachlage zum Gegenstand hat. Nr. 4 hat ebenfalls wie Nr. 3 zwei Tatbestandsvoraussetzungen: zum einen die Änderung der Sachlage, zum anderen die Gefährdung des öffentlichen Interesses; hinzu kommt aber, dass der Begünstigte von der Vergünstigung noch keinen Gebrauch gemacht oder aufgrund des VAs noch keine Leistungen empfangen hat; insoweit ist ein Unterschied zu Nr. 3 vorhanden. – Unter „geänderter Rechtsvorschrift“ bzw. „Änderung der Rechtslage“ ist eine entscheidungserhebliche Veränderung der rechtlichen Voraussetzungen zu verstehen, die dem VA bei seinem Erlass zugrunde gelegen haben[16]. – Keine Änderung der Rechtslage stellt eine Änderung der Verwaltungspraxis dar[17], weil sie ohne allgemein verbindliche Außenwirkung bleibt. Gerichtliche Entscheidungen über die Gültigkeit von Rechtsvorschriften bewirken keine Änderung der Rechtslage, selbst dann, wenn sie Gesetzeskraft entfalten[18].

Der Begünstigte des VAs darf von der Begünstigung noch keinen Gebrauch gemacht haben oder aufgrund des VAs noch keine Leistungen empfangen haben. Dieses ist eine Ausprägung des Vertrauensschutzes.

490 Nach Nr. 5 ist schließlich ein Widerruf des VAs erlaubt, um schwere Nachteile für das Gemeinwohl zu verhüten oder zu beseitigen. „Schwere Nachteile für das Gemeinwohl“ liegen vor, wenn besondere, erhebliche, überragende Interessen der Allgemeinheit den Widerruf des VAs gebieten. Eine bloße Beeinträchtigung des öffentlichen Interesses ist nicht hinreichend.

15 VGH BW, NVwZ-RR 1989, 540 f.
16 BVerwG, NVwZ 1988, 627.
17 VG Berlin, NJW 1981, 2596.
18 BVerfGE 20, 235; BVerwG, NJW 1981, 2595.

Nach § 49 Abs. 2 Satz 2 VwVfG gilt § 48 Abs. 4 VwVfG entsprechend; der Widerruf des VAs ist somit nur innerhalb eines Jahres seit dem Zeitpunkt der Kenntnisnahme von Tatsachen, welche den Widerruf des VAs rechtfertigen, möglich.

§ 49 Abs. 3 Satz 1 VwVfG erlaubt es der zuständigen Behörde (Ermessen: „kann"), einen rechtmäßigen VA, der eine einmalige oder laufende Geldleistung oder teilbare Sachleistung zur Erfüllung eines bestimmten Zwecks gewährt oder hierfür Voraussetzung ist – die Norm hat ersichtlich die Subvention zum Gegenstand und dient der Korrektur fehlgeschlagener Subventionsverhältnisse –, zu widerrufen. Die Widerrufsmöglichkeit gilt mit Wirkung für die Vergangenheit (darin liegt ein Unterschied zu Absatz 2); die Unanfechtbarkeit des VAs ist bedeutungslos; der Widerruf kann den VA ganz oder teilweise betreffen. Voraussetzung für den rechtmäßigen Widerruf ist das Vorliegen eines der beiden Fälle: **491**

- entweder: wenn die Leistung nicht alsbald nach der Erbringung oder nicht mehr für den in dem VA bestimmten Zweck verwendet wird;
- oder: wenn mit dem VA eine Auflage verbunden ist und der Begünstigte diese nicht oder nicht innerhalb einer ihm gesetzten Frist erfüllt hat.

Nach § 49 Abs. 3 Satz 2 VwVfG gilt § 48 Abs. 4 VwVfG entsprechend – die in Bezug genommene Norm regelt eine Frist für die Behörde.

Nach § 49 Abs. 4 VwVfG wird der widerrufene VA mit dem Wirksamwerden des Widerrufs unwirksam, es sei denn, die Behörde bestimmt einen späteren Zeitpunkt. § 49 Abs. 4 VwVfG ergänzt §§ 43 Abs. 2 und 49 Abs. 1–3 VwVfG. **492**

Die für den Widerruf zuständige Behörde legt § 49 Abs. 5 VwVfG fest. Die Widerrufsentscheidung ergeht in einem neuen Verwaltungsverfahren. **493**

Nach § 49 Abs. 6 VwVfG steht demjenigen, der vom Widerruf eines VAs betroffen ist, unter bestimmten Voraussetzungen ein Ersatz des Vermögensnachteils zu. Ein Ersatz des Vermögensnachteils wird nur gewährt in den Fällen des § 49 Abs. 2 Nrn. 3–5 VwVfG. Nach § 49 Abs. 6 Satz 3 VwVfG ist für Streitigkeiten über die Entschädigung der ordentliche Rechtsweg gegeben. **494**

III. Das Ermessen der Verwaltung

1. Allgemeines

Mit Blick auf das zu vollziehende Recht sind zwei Fälle zu unterscheiden: **495**

- Die durch das Gesetz ausgesprochene Bindung der Verwaltungsbehörden ist strikt; den Verwaltungsbehörden fehlt ein Entscheidungsspielraum, ob und wie sie das Recht zu vollziehen haben.
- Von Normen dieser Qualität zu unterscheiden sind solche, die der Behörde eine Entscheidungsfreiheit einräumen, ob und wie sie von der Rechtsfolge einer Norm Gebrauch macht. Normen, die der Verwaltung eine Entscheidungsfreiheit der zuvor angesprochenen Qualität gewähren, heißen Ermessensvorschriften.

496 Bekanntlich lässt sich eine Norm in den Tatbestand und die Rechtfolge spalten. Der das Gesetz vollziehenden Behörde ist Ermessen genau dann eingeräumt, wenn sie bei Erfüllung eines Tatbestands die Wahl zwischen verschiedenen Reaktionsmöglichkeiten hat. An die Verwirklichung des Tatbestands ist also nicht eine einzige/definitive Rechtsfolge geknüpft, sondern eine an die Verwaltung gerichtete Ermächtigung, die Rechtsfolge eigenständig festzulegen. Insoweit sind zwei Fälle zu unterscheiden: (1) Der Behörde werden mehrere Handlungsvarianten angeboten; (2) der Behörde wird ein gewisser Handlungsbereich eröffnet.

497 Es gibt zwei Formen der Ermessenseinräumung: Erstens das Entschließungsermessen, es räumt der Verwaltung Entscheidungsfreiheit insoweit ein, ob sie überhaupt eine bestimmte Maßnahme ergreifen will; zweitens das Auswahlermessen, es räumt der Verwaltung Entscheidungsfreiheit insoweit ein, welche von verschiedenen denkbaren Maßnahmen sie wählt, wenn sie ihr Entschließungsermessen positiv ausgeübt hat.

Jede Verwaltungsentscheidung ist rechtmäßig, die den Rahmen des Ermessens beachtet.

498 Ob der Verwaltung Ermessen eingeräumt ist, ergibt sich aus dem Gesetz. Gesetzestechnisch sind vier Fälle zu unterscheiden:

- Das Gesetz selbst spricht von Ermessen, dieser Fall ist freilich selten.
- Die Einräumung von Ermessen ergibt sich aus dem Gesamtzusammenhang der Regelung, auch dieser Fall ist nicht häufig.
- Das Ermessen wird durch Formulierungen wie „kann“, „darf“ und „ist berechtigt“ oder ähnliche Wendungen eingeräumt.
- Das Ermessen wird durch eine sog. „Sollvorschrift“ gewährt.

499 Den Umstand, dass die Behörde zu einem bestimmten Handeln verpflichtet ist, es sich also um einen Fall der gebundenen Verwaltung handelt, bringt der Gesetzgeber mit Formulierungen wie „ist“, „muss“, „darf nicht“, „hat“ zum Ausdruck.

500 Die „Sollvorschrift“ steht zwischen der „Mussvorschrift“ auf der einen Seite und der „Kannvorschrift“ auf der anderen Seite. „Sollvorschriften“ sind in der Weise zu verstehen, dass die Behörde bei Erfüllung der gesetzlichen Voraussetzungen zum Handeln verpflichtet ist, aber in Ausnahmefällen von einem Einschreiten absehen kann.

Das der Behörde eingeräumte Ermessen ist immer ein rechtlich gebundenes Ermessen. Es handelt sich immer um „pflichtgemäßes“ Ermessen.

2. Ermessensfehler

501 Es werden drei Ermessensfehler unterschieden: Ermessensüberschreitung, Ermessensnichtgebrauch (Ermessensunterschreitung), Ermessensfehlgebrauch (Ermessensmissbrauch). Unabhängig von diesen Fehlern gibt es den Verstoß gegen objektive Schranken der Ermessensausübung.

502 Von **Ermessensüberschreitung** ist zu sprechen, wenn die Behörde eine Rechtsfolge wählt, die die Rechtsnorm nicht mehr einräumt.

Ein **Ermessensnichtgebrauch** liegt vor, wenn die Behörde trotz des ihr vom Gesetz eingeräumten Ermessens nicht in Ermessenserwägungen eintritt. Ein Grund dafür kann sein, dass die Behörde das ihr eingeräumte Ermessen übersieht und annimmt, es handele sich um einen Fall der gebundenen Verwaltung. **503**

Ein **Ermessensfehlgebrauch** ist festzustellen, wenn die Behörde nicht alles, was nach Lage der Dinge berücksichtigungsbedürftig ist, in die Entscheidungsfindung einbezieht oder sich bei dieser von Gesichtspunkten leiten lässt, die keinen Einfluss auf die Entscheidung haben dürfen. Der erste Fall, ein Unterfall des Ermessensfehlgebrauchs, heißt Abwägungsdefizit. Der zweite Fall, also die Verfolgung eines sachfremden Zwecks oder eines unsachlichen Motivs, ist der sog. Ermessensmissbrauch. Sachangemessen sind Erwägungen, die dem Normzweck entsprechen, bei gesetzesfreien Maßnahmen ist die objektive Funktion der Maßnahme entscheidend. Einen Ermessensfehlgebrauch stellt auch die fehlerhafte Gewichtung der in die Entscheidung einzubringenden Gesichtspunkte dar. Der Fall heißt Abwägungsdisproportionalität. **504**

Als objektive Schranken des Ermessens sind die Grundrechte[19] und die allgemeinen Grundsätze für das Verwaltungshandeln, insbesondere der Grundsatz der Geeignetheit, der Erforderlichkeit und der Verhältnismäßigkeit im engeren Sinne, zu beachten. Wird gegen diese Grundsätze verstoßen, so ist die Ermessensentscheidung fehlerhaft. **505**

§ 114 Satz 2 VwGO besagt, dass die Verwaltungsbehörde ihre Ermessenserwägungen hinsichtlich des VAs noch im gerichtlichen Verfahren ergänzen kann. Liegt ein Ermessensausfall vor, kommt diese Norm nicht zur Anwendung.

3. Ermessensreduzierung auf Null

Ermessen bedeutet die Auswahl unter mehreren Entscheidungsmöglichkeiten. Es gibt freilich Fälle, in denen nur eine Entscheidung rechtmäßig ist. In diesen Fällen besteht kein Ermessen mehr, sondern es schrumpft auf lediglich eine Entscheidungsmöglichkeit. Diesen Fall kennt man als „Ermessensreduzierung auf Null“ oder „Ermessensschrumpfung“. Aus der Ermessensentscheidung wird in diesem Fall eine gebundene Entscheidung. Bei erheblichen Gefahren für bedeutsame Rechtsgüter kann der Ermessensspielraum der Behörden schrumpfen und sich zu einer Eingriffspflicht verdichten. Bei schweren Gefahren für Leib und Leben sowie bei der Gefahr erheblicher Vermögensschäden ist sie gegeben. Ferner kann sich eine Ermessensreduzierung auf Null auch als Folge der Geltung von Grundrechten oder sonstiger Verfassungsgrundsätze ergeben. **506**

19 BVerwG, DVBl 1995, 47.

Fall 3**

Blue suede shoes

Schwerpunkte: Der Vorrang spezieller Normen gegenüber dem Verwaltungsverfahrensgesetz; Identifizierung einer Nebenbestimmung zum Verwaltungsakt; Nichtigkeit eines Verwaltungsakts

507 In der Innenstadt von Potsdam befindet sich ein Kellerlokal, in dem die „Bluespower unlimited" regelmäßig auftreten. A ist Pächter dieses Lokals. Vorwiegend ältere Herren, durch harte Arbeit nicht verarmt, entspannen sich hier, den Soundtrack ihrer kargen Jugend genießend, gelegentlich von jungen Damen begleitet. Da bei einer in denselben Räumen zuvor betriebenen Gaststätte gleichen Stils die Anwohner erheblichen Lärm ertragen mussten und der Gehsteig häufig durch PKW voll gestellt war, hatte die zuständige Behörde der Erlaubnis des A zum Betrieb der Gaststätte u.a. folgende „Genehmigungsbedingung" hinzugefügt: „Sie haben Vorsorge zu treffen, dass auf der Verkehrsfläche in unmittelbarer Nähe Ihres Lokals keine Fahrzeuge jeglicher Art durch Besucher Ihrer Gaststätte abgestellt werden."

Nach Inbetriebnahme der Gaststätte stellte die Ordnungsbehörde bei Kontrollen fest, dass PKW den gesamten Gehweg um das Kellerlokal versperrten und daher Fußgänger gezwungen waren, zum Vorbeigehen die Fahrbahn zu betreten. Die Stadt setzte daraufhin am 1.8.2003 dem A eine Frist von vier Wochen, „seinen Verpflichtungen aus der Erlaubnis nachzukommen". Da sich nach Ablauf dieser Frist an der Verkehrssituation nichts änderte, widerrief die Stadt am 1.9.2003 die Erlaubnis.

A ist der Meinung, die Maßnahme könne aus folgenden Gründen keinen Bestand haben: Die der Erlaubnis beigefügte „Auflage" verpflichte ihn zu einer für ihn nicht möglichen Leistung. Er habe einen verkehrsgünstig gelegenen Abstellplatz für PKW eingerichtet und mehrfach durch Mikrofonaufruf seine Gäste aufgefordert, ihre PKW ordnungsgemäß abzustellen; seine männlichen Gäste seien aber Gentlemen, die ihren Damen in der Nacht längere Wege mit ihren blue suede shoes nicht zumuteten. Er habe ferner seine Angestellten beauftragt, bei den vor der Gaststätte abgestellten PKW die Luft aus den Reifen zu lassen; das sei indes kontraproduktiv, da nunmehr der Gehsteig wegen Unbeweglichkeit der PKW noch länger versperrt sei. In jedem Fall sei die fragliche Anordnung zu unbestimmt. Beide Mängel würden die Auflage nichtig und daher unbeachtlich machen. Es sei also nicht gerechtfertigt, den Widerruf der Erlaubnis auf sie zu stützen.

Wie ist die Rechtslage?

Vorüberlegung

Wie bei Fall 1 und 2 ist hier allein nach der materiellen Rechtslage gefragt. Es ist von einer Erlaubnis nach dem Gaststättengesetz die Rede. Der Bearbeiter muss in Kenntnis des § 1 Abs. 1 VwVfG deshalb fragen, ob das Gaststättengesetz eventuell Recht betreffend die Aufhebung eines Verwaltungsakts enthält. Dieses wäre gegenüber dem VwVfG vorrangig. **508**

Gliederung

A. Der Widerruf als belastender Verwaltungsakt **509**
- I. Rechtsgrundlage des Widerrufs
- II. Die Rechtsnatur der Nebenbestimmung

B. Die Wirksamkeit der Auflage
- I. § 43 VwVfG als Ausgangspunkt
- II. Die Nichtigkeit der Auflage
  1. § 44 Abs. 2 VwVfG als lex specialis
  2. § 44 Abs. 3 VwVfG als weitere lex specialis
  3. Die Generalklausel § 44 Abs. 1 VwVfG
  4. Ergebnis
- III. Die Rechtswidrigkeit der Auflage?
  1. Rechtliche Unmöglichkeit und Unbestimmtheit
  2. Verstoß gegen den Grundsatz der Verhältnismäßigkeit
  3. Ergebnis

C. Sonstige Rechtswidrigkeitsgründe

D. Ergebnis

Lösung

Der Widerruf ist rechtmäßig, wenn er formell und materiell fehlerfrei erlassen worden ist.

A. Der Widerruf als belastender Verwaltungsakt

510 Der Widerruf beseitigt einen begünstigenden Verwaltungsakt, nämlich die Gaststättenerlaubnis. Der Widerruf ist als belastender Verwaltungsakt zu qualifizieren. Belastende Verwaltungsakte benötigen nach dem Prinzip vom Vorbehalt des Gesetzes eine Rechtsgrundlage.

I. Rechtsgrundlage des Widerrufs

Als Rechtsgrundlage kommt § 15 Abs. 3 Nr. 2 GastG in Betracht. Voraussetzung für die Anwendung dieser Vorschrift ist 1. das Bestehen einer Erlaubnis, und 2. die Qualifikation der ihr beigefügten Nebenbestimmung als Auflage.

II. Die Rechtsnatur der Nebenbestimmung

511 Nach dem Sachverhalt ist A Inhaber einer Erlaubnis nach dem Gaststättengesetz. Dieser ist eine Nebenbestimmung beigefügt. Sie müsste als Auflage zu qualifizieren sein.

Es könnte sich um eine Auflage oder um eine Bedingung handeln. Die Nebenbestimmung bedarf der Auslegung. Was wollte die Behörde? Sie selbst spricht von „Genehmigungsbedingungen". Indes ist die Bezeichnung bedeutungslos; entscheidend ist die sachliche Qualifikation.

512 Nach § 36 Abs. 2 Nr. 2 VwVfG ist eine Nebenbestimmung als Bedingung zu charakterisieren, wenn der Eintritt einer Begünstigung oder Belastung von dem ungewissen Eintritt eines zukünftigen Ereignisses abhängt. Sollte die Wirksamkeit der Gaststättenerlaubnis davon abhängen, dass vor dem Lokal keine Autos parken? Davon kann keine Rede sein. Die Behörde wollte sicherstellen, dass während des legalen Betriebs der Gaststätte, der eine wirksame Erlaubnis voraussetzt, die Verkehrsfläche vor dem Lokal frei ist. Die Behörde wollte mithin Zusätzliches regeln, nicht aber die Erlaubnis und die Nebenbestimmung in ein Bedingungsverhältnis zueinander setzen. Für die Richtigkeit dieser Auffassung spricht ferner, dass die Behörde ihre Erlaubnis widerruft; das wäre nicht nötig, wenn wegen des Eintritts einer auflösenden Bedingung die Wirksamkeit der Erlaubnis entfallen wäre. Schließlich kennt das Gaststättengesetz keine Bedingung. Endlich wäre es mit dem Gebot der Rechtssicherheit unvereinbar, wenn eine auflösende Bedingung der Erlaubnis beigefügt werden könnte; denn unter diesem Umstand wüsste der Erlaubnisinhaber niemals sicher, ob er die Gaststätte noch rechtmäßig betreibt oder wegen Eintritts der Bedingung bereits illegal. Nach alldem liegt eine Bedingung nicht vor.

Ebenfalls entfällt eine Befristung.

Die Nebenbestimmung enthält eine selbstständige Regelung neben der Erlaubnis. Sie schreibt dem A als Begünstigten ein bestimmtes Tun vor. Die Nebenbestimmung ist eine Auflage.

B. Die Wirksamkeit der Auflage

I. § 43 VwVfG als Ausgangspunkt

Die Auflage ist wirksam, wenn sie rechtmäßig oder rechtswidrig ist, § 43 Abs. 1 **513**
VwVfG; sie ist unwirksam, wenn sie nichtig ist, § 43 Abs. 3 VwVfG. Die Auflage verlangt von A, er solle dafür sorgen, dass die Straßenverkehrsordnung auf einem Teil der öffentlichen Straße, nämlich dem Bürgersteig, eingehalten werde. Für die Einhaltung der Straßenverkehrsordnung ist nach geltendem Recht niemals eine Privatperson, sondern immer eine Behörde zuständig. A kann deshalb niemals rechtlich wirksam gegen einen der Falschparker vorgehen. Ferner kann A rechtmäßig die Autos nicht entfernen, da er nicht deren Eigentümer ist. Der Bescheid verlangt von A etwas rechtlich Unmögliches. A kann die Auflage niemals erfüllen.

A behauptet ferner, die Auflage sei zu unbestimmt. Er geht von einem Verstoß gegen **514**
§ 37 Abs. 1 VwVfG aus. Ein Verstoß entfällt freilich deshalb, weil die Auflage das Instrument zur Durchsetzung der Verpflichtung rechtmäßigerweise nicht nennt (Sie haben Vorsorge zu treffen ...); es reicht die Angabe eines Ziels, damit ein Verwaltungsakt bestimmt ist. A kann freilich nicht erkennen, wann er der Auflage nachgekommen ist. Wie viele Autos er entfernen muss, ist unbekannt. Für A existiert mithin Unsicherheit. Die Auflage verstößt gegen § 37 Abs. 1 VwVfG.

II. Die Nichtigkeit der Auflage?

Weil von A etwas rechtlich Unmögliches verlangt wird und die Auflage gegen § 37 Abs. 1 VwVfG verstößt, könnte sie nichtig sein. Die Nichtigkeit eines Verwaltungsakts bestimmt sich nach § 44 VwVfG.

1. § 44 Abs. 2 VwVfG als lex specialis

a) Mit Blick auf die rechtliche Unmöglichkeit ist vorrangig § 44 Abs. 2 VwVfG als **515**
Spezialvorschrift zu prüfen. Diese Norm nennt in den Nrn. 1–6 die rechtliche Unmöglichkeit als Nichtigkeitsgrund nicht. Zur Anwendung könnte Nr. 4 kommen. Dann müsste A die Auflage aus tatsächlichen Gründen nicht erfüllen können. Das ist nicht der Fall; A könnte die falsch parkenden Autos abschleppen lassen, während deren Halter einen Tequila sunrise genießen.

§ 44 Abs. 2 Nr. 4 VwVfG könnte analog anzuwenden sein. Die analoge Anwendung **516**
einer Norm setzt zumindest die Existenz einer planwidrigen Lücke voraus. Der Gesetzgeber hätte danach den Fall der rechtlichen Unmöglichkeit regeln wollen, es aber versehentlich unterlassen. Indes kann von einer planwidrigen Lücke im Gesetzestext nicht

gesprochen werden, weil mit Blick auf die Nichtigkeit von Verwaltungsakten § 44 Abs. 1 VwVfG eine Generalklausel enthält. Funktion einer Generalklausel ist es, alle nicht ausdrücklich geregelten Fälle zu erfassen. Die rechtliche Unmöglichkeit ist nicht ausdrücklich erfasst, also fällt sie unter die Generalklausel. Eine analoge Anwendung von Nr. 4 scheidet aus.

b) Mit Blick auf die Unbestimmtheit scheidet § 44 Abs. 2 VwVfG als Prüfungsnorm von vornherein aus.

2. § 44 Abs. 3 VwVfG als weiteres lex specialis

517 Die Nichtigkeit der Auflage – in Ansehung beider Prüfungspunkte – entfällt nicht deshalb, weil sie einem der Tatbestände des Absatzes 3 zu subsumieren wäre. Ersichtlich hat die Auflage zu keinem der dort geregelten Fälle einen näheren Bezug.

3. Die Generalklausel § 44 Abs. 1 VwVfG

Die Auflage wäre nach den Maßstäben des § 44 Abs. 1 VwVfG nichtig, wenn sie 1. an einem besonders schwer wiegenden Fehler litte und 2. dieser Fehler offenkundig wäre.

518 **a)** Regelmäßig darf davon ausgegangen werden, dass ein besonders schwerer Fehler vorliegt, wenn eine Behörde von einem Bürger etwas rechtlich Unmögliches fordert. Dieser Fehler muss ferner offenkundig sein. Ein Fehler ist dann offenkundig, wenn ihm seine Fehlerhaftigkeit entsprechend einer alten Formel „auf der Stirn geschrieben“ steht. Die Formel erfasst solche Fehler, die man sofort erkennt. Davon kann hier keine Rede sein. Es liegt zwar ein schwer wiegender Fehler vor, der indes nicht offenkundig ist. Die Voraussetzungen des § 44 Abs. 1 VwVfG sind nicht gegeben.

519 **b)** Die inhaltliche Unbestimmtheit ist ein besonders schwerer Fehler. Er ist indes nicht offenkundig, da seine Fehlerhaftigkeit sich erst nach einer Analyse, wie hier geschehen, herausstellte. Nichtigkeit der Auflage entfällt deshalb insoweit.

4. Ergebnis

Die Auflage ist kein nichtiger Verwaltungsakt nach § 44 VwVfG.

III. Die Rechtswidrigkeit der Auflage?

1. Rechtliche Unmöglichkeit und Unbestimmtheit

520 Die Auflage ist rechtswidrig, weil sie von A etwas rechtlich Unmögliches verlangt und ferner zu unbestimmt ist.

2. Verstoß gegen den Grundsatz der Verhältnismäßigkeit

Das von A mithilfe der Auflage Geforderte widerspricht dem Grundsatz der Geeignetheit der Maßnahme, weil A das Geforderte weder in seinem Umfang erkennen noch rechtlich erlaubt ausführen kann.

3. Ergebnis

Die Auflage ist rechtswidrig.

C. Sonstige Rechtswidrigkeitsgründe

Nach § 15 GastG steht der Behörde bei dem Erlass des Widerrufs Ermessen zu. Es ist **521**
nach dem Sachverhalt nicht ersichtlich, dass die Behörde einen Ermessensfehler begangen hat. Wenn überhaupt, käme die Anordnung eines falschen Mittels zur Durchsetzung der Ziele des Gaststättengesetzes in Betracht. Dieser Gesichtspunkt ist indes schon rechtlich gewürdigt worden und bildet deshalb einen weiteren Rechtswidrigkeitsgrund nicht.

D. Ergebnis

Die Auflage ist rechtswidrig. Als solche ist sie erfolgreich mit den Rechtsschutzmitteln **522**
Widerspruch und Anfechtungsklage angreifbar. Der Widerspruch entfaltet aufschiebende Wirkung. Damit ist die Auflage nicht (mehr) vollziehbar. Voraussetzung dafür ist, dass die Auflage als VA noch nicht bestandskräftig geworden ist; auch rechtswidrige VAe können bestandskräftig werden.

Wenn A gegen die Auflage noch fristgemäß Widerspruch einlegen kann, ist ihr Vollzug gehemmt. Damit läge § 15 Abs. 3 Nr. 2 GastG nicht vor. Der Widerruf der Gaststättenerlaubnis wäre rechtswidrig.

Nach dem Sachverhalt ist davon auszugehen, dass die Ein-Monats-Frist für die erfolgreiche Einlegung des Widerspruchs verstrichen ist. Eine rechtswidrige Auflage ist bestandskräftig geworden. Damit ist der „Widerruf" der Sache nach eine Verbindung von Widerruf und Rücknahme. Die Maßnahme ist bestandskräftig.

Vertiefungshinweis: *Hufen/Bickenbach*, Der Rechtsschutz gegen Nebenbestimmungen zum Verwaltungsakt, JuS 2004, 867 ff., 966 ff.

Repetitorium

Nebenbestimmungen zum Verwaltungsakt

523 Nebenaussagen zu einer Hauptregelung eines VAs nennt das VwVfG in § 36 „Nebenbestimmungen". § 36 Abs. 2 VwVfG kennt fünf Nebenbestimmungen: die Befristung, die Bedingung, den Widerrufsvorbehalt, die Auflage und den Auflagenvorbehalt.

In der verwaltungsbehördlichen Praxis spielen Nebenbestimmungen eine wesentliche Rolle. Sie dienen dem Ausräumen von Gründen, die einem Bescheid zugunsten eines Antragstellers entgegenstehen. Nebenbestimmungen erleichtern das Miteinander von Verwaltung und Bürger, indem sie der Verwaltung ermöglichen, anstelle eines schroffen „Nein" ein „Ja, aber" zuzusprechen.

524 § 36 VwVfG greift die bei den Arten von VAen getroffene Unterscheidung von gebundenen und Ermessensakten auf. Absatz 1 behandelt die Zulässigkeit von Nebenbestimmungen bei gebundenen VAen, Absatz 2 bei Ermessensentscheidungen. Diese Regelungen greifen nur dann, wenn Spezialregelungen nicht vorgehen. Es gibt solche Spezialregelungen in großer Zahl.

Hinzuweisen ist darauf, dass bestimmte VAe ihrer Natur nach nicht mit Nebenbestimmungen versehen werden können, z.B. die Beamtenernennung oder die Feststellung, dass eine Prüfung bestanden wurde.

1. Die Zulässigkeit von Nebenbestimmungen bei gebundenen Verwaltungsakten

525 § 36 Abs. 1 VwVfG erlaubt bei VAen, auf die ein Anspruch besteht, die Beifügung von Nebenbestimmungen nur in zwei Fällen. Grundsätzlich ist deshalb eine Nebenbestimmung nicht gestattet, weil sie eine Einschränkung des gesetzlich eingeräumten Anspruchs darstellt. Wenn ein gesetzlich eingeräumter Anspruch eingeschränkt werden soll, ist dafür eine eigenständige Ermächtigungsnorm erforderlich[1].

Der erste Fall des § 36 Abs. 1 VwVfG ist an sich selbstverständlich: Die Beifügung der Nebenbestimmung ist gesetzlich zugelassen.

526 Im zweiten Fall ist die Beifügung einer Nebenbestimmung erlaubt, wenn sie sicherstellen soll, dass die gesetzlichen Voraussetzungen des VAs erfüllt werden. Manchmal sagen die Gesetze dieses ausdrücklich, vgl. § 12 Abs. 1 BImSchG. Der zweite Fall des § 36 Abs. 1 VwVfG liegt vor, wenn im Zeitpunkt des Erlasses des VAs unsicher ist, dass die gesetzlichen Voraussetzungen erfüllt werden; die Beifügung der Nebenbestimmung

1 BVerwG, NJW 1980, 2266.

ist das mildere Mittel im Verhältnis zur Ablehnung des VAs[2]. Die Nebenbestimmung kann sich nur auf einzelne offene Voraussetzungen des VAs beziehen[3].

Ein Anspruch auf den Erlass eines VAs mit Nebenbestimmung besteht grundsätzlich nicht[4]. Es liegt im Ermessen der Behörde, ob sie in dieser Weise entscheidet oder den Erlass des VAs ablehnt.

2. Die Zulässigkeit von Nebenbestimmungen bei Ermessensverwaltungsakten

Bei Ermessensverwaltungsakten ist die Beifügung einer Nebenbestimmung in der Regel möglich. Die Zulässigkeit dieses Vorgehens ergibt sich aus Folgendem: Wenn die Behörde die Freiheit besitzt, den VA überhaupt zu erlassen, muss sie auch frei sein, den VA mit einer Nebenbestimmung zu versehen. **527**

§ 36 Abs. 2 VwVfG ist insoweit keine Ermächtigungsgrundlage. Deshalb darf auf seiner Basis nicht in Grundrechte eingegriffen werden.

Mithilfe von Nebenbestimmungen darf die Behörde den gesetzlichen Ermessensrahmen nicht ausdehnen. Auch bei Ermessensentscheidungen gelten die Einschränkungen des Absatzes 1 für die Sicherung der gesetzlichen Tatbestandsvoraussetzungen der Ermächtigungsnorm[5]. Innerhalb des Ermessensrahmens muss die Nebenbestimmung des Absatzes 2 ihre Rechtfertigung in dem Zweck des Gesetzes und der vom Gesetzgeber gewollten Ordnung der Materie finden[6]. **528**

3. Die einzelnen Nebenbestimmungen

a) Die Befristung

§ 36 Abs. 2 Nr. 1 VwVfG definiert die Befristung als eine „Bestimmung, nach der eine Vergünstigung oder Belastung zu einem bestimmten Zeitpunkt beginnt, endet oder für einen bestimmten Zeitraum gilt“. Die Rechtswirkungen des VAs hängen von einem zukünftigen gewissen Zeitpunkt ab: von einem Anfangstermin – aufschiebende Befristung – oder von einem Endtermin – auflösende Befristung. **529**

b) Die Bedingung

Die Bedingung ist nach § 36 Abs. 2 Nr. 2 VwVfG eine „Bestimmung, nach der der Eintritt oder der Wegfall einer Vergünstigung oder einer Belastung von dem ungewissen Eintritt eines zukünftigen Ereignisses abhängt“. Der Unterschied zur Befristung liegt darin, dass die Rechtswirkungen von einem zukünftigen ungewissen Ereignis abhängig **530**

2 S. BVerwG, DVBl 1988, 299.
3 HessVGH, NVwZ 1989, 486.
4 BVerwG, NJW 1987, 2321.
5 BVerwG, NJW 1982, 1956.
6 BVerwG, DVBl 1982, 307.

sind. Ebenso wie bei der Befristung gibt es bei der Bedingung zwei Fälle: die aufschiebende und die auflösende Bedingung.

Die bedingten Rechtswirkungen bleiben bis zum Eintritt der Bedingung in der Schwebe[7].

c) Der Widerrufsvorbehalt

531 Der Widerrufsvorbehalt ist nicht legaldefiniert. Es handelt sich der Sache nach bei dem Widerrufsvorbehalt um eine auflösende Bedingung[8].

Der Widerrufsvorbehalt macht den Adressaten des VAs darauf aufmerksam, dass der VA jederzeit widerrufen werden kann. Ein Vertrauen des Adressaten des VAs darauf, dass der VA für alle Zeit bestehen werde, kann deshalb nicht entstehen.

d) Die Auflage

532 Nach § 36 Abs. 2 Nr. 4 VwVfG ist eine Auflage eine „Bestimmung, durch die dem Begünstigten ein Tun, Dulden oder Unterlassen vorgeschrieben wird". Damit erfüllt die Auflage einen ähnlichen Zweck wie die Bedingung. Indes werden die Rechtswirkungen des VAs nicht von einem zukünftigen ungewissen Ereignis abhängig gemacht, sondern von einer eigenständigen Verpflichtung des Begünstigten des VAs. Die Auflage ist deshalb nicht nur Bestandteil des VAs, sondern eine zusätzliche Verpflichtung. Die Auflage ist selbst VA. Nebenbestimmung zu einem VA ist die Auflage deshalb, weil sie auf einen HauptVA bezogen ist; ihr Bestand und ihre Durchsetzbarkeit hängen von der Wirksamkeit des HauptVAs ab. Den Unterschied zwischen einer Bedingung und einer Auflage demonstriert der zivilrechtliche Grundsatz: „Die Bedingung suspendiert, zwingt aber nicht, die Auflage zwingt, suspendiert aber nicht"[9].

533 Die Unterscheidung zwischen Bedingung und Auflage ist aus Rechtsschutzgründen bedeutsam. Die Bedingung ist nicht selbstständig angreifbar, die Auflage als VA kann eigenständig angefochten werden.

Indiz dafür, welchen Rechtscharakter der „Zusatz" haben soll, ist die erkennbare Bedeutung, die die Erfüllung der Nebenbestimmung für die Behörde hat. Nicht entscheidend ist die Bezeichnung der Nebenbestimmung. Auch dann, wenn etwas als „Auflage" benannt wird, kann es sich um eine Bedingung handeln.

e) Der Auflagenvorbehalt

534 Nach § 36 Abs. 2 Nr. 5 VwVfG kann ein VA mit einem „Vorbehalt der nachträglichen Aufnahme, Änderung oder Ergänzung einer Auflage" versehen werden. Erlaubt ist nach dem Gesetz folglich die rechtserhebliche Ankündigung, später werde noch eine Auflage ergehen oder eine bestehende Auflage geändert. Zulässig ist dieser Vorbehalt, weil die

7 BVerwGE 29, 261.
8 OVG Berlin, NJW 1964, 1152.
9 *Ehlers*, VerwArch 1976, 370 ff.

Auflage ein selbstständiger VA ist; ein selbstständiger VA kann auch nachträglich noch erlassen werden. Ein Auflagenvorbehalt kommt regelmäßig dann in Betracht, wenn die Behörde sich offen halten will, auf spätere Änderungen der Verhältnisse zu reagieren.

Die Funktion des Auflagenvorbehalts ist die gleiche wie die des Widerrufsvorbehalts: Schutzwürdiges Vertrauen soll nicht entstehen.

Die Rechtsnatur des Auflagenvorbehalts ist streitig: bloßer Hinweis, VA wie die Auflage, Vorverwaltungsakt, Unterfall des Widerrufsvorbehalts. ME sollte der Auflagenvorbehalt als eigenständiger VA angesehen werden, weil er eine eigenständige Regelung enthält.

f) Die „modifizierende" Auflage

Von einer modifizierenden Auflage spricht man, wenn die Nebenbestimmung nicht eine **535**
zusätzliche Leistungspflicht begründet, sondern den Inhalt des VAs qualitativ verändert. Der Grund für die Schaffung der sog. modifizierenden Auflage liegt darin, dass sie wegen ihres besonderen Charakters nicht isoliert anfechtbar und aufhebbar sein soll.

Genehmigt die Baubehörde ein anderes Vorhaben als das beantragte, kann von einer **536**
Auflage keine Rede sein. ME sollte man die modifizierende Auflage aus dem Kreis der Nebenbestimmungen verbannen und einen Fall wie den beispielhaft angeführten nicht mehr als einen Fall der modifizierenden Auflage betrachten, sondern als ein Abweichen vom Bauantrag, dem unter dem Aspekt der Nebenbestimmungen eine Sonderrolle nicht zukommt. Wenn der VA im Verhältnis zum Antrag inhaltlich eingeschränkt oder verändert wird, erhält der Bürger nicht das Beantragte. Deshalb liegt eine modifizierte Genehmigung vor. Die Literatur distanziert sich deshalb von der Rechtsfigur „modifizierende Auflage". Verwendet wird dafür auch der Begriff „Inhaltsbestimmung".

Fall 4**

Der Arzt als Placebo

Schwerpunkte: Begriff des Verwaltungsakts; Eröffnung des Verwaltungsrechtswegs; Klagearten; weitere Zulässigkeitsvoraussetzungen einer Klage

537 Der Heilpraktiker und praktische Psychologe A aus Frankfurt (Oder) möchte seine Attraktivität beim Publikum steigern und zu diesem Zweck den Doktortitel erwerben. Da er die von wissenschaftlichen Hochschulen aufgestellten Voraussetzungen nicht erfüllt, nahm er über eine Anzeige in der FAZ („seriöse Promotionsberatung") Verbindung zu der Sekte „Scientific Church of California", Hollywood, L.A. auf. Nachdem A eine namhafte Summe für den Bau einer Kirche in Malibu Beach gespendet und eine zehnseitige Arbeit mit dem Titel: „Der Arzt als Placebo – ein Beitrag zur Parapsychologie" abgeliefert hatte, „promovierte" ihn ein Pastor während eines Gottesdienstes – die Gemeinde sang voller Inbrunst das schöne Lied der „Rolling Stones": „Mother's little helper" – zum Psychodelical Doctor (PsiD).

Zurück in Frankfurt erfährt A in einem Gespräch mit Professor P, dass er zur Führung eines akademischen Grads, der im Ausland erworben worden ist, eine Zustimmung nach § 20 Abs. 1 Satz 4 des Hochschulgesetzes von Brandenburg (BbgHG) benötigt. Er wendet sich deshalb an die zuständige Ministerin für Wissenschaft in Potsdam und beantragt, ihm entweder die Führung des Titels „Dr." oder aber des Titels „PsiD" zu gestatten. Mit Bescheid vom 1.10.2002 lehnt diese die Anträge unter Hinweis auf die zuvor genannte Vorschrift ab mit der Begründung, den Titel „Dr." habe er nicht erworben, sondern den Titel „PsiD"; die Führung dieses Titels sei aber kein Fall des Hochschulgesetzes, da die „Church" – was zutrifft – keine Hochschule mit ordentlichem Lehr- und Forschungsbetrieb, sondern eine „Doktorfabrik" sei, die Titel zwecks Finanzierung ihrer Missionstätigkeit verkaufe. Neun Monate später erhebt A Klage vor dem Verwaltungsgericht Frankfurt (Oder) und beantragt

1. unter Aufhebung des Bescheids vom 1.10.2002 die Ministerin zu verurteilen, ihm die Führung des Titels „Dr." zu gestatten;
2. hilfsweise die Ministerin zu verpflichten, ihm die Führung des Titels „PsiD" zu gestatten;
3. äußerst hilfsweise festzustellen, dass er zur Führung des Titels „PsiD" der Erlaubnis der Ministerin nicht bedürfe.

Zur Begründung trägt er vor, ihm dürfe der Lohn für anständige Arbeit in Deutschland nicht verwehrt werden. Die Frau Ministerin verhalte sich echt unschön.

Wie wird das Verwaltungsgericht Frankfurt (Oder) entscheiden?

Bearbeitervermerk: 1. § 20 Abs. 1 Satz 2 ff. BbgHG (in der alten Fassung) lauten: „Inhaberinnen und Inhaber ausländischer Grade dürfen diese führen, wenn sie von einer ausländischen Hochschule oder von einer entsprechenden Stelle ordnungsgemäß aufgrund tatsächlich erbrachter Studien- und Prüfungsleistungen verliehen sind. Soweit es sich dabei um eine Hochschule außerhalb der Europäischen Union handelt, muss sie außerdem den Hochschulen im Geltungsbereich dieses Gesetzes gleichwertig sein. Die Führung bedarf der Zustimmung des für die Hochschulen zuständigen Mitglieds der Landesregierung." 2. In Brandenburg gibt es Verwaltungsgerichte in Cottbus, Frankfurt (Oder) und in Potsdam. 3. Mit Blick auf die Zulässigkeit eines Antrags sind alle Sachentscheidungsvoraussetzungen durchzuprüfen! 4. Auf die Anträge 2 oder 3 ist nur dann einzugehen, wenn die zuvor zu bearbeitenden Anträge erfolglos waren.

Vorüberlegung

538 Die Fragestellung mag überraschend sein. Sie müssen eine Vorschrift anwenden, von der Sie regelmäßig noch nie etwas gehört haben. Diese Situation ist im Verwaltungsrecht normal. Panik ist unangebracht. Es geht ausschließlich darum, dass die Bearbeiter unter Beweis stellen, dass sie die Grundprobleme des allgemeinen Verwaltungsrechts und des Verwaltungsprozessrechts beherrschen. Diese Fähigkeit kann man an Hand der hier relevanten Norm, aber auch an einer des Sprengstoffrechts belegen. Der Klausurenkonstrukteur wird immer dann, wenn es um eine Norm geht, die die Studierenden nicht kennen müssen – und das sind im Besonderen Verwaltungsrecht außerordentlich viele; dieses Rechtsgebiet ist geradezu gekennzeichnet durch seine Normenvielfalt – die relevante Norm als Bearbeiterhinweis nennen. Im Rahmen einer Klausurbearbeitung ist als Prüfungsleistung irrelevant ein artistischer Umgang mit den Stichwortverzeichnissen der einschlägigen Gesetzessammlungen.

Der Bearbeitungshinweis zu einer Fragestellung ist immer sehr genau zu lesen. Hier sollten die Nummern 2 und 3 Sie sensibilisieren: Es geht dem Verfasser der Klausur offenbar um Verwaltungsprozessrecht. Bitte erinnern Sie sich an das in diesem Buch im Allgemeinen Teil Gelernte: **Zulässigkeit und Begründetheit einer Klage**. Wir starten jetzt mit Zulässigkeitsfragen!

Der zweite und der dritte Antrag des A sind „Hilfsanträge“. Das Vorgehen schreibt Anmerkung 4 vor.

Gliederung

539 **A. Sachentscheidungsvoraussetzungen**

- I. Der erste Klageantrag
  - 1. Eröffnung des Verwaltungsrechtswegs
  - 2. Statthafte Klageart
  - 3. Verfahrensartabhängige Sachentscheidungsvoraussetzungen
    - a) Klagebefugnis
    - b) Vorverfahren
    - c) Fristen
    - d) Passive Prozessführungsbefugnis
  - 4. Örtliche Zuständigkeit des Verwaltungsgerichts Frankfurt (Oder)
  - 5. Ergebnis
- II. Der zweite Klageantrag
- III. Der dritte Klageantrag
  - 1. Rechtsverhältnis iSv § 43 Abs. 1 VwGO
  - 2. Örtliche Zuständigkeit des Verwaltungsgerichts Frankfurt (Oder)

B. Ergebnis

Lösung

Das Verwaltungsgericht wird der Klage des A stattgeben, wenn sie zulässig und begründet ist.

A. Sachentscheidungsvoraussetzungen

I. Der erste Klageantrag

1. Eröffnung des Verwaltungsrechtswegs

Der Rechtsweg zum Verwaltungsgericht ist durch eine Spezialzuweisung nicht eröffnet[1]. **540**
Ob er eröffnet ist, muss nach der Generalklausel des § 40 Abs. 1 Satz 1 VwGO entschieden werden.

Es müsste sich erstens um eine öffentlich-rechtliche Streitigkeit handeln. Über die Explikation dieses Tatbestandsmerkmals herrscht Streit. Zur Abgrenzung des öffentlichen Rechts vom Privatrecht ist eine Reihe von Theorien entwickelt worden; von ihnen sind heute gebräuchlich die Subordinationstheorie und die modifizierte Subjektstheorie. Beide Theorien sind mit dem Mangel behaftet, dass sie letztlich nicht trennscharf sind. Jedoch macht sich dieser Mangel nur in wenigen Fällen bemerkbar; in der überwiegenden Zahl der Fälle sind die Theorien funktionstauglich. Auf sie zurückzugreifen ist deshalb gerechtfertigt. Weil die modifizierte Subjektstheorie die beste Differenzierungsleistung erbringt, wird das Problem durch Rückgriff auf sie gelöst. Nach ihr ist eine Streitigkeit dann öffentlich-rechtlicher Natur, wenn Zuordnungssubjekt der für die Streitlösung einschlägigen Norm nicht jedermann, sondern immer ein Träger öffentlicher Gewalt als solcher ist, den die Norm spezifisch berechtigt oder verpflichtet. Der Streit des A ist anhand des § 20 Abs. 1 BbgHG zu entscheiden. Zuordnungssubjekt dieser Norm ist die Ministerin für Wissenschaft des Landes Brandenburg. Sie ist Organ des Staats Brandenburg und damit Träger öffentlicher Gewalt. Da die entscheidungserhebliche Norm zum Zuordnungssubjekt immer einen Träger öffentlicher Gewalt erklärt, handelt es sich bei einem diese Norm betreffenden Streit um eine öffentlich-rechtliche Streitigkeit.

Fraglich ist zweitens, ob es sich um eine nichtverfassungsrechtliche Streitigkeit handelt, **541**
da Beklagte eine Ministerin und somit ein Staatsorgan ist. Als verfassungsrechtlich ist eine Streitigkeit dann anzusehen, wenn es sich um Meinungsverschiedenheiten über Inhalt, Auslegung oder Anwendung der geschriebenen oder ungeschriebenen Verfassung handelt. Entscheidend ist somit nicht allein, dass an dem Streit ein Verfassungsorgan beteiligt ist, sondern der Kern des Streits muss die Verfassung als solche betreffen; Parteien eines Verfassungsprozesses können mithin nur die Rechtssubjekte sein, die unmittelbar aus dem Verfassungsrecht ihre Rechte und Pflichten ableiten (doppelte Ver-

1 Wie oben ausgeführt, halte ich diesen Satz für überflüssig. Er steht hier aus didaktischen Überlegungen: Wir prüfen § 40 Abs. 1 Satz 1 VwGO erstmalig; die Prüfung soll eine vollständige sein.

fassungsunmittelbarkeit). Vorliegend leitet die Beklagte ihr Recht nicht aus der Verfassung, sondern aus der Verwaltungsrechtsnorm § 20 Abs. 1 BbgHG ab. Eine verfassungsrechtliche Streitigkeit liegt nicht vor.

Drittens ist die Zuständigkeit der Sozialgerichte (s. § 51 Abs. 1 SGG) oder der Finanzgerichte (s. § 33 Abs. 1 FGO) ersichtlich nicht gegeben.

Der Rechtsweg zum „normalen" Verwaltungsgericht ist eröffnet.

2. Statthafte Klageart

542 A möchte die ministerielle Zustimmung zur Führung des Doktortitels. Dieses Begehren kann er durch Erhebung einer Verpflichtungsklage erreichen, §§ 42 Abs. 1, 113 Abs. 5 Satz 1 VwGO. Der Form nach hat A mit seinem Antrag eine Verpflichtungsklage erhoben. Der Sache nach handelt es sich jedoch nur dann um eine solche, wenn die begehrte Zustimmung in der Gestalt eines Verwaltungsakts ergeht.

543 Unter welchen Voraussetzungen ein Handeln als Verwaltungsakt zu qualifizieren ist, regeln die insoweit gleich lautenden Verwaltungsverfahrensgesetze des Bundes und der Länder in § 35. Korrekterweise, aber sachlich bedeutungslos, ist zu klären, ob das Bundes- oder Landesgesetz Anwendung findet. Es handelt sich um den Vollzug von Landesrecht durch eine Landesbehörde. Das brandenburgische Verwaltungsverfahrensgesetz findet Anwendung (welches nunmehr auf das VwVfG des Bundes verweist, § 1 Abs. 1 BbgVwVfG).

544 Demgemäß ist die ministerielle Zustimmung ein Verwaltungsakt, wenn es sich bei ihr um die Entscheidung einer Behörde auf dem Gebiete des Öffentlichen Rechts zur Regelung eines Einzelfalls mit unmittelbarer Rechtswirkung nach außen handelt. Vorliegend hat eine Behörde gehandelt, da die Ministerin eine Stelle ist, die öffentliche Verwaltung wahrnimmt, § 1 Abs. 2 BbgVwVfG. Ihr Handeln ist auch als Maßnahme zu betrachten; denn darunter ist jedes zweckgerichtete Verhalten, welches Menschen oder juristische Personen zurechenbar ist, zu verstehen; das verbindliche Befinden über das Begehren des A ist zweckgerichtetes Verhalten. Diese Entscheidung ist, wie oben festgestellt, auf dem Gebiete des öffentlichen Rechts zu treffen. Sie hat Regelungscharakter, da die Behörde für A rechtsverbindlich eine Willenserklärung des Inhalts abgeben soll, dass A den Titel „Dr." führen darf. Diese Regelung betrifft ersichtlich einen Einzelfall mit unmittelbarer Außenwirkung, da sie nicht innerhalb der Behördenorganisation ihre Wirkung entfaltet. Da somit das Begehren des A auf den Erlass eines Verwaltungsakts gerichtet ist, handelt es sich um eine Verpflichtungsklage.

3. Verfahrensartabhängige Sachentscheidungsvoraussetzungen

a) Klagebefugnis

545 Nach § 42 Abs. 2 VwGO ist A klagebefugt, wenn er geltend machen kann, durch den Nichterlass des begehrten Verwaltungsakts in seinen Rechten verletzt zu sein. Seine Behauptungen müssen die Verletzung eines Rechts zumindest möglich erscheinen lassen. Unzulässig ist eine Klage wegen Nichtvorliegens der Voraussetzungen des § 42 Abs. 2 VwGO nur dann, wenn offensichtlich und eindeutig nach keiner Betrachtungsweise die vom Kläger behaupteten Rechte bestehen oder ihm zustehen können (so die ständige „Formel" des Bundesverwaltungsgerichts). Als Norm, die dem A ein subjektiv-öffentliches Recht verleihen könnte, kommt nur § 20 Abs. 1 Satz 2–3 BbgHG in Betracht. Aus dieser Norm muss sich mithin wenigstens möglicherweise das Recht zur Führung des Titels „Dr." ergeben.

Die Klage des A wäre unzulässig, wenn nach der Formel des Bundesverwaltungsgerichts von vornherein ausgeschlossen wäre, dass § 20 Abs. 1 Satz 2–3 BbgHG dem A ein subjektiv-öffentliches Recht verleiht. Nach dieser Norm besteht der Anspruch darin, den im Ausland erworbenen Titel genehmigt zu erhalten. Das war der „Psychodelical Doctor", abgekürzt PsiD. A hat aber keinen „Doktor" erworben, den man im übrigen auch in Deutschland nicht erwerben kann, sondern man erwirbt hier den Doktor iur., Doktor phil. etc. Da A den Titel „Dr." weder erworben hat, weil dieser ihm nicht verliehen wurde, noch nach dem Gesetz die Möglichkeit besteht, den „PsiD" in „Dr." umzuwandeln, kann dem A das behauptete Recht auf Führung des Titels „Dr." eindeutig nach keiner Betrachtungsweise zustehen. Dieses Ergebnis ist auch offensichtlich, weil nach einmaligem Lesen der Norm es unmittelbar ersichtlich ist, dass nur das Erworbene, der „ausländische Titel", genehmigungsfähig ist und ein Umwandlungsanspruch nicht besteht. A fehlt es an der Klagebefugnis. Seine Verpflichtungsklage ist unzulässig. **546**

b) Vorverfahren

A hat vor Klageerhebung ein Widerspruchsverfahren nicht durchgeführt. Nach § 68 Abs. 2 VwGO ist seine Durchführung Sachentscheidungsvoraussetzung. Diese Voraussetzung entfällt jedoch nach § 68 Abs. 2 iVm § 68 Abs. 1 Satz 2 Nr. 1 VwGO, wenn eine oberste Landesbehörde den Erlass des begehrten Verwaltungsakts abgelehnt hat. Die Behörde „Minister für Wissenschaft" ist eine oberste Landesbehörde. Am fehlenden Widerspruchsverfahren scheitert deshalb die Klage nicht. **547**

c) Fristen

A hat seine Klage neun Monate nach Erhalt des Bescheids erhoben. Nach § 74 Abs. 2 iVm § 74 Abs. 1 Satz 2 VwGO muss die Klage innerhalb eines Monats nach Bekanntgabe des Verwaltungsakts erhoben werden. Diese Frist beginnt jedoch nur dann zu laufen, wenn eine Rechtsmittelbelehrung erfolgt ist, § 58 Abs. 1 VwGO. Daran fehlt es. Nach § 58 Abs. 2 VwGO ist deshalb die Klage innerhalb eines Jahres zulässig. Die zu beurteilende Klage ist innerhalb dieser Frist erhoben worden. Wegen Fristversäumung ist somit die Klage des A nicht unzulässig. **548**

d) Passive Prozessführungsbefugnis

Richtiger Beklagter ist das Ministerium für Wissenschaft, § 78 Abs. 1 Nr. 2 VwGO iVm § 8 Abs. 1 BbgVwGG. **549**

4. Örtliche Zuständigkeit des Verwaltungsgerichts Frankfurt (Oder)

550 Die Zuständigkeit richtet sich nach § 52 Nr. 3 Satz 2 VwGO, da der begehrte Verwaltungsakt von einer Behörde erlassen werden soll, deren Zuständigkeit sich auf mehrere Verwaltungsgerichtsbezirke erstreckt. Verpflichtungsklagen sind Anfechtungsklagen gleichzustellen. In diesem Fall ist das Verwaltungsgericht zuständig, in dem der Beschwerte seinen Sitz hat. Das ist Frankfurt (Oder). Insoweit ist die Klage also zulässig.

5. Ergebnis

Der erste Klageantrag des A ist mangels Klagebefugnis unzulässig.

II. Der zweite Klageantrag

551 Für seine Zulässigkeit ist entscheidend, ob A klagebefugt ist, alle anderen Voraussetzungen sind – wie schon geprüft – gegeben. Ob die Klagebefugnis für den Antrag auf Genehmigung des Titels „PsiD“ vorliegt, ist wieder anhand obiger Formel zu prüfen. Nach dem Wortlaut der einschlägigen Norm muss es sich bei der den Titel verleihenden Institution um eine Hochschule handeln. Nach dem Sachverhalt handelt es sich aber nicht um eine Hochschule, sondern um eine Sekte nebst Titelverkaufsorganisation. Die „Church“ erfüllt die Tatbestandsvoraussetzungen des § 20 Abs. 1 Satz 2–3 BbgHG eindeutig und offensichtlich nach jeder Betrachtungsweise nicht; ferner spricht für die Richtigkeit dieses Ergebnisses der äußere Rahmen der „Promotion“. Die Titel der „Church“ können dann aber auch nicht möglicherweise genehmigungsfähig sein. Ist das der Fall, dann entfällt bereits die Möglichkeit der Verletzung des Rechts des A auf Genehmigung. Somit ist auch der zweite Klageantrag unzulässig.

III. Der dritte Klageantrag

Der Form nach hat A eine Feststellungsklage erhoben. Fraglich ist, ob deren Zulässigkeitsvoraussetzungen vorliegen.

1. Rechtsverhältnis im Sinne von § 43 Abs. 1 VwGO

552 A möchte mit seinem Antrag die Feststellung des Nichtbestehens eines Rechtsverhältnisses, nämlich das Recht, den Titel „PsiD“ ohne Genehmigung zu führen, festgestellt haben. Fraglich ist, ob das Kriterium Rechtsverhältnis erfüllt ist. Ein Rechtsverhältnis iSd § 43 Abs. 1 VwGO wird allgemein als vorliegend angesehen, wenn sich aus der Anwendung eines öffentlich-rechtlichen Rechtssatzes auf einen Sachverhalt eine rechtliche Beziehung zwischen mehreren Personen (Rechtssubjekten) untereinander oder einer Sache ergibt. Dementsprechend fehlt es an einem Rechtsverhältnis, wenn eine rechtliche Beziehung sich nicht ergibt. Die Feststellung des Vorhandenseins bzw. des Fehlens einer Rechtsbeziehung ist nach allgemeiner Auffassung nur möglich, wenn das Rechtsverhältnis konkret ist. Das bedeutet zum einen, dass die rechtliche Beziehung zwischen den Parteien des Rechtsverhältnisses durch Handlungen, seien diese förmli-

cher Natur: z.B. ein Verwaltungsakt, oder formloser Natur: z.B. die Ankündigung eines bestimmten behördlichen Handelns, eine gewisse Intensität erreicht haben; zum anderen, dass über die Rechtmäßigkeit des förmlichen oder formlosen Handelns Streit besteht; die bereits geschehene oder zukünftige Anwendung einer Rechtsnorm auf einen bestimmten bereits überschaubaren Sachverhalt muss streitig sein. Nur beim Vorliegen beider Prämissen handelt es sich um ein Rechtsverhältnis iSv § 43 Abs. 1 VwGO.

Fehlen könnte es hier an der zweiten Prämisse: am Streit über die Anwendbarkeit einer **553**
Norm, konkret: des § 20 Abs. 1 Satz 2–3 BbgHG. In ihrer Ablehnung des Antrags ist die Ministerin davon ausgegangen, dass die Norm auf das Recht zur Führung des Titels „PsiD“ keine Anwendung findet. Sie hat damit gesagt, dass sie die Führung dieses Titels weder genehmigen noch sein Führen untersagen könne. Mithin hat sie festgestellt, dass A zur Führung des Titels eine ministerielle Erlaubnis nicht benötigt. Genau das ist aber dasjenige, was A gerichtlich festgestellt wissen möchte. Demnach besteht über den Inhalt der vom Gericht zu treffenden Feststellung kein Streit. Es fehlt nach allem an der zweiten Prämisse und somit an einem feststellungsfähigen Rechtsverhältnis. Damit ist die Klage des A unzulässig.

2. Örtliche Zuständigkeit des Verwaltungsgerichts Frankfurt (Oder)

§ 52 VwGO kennt in Nr. 1 den Gerichtsstand der belegenen Sache und enthält in **554**
Nrn. 2–4 besondere Aussagen für die örtliche Zuständigkeit bei Anfechtungs- und Verpflichtungsklagen sowie für Klagen aus einem besonderen Pflichtverhältnis. Bei der von A erhobenen Feststellungsklage greifen diese Bestimmungen über die örtliche Zuständigkeit nicht ein. Einschlägig ist deshalb § 52 Nr. 5 VwGO, der festlegt, dass in allen anderen Fällen örtlich zuständig das Verwaltungsgericht ist, in dessen Bezirk der Beklagte seinen Sitz hat. Der Sitz der brandenburgischen Ministerin für Wissenschaft ist Potsdam. In Potsdam gibt es ein Verwaltungsgericht; es ist zuständig. A hat also seinen Feststellungsantrag vor einem örtlich unzuständigen Gericht erhoben. Deshalb ist seine Klage unzulässig.

B. Ergebnis

Die Klage des A vor dem Verwaltungsgericht Frankfurt (Oder) ist aus einer Vielzahl von Gründen unzulässig.

Vertiefungshinweis: Bitte nehmen Sie diesen Fall zum Anlass, noch einmal die so genannten Sachentscheidungsvoraussetzungen zu wiederholen.

Fall 5**

Nichts ist unmöglich

Schwerpunkte: Abgrenzung einer privatrechtlichen von einer öffentlich-rechtlichen Streitigkeit bei fehlender gesetzlicher Zuweisung; Doppelnatur der Geschäftsführung ohne Auftrag; instanzielle Zuständigkeit

555 Pia Frommes Mutter verstarb im Krankenhaus von Cottbus am 19.1.2012. Sie war am Tag zuvor eingeliefert worden, nachdem sie sich nach einer Wurzelbehandlung beim Zahnarzt Dr. Specht plötzlich sehr unwohl gefühlt hatte. Der Arzt, der den Totenschein ausstellte, schrieb nach Rücksprache mit Pia in das Dokument: „nicht aufgeklärte Todesart". Pia hatte ihm berichtet, ihre Mutter sei die Geliebte des Specht gewesen; möglicherweise wollte der sie loswerden und habe sie vergiftet. Die Polizei beschlagnahmte zur Beweissicherung die Leiche und informierte die Staatsanwaltschaft Cottbus. Am 26.1.2012 gab die Staatsanwaltschaft Cottbus die Leiche frei; die Obduktion hatte eine natürliche Todesursache ergeben. Die Polizei in Cottbus hatte das Bestattungsunternehmen „Heimkehr" mit der Erstversorgung der Leiche beauftragt. Die „Heimkehr" forderte von Pia, Alleinerbin ihrer Mutter, für die Aufnahme des Leichnams am Sterbeort, Fahrtkosten und Kühllagerung ab Freigabe einen Betrag von 89,25 €. Pia verweigerte die Zahlung. Die „Heimkehr" erhob Klage vor dem örtlich zuständigen Amtsgericht Cottbus auf Zahlung. Pia sei nach § 20 Abs. 1 Satz 1 Nr. 2 BbgBestG zur Bestattung und nach § 1968 BGB zur Kostentragung verpflichtet.

Pia beantragt, die Klage an das Verwaltungsgericht Cottbus zu verweisen. Es handele sich um eine öffentlich-rechtliche Streitigkeit, weil der Staat das Unternehmen „Heimkehr" beauftragt habe. „Heimkehr" erwidert, es liege eine privatrechtliche Geschäftsführung ohne Auftrag vor.

Wie wird das Amtsgericht entscheiden?

Bearbeitervermerk: Es ist ausschließlich die Frage seiner Zuständigkeit zu beantworten.

Hinweis: § 20 Abs. 1 Satz 1 Nr. 2 des **Gesetzes über das Leichen-, Bestattungs- und Friedhofswesen im Land Brandenburg (Brandenburgisches Bestattungsgesetz – BbgBestG) lautet:** „Für die Bestattung haben die volljährigen Angehörigen in folgender Reihenfolge zu sorgen [...], 1. [...]. 2. die Kinder, [...]." Nach § 1968 BGB trägt die Kosten der Beerdigung der Erbe. Zu den Kosten zählen u.a. die Kosten des Bestatters. § 159 Abs. 1 StPO lautet: „Sind Anhaltspunkte dafür vorhanden, dass jemand eines nicht natürlichen Todes gestorben ist, [...]so sind die Polizeibehörden [...] zur sofortigen Anzeige an die Staatsanwaltschaft [...] verpflichtet.

Vorüberlegung

Im Fall 4 stellte sich erstmals die Frage nach der Eröffnung des Verwaltungsrechtswegs. **556**
Sie beantwortete § 40 Abs. 1 Satz 1 VwGO. Im vorliegenden Fall ist Klage zum Amtsgericht erhoben. Die Zuständigkeit der ordentlichen Gerichte für die Lösung eines Rechtsstreits regelt § 13 GVG. Bei der Verwaltungsgerichtsbarkeit sind drei Typen von Gerichten zu unterscheiden: die „normalen" Verwaltungsgerichte sowie die „besonderen" Verwaltungsgerichte Sozialgericht und Finanzgericht. Bei der ordentlichen Gerichtsbarkeit gibt es die „normale" und als „besondere" die Arbeitsgerichte. Welches Gericht zuständig für eine Streitentscheidung ist, ist ein Problem der *sachlichen* Zuständigkeit.

Daneben stellen sich die Fragen nach der örtlichen und der instanziellen Zuständigkeit. Jeder Gerichtszweig ist hierarchisch gegliedert. Die ordentliche Gerichtsbarkeit kennt die Amtsgerichte, die Landgerichte, die Oberlandesgerichte und den Bundesgerichtshof, § 12 GVG. Die Zuständigkeit der einzelnen Gerichte ergibt sich aus dem GVG; für Zivilsachen die der Amtsgerichte aus §§ 23 ff. GVG.

Mit Blick auf die Zulässigkeit der Klage ist nach alldem zu klären die Eröffnung des Zivilrechtswegs an sich und bejahendenfalls die Zuständigkeit des Amtsgerichts. Für die Begründetheit der Klage sind zwei Anspruchsgrundlagen in der Diskussion; einmal ist die Geschäftsführung ohne Auftrag bedeutsam. Für diese ist hervorzuheben, dass es sie in einer zivilrechtlichen und in einer öffentlich-rechtlichen Variante (zu ihr *Peine*, AllgVerwR, Rn. 1055 ff.) gibt.

Gliederung

A. Zulässigkeit der Klage **557**

- I. Eröffnung des Zivilrechtswegs
  1. § 1968 BGB als Anspruchsgrundlage
  2. Anspruch auf Erstattung der Aufwendungen der Geschäftsführerin
- II. Instanzielle Zuständigkeit

B. Ergebnis

Lösung

Das Amtsgericht wird Pia Fromme zur Zahlung verurteilen, wenn die Klage der „Heimkehr" zulässig und begründet ist.

A. Zulässigkeit der Klage

I. Eröffnung des Zivilrechtswegs

558 Der Rechtsweg zu den Zivilgerichten ist nach § 13 GVG eröffnet, wenn es sich bei der Klage der „Heimkehr" um eine bürgerliche Rechtstreitigkeit handelt, für die eine Zuständigkeit von Verwaltungsgerichten nicht besteht.

559 Um eine bürgerliche Rechtsstreitigkeit handelt es sich, wen der Streit zwischen Pia Fromme und der „Heimkehr" mit Hilfe einer Norm des bürgerlichen Rechts gelöst wird.

560 Die Beurteilung, ob ein Rechtsstreit bürgerlich- oder öffentlich-rechtlichen Charakter hat, richtet sich nach der Natur des Rechtsverhältnisses, aus dem der Klageanspruch hergeleitet wird, wenn eine ausdrückliche *gesetzliche Rechtswegzuweisung* fehlt. Eine hier möglicherweise einschlägige Zuweisung des Rechtsstreits gibt es weder in der VwGO noch im GVG noch in einem Spezialgesetz. In dieser Situation ist maßgeblich der wahre Charakter der Forderung, wie er sich nach dem Sachvortrag der „Heimkehr" als Klägerin darstellt. Diese Feststellung ist unabhängig davon, ob die „Heimkehr" eine zivil- oder öffentlich-rechtliche Anspruchsgrundlage für einschlägig hält.

1. § 1968 BGB als Anspruchsgrundlage

561 Nach § 1968 trägt der Erbe die Kosten der Beerdigung des Erblassers. Wenn der Fall nach dieser Norm zu lösen ist, dann handelt es sich um einen bürgerlich-rechtlichen Rechtsstreit; denn § 1968 BGB ist ohne jeden Zweifel eine Norm des bürgerlichen Rechts. Gelegentlich wird für Normen dieses Charakters angenommen, sie könnten einen „Doppelcharakter" aufweisen, also sowohl bürgerlich- als auch öffentlich-rechtlicher Rechtsnatur sein. Dafür fehlt aber bei § 1968 BGB jeder Anhaltspunkt.

562 § 1968 BGB müsste nach dem Sachverhalt als Anspruchsgrundlage in Betracht kommen. Die Tätigkeit der „Heimkehr" müsste mithin wenigstens in einem Zusammenhang mit einer Beerdigung stehen. „Beerdigung" ist zumindest das Vorbereiten der Leiche für die Einsargung und die Verbringung des Sargs in das Grab durch den Bestatter. Hier aber geht es um die „Erstversorgung". Diese erfasst § 1968 BGB nicht. Nach der Rechtsnatur dieser Norm ist die Frage der Zuständigkeit des Gerichts nicht zu entscheiden.

2. Anspruch auf Erstattung der Aufwendungen der Geschäftsführerin

Die Staatsanwaltschaft hat entsprechend ihrem gesetzlichen Auftrag die Ursache für den Tod der Mutter der Beklagten klären lassen. Sie hat eine öffentliche Aufgabe wahrgenommen, Verfahren nach §§ 159 f. StPO. Die Erfüllung der öffentlich-rechtlichen Rechtspflicht hat die Staatsanwaltschaft nicht durchgehend selbst mit eigenem Personal, sondern mit Hilfe der „Heimkehr" durchgeführt; die Staatsanwaltschaft hat die Kosten bei der „Heimkehr" verursacht. Dieses könnte für die Bestimmung der Rechtsnatur des Anspruchs von Bedeutung sein. In der Folge könnte der Anspruch der „Heimkehr" öffentlich-rechtlicher Natur sein. **563**

Als Anspruchsgrundlage, deren Voraussetzungen vorliegen könnten, könnte der Anspruch auf Aufwendungsersatz bei einer öffentlich-rechtlichen Geschäftsführung ohne Auftrag in Betracht kommen. Voraussetzung dafür ist, dass die Staatsanwaltschaft Geschäftsführerin (deren Geschäft die „Heimkehr" in diesem Fall partiell besorgt) und Frau Fromme Geschäftsherrin ist; ferner muss das Handeln dem wirklichen oder mutmaßlichen Willen der Beklagten entsprechen. **564**

Die „Heimkehr" hat im Auftrag der Staatsanwaltschaft bzw. der Polizei als Hilfsbeamte der Staatsanwaltschaft gehandelt bzw. deren Rechtspflichten besorgt. Dieses Handeln ist öffentlich-rechtlicher Natur. Zu fragen ist, ob ein Handeln zugleich die Voraussetzungen eines Auftrags und eines ohne Auftrag erfüllen kann. **565**

Handeln der oder für die öffentliche Hand ist (regelmäßig) im Allgemeininteresse und jedenfalls gelegentlich zugleich im speziellen Interesse einer Privatperson möglich. Handeln der öffentlichen Hand (real ausgeführt im Rahmen einer Geschäftsbesorgung durch einen Privaten) kann deshalb zugleich im mutmaßlichen Willen einer Privatperson erfolgen. Es kann hier also eine Geschäftsführung ohne Auftrag vorliegen. Welcher Rechtsnatur wäre sie? **566**

Öffentlich-rechtliche Rahmenbedingungen für das Tätigwerden der öffentlichen Hand schließen die Anwendung der Bestimmungen über die privatrechtliche Geschäftsführung ohne Auftrag nicht von vornherein aus. Die §§ 677 ff. BGB sind grundsätzlich auch im Verhältnis zwischen Verwaltungsträgern und Privatpersonen anwendbar, wenn der (hoheitliche) Geschäftsführer bei Erfüllung einer öffentlich-rechtlichen Verpflichtung zugleich das privatrechtliche Geschäft eines Dritten besorgt. Die Annahme einer privatrechtlichen Geschäftsführung ohne Auftrag der Verwaltung für den Bürger verbietet sich nicht einmal dann ohne weiteres, wenn die öffentliche Hand bei dem betreffenden Vorgang hauptsächlich zur Erfüllung öffentlich-rechtlicher Pflichten tätig geworden ist. **567**

In der Folge kommt es für die Abgrenzung zwischen öffentlich-rechtlicher und privatrechtlicher Geschäftsführung ohne Auftrag nicht auf die Rechtsnatur der vom Geschäftsführer ergriffenen Maßnahmen, sondern darauf an, welchen Charakter das Geschäft gehabt hatte, wenn es vom Geschäftsherrn selbst ausgeführt worden wäre. Nach § 677 BGB ist Anknüpfungspunkt für die Geschäftsführung ohne Auftrag das für **568** einen anderen geführte „Geschäft". Es bildet demnach das Kriterium, nach dem die öffentlich-rechtliche von der privatrechtlichen Geschäftsführung zu unterscheiden ist. Eine öffentlich-rechtliche Geschäftsführung ohne Auftrag liegt mithin vor, wenn der Geschäftsführer ein fremdes öffentlich-rechtliches Geschäft für einen anderen ohne Auftrag ausführt. Nimmt der (hoheitliche) Geschäftsführer zugleich eine privatrechtliche Befugnis oder Verpflichtung für einen (privaten) Geschäftsherrn wahr, gelten die §§ 677 ff. BGB unmittelbar. Es liegt dann eine bürgerliche Rechtsstreitigkeit im Sinne von § 13 GVG vor.

569 Im vorliegenden Fall ist das geführte Geschäft (Erstversorgung eines Leichnams) bürgerlich-rechtlicher Natur, auch wenn die geltend gemachten Aufwendungen im Zusammenhang mit der Wahrnehmung öffentlicher Aufgaben durch die Staatsanwaltschaft bzw. die Polizei entstanden sind und damit zugleich sowohl eine öffentlich-rechtliche Pflicht der Beklagten als auch eine ihr obliegende privatrechtliche Aufgabe erfüllt wurden. Die Beklagte war zwar nach § 20 Abs. 1 Satz 1 Nr. 2 BbgBestG öffentlich-rechtlich verpflichtet, für die Bestattung ihrer Mutter zu sorgen. Dieser Umstand ist jedoch nicht entscheidend; denn die Bestattung naher Angehöriger und die damit zusammenhängenden notwendigen Vorbereitungshandlungen sind Ausdruck des Rechts der Totenfürsorge, das den nächsten Angehörigen nach gewohnheitsrechtlichen Grundsätzen zusteht und das Recht und gegebenenfalls die Pflicht umfasst, die Beerdigung vorzunehmen. Dieses Recht hat privatrechtlichen Charakter. Die Bestattung nächster Angehöriger wird somit entscheidend durch das privatrechtliche Totenfürsorgerecht veranlasst und bestimmt.

Nach alldem ist der Rechtsweg zu den ordentlichen Gerichten eröffnet.

II. Instanzielle Zuständigkeit

570 Die Zuständigkeit des Amtsgerichts Cottbus ergibt sich aus § 23 Nr. 1 GVG: Der Wert des Streitgegenstands liegt unter 5000,00 €.

B. Ergebnis

Die Klage ist vor dem Amtsgericht zulässig.

Vertiefungshinweis: Der Fall ist der Entscheidung BGH, NVwZ 2016, 870 ff. nachgebildet. Zur Abgrenzung einer privatrechtlichen von einer öffentlich-rechtlichen Streitigkeit bei fehlender gesetzlicher Zuweisung s. BGHZ 198, 105.

Fall 6**

Genug ist nicht genug

Schwerpunkte: Aufdrängende Sonderzuweisung; Leistungsklage; Nichtigkeit eines öffentlich-rechtlichen Vertrags; Durchsetzung eines öffentlich-rechtlichen Erstattungsanspruchs

Assessor Ernst-Albert Gierigk wird von der sächsischen Stadt S mit Wirkung zum 1.1.2011 zum städtischen Verwaltungsrat ernannt. Vor Aushändigung der Ernennungsurkunde unterzeichnen der Bürgermeister von S und G folgenden Vertrag: Zwischen S und G wird analog §§ 611, 631 BGB Folgendes vereinbart: Da wegen zwingender beamtenrechtlicher Vorschriften G trotz seiner überragenden Fähigkeiten nicht als Oberrat eingestellt werden kann und er deshalb nach A13 zu besolden ist sowie ferner den „Ostabschlag" ertragen muss, erhält G bis zur ersten Beförderung monatlich im Voraus eine „Besoldungsverlustentschädigung" in Höhe des jeweiligen Differenzbetrags zur Besoldungsgruppe A14. **571**

G erhält für die Monate Januar und Februar von S das Zusatzhonorar. Ab März bleibt es aus. Deshalb wendet sich G Anfang März an das Personalamt und forderte die sofortige Auszahlung der Besoldungsverlustentschädigung für den Monat März. Der zuständige Sachbearbeiter teilt ihm am 10.3.2011 schriftlich mit, er werde die erbetene Zahlung für den Monat März und auch künftig nicht mehr leisten. G richtet am 9.4.2011 ein als „Einspruch" bezeichnetes Schreiben an S und fordert erneut die Zahlung der vereinbarten Entschädigung, da er nur unter dieser Voraussetzung einer Ernennung zum Kommunalbeamten zugestimmt habe.

Der Bürgermeister antwortet hierauf mit Schreiben vom 16.6.2011: „Sehr geehrter Herr Gierigk, auf Ihren ‚Einspruch' ergeht folgender Widerspruchsbescheid: Ihr Einspruch wird hiermit zurückgewiesen. Gründe: Dem Volk geht es schlecht; Sie leiden auf hohem Niveau. Genug ist genug." Zugleich setzt S die Rückzahlung der geleisteten Besoldungsverlustentschädigung in einem Bescheid fest. Sie begründet den Anspruch mit dem Hinweis, der geschlossene Vertrag sei nichtig.

Am 15.7.2011 geht beim zuständigen Verwaltungsgericht in Dresden eine Klage des G gegen den Bürgermeister von S ein. G beantragt die Verurteilung zur Zahlung der rückständigen Besoldungsverlustentschädigung (März bis Juli) sowie die Aufhebung der Rückzahlungsaufforderung. G vertritt die Auffassung, ein wirksamer Vertrag liege vor; deshalb sei genug nicht genug. Eventuell entgegenstehende Normen des Bundesbesoldungsgesetzes verstießen gegen das durch Art. 2 Abs. 1 GG geschützte Prinzip der Vertragsfreiheit. In keinem Fall habe die Stadt einen Rückzahlungsanspruch, da er, G, entreichert sei: Er habe die Entschädigung für die Rückzahlung von Schulden verbraucht.

S beantragt die Abweisung der Klage. Sie weist neben anderem darauf hin, dass es im öffentlichen Recht den Wegfall der Bereicherung nicht gebe.

Wie wird das Verwaltungsgericht entscheiden?

Bearbeitervermerk: Der Fall ist ausschließlich nach Bundesrecht zu lösen. Das erwähnte Bundesbesoldungsgesetz findet sich im Sartorius unter der Nr. 230.

Vorüberlegung

G wendet sich gegen zwei Entscheidungen der S. Es liegt nahe, die Bearbeitung zu trennen. G ist Beamter; mit Blick auf die Eröffnung des Verwaltungsrechtswegs müssen Sie erkennen, dass ein Sonderfall vorliegt. Ferner ist ein öffentlich-rechtlicher Vertrag zu behandeln; dessen Nichtigkeit wird behauptet. In diesem Zusammenhang hat der Hinweis auf das Bundesbesoldungsgesetz ersichtlich eine wichtige Funktion. Die Rückforderung zuviel gezahlten Geldes stellt ein Problem dar, welches Sie aus dem Bereich des Zivilrechts kennen; im öffentlichen Recht gibt es ein „paralleles“ Institut zum Bereicherungsrecht. **572**

Gliederung

Teil 1: Die Klage auf Weiterzahlung der „Entschädigung“ **573**

- I. Sachentscheidungsvoraussetzungen
  1. Eröffnung des Verwaltungsrechtswegs
  2. Statthafte Klageart
  3. Verfahrensartabhängige Sachentscheidungsvoraussetzungen
     a) Klagebefugnis
     b) Widerspruchsverfahren
     c) Fristen
  4. Rechtsschutzbedürfnis
- II. Die Begründetheit der Klage

Teil 2: Die Klage gegen die Rückforderung

- I. Sachentscheidungsvoraussetzungen
  1. Eröffnung des Verwaltungsrechtswegs
  2. Statthafte Klageart
  3. Klagebefugnis
  4. Weitere Sachentscheidungsvoraussetzungen
- II. Die Begründetheit der Klage
  1. Ermächtigungsgrundlage
  2. Ergebnis

Lösung

G klagt gegen zwei Entscheidungen der S: zum einen dagegen, dass S zukünftig die „Besoldungsverlustentschädigung" verweigert, zum anderen gegen den Bescheid, die „Entschädigung" zurückzuzahlen. Es ist insoweit zu differenzieren; beide Anträge sind getrennt auf Zulässigkeit und Begründetheit zu prüfen.

Teil 1: Die Klage auf Weiterzahlung der „Entschädigung"

I. Sachentscheidungsvoraussetzungen

1. Eröffnung des Verwaltungsrechtswegs

574 Der Rechtsweg könnte nach § 40 Abs. 1 Satz 1 VwGO eröffnet sein. Vor Anwendung der Generalklausel sind aufdrängende Sonderzuweisungen zu prüfen. G ist Beamter; der Streit hat Zahlungen an ihn als Beamten zum Gegenstand. Deshalb könnte § 54 BeamtStG einschlägig sein. Nach Absatz 1 ist für alle Klagen der Beamten der Verwaltungsrechtsweg gegeben, sofern es sich um eine Klage aus dem Beamtenverhältnis handelt. G und S haben einen Vertrag über ein „Gehalt" geschlossen. Neben einem Beamtenverhältnis, das mit Zahlungspflichten des Dienstherrn verbunden ist, kann zum selben Dienstherrn ein (weiteres) privatrechtliches Verhältnis über die Bezahlung des Beamten nicht begründet werden. Das Rechtsverhältnis des Beamten zum Dienstherrn ist einheitlich öffentlich-rechtlich. Deshalb ist der von S mit G geschlossene Vertrag dem Beamtenrecht zuzuordnen. Eine Klage aus diesem Vertrag zählt zum Beamtenrecht. Der Verwaltungsrechtsweg ist für diese Klage nach § 54 Abs. 1 BeamtStG eröffnet.

2. Statthafte Klageart

575 G will auch in der Zukunft die „Sonderzahlung" erhalten. Statthaft ist die allgemeine Leistungsklage. Diese Klagemöglichkeit ist gegeben, obwohl die §§ 42 ff. VwGO diese Klageart nicht aufzählen. Die allgemeine Leistungsklage ist die statthafte Klageart, weil G die Verurteilung der S zu einer Leistung anstrebt. Über die Gewährung dieser Leistung selbst wird nicht mithilfe eines Verwaltungsakts entschieden (die Erhebung einer Verpflichtungsklage nach § 42 Abs. 2 VwGO entfällt deshalb). Es wäre widersinnig, einen Vertrag abzuschießen und gleichwohl darauf zu beharren, die vertraglich geschuldete Leistung könne durch einen Verwaltungsakt festgesetzt werden. Funktion des hier geschlossenen Vertrags ist es, einen Verwaltungsakt zu ersetzen.

3. Verfahrensartabhängige Sachentscheidungsvoraussetzungen

a) Klagebefugnis

576 G ist nach § 42 Abs. 2 VwGO analog klagebefugt. Durch die Zahlungsverweigerung ist möglicherweise sein Recht aus dem geschlossenen Vertrag verletzt.

b) Widerspruchsverfahren

Ein Widerspruchsverfahren ist durchgeführt worden; ein Widerspruchsbescheid ist ergangen. Die Bezeichnung des Schreibens von G vom 9.4.2011 als „Einspruch" ist zwar falsch, eine falsche Bezeichnung ist indes unschädlich. Ein Widerspruchsverfahren war auch durchzuführen, § 54 Abs. 2 BeamtStG. **577**

§ 73 Abs. 1 Nr. 3 VwGO ist einschlägig, da es sich um eine Selbstverwaltungsangelegenheit handelt. S ist für den Erlass des Widerspruchsbescheids zuständig.

c) Fristen

Die Fristen nach §§ 70, 74 VwGO – Ein-Monats-Fristen – sind gewahrt. Selbst dann, wenn diese Fristen überschritten wären, wären der Widerspruch fristgemäß eingelegt und die Klage fristgemäß erhoben worden, da jeweils eine Rechtsbehelfsbelehrung fehlt. Eine falsche oder fehlende Rechtsbehelfsbelehrung führt dazu, dass nach § 58 Abs. 2 VwGO die Jahresfrist gilt. **578**

4. Rechtsschutzbedürfnis

Das Rechtsschutzbedürfnis für die Erhebung einer Leistungsklage ist gegeben, da G auf schnellere Art und Weise seinen Anspruch nicht durchsetzen kann. **579**

II. Die Begründetheit der Klage

Die Klage ist begründet, wenn G einen Anspruch auf die geltend gemachte Summe hat. Dieser Anspruch entfällt, wenn der Vertrag, auf den G sich beruft, nichtig ist. **580**

Nach § 2 Abs. 1 BBesG wird die Besoldung der Beamten durch Gesetz geregelt. Nach § 2 Abs. 2 dieses Gesetzes sind Vereinbarungen, die dem Beamten eine höhere als die im Gesetz zustehende Besoldung verschaffen sollen, unwirksam. Deshalb ist der zwischen G und S geschlossene Vertrag nichtig. G hat keinen Anspruch auf die geltend gemachte Zahlung.

Diesem Resultat steht der Einwand des G nicht entgegen, das Verbot einer vertraglichen Vereinbarung der Gehaltshöhe verstoße gegen Art. 2 Abs. 1 GG. Vertragsfreiheit gibt es im Privatrecht, nicht aber im öffentlichen Recht. Anderes kann nicht gelten, weil nach Art. 20 Abs. 3 GG die Verwaltung an Recht und Gesetz gebunden ist. Solange dieses nicht gegen die Verfassung verstößt, ist die Verwaltung an es gebunden. Dass § 2 Abs. 2 BBesG verfassungswidrig sei, ist ein abwegiger Gedanke. **581**

Der Vertrag könnte nach § 59 Abs. 1 VwVfG iVm § 134 BGB nichtig sein, weil er gegen ein gesetzliches Verbot verstößt. Ein Verbotsgesetz in diesem Sinne ist eine Vorschrift, die eine nach unserer Rechtsordnung grundsätzlich mögliche rechtsgeschäftliche Regelung wegen ihres Inhalts untersagt. Dieses „Umwegs" über das bürgerliche Recht bedarf es hier indes nicht. Die Besoldung des Beamten G ist einer rechtsge- **582** schäftlichen Regelung nicht zugänglich; Ausnahmen für andere Beamte, die es gelegentlich gibt, greifen für G nicht.

Auf die Nichtigkeitsgründe des § 59 Abs. 2 VwVfG ist ebenfalls nicht mehr einzugehen.

Die Klage des G auf Zahlung ist unbegründet.

Teil 2: Die Klage gegen die Rückforderung

I. Sachentscheidungsvoraussetzungen

1. Eröffnung des Verwaltungsrechtswegs

583 Der Rechtsweg ist nach § 54 Abs. 1 BeamtStG eröffnet.

2. Statthafte Klageart

584 Der Bescheid, der die Verpflichtung des G zur Rückzahlung festlegt, ist ein Verwaltungsakt. Gegen ihn wendet sich G. Statthafte Klageart ist deshalb die Anfechtungsklage.

3. Klagebefugnis

585 Als Adressat eines belastenden Verwaltungsakts ist G nach der Adressatentheorie klagebefugt. Es besteht die Möglichkeit der Verletzung des Rechts aus Art. 2 Abs. 1 GG.

4. Weitere Sachentscheidungsvoraussetzungen

586 Alle weiteren Sachentscheidungsvoraussetzungen, insbesondere die erfolglose Durchführung eines Widerspruchsverfahrens, sind gegeben. Da S bereits gegen die Entscheidung die Nichtweiterzahlung der Besoldungsverlustentschädigung betreffend Widerspruch eingelegt hat, wäre die Forderung, gegen die Rückforderung ebenfalls Widerspruch einzulegen, ein reiner Formalismus. Die Klage des G ist zulässig.

II. Die Begründetheit der Klage

Die Klage des G ist nach § 113 Abs. 1 Satz 1 VwGO begründet, soweit die Zahlungsaufforderung rechtswidrig ist und G in seinen Rechten verletzt.

1. Ermächtigungsgrundlage

587 Der Bescheid benötigt als belastender Verwaltungsakt eine Ermächtigungsgrundlage. G hat für zwei Monate die Besoldungsverlustentschädigung erhalten. Die Zahlung erfolgte freilich nicht auf der Grundlage eines begünstigenden Verwaltungsakts, sondern auf der Basis eines öffentlich-rechtlichen Vertrags. Die §§ 48, 49, 49a VwVfG greifen deshalb nicht; insbesondere nicht § 49a Abs. 1 Satz 2 VwVfG, der vorschreibt, die zu erstattende Leistung sei durch schriftlichen Verwaltungsakt festzusetzen.

Wegen der Nichtigkeit des abgeschlossenen Vertrags hat S einen Rückzahlungsanspruch. Anspruchsgrundlage ist der öffentlich-rechtliche Erstattungsanspruch. Diesen Anspruch kann S nicht mithilfe eines Verwaltungsakts durchsetzen, sondern sie muss G mit einer allgemeinen Leistungsklage auf Rückzahlung verklagen, wenn G nicht freiwillig zahlt. Etwas anderes könnte gelten, wenn S auf der Grundlage eines VAs geleistet hätte. Dann könnte S die Befugnis zustehen, einen Leistungsbescheid zu erlassen. Da S indes einen öffentlich-rechtlichen Vertrag abgeschlossen hatte, stellt sich das Problem nicht. **588**

2. Ergebnis

Die Klage des G gegen den Rückzahlungsbescheid ist zulässig und begründet. Auf eine Lösung des Problems der Entreicherung kommt es nicht an.

Fall 7***

Der Kinderspielplatz

Schwerpunkte: Klagebefugnis bei der allgemeinen Leistungsklage; öffentlich-rechtlicher Vertrag, insbesondere subordinationsrechtlicher Vertrag; Rechtswidrigkeit und Nichtigkeit des öffentlich-rechtlichen Vertrags; öffentlich-rechtlicher Erstattungsanspruch; Kopplungsverbot

589 Frau K ist Eigentümerin eines Grundstücks (Grundstück 1) im Außenbereich der Stadt S in Brandenburg. Grundstück 1 grenzt an die mit Einfamilienhäusern bebaute Siedlung „Wiesengrund"; sie wurde aufgrund eines seit 1995 rechtsverbindlichen Bebauungsplans errichtet. Es nahm an der Abrechnung der Erschließungsanlagen der Siedlung nicht teil.

Anfang 2012 beantragt K, das Grundstück 1 in den Geltungsbereich des genannten Bebauungsplans einzubeziehen, um es mit einem Einfamilienhaus zu bebauen. Die Stadtverordnetenversammlung von S fasst am 2.2.2012 einstimmig einen entsprechenden Beschluss; ferner soll K für die nicht angefallenen Erschließungskosten in Höhe von 25 000,– € einen entsprechenden Ausgleich für einen gemeinnützigen Zweck leisten.

Der Gemeindevertreter G fehlt in der Sitzung, weil er wegen eines Versehens im Büro des Vorsitzenden der Gemeindevertretung nicht geladen war.

K vereinbart in Verhandlungen mit der Stadtkämmerei, dass sie ein weiteres am Rand der Siedlung liegendes Grundstück (Grundstück 2) im objektiven Wert von 25 000,– € S übereignen werde. S will auf diesem Gelände einen Kinderspielplatz errichten. Der zwischen K und S beim Notar geschlossene Vertrag enthält folgende Bestimmungen:

Übereignungsvertrag

K verpflichtet sich, das Grundstück 2 (es folgt die genaue Bezeichnung des Flurstücks) an S zu einem Preis von 1,– € zu verkaufen und zu übereignen.

Die Stadtverordnetenversammlung hat in der Sitzung am 2.2.2012 beschlossen, den Geltungsbereich des Bebauungsplans auf das Grundstück 1 zu erweitern. Die Verwaltung wird angewiesen, das Planänderungsverfahren erst dann in Gang zu setzen, wenn K das Grundstück 2 übereignet hat. Die Übereignung ist keine zweckgebundene Zuwendung an S. Der Wert des Grundstücks 2 entspricht demjenigen, der sich ergeben hätte, wenn Grundstück 1 mit dem seinerzeit für das Baugebiet festgesetzten Erschließungsbeitrag belastet worden wäre.

S verwendet das in Nr. 1 bezeichnete Grundstück für die Errichtung eines Kinderspielplatzes.

Sobald die Änderung des Bebauungsplans hinsichtlich der Bebaubarkeit des Grundstücks 1 rechtsverbindlich wird oder Frau K für ihr Grundstück 1 eine unanfechtbare Baugenehmigung erhält, ist S berechtigt, den Kinderspielplatz zu errichten.

Die Urkunde unterzeichnen K und im Namen von S der Bürgermeister und dessen Vertreter.

Nach Übereignung des Grundstücks 2 und der Eintragung in das Grundbuch erstreckt S den Bebauungsplan auf das Grundstück 1 und erklärt ihr Einvernehmen mit dem Bauvorhaben der K. Das zuständige Landratsamt erteilt daraufhin die Baugenehmigung. K errichtet das Wohnhaus. Später verlangt sie die Rückübereignung des Grundstücks 2. Sie habe ohne Rechtsgrundlage geleistet, denn die Vereinbarung sei nichtig.

S lehnt die Rückübereignung ab. Sie trägt vor: Wenn die Vereinbarung nichtig sei, stehe der Grundsatz von Treu und Glauben der Rückforderung entgegen, da die Leistung der S, die Verschaffung des Baurechts, nicht mehr rückgängig zu machen sei. Ferner habe K in Kenntnis ihrer Nichtleistungspflicht Grundstück 2 übertragen. Das schließe eine Rückerstattung aus.

K klagt vor dem Landgericht Frankfurt (Oder) auf Rückübereignung des Grundstücks 2. Nach Anhörung der Parteien erklärt das Landgericht durch Beschluss den Zivilrechtsweg für unzulässig und verweist die Klage an das Verwaltungsgericht Frankfurt (Oder).

Wie wird das Verwaltungsgericht entscheiden?

Vorüberlegung

590 Sie müssen sich zunächst mit der Verweisung und ihrer Bedeutung für die Rechtswegeröffnung befassen. In diesem Fall geht es in der Hauptsache um die Wirksamkeit eines öffentlich-rechtlichen Vertrags. Das Recht des öffentlich-rechtlichen Vertrags ist genauso wichtig wie das Recht des Verwaltungsakts; insoweit gibt es keine Abstufung. Ferner spielt der öffentlich-rechtliche Erstattungsanspruch eine entscheidende Rolle; das Recht der Rückabwicklung fehlgeschlagener Leistungsbeziehung ist in seiner Wichtigkeit nicht zu unterschätzen. Materiell geht es um das Baurecht. Dieses ist wahrscheinlich das wichtigste Fach des besonderen Verwaltungsrechts und genießt deshalb hier gesteigerte Aufmerksamkeit.

Gliederung

591 **I. Sachentscheidungsvoraussetzungen**
- 1. Eröffnung des Verwaltungsrechtswegs
- 2. Statthafte Klageart
- 3. Klagebefugnis
- 4. Beteiligtenfähigkeit
- 5. Rechtsschutzbedürfnis

II. Die Begründetheit der Klage
- 1. Anspruchsgrundlage
- 2. Anspruchsvoraussetzungen
  - a) Fehlen eines spezialgesetzlichen Erstattungsanspruchs
  - b) Öffentlich-rechtliche Beziehung zwischen den Beteiligten
  - c) Vermögensverschiebung
  - d) Ohne Rechtsgrund
    - aa) Zustandekommen des Vertrags
    - bb) Qualifizierung des Rechtsgrundes
      - (1) Subordinationsrechtlicher Vertrag
      - (2) Austauschvertrag
    - cc) Nichtigkeit des Vertrags
      - (1) Handlungsformverbote
        - (aa) Verstoß gegen § 2 Abs. 3 und 4 BauGB
        - (bb) Erschließungsvertrag
        - (cc) Folgekostenvertrag
      - (2) Vertragsinhaltsverbote
  - e) Ausschluss der Erstattung
    - aa) § 814 Alt. 1 BGB analog
    - bb) Treu und Glauben
  - f) Anspruchsumfang

III. Ergebnis

Lösung

I. Sachentscheidungsvoraussetzungen

1. Eröffnung des Verwaltungsrechtswegs

Für die Klage muss der Verwaltungsrechtsweg eröffnet sein. Er könnte aufgrund einer aufdrängenden Sonderzuweisung eröffnet sein. Eine solche ist § 17a Abs. 2 GVG iVm § 173 VwGO. Das Gericht des beschrittenen Rechtswegs spricht dessen Unzulässigkeit aus und verweist den Rechtsstreit nach Anhörung der Parteien von Amts wegen an das zuständige Gericht des zulässigen Rechtswegs. Der Beschluss ist für das aufnehmende Gericht hinsichtlich des Rechtswegs nach § 17a Abs. 2 Satz 3 GVG iVm § 173 VwGO bindend. Hier hat das Landgericht Frankfurt (Oder) den Rechtsstreit an das Verwaltungsgericht Frankfurt (Oder) verwiesen. Das Verwaltungsgericht ist an die Zuweisung gebunden. 592

Der Verwaltungsrechtsweg ist eröffnet.

2. Statthafte Klageart

K will die Rückübertragung des Grundstücks 2 erreichen. Diese ist der „actus contrarius" zur ursprünglichen Leistung. Sie erfolgte nicht aufgrund eines Verwaltungsakts, sondern aufgrund eines Vertrags. Es entfällt die Verpflichtungsklage. Wie die ursprüngliche Übereignung ist die Rückübereignung ein Realakt und mit einer Leistungsklage zu verfolgen. Die Leistungsklage ist in der VwGO nicht normiert, aber vorausgesetzt und als Klageart anerkannt. Die Leistungsklage ist die statthafte Klageart. 593

3. Klagebefugnis

K muss klagebefugt sein. K ist nach § 42 Abs. 2 VwGO klagebefugt, wenn sie möglicherweise durch einen Verwaltungsakt oder seine Ablehnung in ihren Rechten verletzt ist. K erhebt weder eine Anfechtungs- noch eine Verpflichtungsklage, sondern eine Leistungsklage. Es ist umstritten, ob auf sie § 42 Abs. 2 VwGO analog anzuwenden ist. 594

Gegen eine analoge Anwendung des § 42 Abs. 2 VwGO spricht der Wortlaut der Vorschrift; er setzt einen Verwaltungsakt voraus. Das Argument ist wertlos: Die allgemeine Leistungsklage hat einen Verwaltungsakt gerade nicht zum Gegenstand. Das Postulat Klagebefugnis verfolgt einen anderen Zweck als einen mit einem Verwaltungsakt zusammenhängenden. In der Folge muss gefragt werden, ob die Zweckverfolgung auch bei der allgemeinen Leistungsklage relevant ist. Zweck des § 42 Abs. 2 VwGO ist die Verhinderung der Popularklage. Verneinte man die analoge Anwendbarkeit des § 42 Abs. 2 VwGO, wäre eine Popularklage im Bereich der allgemeinen Leistungsklage zulässig. Die Popularklage soll es indes nur nach gesetzlicher Einführung geben. Für die Analogie spricht ferner die strukturelle Gemeinsamkeit von Verpflichtungsklage und allgemeiner Leistungsklage – beide dienen der Verfolgung von Ansprüchen. 595

596 K ist klagebefugt, wenn ihr Begehren nicht offensichtlich ausgeschlossen ist, weil ein öffentlich-rechtlicher Anspruch bestehen kann. K behauptet, die vertragliche Vereinbarung sei nichtig und rückabzuwickeln; es bestehe ein Rückerstattungsanspruch. Ein Anspruch der K ist offensichtlich nicht völlig ausgeschlossen. Sie ist klagebefugt.

4. Beteiligtenfähigkeit

597 Die Beteiligtenfähigkeit der K als natürlicher Person ergibt sich aus § 61 Nr. 1 VwGO; S bzw. der Bürgermeister von S ist als Behörde beteiligtenfähig nach § 61 Nr. 3 VwGO iVm § 8 Abs. 1 BbgVwGG.

5. Rechtsschutzbedürfnis

598 Das Rechtsschutzbedürfnis der K ist gegeben, wenn sie auf eine einfachere oder schnellere Weise ihr Ziel nicht erreichen kann. Davon ist auszugehen.

6. Ergebnis

Die allgemeine Leistungsklage der K ist zulässig.

II. Die Begründetheit der Klage

Die Klage der K ist begründet, wenn sie einen Anspruch auf Rückübereignung des Grundstücks 2 hat.

1. Anspruchsgrundlage

599 Anspruchsgrundlage für das Begehren der K könnte der allgemeine öffentlich-rechtliche Erstattungsanspruch sein. Er ist mittlerweile gewohnheitsrechtlich anerkannt.

2. Anspruchsvoraussetzungen

a) Fehlen eines spezialgesetzlichen Erstattungsanspruchs

600 Ein gesetzlicher öffentlich-rechtlicher Erstattungsanspruch hat Vorrang vor der Anwendung des allgemeinen öffentlich-rechtlichen Erstattungsanspruchs. Dieser Fall scheidet hier aus. § 49a Abs. 1 Satz 1 VwVfG[1], an dessen Einsatz gedacht werden könnte, entfällt, weil er Ansprüche eines Hoheitsträgers gegen Privatpersonen normiert. Der allgemeine öffentlich-rechtliche Erstattungsanspruch ist anzuwenden.

b) Öffentlich-rechtliche Beziehung zwischen den Beteiligten

601 Das Rechtsverhältnis zwischen den Beteiligten muss öffentlich-rechtlicher Natur sein. Maßgeblich ist der öffentlich-rechtliche Charakter der Leistungsbeziehung. Der Erstattungsanspruch ist die Kehrseite einer Leistungsbeziehung.

---

1 IVm § 1 Abs. 1 BbgVwVfG. Das trifft auf alle zitierten Normen des VwVfG zu.

Hier geht es um die Rückabwicklung einer fehlgeschlagenen Vertragsbeziehung. Sie muss ein öffentlich-rechtlicher Vertrag iSv § 54 VwVfG sein. Das ist jeder Vertrag, der auf eine Ausgestaltung oder Abänderung von öffentlich-rechtlichen Verpflichtungen oder Berechtigungen abzielt, insbesondere Rechte und Pflichten in Über-/Unterordnungs-Verhältnissen durch vertragliche Regelungen ersetzt, abändert, ergänzt oder näher bestimmt. Es ist vor allem darauf abzustellen, ob sich der Vertrag auf Sachverhalte bezieht, die das Gesetz öffentlich-rechtlich regelt (Kriterium des Sachzusammenhangs).

Es ist zweifelhaft, ob ein öffentlich-rechtlicher Vertrag zwischen K und S kraft Sachzusam- **602**
menhangs besteht, da sich die Übereignung des Grundstücks nicht zwingend als Gegenleistung für den Gemeinderatsbeschluss betreffend die Planerweiterung darstellt. Das „In-Angriff-Nehmen" der Planänderung ist im Vertrag nicht als Leistung der S ausdrücklich vereinbart, sondern wird von den Parteien als „Bedingung" oder „Geschäftsgrundlage" für sie vorausgesetzt; ein Rechtsanspruch der K sollte nicht begründet werden.

Auch bei diesen „hinkenden Austauschverhältnissen" ist entscheidend, ob ein enger **603**
Sachzusammenhang mit öffentlich-rechtlichen Pflichten besteht. Die Vereinbarung betrifft nach Gegenstand und Zweck einen öffentlich-rechtlich geregelten Sachbereich. Diese Rechtsnatur folgt aus dem engen Zusammenhang zwischen der Übereignung des Grundstücks und der Vornahme der Planänderung. Die vertraglich geregelte Pflicht der Verwaltung, den Plan zu ändern, führt dazu, die Rechtsbeziehung als öffentlich-rechtlich zu charakterisieren. Hinzu kommt, dass die Übereignung an die Stelle der nicht angefallenen Erschließungskosten tritt. Erschließungsbeitragsrecht ist eine öffentlich-rechtliche Materie.

Der Übereignungsvertrag bezieht sich auf einen öffentlich-rechtlich geregelten Sachverhalt. Der Vertrag ist öffentlich-rechtlicher Natur.

c) Vermögensverschiebung

Eine Vermögensverschiebung liegt vor, wenn der Anspruchsgegner „etwas erlangt" hat, **604**
sei es durch eine Leistung des Anspruchstellers, sei es in sonstiger Weise. Es muss eine Vermögensverschiebung stattgefunden haben, die eine Entreicherung auf der einen und eine Bereicherung auf der anderen Seite bedingt. S erlangte durch Leistung der K das Grundstück 2. Es bildet einen Vermögenswert, um den S bereichert ist.

d) Ohne Rechtsgrund

Der Erstattungsanspruch setzt eine unmittelbare Vermögensverschiebung ohne Rechts- **605**
grund oder später weggefallenen Rechtsgrund voraus. Maßgeblich ist die Existenz eines wirksamen Verwaltungsakts oder eines wirksamen öffentlich-rechtlichen Vertrags. Die Vermögensverschiebung erfolgt dann ohne Rechtsgrund, wenn der Verwaltungsakt unwirksam oder der öffentlich-rechtliche Vertrag nichtig ist; Rechtswidrigkeit reicht nicht aus. Ohne Bedeutung ist, ob der Rechtsgrund von Anfang an fehlt oder später wegfällt.

Rechtsgrund könnte hier der „Übereignungsvertrag" zwischen K und S sein. Maßgeblich ist seine Wirksamkeit.

aa) Zustandekommen des Vertrags

606 Der Vertrag muss wirksam zustande gekommen sein. Das ist der Fall, wenn die dafür notwendigen privatrechtlichen und öffentlich-rechtlichen Voraussetzungen erfüllt sind.

Nach § 62 Satz 2 VwVfG finden die §§ 104 f., 130, 145 f., 164 f. BGB auf das öffentliche Recht Anwendung. Nach § 62 Satz 2 VwVfG iVm §§ 104 f. BGB kommt ein öffentlich-rechtlicher Vertrag bei Abgabe zweier übereinstimmender Willenserklärungen zustande.

607 Die Vertragsurkunde haben K und im Namen der S der Bürgermeister und dessen Vertreter entsprechend § 57 Abs. 2 Satz 2 BbgKVerf[2] unterzeichnet. Die notwendigen übereinstimmenden Willenserklärungen liegen vor. Die nach § 57 VwVfG iVm § 57 Abs. 2 Satz 1 BbgKVerf[3] erforderliche Schriftform ist eingehalten. Die für Grundstücksverträge nach § 311b Abs. 1 Satz 1 BGB erforderliche notarielle Beurkundung ist erfolgt.

608 Bedenken hinsichtlich der Wirksamkeit des Vertrags könnten sich wegen der Unregelmäßigkeiten bei der Beschlussfassung in der Stadtverordnetenversammlung ergeben. Bei der Beschlussfassung der Gemeindevertretung fehlte der Gemeindevertreter G wegen unterbliebener Ladung. Fehler bei der Ladung führen zur Beschlussunfähigkeit der Vertretung und werden nur dann geheilt, wenn der betroffene Gemeindevertreter zur Sitzung erscheint, § 34 Abs. 6 BbgKVerf[4].

609 Fraglich ist, ob dieser Fehler beachtlich ist. Es ist zwischen gemeindeinterner Willensbildung und der Vertretung der Gemeinde im Außenverhältnis zu unterscheiden, § 57 Abs. 1 BbgKVerf[5]. Fehler bei internen Beschlüssen der Gemeindevertretung führen nicht zur Unwirksamkeit der auf diese Beschlüsse zurückgehenden Außenvertretungsakte. Die Verträge der Gemeinde sind im Außenverhältnis wirksam, selbst wenn die interne Willensbildung fehlerhaft war bzw. gar nicht stattfand. Hier ist mangels anderweitiger Fehler der Vertrag wirksam. Die privat- wie die öffentlich-rechtlichen Forderungen an das Zustandekommen des Vertrags sind erfüllt.

---

2 *„Vier-Augen-Prinzip" wie in Brandenburg auch nach:* Art. 38 Abs. 2 Satz 2 BayGO; § 71 Abs. 2 Satz 2 HessGO; § 38 Abs. 6 Satz 2 KV MV; § 64 Abs. 1 Satz 2 GO NW; *„Zwei-Augen-Prinzip" nach:* § 54 Abs. 1 Satz 2 GO BW; § 86 Abs. 2 NdsKomVG; § 49 Abs. 1 Satz 2 GO RP; § 62 Abs. 1 Satz 2 SaarlKSVG; § 60 Abs. 1 Satz 2 SächsGO; § 70 Abs. 1 Satz 2 GO LSA; § 56 Abs. 2 Satz 2 GO SH; § 31 Abs. 2 Satz 2 ThürKO.

3 *Entspricht:* § 54 Abs. 1 Satz 1 GO BW; Art. 38 Abs. 2 Satz 1 BayGO; § 71 Abs. 2 Satz 1 HessGO; § 38 Abs. 6 Satz 1 KV MV; § 86 Abs. 2 NdsKomVG; § 64 Abs. 1 Satz 1 GO NW; § 49 Abs. 1 Satz 2 GO RP; § 62 Abs. 1 Satz 1 SaarlKSVG; § 60 Abs. 1 Satz 1 SächsGO; § 70 Abs. 1 Satz 1 GO LSA; § 56 Abs. 2 Satz 1 GO SH; § 31 Abs. 2 Satz 1 ThürKO.

4 *Entspricht:* § 41 Abs. 4 SaarlKSVG und § 35 Abs. 3 ThürKO. Alle anderen Bundesländer kennen eine solche Regelung nicht.

5 *Entspricht:* § 42 Abs. 1 Satz 2 GO BW; Art. 38 Abs. 1 BayGO § 71 Abs. 1 HessGO; § 38 Abs. 2 Satz 1 KV MV; § 86 Abs. 1 NdsKomVG; § 63 GO NW; § 47 Abs. 1 Satz 1 GO RP; § 59 Abs. 1 SaarlKSVG; § 51 Abs. 1 Satz 2 SächsGO; § 57 Abs. 2 GO LSA; § 56 Abs. 1 GO SH; § 31 Abs. 1 ThürKO.

bb) Qualifizierung des Rechtsgrunds

Für die Feststellung der Nichtigkeit des Vertrags zwischen K und S ist es erforderlich, seine Rechtsnatur festzustellen.

(1) Subordinationsrechtlicher Vertrag

Es könnte ein subordinationsrechtlicher Austauschvertrag nach § 54 Satz 2 iVm § 56 Abs. 1 VwVfG vorliegen. Ein Koordinationsvertrag entfällt; er wird zwischen gleichgeordneten Rechtsträgern geschlossen. Das trifft für K und S nicht zu. **610**

§ 54 Satz 2 VwVfG erfasst alle so genannten Subordinationsverträge, bei denen die Vertragsparteien hinsichtlich des konkreten Vertragsgegenstands im Verhältnis der Über- und Unterordnung zueinander stehen. Sie werden zwischen einer Privatperson und einem Träger öffentlicher Gewalt geschlossen. Insbesondere kann eine Behörde, anstatt einen Verwaltungsakt zu erlassen, einen öffentlich-rechtlichen Vertrag mit demjenigen schließen, der ansonsten Adressat des Verwaltungsakts wäre. Wegen K als Vertragspartnerin kommt ein subordinationsrechtlicher Vertrag in Betracht.

Zwischen K und S besteht in mehrfacher Hinsicht ein Verhältnis der Über- und Unterordnung. K begehrt von S die Planänderung und ihre Mitwirkung im Baugenehmigungsverfahren; beide Male ein typisch hoheitliches Handeln. Ferner erfolgt der Vertragsschluss als Ausgleich für nicht angefallene Erschließungskosten; die Erhebung des Erschließungsbeitrags basiert auf einem Über- und Unterordnungsverhältnis. **611**

Der Übereignungsvertrag zwischen K und S ist ein subordinationsrechtlicher Vertrag nach § 54 Satz 2 VwVfG.

(2) Austauschvertrag

Es könnte ein Austauschvertrag iSd § 56 Abs. 1 Satz 1 VwVfG vorliegen, wenn zumindest ein Vertragspartner eine Leistung öffentlich-rechtlichen Inhalts erbringt, um von dem anderen Vertragspartner eine bestimmte Gegenleistung zu erhalten. Hier ist die Leistung der S fraglich; denn im Vertrag ist von einer Leistungspflicht der S nicht die Rede. **612**

§ 56 Abs. 1 Satz 1 VwVfG bezieht sich nicht nur auf den Austauschvertrag im engeren Sinne, bei dem nach dem Vertragsinhalt die beiderseitigen Leistungen funktionell miteinander verbunden sind, sondern auch auf den „hinkenden" Austauschvertrag. Ihn kennzeichnet, dass er nur die Leistungsverpflichtung des Bürgers regelt und die behördliche Leistung nicht erwähnt. Sie wird von den Vertragsschließenden stillschweigend vorausgesetzt, weil die Leistung des Bürgers die der Behörde erst ermöglichen soll. So ist es hier. Der Vertrag zwischen K und S ist ein Austauschvertrag nach § 56 VwVfG. **613**

cc) Nichtigkeit des Vertrags

Der Austauschvertrag entfällt als Rechtsgrundlage für die stattgefundene Vermögensverschiebung, wenn er nichtig ist. Es ist zwischen Handlungsformverboten und inhaltlichen Nichtigkeitsgründen zu unterscheiden.

(1) Handlungsformverbote

614 Die Verwaltung ist nach § 54 Satz 1 VwVfG zum Handeln durch öffentlich-rechtlichen Vertrag befugt, soweit Rechtsvorschriften nicht entgegenstehen. Zu den entgegenstehenden Vorschriften gehören Handlungsformverbote; bei ihrem Vorliegen ist ein Vertrag ohne Rücksicht auf den Inhalt unzulässig. Es finden sich ausdrückliche Verbote und Vorschriften, die ihrem Sinn und Zweck nach eine Regelung durch Vertrag ausschließen. Der Übereignungsvertrag könnte wegen Verstoßes gegen ein Handlungsformverbot nach § 54 Satz 1, Hs. 2 iVm § 59 Abs. 1 VwVfG iVm § 134 BGB nichtig sein.

615 Die Anwendbarkeit des § 134 BGB auf einen öffentlich-rechtlichen Vertrag ist problematisch. Gegen sie spricht, dass die enumerative Aufzählung der – zusätzlichen – Nichtigkeitsgründe in § 59 Abs. 2 VwVfG überflüssig und inkonsequent wäre, wenn jeder rechtswidrige Verwaltungsvertrag bereits nach § 59 Abs. 1 VwVfG nichtig wäre. Gleichwohl ist nach herrschender Meinung § 134 BGB auf öffentlich-rechtliche Verträge anwendbar, da ansonsten die Rechtswidrigkeit des koordinationsrechtlichen Vertrags, auf den § 59 Abs. 2 VwVfG keine Anwendung findet, gänzlich folgenlos bliebe. Auch im Anwendungsbereich des subordinationsrechtlichen Vertrags hat § 134 BGB eine lückenschließende Funktion: Denn es würde ein subordinationsrechtlicher Vertrag, der an einem offensichtlichen und schwerwiegendem Verstoß gegen materiell-rechtliche Vorschriften leidet, rechtswirksam und verbindlich bleiben, wenn nicht ausnahmsweise § 59 Abs. 2 Nr. 1–4 VwVfG eingreift.

Ob der Vertrag gegen ein gesetzliches Handlungsverbot verstößt, ist im Wesentlichen ein Problem seines Regelungsgehalts.

(aa) Verstoß gegen § 1 Abs. 3 Satz 2 BauGB

616 Der Vertrag könnte gegen § 1 Abs. 3 Satz 2 BauGB verstoßen. Diese Vorschrift verbietet die Bauplanung als Vertragsgegenstand.

Bei der Vereinbarung zwischen K und S müsste es sich um einen Vertrag über die Ergänzung eines Bebauungsplans handeln. Dagegen sprechen folgende Erwägungen: Die Parteien haben die Leistung der K als nicht zweckgebunden bezeichnet. Ferner wurde der Beschluss des Gemeinderats zur Änderung des Bebauungsplans noch vor Abschluss des Vertrags getroffen. Den Parteien kann schließlich nicht unterstellt werden, dass sie einen nichtigen Vertrag schließen wollten und daher die Änderung des Bebauungsplans lediglich als Bedingung bzw. als Geschäftsgrundlage konzipierten. Aus Sicht der S darf man endlich sagen, dass es ihr um einen Billigkeitsausgleich für die Erschließungskosten ging.

Für den Vertrag als Bauplanungsabrede spricht, dass es aus Sicht der K darum ging, eine Planänderung als Gegenleistung für ihre Zahlung zu erwirken. Indes fehlt es insoweit an einer bindenden Abrede.

Demzufolge wurde kein Vertrag über die Änderung eines Bebauungsplans geschlossen. Eine Nichtigkeit nach § 59 Abs. 1 VwVfG iVm § 134 BGB iVm § 54 Satz 1 Hs. 2 VwVfG iVm § 1 Abs. 3 Satz 2 BauGB wegen Verstoßes gegen das Inhaltsverbot in § 1 Abs. 3 Satz 2 BauGB ist nicht gegeben.

(bb) Erschließungsvertrag

Der zwischen K und S geschlossene Vertrag ist weder ein Erschließungsvertrag iSd § 124 Abs. 1 BauGB noch eine Ablösungsvereinbarung iSd § 133 Abs. 3 Satz 5 BauGB. **617**
Durch den Vertrag sollte weder die Erschließung des Grundstücks auf die K übertragen noch ein Erschließungsbeitrag abgelöst werden. Eine Ablösungsvereinbarung ist ihrem Wesen nach auf die vorweggenommene Tilgung einer künftig entstehenden Beitragspflicht für Erschließungsanlagen iSv § 127 Abs. 2 BauGB gerichtet. Eine solche Beitragspflicht ist nie entstanden. Es liegt kein Erschließungsvertrag vor.

(cc) Folgekostenvertrag

Es könnte jedoch ein städtebaulicher Vertrag nach § 11 Abs. 1 Nr. 3 BauGB gegeben **618**
sein. Darunter sind Verträge über die Beteiligung an solchen Aufwendungen zu verstehen, die nicht unmittelbar der Baureifmachung dienen, sondern den Gemeinden jenseits der beitragsfähigen Erschließung entstehen. Gemeint ist die Errichtung von Erschließungsfolgeeinrichtungen wie Schulen, Kindergärten, Sportplätzen, also Einrichtungen des Gemeinbedarfs.

Danach ist es möglich, dass ein Privater vertraglich die Kosten der Gemeinde für städtebauliche Maßnahmen (dazu zählt auch die Bauplanung, vgl. § 11 Abs. 1 Nr. 1 BauGB) übernimmt, die für die Verwirklichung eines bestimmten Vorhabens des Privaten Voraussetzung oder Folge sind (Folgekostenvertrag). Anstelle der Kostenübernahme kann auch die Bereitstellung der für die Folgeeinrichtungen erforderlichen Grundstücke treten.

Fraglich ist, ob eine derartige kausale Verknüpfung zwischen der Kostenübernahme **619**
und einem Vorhaben der K vorliegt. Die Grundstücksübereignung ist laut Vertrag kein Ersatz für die Kosten der gemeindlichen Änderungsplanung. Solche Kosten sind nicht zu beziffern. Nach dem Willen der Parteien spielen sie im Vertrag keine Rolle. Die Einrichtung eines Spielplatzes ist weder Folge noch Voraussetzung des Bauvorhabens der K. Die Grundstücksübereignung wurde laut Vertrag ausdrücklich nicht für die Erschließungskosten vorgenommen. Die Parteien wussten, dass es für die Erhebung der Erschließungskosten keine rechtliche Grundlage (mehr) gibt.

Ein städtebaulicher Vertrag ist mangels kausaler Verknüpfung von städtebaulicher Maßnahme und Grundstücksübereignung nicht gegeben.

(2) Vertragsinhaltsverbote

620 Der Vertrag könnte wegen unzulässigen Inhalts nach § 59 Abs. 2 Nr. 4 iVm § 56 VwVfG nichtig sein. § 56 Abs. 1 VwVfG findet Anwendung auf Verträge iSd § 54 Satz 2 VwVfG, also auf die subordinationsrechtlichen Verträge.

Über seinen Wortlaut hinaus („unzulässige Gegenleistung" = Kopplungsverbot) begründet diese Norm die Nichtigkeit aller Austauschverträge, die nicht allen Inhaltsanforderungen des § 54 VwVfG genügen. Zu diesen Inhaltsanforderungen zählen: Der Zweck der Gegenleistung muss bestimmt sein; die Gegenleistung der Behörde muss der Erfüllung öffentlicher Aufgaben dienen; die Gegenleistung muss angemessen sein und in sachlichem Zusammenhang mit der vertraglichen Leistung der Behörde stehen (Kopplungsverbot). Hier besteht der Zweck der Gegenleistung in einem Billigkeitsausgleich für die nicht angefallenen Erschließungskosten. Die Gegenleistung dient der Erfüllung öffentlicher Aufgaben: der Errichtung eines Kinderspielplatzes. Fraglich ist, ob die Gegenleistung der K angemessen ist und in sachlichem Zusammenhang (Kopplungsverbot) mit der Leistung der Gemeinde steht.

621 Angemessen ist die Gegenleistung, wenn sie nicht außer Verhältnis zu der Bedeutung und dem wirtschaftlichen Wert der von der Behörde erbrachten Leistung steht, also dem Grundsatz der Verhältnismäßigkeit entspricht. Unter dem Kopplungsverbot versteht man einen sachlichen Zusammenhang zwischen der Leistung der Behörde und der vertraglichen Gegenleistung des Privaten. Ein sachlicher Zusammenhang soll fehlen, wenn die vom Bürger zu erbringende Leistung einem anderen öffentlichen Interesse dient als die von der Behörde zu erbringende oder von ihr in Aussicht gestellte Leistung.

Hier müsste die Leistung der K zu der von S in Aussicht gestellten Planänderung in einem sachlichen Zusammenhang stehen.

622 Bei der Beurteilung der Angemessenheit der Gegenleistung der K, die in der Grundstücksübereignung besteht, kann schwer auf den Wert des Grundstücks abgestellt werden; denn die Leistung der S – die Änderung des Bebauungsplans – ist nicht bezifferbar. Allenfalls ist ein sachlicher bauplanungsrechtlicher Zusammenhang erkennbar. Die Einrichtung eines Kinderspielplatzes ist weder Voraussetzung noch Folgelast des Bauvorhabens der K. Auch der Gesichtspunkt der Billigkeitsentschädigung vermag keinen inneren Zusammenhang zwischen der Grundstücksübereignung und der Planänderung zu schaffen. Das Grundstück der K gehörte zur Zeit der Erschließung nicht zum erschlossenen Gebiet und konnte nicht zu den Erschließungskosten herangezogen werden. Zwar kommt die K in den Genuss der Erschließung, die von den anderen Grundstückseigentümern finanziert wurde. Um einen Sachzusammenhang aus Billigkeitsgründen herzustellen, hätte eine Zuwendung der K an die anderen Grundstückseigentümer erfolgen müssen und nicht an S.

Der Übereignungsvertrag zwischen K und S verstößt gegen das Koppelungsverbot und den Verhältnismäßigkeitsgrundsatz und ist nach § 59 Abs. 2 Nr. 4 iVm § 56 VwVfG nichtig. Die Leistung der K erfolgte ohne Rechtsgrund.

e) Ausschluss der Erstattung

Bei dem öffentlich-rechtlichen Erstattungsanspruch handelt es sich um ein eigenständiges Rechtsinstitut des öffentlichen Rechts. Das schließt indessen eine entsprechende Anwendung zivilrechtlicher Vorschriften, insbesondere des Bereicherungsrechts, nicht aus, soweit in den zivilrechtlichen Normen allgemeine Rechtsgedanken zum Ausdruck kommen, die sich wegen der ihnen zugrunde liegenden Interessenwertung auf das öffentliche Recht übertragen lassen. **623**

aa) § 814 Alt. 1 BGB analog

S beruft sich darauf, dass K in Kenntnis ihrer Nichtleistungspflicht gehandelt habe. Deswegen könne sie die von ihr erbrachte Leistung nicht zurück verlangen, § 814 Alt. 1 BGB. **624**

Fraglich ist, ob § 814 Alt. 1 BGB bei öffentlich-rechtlichen Erstattungsansprüchen überhaupt zur Anwendung kommt. Das ist zu bejahen, wenn diese Vorschrift des Bereicherungsrechts einen allgemeinen und auf das öffentliche Recht übertragbaren Grundsatz normiert. Die Vorschrift des § 814 BGB beruht auf dem Gedanken, dass es dem Leistenden grundsätzlich freisteht, auch eine in Wirklichkeit nicht bestehende Verbindlichkeit zu erfüllen. Weiß er, dass er zur Leistung nicht verpflichtet ist, und leistet er trotzdem, dann würde er sich zu seinem eigenen Verhalten in Widerspruch setzen, wenn er später das Geleistete wieder zurückverlangte. Die Vorschrift ist eine besondere Ausprägung des Vertrauensschutzes. Der Empfänger einer Leistung, die bewusst zur Erfüllung einer nicht bestehenden Verbindlichkeit erbracht worden ist, kann grundsätzlich darauf vertrauen, dass er die Leistung behalten darf.

Auf einen öffentlich-rechtlichen Erstattungsanspruch des Bürgers gegen die Verwaltung passt dieser Grundsatz nicht. Die öffentliche Hand ist dem Grundsatz der Gesetzmäßigkeit der Verwaltung verpflichtet. Ihr Interesse muss darauf gerichtet sein, eine ohne Rechtsgrund eingetretene Vermögensverschiebung zu beseitigen und den rechtmäßigen Zustand wiederherzustellen. Der Grundsatz der Gesetzmäßigkeit gilt für sie auch dann, wenn sie selbst etwas ohne rechtlichen Grund erlangt hat. Ihr Vertrauen, einen rechtswidrig erlangten Vermögensvorteil gegen die Rückforderung verteidigen zu können, ist daher von vornherein nicht schutzwürdig. Ferner fehlen Anhaltspunkte dafür, dass K zur Zeit der Übereignung des Grundstücks positive Kenntnis von der Nichtigkeit des Vertrags hatte. **625**

bb) Treu und Glauben

Die Erstattung könnte gegen den Grundsatz von Treu und Glauben verstoßen, der als allgemeiner Rechtsgedanke im öffentlichen Recht Anwendung findet. **626**

Bei nichtigen Verträgen findet die Rückübertragung der jeweils erhaltenen Leistung Zug um Zug statt. Das von K Erlangte, die bestandskräftige Baugenehmigung, in deren Folge sie ihr Wohnhaus fertig gestellt hat, kann von S nicht zurückgefordert werden. In dem „Behaltendürfen" der Baugenehmigung könnte ein Verstoß gegen den Grundsatz von Treu und Glauben liegen. Das Verbot in §§ 59, 56 Abs. 1 Satz 2 VwVfG wäre allerdings wirkungslos, wollte man diesen Gesichtspunkt anerkennen und die Rechtsfolgen nichtiger Verträge unangetastet lassen. Die Behörde dürfte in diesem Fall etwas behalten, was sie sich nach der Intention des Gesetzgebers auf die Weise nicht hätte verschaffen dürfen. K kann das Geleistete zurückverlangen.

f) Anspruchsumfang

627 Der Umfang dessen, was im Falle eines öffentlich-rechtlichen Erstattungsanspruchs herauszugeben ist, bestimmt sich im Wesentlichen nach der Maßgabe von § 818 BGB. Danach hat die Stadt S das von K übereignete Grundstück rückzuübereignen.

III. Ergebnis

628 K hat einen öffentlich-rechtlichen Erstattungsanspruch auf Rückübereignung des Grundstücks. Die Klage der K hat Erfolg.

Vertiefungshinweise: BVerwGE 111, 162 (164 f.) = BVerwG, DÖV 2000, 1051 = NuR 2001, 40; *Peine*, AllgVerwR, Rn. 375 f.; Anhang nach Rn. 380; *Windhorst*, JuS 1996, 895; *Gurlit*, JURA 2001, 661; *Ruffert*, JURA 2003, 633 ff.; *Gröpl*, JURA 2003, 778 ff.

Repetitorium

Der öffentlich-rechtliche Vertrag

1. Die Funktion des öffentlich-rechtlichen Vertrags

629 Die Funktion des örVs besteht zunächst darin, der öffentlichen Verwaltung ein weiteres Handlungsinstrument neben dem VA zur Verfügung zu stellen. Es handelt sich um ein dem VA gleichberechtigtes Handlungsinstrument.

Dieses Handlungsmittel kann den VA ersetzen; § 54 Satz 2 VwVfG stellt fest, dass die Behörde, anstatt einen VA zu erlassen, einen örV mit demjenigen schließen kann, an den sie sonst den VA richten würde.

Die Vereinbarung eines örVs schließt ebenso wie der Erlass eines VAs ein Verwaltungsverfahren ab. Ebenso wie der VA enthält er eine materiell-rechtliche Regelung; er ist auf die Begründung, Änderung oder Aufhebung eines auf die Regelung eines Einzelfalls gerichteten Rechtsverhältnisses orientiert. Dieses Rechtsverhältnis kann materiell-rechtliche Rechte und Pflichten begründen, ändern oder aufheben; es kann aber auch Verfahrensabsprachen zum Gegenstand haben.

2. Die Zulässigkeit des öffentlich-rechtlichen Vertrags

§ 54 Satz 1 VwVfG spricht von „kann". Darin gelangt eine doppelte gesetzliche Entscheidung zum Ausdruck: zum einen die gesetzliche Ermächtigung zur Nutzung dieses Instruments (iS einer Zulässigkeitserklärung) im Verwaltungsverfahren, ohne dass es weiterer spezialgesetzlicher Ermächtigungen bedürfte; zum anderen eine Ermessensregelung, die erlaubt, nach sachgerechter Abwägung im Einzelfall den örV als Handlungsinstrument zu wählen. Mit Blick auf dieses Ermessen ist festzuhalten: Die Verwaltung hat ein Auswahl- und Entschließungsermessen. Das eingeräumte Ermessen bringt ferner zum Ausdruck, dass es nicht im freien Belieben der Verwaltung steht, einen örV abzuschließen; wäre das Gegenteil der Fall, so könnten die Gerichte die Wahl des Handlungsinstruments nur auf Willkür, Schikane oder sonstige Sittenwidrigkeit hin überprüfen; Letzteres ist nicht der Fall. Es bedarf für den Abschluss eines örVs immer sachlicher Gründe, die die Grenzen des Ermessens wahren. Solche Gründe können sein, dass der Vertrag die sachgerechtere Lösung ermöglicht; auch Gründe der Effektivität können eine Rolle spielen. **630**

Nach § 54 Satz 1 VwVfG ist der Abschluss eines örVs ausgeschlossen, soweit Rechtsvorschriften entgegenstehen. Fehlen entgegenstehende Rechtsvorschriften, ist er zugelassen. **631**

Der Satz, „soweit Rechtsvorschriften nicht entgegenstehen", kann in einem doppelten Sinne verstanden werden: Rechtsvorschriften können der Handlungsform örV oder dem Vertragsinhalt entgegenstehen. Bei der Zulässigkeit der Handlungsform geht es um die Frage, ob überhaupt ein Vertrag geschlossen werden darf. Ein generelles Vertragsformverbot fehlt im Recht; § 54 Satz 1 VwVfG enthält deshalb nur eine gesetzliche Klarstellung, freilich mit konstitutiver Wirkung iS einer generellen Erlaubnis mit Verbotsvorbehalt. Vertragsformverbote gibt es deshalb nur ausnahmsweise. Im Zweifel bedeutet das Schweigen des Gesetzes eine Vertragsformerlaubnis. Die Unzulässigkeit des Abschlusses eines örVs als Handlungsform ergibt sich nicht nur bei einem ausdrücklichen Verbot, sondern kann auch aus Sinn, Zweck oder Systematik eines Gesetzes folgen. Die Handlungsform „örV" ist unzulässig bei Leistungs-, Eignungs- und ähnlichen Prüfungen, soweit es den Prüfungsinhalt und das Prüfungsergebnis anbelangt.

Eine Vertragsfreiheit wie im Zivilrecht, die auf der Privatautonomie basiert, fehlt im öffentlichen Recht; die Verwaltung ist an die zwingenden Normen der öffentlich-rechtlichen Rechtsordnung gebunden und darf von ihr grundsätzlich nicht abweichen. Die §§ 54–62 VwVfG konkretisieren den Grundsatz der Gesetzmäßigkeit der Verwaltung. **632**

3. Die Begriffsmerkmale des öffentlich-rechtlichen Vertrags

Nach § 54 Satz 1 VwVfG handelt es sich um einen örV, wenn ein Rechtsverhältnis auf dem Gebiete des öffentlichen Rechts durch Vertrag begründet, geändert oder aufgehoben wird. Demnach kommt es auf drei Elemente entscheidend an: Es muss sich (1) um einen Vertrag handeln, dieser muss seinen Regelungsgegenstand (2) auf dem Gebiete **633** des öffentlichen Rechts haben, der Regelungsgegenstand muss (3) auf die Begründung, Änderung oder Aufhebung eines Rechtsverhältnisses abzielen.

634 Der örV ist ebenso wie der zivilrechtliche Vertrag die von zwei oder mehreren beteiligungs- und handlungsfähigen Rechtssubjekten erklärte Willensübereinstimmung, die darauf abzielt, eine von den Vertragspartnern beabsichtigte rechtliche Wirkung herbeizuführen. Die Willenseinigung einerseits und die Rechtswirkung mit Bindung zwischen den Beteiligten andererseits machen sein Wesen aus. Die Rechtsfolge ist beiderseitig gewollt und beruht auf einer Einigung. Der Vertrag kommt durch Angebot und Annahme zu Stande; §§ 145 ff. BGB finden ergänzend Anwendung, soweit sich nicht aus dem VwVfG etwas anderes ergibt, s. § 62 Satz 1 VwVfG.

Die Entscheidung der Behörde, einen örV abzuschließen, ist eine öffentlich-rechtliche Willenserklärung, die jedoch keinen VA-Charakter hat. Ob eine solche Willenserklärung die Grenzen des eingeräumten Ermessens beachtet, ist gerichtlich im Wege einer allgemeinen Leistungsklage überprüfbar.

635 Die behördliche Erklärung, die zum Abschluss eines örVs führt, ist eine öffentlich-rechtliche Willenserklärung. Die Wirksamkeit der Willenserklärungen von privaten und öffentlich-rechtlichen Rechtssubjekten beim Abschluss eines örVs bestimmen Regeln des öffentlichen Rechts; nach § 62 Satz 2 VwVfG finden Vorschriften und Rechtsinstitute des bürgerlichen Rechts ergänzende Anwendung; §§ 104 ff., 116 ff., 164 ff., 177 ff. BGB sind entsprechend anzuwenden, soweit nicht die VwVfGe entgegenstehende Vorschriften enthalte[6].

636 Vom VA ist der örV dadurch abzugrenzen, dass der VA eine einseitige hoheitliche Regelung enthält; ihm fehlt es deshalb an den übereinstimmenden Willenserklärungen.

637 Ob es sich bei solchen „Vereinbarungen“ um örVe handelt, ist abhängig davon, ob eine solche „Vereinbarung“ eine rechtswirksame Verpflichtung enthält. Dieses ist durch Auslegung des Vertrags zu ermitteln; es handelt sich um ein Problem des Einzelfalls. Wenn eine verbindliche Rechtsfolge vereinbart ist, handelt es sich um einen örV.

638 Der örV begründet ein verwaltungsrechtliches Schuldverhältnis. Von ihm sind „sonstige verwaltungsrechtliche Schuldverhältnisse“ abzugrenzen. Entscheidend ist der Begründungsakt: Ist er einseitig, etwa ein VA, so fehlt es an einem örV; das Gleiche gilt für die Verwahrung, Nutzung, Beschlagnahme und Sicherstellung beweglicher oder unbeweglicher Sachen.

639 Die §§ 54 ff. VwVfG gelten für Verträge „auf dem Gebiete des öffentlichen Rechts“. Der örV beschränkt sich auf die öffentlich-rechtliche Verwaltungstätigkeit (nicht völkerrechtliche und kirchenrechtliche Verträge; staatsrechtliche Verträge).

640 Die Abgrenzung zum zivilrechtlichen Vertrag erfolgt nach den Merkmalen, die zur Abgrenzung zwischen privatem Recht und öffentlichem Recht entwickelt wurden. Ein örV liegt nur dann vor, wenn sein Gegenstand objektiv auf dem Gebiete des öffentli-

6 OVG RP, DVBl 1984, 281.

chen Rechts liegt. Entscheidend ist der Gegenstand des Vertrags. Die durch den Vertrag begründeten oder mit ihm verknüpften Rechtsfolgen sind zu berücksichtigen; auf den Vertragszweck ist abzustellen; der Gesamtcharakter des Vertrags und sein Schwerpunkt sind entscheidend.

Die Behandlung sog. gemischter Verträge nach beiden Rechtsordnungen lehnt die h.M. ab; der einheitliche Vertrag soll nicht inhaltlich aufgespalten werden, um das synallagmatische Verhältnis von Leistung und Gegenleistung einheitlich beurteilen zu können. Deshalb gilt der Grundsatz der einheitlichen Betrachtungsweise: Bestimmt das öffentliche Recht den Gesamtcharakter des Vertrags, so gehört er dem öffentlichen Recht an. **641**

Gegenstand eines örVs kann das erstmalige Zustandekommen, die inhaltliche Umgestaltung eines bestehenden sowie die Beseitigung eines Rechtsverhältnisses sein. Rechtsverhältnis iSd § 54 Satz 1 VwVfG ist die sich aus einem konkreten Sachverhalt ergebende rechtliche Beziehung eines Rechtssubjekts zu einem anderen oder zu einer Sache[7]. **642**

4. Vertragsarten

Die §§ 54 ff. VwVfG enthalten keinen abschließenden Katalog der möglichen Vertragsarten und -inhalte.

a) Subordinationsrechtliche und koordinationsrechtliche Verträge

Die Literatur differenziert zwischen Verträgen subordinationsrechtlicher und koordinationsrechtlicher Art. Einen subordinationsrechtlichen Vertrag kennzeichnet, dass die Vertragsparteien im Verhältnis der Über- und Unterordnung zueinander stehen. Koordinationsrechtlich ist ein Vertrag, dessen Partner gleichgeordnet sind, z.B. mehrere Verwaltungsträger. Diese Unterscheidung ist überkommen, rechtlich aber wohl bedeutungslos. Über die Zulässigkeit der Vertragsform als solche sagt sie nichts aus. **643**

b) Verpflichtungs- und Verfügungsverträge

In einem Verpflichtungsvertrag verpflichtet sich ein Partner zu einer noch zu erbringenden Leistung. **644**

Verfügungsverträge sind einvernehmliche Rechtshandlungen, die unmittelbar die Begründung, Änderung oder Aufhebung eines Rechtsverhältnisses herbeiführen. Sie dienen damit der Erfüllung der Vertragspflichten. Voraussetzung für einen Verfügungsvertrag ist in aller Regel ein wirksamer Verpflichtungsvertrag; indes können Verpflichtungsvertrag und Erfüllung zusammenfallen, wenn die Vertragsleistung nicht vollzugsbedürftig ist.

7 BVerwGE 14, 236.

c) Vergleichsvertrag

645 § 55 VwVfG erwähnt speziell den Vergleichsvertrag. Es handelt sich um einen sog. „benannten" Vertrag. § 55 VwVfG ist Spezialvorschrift gegenüber § 54 VwVfG. Den Vergleichsvertrag kennzeichnet, dass eine bei verständiger Würdigung des Sachverhalts oder der Rechtslage bestehende Ungewissheit durch gegenseitiges Nachgeben beseitigt wird. Inhaltlich ist ein Vergleichsvertrag regelmäßig ein Verpflichtungsvertrag.

d) Austauschvertrag

646 § 56 VwVfG erwähnt als zweiten sog. „benannten" Vertrag den Austauschvertrag. Auch § 56 VwVfG ist lex specialis gegenüber § 54 VwVfG. – Kennzeichnend für den Austauschvertrag ist, dass zumindest ein Vertragspartner eine Leistung öffentlich-rechtlichen Inhalts erbringt, um von dem anderen Vertragspartner eine bestimmte Gegenleistung zu erhalten, an der ein irgendwie geartetes Verwaltungsinteresse besteht. Inhaltlich ist deshalb der Austauschvertrag ein Verpflichtungsvertrag.

5. Der wirksame öffentlich-rechtliche Vertrag

a) Formell-rechtliche Anforderungen

647 Es handelt sich bei der Erklärung der Behörde, die einen Vertragsabschluss wirksam herbeiführt, um eine öffentlich-rechtliche Willenserklärung. Zur Abgabe dieser Erklärung muss die Behörde örtlich, sachlich und instanziell zuständig sein. Die Zuständigkeit der Behörde hängt davon ab, ob sie für den Vollzug des Rechts, welches die Willenserklärung betrifft, in den genannten Hinsichten tätig werden darf. Die Richtigkeit dieser Aussage ergibt sich insbesondere aus der Überlegung, dass die Behörde an Stelle des Abschlusses eines örVs einen VA erlassen darf. Rechtmäßig ist der VA nur dann, wenn er von der in jeder Hinsicht zuständigen Behörde erlassen wurde. Wenn der örV den Erlass eines VAs ersetzen soll, dann muss eine für den Erlass eines VAs geltende Zuständigkeitsregelung auch für den Abschluss eines örVs gelten.

648 Nach § 57 VwVfG bedarf der örV der Schriftform. Das Erfordernis der Schriftform ist freilich nur ein Regelerfordernis; es gilt, „soweit nicht durch Rechtsvorschrift eine andere Form vorgeschrieben ist".

Die Nichtbeachtung des Schriftformerfordernisses führt zur schwebenden Unwirksamkeit des örVs bis zur Nachholung oder Genehmigung[8]; §§ 177 ff. BGB sind nach § 62 Satz 2 VwVfG entsprechend anwendbar.

649 § 58 VwVfG behandelt die Rechte Dritter und die Kompetenzen mitwirkungsverpflichteter Behörden bei einem Abschluss eines örVs. Die Norm will sicherstellen, dass zum einen der Rechtsschutz Dritter gewahrt bleibt sowie die öffentliche Kompetenzordnung eingehalten wird.

---

8 Vgl. OVG Lüneburg, NJW 1977, 773.

Nach § 58 Abs. 1 VwVfG wird ein öffentlich-rechtlicher Vertrag, der in Rechte eines Dritten eingreift, erst dann wirksam, wenn der Dritte schriftlich zustimmt. § 58 Abs. 1 VwVfG schließt damit einen örV zulasten Dritter aus. „Dritter" iSd Absatzes 1 ist jedes beteiligungsfähige Privatrechtssubjekt, welches nicht Vertragspartei ist. Ein „Eingriff in Rechte eines Dritten" liegt vor, wenn objektiv der rechtliche Status des Dritten durch den Vertragsabschluss verschlechtert oder beeinträchtigt wird; das ist der Fall, wenn der rechtliche status quo ante des Dritten in einen status quo ante minus verwandelt wird[9]. Von dieser Rechtsminderung ist bei jeder Rechtsbeeinträchtigung auszugehen.

Die Zustimmung des Dritten muss schriftlich erfolgen. Eine konkludente Zustimmung **650**
muss deshalb entfallen; Schweigen bedeutet also Verweigerung der Zustimmung.

Nach § 58 Abs. 2 VwVfG wird ein Vertrag, der anstatt eines VAs, bei dessen Erlass **651**
nach einer Rechtsvorschrift die Genehmigung, die Zustimmung oder das Einvernehmen einer anderen Behörde erforderlich ist, abgeschlossen wird, erst dann wirksam, nachdem die andere Behörde in der vorgeschriebenen Form mitgewirkt hat. Mitwirkung bedeutet Genehmigung, Zustimmung oder Einvernehmen. Die Mitwirkung muss durch Rechtsvorschrift zwingend vorgeschrieben sein; Rechtsvorschrift bedeutet Gesetz oder Rechtsverordnung; die Anordnung einer Mitwirkung durch Verwaltungsvorschrift ist nicht hinreichend. Die Form der Mitwirkung regelt das einschlägige Recht.

Fehlt der Mitwirkungsakt der mitwirkungsberechtigten Behörde, so ist der abgeschlossene Vertrag schwebend unwirksam. Der Mitwirkungsakt kann nachgeholt werden; der schwebend unwirksame Vertrag erlangt in diesem Fall rückwirkende Geltung[10].

b) Materiell-rechtliche Anforderungen

Öffentlich-rechtliche Verträge müssen sich im Rahmen des durch die Rechtsordnung **652**
Erlaubten bewegen. Die zivilrechtliche Vertragsfreiheit gilt nicht. Nur von der Rechtsordnung nicht missbilligte Leistungen dürfen vereinbart werden[11].

Entgegenstehende Rechtsvorschriften können solche in Gesetzen oder Rechtsverordnungen sowie allgemeine Rechtsgrundsätze des öffentlichen Rechts sein. Das Grundgesetz begrenzt mit seinen Aussagen zum Vorbehalt und Vorrang des Gesetzes, zum Verhältnismäßigkeitsprinzip und zum Willkürverbot die Vertragsfreiheit in inhaltlicher Hinsicht. Wegen des Prinzips vom Vorrang des Gesetzes scheiden Verwaltungsvorschriften oder Satzungen als inhaltsbegrenzend aus.

Für den Vergleichsvertrag nach § 55 VwVfG und den Ausgleichsvertrag nach § 56 VwVfG stellt das Gesetz bestimmte Zulässigkeitsvoraussetzungen inhaltlicher Art auf.

9 BVerwG, NJW 1983, 2044; vgl. auch VGH BW, NuR 1997, 245.
10 OVG NW, NVwZ 1984, 524.
11 BVerwG, DVBl 1976, 217 ff.

aa) Der Vergleichsvertrag

653 Der Vergleichsvertrag ist zulässig, wenn eine wirkliche Ungewissheit über Sachverhalt oder Rechtslage zwischen den Vertragsparteien besteht. Einseitige Zweifel reichen nicht. Die Zweifel müssen sich auf ein- und denselben Punkt beziehen. Die Ungewissheit muss vom subjektiven Kenntnisstand der Beteiligten ausgehen. Das Vorhandensein von Ungewissheit ist jedoch nicht hinreichend, sondern muss „bei verständiger Würdigung" bejaht werden können. Damit kommt eine objektive Betrachtung der Ungewissheit ins Spiel. Auf der Seite des Bürgers ist die Ungewissheit objektiv vorhanden, wenn seine Würdigung frei von Eigensinn oder törichten Anschauungen ist; für die Behörde wird Ungewissheit objektiv nur dann angenommen werden können, wenn sie auch bei Beachtung der durchschnittlich erwarteten Sach- und Fachkenntnis vorhanden ist.

654 Eine Ungewissheit der Rechtslage liegt in folgenden Fällen vor: (1) Die Rechtslage ist gesetzlich oder durch die Rechtsprechung nicht oder nicht hinreichend geklärt (es fehlt eine höchstrichterliche Entscheidung, es liegen divergierende Urteile vor); (2) nach dem von den Parteien erwarteten Maß an verständiger Würdigung der Rechtslage steht der Verwaltungsaufwand einschließlich der damit verbundenen Kosten und des Zeitaufwands außer Verhältnis zu dem mit der Klärung der Rechtsfrage bewirkten Erfolg.

655 Der Vergleichsvertrag fordert ein gegenseitiges Nachgeben; sein Inhalt ist also ein Kompromiss zwischen unterschiedlichen Standpunkten. Das Kriterium „Nachgeben" ist erfüllt, wenn im konkreten Fall bei verständiger Würdigung des Sachverhalts oder der Rechtslage – also unter Berücksichtigung der Sicht eines objektiven Betrachters – von einem gegenseitigen Nachgeben gesprochen werden kann.

656 Der Vergleich muss einen ungewissen Zustand beseitigen. Das ist der Fall, wenn die Wirkung des Vertrags darin besteht, dass er konstitutiv Verpflichtungen nach Maßgabe seines Inhalts schafft. Die negative Wirkung des Vertrags besteht darin, den Beteiligten ein Zurückgreifen auf frühere Standpunkte zu versagen; die positive Wirkung darin, diese früheren Standpunkte durch die getroffene Regelung zu ersetzen.

bb) Der Austauschvertrag

657 § 56 VwVfG enthält für die Behörde ein sog. Koppelungsverbot; darunter versteht man die Verpflichtung einer Behörde, die Erfüllung hoheitlicher Aufgaben grundsätzlich nicht von unmittelbar „verkoppelten" wirtschaftlichen Gegenleistungen abhängig zu machen. Das Koppelungsverbot gilt freilich nur eingeschränkt. Es soll eine sachwidrige Motivation des Verwaltungshandelns verhindern. In der Folge darf nichts durch Austauschvertrag miteinander verknüpft werden, was nicht ohnehin in innerem Zusammenhang steht[12]. § 56 VwVfG erfasst ausschließlich Austauschverträge zwischen Staat und Bürger. Für Verträge zwischen Hoheitsträgern entfällt eine Anwendung des Koppe-

12 BVerwG, NVwZ 1994, 485.

lungsverbots, da die Norm keine allgemeinen Grundsätze über die Zulässigkeit von Gegenleistungen im Verhältnis von Behörden zueinander enthält[13].

Die Zulässigkeit des Austauschvertrags ermöglicht der Behörde nicht, vertragliche Leistungen zu vereinbaren, die sie im Falle einseitigen Verwaltungshandelns nicht rechtmäßig hätte erbringen dürfen; § 56 VwVfG suspendiert nicht von der Bindung an das Gesetz. Auch die Einwilligung des Vertragspartners rechtfertigt ungesetzliche Leistungen der Behörde nicht. **658**

Die Behörde darf nur solche Gegenleistungen vereinbaren, die für den Fall, dass die Behörde einen VA erlassen hätte, sicherstellen sollen, dass die gesetzlichen Voraussetzungen des VAs erfüllt werden (§ 56 Abs. 2 iVm § 36 Abs. 1, Alt. 2 VwVfG). Art und Umfang der Gegenleistung dürfen nur solche Forderungen zum Gegenstand haben, die zur Erfüllung des gesetzlichen Tatbestands notwendig sind; die Gegenleistungen dürfen ferner dem Zweck des VAs nicht zuwiderlaufen. **659**

6. Der fehlerhafte öffentlich-rechtliche Vertrag

Wie erinnerlich, gibt es für den VA die „Fehlerstufen" Rechtswidrigkeit und Nichtigkeit. Die Rechtswidrigkeit des VAs ist eine besondere Zwischenstufe zwischen der Rechtmäßigkeit und der Nichtigkeit des VAs. Der rechtswidrige VA ist wirksam, freilich nur solange, bis er zurückgenommen, widerrufen, anderweitig aufgehoben oder durch Zeitablauf oder auf andere Weise erledigt ist, § 43 Abs. 2 VwVfG. Der rechtswidrige VA ist deshalb potenziell dauerhaft bestandskräftig. Diese Zwischenstufe kennt das VwVfG für den örV nicht. Die Aufhebbarkeit (Rücknahme, Widerruf) des rechtswidrigen örVs fehlt. Er ist nach der Regelung des § 59 VwVfG entweder dauerhaft wirksam oder nichtig. Die dauerhafte Wirksamkeit des örVs ist unabhängig von seiner Rechtmäßigkeit oder Rechtswidrigkeit. Der nicht nichtige örV ist dauerhaft rechtsbeständig. Die Nichtigkeitsgründe zählt § 59 VwVfG auf. **660**

Der nicht nichtige rechtswidrige örV bleibt rechtswirksam und bildet die Anspruchsgrundlage für das Erfüllungsgeschäft.

§ 59 VwVfG enthält in Absatz 1 eine Generalklausel, in Absatz 2 spezielle Nichtigkeitsgründe für den Vertrag, der einen VA ersetzt hat. Absatz 2 ist lex specialis gegenüber Absatz 1. „Greift" Absatz 2 nicht, ist immer noch Absatz 1 zu prüfen (vgl. das Vorgehen bei der Prüfung der Nichtigkeit eines VAs). **661**

Hinweis für die Prüfungsreihenfolge: 1. Prüfung des § 59 Abs. 2 VwVfG bei Vorliegen eines sog. subordinationsrechtlichen Vertrags; 2. Prüfung des § 59 Abs. 1 VwVfG.

13 BVerwG, DÖV 1989, 640.

a) Die Nichtigkeitsgründe des § 59 Abs. 2 VwVfG

662 § 59 Abs. 2 VwVfG enthält einen abschließenden Katalog spezieller Nichtigkeitsgründe für den sog. subordinationsrechtlichen Vertrag; neben den speziellen Nichtigkeitsgründen kommen die allgemeinen Nichtigkeitsgründe nach § 59 Abs. 1 VwVfG zur Anwendung. § 59 Abs. 2 Nr. 1 und 2 VwVfG gilt für alle sog. subordinationsrechtlichen Verträge, also auch für Vergleichsverträge und Austauschverträge; für diese beiden Vertragstypen gilt zusätzlich § 59 Abs. 2 Nr. 3 und 4 VwVfG. § 59 Abs. 2 VwVfG erfasst – ebenso wie Absatz 1 – alle Verpflichtungs- und Verfügungsverträge.

Zur Nichtigkeit führen danach:

- **Offenkundige schwere Inhalts- und Formfehler:** Ist ein VA nach § 44 Abs. 1 VwVfG nichtig, so gilt das gleiche für einen Vertrag, der an Stelle des Erlasses eines VAs abgeschlossen wird. Auf die Ausführungen zu § 44 Abs. 1 VwVfG ist zu verweisen.
- **Enumerierte Nichtigkeitsgründe:**
  - Nr. 1 iVm § 44 Abs. 2 VwVfG,
  - Nr. 2: positive Kenntnis der Rechtswidrigkeit bei den Vertragschließenden; dolus eventualis ist ausreichend,
  - Nr. 3: fehlende Voraussetzung beim Vergleichsvertrag,
  - Nr. 4: unzulässige Gegenleistung beim Austauschvertrag.

b) Die generellen Nichtigkeitsgründe des § 59 Abs. 1 VwVfG

663 Nach § 59 Abs. 1 VwVfG ist ein öffentlich-rechtlicher Vertrag nichtig, wenn sich die Nichtigkeit aus der entsprechenden Anwendung von Vorschriften des Bürgerlichen Gesetzbuches ergibt. Einschlägig sind somit nur die Nichtigkeitsvorschriften des BGB, nicht aber die der ZPO sowie anderer zivilrechtlicher Regelungen. § 59 Abs. 1 VwVfG gilt für alle Arten von örVen. Nichtigkeit kann sich danach aus §§ 105, 116, 117 Abs. 1, 118, 125, 134 und 138 BGB ergeben.

7. Die Durchführung des öffentlich-rechtlichen Vertrags

664 Kommen die Parteien ihren Pflichten aus dem örV nicht nach, so muss der jeweilige Anspruchsinhaber Klage auf Erfüllung des Vertrags vor dem Verwaltungsgericht erheben. Die Klageart ist abhängig von dem Gegenstand des Vertrags. Hat sich die Behörde zum Erlass eines VAs verpflichtet, so muss der Bürger Verpflichtungsklage nach § 42 Abs. 1 VwGO erheben; hat sich der Bürger zu einer Geldleistung verpflichtet und unterlässt er die Zahlung, so muss die Behörde gegen ihn eine allgemeine Leistungsklage erheben. Es ist der Behörde nicht möglich, ihre Ansprüche aus dem Vertrag mithilfe eines VAs festzusetzen.

Aufbauschema: Prüfung der Rechtmäßigkeit eines öffentlich-rechtlichen Vertrags 665

I. Ermächtigungsgrundlage

1. Abschluss eines Vertrags (keine Zusage, VA etc.) – es gelten die Anforderungen des Privatrechts nach § 62 VwVfG, z.B. Abgabe und Zugang der Willenserklärung, Stellvertretung, kein Dissens.
2. Der Vertragsgegenstand muss öffentlich-rechtlicher Natur sein.

II. Formelle Rechtmäßigkeit

Zuständigkeit der Behörde in örtlicher, sachlicher und instanzieller Hinsicht.

III. Materielle Rechtmäßigkeit

1. Zulässigkeit der Handlungsform, § 54 Satz 1 2. HS VwVfG.
   Ausdrückliche Gestattung (z.B. § 110 BauGB)
   Vertragsformverbot? (z.B. Ernennung von Beamten; Festsetzung von Steuern; Besoldung von Beamten vgl. § 2 Abs. 2 BBesG).
2. Wirksamkeitsvoraussetzungen,
   a) Nichtigkeit nach § 59 Abs. 2 Nr. 1–4 VwVfG, wenn einschlägig,
   b) Nichtigkeit nach § 59 Abs. 1 VwVfG (z.B. §§ 134, 138, 306 BGB),
   c) Übereinstimmung der versprochenen Erfüllungshandlung der Behörde mit materiellem Recht; es besteht keine Vertragsfreiheit, sondern Gesetzesbindung der Behörde nach Art. 20 Abs. 3 GG,
   d) Verstoß gegen Grundrechte.

Fall 8***

Down and out

Schwerpunkte: Anhörung nach § 28 VwVfG; europarechtswidrige Beihilfe; §§ 48, 49 VwVfG; unmittelbarer mitgliedstaatlicher Vollzug des Europarechts; Effizienzgebot

666 Die „Aufschwung Ost"-GmbH ist als Bauunternehmen mit 300 Mitarbeitern in Frankfurt (Oder) tätig. Wegen finanzieller Schwierigkeiten bot ihr das brandenburgische Ministerium für Wirtschaft am 1.2.2012 eine Überbrückungsbeihilfe in Höhe von 8 000 000 € an, um in der strukturschwachen Region den Verlust von Arbeitsplätzen zu verhindern. Nach Verhandlungen erließ die Behörde am 1.3.2012 einen Bewilligungsbescheid und zahlte 8 000 000 € am 1.4.2012. Die Zahlung erfolgte trotz der Bitte der EG-Kommission, die zufällig von dem Vorgang erfahren hatte, die Zahlung bis zu einer abschließenden Entscheidung auszusetzen. Das Unternehmen gab das Geld sofort aus.

Die Kommission stellte am 1.5.2012 die Unzulässigkeit der Beihilfe fest; ihre Gewährung verstoße gegen Art. 108 Abs. 3 AEUV. Ferner sei sie mit dem Binnenmarkt nach Art. 107 AEUV unvereinbar und müsse zurückgefordert werden. Dieses teilte die Kommission am selben Tag dem Minister für Wirtschaft mit. Er informierte das Unternehmen über die Entscheidung der Kommission mit Schreiben vom 1.6.2012 und bat um Stellungnahme. Weder der Minister noch die GmbH klagten gegen die Entscheidung der Kommission.

Die GmbH schwieg auf das Schreiben des Ministers vom 1.6.2012. Der Minister hob mit Schreiben vom 1.8.2012 den Bewilligungsbescheid auf und forderte den Zuschuss zurück mit der Begründung, er sei zur Rücknahme aufgrund der Kommissionsentscheidung gezwungen. Ferner könne sich die GmbH auf Vertrauensschutz nicht berufen, da sie wusste, dass die Kommission über die geplante Beihilfe nicht informiert gewesen sei.

Gegen den Bescheid klagt die GmbH. Sie trägt vor, der Rücknahmebescheid sei rechtswidrig, da seit der Entscheidung der Kommission mehr als ein Jahr vergangen sei. Auch habe der Minister Ermessen bei seiner Entscheidung nicht ausgeübt und somit gegen § 48 Abs. 2 Satz 1 VwVfG verstoßen.

Wie wird das Verwaltungsgericht entscheiden?

Vorüberlegung

Sie haben sofort gesehen, dass der Fall einen europarechtlichen Bezug hat. Es stellt sich die Frage, wie europarechtliche Vorgaben sich auf den Inhalt und den Vollzug des Verwaltungsverfahrensrechts auswirken. Dieser Gegenstand ist Thema der Klausur. Da das Europarecht in seiner Bedeutung schlechterdings nicht mehr unterschätzt werden kann, muss es auch in diesem Buch angesprochen werden. **667**

Gliederung

I. Sachentscheidungsvoraussetzungen **668**
1. Deutsche Gerichtsbarkeit
2. Eröffnung des Verwaltungsrechtswegs
3. Statthafte Klageart
4. Verfahrensartabhängige Sachentscheidungsvoraussetzungen
   a) Klagebefugnis
   b) Vorverfahren
   c) Passive Prozessführungsbefugnis
5. Beteiligten- und Prozessfähigkeit
6. Objektive Klagehäufung
7. Zwischenergebnis

II. Die Begründetheit der Klage
1. Rücknahme der Beihilfebewilligung
   a) Formelle Rechtmäßigkeit
   b) Materielle Rechtmäßigkeit
      aa) Rechtsgrundlage
      bb) Tatbestandsvoraussetzungen des § 48 Abs. 1 Satz 2 VwVfG
      cc) Vertrauenstatbestand des § 48 Abs. 2 VwVfG
      dd) Rücknahmefrist nach § 48 Abs. 4 VwVfG
      ee) Ermessen
   c) Zwischenergebnis
2. Rückforderung der Beihilfe

III. Ergebnis

Lösung

Die Klage der GmbH hat Aussicht auf Erfolg, wenn sie zulässig und begründet ist.

I. Sachentscheidungsvoraussetzungen

1. Deutsche Gerichtsbarkeit

669 Nach Art. 263 Abs. 1, 2, 4 AEUV könnte für die Entscheidung des Rechtsstreits der Gerichtshof der Europäischen Union zuständig sein, da die Rücknahme der Subvention auf die Entscheidung der Kommission nach Art. 108 Abs. 2 UAbs. 1, Abs. 3 AEUV zurückzuführen ist. Voraussetzung ist – neben dem europarechtlichen Bezug der Streitigkeit –, dass Handeln eines Organs Gegenstand des Streits ist. Die GmbH wendet sich indes gegen den Rücknahmebescheid sowie die Rückforderung des Zuschusses durch den brandenburgischen Minister für Wirtschaft. Die deutsche Gerichtsbarkeit ist nach Art. 263 AEUV nicht präkludiert.

2. Eröffnung des Verwaltungsrechtswegs

670 Der Verwaltungsrechtsweg könnte nach § 40 Abs. 1 Satz 1 VwGO eröffnet sein. Es müsste sich um eine öffentlich-rechtliche Streitigkeit nichtverfassungsrechtlicher Art handeln. Das ist der Fall, wenn die streitentscheidenden Normen dem öffentlichen Recht angehören und die Zuständigkeit eines Verfassungsgerichts entfällt. Im Bereich des Subventionsrechts ist die Rechtsnatur der streitentscheidenden Norm insoweit problematisch, als eine Behörde in diesem Gebiet sowohl öffentlich-rechtlich als auch privatrechtlich tätig werden kann.

Die GmbH wendet sich hier gegen die Rücknahme der Bewilligung und die Rückforderung des Zuwendungsbetrags in Höhe von 8 000 000 €.

671 Nach der modifizierten Subjektstheorie/Sonderrechtstheorie ist der Verwaltungsrechtsweg eröffnet, wenn die streitentscheidende Norm einen Träger öffentlicher Verwaltung als solchen berechtigt oder verpflichtet. Die hier einschlägigen §§ 48, 49 VwVfG[1] berechtigen oder verpflichten einen Träger von Hoheitsgewalt. In concreto berechtigen sie die Behörde Minister für Wirtschaft. Sie sind Sonderrecht des Staats. Eine verfassungsrechtliche Streitigkeit liegt nicht vor; es fehlt an der doppelten Verfassungsunmittelbarkeit.

672 Ferner kann die öffentlich-rechtliche Natur der Streitigkeit mit Hilfe der so genannten Zweistufentheorie bejaht werden. Die Verwaltung geht in den Subventionsfällen (regelmäßig) zweistufig vor. Auf der ersten Stufe entscheidet sie auf der Grundlage öffentlichen Rechts über das „Ob", also über die Gewährung der Subvention. Die Entscheidung ergeht (regelmäßig) in Form eines Bewilligungsbescheids; dieser ist ein Verwaltungsakt. Auf der zweiten Stufe wird die öffentlich-rechtliche Entscheidung privatrechtlich („Wie")

---

1 IVm § 1 Abs. 1 BbgVwVfG. Das trifft im Folgenden auf alle zitierten Normen des VwVfG zu.

vollzogen. Vorliegend streiten die Beteiligten über die Gewährung bzw. Aufhebung der Gewährung einer Subvention; der Streit betrifft die erste Stufe. Damit liegt eine öffentlich-rechtliche Streitigkeit vor.

3. Statthafte Klageart

Die GmbH will erreichen, dass der Rücknahmebescheid und die Rückforderung des Zuschusses aufgehoben werden. Statthafte Klageart könnte die Anfechtungsklage nach § 42 Abs. 1 Alt. 1 VwGO sein. Beide Bescheide (Rücknahme des Bewilligungsbescheids; Rückforderung des Zuschusses) müssten Verwaltungsakte iSv § 35 Satz 1 VwVfG sein. **673**

Bei einem Bewilligungsbescheid handelt es sich um einen Verwaltungsakt. Nach der Lehre vom actus contrarius kann ein Verwaltungsakt nur durch einen Verwaltungsakt zurückgenommen oder widerrufen werden. Die Aufhebung des Bewilligungsbescheids ist deshalb ein Verwaltungsakt. – Nach § 49a Abs. 1 Satz 2 VwVfG ergeht die Rückforderung einer Leistung in Form eines Verwaltungsakts. Die Rückforderung des Zuschusses in Höhe von 8 000 000 € durch den Wirtschaftsminister ist ein Verwaltungsakt. – Das Begehren der Klägerin ist mit einer Anfechtungsklage nach § 42 Abs. 1 Alt. 1 VwGO zu erreichen.

4. Verfahrensartabhängige Sachentscheidungsvoraussetzungen

a) Klagebefugnis

Die GmbH muss nach § 42 Abs. 2 VwGO klagebefugt sein. Die Klagebefugnis liegt vor, wenn die Klägerin substantiiert die Verletzung eigener, subjektiv-öffentlicher Rechte rügt und deren Verletzung nicht von vornherein ausgeschlossen erscheint. Nach der so genannten Adressatentheorie ist die Klägerin klagebefugt, wenn sie Adressatin eines Ge- oder Verbots ist; denn bei natürlichen und juristischen Personen des Privatrechts ergibt sich aus dem umfassenden Schutz der Freiheitssphäre durch das Auffanggrundrecht des Art. 2 Abs. 1 GG, dass bei Erlass eines Ge- oder Verbots zumindest die Möglichkeit einer Rechtsverletzung besteht; die juristische Person des Privatrechts ist Grundrechtsträger, Art. 19 Abs. 3 GG. Die GmbH ist Adressatin sowohl des Rücknahmebescheids als auch des Rückforderungsbescheids und ist damit klagebefugt. **674**

b) Vorverfahren

Der Durchführung des Vorverfahrens bedarf es nach § 68 Abs. 1 Satz 2 Nr. 1 VwGO nicht, da die Verwaltungsakte von einer obersten Landesbehörde, dem brandenburgischen Ministerium für Wirtschaft, erlassen worden sind. **675**

c) Passive Prozessführungsbefugnis

Grundsätzlich ist die Klage gegen die Körperschaft zu richten, deren Behörde gehandelt hat, § 78 Abs. 1 Nr. 1 VwGO, es sei denn, die Ermächtigung des § 78 Abs. 1 Nr. 2 VwGO ist landesrechtlich umgesetzt worden. Das ist in Brandenburg mit § 8 Abs. 2 **676**

BbgVwGG der Fall. Richtige Beklagte ist die Behörde, die den angefochtenen Verwaltungsakt erlassen hat. Die Anfechtungsklage ist gegen das brandenburgische Ministerium für Wirtschaft zu richten.

5. Beteiligten- und Prozessfähigkeit

677 Die GmbH ist als juristische Person nach § 61 Nr. 1 VwGO beteiligtenfähig. Die Prozessfähigkeit einer GmbH ergibt sich aus § 62 Abs. 3 VwGO. Ihre Vertretung im Prozess übernimmt der gesetzliche Vertreter. Nach § 35 GmbHG vertritt der Geschäftsführer eine GmbH. Die Beteiligten- und Prozessfähigkeit des Ministeriums für Wirtschaft ergibt sich aus §§ 61 Nr. 3 VwGO iVm 8 Abs. 2 BbgVwGG, 62 Abs. 3 VwGO.

6. Objektive Klagehäufung

678 Es könnten die Voraussetzungen für eine objektive Klagehäufung nach § 44 VwGO vorliegen. Diese Vorschrift gestattet es, mehrere Klagebegehren in einer Klage zu verfolgen, wenn sie sich gegen denselben Beklagten richten, im Zusammenhang stehen und dasselbe Gericht zuständig ist. Das angerufene Gericht wird über beide Anfechtungsklagen (gegen die Rücknahme des Beihilfebescheids und gegen die Rückforderung der Beihilfe) gemeinsam verhandeln und entscheiden. Der rechtliche Zusammenhang zwischen beiden Klagebegehren ergibt sich aus dem einheitlichen Lebensvorgang.

7. Zwischenergebnis

Die übrigen Zulässigkeitsvoraussetzungen sind unproblematisch gegeben. Insbesondere liegt das Rechtsschutzbedürfnis vor, weil es für die GmbH keinen einfacheren Weg zur Wahrung ihrer Rechte gibt. Die Klage ist zulässig.

II. Die Begründetheit der Klage

Die Klage der GmbH auf Kassation der Aufhebung des Bewilligungsbescheids und des Rückforderungsbescheids ist nach § 113 Abs. 1 Satz 1 VwGO begründet, soweit diese Verwaltungsakte rechtswidrig sind und die GmbH in ihrem subjektiven Recht verletzen.

1. Rücknahme der Beihilfebewilligung

a) Formelle Rechtmäßigkeit

679 Die Aufhebung der Beihilfebewilligung für die GmbH muss formell rechtmäßig sein. Das ist gegeben, wenn die zuständige Behörde gehandelt und sie die allgemeinen Verfahrensvorschriften beachtet hat.

Nach §§ 48 Abs. 5, 49 Abs. 5 VwVfG iVm § 3 VwVfG ist das Ministerium für Wirtschaft für die getroffene Entscheidung zuständig. Eine Anhörung nach § 28 VwVfG fand laut Sachverhalt statt. Diesem Ergebnis steht nicht entgegen, dass die Klägerin nicht zur Anhörung erschien und auch inhaltlich nicht Stellung nahm. Die Pflicht nach

§ 28 VwVfG ist erfüllt, wenn die Gelegenheit zur Anhörung eingeräumt wird. Die Behörde muss Anhörungsberechtigte nicht dazu bringen, sich zu äußern.

Der Aufhebungsbescheid ist formell rechtmäßig.

b) Materielle Rechtmäßigkeit

aa) Rechtsgrundlage

Der Aufhebungsbescheid ist materiell rechtmäßig, wenn eine verfassungsmäßige Norm **680** seinen Erlass gestattet und ferner ein Verstoß gegen einschlägiges Recht fehlt.

Die Aufhebung des Bewilligungsbescheids hat belastenden Charakter, weil sie der GmbH ein begünstigendes subjektiv-öffentliches Recht entzieht. Nach dem Prinzip vom Vorbehalt des Gesetzes (Art. 20 Abs. 3 GG) benötigt der rechtmäßige Erlass eines belastenden Verwaltungsakts eine Rechtsgrundlage. Im Europarecht fehlt eine umfassende Regelung für die Aufhebung europarechtswidrig bewilligter Beihilfen. Die Rücknahme europarechtswidriger Verwaltungsakte richtet sich regelmäßig nach nationalem Recht. In Betracht kommt als Rechtsgrundlage in Deutschland das Verwaltungsverfahrensrecht. Der Bewilligungsbescheid könnte nach § 48 VwVfG zurückgenommen oder nach § 49 VwVfG widerrufen worden sein. Da die Voraussetzungen für rechtmäßiges Handeln bei den genannten Normen differieren, ist zu prüfen, ob es sich bei der Aufhebung des Bewilligungsbescheids um eine Rücknahme oder um einen Widerruf handelt.

Die Abgrenzung richtet sich grundsätzlich danach, ob es sich um einen rechtswidrigen **681** oder einen rechtmäßigen Verwaltungsakt handelt. Die Europäische Kommission stellte fest, die gewährte Beihilfe sei mit Art. Art. 107, 108 Abs. 3 AEUV und mit dem gemeinsamen Markt unvereinbar. Nach Auffassung der Kommission handelte es sich um eine europarechtswidrige Beihilfe. Diese Auffassung müsste den Minister binden.

Die EU ist eine zwischenstaatliche Einrichtung, auf die nach Art. 24 Abs. 1 GG (seit **682** Inkrafttreten des Unionsvertrags am 1.11.1993 für die Europäische Union nunmehr Art. 23 Abs. 1 Satz 2 GG) Hoheitsrechte übertragen werden können sowie Hoheitsakte der Organe einer zwischenstaatlichen Einrichtung vom ursprünglich ausschließlichen Hoheitsträger anzuerkennen sind. Die unmittelbare Geltung und Anwendbarkeit des Europarechts ist die Folge. Die die Unionsverträge umsetzenden Gesetze sind Zustimmungsgesetze iSv Art. 59 Abs. 2 Satz 1 GG. Sie erteilen den Rechtsanwendungsbefehl für die Geltung des primären Gemeinschaftsrechts für den Hoheitsbereich der Bundesrepublik. Die Vorschriften des AEUV genießen Anwendungsvorrang. Der Wirtschaftsminister ist an seine Bestimmungen gebunden.

Die Beihilfevergabe muss tatsächlich gegen Gemeinschaftsrecht verstoßen. Das ist der **683** Fall, wenn eine Beihilfe iSv Art. 107 Abs. 1 AEUV vorliegt und die Meldepflicht nach Art. 108 Abs. 3 AEUV unbeachtet blieb. – Über den Verstoß ist nicht mehr zu entscheiden. Es obliegt nach Art. 108 Abs. 2 und Abs. 3 Satz 2, 3 AEUV allein der Kommission, über die Vereinbarkeit einer nationalen Beihilfe mit dem AEUV zu befinden. Das nationale Gericht ist an eine Entscheidung der Kommission nach Art. 108 Abs. 2 AEUV gebunden, wenn der Beihilfeempfänger, obwohl er von einem Mitgliedstaat über die Entscheidung der Kommission schriftlich in Kenntnis gesetzt worden ist, eine Klage nach Art. 263 Abs. 4 AEUV nicht oder nicht rechtzeitig erhebt. Danach wird die Entscheidung gegenüber dem Betroffenen bestandskräftig, sodass sie in jedem Fall – auch bei rechtlich erheblichen Fehlern, die nicht zur Nichtigkeit führen – zu beachten ist. Eine Befugnis des nationalen Richters zur vorläufigen Nichtanwendung wegen Vorlage zum EuGH ist nach Eintritt der Bestandskraft unzulässig: Der EuGH prüft ab Eintritt der Bestandskraft nicht mehr die Gültigkeit von Individualentscheidungen der Gemeinschaft.

Die GmbH hat die zweimonatige Klagefrist nach Art. 263 Abs. 4 iVm Abs. 6 AEUV verstreichen lassen und nicht geklagt. Die Entscheidung der Kommission ist für alle Beteiligten verbindlich, Art. 288 Abs. 4 AEUV. Der Minister hat von der (Europa-) Rechtswidrigkeit auszugehen.

684 Die Aufhebung des Bewilligungsbescheids betrifft also einen rechtswidrigen Verwaltungsakt. Sie richtet sich nach § 48 VwVfG. Konkret ist § 48 Abs. 1 Satz 2 VwVfG einschlägig, weil die Beihilfegewährung als begünstigender Verwaltungsakt betreffend eine einmalige Geldleistung mit Wirkung für die Vergangenheit zurückgenommen werden soll.

bb) Tatbestandsvoraussetzungen des § 48 Abs. 1 Satz 2 VwVfG

685 Der Beihilfebescheid muss rechtswidrig iSd § 48 Abs. 1 Satz 1 VwVfG sein. Das ist, wie zuvor dargelegt, der Fall.

cc) Vertrauenstatbestand des § 48 Abs. 2 VwVfG

686 Ein rechtswidriger begünstigender Verwaltungsakt darf nur unter Beachtung des § 48 Abs. 2–4 VwVfG zurückgenommen werden. Nach § 48 Abs. 2 VwVfG dürfen Geldleistungen nicht zurückgenommen werden, soweit der Begünstigte auf den Bestand des Verwaltungsakts vertraut hat und sein Vertrauen unter Abwägung mit dem öffentlichen Interesse an einer Rücknahme schutzwürdig ist. Das Vertrauen muss betätigt worden sein. Es ist nach § 48 Abs. 2 Satz 2 VwVfG in der Regel schutzwürdig, wenn der Begünstigte gewährte Leistungen verbraucht oder eine Vermögensdisposition getroffen hat, die er nicht mehr oder nur unter unzumutbaren Nachteilen rückgängig machen kann. Die GmbH hat darauf vertraut, dass sie die Beihilfe behalten darf; sie hat das ausgezahlte Geld für die Bedürfnisse des Unternehmens verwandt. Ihr Vertrauen ist nach § 48 Abs. 2 Satz 2 VwVfG grundsätzlich schutzwürdig.

687 Schutzwürdigkeit in diesem Sinne besteht nicht, wenn einer der Ausschlussgründe nach § 48 Abs. 2 Satz 3 VwVfG greift. § 48 Abs. 2 Satz 3 Nr. 3 VwVfG – Kenntnis oder grob fahrlässige Unkenntnis der Rechtswidrigkeit der Beihilfebewilligung – könnte eingreifen. Es stellt sich die Frage, ob die GmbH eine Verpflichtung trifft, sich Kenntnis darüber zu verschaffen, dass das Notifizierungsverfahren nach Art. 108 Abs. 3 AEUV durchgeführt worden ist und ob in der Nichtbeachtung dieser Pflicht eine grobe Sorgfaltsverletzung gesehen werden kann, die zum Ausschlussgrund nach § 48 Abs. 2 Satz 3 Nr. 3 VwVfG führt.

Dem Sachverhalt fehlen Anhaltspunkte für den Vorwurf, die GmbH habe grob fahrlässig gehandelt. Der bloße Umstand, dass sie nicht nachforschte, ob das für die Entscheidung zuständige Ministerium ein Notifizierungsverfahren nach Art. 108 Abs. 3 AEUV durchführte, reicht für die Annahme eines besonders schweren Verstoßes gegen die Sorgfaltspflicht nicht aus. Ein Ausschlussgrund nach § 48 Abs. 2 Satz 3 Nr. 3 VwVfG liegt nicht vor. Anhaltspunkte für die Existenz weiterer Ausschlussgründe nach § 48 Abs. 2 Satz 3 Nr. 1 und 2 VwVfG sind nicht ersichtlich. Die Rücknahme des rechtswidrigen Beihilfebescheids wäre rechtswidrig.

Diese Lösung verbietet die Rückforderung gewährter Beihilfen: Sie werden regelmäßig sofort ausgegeben. Dieser Umstand bewirkt, dass das öffentliche Interesse an der Rücknahme nur in Fällen der Bösgläubigkeit iSd § 48 Abs. 2 Satz 3 VwVfG durchgesetzt werden kann. Letztlich bliebe das Interesse der Europäischen Union an durchsetzbarer Rückforderung vertragswidriger Beihilfen weitgehend unbeachtlich. In der Folge wäre das Interesse der Gemeinschaft an der Wahrung der im AEUV niedergelegten Wettbewerbsordnung, namentlich das Interesse an der Erfüllung der Notifizierungspflicht nach Art. 108 Abs. 3 AEUV, erheblich geschwächt. **688**

Das Effizienzgebot muss beachtet werden. Das nationale Recht darf nicht bewirken, dass die Gemeinschaftsregeln unbeachtet bleiben. Dieses Ergebnis lässt sich erzielen, wenn in Fällen mit Gemeinschaftsbezug dem öffentlichen Interesse an der Rücknahme von Beihilfebescheiden grundsätzlich ein gesteigertes Gewicht zukommt – die Rücknahme der Durchsetzung dient der europarechtlichen Wettbewerbsordnung. Bei Fällen mit ausschließlich nationalem Bezug bleibt es bei der nationalen Regelung – die Rücknahme von Beihilfebescheiden dient dem fiskalischen Interesse sowie dem Interesse an der Gesetzmäßigkeit der Verwaltung. Nach alldem ist es ausgeschlossen, sich auf Vertrauensschutz zu berufen, wenn das Verfahren nach Art. 108 Abs. 3 AEUV unbeachtet blieb. Sicheres Vertrauen auf die materielle Rechtmäßigkeit der Beihilfe besteht nur bei einem ordentlich durchgeführten Notifizierungsverfahren. **689**

Hier ist das Verfahren nach Art. 108 Abs. 3 AEUV nicht ordnungsgemäß durchgeführt worden. Die Anwendung des Verwaltungsverfahrensrechts darf nicht dazu führen, dass die Rücknahme des Bewilligungsbescheids entfällt. Der Vertrauensschutz der GmbH tritt hinter das Interesse an der Durchsetzung des Europarechts zurück.

dd) Rücknahmefrist nach § 48 Abs. 4 VwVfG

Der Minister muss die Rücknahmefrist nach § 48 Abs. 4 VwVfG beachtet haben. Danach darf die Behörde nur innerhalb eines Jahres – die Frist beginnt ab dem Zeitpunkt zu laufen, ab dem die Behörde von Tatsachen Kenntnis erhält, welche die Rücknahme eines rechtswidrigen Verwaltungsakts rechtfertigen – den Verwaltungsakt zurücknehmen. Problematisch ist, auf welchen Zeitpunkt für die Berechnung der Jahresfrist abzustellen ist. In Frage kommt der Zeitpunkt der Mitteilung der Kommissions- **690** entscheidung oder der Zeitpunkt der Bestandskraft der Entscheidung. Ab diesem Zeitpunkt ist die zweimonatige Klagefrist für die Nichtigkeitsklage nach Art. 263 Abs. 6 AEUV gegen die Entscheidung der Kommission verstrichen. Ferner steht ab diesem Zeitpunkt fest, dass die Beihilfe nicht nur wegen des nicht durchgeführten Notifizierungsverfahrens, sondern auch materiell europarechtswidrig ist. Diese Gründe sprechen dafür, auf die Bestandskraft der Kommissionsentscheidung abzustellen.

691 Der Zeitraum zwischen der Kenntnisnahme der Entscheidung und der Rücknahme des Beihilfebescheids ist länger als ein Jahr. Der Minister kann deshalb nach rein nationaler Betrachtungsweise den Beihilfebescheid nicht zurücknehmen. Indes führen der Vorrang des Europarechts sowie das Effizienzgebot zur Unbeachtlichkeit der Jahresfrist. Zögerliches Handeln kann die Wirksamkeit des Europarechts nicht vereiteln. Die Jahresfrist soll Ungewissheiten beim Empfänger der Subvention beenden. Die GmbH ist seit dem Bekanntwerden der Kommissionsentscheidung nicht mehr im Ungewissen. Die Ausschlussfrist kann ihren Zweck nicht erfüllen. § 48 Abs. 4 VwVfG ist unanwendbar.

ee) Ermessen

692 Grundsätzlich steht der Behörde bei der Rücknahme nach § 48 Abs. 1 Satz 2 VwVfG Ermessen zu. Die Voraussetzungen für eine Ermessensentscheidung sind gegeben, wenn Tatbestandsmerkmale der Abs. 2–4 erfüllt sind. Das Wirtschaftsministerium hält sich für verpflichtet, den Beihilfebescheid zurückzunehmen. Es könnte die Notwendigkeit einer Ermessensentscheidung verkannt haben. Dann würde eine ermessensfehlerhafte Entscheidung wegen Ermessensnichtgebrauch vorliegen.

693 Im Falle einer bestandskräftigen Entscheidung der Kommission und der mit ihr verbundenen Rücknahmeverpflichtung entfällt für die Behörde das Ermessen, weil es auf Null reduziert ist. Die Rolle der nationalen Behörde ist auf die Durchführung der Kommissionsentscheidung beschränkt. Ermessen übt auf europäischer Ebene die Kommission aus. Der Wirtschaftsminister muss den europarechtswidrigen Beihilfebescheid zurücknehmen.

c) Zwischenergebnis

Die Rücknahme der Beihilfebewilligung ist formell und materiell rechtmäßig.

2. Rückforderung der Beihilfe

694 Als Ermächtigungsgrundlage für die Rückforderung der Beihilfe kommt § 49a Abs. 1 VwVfG in Betracht. Es wäre eine erbrachte Leistung zurückzuerstatten, wenn ein Verwaltungsakt, der die Rechtsgrundlage für die Leistungsgewährung bildete, mit Wirkung für die Vergangenheit zurückgenommen ist. Der Minister für Wirtschaft hat die Beihilfebewilligung rechtmäßig zurückgenommen. Demnach ist die Beihilfe zurückzuerstatten. Nach § 49a Abs. 2 VwVfG sind für den Umfang der Erstattung die Vorschriften des BGB über die Herausgabe einer ungerechtfertigten Bereicherung entsprechend anwendbar. Fraglich ist, ob sich die GmbH auf den Wegfall der Bereicherung nach § 818 Abs. 3

BGB wirksam berufen kann. Nach § 49a Abs. 2 Satz 2 VwVfG kann sich der Begünstigte auf den Wegfall der Bereicherung nicht berufen, wenn er die Umstände kannte oder infolge grober Fahrlässigkeit nicht kannte, die zur Rücknahme des Verwaltungsakts geführt haben. Zwar wurde festgestellt, dass der GmbH grobe Fahrlässigkeit nicht vorgeworfen werden kann; der Einwand der Entreicherung ist nicht ausgeschlossen. Er kann aber auch dann nicht erhoben werden, wenn die zuständige Behörde aufgrund einer bestandskräftigen Entscheidung der Kommission verpflichtet ist, den Bewilligungsbescheid zurückzunehmen und die Beihilfe zurückzufordern.

Der Minister fordert deshalb mit Recht die Beihilfe zurück und verletzt die GmbH nicht in ihren Rechten.

III. Ergebnis

Die Klage der GmbH ist zulässig, aber nicht begründet.

Vertiefungshinweise: Der Sachverhalt ist der Entscheidung BVerwGE 106, 328 ff. nachgebildet – Alcan. EuGH, NJW 1998, 47 – Alcan. *Peine*, AllgVerwR, Rn. 173; *Streinz*, Europarecht, 9. Aufl. 2012, Rn. 560 ff.; *Schütz/Dibelius*, Examensklausur Öffentliches Recht, Die verkonsumierte Subvention – Rückforderung gemeinschaftsrechtswidriger staatlicher Beihilfen –, JURA 1998, 427–436.

Fall 9***

Ein teures Pflaster

Schwerpunkte: Zwei-Stufen-Theorie; Verpflichtungsklage; Subventionsrecht; Zusicherung; Auslegung von Willenserklärungen; Selbstbindung der Verwaltung; Vertrauensschutz

695 Das Land Brandenburg förderte seit 1991 den sozialen (Miet-)Wohnungsbau, um die Vermietung geförderter Wohnungen zu Konditionen zu erreichen, die dem Bedarf breiter Kreise der Bevölkerung gerecht wurden. Dieses geschah auf dem so genannten 1. Förderungsweg: Die Errichtung der Mietwohnungen erfolgte durch private Bauherren, die die Vorhaben teils mit Eigenkapital, teils mit am Kapitalmarkt beschafften Bankkrediten (Fremdmitteln) finanzierten. Das Land Brandenburg stellte dann auf Antrag Aufwendungshilfen aus öffentlichen Mitteln zur Verfügung, deren Höhe sich aus dem Verlust durch die Differenz zwischen der Kostenmiete und der vorgegebenen Sozialmiete, bezogen auf den Bewilligungszeitraum, errechnete.

Auf der Grundlage der am 1.1.1991 in Kraft getretenen Richtlinien über die Förderung des sozialen Wohnungsbaus in Brandenburg (WFB 1991) vom 28.7.1991 wurden die Aufwendungshilfen als Aufwendungszuschüsse und -darlehen durch die dafür zuständige Bewilligungsstelle des Landes Brandenburg – das Ministerium für Wirtschaft – geleistet. Der Betrag wurde jeweils für einen Zeitraum von zehn Jahren bewilligt (Grundförderung – Förderphase I).

Nr. 27 VI Hs. 1 WFB 1991 bestimmte, dass „ein Rechtsanspruch auf Gewährung öffentlicher Mittel nicht besteht".

Die finanziellen Mittel für die Förderung werden jedes Jahr im Haushaltsplan aufgenommen.

Für die im 1. Förderungsweg geförderten Mietwohnungen hatte sich das Land Brandenburg in der Vergangenheit regelmäßig dafür entschieden, nach Ablauf von zehn Förderungsjahren (Förderungsphase I – „Grundförderung") eine Förderung für weitere zehn Jahre anzuschließen (Förderungsphase II – „Anschlussförderung"), weil in der Regel erst nach Ablauf von 20 Jahren die zur Gewährleistung der Sozialmieten aufgenommenen zusätzlichen Fremdmittel getilgt waren. Zuletzt war die Mittelvergabe durch die Richtlinie über die Anschlussförderung von Sozialwohnungen der Wohnungsbauprogramme 1993 bis 1996 (Anschlussförderung RL 1996) vom 3.12.1996 geregelt. In Nr. 1 II 4 und 5 Anschlussförderung Richtlinie 1996 heißt es: „Ein Anspruch des Antragstellers auf Gewährung der Zuwendungen besteht nicht. Vielmehr entscheidet die Bewilligungsstelle aufgrund ihres pflichtgemäßen Ermessens im Rahmen der verfügbaren Mittel."

In ihrem Bericht vom 27.1.2006 empfahl eine vom Landtag Brandenburg im Juni 2005 einberufene Expertenkommission den Ausstieg aus dem bisherigen System der

Anschlussförderung. Am 4.2.2006 beschloss der Landtag des Landes Brandenburg den Verzicht auf die Anschlussförderung u.a. für Sozialwohnungen des Wohnungsbauprogrammjahres 1996, bei denen die Grundförderung am oder nach dem 31.12.2006 endete. Durch Verwaltungsvorschriften vom 19.2.2006 wurde bestimmt, die Anschlussförderung (Richtlinie 1996) mit Wirkung zum 1.1.2007 außer Kraft zu setzen (RL 2006).

Die K-KG ist eine freie Wohnungsbauträgerin. Gegenstand ihres Unternehmens sind u.a. der Erwerb und die Bebauung mehrerer Grundstücke in Brandenburg mit Wohn- und Geschäftshäusern im Rahmen des sozialen Wohnungsbaus sowie die sich anschließende Verwaltung dieser Grundstücke. Die K-KG hatte im Wohnungsbauprogramm 1996 auf einem 1993 erworbenen Grundstück in der Waldstadt von Potsdam eine 50 Sozialwohnungen umfassende Mietwohnanlage mit insgesamt rund 4000 qm Wohnfläche errichtet. Baubeginn war im April 1996. Die Bezugsfertigkeit war für den 1.2.1997 bestimmt. Die Finanzierung der Gesamtkosten von jetzt ca. 4,5 Mio € erfolgte zu 10 % aus Eigenmitteln, im Übrigen über Bankkredite. Mit Bescheid des Ministeriums für Finanzen vom 9.1.1997 wurde der K-KG für die 50 Sozialwohnungen eine Aufwendungshilfe bis zu 4 053 481,60 € bewilligt. Die Aufwendungshilfe wurde von Bezugsfertigkeit an „für die Dauer von zehn Jahren, längstens jedoch bis zur planmäßigen Tilgung der zur Deckung der Gesamtkosten in Anspruch genommenen Fremdmittel" gewährt. In dem Bescheid war Bezug genommen u.a. auf eine Wirtschaftlichkeitsberechnung vom 8.9.1995 der K-KG, die für die Fremddarlehen eine 20-jährige Tilgungsdauer ausweist.

Am 8.8.2006 wies das Ministerium für Finanzen die K-KG auf das bevorstehende Auslaufen der Grundförderung zum 31.1.2007 für ihr Mietobjekt hin. In der Folge beantragte die K-KG am 5.11.2006 beim Ministerium eine Anschlussförderung nach der RL 1996. Mit Bescheid vom 1.4.2007 lehnte das Ministerium den Antrag der K-KG unter Hinweis auf die Beschlüsse des Landtags des Landes Brandenburg vom 4.2.2006 und die rückwirkende Außerkraftsetzung der Anschlussförderung Richtlinie 1996 ab. Die Außerkraftsetzung sei zum Zweck der Entlastung des Brandenburger Landeshaushalts und vor dem Hintergrund erfolgt, dass sich die Situation auf dem Brandenburger Wohnungsmarkt deutlich entspannt habe. Alle ab 2007 auslaufenden Objekte seien unabhängig vom Jahr der Bewilligung der Grundförderung nach einheitlichen Kriterien zu behandeln.

Gegen diesen Bescheid hat die K-KG am 11.4.2007 Klage erhoben, mit der sie beantragt, das Land Brandenburg auf ihren Antrag vom 5.11.2006 zu verpflichten, ihr Anschlussförderung nach Maßgabe der Bestimmungen der Anschlussförderung Richtlinie 1996 in Höhe von insgesamt 2 803 903,08 € zu bewilligen.

Die K-KG trägt vor, dass sie einen Anspruch auf die Anschlussförderung habe. Dieser ergebe sich schon unmittelbar aus dem Bewilligungsbescheid aus dem Jahr 1997. Dadurch, dass dem Land Brandenburg bekannt war, dass die Tilgung der aufgenommenen Fremdmittel 20 Jahre dauere, sei bereits damals eine 20-jährige Förderung bewilligt worden. Zumindest liege in dem Bescheid mit Bezugnahme auf die Wirtschaftlichkeitsberechnung vom 8.9.1995 eine rechtsverbindliche Zusicherung einer Bewilligung der Anschlussförderung. Ferner ergebe sich ein Anspruch der K-KG auf Anschlussförderung aus den genannten Richtlinien über die Anschlussförderung von Sozialwohnungen der Wohnungsbauprogramme 1991 bis 1996 und der darauf gründenden Verwaltungspraxis. Das Land Brandenburg habe sich durch die bisherige Anschlussförderung selbst gebunden, sodass es die K-KG fördern müsse. Art. 3 Abs. 1 GG verpflichte die Verwaltung, eine Praxis beizubehalten. Schließlich beruft sich die K-KG auf Vertrauensschutz. Das finanzielle Risiko werde bei vielen Anlegern zur Insolvenz führen, weil sie nun rund die Hälfte der Investitionskosten nachschießen müssten, aber weiterhin der Mietpreisbindung für Sozialwohnungen nach Maßgabe des nach wie vor gültigen Wohnungsbindungsgesetz unterfielen. Sie habe sich schon bei der Inanspruchnahme der Grundförderung auf die Anschlussförderung eingerichtet. In der Aufhebung der Richtlinie 1996 liege eine verfassungswidrige Rückwirkung. Endlich schütze sie auch Art. 14 Abs. 1 GG vor einer Änderung der Förderungspraxis.

Hat die Klage Aussicht auf Erfolg? Gehen Sie in einem Gutachten auf alle aufgeworfenen Fragen ein.

Bearbeitervermerk: Gehen Sie davon aus, dass der Vortrag der Klägerin hinsichtlich der bestehenden Mietpreisbindung zutrifft. Auf das 2. WoBauG ist nicht einzugehen.

Vorüberlegung

Dieser sehr anspruchsvolle Fall aus dem Subventionsrecht behandelt eine Reihe von Fragen aus dem Allgemeinen Verwaltungsrecht. Es sollen in diesem Fall Bereiche des Allgemeinen Verwaltungsrechts behandelt werden, die normalerweise nicht im Mittelpunkt verwaltungsrechtlicher Fragestellungen stehen. **696**

Gliederung

I. Sachentscheidungsvoraussetzungen **697**
1. Eröffnung des Verwaltungsrechtswegs
2. Statthafte Klageart
3. Besondere Sachentscheidungsvoraussetzungen der Verpflichtungsklage
   a) Klagebefugnis
   b) Vorverfahren
   c) Passive Prozessführungsbefugnis
4. Beteiligten- und Prozessfähigkeit
5. Rechtsschutzbedürfnis
6. Zwischenergebnis

II. Die Begründetheit der Klage
1. Gesetzlicher Anspruch
2. Bewilligungsbescheid 1997
   a) Aus Bewilligungsbescheid unmittelbar
   b) Zusicherung der Anschlussförderung
   c) Ergebnis
3. Begründete Verwaltungspraxis und Art. 3 Abs. 1 GG
4. Vertrauensschutz
5. Unzulässige Rückwirkung
6. Art. 14 Abs. 1 GG
7. Zwischenergebnis

III. Gesamtergebnis

Lösung

Die Klage der K-KG hat Erfolg, wenn sie zulässig und begründet ist.

I. Sachentscheidungsvoraussetzungen

1. Eröffnung des Verwaltungsrechtswegs

698 Die Eröffnung des Verwaltungsrechtswegs richtet sich nach § 40 Abs. 1 Satz 1 VwGO. Danach muss es sich um eine öffentlich-rechtliche Streitigkeit handeln. Eine Streitigkeit ist dann öffentlich-rechtlich, wenn die streitentscheidende Norm einen Träger öffentlicher Gewalt als solchen berechtigt oder verpflichtet oder ein Über- und Unterordnungsverhältnis entsteht.

Hier begehrt die K-KG eine finanzielle Zuwendung des Landes Brandenburg. Solche Subventionen werden in der Regel von einem Träger öffentlicher Verwaltung einer Person des Privatrechts gewährt, ohne dafür eine Gegenleistung zu verlangen. Subventionen dienen der Erfüllung eines im öffentlichen Interesse liegenden Zwecks. Hier ergeben sich der Zweck und der Umfang der Förderung aus den sog. Wohnungsbaurichtlinien. Solche Richtlinien sind in der Regel Verwaltungsvorschriften. Nach diesen Grundsätzen handelt es sich um eine öffentlich-rechtliche Norm, die ein Über- und Unterordnungsverhältnis bewirkt.

699 Der K-KG kann die Förderung jedoch auch in Form von zinsfreien Krediten gewährt werden. Kredite sind privatrechtliche Darlehen. Fraglich ist, ob es sich trotz dieser privatrechtlichen Ausgestaltung des Förderungsverhältnisses um eine öffentlich-rechtliche Streitigkeit handelt. In solchen Fällen ist die sog. Zwei-Stufen-Theorie heranzuziehen. Danach ist ein Streit um die Gewährung einer Subvention (das sog. „Ob") entsprechend dem mit ihm verfolgten Zweck immer öffentlich-rechtlicher Natur. Erst die Ausgestaltung des konkreten Förderungsverhältnisses („Wie") kann auch privatrechtlicher Natur sein. Streiten sich die Beteiligten aber darum, ob überhaupt eine Förderung erfolgen muss, liegt immer eine öffentlich-rechtliche Streitigkeit vor.

2. Statthafte Klageart

700 Die K-KG begehrt die Entscheidung des Ministeriums darüber, dass sie weiterhin mit einer finanziellen Zuwendung gefördert wird. Die Entscheidung darüber, ob die K-KG weiterhin Subventionen erhält, ist ein Verwaltungsakt iSd § 35 Satz 1 BbgVwVfG[1]. Danach ist die Verpflichtungsklage nach § 42 Abs. 1 Var. 2 VwGO statthaft. Hier handelt es sich um die sog. Versagungsgegenklage, da das Ministerium den von der K-KG gestellte Antrag bereits abgelehnt hat.

---

1 Seit dem 7.7.2009 gilt in Brandenburg ein neues VwVfG, welches in § 1 Abs. 2 VwVfG nunmehr auf die Vorschriften des VwVfG des Bundes verweist. § 35 BbgVwVfG existiert seitdem nicht mehr. Auf den vorliegenden Fall findet aber noch das BbgVwVfG a.F. Anwendung.

3. Verfahrensartabhängige Sachentscheidungsvoraussetzungen

a) Klagebefugnis

Nach § 42 Abs. 2 VwGO muss die K-KG geltend machen, durch die Versagung der beantragten Förderung in ihren Rechten verletzt zu sein. Die sog. Adressatentheorie kommt bei der Verpflichtungsklage nicht zur Anwendung. In Betracht kommt eine Verletzung von Art. 3 Abs. 1 GG. Die K-KG möchte die Beibehaltung der bisherigen Förderpraxis bewirken und die gleiche Behandlung wie andere Geförderte, die eine Anschlussgenehmigung erhalten haben, erfahren. Die K-KG beruft sich zudem auf eine Verletzung ihres Grundrechts aus Art. 14 Abs. 1 GG. Diese ist nicht von vornherein ausgeschlossen. Die K-KG ist mithin klagebefugt. **701**

b) Vorverfahren

§ 68 Abs. 2 VwGO bestimmt, dass auch im Vorfeld einer Verpflichtungsklage ein Vorverfahren durchzuführen ist, wenn ein Antrag auf Vornahme eines Verwaltungsakts abgelehnt wurde. Ein entsprechendes Verfahren fand hier nicht statt. Die K-KG erhob hier unmittelbar Klage zum Verwaltungsgericht. Grundsätzlich wäre die Klage unzulässig. Eine Ausnahme davon regelt § 68 Abs. 1 Satz 2 Nr. 1 VwGO. Einer Nachprüfung eines Verwaltungsakts in einem Widerspruchsverfahren bedarf es nicht, wenn der Verwaltungsakt von einer obersten Bundesbehörde oder von einer obersten Landesbehörde erlassen worden ist. Hier lehnte das Ministerium für Finanzen die Förderung ab. Ministerien sind oberste Landesbehörden. Die Einlegung eines Widerspruchs war damit entbehrlich. **702**

c) Klagefrist

Die Klagefrist für eine Verpflichtungsklage bestimmt sich nach § 74 Abs. 2 iVm Abs. 1 VwGO. Die Klagefrist beträgt danach einen Monat nach Zustellung des Widerspruchsbescheids. Die K-KG erhob die Klage unmittelbar nach Zustellung des Ablehnungsbescheids. **703**

d) Passive Prozessführungsbefugnis

Richtiger Klagegegner ist nach § 78 Abs. 1 Nr. 2 VwGO iVm § 8 Abs. 2 BbgVwGG die Behörde, die die Erteilung des Verwaltungsakts abgelehnt hat. Dieses ist das Ministerium, vertreten durch den Minister. **704**

4. Beteiligten- und Prozessfähigkeit

Die Beteiligtenfähigkeit der K-KG ergibt sich aus § 61 Nr. 1 Alt. 2 VwGO; die Beteiligtenfähigkeit der beklagten Behörde aus § 61 Nr. 3 VwGO iVm mit § 8 Abs. 1 BbgVwGG. Die Prozessfähigkeit der K-KG bestimmt sich nach § 62 Abs. 1 Nr. 1 VwGO; die Prozessfähigkeit der beklagten Behörde ergibt sich aus § 62 Abs. 3 VwGO. **705**

5. Zwischenergebnis

Die Klage ist zulässig.

II. Begründetheit

Das Ministerium ist unter Aufhebung des Ablehnungsbescheids vom 1.4.2007 zum Erlass des erstrebten Verwaltungsakts verpflichtet, wenn der Ablehnungsbescheid rechtswidrig und die K-KG in ihren Rechten verletzt ist, § 113 Abs. 5 Satz 1 VwGO. Das ist dann der Fall, wenn der K-KG der geltend gemachte Anspruch auf Subventionierung zusteht.

1. Gesetzlicher Anspruch

706 Fraglich ist, ob es eines gesetzlichen Anspruchs bedarf. Hier wurde für die Förderung lediglich eine Richtlinie erlassen. Eine solche Richtlinie stellt eine sog. Verwaltungsvorschrift dar. Sie regelt nicht das Verhältnis des Bürgers zum Staat, sondern ihre Wirkung ist auf den Innenbereich beschränkt. Sie dient in der Regel dazu, Organisation und Handeln der Verwaltung näher festzulegen.

707 Jedoch gilt der Gesetzesvorbehalt grundsätzlich nur für die Eingriffs- und nicht für die Leistungsverwaltung. Dieses gilt auch für das Subventionsrecht. Staatliche Leistungen und insbesondere Subventionsleistungen können ohne gesetzliche Grundlage auf der Basis entsprechender Haushaltssätze in dem durch das Parlament gebilligten Haushaltsplan vergeben werden. Einer gesetzlichen Anspruchsgrundlage bedarf es daher nicht.

Einen Anspruch kann auch die sog. Richtlinie begründen. Nach dem Wortlaut der nun geltenden Richtlinie besteht kein Anspruch auf Anschlussförderung mehr. Auch die vorherigen Richtlinien begründeten ausdrücklich keinen Rechtsanspruch auf Förderung.

Ein Anspruch, der unmittelbar auf einer Norm beruht, existiert nicht.

2. Bewilligungsbescheid 1997

a) Aus Bewilligungsbescheid unmittelbar

708 Der Anspruch auf Subventionierung könnte sich unmittelbar aus dem Bewilligungsbescheid aus dem Jahr 1997 ergeben. Auch ein Verwaltungsakt kann einen Anspruch begründen, auch dann, wenn er nicht der Rechtslage entspricht, solange er wirksam ist. Der Bewilligungsbescheid kann einen Anspruch auf Förderung auch über das Jahr 2006 hinaus begründen, wenn der Bescheid so auszulegen ist, dass darin eine verbindliche Regelung zugunsten einer weiterreichenden Förderung getroffen wurde.

Maßgeblich für die Auslegung ist nicht der innere, sondern der erklärte Wille, wie ihn der Empfänger bei objektiver Würdigung verstehen konnte („Empfängerhorizont").

aa) Wegen der Bezugnahme auf die Richtlinie 1991 wurde klargestellt, dass ein Rechtsanspruch auf Gewährung öffentlicher Mittel nicht besteht. Nr. 27 VI Hs. 1 WFB 1991 bestimmte, dass „ein Rechtsanspruch auf Gewährung öffentlicher Mittel nicht besteht". Der Bescheid von 1997 konnte daher nicht dahingehend verstanden werden, dass er in Erfüllung eines Rechtsanspruchs ergangen ist. **709**

bb) Aus dem Wortlaut der Bewilligung könnte sich jedoch etwas anderes ergeben. Darin wird auf die Tilgung der Fremdmittel abgestellt. Hierfür ist der Satz, dass die Aufwendungshilfe für die Dauer von zehn Jahren, längstens jedoch bis zur planmäßigen Tilgung der zur Deckung der Gesamtkosten in Anspruch genommenen Fremdmittel gewährt werde, auszulegen. Ausschlaggebend ist hier der Sinnzusammenhang. Der gerade zitierte Satz beinhaltet eine Befristung der Förderung auf zehn Jahre. Er lässt sich nicht dahin verstehen, dass ungeachtet ihres Ablaufs erst die planmäßige Tilgung der Fremdmittel den Förderungszeitraum nach oben begrenzt. Die Formulierung „längstens jedoch bis zur planmäßigen Tilgung der Fremdmittel" kann nur als eine die zehnjährige Bewilligungsdauer einschränkende Regelung verstanden werden. Der Förderungszeitraum kann längstens zehn Jahre betragen. **710**

cc) Etwas anderes ergibt sich auch nicht daraus, dass im Bescheid auf die Wirtschaftlichkeitsberechnung vom 8.9.1995 Bezug genommen wurde. Zwar mag es sein, dass das Land Brandenburg bei Erlass des Bewilligungsbescheids an eine Anschlussförderung gedacht hat, um die Rentabilität der geförderten Anlage zu sichern. Aber aus dem Wissen des Landes Brandenburg um die Voraussetzungen eines wirtschaftlichen Betriebs des geförderten Projekts und seiner Entscheidung, die langfristige Finanzierung des Projekts auch durch Übernahme einer Ausfallbürgschaft zu fördern, kann nicht auf einen Rechtsbindungswillen des Landes Brandenburg dahin geschlossen werden, dass er die Finanzierung für die gesamte Laufzeit der aufgenommenen Darlehen durch eine in der Wirtschaftlichkeitsberechnung vorausgesetzte Förderung habe sichern wollen oder sich sonst verpflichtet habe, die Anleger durch Weiterführung vor einer möglichen Insolvenz zu retten. Die dauerhafte Sicherung der „Rentabilität der Anlage" gehört zum unternehmerischen Risiko und war Sache der Anleger. **711**

b) Zusicherung einer Anschlussförderung

Durch den Bewilligungsbescheid von 1997 könnte der K-KG jedoch die Anschlussförderung zugesichert worden sein. **712**

Eine Zusicherung ist die von der zuständigen Behörde erteilte Zusage, einen bestimmten Verwaltungsakt später zu erlassen oder zu unterlassen, § 38 Abs. 1 Satz 1 BbgVwVfG. Sie ist schriftlich zu erteilen, §§ 38 Abs. 1 Satz 1, 37 Abs. 3 BbgVwVfG, und setzt voraus, dass gegenüber ihrem Adressaten der Wille der Behörde, einen bestimmten Verwaltungsakts später zu erlassen oder zu unterlassen, unzweifelhaft zum Ausdruck kommt. Daher ist durch Auslegung zu ermitteln, ob eine selbstverpflichtende Willenserklärung vorliegt oder lediglich eine sonstige behördliche Erklärung, bei der die Verwaltung eine Maßnahme ohne Bindungswillen in Aussicht stellt. Auch dafür ist der erklärte Wille maßgebend, wie ihn der Empfänger bei objektiver Würdigung verstehen konnte.

713 Die Würdigung des objektiven Erklärungswerts des Bescheids 1997 ergibt, dass das Land Brandenburg der K-KG die Gewährung von Anschlussförderung nach Ablauf des zehnjährigen Zeitraums der Grundförderung nicht verbindlich in Aussicht gestellt hat. Der Wortlaut des Bescheids, so wie ihn dessen Empfänger bei einer objektiven Betrachtung auch in Ansehung der von der Klägerin bezeichneten, außerhalb des Bescheids liegenden Umstände verstehen musste, steht der Annahme eines solchen Rechtsbindungswillens entgegen.

Schon der Wortlaut steht der Annahme einer Zusicherung entgegen. Es wurde mit Bezugnahme auf die Richtlinie 1991 klar gestellt, dass ein Rechtsanspruch auf Förderung nicht besteht. Auch fehlt in dem Bescheid ein Verweis auf eine Anschlussförderung. Die Auslegung führt also nicht zu einer Zusicherung.

c) Zwischenergebnis

Der Bewilligungsbescheid begründet keinen Anspruch der K-KG auf Förderung[2].

3. Begründete Verwaltungspraxis und Art. 3 Abs. 1 GG

714 Ein Anspruch auf Förderung könnte sich aus der Richtlinie über die Anschlussförderung und der darauf gegründeten Verwaltungspraxis ergeben. Auch wenn die Richtlinien nicht unmittelbar nach ihrem Wortlaut einen Anspruch auf Förderung begründen, könnte aufgrund der ständigen Anwendung der Richtlinien ein Anspruch bestehen. Die Richtlinien sind subventionsgewährende Verwaltungsvorschriften. Da es sich bei ihnen nicht um Rechtsnormen handelt, können sie über die ihnen innewohnende interne Bindung hinaus eine anspruchsbegründende Außenwirkung gegenüber dem Bürger nur im Wege der so genannten Selbstbindung der Verwaltung begründen, indem sie das Ermessen der letztlich für die Mittelverteilung bestimmten Stellen regeln. Die Selbstbindung der Verwaltung bewirkt eine Gleichbehandlung der Bürger, die sich mit dem gleichen Anliegen an die Verwaltung wenden. Der Bürger kann sich darauf berufen, dass das Handeln der Verwaltung insbesondere dann, wenn keine gesetzliche Regelung existiert, berechenbar und nicht willkürlich ist. Ein willkürliches Abweichen der Behörde von ihrer eigenen bisher in vergleichbaren Fällen eingehaltenen und auch weiterhin beabsichtigten ständigen Praxis ist unzulässig. Dieses Verbot folgt aus dem Gebot der Gleichbehandlung nach Art. 3 Abs. 1 GG. Die Grundsätze der Selbstbindung der Verwaltung gelten auch für ein Abweichen von sonst regelmäßig befolgten Richtlinien. Ein Abweichen von einer rechtmäßigen richtliniengeleiteten Praxis muss durch hinreichende sachliche Gründe gerechtfertigt sein.

715 Ein unmittelbarer Anspruch kann jedoch nicht bestehen, sondern es existiert nur ein Anspruch auf die Ausübung des pflichtgemäßen Ermessens.

Fraglich ist, ob ein solcher Anspruch auf gleichmäßige Ermessensausübung überhaupt noch nach Maßgabe der Richtlinie 1991 besteht. Eine solche Ermessensausübung nach

2 Eine andere Ansicht ist nur schwer als vertretbar vorstellbar.

dieser Richtlinie muss ausscheiden, da diese durch die Verwaltungsvorschrift vom 19.2.2006 (formell) wirksam außer Kraft gesetzt worden ist.

Die Einstellung der bisherigen Förderungspraxis zum 1.1.2007 durch die Richtlinie 2006 könnte jedoch gegen Art. 3 Abs. 1 GG verstoßen und somit zumindest einen Anspruch auf pflichtgemäßes Ermessen begründen. **716**

Das Gebot der Gleichbehandlung könnte es dem Land Brandenburg verbieten, eine bisherige Verwaltungspraxis aufzugeben. Ein Verstoß gegen Art. 3 Abs. 1 GG besteht jedoch nur dann, wenn eine willkürliche Ungleichbehandlung vorliegt.

Ein durch Verwaltungsvorschriften festgelegtes Förderprogramm kann ohne Verstoß gegen den Gleichheitssatz geändert werden, wenn dafür sachliche Gründe vorliegen. Änderungsgrund ist hier die schlechte Haushaltslage des Landes Brandenburg. Diese ist ein sachliches Motiv für die Änderung der Richtlinie. Es sei darauf hingewiesen, dass dem Gericht auch nur ein eingeschränkter Kontrollrahmen zusteht, da es hier um eine Planungsentscheidung der Exekutive geht, bei der ihr ein weiter Einschätzungsrahmen zusteht. Die Entscheidung über die Änderung der Förderungsrichtlinie beruht auf einem Gutachten einer Expertenkommission (Sachverständige). **717**

Allein die Änderung einer Subventionspraxis, die bisher durch Verwaltungsrichtlinien geregelt war, stellt daher keinen Verstoß gegen Art. 3 Abs. 1 GG dar.

Fraglich ist, ob die Einstellung der Förderung nach Maßgabe von Stichtagen im Einzelnen dem Maßstab des Art. 3 Abs. 1 GG standhält. Ungleichbehandlungen, die durch Stichtagsregelungen entstehen, müssen hingenommen werden, wenn die Einführung eines Stichtags notwendig und die Wahl des Zeitpunkts, orientiert am gegebenen Sachverhalt, sachlich vertretbar ist. Dabei besteht allerdings der Gestaltungsspielraum für die Festlegung einer angemessenen Übergangsregelung auch bei einem verfassungsrechtlich zulässigen Subventionsentzug nur im Rahmen der Zumutbarkeit, deren Einhaltung von einer Gesamtabwägung zwischen der Schwere des Eingriffs und dem Gewicht und der Dringlichkeit der rechtfertigenden Gründe abhängt. Unter den oben genannten Gründen der Haushaltsnotlage ist die Wahl des Stichtags nicht willkürlich. Auch bei der Festlegung steht der Verwaltung ein Einschätzungsspielraum zu. Wenn die Gewährung einer Subvention Ermessenssache ist, gilt dies auch für die Einstellung und für die Wahl des Zeitpunkts, zu dem die Einstellung wirksam werden soll. **718**

4. Vertrauensschutz

Die K-KG könnte einen Anspruch auf Förderung haben, wenn sie darauf vertrauen durfte, dass die Verwaltungspraxis nicht geändert wird. **719**

Zur Bindung an das „Recht" iSd Art. 20 Abs. 3 GG gehört der Vertrauensschutz in die Beständigkeit gesetzlicher und untergesetzlicher Regelungen. Der Bürger, der sich in seinem Verhalten auf eine bestimmte Regelung eingestellt hat, hat ein berechtigtes Interesse daran, dass seine Dispositionen nicht durch eine nachträgliche Rechtsänderung durchkreuzt werden. Auf Vertrauensschutz kann sich aber nur derjenige berufen, der tatsächlich auf den Bestand einer Norm vertraut hat und dessen Vertrauen schutzwürdig ist. Ob Letzteres der Fall ist, muss anhand einer Abwägung der im Einzelfall gegenläufigen Interessen festgestellt werden.

Zu fragen ist daher hier, ob das Vertrauen der K-KG auf den Bestand der Richtlinie überhaupt schutzwürdig in diesem Sinne war oder/und ob ebenfalls schutzwürdige Interessen des Staats hinter denen der K-KG zurücktreten mussten.

720 Die Praxis der Subventionierung in Deutschland spricht gegen die Schutzwürdigkeit des Vertrauens auf den Bestand einer Subventionierung. Der Subventionsempfänger muss grundsätzlich damit rechnen, dass bei Eintritt grundlegender Änderungen der allgemeinen Rahmenbedingungen die Subvention gekürzt wird. Dieses gilt gerade auch für den sozialen Wohnungsbau. Gerade im Bereich der staatlichen Wohnungsbauförderung ist es in der Vergangenheit immer wieder zu Änderungen aufgrund veränderter wirtschaftlicher und gesellschaftlicher Verhältnisse gekommen. Auf einem Rechtsgebiet mit derart bewegter Entwicklung kann der Einzelne nur eingeschränkt auf das unveränderte Fortbestehen einer ihm günstigen Rechtslage vertrauen. Das Interesse an Investitionsschutz bewirkt für sich alleine keine rechtlich schutzwürdige Subventionssicherheit. Die Freiheit des Staats, Subventionen zu gewähren, aber auch wieder einzustellen, unterliegt, gerade soweit es sich um die Wohnbauförderung als Maßnahme der Leistungsverwaltung mit überwiegend sozialer Zielsetzung handelt, auch dem Sozialstaatsprinzip (Art. 20 Abs. 1 GG). Zu dessen Verwirklichung ist dem Staat ein weiter Gestaltungsspielraum eingeräumt und sein Handeln deshalb nur in einem weniger strengen Sinne als die Eingriffsverwaltung an den im Rechtsstaatsprinzip verankerten Geboten von Vertrauensschutz und Verhältnismäßigkeit zu messen.

Entscheidend ist hier, dass das Risiko des Ausbleibens einer Anschlussförderung nach der Förderungskonstruktion bei den Anlegern verbleiben sollte, dass insbesondere also keine dieses Risiko auffangende Regelung getroffen wurde, auf die sich die K-KG berufen könnte.

721 Die Abschaffung der bisherigen Förderungspraxis verstößt auch nicht gegen das Verhältnismäßigkeitsprinzip. Abzuwägen sind hier die Interessen der K-KG an der Vermeidung des wirtschaftlichen Verlustes und das öffentliche Interesse an einer zweckentsprechenden Mittelverwendung sowie daran, eine Verschärfung der Haushaltsnotlage zu vermeiden. Die Interessen der K-KG müssen hinter denen des Landes Brandenburg zurückstehen, weil die Interessen des Landes Brandenburg höher zu bewerten sind. Die beschriebenen Verluste sind in der Folge in Kauf zu nehmen. Haushaltsrechtlich muss das Land darauf achten, dass es nur vorhandene Mittel vergibt[3].

5. Unzulässige Rückwirkung

722 In der Aufhebung der Förderrichtlinie und Änderungen der Förderpraxis könnte jedoch ein Verstoß gegen das Rückwirkungsverbot liegen.

3 Eine andere Ansicht ist gut vertretbar.

Eine verfassungsrechtlich unzulässige echte Rückwirkung liegt vor, wenn der Gesetzgeber nachträglich in Tatbestände eingreift, die in der Vergangenheit begonnen und abgeschlossen wurden, und nunmehr an diese bereits abgeschlossenen Tatbestände andere Rechtsfolgen knüpft.

Ein solcher Fall ist hier nicht gegeben, weil mit der Aufhebung der Anschlussförderung RL 1996 nicht nachträglich ändernd in abgewickelte, der Vergangenheit angehörende Tatbestände eingegriffen wird.

Auch ist die gegenüber der K-KG bewirkte unechte Rückwirkung, bei der eine Norm **723** auf gegenwärtige, noch nicht abgeschlossene Sachverhalte und Rechtsbeziehungen für die Zukunft einwirkt und damit zugleich die betroffene Rechtsposition nachträglich entwertet, nicht zu beanstanden. Einer solchen Rückwirkung stehen nur Vertrauensschutzaspekte entgegen, die hier aber gerade nicht vorliegen. Die K-KG hatte kein schutzwürdiges Vertrauen darauf, dass die Förderrichtlinie nicht geändert und die Einstellung der Förderung mittels Stichtagen geregelt wird (vgl. oben). Die Haushaltslage des Landes Brandenburg war bekannt, sodass mit einer Änderung der Förderung zu rechnen war.

6. Art. 14 Abs. 1 GG

In der Versagung der Fördermittel könnte jedoch ein Eingriff in das Eigentumsrecht der **724** K-KG nach Art. 14 Abs. 1 GG liegen. Die Pflicht, diesen Eingriff zu vermeiden, könnte zu einer Ermessensreduzierung auf Null führen, sodass die K-KG einen Anspruch auf die Anschlussförderung hätte.

Fraglich ist, ob in der Einstellung der Anschlussförderung überhaupt ein Eingriff in das **725** Eigentum der K-KG vorliegt. In der Versagung weiterer Fördermittel liegt kein Eingriff in die dinglichen Rechte der Klägerin am Grundstück bzw. am entstehenden Gebäude oder in ihren eingerichteten und ausgeübten Gewerbebetrieb. Die Gewährung von Subventionen genießt keinen eigentumsrechtlichen Schutz. Ein Anspruch kann sich daraus nicht ableiten.

Dass die K-KG Investitionen getätigt hat und dass ohne die Zuwendung die wirtschaft- **726** liche Existenzvernichtung droht, begründet keinen eigentumsrechtlichen Schutz. Ob die K-KG in der Kenntnis der späteren Entwicklung in das Objekt investiert hätte, ist eine Frage der Subventionssicherheit und damit des Vertrauensschutzes, begründet aber keine Eigentumsposition iSd Art. 14 Abs. 1 GG

Die Mietpreisbindung, wie von der K-KG vorgebracht, ist von der Subvention unabhängig und wäre separat anzugreifen gewesen. Ein Anspruch kann daraus nicht hergeleitet werden.

7. Zwischenergebnis

Die Einstellung und die Versagung der Anschlussförderung waren rechtmäßig, sodass die K-KG keinen Anspruch auf Förderung hat. Die Verpflichtungsklage ist unbegründet.

III. Gesamtergebnis

Die Klage der K-KG hat keine Aussicht auf Erfolg.

Vertiefungshinweis: BVerwGE 126, 33 ff.; BVerwG, NVwZ 1998, 273 f.; *Kloepfer/Lenski*, Die Zusicherung im Zuwendungsrecht, NVwZ 2006, 501; *Pietzcker*, Selbstbindung der Verwaltung, NJW 1981, 2087; *Peine*, AllgVerwR, Rn. 56, 70.

Repetitorium

Das Subventionsrecht und seine Besonderheiten

1. Der allgemeine Subventionsbegriff

727 Subventionen sind ein bewährtes und bekanntes Mittel, um die Wirtschaft zu fördern und zu lenken.

Subventionen sind öffentliche Leistungen, die die öffentliche Hand einer natürlichen oder juristischen Person des Privatrechts, die einen Betrieb oder ein Unternehmen führt, gewährt. Die Subventionsleistung besteht in der Regel in einer finanziellen Zuwendung, die jedoch ohne eine wirtschaftliche Gegenleistung gewährt wird. Die Förderung kann direkt in der Zuwendung eines gewissen Geldbetrags oder indirekt in einer gewissen Verschonung bestehen.

2. Besonderheiten im Subventionsrecht

a) Förderung durch Darlehen

728 Die finanzielle Förderung durch den Staat existiert in mehreren Varianten. Eine häufige Art der Förderung liegt in der Auszahlung von Geldleistungen, die der Empfänger nicht zurückgewähren muss (sog. verlorener Zuschuss). Im Gegensatz dazu werden zum Teil lediglich zinsfreie oder zinsvergünstigte Darlehen zur Verfügung gestellt.

729 Grundsätzlich gehört die Gewährung von Darlehen in den Bereich des Privatrechts. Um aber den öffentlich-rechtlichen Charakter einer Subventionierung herauszustellen, wurde die sog. Zwei-Stufen-Theorie entwickelt. Danach erfolgt die Subventionierung in zwei Stufen. Auf der ersten Stufe steht die Bewilligung der Zuwendung durch die öffentliche Hand („Ob"). Auf der zweiten Stufe steht dann die tatsächliche Umsetzung des durch die Gewährung der Zuwendung entstandenen Subventionsverhältnisses („Wie"). Es ist davon auszugehen, dass die erste Stufe – Begründung des Subventionsverhältnisses – stets öffentlich-rechtlicher Natur ist. In der Regel wird die Bewilligungsentscheidung ein VA sein. Die von der Rechtsprechung entwickelte Zwei-Stufen-Theorie ist in der Literatur nicht unumstritten[4].

4 Vgl. hierzu *Maurer*, AllgVerwR, § 17 Rn. 11 ff.

Hinweis: Diese Zweistufigkeit des Subventionsverhältnisses ist in der Fallprüfung in der Regel in der Zulässigkeit bei der Entscheidung darüber, ob die vorliegende Streitigkeit öffentlich-rechtlicher Art ist, zu problematisieren. Die Zuordnung eines Rechtsstreits zum öffentlichen Recht scheidet dann grundsätzlich aus, wenn an einem streitigen Rechtsverhältnis ausschließlich Privatrechtssubjekte beteiligt sind, es sei denn, eine Partei ist durch Gesetz oder aufgrund eines Gesetzes mit öffentlich-rechtlichen Handlungs- oder Entscheidungsbefugnissen ausgestattet und gegenüber der anderen Partei als beliehenes Unternehmen tätig geworden (Sparkasse hat aus einem Subventionsverhältnis in eigenem Namen Geld ausgezahlt[5]). 730

b) Gesetzliche Grundlage einer Subventionsgewährung

Im Bereich der Leistungsverwaltung ist es umstritten, ob es für die Gewährung von staatlichen Leistungen, worunter auch Subventionen fallen, einer gesetzlichen Grundlage bedarf. Vertreten wird, dass eine solche gesetzliche Grundlage nicht notwendig ist[6]. 731

Im Bereich des Subventionsrechts finden sich einige Besonderheiten. Die h.M. geht davon aus, dass staatliche Leistungen und insb. Subventionsleistungen ohne gesetzliche Grundlage auf der Basis entsprechender Haushaltssätze in dem durch das Parlament gebilligten Haushaltsplan vergeben werden können[7]. Regelmäßig werden über die Vergabe Verwaltungsvorschriften bestehen, die die Vergaberichtlinien bilden. 732

Die bloße Verankerung der Subvention in einem Haushaltsplan wird zum Teil als nicht ausreichend erachtet, da dieser als bloß formelles Gesetz[8] keine Außenwirkung entfalten kann. Für den Fall einer „Konkurrentensituation" kann dieser nicht als Ermächtigungsgrundlage für die Bevorzugung eines anderen, was einem Grundrechtseingriff gleich stehe, dienen[9]. 733

c) Selbstbindung der Verwaltung

Grundsätzlich begründen weder der Haushaltsplan, der die finanziellen Zuwendung durch den Staat in einem formellen Gesetz legitimiert, noch die Vergaberichtlinien der öffentlichen Hand einen unmittelbaren Anspruch auf die Gewährung einer Subvention, da sie lediglich Innenrecht ohne Außenwirkung darstellen[10]. Um aber die Förderung mittels Subventionen nicht der Willkür der öffentlichen Hand zu überlassen, hat die Rechtsprechung entwickelt, dass Vergaberichtlinien trotz der fehlenden Außenwirkung wegen des Gleichbehandlungsgebots und des Rechtsstaatsprinzips eine anspruchsbegründende Außenwirkung eröffnen können (sog. Selbstbindung der Verwaltung[11]). Die öffentliche Hand darf demnach ihr Ermessen über die Bewilligung einer Förderung nicht willkürlich ausüben. 734

5 BVerwG, NJW 2006, 2568.
6 BVerfGE 8, 155, 167; BVerwG, NJW 1977, 1838, 1839; a.A.: BVerfGE 40, 237, 249.
7 BVerwG, NJW 1977, 1838, 1839.
8 *Peine*, AllgVerwR, Rn. 136.
9 Zur Vertiefung: *Maurer*, AllgVerwR, § 6 Rn. 21.
10 Vgl. zur Außenwirkung von Haushaltsplänen: BVerfGE 38, 121, 126; BVerwG, NVwZ 1998, 273, 274; zur Außenwirkung von Verwaltungsvorschriften: BVerwGE 58, 45, 49; *Peine*, AllgVerwR, Rn. 151.
11 BVerwGE 35, 159, 161.

d) Rückabwicklung des Subventionsverhältnisses

735 Die Rückabwicklung des Subventionsverhältnisses richtet sich nach §§ 48, 49 VwVfG. Insbesondere § 49 VwVfG enthält subventionsrechtsspezifische Regeln (§ 49 Abs. 3 VwVfG).

Bei der Rücknahme rechtswidriger Subventionsgewährungen sind weitere Besonderheiten zu beachten. Die Gewährung finanzieller Unterstützungen durch die öffentliche Hand muss sich auch an dem Maßstab für Beihilfen nach Art. 107 ff. AEUV messen lassen. Subventionen dürfen nur dann gewährt werden, wenn die Bestimmungen der Art. 107 ff. AEUV eingehalten werden. Stellt sich ein eine Subvention gewährender VA als europarechtswidrig heraus, richtet sich dessen Rücknahme auch nach § 48 VwVfG[12]. Im Rahmen der Prüfung des Vertrauensschutzes nach § 48 Abs. 2 VwVfG oder bei der Ermessensausübung ist jedoch zu beachten, dass nationales Recht nicht die Wirksamkeit des Europarechts beeinträchtigen darf (sog. „effet utile"). Das führt dazu, dass europarechtswidrige Subventionen zurückzunehmen sind[13]. Das Vertrauen des Begünstigten muss zurückstehen. Dieses gilt insbesondere, wenn das sog. Notifizierungsverfahren nicht durchgeführt wurde[14].

Der Grundsatz des „effet utile" ist auch hinsichtlich der Rücknahmefrist bedeutend. Entgegen der nationalen Regel kann der Bewilligungsbescheid bei Europarechtswidrigkeit unabhängig von der in § 48 Abs. 4 VwVfG genannten Frist zurückgenommen werden.

---

12 BVerwGE 74, 357.
13 BVerwGE 106, 323 ff.
14 EuGH, Rs. 24/95, Slg. 1997, I-1591, Rn. 24 ff. (ALCAN).

Fall 10***

Die Schnäppchenfalle

Schwerpunkte: Staatshaftungsrecht; Amtshaftungsanspruch nach Art. 34 GG/§ 839 BGB; Haftung von Gemeindevertretern bei Planungsentscheidungen; Bauplanung als normatives Unrecht; drittbezogene Amtspflicht bei Planungen; Ersatz von Vermögensschäden

Der Bauträger B kaufte 1998 ein 34 000 qm großes Gelände im Gebiet der kreisangehörigen Gemeinde P, um es zu erschließen, zu parzellieren und zu Wohnzwecken weiterzuveräußern. Die erworbene Fläche liegt im Bereich einer ehemaligen Ziegelei und wurde bis in die 70er Jahre als Mülldeponie genutzt. Die Deponie ist stillgelegt; das Gelände planiert. **736**

Ein von P 1995 beschlossener Bebauungsplan „Alte Ziegelei" setzt für das Gebiet eine Bebauung als reines Wohngebiet fest. Die Mitglieder der Gemeindevertretung wussten, dass das Gelände früher eine Mülldeponie war; gleichwohl unterblieb eine Bodenuntersuchung.

Frau K erwarb von B notariell beurkundet zu einem außerordentlich günstigen Preis, aber unter Ausschluss jeglicher Gewährleistung, das Grundstück Bocksbeutelweg 12, um ein Einfamilienhaus zu errichten. K erhielt vom Landkreis G als Bauaufsichtsbehörde die beantragte Baugenehmigung. Dessen Mitarbeiter hatten von der Kontamination des Geländes keine Kenntnis.

Frau K errichtet das Wohnhaus. Später bemerkt sie, dass aus dem Boden übel riechende Gase austreten. Ein Fachinstitut stellt fest, dass das erschlossene Gelände wegen der starken Kontamination des Bodens mit giftigen Stoffen nicht bewohnt werden kann. Die Bodenbelastung ist Folge der Müllablagerung.

K verlangt Schadensersatz von P für ihre Aufwendungen zum Erwerb des Grundstücks und Bau des Hauses. P lehnt die Forderung der K ab.

Hat eine Klage der K auf Zahlung von Schadensersatz Aussicht auf Erfolg?

Vorüberlegung

737 Dieser Fall hat mit den üblichen verwaltungsrechtlichen Fällen nichts gemein; es geht um Schadensersatz. Der Amtshaftungsanspruch ist wie ein normaler Schadensersatzanspruch zu behandeln, von den Besonderheiten des Anspruchs wie Haftungsübernahme abgesehen. Das öffentliche Recht, hier Baurecht, wird inzident geprüft. Da hier nach den Erfolgsaussichten einer Klage gefragt ist, stellt sich das Problem, die Lösung entsprechend dem Schema Zulässigkeit/Begründetheit einer Klage aufzubauen.

Gliederung

738 **I. Sachentscheidungsvoraussetzungen**
1. Rechtsweg
2. Zuständigkeit
3. Partei- und Prozessfähigkeit
4. Passivlegitimation

II. Die Begründetheit der Klage
1. Art. 34 GG/§ 839 BGB als Anspruchsgrundlage
   a) Haftungstatbestand
      aa) Amtshandlung
      bb) Verletzung einer drittbezogenen Amtspflicht
      cc) Verschulden
      dd) Schaden
      ee) Haftungsausschluss
   b) Rechtsfolge
2. § 38 Abs. 1b BbgOBG[1] als Anspruchsgrundlage

III. Ergebnis

1 *Entspricht*: § 55 PolG BW; Art. 70 BayPAG; § 59 BerlASOG; § 56 BremPolG; § 64 HessSOG; §§ 72 f. SOG MV; § 80 NdsSOG; § 39 OBG NW; § 68 POG RP; § 68 SaarlPolG; § 52 SächsPolG; § 69 SOG LSA; §§ 221 f. LVwG SH; § 52 ThürOBG.

Lösung

Eine Klage der K hat Aussicht auf Erfolg, wenn sie zulässig und begründet ist.

I. Sachentscheidungsvoraussetzungen

1. Rechtsweg

Fraglich ist, welcher Rechtsweg eröffnet ist. Für staatshaftungsrechtliche Ansprüche ist nach Art. 34 Satz 3 GG der Rechtsweg zu den ordentlichen Gerichten eröffnet. **739**

2. Zuständigkeit

Sachlich zuständig ist nach § 71 Abs. 2 Nr. 2 GVG das Landgericht. Die örtliche Zuständigkeit in Zivilprozessen gegen eine Gemeinde bestimmt sich nach ihrem Sitz (im Zweifel der Ort der Verwaltung), § 17 ZPO. Für Klagen aus unerlaubter Handlung ist das Gericht zuständig, in dessen Bezirk die unerlaubte Handlung begangen worden ist, § 32 ZPO. Hier sind der Ort der Verwaltung und der Ort der unerlaubten Handlung identisch. **740**

3. Partei- und Prozessfähigkeit

K ist als volljährige, natürliche Person nach § 50 Abs. 1 ZPO, § 1 BGB partei- und nach § 52 ZPO prozessfähig. **741**

4. Passivlegitimation

Nach Art. 34 Satz 1 GG haftet die juristische Person des öffentlichen Rechts, in deren Dienst der Amtswalter steht, wegen dessen Handeln Schadensersatz verlangt wird. K will Schadensersatz wegen der Aufstellung des Bebauungsplans. Wenn er nicht existierte, hätte K das Grundstück nicht gekauft und das Haus nicht gebaut. P muss sich das Handeln des Gemeinderats zurechnen lassen. P ist passiv legitimiert. **742**

5. Zwischenergebnis

Eine Klage der K vor dem örtlich zuständigen Landgericht ist zulässig.

II. Die Begründetheit der Klage

Die Klage der K ist begründet, wenn sie einen Anspruch gegen P auf Ersatz der aufgewendeten Kosten hat.

1. Art. 34 GG/§ 839 BGB als Anspruchsgrundlage

Die Festsetzung des kontaminierten Geländes als reines Wohngebiet muss die Tatbestandsvoraussetzungen des § 839 Abs. 1 Satz 1 BGB/Art. 34 GG erfüllen. **743**

a) Haftungstatbestand

Ein Amtshaftungsanspruch ist gegeben, wenn jemand in Ausübung eines ihm anvertrauten öffentlichen Amts die ihm einem Dritten gegenüber obliegende Amtspflicht schuldhaft verletzt und dadurch einen Schaden verursacht und ein Haftungsausschluss entfällt.

aa) Amtshandlung

744 Nach Art. 34 Satz 1 GG muss jemand in Ausübung eines ihm anvertrauten öffentlichen Amts gehandelt haben. Die Gemeindevertretung von P muss „jemand" sein, ihr Beschluss betreffend die Aufstellung des Bebauungsplans Handeln in Ausübung eines anvertrauten Amts.

745 Mit „jemand" ist ein Beamter im haftungsrechtlichen Sinne gemeint. Beamter in diesem Sinne ist jeder mit der Wahrnehmung einer öffentlichen Aufgabe Betraute. Entscheidend ist, dass der Handelnde hoheitlich agiert.

Die Mitglieder der Gemeindevertretung dürfen nach dem Baugesetzbuch und der Gemeindeordnung Bebauungspläne beschließen. Der Erlass eines Bebauungsplans ist die Erfüllung der öffentlichen Aufgabe „Aufstellung der Bauleitpläne" im Sinne von § 1 Abs. 3 BauGB. Die Mitglieder der Gemeindevertretung von P sind mit der Erfüllung einer öffentlichen Aufgabe betraut. Es ist unerheblich, ob „jemand" eine Einzelperson oder ein Kollegialorgan ist. Ferner nimmt die Gemeindevertretung Aufgaben der Verwaltung wahr; deshalb kann die Frage unbeantwortet bleiben, ob ein „echtes" Parlament „jemand" sein kann – die Gemeindevertretung ist kein „echtes" Parlament.

Mit dem Beschluss des Bebauungsplans hat die Gemeindevertretung in Ausübung des ihm anvertrauten Amts gehandelt.

Eine Amtshandlung ist gegeben.

bb) Verletzung einer drittbezogenen Amtspflicht

746 Die Gemeindevertreter müssen eine einem Dritten gegenüber obliegende Amtspflicht verletzt haben. Eine solche Amtspflicht kann die Verpflichtung sein, ausschließlich rechtmäßige Satzungen zu beschließen.

Fraglich ist, ob bei der Normgebung (B-Plan als Satzung) eine drittbezogene Amtspflicht verletzt werden kann.

747 Ob beim Erlass von **Parlaments**gesetzen Amtspflichten verletzt werden können, kann offen bleiben. Kommunale Satzunggeber sind kein Parlament in diesem Sinne. Sie nehmen Exekutivaufgaben wahr. Sie sind an höherrangiges Recht gebunden; es existiert die Amtspflicht zu dessen Beachtung und damit die Amtspflicht zu rechtmäßigem Handeln. Das höherrangige Recht kann Einzelne schützen. Grundsätzlich obliegen dem Amtswalter Amtspflichten gegenüber seinem Dienstherrn; eine Amtspflicht ist drittbezogen, wenn sie nach ihrem Zweck über das Innenverhältnis zum Dienstherrn hinaus-

geht und den Bürger als Individuum schützen soll. Ist das im Einzelfall – hier mit Blick auf das höherrangige Recht – gegeben, ist die Pflicht zu rechtmäßigem Handeln drittschützend.

Der Bebauungsplan setzt parzellenscharf das baurechtlich Erlaubte fest. Seine Festset- **748**
zungen binden den Eigentümer des beplanten Lands. Sie sind folglich drittbezogen. Daraus folgt noch nicht, dass sie auch drittschützend sind. Eine drittschützende Amtspflicht besteht im Bauplanungsrecht nur dann, wenn bei der Abwägung, deren Ergebnis die Festsetzung ist, in qualifizierter und zugleich individualisierter Weise auf schutzwürdige Belange Dritter Rücksicht zu nehmen ist; der Kreis der Betroffenen muss ein begrenzter sein. Nach § 1 Abs. 6 Nr. 2 BauGB sind die Wohnbedürfnisse der Bevölkerung zu berücksichtigen. Rücksicht zu nehmen ist auf die Personen, die in dem beplanten Gebiet wohnen. Sie müssen sich darauf verlassen können, dass ihnen als Folge ihres Aufenthalts im Plangebiet keine Gesundheitsgefahren drohen. Die Pflicht zur Berücksichtigung der Wohnverhältnisse ist eine drittbezogene Amtspflicht. Als abgrenzbare Personengruppe sind die Eigentümer und Nutzer der Grundstücke im Plangebiet geschützt.

Die Pflicht zur Aufstellung rechtmäßiger Bebauungspläne unter Berücksichtigung des **749**
§ 1 Abs. 6 Nr. 2 BauGB ist nach alldem eine drittbezogene Amtspflicht. Die Gemeindevertreter müssen diese Pflicht verletzt haben. Der hier relevante Bebauungsplan ist rechtswidrig, weil er gegen das Abwägungsgebot verstößt. Es liegt ein Abwägungsdefizit vor; der Umstand, dass das beplante Gelände früher als Deponie genutzt wurde, hat für die Mitglieder der Gemeindevertretung offensichtlich keine Rolle gespielt. Sie haben die Möglichkeit, dass ein Bewohnen der Deponie negative Folgen für die Gesundheit der Bewohner haben könnte, nicht in Betracht gezogen. Sie haben § 1 Abs. 6 Nr. 2 BauGB verletzt. Dieser Mangel im Abwägungsvorgang ist nach § 214 Abs. 3 BauGB erheblich: Der Mangel ist offensichtlich; die Gemeindevertreter hätten den Plan nicht beschlossen, wenn ihnen die Folgen für die Hausbauer und -nutzer bewusst gewesen wären.

Der Bebauungsplan wurde beschlossen, bevor K das Grundstück erwarb. Sie war bei **750**
Verabschiedung des Plans noch nicht selbst betroffen. Dieser Umstand könnte eine andere Beurteilung erfordern. Entscheidend ist, dass die Planfestsetzungen **objektbezogen** und nicht **personenbezogen** sind. Der Kreis der Planbetroffenen ist deshalb immer durch die jeweiligen Grundstückseigentümer bestimmt. Damit zählt K zum geschützten Personenkreis.

Es ist eine Amtspflicht verletzt. K gehört als Grundeigentümerin im Plangebiet zu der geschützten Personengruppe.

cc) Verschulden

Die beschließenden Gemeindevertreter müssen vorsätzlich oder fahrlässig gehandelt **751**
haben.

Vorsätzlich handelt, wer die Tatsachen kennt, die die Amtspflichtverletzung objektiv ergeben, und wer einen Verstoß gegen bestehende Vorschriften wenigstens billigend in Kauf nimmt. Fahrlässig handelt, wer bei Beobachtung durchschnittlicher Sorgfalt hätte voraussehen müssen, dass er seiner Amtspflicht zuwider handelt.

Die Gemeindevertreter wussten von der Müllablagerung auf dem überplanten Gelände. Sie mussten damit rechnen, dass sich auf ihm möglicherweise Giftstoffe befinden oder chemische Reaktionen ablaufen, die den Boden vergiften. Sorgfältig hätten die Gemeindevertreter gehandelt, wenn sie eine Bodenuntersuchung veranlasst hätten. Da dieses unterblieb, haben sie zumindest fahrlässig gehandelt.

752 Die Gemeindevertreter könnten sich eventuell auf einen reduzierten Sorgfaltsmaßstab berufen, da sie ihr Amt als „Laien" wahrnehmen. Dagegen spricht, dass der Amtswalter sich immer die Kenntnisse und Einsichten erarbeiten muss, die für die Ausübung des übernommenen Amts durchschnittlich erforderlich sind. Gemeindevertreter sind Amtswalter. Sie müssen sich die notwendige Sachkunde wie auch immer verschaffen. Ein reduzierter Sorgfaltsmaßstab kommt nicht zur Anwendung.

dd) Schaden

753 K hat Kosten für den Grundstückserwerb und den Hausbau gehabt. Diesen Schaden muss der Schutzzweck der verletzten Amtspflicht erfassen. Es ist fraglich, ob der Schutzzweck der hier einschlägigen Norm des Bauplanungsrechts den geltend gemachten Schadensersatzanspruch erfasst, da K keinen Gesundheitsschaden, sondern einen Vermögensschaden erlitten hat.

754 Abzustellen ist auf das Unmittelbarkeitskriterium. Vom Schutzzweck der Amtspflicht sollen auch Vermögensschäden erfasst werden, die in einem unmittelbaren Zusammenhang mit der Gesundheitsgefährdung stehen. Nicht erfasst werden nur mittelbare Schäden; gemeint sind solche z.B. der kreditgebenden Bank.

Für die Unmittelbarkeit von Gesundheitsgefährdung und Vermögensschäden spricht hier, dass die Amtspflicht zur Beachtung der Anforderungen an eine gesunde Umwelt verhindern muss, Gebäude zu errichten, die wegen drohender Gesundheitsgefahr unbewohnbar sind. Der Bebauungsplan muss für die gefahrfreie Bodennutzung eine verlässliche Grundlage bieten. Damit schützt die Amtspflicht Grundstückseigentümer, Erwerber und Bauherren gegen Vermögensschäden, die sie dadurch erleiden, dass sie im Vertrauen auf einen ordnungsgemäßen Plan unbewohnbare Wohnungen errichten oder kaufen.

Die Vermögensschäden der K sind vom Schutzbereich der verletzten Amtspflicht erfasst.

ee) Haftungsausschluss

755 Der Anspruch der K könnte nach § 839 Abs. 1 Satz 2 BGB ausgeschlossen sein. K müsste anderweitig Ersatz erlangen können.

Ansprüche gegen B auf Gewährleistung sind denkbar. K hat indes mit B einen vollständigen Gewährleistungsausschluss für Mängel des verkauften Grundstücks vereinbart. Andere Ersatzansprüche gegen B sind nicht ersichtlich; B sicherte eine bestimmte Beschaffenheit des Grundstücks nicht zu.

Ein Haftungsausschluss entfällt.

b) Rechtsfolge

K hat Anspruch auf Ersatz des durch den Grundstückserwerb und den Hausbau erlittenen Schadens.

2. § 38 Abs. 1b BbgOBG als Anspruchsgrundlage

Ein Schadensersatzanspruch kann sich aus § 38 Abs. 1b BbgOBG ergeben. K muss **756**
durch eine rechtswidrige Maßnahme einer Ordnungsbehörde einen Schaden erlitten haben. Gemeinden werden beim Erlass von Bebauungsplänen nicht zum Schutz der öffentlichen Sicherheit tätig, sondern erfüllen Planungspflichten. Ein Anspruch nach dem BbgOBG kommt nicht in Betracht.

III. Ergebnis

K kann Ersatz ihrer durch den rechtswidrigen Bebauungsplan entstanden Aufwendungen verlangen.

Vertiefungshinweise: BGHZ 108, 224 (Person des Dritten/Bauträger, Mitverschulden); BGHZ 106, 323 (Altlasten); BGHZ 121, 65 (Ersatz von Vermögensschäden); BGHZ 123, 191 (Haftung bei Baugenehmigung, Sorgfaltsmaßstab der Bauaufsichtbehörde); BGHZ 113, 367; 117, 363; 123, 363; BGH, NJW 1994, 1647 (Drittbezogenheit einer Amtspflicht); *Krohn*, Schutzzweck und Drittbezogenheit von Amtspflichten im Öffentlichen Baurecht, ZfBR 1994, 8; *Peine*, AllgVerwR, Rn. 1079 ff., 1084 ff.

Repetitorium

Amtshaftung

Rechtsgrundlage des Amtshaftungsanspruchs ist Art. 34 Satz 1 GG iVm § 839 BGB. **757**

Art. 34 Satz 1 GG leitet die zunächst den Beamten nach § 839 BGB treffende Haftung für den eingetretenen Schaden („Verantwortlichkeit" iSd Art. 34 Satz 1 GG) auf den Staat über. Art. 34 Satz 1 GG ist daher nicht Anspruchsnorm, sondern Zurechnungsnorm[2], die allerdings die Anspruchsvoraussetzungen modifiziert. Beide Vorschriften bilden eine einheitliche Anspruchsgrundlage und sind deshalb zusammen zu prüfen.

2 BVerfGE 61, 149, 198.

1. Amtsträger

758 Art. 34 Satz 1 GG verlangt zunächst, dass „jemand in Ausübung eines ihm anvertrauten öffentlichen Amtes" gehandelt hat. Diese Abweichung von § 839 BGB ist nicht nur sprachlicher, sondern auch inhaltlicher Natur. Während § 839 BGB bei der Eigenhaftung eines öffentlichen Bediensteten (eine Eigenhaftung kommt beispielsweise bei fiskalischem Handeln in Betracht) nur eingreift, wenn der Handelnde Beamter im staatsrechtlichen Sinn ist, also nach den Beamtengesetzen wirksam zum Beamten ernannt worden ist (ansonsten kommen §§ 823 ff. BGB zur Anwendung), erweitert Art. 34 Satz 1 GG die mittelbare Staatshaftung gegenüber der Beamtenhaftung dahingehend, dass es allein darauf ankommt, ob jemand mit der Wahrnehmung einer öffentlichen Aufgabe betraut ist (auch als Beamter im haftungsrechtlichen Sinn bezeichnet). Danach kann „jemand" ein Beamter, ein Angestellter oder Arbeiter im öffentlichen Dienst, eine Person, die in einem besonderen öffentlich-rechtlichen Amtsverhältnis steht, sein.

Entscheidend für das Eingreifen eines Amtshaftungsanspruchs ist daher, dass ein öffentliches Amt ausgeübt wird, also der Handelnde hoheitlich tätig ist, oder sein Handeln einem Hoheitsträger als hoheitliches Handeln zugerechnet wird.

759 Die Feststellung, dass derjenige, der den Schaden herbeigeführt hat, ein öffentliches Amt ausübt, reicht nicht aus. Hinzukommen muss, dass ein innerer Zusammenhang zwischen der Amtsausübung und dem schädigenden Verhalten besteht. Ein Zusammenhang fehlt, wenn die schädigende Handlung nur bei Gelegenheit der Amtsausübung erfolgt.

2. Amtspflichtverletzung

760 Art. 34 Satz 1 GG iVm § 839 BGB fordern ferner die Verletzung einer „Amtspflicht". Entsprechend der Konstruktion der Amtshaftung sind Amtspflichten die den Amtswalter betreffenden persönlichen Dienstpflichten. Derartige Pflichten bestehen im Verhältnis zwischen Amtswalter und Dienstherrn, beanspruchen also eigentlich nur Geltung im Innenverhältnis. Dies wird durch die Rechtsprechung dadurch überwunden, dass bestimmten Dienstpflichten Außenwirkung zuerkannt und so auch der Bürger zum Pflichtbegünstigten wird.

761 Die einem Amtswalter obliegenden Dienstpflichten können ihre Grundlage in allen denkbaren Rechtsquellen haben; sie können sich auch aus der Art der wahrzunehmenden Aufgabe ergebe[3].

Die anerkannten Amtspflichten lassen sich *sechs Gruppen* zuordnen:

Die wichtigste von der Rechtsprechung anerkannte Amtspflicht ist die Pflicht zur rechtmäßigen Amtsausübung, *erste* Gruppe. Die Amtspflicht ergibt sich aus dem Grundsatz der Gesetzmäßigkeit der Verwaltung (Art. 20 Abs. 3 GG) und für Beamte auch aus den Vorschriften der Beamtengesetze (vgl. z.B. § 63 Abs. 1 BBG). Andere öffentliche

3 BGHZ 69, 128, 135 f.; OLG Karlsruhe, NJW 1990, 2319 ff., 2320.

Bedienstete sind aufgrund des Arbeitsvertrags zur Wahrung der Gesetze verpflichtet. Die Rechtswidrigkeit einer Amtshandlung impliziert daher in der Regel eine Amtspflichtverletzung und umgekehrt. Die *zweite* Gruppe bilden die Gehorsamspflichten. Aus der Anknüpfung der Amtshaftung an das Amtswalterunrecht folgt, dass auch bei rechtmäßigem Verhalten nach außen bei Verstoß gegen behördeninterne Weisungen eine Amtspflichtverletzung gegeben sein kann[4]. Die *dritte* Gruppe bildet die Pflicht zur Erteilung von Auskünften und Belehrungen als solche. Von dieser Gruppe ist zu trennen als *vierte* Gruppe die Pflicht zu richtiger, unmissverständlicher und vollständiger Auskunftserteilung und Belehrung. Eine weitere Amtspflicht – *fünfte* Gruppe – besteht in der Pflicht zu konsequentem Verhalten – Verbot des venire contra factum proprium. Die *letzte* Gruppe bildet die Pflicht zur sachgerechten Amtsausübung.

3. Drittbezogenheit der Amtspflicht

Die verletzte Amtspflicht muss gegenüber dem geschädigten Dritten bestehen – Dritt- **762**
bezogenheit der Amtspflicht. Das bedeutet, dass der Amtswalter seine Pflicht nicht nur im Interesse der Allgemeinheit, sondern auch im Interesse des Dritten zu beachten hat. Ferner muss das verletzte Recht oder Rechtsgut vom Schutzzweck der Amtspflicht umfasst sein. Als Faustregel lässt sich festhalten, dass die Drittbezogenheit der Amtspflicht dann zu bejahen ist, wenn ein subjektives Recht des Geschädigten betroffen ist. Im konkreten Einzelfall ist die Drittgerichtetheit der Amtspflicht durch Auslegung der sie begründenden Vorschriften und der Natur des Amtsgeschäfts zu ermitteln.

Schwierigkeiten bereitet die Drittbezogenheit der Amtspflichtverletzung, wenn Letztere **763**
im Erlass rechtswidriger Verwaltungsvorschriften, Satzungen oder Rechtsverordnungen gesehen wird. Grundsätzlich ergehen solche Vorschriften ausschließlich im Interesse der Allgemeinheit, eine Drittbezogenheit ist daher regelmäßig zu verneinen[5]. Ausnahmsweise ist die Drittgerichtetheit der Amtspflicht aber gegeben, wenn der Personenkreis, den die Vorschrift betrifft, individualisierbar ist.

4. Schaden/Kausalität

Es muss ein Schaden gegeben sein, der durch die Amtspflichtverletzung verursacht **764**
wurde.

Die Feststellung der Kausalität des Schadens erfolgt nach der im Schadensersatzrecht geltenden Theorie des adäquaten Kausalzusammenhangs. Nach dieser Theorie ist ein Tun oder Unterlassen dann ursächlich für den eingetretenen Schaden, wenn es nicht hinweggedacht bzw. hinzugedacht werden kann, ohne dass der eingetretene Erfolg entfiele und es bei gewöhnlichem Geschehensablauf nach allgemeiner Lebenserfahrung zur Herbeiführung des Schadens geeignet war. Schäden, die auf Grund eines außergewöhnlichen Verlaufs der Dinge eintreten, bleiben außer Betracht.

4 BGH, WM 1963, 789 f.; BGH, NJW 1990, 505 f.
5 BGHZ 56, 40, 46.

765 Besteht die Pflichtverletzung in einem Unterlassen, kann die Kausalität nur hypothetisch ermittelt werden. Sie ist gegeben, wenn ein pflichtgemäßes Verhalten den Schaden mit an Sicherheit grenzender Wahrscheinlichkeit vermieden hätte. Bei Ermessensentscheidungen ist dies nur zu bejahen, wenn auf Grund einer Ermessensreduzierung eine Pflicht zum Einschreiten bestand.

5. Verschulden

766 Der Amtswalter muss schuldhaft gehandelt haben. Die Amtshaftung ist keine objektive Staatshaftung, sondern eine Verschuldenshaftung. Zwar erwähnt Art. 34 Satz 1 GG das Verschulden nicht, jedoch ist Art. 34 Satz 1 GG lediglich eine Zurechnungsnorm, die die Amtswalterhaftung auf den Staat überleitet – eine Amtswalterhaftung besteht nach § 839 BGB aber nur im Fall einer vorsätzlichen oder fahrlässigen Amtspflichtverletzung.

767 Ob Fahrlässigkeit gegeben ist, beurteilt sich nach objektiven Maßstäben. Es wird nicht auf die Kenntnisse und Fähigkeiten des konkret handelnden Bediensteten, sondern auf diejenigen Kenntnisse und Fähigkeiten abgestellt, die im Durchschnitt für die Führung des jeweiligen Amts erforderlich sind (sog. „pflichtgetreuer Durchschnittsbeamter“[6]).

Mangelhafte Rechtskenntnis ist fahrlässig, da erwartet werden muss, dass der Amtswalter die für die Ausübung seines Amts einschlägigen Rechtsvorschriften kennt und anwenden kann[7]. Verschulden wegen fehlerhafter Rechtsanwendung soll ferner vorliegen, wenn der Amtswalter von einer höchstrichterlichen Entscheidung[8] oder von einer gefestigten höchstrichterlichen Rechtsprechung[9] abweicht. Diese Aussage bedarf jedoch der Einschränkung; sie gilt nur, wenn der Amtswalter sich mit dieser Rechtsprechung nicht ernsthaft auseinandersetzt und zu keiner rechtlich gut vertretbaren anderen Auffassung gelangt. Wird ein Amtshaftungsanspruch auf ein rechtswidriges Verwaltungshandeln gestützt, ist ferner zu beachten, dass die Rechtsprechung ein Verschulden des Bediensteten wegen unrichtiger Rechtsanwendung immer dann verneint, wenn ein Kollegialgericht sein Verhalten als rechtmäßig beurteilt[10].

6. Haftungsausschlüsse und Haftungsbeschränkungen

768 Die Subsidiaritätsklausel des § 839 Abs. 1 Satz 2 BGB greift ein, wenn dem Amtswalter hinsichtlich der Amtspflichtverletzung lediglich Fahrlässigkeit zur Last fällt, der Geschädigte einen Ersatzanspruch gegen einen Dritten hat und die Durchsetzung dieses Ersatzanspruchs dem Geschädigten möglich und zumutbar ist. Liegen die Voraussetzungen des § 839 Abs. 1 Satz 2 BGB vor, sind eine Haftung des Beamten und damit eine auf den Staat übergeleitete Haftung ausgeschlossen.

---

6 BGH, DVBl 1998, 553.
7 BGH, DVBl 1993, 105 ff., 106.
8 BGH, NJW 1963, 1453 ff.
9 BGHZ 30, 19, 22.
10 BGHZ 27, 338, 343; 73, 161, 164; BGH, NJW 1992, 2218 ff.

Eine „anderweitige Ersatzmöglichkeit" iSd § 839 Abs. 1 Satz 2 BGB besteht nur dann, wenn der Zweck des anderen Ersatzanspruchs darin besteht, Schäden endgültig auszugleichen, die durch unerlaubte Handlungen Dritter entstanden sind. Ein anderweitiger Ersatzanspruch ist ebenfalls zu verneinen, wenn sich dieser gegen einen Verwaltungsträger richtet[11]. Hier hat das Verweisungsprivileg keinen Sinn, da immer die öffentliche Hand für den Schaden einstehen muss. **769**

Für den anderweitigen Ersatzanspruch gelten zwei Besonderheiten: Er muss zunächst in angemessener Zeit realisierbar sein. Daran fehlt es beispielsweise, wenn der Anspruchsgegner vermögenslos ist. Ferner muss die Durchsetzung des Ersatzanspruchs dem Geschädigten auch zumutbar sein[12]. Die Zumutbarkeit lässt sich nur im Einzelfall bestimmen. **770**

7. Mitverschulden (§§ 839 Abs. 3, 254 BGB)

Ein Mitverschulden kann in einer Rechtsmittelversäumung (§ 839 Abs. 3 BGB) liegen. Unterlässt der Geschädigte schuldhaft die Einlegung eines Rechtsmittels und ist dieses Versäumnis kausal für den Schadenseintritt, ist ein Schadensersatzanspruch nach § 839 Abs. 1 BGB und damit auch eine Staatshaftung ausgeschlossen. Der Begriff „Rechtsmittel" ist weit zu verstehen. Er umfasst neben den förmlichen auch die formlosen Rechtsbehelfe. Zu den Rechtsmitteln iSd § 839 Abs. 3 BGB zählen daher insbesondere der Widerspruch, die Klagen nach der VwGO, Anträge im Eilverfahren (förmliche Rechtsbehelfe) sowie daneben auch Petitionen, Gegenvorstellungen und Dienstaufsichtsbeschwerden (formlose Rechtsbehelfe). Die Verfassungsbeschwerde stellt dagegen kein Rechtsmittel nach § 839 Abs. 3 BGB dar. **771**

Der ursprüngliche Grund des § 839 Abs. 3 BGB – Schutz des leistungsschwachen Beamten – ist durch die staatliche Haftungsübernahme entfallen. Dennoch kommt dem Haftungsausschluss auch heute noch eine Berechtigung zu. Man kann in ihm eine besondere Ausprägung des § 254 BGB (Schadensminderungspflicht) und/oder die Betonung des Vorrangs des Primärrechtsschutzes sehen. **772**

§ 254 BGB ist neben § 839 Abs. 3 BGB anwendbar[13]. Im Gegensatz zu § 839 Abs. 3 BGB führt eine schuldhafte Mitverursachung des Schadens durch den Geschädigten regelmäßig nicht zu einem Haftungsausschluss, sondern nur zu einer Minderung der Schadensersatzpflicht. Besonderheiten bestehen im Amtshaftungsrecht bei der Anwendung des § 254 BGB nicht, sodass auf das Zivilrecht verwiesen werden kann. **773**

8. Verjährung

Der Amtshaftungsanspruch verjährt wie die übrigen deliktischen Schadensersatzansprüche in drei Jahren ab Kenntnis von dem Schaden und der Person des Ersatzpflichtigen. Die dreijährige Verjährungsfrist beginnt mit der Kenntnis der Amtspflichtverletzung und der das Verschulden begründenden Umstände, s. §§ 195, 199 Abs. 1 BGB. **774**

---

11 BGHZ 13, 88, 101 ff.; 50, 271, 273; 62, 394, 396 f.
12 *Schwager/Wenz*, DVBl 1993, 1171 ff., 1189.
13 BVerfG, NJW 2003, 125 ff.

9. Anspruchsinhalt und Anspruchsumfang

775 Der Inhalt des Anspruchs beurteilt sich nach den allgemeinen Vorschriften des BGB über die Schadensersatzverpflichtung bei unerlaubten Handlungen (§§ 249–255, 842–847 BGB). Ein Unterschied, der oben bereits Erwähnung fand und aus der Anknüpfung der Amtshaftung an die persönliche Haftung des Amtswalters resultiert, besteht insofern, als eine Naturalrestitution dann ausscheidet, wenn diese in einer Amtshandlung bestünde. Der Anspruch kann nur auf das gerichtet sein, was der Amtswalter als persönlicher Schuldner erbringen kann[14]. Er geht daher regelmäßig auf Geldersatz.

Die Höhe des Schadensersatzes ergibt sich aus einem rechnerischen Vergleich der durch das schädigende Ereignis eingetretenen Vermögenslage mit der vorher bestehenden (sog. Differenzmethode).

10. Anspruchskonkurrenzen

776 Bei Bestehen eines Amtshaftungsanspruchs ist eine Inanspruchnahme des Bediensteten nach §§ 823, 826 BGB ausgeschlossen, da dessen Haftung auf den Staat übergeleitet wurde. Dementsprechend scheidet auch ein Anspruch aus § 831 BGB gegen den Staat aus. Sonstige Entschädigungs- und Schadensersatzansprüche können neben Art. 34 Satz 1 GG iVm § 839 BGB geltend gemacht werden.

11. Prozessuale Fragen

777 Haftungssubjekt ist nach Art. 34 Satz 1 GG die Körperschaft, in deren Dienst der Amtswalter steht. Anspruchsgegner kann daher immer nur ein Verwaltungsträger mit eigener Rechtsfähigkeit sein.

778 Schwierigkeiten bei der Bestimmung dieser Körperschaft und damit des Anspruchsgegners treten auf, wenn ein Amtswalter Aufgaben eines anderen Verwaltungsträgers wahrnimmt, da der Wortlaut des Art. 34 Satz 1 GG nicht eindeutig ist. Zur Ermittlung der haftenden Körperschaft werden drei Theorien vertreten. Nach der Funktionstheorie ist darauf abzustellen, wessen Aufgaben der Amtswalter konkret wahrgenommen hat; die Anstellungstheorie fragt danach, wer den Amtswalter angestellt hat, und die vermittelnde Anvertrauenstheorie hält für entscheidend, welche Körperschaft dem Amtsträger das Amt anvertraut hat, bei dessen Ausübung er amtspflichtwidrig gehandelt hat. Letztere Theorie wird vom BGH in ständiger Rechtsprechung vertreten. Praktisch haftet also regelmäßig die Anstellungskörperschaft, da diese dem Amtswalter das Amt übertragen hat. Nur bei echter Doppelstellung des Amtswalters (mehrere Dienstherren; Beispiel: Landrat) ist zu fragen, wessen Aufgaben bei der Verletzungshandlung wahrgenommen wurden. Bei Amtswaltern ohne Anstellungskörperschaft (Beispiel: Beliehene) ist entscheidend, wer ihnen die zu erfüllende Aufgabe übertragen hat[15].

---

14 *Schwager/Wenz*, DVBl 1993, 1171 ff., 1194.
15 BGH, NVwZ 1992, 298 f.

Der Amtshaftungsanspruch ist vor den ordentlichen Gerichten geltend zu machen (Art. 34 Satz 3 GG, § 40 Abs. 2 VwGO). 779

Es besteht eine Bindung der Zivilgerichte an rechtskräftige Urteile der Verwaltungsgerichtsbarkeit[16]. Stellt ein derartiges Urteil daher die Rechtmäßigkeit eines VAs fest, so ist ein folgender Amtshaftungsprozess, in dem die Rechtswidrigkeit des VAs als Amtspflichtverletzung geltend gemacht wird, aussichtslos.

Aufbauschema: Schadensersatz aus Amtshaftung nach Art. 34 GG, § 839 BGB 780

I. Anspruchsvoraussetzungen

1. „Jemand" handelt „in Ausübung eines ihm anvertrauten öffentlichen Amtes", Art. 34 Satz 1 GG
   a) Hoheitliches Tätigwerden durch einen Amtswalter
      - kein Handeln im (verwaltungs-)privatrechtlichen Bereich
      - statusrechtlicher Beamtenbegriff gilt nicht; „jemand" ist jeder Amtswalter, der öffentlich-rechtlich tätig werden kann
   b) In Ausübung seines Amts: zwischen amtlicher Tätigkeit und schädigender Handlung muss ein äußerer und innerer Zusammenhang bestehen
2. Kein Ausschluss der Staatshaftung durch Gesetz
3. Verletzung der einem Dritten gegenüber obliegenden Amtspflicht, § 839 BGB
   a) Amtspflichtverletzung
   b) Drittbezogenheit
4. Verschulden des Amtswalters (§ 276 BGB)
5. Schaden
6. Kausalität zwischen Amtspflichtverletzung und Schaden

II. Ausschluss oder Beschränkung der Amtshaftung

1. Haftungsausschluss nach der Subsidiaritätsklausel, § 839 Abs. 1 Satz 2 BGB
   Voraussetzungen des Haftungsausschlusses:
   - Fahrlässigkeit des Amtswalters
   - anderweitige Ersatzmöglichkeit für den Geschädigten
   - deren Realisierung muss zumutbar sein
2. Haftungsausschluss wegen schuldhafter Rechtsmittelversäumnis, § 839 Abs. 3 BGB
3. Haftungsbeschränkung durch schuldhafte Mitverursachung des Schadens durch den Betroffenen, § 254 BGB
4. Verjährung des Amtshaftungsanspruchs nach § 195 BGB; s. auch den Sonderfall in § 852 BGB

III. Anspruchsinhalt

Schadensersatz in Geld nach §§ 249 ff., 842 ff. BGB; grundsätzlich keine Naturalrestitution (z.B. kein Widerruf einer ehrverletzenden Äußerung durch den Amtswalter)

16 BGH, DVBl 1993, 105 ff., 106.

781 **Aufbauschema: Entschädigung wegen klassischer (rechtmäßiger) Enteignung iSd Art. 14 Abs. 3 GG**

1. Anspruchsgrundlage: Spezialgesetz iSd Art. 14 Abs. 3 Satz 2 GG
2. Liegt Enteignung begrifflich vor?
   - Eigentum betroffen (Eigentumsbegriff)
   - durch finalen hoheitlichen Eingriff
   - keine Inhalts- und Schrankenbestimmung nach Art. 14 Abs. 1 Satz 2 GG
3. Rechtmäßigkeitsvoraussetzungen für die klassische Enteignung:
   - Entschädigungsregelung (Junktim-Klausel), Art. 14 Abs. 3 Satz 2 GG (regelt Art u. Ausmaß der Entschädigung); Hinweis: Spezialgesetze verweisen hinsichtlich der Entschädigung häufig auf die allgemeinen Enteignungsgesetze der Länder.
   - Enteignung nur zum Wohl der Allgemeinheit, nicht: fiskalische Interessen des Staats oder Privatinteressen; Hinweis: Enteignungszweck muss im Gesetz umschrieben sein.
   - Verhältnismäßigkeit des Eingriffs ist zu beachten, bedeutsam ist normalerweise die Erforderlichkeit des Eingriffs.

782 **Aufbauschema zum Anspruch aus Aufopferung ieS**

I. Anspruchsgrundlage: Aufopferungsgewohnheitsrecht

II. Anspruchsvoraussetzungen des allgemeinen Aufopferungsanspruchs:

1. Verletzung eines nichtvermögenswerten Rechts
2. Eingriff in dieses Recht durch hoheitliche Maßnahme
   a) Die Maßnahme muss öffentlich-rechtlicher Natur sein
   b) Es ist positives Verwaltungshandeln gefordert (str., ggf. Eingriff durch Unterlassen)
   c) Unmittelbarkeit der Beeinträchtigung durch Schaffung einer besonderen Gefahrenlage und deren Konkretisierung
3. Die hoheitliche Maßnahme dient dem Wohl der Allgemeinheit; alleiniges oder überwiegendes Interesse einer Individualperson scheidet aus
4. Sonderopfer
   a) Beeinträchtigung geht über das allgemeine Lebensrisiko hinaus wegen Verstoßes gegen den Gleichheitssatz oder der gewissen Schwere der Beeinträchtigung
   b) Die Rechtswidrigkeit der Maßnahme begründet stets ein Sonderopfer (sog. aufopferungsgleicher Eingriff)
5. Eine Haftungsbeschränkung oder ein -ausschluss, z.B. infolge von Verjährung oder Mitverschulden nach § 254 BGB, ist zu beachten

Fall 11***

Birgit Bradows langer Arm

Schwerpunkte: Feststellungsklage: Rechtsverhältnis, Feststellungsinteresse, Subsidiarität, Klagebefugnis nach § 42 Abs. 2 VwGO analog; Klagehäufung; Interpretation unbekannter Normen

Robert Reinlich (R) ist Eigentümer eines mehrstöckigen Mietshauses in der Lindenstraße in Frankfurt (Oder); die Wohnungen verfügen über Loggien. Im obersten Geschoss befinden sich oberhalb der Loggien jedes Jahr bis zu 20 Nistplätze von Mehlschwalben. Die brütenden Vögel verschmutzen stark die Fenster und Loggien der Mietwohnungen. Die Mieter beklagen sich bei R wegen der Verunreinigungen und drohen mit Mietminderung. Für eine Wohnung lässt sich zurzeit kein Mieter finden. **783**

Wegen der Klagen seiner Mieter lässt R im Februar die Brutplätze mit engmaschigen Netzen verhängen, um das Nisten der Mehlschwalben zu verhindern.

Naturschützerin Birgit Bradow ist darüber empört und benachrichtigt das Umweltamt der Stadt Frankfurt (Oder). Die Behörde schickt einen ihrer Mitarbeiter zum Tatort. Er teilt R mit, dass das Verhängen der Loggien nur nach einer behördlichen Befreiung erlaubt sei. Könne er eine Befreiung nicht vorweisen, müsse er die Netze entfernen. Das Entfernen der Netze könne ihm durch Verwaltungsakt aufgegeben und durch Vollstreckungsmaßnahmen erzwungen werden. R weist zutreffend darauf hin, dass die Vögel durch die Netze nicht festgehalten oder verletzt werden. Dennoch ist er verunsichert und entfernt die Netze wieder.

Am nächsten Tag beantragt er beim zuständigen Umweltamt der Stadt die Erlaubnis, die Netze anbringen zu dürfen. Der Antrag wird ebenso wie der fristgerecht eingelegte Widerspruch abgelehnt.

Im Ablehnungsbescheid räumt die Behörde zwar ein, dass die Verschmutzungen eine besondere Härte darstellten. Nach Ausübung des ihr eingeräumten Ermessens sehe sie sich allerdings nicht verpflichtet, die Befreiung zu gewähren, da die Nester der Mehlschwalben für diesen Straßenzug ein typisches Merkmal seien.

R berät sich mit seinem Anwalt A. Dieser ist der Auffassung, bei dem Haus handele es sich keineswegs um Natur. Außerdem würden die Nester weder entnommen, beschädigt oder gar zerstört; es handele sich daher hier nicht um einen Sachverhalt, für den eine behördliche Befreiung notwendig sei.

A erhebt namens R fristgerecht Klage gegen den Oberbürgermeister von Frankfurt als zuständiger Behörde mit dem Antrag, festzustellen, dass das Verhängen der Loggien keiner Genehmigung bedarf. Hilfsweise beantragt er, die Behörde zu verpflichten, die Genehmigung zu erteilen.

Hat die Klage Erfolg?

Bearbeitervermerk: § 38 BbgNatSchG lautet in Auszügen und für die Falllösung modifiziert: Es ist verboten, ... 2... Nester ... wildlebender Tiere aus der Natur zu entnehmen, zu beschädigen oder zu zerstören ... § 72 Abs. 3 BbgNatSchG lautet in Auszügen: Von den Verboten dieses Gesetzes ... kann auf Antrag Befreiung gewährt werden, wenn 1. die Durchführung der Vorschrift im Einzelfall a) zu einer nicht beabsichtigten Härte führen würde und die Abweichung mit den Belangen des Naturschutzes ... zu vereinbaren ist ...

Normen des Bundesrechts sowie andere Normen des Landesnaturschutzrechts sind nicht zu prüfen

Hinweis: Mehlschwalben suchen nach der Rückkehr aus dem Winterquartier ihr altes Nest wieder auf.

Vorüberlegung

784 Nach dem Lesen der Aufgabenstellung erkennen Sie sofort, dass die Problematik des Falls zum einen bei der Feststellungsklage liegt; die Feststellungsklage ist nur bei Erfüllung besonderer Bedingungen statthaft. Ferner geht es um die Relation Haupt- und Hilfsantrag; hier ist zu bedenken, dass der Hilfsantrag nur dann zu prüfen ist, wenn R mit dem Hauptantrag keinen Erfolg hat. Schließlich müssen Sie sich mit wahrscheinlich vollständig unbekannten Normen auseinandersetzen; Sie müssen in ihnen enthaltene unbestimmte Rechtsbegriffe bestimmen; diese Arbeit darf Sie nicht erschrecken oder entmutigen, weil sie nicht besonders schwer und für den Verwaltungsjuristen alltäglich ist. Bei mehr als 10 000 Normen müssen Sie immer damit rechnen, bei der Bearbeitung eines Falls auf eine Norm zu stoßen, die Sie vorher noch nicht gelesen haben. Es ist also vernünftig, sehr früh das Spiel „Umgang mit unbekannten Normen“ zu starten. Sie erinnern sich: Wir haben es erstmalig gespielt im Doktortitelfall; auch der Fall des Dr. Fleddermann (Fall 12) gehört in diese Kategorie.

Gliederung

A. Der Hauptantrag **785**

I. Sachentscheidungsvoraussetzungen

1. Eröffnung des Verwaltungsrechtswegs
2. Statthafte Klageart
3. Verfahrensartabhängige Sachentscheidungsvoraussetzungen
   a) Feststellungsinteresse
   b) Subsidiarität der Feststellungsklage
   c) Klagebefugnis
   d) Passive Prozessführungsbefugnis
4. Beteiligtenfähigkeit
5. Rechtsschutzinteresse
6. Zwischenergebnis

II. Die Begründetheit des Hauptantrags

1. „Natur“
2. „Entnehmen, Beschädigen, Zerstören“
3. Ergebnis

B. Der Hilfsantrag

I. Sachentscheidungsvoraussetzungen

1. Eröffnung des Verwaltungsrechtswegs
2. Statthafte Klageart
3. Klagebefugnis
4. Vorverfahren
5. Klagefrist
6. Passive Prozessführungsbefugnis
7. Klagehäufung
8. Rechtsschutzbedürfnis

II. Die Begründetheit des Hilfsantrags

1. Anspruchsgrundlage
2. Formelle Voraussetzungen
3. Materielle Voraussetzungen
   a) Unbeabsichtigte Härte
   b) Nicht gewollte Beeinträchtigung der Natur
4. Ergebnis

C. Gesamtergebnis

Lösung

Die Klage des R hat Erfolg, wenn sie zulässig und begründet ist.

A. Der Hauptantrag

I. Sachentscheidungsvoraussetzungen

1. Eröffnung des Verwaltungsrechtswegs

786 Die Eröffnung des Verwaltungsrechtswegs richtet sich nach § 40 Abs. 1 Satz 1 VwGO. Die streitentscheidenden Normen müssen dem öffentlichen Recht angehören. Den Streit entscheiden Normen des Naturschutzrechts. Diese sind öffentlich-rechtlicher Natur, da sie einen Träger öffentlicher Gewalt einseitig berechtigen und verpflichten. – Der Streit ist nichtverfassungsrechtlicher Art. Eine abdrängende Sonderzuweisung fehlt. – Der Verwaltungsrechtsweg ist eröffnet.

2. Statthafte Klageart

Statthafte Klageart könnte eine Feststellungsklage nach § 43 Abs. 1 VwGO sein. Sie ist statthaft, wenn das Begehren des Klägers nach seinem eventuell auszulegenden Antrag auf die Feststellung des Bestehens oder Nichtbestehens eines Rechtsverhältnisses gerichtet ist.

Unter einem Rechtsverhältnis im Sinne der Feststellungsklage ist die aus einem konkreten Sachverhalt aufgrund einer öffentlich-rechtlichen Norm sich ergebende Beziehung einer Person zu einer anderen Person oder zu einer Sache zu verstehen.

Hier geht es um eine Rechtsbeziehung zwischen Personen: zwischen R und dem Rechtsträger der beklagten Behörde. R will feststellen lassen, dass das Anbringen der Netze nicht gegen ein Verbot verstößt und somit nicht abhängig von einer behördlichen Befreiung nach § 72 Abs. 3 BbgNatSchG ist. Die Rechtsbeziehung basiert auf öffentlich-rechtlichen Normen; als solche waren die einschlägigen Normen des Naturschutzrechts identifiziert worden. Es geht R um das Nicht-Bestehen einer Rechtsbeziehung.

Ein Rechtsverhältnis im Sinne der Feststellungsklage liegt vor.

3. Verfahrensartabhängige Sachentscheidungsvoraussetzungen

a) Feststellungsinteresse

787 Die Feststellungsklage erfordert für ihre Zulässigkeit ein ausreichendes Interesse des Klägers an der gerichtlichen Feststellung des Rechtsverhältnisses, § 43 Abs. 1 Hs. 2 VwGO. Als Feststellungsinteresse ist jedes schutzwürdige Interesse rechtlicher, wirtschaftlicher oder ideeller Art anzusehen. Hier hat R ein Interesse rechtlicher Art, da ihm das Anbringen der Netze verboten werden kann. Er hat ferner ein Interesse wirtschaftlicher Art, da er als Vermieter finanzielle Einbußen erleiden kann, wenn er die Loggien nicht mit Schutznetzen verhängen darf.

Das Interesse muss schutzwürdig sein. Dieses Kriterium ist erfüllt, wenn R Träger eines subjektiven öffentlichen Rechts ist, aus dem er Ansprüche herleitet bzw. um dessen Verteidigung es ihm geht. R verteidigt sein Recht aus Art. 14 GG; er will mit seinem Eigentum so verfahren, wie er es für richtig hält. Er begehrt die Feststellung, dass eine Begrenzung der Nutzung des Eigentums, die sich aus dem Naturschutzrecht ergibt, in seinem Fall nicht einschlägig ist. Das Interesse an dieser Feststellung ist schutzwürdig. **788**

Das erforderliche Feststellungsinteresse ist gegeben.

b) Subsidiarität der Feststellungsklage

Die Feststellungsklage ist nach § 43 Abs. 2 VwGO nicht statthaft, wenn R sein Begehren durch eine Gestaltungs- oder Leistungsklage verfolgen kann. In Betracht kommt hier eine Verpflichtungsklage auf Erteilung der Genehmigung. **789**

Die Möglichkeit, eine Verpflichtungsklage zu erheben, schließt eine Feststellungsklage nur dann aus, wenn mit der Verpflichtungsklage Rechtsschutz in zumindest gleichem Umfang und mit gleicher Effektivität erreicht würde. Diese Voraussetzung entfällt, wenn die Existenz eines Rechts gerade ohne Rücksicht auf eine mit der Verpflichtungsklage verfolgbare Gestattung behauptet wird, z.B. 1. die beabsichtigte Handlung als erlaubnisfrei angesehen wird oder 2. der Kern des Rechtsschutzbegehrens in einem anderen Verfahren nur Vorfrage wäre.

R betrachtet seine Schutzmaßnahme als genehmigungsfrei. Wäre das richtig, wäre eine Verpflichtungsklage erfolglos. R hätte Verfahrenskosten zu tragen, obwohl er sein Ziel erreicht hat: Er darf die Loggien verhängen. Die erstgenannte Ausnahme ist einschlägig; R sieht die Maßnahme als erlaubnisfrei an. Sein Begehren lässt sich ferner als Vorfrage begreifen: Stellt das Gericht fest, die Maßnahme sei genehmigungspflichtig, ist nur ein Teil des gesamten Rechtstreits beantwortet. Ob der Befreiungstatbestand vorliegt, ist ein anderer Streitgegenstand.

Die Feststellungsklage des R ist nicht subsidiär.

c) Klagebefugnis

Klage des R könnte nur dann zulässig sein, wenn R klagebefugt ist. R müsste eventuell darlegen, möglicherweise in einem subjektiv-öffentlichen Recht verletzt zu sein. Ob der Kläger bei der Feststellungsklage seine Klagebefugnis darlegen muss, ist umstritten. Für eine analoge Anwendung des § 42 Abs. 2 VwGO soll die Abwehr der unzulässigen Popularklage sprechen. Diesem Argument wird seine Bedeutung mit dem Hinweis abgesprochen, neben dem Feststellungsinteresse sei kein Raum für die Klagebefugnis. **790**

Die Antwort auf die Frage kann unterbleiben, wenn R in jedem Fall klagebefugt ist. Ihm geht es um den Schutz seiner Eigentümerbefugnisse. Das Eigentum beinhaltet sowohl ein Abwehrrecht als auch einen Anspruch auf Nutzung im Rahmen der rechtlichen Ausgestaltung des Inhalts des Eigentums. R ist wegen des drohenden Verbots betreffend den Schutz der Loggien möglicherweise in seinem Eigentumsrecht verletzt.

R ist klagebefugt.

d) Passive Prozessführungsbefugnis

Passiv prozessführungsbefugt ist die zuständige Behörde, § 78 Abs. 1 Nr. 2 VwGO iVm § 8 Abs. 2 Satz 1 BbgVwGG.

4. Beteiligtenfähigkeit

791 R ist als natürliche Person beteiligtenfähig nach § 61 Nr. 1 VwGO. Das Umweltamt, genauer: der Bürgermeister der Stadt Frankfurt (Oder) ist als Behörde nach § 61 Nr. 3 VwGO iVm § 8 Abs. 1 BbgVwGG beteiligtenfähig.

5. Rechtsschutzinteresse

792 Das Rechtsschutzinteresse ist bei einer Feststellungsklage zu bejahen, wenn der Kläger ein berechtigtes Interesse an der Feststellung des Rechtsverhältnisses besitzt. R hat ein solches Interesse an der Feststellung des Nicht-Bestehens eines Rechtsverhältnisses.

6. Zwischenergebnis

Die Feststellungsklage ist zulässig.

II. Die Begründetheit des Hauptantrags

Die Feststellungsklage des R ist begründet, wenn das Verhängen der Loggien nicht unter den Befreiungstatbestand des § 72 Abs. 3 BbgNatSchG fällt. Nach dieser Vorschrift ist eine behördliche Befreiung erforderlich, wenn das Verhängen der Loggien nach § 38 BbgNatSchG verboten ist.

1. „Natur“

793 Das Verhängen der Nester müsste nach § 38 BbgNatSchG eine Handlung sein, die sich in der **Natur** abspielt.

Der Begriff **„Natur“** ist im Interesse des verfassungsrechtlich durch Art. 20a GG besonders geschützten Rechtsguts Natur weit auszulegen. Zur Natur in diesem Sinne zählt nicht nur die freie Flur (Feld, Wald und Wiese), sondern zu ihr gehören auch von Menschen besiedelte Gebiete. Nur von Menschen geschaffene Innenräume, die ausschließlich zu ihrer persönlichen Verwendung genutzt werden, sind nicht mehr Natur. Hausfassaden, Balkone und Loggien sind in diesem Sinne nicht Innenraum und nicht vor natürlichen Einwirkungen von Außen geschützt. Diese Bereiche können Vögel frei anfliegen; der Mensch muss nicht irgendwelche Hilfen schaffen, damit die Vögel diese Plätze erreichen.

Die Nester auf den Loggien des R befinden sich in der Natur.

2. „Entnehmen, Beschädigen, Zerstören"

Ferner müsste das Verhängen der Loggien einem der nach § 38 BbgNatSchG relevanten Tatbestandsmerkmale „entnehmen, beschädigen oder zerstören" zu subsumieren sein. In Betracht kommt das „Entnehmen" einer Niststätte. **794**

Die **Entnahme** einer Niststätte liegt vor, wenn einem Tier sein Aufenthaltsort auf Dauer entzogen wird. Zwar zerstört oder entfernt R die Nester nicht, doch führt das Verhängen der Loggien gerade dazu, den Schwalben den Weg zu ihren Nestern zu versperren. Da diese ihre Nester nicht mehr nutzen können, kommt das Verhängen der Loggien dem dauerhaften Entzug der Niststätte gleich. Bedeutungslos ist, dass sich die Mehlschwalben noch im Winterquartier befinden. Sie suchen nach ihrer Rückkehr ihre Niststätte wieder auf. Dauerhaft bewohnte Lebensstätten von Vögeln sind ganzjährig geschützt.

Mit dem Verhängen der Loggien entnimmt R Nester.

3. Ergebnis

Das Verwaltungsgericht wird feststellen, dass das Verhängen der Loggien einer Befreiung nach § 72 Abs. 3 BbgNatSchG bedarf. Damit ist die Klage des R unbegründet.

B. Der Hilfsantrag

I. Sachentscheidungsvoraussetzungen

1. Eröffnung des Verwaltungsrechtswegs

Der Rechtsweg für den Hilfsantrag des R ist nach § 40 Abs. 1 Satz 1 VwGO zu den Verwaltungsgerichten eröffnet. **795**

2. Statthafte Klageart

Die von R erstrebte Genehmigung ist ein Verwaltungsakt im Sinne von § 35 Satz 1 VwVfG[1]. Statthafte Klageart ist die Verpflichtungsklage. **796**

3. Klagebefugnis

R müsste klagebefugt sein. Die Verweigerung der Genehmigung müsste R möglicherweise in einem subjektiv-öffentlichen Recht verletzen. Aus diesem Recht müsste R die **797**

1 IVm § 1 Abs. 1 BbgVwVfG.

begehrte Leistung herleiten. R hat einen Anspruch auf eine ermessensfehlerfreie Entscheidung über die Befreiung von naturschutzrechtlichen Verboten nach § 72 Abs. 3 BbgNatSchG. In diesem Recht könnte er möglicherweise verletzt sein.

R ist klagebefugt.

4. Vorverfahren

798 R hat das Vorverfahren ordnungsgemäß durchgeführt.

5. Klagefrist

799 R hat die Klage fristgerecht erhoben.

6. Passive Prozessführungsbefugnis

800 Passiv prozessführungsbefugt ist die zuständige Behörde, § 78 Abs. 1 Nr. 2 VwGO iVm § 8 Abs. 2 Satz 1 BbgVwGG.

7. Klagehäufung

801 Da R zwei Klageanträge stellt, müssen die Voraussetzungen einer objektiven Klagehäufung vorliegen. Sie ist zulässig, da sich beide Klagen gegen denselben Beklagten richten, einen inneren Zusammenhang aufweisen und dasselbe Gericht zuständig ist, § 44 VwGO.

Fraglich ist, ob die Verknüpfung der Feststellungsklage mit der Verpflichtungsklage unter einer Bedingung zulässig ist. Grundsätzlich sind Prozessanträge bedingungsfeindlich. Das Gericht soll nicht den Eintritt von Bedingungen prüfen müssen. Eine Ausnahme wird von diesem Grundsatz gemacht, wenn der Eintritt der Bedingung von einer Entscheidung des Gerichts abhängt. In diesem Fall kann das Gericht ohne weiteres feststellen, dass die Bedingung eingetreten ist (prozessuale Bedingung).

802 Hier handelt es sich um einen so genannten Eventualantrag: Der Antrag auf Verpflichtung der Behörde, die Befreiung zu erteilen, steht unter der Bedingung, dass zuvor festgestellt wird, das Verhängen der Loggien bedürfe einer Befreiung durch die Behörde. Das Gericht kann daher den Eintritt der Bedingung anhand der zuvor gefällten Entscheidung feststellen.

Die Anträge sind durch eine zulässige prozessuale Bedingung verknüpft.

8. Rechtsschutzbedürfnis

803 Das Rechtsschutzbedürfnis für den Verpflichtungsantrag entfällt, wenn R vor Klageerhebung keinen Antrag auf die begehrte Leistung bei der zuständigen Behörde gestellt hat. R hat diesen Antrag gestellt. Sonstige Gründe, die das Rechtsschutzbedürfnis entfallen lassen, sind nicht ersichtlich. Dem Kläger kann insbesondere nicht zugemutet werden, die Loggien zu verhängen, um dann mittels Anfechtungsklage gegen die behördliche Untersagung vorzugehen.

II. Die Begründetheit des Hilfsantrags

Über den Hilfsantrag des R ist zu entscheiden, da das Gericht festgestellt hat, dass das Verhängen der Loggien nur nach Erteilung einer behördlichen Befreiung erlaubt ist.

Die Klage des R ist begründet, soweit die Ablehnung der Befreiung rechtswidrig, der Kläger dadurch in seinen Rechten verletzt und die Sache spruchreif ist. Das ist der Fall, wenn R einen Anspruch auf die Erteilung der Befreiung hat.

1. Anspruchsgrundlage

Der Anspruch auf eine Befreiung könnte sich aus § 72 Abs. 3 BbgNatSchG ergeben. **804**

2. Formelle Voraussetzungen

R hat einen Antrag bei der zuständigen Behörde gestellt. Für weitere Prüfungen fehlen **805** Anhaltspunkte.

3. Materielle Voraussetzungen

Nach § 72 Abs. 3 BbgNatSchG kann eine im Ermessen der Behörde stehende Befreiung von dem Verbot des § 38 BbgNatSchG erteilt werden, wenn das Verbot zu einer nicht beabsichtigten Härte führte und die Abweichung mit den Belangen des Naturschutzes vereinbar ist.

a) Unbeabsichtigte Härte

Eine unbeabsichtigte Härte liegt in Bezug auf das Eigentum vor, wenn die Nutzungs- **806** und Verfügungsfreiheit des Eigentümers derart beeinträchtigt ist, dass dieser nur noch pro forma Eigentümer ist.

Mit Blick auf die Definition dieses Tatbestandsmerkmals ist die Bedeutung des Art. 14 **807** GG zu beachten. Grundsätzlich ist davon auszugehen, dass die Vorschriften des Naturschutzrechts als zulässige Inhalts- und Schrankenbestimmungen des Eigentums anzusehen sind. In der Folge gebührt den Belangen des Naturschutzes grundsätzlich Vorrang vor einer Verhinderung von Belastungen des Eigentums durch Duldungspflichten. Verschmutzungen durch Exkremente gehören zu den natürlichen Lebensäußerungen der Tiere und stellen eine vom Gesetzgeber als hinzunehmen eingeordnete Härte dar.

R muss die Belästigung durch die Mehlschwalben hinnehmen. Das Gleiche gilt für die Mieter der Wohnungen. Als Inhaber eines relativen Rechts sind sie unter dem Aspekt des Naturschutzes nicht besser gestellt als der Inhaber eines absoluten Rechts. Die Schwierigkeit des R, eine Wohnung zu vermieten, lassen sich nicht problemlos kausal auf die Verschmutzungen durch die Vögel zurückführen und führen nicht zu einem Quasi-Eigentumsentzug.

Es fehlt an der unbeabsichtigten Härte. Eine der Voraussetzungen für die Ausübung von Ermessen ist bereits nicht gegeben.

Fraglich ist, ob es für das Gericht von Bedeutung ist, dass die Behörde in einer früheren Äußerung die Tatbestandsvoraussetzungen der Ermessensausübung als vorliegend anerkannt und erst im Wege der Ermessensausübung den Antrag abgelehnt hat.

808 Nach § 113 Abs. 5 VwGO hat das Gericht die Behörde zu verpflichten, den beantragten Verwaltungsakt zu erlassen, wenn dessen Ablehnung rechtswidrig war und die Sache spruchreif ist. Ist die Sache nicht spruchreif, weil etwa der Behörde ein Ermessen zukommt, hat es ein Bescheidungsurteil zu erlassen. Daraus folgt, dass das Gericht die tatbestandsmäßigen Voraussetzungen vollumfänglich zu prüfen hat. Liegen diese bereits nicht vor, kommt es auf eine rechtmäßige Ermessensbetätigung der Behörde nicht an. Es kann daher dahinstehen, ob die Subsumtion der Behörde rechtmäßig war.

b) Nicht gewollte Beeinträchtigung der Natur

Dieses Tatbestandsmerkmal muss nicht mehr geprüft werden, da es für das Ergebnis bedeutungslos ist, ob es vorliegt oder entfällt.

4. Ergebnis

Die materiellen Voraussetzungen einer Befreiung nach § 72 Abs. 3 BbgNatSchG liegen nicht vor. Der Hilfsantrag hat keinen Erfolg.

C. Endergebnis

Die Klage des R hat keinen Erfolg.

Vertiefungshinweis: Fall nach VG Berlin, NuR 2002, 311.

Fall 12***

Die wehrhafte Stadt

Schwerpunkte: Feststellungsklage; deren besondere Sachentscheidungsvoraussetzungen; Recht auf Chancengleichheit politischer Parteien

Die X-Partei hat in der Vergangenheit mehrfach Räumlichkeiten der Stadt S für politische Veranstaltungen gemietet. Sie beabsichtigt, die Räumlichkeit auch in Zukunft in Anspruch zu nehmen. Bei der Anmietung städtischer Räume gewährt S ortsansässigen Vereinen, Verbänden und Organisationen Mietzuschüsse. Ihre Vergabe erfolgt nach Richtlinien, die von der Stadtverwaltung auf der Grundlage eines Beschlusses des Rats aufgestellt worden sind. Die in einem dem Ratsbeschluss beigefügten Katalog aufgeführten Vereinigungen sind automatisch zuschussberechtigt. Zu diesen Vereinigungen gehören nach Nr. 1 des Katalogs auch verfassungskonforme politische Parteien. **809**

Die X-Partei ist in einem vom Bundesinnenministerium erstellten Bericht als Partei mit verfassungswidrigen Zielen aufgeführt, was den Tatsachen entspricht. Daraufhin beschließt die Stadtverwaltung von S, ihre Richtlinien in der Weise zu ändern, dass an Parteien, die – wie die X-Partei – verfassungsfeindliche Ziele verfolgen, keine Mietzuschüsse geleistet werden.

Die X-Partei hält dies für verfassungswidrig. Sie beruft sich auf Art. 21 Abs. 1 GG und § 5 des Parteiengesetzes (PartG) und möchte Klage vor dem Verwaltungsgericht erheben, um die Feststellung zu erreichen, dass S verpflichtet sei, der X-Partei bei der Anmietung von Räumen einen Mietzuschuss auf der Grundlage der Richtlinien zu gewähren. Sie will damit erreichen, dass sie für die Zukunft in den Genuss der gleichen Vorteile gelangt wie andere Parteien.

Hat eine Klage der X-Partei Aussicht auf Erfolg?

Vorüberlegungen

810 Prozessual geht es um eine Feststellungsklage; das bedeutet, dass Sie sich auf die Besonderheiten dieser Klageart konzentrieren müssen. Delikat ist die Frage, ob es hier eine Klagebefugnis gibt. Materiell betreten wir mit diesem Fall insoweit Neuland, als die Hauptfrage des Falls nach Verfassungsrecht zu lösen ist; das Parteiengesetz wiederholt das Recht auf Chancengleichheit. Wir haben es also mit einer verfassungsrechtlichen Fragestellung zu tun, die in ein verwaltungsrechtliches Gewand geschlüpft ist.

Gliederung

811 **I. Sachentscheidungsvoraussetzungen**
1. Eröffnung des Verwaltungsrechtswegs
2. Statthafte Klageart
3. Verfahrensartabhängige Sachentscheidungsvoraussetzungen
   a) Feststellungsinteresse
   b) Subsidiarität
   c) Klagebefugnis
   d) Passive Prozessführungsbefugnis

II. Die Begründetheit der Feststellungsklage
1. Die Anspruchsgrundlage
2. Die Verletzung des Rechts auf Chancengleichheit
3. Der Anspruch auf Zuschussgewährung
4. Ergebnis

Lösung

Die Klage der X-Partei hat Erfolg, wenn sie zulässig und begründet ist.

I. Sachentscheidungsvoraussetzungen

1. Eröffnung des Verwaltungsrechtswegs

Der Rechtsweg zu den Verwaltungsgerichten könnte nach § 40 Abs. 1 Satz 1 VwGO eröffnet sein. Eine öffentlich-rechtliche Streitigkeit im Sinne dieser Norm liegt vor, da die X-Partei die Feststellung erreichen will, ihr stehe ein Mietzuschuss aus öffentlichen Mitteln für die Überlassung kommunaler Räumlichkeiten in Zukunft zu. Die Antwort auf die Frage, ob jemand eine solche Subvention beanspruchen kann, ist nach der so genannten Zwei-Stufen-Theorie immer nach öffentlichem Recht zu geben. **812**

Eine verfassungsrechtliche Streitigkeit entfällt. Für die X-Partei existiert zwar insoweit ein Verfassungsbezug, als sie nach Maßgabe des Art. 21 Abs. 1 GG dazu berufen ist, an der politischen Willensbildung des Volks in hervorgehobener Stellung mitzuwirken. Auch geht es hier um diesen Bereich der politischen Willensbildung, da die zwischen den Prozessbeteiligten umstrittene Subvention der Unterstützung politischer Werbeveranstaltungen dient. Dennoch kommt eine verfassungsrechtliche Streitigkeit nicht in Frage. Eine solche Streitigkeit setzt voraus, dass beide am Streit Beteiligten Verfassungsorgane sind. Diese Voraussetzung ist jedenfalls insoweit nicht erfüllt, weil S kein Verfassungsorgan ist. – Eine abdrängende Sonderzuweisung ist nicht gegeben. **813**

Der Rechtsweg zu den Verwaltungsgerichten ist eröffnet.

2. Statthafte Klageart

Die X-Partei will die Feststellung erreichen, dass sie in Zukunft bei der Anmietung von kommunalen Räumen ebenso wie andere politische Parteien subventioniert wird. Als Klageart kommt eine Feststellungsklage in Betracht. Die Feststellungsklage ist statthaft, wenn die besonderen Zulässigkeitsvoraussetzungen nach § 43 Abs. 1 und 2 VwGO erfüllt sind. **814**

Die Klage muss – nur dieser Fall ist hier möglich – auf die Feststellung des Bestehens oder Nichtbestehens eines Rechtsverhältnisses gerichtet sein. Unter einem Rechtsverhältnis in diesem Sinne sind die aus einem konkreten Sachverhalt aufgrund einer Rechtsnorm des öffentlichen Rechts sich ergebenden rechtlichen Beziehungen einer Person zu einer anderen Person oder zu einer Sache zu verstehen. S hat die Gewährung von Zuschüssen in ihren Richtlinien generell geregelt und verfassungskonforme politische Parteien automatisch als zuschussberechtigt angeführt. Sie vertritt die Auffassung, die X-Partei verfolge verfassungsfeindliche Ziele und könne keine Zuschüsse erhalten. Damit liegt ein konkreter Sachverhalt vor, dessen streitige Rechtsfolgen festgestellt werden sollen. Es geht bei diesen Rechtsfolgen um den von S bestrittenen Anspruch der X-Partei auf die künftige Gewährung der Zuschüsse. **815**

Die X-Partei begehrt die Feststellung eines Rechtsverhältnisses iSd § 43 Abs. 1 VwGO.

3. Verfahrensartabhängige Sachentscheidungsvoraussetzungen

a) Feststellungsinteresse

816 Die X-Partei müsste ein berechtigtes Interesse an der alsbaldigen Feststellung des Rechtsverhältnisses haben. Ein berechtigtes Interesse in diesem Sinne ist ein nach vernünftiger Erwägung durch die Sachlage gerechtfertigtes Interesse, das z.B. wirtschaftlicher Natur sein kann. Die Klägerin hat ein wirtschaftliches Interesse an der Feststellung, ihr stünden zukünftig Zuschüsse zu. Dieses Interesse ist ein berechtigtes, da die Rechtslage wegen der von S geänderten Richtlinien unklar geworden ist. S bestreitet den Anspruch der X-Partei. Sie wird bei der Benutzung städtischer Räumlichkeiten aus wirtschaftlichen Gründen in Zukunft an diesem Bestreiten festhalten. Das besondere Feststellungsinteresse der X-Partei ist zu bejahen.

b) Subsidiarität

817 Die Feststellungsklage ist schließlich nach § 43 Abs. 2 VwGO unzulässig, wenn der mit der Klage verfolgte Zweck mit einer allgemeinen Leistungs-, einer Anfechtungs- oder Verpflichtungsklage erreicht werden kann. Danach würde die Feststellungsklage im vorliegenden Fall nicht statthaft sein, wenn die X-Partei mit einer Leistungs- oder Verpflichtungsklage auf Gewährung der Zuschüsse bei der Benutzung städtischer Räumlichkeiten zu ihrem Ziele kommt.

818 Der in § 43 Abs. 2 VwGO bestimmte Grundsatz der Subsidiarität der Feststellungsklage soll verhindern, dass Sonderregelungen für die Anfechtungs- und Verpflichtungsklage (Fristen, Widerspruchsverfahren und dgl.) vom Kläger umgangen werden, oder dass sich das Gericht ein zweites Mal mit ein und derselben Streitsache befassen muss, wenn der Beklagte nicht freiwillig bereit ist, aus der festgestellten Rechtslage die gebotenen Folgerungen zu ziehen.

819 Um Probleme dieser Art geht es im vorliegenden Fall nicht. Vielmehr ist zu bedenken, dass die X-Partei Leistungsklage nur hinsichtlich der Subvention für die in der Vergangenheit in Anspruch genommenen Räumlichkeiten erheben könnte. Eine solche Klage würde nur zur Klärung von Teilfragen des zwischen der X-Partei und S streitigen Rechtsverhältnisses führen. Es stünde nämlich mit Rücksicht auf die Rechtskraft des Urteils keineswegs fest, dass selbst bei erfolgreichen Einzelklagen der X-Partei S auch in Zukunft Zuschüsse zu gewähren habe. Die eventuelle Zahlungswilligkeit der S bei einer erfolgreichen Leistungsklage der X-Partei auch hinsichtlich der Zukunft ist nur eine tatsächliche Aussicht, die wegen ihrer rechtlichen Unerheblichkeit nicht so weit reicht wie eine erfolgreiche Feststellungsklage. Diese hat gerade die Subventionierung für die Zukunft zum Gegenstand, und sie ist deshalb mit Rücksicht auf die Rechtssicherheit und die Rechtskraft eines Feststellungsurteils weitreichender als eine Leistungsklage. Daraus ergibt sich, dass die X-Partei das von ihr angestrebte Rechtsschutzziel nur mit einer Feststellungsklage erreichen kann. Die Subsidiarität einer Feststellungsklage steht der Zulässigkeit der Klage nicht entgegen.

c) Klagebefugnis

Ob die Klagebefugnis geprüft werden muss, ist bestritten. **820**

Gegen eine analoge Anwendung des § 42 Abs. 2 VwGO spricht die fehlende Regelungslücke. § 42 Abs. 2 VwGO ist auf solche Klagearten zugeschnitten, deren Gegenstand eine durch den Beklagten begangene Rechtsverletzung des Klägers ist. Der Beklagte muss eine Verwaltungshandlung vorgenommen oder unterlassen haben. Das fehlt bei einer Feststellungsklage.

Für eine analoge Anwendbarkeit des § 42 Abs. 2 VwGO auf die allgemeine Feststel- **821**
lungsklage spricht der Zweck des § 42 Abs. 2 VwGO. Die Popularklage soll verhindert werden. Verneinte man die analoge Anwendbarkeit des § 42 Abs. 2 VwGO und damit die Notwendigkeit einer Klagebefugnis, wäre eine Popularklage im Bereich der allgemeinen Feststellungsklage gegen den Willen des Gesetzgebers zulässig. Dieser Verstoß ist häufig möglich, weil das Rechtsverhältnis, dessen Bestehen oder Nichtbestehen nach § 43 VwGO Gegenstand einer Feststellungsklage ist, nicht zwingend zwischen dem Kläger und dem Beklagten bestehen muss. Durch die Voraussetzung Klagebefugnis soll der Anwendungsbereich der Feststellungsklage auf die Prozessbeteiligten beschränkt werden.

Hier kann die Entscheidung des Streits dahin stehen, da die X-Partei sich auf Art. 21 Abs. 1 GG berufen kann. Sie ist klagebefugt.

d) Passive Prozessführungsbefugnis

Nach § 78 Abs. 1 Nr. 1 VwGO ist die Klage gegen S als Gebietskörperschaft zu richten. **822**

II. Die Begründetheit der Feststellungsklage

Die Feststellungsklage der X-Partei ist begründet, wenn S auch zukünftig der X-Partei bei der Anmietung städtischer Räume Subventionen entsprechend den Richtlinien gewähren muss.

1. Die Anspruchsgrundlage

Diese Pflicht könnte sich aus Art. 21 Abs. 1 GG und § 5 PartG ergeben. Art. 21 Abs. 1 **823**
GG räumt den Parteien eine besondere verfassungsrechtliche Stellung ein. Sie wirken an der politischen Willensbildung des Volks mit. Art. 21 Abs. 1 Satz 1 GG gewährt ihnen das Recht auf Chancengleichheit bei der politischen Willensbildung. Dieses Recht erwähnt und konkretisiert § 5 Abs. 1 PartG für die Vergabe von Leistungen durch die öffentliche Hand.

2. Die Verletzung des Rechts auf Chancengleichheit

Indem S die X-Partei von der Gewährung der Zuschüsse nach Maßgabe ihrer Richtli- **824**
nien ausnimmt, könnte sie das Recht der X-Partei auf Chancengleichheit verletzt haben.

Die Partei muss bei der Mitwirkung an der politischen Willensbildung gleiche Chancen haben und bei der Vergabe von Leistungen gleich behandelt werden. Die Tätigkeit der X-Partei erfährt durch die finanzielle Unterstützung anderer Parteien durch S bei der Anmietung städtischer Räume eine Einschränkung. Diese einseitige Unterstützung bedingt einen Eingriff in den freien Wettbewerb der örtlichen Parteien. Dieser kann sich bei einer kleinen Partei besonders spürbar auswirken. Durch die Vergabe von Zuschüssen an andere Parteien unter Ausnahme der X-Partei hat S in das Recht der X-Partei auf Chancengleichheit eingegriffen.

825 Fraglich könnte sein, ob die ungleiche Behandlung der X-Partei deswegen gerechtfertigt ist, weil diese verfassungswidrige Ziele verfolgt. Die Ungleichbehandlung könnte sogar wegen Art. 21 Abs. 2 Satz 1 GG sachlich geboten sein. Dabei ist jedoch zu beachten, dass nach Art. 21 Abs. 2 Satz 2 GG insoweit dem Bundesverfassungsgericht ein Entscheidungsmonopol zusteht. Wegen dieses Monopols ist ein administratives Einschreiten gegen den Bestand einer politischen Partei schlechthin ausgeschlossen, auch wenn diese sich gegenüber der freiheitlich demokratischen Grundordnung noch so feindlich verhält. Auch die Gemeinden müssen respektieren, dass das Grundgesetz die Gefahr, die in der Tätigkeit einer Partei mit verfassungsfeindlichen Zielen bis zur Feststellung ihrer Verfassungswidrigkeit durch das Bundesverfassungsgericht liegt, um der politischen Freiheit willen in Kauf nimmt. Solange die Verfassungswidrigkeit vom Bundesverfassungsgericht nicht festgestellt ist, stehen der verfassungsfeindlichen Partei grundsätzlich die gleichen Rechte zu wie anderen politischen Parteien. Dieses bedeutet, dass auch verfassungsfeindliche Parteien alle Maßnahmen abwehren können, die sie administrativ benachteiligen. Zu diesen Maßnahmen gehört auch der gezielte Ausschluss von der Vergabe öffentlicher Mittel.

Somit steht es S nicht zu, der X-Partei die Zuschüsse zu verweigern und sie nur an andere politische Parteien zu vergeben. Sie verletzt durch die Nichteinbeziehung der X-Partei deren Recht auf Chancengleichheit aus Art. 21 Abs. 1 Satz 1 GG und § 5 PartG.

3. Der Anspruch auf Zuschussgewährung

826 Fraglich ist, ob damit die Klage der X-Partei schon begründet ist. Dies ist nur dann der Fall, wenn sich allein aus der Verletzung des Rechts auf Chancengleichheit ein Anspruch der X-Partei auf Zuschussgewährung ergibt.

Zwei Probleme sind relevant: Einmal kann sich ein Anspruch der X-Partei auf Gewährung von Zuschüssen bei der Anmietung von kommunalen Räumen nur dann ergeben, wenn die Gewährung von Zuschüssen an die Parteien nicht insgesamt rechtswidrig ist. Das Gericht kann durch sein Urteil die Behörde nicht zu einem rechtswidrigen Verhalten verpflichten (keine Gleichheit im Unrecht!). Die Rechtswidrigkeit der Zuschussvergabe könnte sich aus dem Grundsatz des Gesetzesvorbehalts ergeben. Aufgrund des Rechtsstaatsprinzips bedürfen belastende Maßnahmen einer Behörde, um rechtlich wirksam zu sein, stets einer gesetzlichen Ermächtigung. Im vorliegenden Fall ist eine gesetzliche Ermächtigung nicht vorhanden. Fraglich und nicht ganz unumstritten ist aber, ob auch für die Vergabe von Subventionen eine solche gesetzliche Regelung erforderlich ist. Als Ermächtigungsgrundlage kommen hier lediglich die Richtlinien von S in Frage. Rechtlich gesehen sind diese Richtlinien lediglich Verwaltungsvorschriften, die nur nachgeordnete Dienststellen binden; als solche vermögen sie eine gesetzliche Grundlage, falls diese erforderlich sein sollte, nicht zu ersetzen. Es ist aber fraglich, ob im Bereich der Leistungsverwaltung gerade im Bereich der Subventionsvergabe überhaupt eine solche Ermächtigungsgrundlage erforderlich ist. Ihre Notwendigkeit wird bis zum heutigen Zeitpunkt verneint und es wird im Bereich der Vergabe von Subventionen die Bereitstellung der Mittel im Haushalt und das Vorliegen von Richtlinien als genügend angesehen. Somit ist die Vergabe von Subventionen an Parteien bei der Anmietung von Räumen grundsätzlich auch ohne gesetzliche Grundlage möglich. Nicht schon aus diesem Grunde entfällt ein Anspruch der X-Partei auf die Gewährung der Zuschüsse.

Es kann sich aber aus der Verletzung der Chancengleichheit ein Anspruch der X-Partei **827** auf Gewährung der Zuschüsse nur dann ergeben, wenn S keine andere Möglichkeit als die Subventionierung offen steht, die Ungleichbehandlung zu beseitigen. Denn mit der Verletzung des Grundsatzes der Chancengleichheit steht nur fest, dass S die X-Partei nicht anders behandeln darf als die anderen politischen Parteien. Dem entspricht auf Seiten der X-Partei ein Anspruch auf Gleichbehandlung, der mit dem Anspruch auf künftige Gewährung der Zuschüsse aber nicht identisch ist.

Die Stadt S hat mehrere Möglichkeiten, für die X-Partei einen dem Grundsatz der **828** Chancengleichheit entsprechenden Zustand herzustellen, und insoweit steht ihr Ermessen zu. Die Gleichbehandlung wird nicht nur dadurch gewährleistet, dass S der X-Partei in Zukunft die gleichen Zuschüsse gewährt wie den anderen politischen Parteien. Vielmehr darf S auch von einer künftigen Zuschussgewährung an die politischen Parteien ganz absehen, um nicht – und dies ist ein mögliches und zuverlässiges Motiv – die finanzielle Unterstützung einer verfassungsfeindlichen Partei in Kauf nehmen zu müssen. Auch in diesem Fall kann von Ungleichheit keine Rede sein. Angesichts des Ermessensfreiraums, den S bei der Frage der künftigen Zuschüsse an die politischen Parteien somit hat, steht der X-Partei unter dem Gesichtspunkt der Ungleichbehandlung kein auf die Gewährung künftiger Zuschüsse gerichteter Leistungsanspruch zu. Der mit der Feststellungsklage geltend gemachte Anspruch ist unbegründet.

Fraglich ist aber, ob damit die Klage insgesamt unbegründet ist. Die X-Partei hat auf **829** Feststellung geklagt, dass ihr in der Zukunft bei der Anmietung von städtischen Räumen Subventionen auf der Grundlage der städtischen Richtlinien zu gewähren sind. Dieser Antrag könnte auch im Sinne eines „Weniger" das Begehren der X-Partei enthalten, festzustellen, dass sie bei der Vergabe von Subventionen bei der Anmietung der städtischen Räume mit den übrigen politischen Parteien gleich behandelt wird. Unter dieser Voraussetzung wäre die Klage teilweise begründet. Die Auslegung des Begehrens der X-Partei in dem hier beschriebenen Sinne ist allerdings nicht überzeugend. Bei dem Anspruch auf Gewährung der Zuschüsse und dem Anspruch auf Gleichbehandlung handelt es sich jeweils um ein „aliud". Insgesamt handelt es sich hier aber um ein eher theoretisches Problem; in der Praxis wird das Verwaltungsgericht auf eine Änderung des Klageantrags hinwirken, aus der sich das Begehren der X-Partei eindeutig ergibt.

4. Ergebnis

Die Klage der X-Partei ist unbegründet.

B. Polizei- und Ordnungsrecht

Fall 13**

Hagen, was tatest Du!

Schwerpunkte: Vorläufiger Rechtsschutz, alle Einzelheiten; Voraussetzungen der polizeirechtlichen Generalklausel; die Interpretation unbekannter Normen und ihre Identifikation als Schutzgut der öffentlichen Sicherheit

Der Anatom Dr. Beinhard v. Fleddermann (i.F.: F) hat das so genannte Plastinationsverfahren entwickelt. Menschlichen Leichnamen wird die Körperflüssigkeit entzogen und durch einen flüssigen Kunststoff ersetzt, der später aushärtet. Die Körper werden dauerhaft konserviert und vor Verwesung bewahrt. Sie können in der Weise präpariert werden, dass die anatomischen Strukturen des Körpers sichtbar werden. Die behandelten Körper werden als Plastinate bezeichnet. 830

Auf diese Weise hat der im Richard-Wagner-Look auftretende F 200 menschliche Plastinate hergestellt, dic cr auf einer Wanderausstellung mit dem Titel „Körperwelten: Die Faszination des Echten – Das Anatomische Theater der Moderne" bereits in mehreren Städten der Bundesrepublik gezeigt hat. In dieser Ausstellung werden die Plastinate nach Körperfunktionen geordnet, vom Bewegungsapparat über das Nervensystem, die Atmungsorgane, das Herz-Kreislauf-System, den Verdauungstrakt usw. Ermöglicht wird der Einblick in den gesunden wie den kranken Körper. Die Besucher können auf der Ausstellung einen Ausstellungsführer oder ein akustisches Besucherführungssystem sowie Postkarten und Poster mit Abbildungen einzelner Plastinate erwerben und an einem Informationsstand einer Ärztin Fragen stellen. Wegen der langen Verweildauer haben die BesucherInnen die Möglichkeit, in den Ausstellungsräumen Getränke und Snacks zu kaufen und zu verzehren.

Vom 10.6. bis 29.8.2012 plant F, die Plastinate in der Messehalle von Nauen im westlichen Havelland zu zeigen. Schon vor der Eröffnung regt sich bei den Kirchen und Parteien der Stadt Unmut. Allein die Mitglieder der K-Partei, deren verstorbener Vordenker den Durchmarsch vom Juristen aristokratischer Abstammung zum allseits geliebten Führer schaffte, konserviert wurde und öffentlich ausgestellt wird, sind begeistert.

Mit schriftlichem Bescheid vom 2.6.2012 untersagt die zuständige Behörde die Ausstellung mit dem Argument, sie verstoße gegen das Bestattungsrecht. Die sofortige Vollziehung des Verbots wird angeordnet. Als Begründung führt die Behörde aus, Art, Ort und Aufmachung der Veranstaltung sowie deren Begleitumstände zeigten, dass neben der Gewinnerzielungsabsicht vor allem Sensation und publikumswirksamer Eventcharakter im Vordergrund stünden; dieses verletze sowohl die Würde der Verstorbenen und der Lebenden wie der Ausstellungsbesucher. Die sofortige Vollziehung wird damit begründet, dass im Hinblick auf die herausragende Stellung des Art. 1 GG ein auch nur zeitweiliger Verstoß gegen den Schutz der Menschenwürde nicht hingenommen werden könne.

F legt am 4.6.2012 gegen das Verbot Widerspruch ein und beantragt einen Tag später beim zuständigen Verwaltungsgericht Potsdam die Anordnung der aufschiebenden Wirkung des Widerspruchs. Zur Begründung trägt er vor, er verstehe das Verbot nicht; immerhin heiße es, in Nauen wohnten die Schlauen. Es handele sich nicht um Leichen, sondern um Trockenpräparate, die zu 70 % aus Kunststoff bestünden. Das so genannte Merchandising entspreche dem üblichen Standard jeder musealen, künstlerischen oder wissenschaftlichen Präsentation; selbst die Berliner Philharmoniker verkauften anlässlich ihrer Konzerte Bilder des Ritters Herbert von K. Das Bestattungsrecht schütze im Übrigen nur vor den Gesundheitsgefahren, die von verwesenden Körpern ausgehen. Diese Gefahr sei bei den Plastinaten nicht vorstellbar. Seine Ausstellung diene allein der Aufklärung und der Wissenschaft. Andere Städte hätten das ebenso gesehen und die Ausstellung nicht verboten.

Prüfen Sie in einem Gutachten, ob der Antrag des F Erfolg hat!

Bearbeitervermerk: Es ist davon auszugehen, dass die Körper der Verstorbenen rechtmäßig erworben wurden und dass die Verstorbenen zu Lebzeiten in den geschilderten Umgang mit ihrem Körper eingewilligt haben. Auszug aus dem Gesetz über das Leichen-, Bestattungs- und Friedhofswesen im Land Brandenburg (BbgBestG):

§ 1 Grundsätze: (1) Die würdige Bestattung von verstorbenen Personen ist eine öffentliche Aufgabe. (2) Mit Leichen, Leichen- und Körperteilen, Aschenresten Verstorbener, Embryonen und Föten aus Schwangerschaftsabbrüchen und Fehlgeborenen darf nur so verfahren werden, dass keine Gefahren für die öffentliche Sicherheit oder Ordnung, insbesondere für die Gesundheit und für die Belange der Strafrechtspflege, zu befürchten sind und die Würde des Verstorbenen und das sittliche Empfinden der Allgemeinheit nicht verletzt werden.

§ 3 Begriffsbestimmungen: (1) Leiche im Sinne dieses Gesetzes ist der Körper eines Menschen, bei dem sichere Zeichen des Todes bestehen oder bei dem der Tod auf andere Weise zuverlässig festgestellt worden ist. Leblose Teile eines menschlichen Körpers gelten dann einer Leiche zugehörig, wenn ohne sie ein Weiterleben des Individuums unmöglich wäre. (…)

Vorüberlegung

Dieses ist die erste Klausur im Rahmen dieser Fallsammlung, die sich mit dem vorläufigen Rechtsschutz befasst. Das Aufbauschema betreffend die Sachentscheidungsvoraussetzungen weicht von dem bisher behandelten ab. Ferner haben Sie es hier erstmalig mit dem Polizeirecht zu tun; einer für das Examen wichtigen Materie. Dieser Fall kann nach dem Polizeirecht eines jeden Bundeslands gelöst werden, ohne dass sich sachliche Differenzen auftun. Die Normen des Bestattungsrechts, die einschlägig sein könnten, sind angeführt. Insoweit gibt es keine Schwierigkeiten. **831**

Gliederung

I. Sachentscheidungsvoraussetzungen des Antrags auf vorläufigen Rechtsschutz **832**
   1. Eröffnung des Verwaltungsrechtswegs
   2. Statthaftigkeit des Antrags
   3. Verfahrensartabhängige Sachentscheidungsvoraussetzungen
      a) Antragsbefugnis
      b) Passive Prozessführungsbefugnis
   4. Beteiligtenfähigkeit
   5. Rechtsschutzinteresse
   6. Zwischenergebnis

II. Die Begründetheit des Antrags auf Herstellung der aufschiebenden Wirkung
   1. Rechtmäßigkeit der Vollziehungsanordnung
      a) Zuständige Behörde
      b) Verfahren
      c) Form, Begründung
      d) Zwischenergebnis
   2. Interessenabwägung
      a) Ermächtigungsgrundlage
      b) Formelle Rechtmäßigkeit
         aa) Zuständigkeit
         bb) Verfahren
         cc) Form
      c) Materielle Rechtmäßigkeit
      d) Zwischenergebnis

III. Ergebnis

Lösung

Der Antrag des F hat Aussicht auf Erfolg, wenn er zulässig und begründet ist.

I. Sachentscheidungsvoraussetzungen des Antrags auf vorläufigen Rechtsschutz

1. Eröffnung des Verwaltungsrechtswegs

833 Der Verwaltungsrechtsweg ist nach § 40 Abs. 1 Satz 1 VwGO eröffnet, da die §§ 1 und 3 BbgBestG als streitentscheidende Normen dem öffentlichen Recht zugehören, eine verfassungsrechtliche Streitigkeit offensichtlich nicht vorliegt und eine abdrängende Sonderzuweisung nicht existiert.

2. Statthaftigkeit des Antrags

834 F begehrt vorläufigen Rechtsschutz nach § 80 Abs. 5 Satz 1 VwGO. Der Antrag ist nach § 123 Abs. 5 VwGO statthaft, wenn ein Verfahren nach § 123 Abs. 1 VwGO entfällt. Das ist der Fall, wenn statthafte Klageart im Hauptsacheverfahren die Anfechtungsklage ist. Dafür muss ein an den Antragsteller adressierter belastender Verwaltungsakt vorliegen. Das Verbot der zuständigen Behörde ist ein an F adressierter belastender Verwaltungsakt. In der Hauptsache muss F zur Erlangung von Rechtsschutz eine Anfechtungsklage erheben. Vorläufiger Rechtsschutz für F richtet sich nach § 80 Abs. 5 Satz 1 VwGO.

Der Verwaltungsakt muss sofort vollziehbar sein. Die Behörde hat die sofortige Vollziehbarkeit des Verbots nach § 80 Abs. 2 Satz 1 Nr. 4 VwGO angeordnet.

835 Für den vorläufigen Rechtsschutz nach § 80 Abs. 5 Satz 1 VwGO ist zwischen zwei Verfahren zu unterscheiden: die Anordnung und die Wiederherstellung der aufschiebenden Wirkung. F müsste mit seinem Antrag auf Anordnung der aufschiebenden Wirkung die richtige Variante gewählt haben; die Anordnung der aufschiebenden Wirkung kommt nur in den Fällen des § 80 Abs. 2 Satz 1 Nr. 1–3 VwGO in Betracht, während die aufschiebende Wirkung im Falle des § 80 Abs. 2 Satz 1 Nr. 4 VwGO wiederhergestellt wird. Hier entfällt die aufschiebende Wirkung wegen der Anordnung der sofortigen Vollziehung nach § 80 Abs. 2 Satz 1 Nr. 4 VwGO. F hätte die Wiederherstellung der aufschiebenden Wirkung seines Widerspruchs beantragen müssen. Dieser Fehler ist für die Statthaftigkeit seines Antrags bedeutungslos, da er formaler Natur ist. Eine Umdeutung ist nicht notwendig, aber auch nicht schädlich.

3. Besondere Sachentscheidungsvoraussetzungen

a) Antragsbefugnis

836 Die Antragsbefugnis richtet sich nach der Klagebefugnis in der Hauptsache. Als Adressat eines belastenden Verwaltungsakts ist F klagebefugt und deshalb auch antragsbefugt. Es besteht die Möglichkeit der Verletzung des Rechts aus Art. 2 Abs. 1 GG.

b) Passive Prozessführungsbefugnis

Der Antragsgegner ist wie in der Hauptsache nach § 78 VwGO zu bestimmen. In Brandenburg ist die Klage nach § 78 Abs. 1 Nr. 2 VwGO iVm § 8 Abs. 2 BbgVwGG gegen die Behörde zu richten, die den Verwaltungsakt erlassen hat. Angaben im Sachverhalt fehlen. **837**

4. Beteiligtenfähigkeit

Die Beteiligtenfähigkeit richtet sich ebenso nach dem Hauptsacheverfahren. F als natürliche Person ist beteiligtenfähig nach § 61 Nr. 1 VwGO, die zuständige Behörde nach § 61 Nr. 3 VwGO iVm § 8 Abs. 1 BbgVwGG. **838**

5. Rechtsschutzinteresse

Das Rechtsschutzinteresse könnte entfallen, wenn zuvor ein Antrag auf Aussetzung der Vollziehung bei der Behörde nach § 80 Abs. 5 VwGO gestellt werden müsste. § 80 Abs. 6 Satz 1 VwGO stellt fest, dass ein solcher Antrag nur für den Fall des § 80 Abs. 2 Satz 1 Nr. 1 VwGO vorgesehen ist. Dieser Fall liegt hier nicht vor. F besitzt Rechtsschutzinteresse. **839**

6. Zwischenergebnis

Der Antrag auf Herstellung der aufschiebenden Wirkung ist zulässig.

II. Die Begründetheit des Antrags auf Herstellung der aufschiebenden Wirkung

Der Antrag auf Wiederherstellung der aufschiebenden Wirkung nach § 80 Abs. 5 Satz 1 Fall 2 VwGO ist begründet, wenn *entweder* die Vollziehungsanordnung rechtswidrig ist (1.) *oder* das private Interesse an der Aussetzung das öffentliche Interesse an der sofortigen Vollziehung überwiegt (2.).

1. Rechtmäßigkeit der Vollziehungsanordnung

Die Vollziehungsanordnung muss rechtmäßig sein. Sie muss form- und verfahrensfehlerfrei von der zuständigen Behörde erlassen worden sein.

a) Zuständige Behörde

Nach dem Sachverhalt hat die zuständige Behörde gehandelt. **840**

b) Verfahren

Fraglich ist, ob F vor Anordnung der Vollziehung angehört werden muss. Gegen die Annahme einer solchen Pflicht spricht, dass die Vollziehungsanordnung selbst kein Verwaltungsakt, der Bestandskraft nicht zugänglich und nicht selbstständig vollstreckbar **841** ist; deshalb kommt § 28 VwVfG[1] nicht zur Anwendung. Die Vollziehungsanordnung schließt kein eigenständiges Verwaltungsverfahren ab. Ferner spricht der Wortlaut des § 80 Abs. 3 VwGO, der abschließend die Voraussetzungen der Vollziehungsanordnung regelt, gegen eine Pflicht zur Anhörung. Im Übrigen wird dem rechtsstaatlichen Schutz des Bürgers Genüge getan, da seine Interessen durch das Aussetzungsverfahren nach § 80 Abs. 5 VwGO hinreichend gewahrt sind. Eine Anhörung ist nicht erforderlich. Ein Verfahrensfehler liegt nicht vor.

c) Form, Begründung

842 Die Vollziehungsanordnung muss nach § 80 Abs. 3 VwGO schriftlich begründet sein; davon ist nach dem Sachverhalt auszugehen. Ferner muss das besondere Interesse an der sofortigen Vollziehung begründet sein; in der Begründung muss zum Ausdruck kommen, welche Gründe die Behörde veranlassten, gerade die sofortige Vollziehung anzuordnen. Die Gründe müssen über die Gründe für den Erlass des Grundverwaltungsakts hinausgehen. Hier hat die zuständige Behörde den Erlass des Grundverwaltungsakts mit dem Verstoß gegen das Bestattungsrecht begründet. Darüber hinausgehend hat sie den Schutz der Menschenwürde als weitergehendes Argument für die Notwendigkeit der Vollziehungsanordnung angeführt. Dem Gebot der besonderen Begründung ist Genüge getan.

d) Zwischenergebnis

Die Vollziehungsanordnung ist rechtmäßig.

2. Interessenabwägung

843 Ob die aufschiebende Wirkung des Widerspruchs wiederhergestellt wird, richtet sich nach dem voraussichtlichen Erfolg des eingelegten Rechtsbehelfs in folgender Weise: Die sofortige Vollziehung ist im öffentlichen Interesse regelmäßig geboten, wenn der Widerspruch offensichtlich unbegründet ist, weil in diesen Fällen ein schutzwürdiges Interesse an der Aussetzung der Vollziehung fehlt. Ein öffentliches Interesse an der sofortigen Vollziehung ist zu verneinen, wenn der Widerspruch offensichtlich begründet ist. Ist bei der gebotenen summarischen Überprüfung des eingelegten Rechtsbehelfs weder festzustellen, dass der Widerspruch offensichtlich begründet noch offensichtlich unbegründet ist, muss eine Interessenabwägung im weiteren Sinne stattfinden; maßgeblich ist, ob das öffentliche Interesse schutzwürdiger als das private Interesse ist.

Entscheidend ist, ob die Verbotsverfügung vom 2.6.2012 rechtmäßig ist.

a) Ermächtigungsgrundlage

844 Fraglich ist, nach welcher Ermächtigungsgrundlage die Behörde gehandelt hat. Das BbgBestG enthält nach dem Bearbeitervermerk keine Ermächtigungsgrundlage für

---

1 IVm § 1 Abs. 1 BbgVwVfG. Dieses gilt für alle Zitierungen des VwVfG.

eine Verbotsverfügung. Als Ermächtigungsgrundlage kommt die ordnungsbehördliche Generalklausel § 13 Abs. 1 BbgOBG[2] in Betracht.

b) Formelle Rechtmäßigkeit

aa) Zuständigkeit

Es hat die sachlich zuständige Behörde gehandelt. **845**

bb) Verfahren

Vor Erlass eines belastenden Verwaltungsakts ist dessen Adressat anzuhören, § 28 **846** Abs. 1 VwVfG. F ist nicht gehört worden. Grundsätzlich kann die fehlende Anhörung bis zum Abschluss des verwaltungsgerichtlichen Verfahrens nachgeholt werden, § 45 Abs. 2 VwVfG; der Verfahrensfehler führt nicht zur Rechtswidrigkeit der Verfügung. Für das Eilverfahren gelten andere Grundsätze: Nach § 45 VwVfG heilbare Mängel sind als Gesichtspunkte im Eilverfahren zu berücksichtigen, solange die Heilung noch nicht erfolgt ist.

Ferner liegt in der Einlegung des Widerspruchs nicht automatisch die Heilung der feh- **847** lenden Anhörung. Die fehlende Verfahrenshandlung muss bei der Ausgangsbehörde tatsächlich nachgeholt worden sein. Es kann schließlich nicht ausgeschlossen werden, dass die Behörde bei einer ordnungsgemäßen Anhörung eine andere Entscheidung getroffen hätte; Unbeachtlichkeit des Verfahrensfehlers nach § 46 VwVfG kann nicht angenommen werden.

Der Verfahrensfehler ist nur ein Gesichtspunkt bei der Abwägungsentscheidung und führt allein noch nicht zu einem Überwiegen der privaten Interessen des Antragstellers.

cc) Form

Die in § 19 BbgOBG geforderte Schriftform für die Ordnungsverfügung ist eingehalten.

c) Materielle Rechtmäßigkeit

aa) Öffentliche Sicherheit

Die Verbotsverfügung ist rechtmäßig, wenn die Voraussetzungen des § 13 Abs. 1 BbgOBG **848** vorliegen. Es muss eine konkrete Gefahr für die öffentliche Sicherheit bestehen.

Eine Gefahr besteht, wenn nach verständiger Würdigung des Sachverhalts die objektive **849** Möglichkeit eines Schadens für die öffentliche Sicherheit angenommen werden muss. Öffentliche Sicherheit ist der Bestand des Staats, seiner Einrichtungen und Veranstaltungen, höherrangige Rechtsgüter wie Leben, Gesundheit, Eigentum, Freiheit, und Ehre sowie die Unverletzlichkeit der Rechtsordnung. Die Gefahr ist konkret, wenn ein Scha-

---

2 *Entspricht:* § 3 PolG BW; Art. 11 BayPAG; § 17 Abs. 1 BerlASOG; § 10 BremPolG; § 3 HmbSOG; § 11 HessSOG; § 13 SOG MV; § 11 Nds. SOG; § 14 OBG NW; § 9 POG Hessen; § 8 SaarlPolG; § 3 Abs. 1 SächsPolG; § 13 SOG LSA; §§ 174, 176 LVwG SH; § 13 ThürOBG.

den in absehbarer Zeit mit hinreichender Wahrscheinlichkeit bevorsteht, wenn der Schaden bereits eingetreten und von einer fortdauernden Gefährdung auszugehen ist.

850 Verletztes Rechtsgut der öffentlichen Sicherheit könnte hier die Unverletzlichkeit der Rechtsordnung sein. Die Ausstellung müsste gegen § 1 Abs. 2 BbgBestG verstoßen. Nach § 1 Abs. 2 BbgBestG darf mit Leichen nur so verfahren werden, dass keine Gefahr für die öffentliche Sicherheit, insbesondere für die Gesundheit zu befürchten ist und die Würde des Verstorbenen und das sittliche Empfinden der Allgemeinheit nicht verletzt werden.

851 Bei den Plastinaten muss es sich um Leichen handelt. Diesen Begriff definiert § 3 Abs. 1 BbgBestG. Die Verwesung als immanente Voraussetzung des Leichenbegriffs – wie F behauptet – kennt das Gesetz nicht, sondern knüpft objektiv an das Vorhandensein eines toten menschlichen Körpers an. Die Plastination tauscht zwar 70 % der Körpersubstanz aus, aber die restliche organische Materie bleibt in ihrer gestaltbildenden Struktur erhalten. Die Plastination als Konservierung und Präparation rechtfertigt nicht die Annahme, Leichname würden zum aliud, die Plastinate unterfielen nicht mehr dem Bestattungsrecht. Ferner folgt aus § 1 Abs. 2 BbgBestG, dass der Begriff „Leiche" nicht zu reduzieren ist auf eine *gesundheitsgefährdende* Leiche. Schließlich ist irrelevant, dass andere Behörden die Plastinate nicht als Leichen angesehen haben, weil deren Einschätzung die hier zuständige Behörde nicht bindet. Bei den Plastinaten handelt es sich um Leichen im Sinne von § 3 Abs. 1 BbgBestG.

In Betracht kommt ein Verstoß gegen das Pietätsgebot. Das Verständnis von „Verletzung der Würde von Verstorbenen" und „sittliches Empfinden der Allgemeinheit" ist fraglich. Beide Begriffe müssen unter Berücksichtigung der Wissenschaftsfreiheit, Art. 5 Abs. 3 GG, und der Menschenwürde, Art. 1 Abs. 1 GG, ausgelegt werden.

852 Die Ausstellung müsste der Wissenschaftsfreiheit unterfallen. Wissenschaft ist alles, was nach Inhalt und Form als ernsthafter, planmäßiger Versuch zur Wahrheitsfindung dient. Das Grundrecht ist nicht an die Universität gebunden, sondern steht auch privaten Einrichtungen zu. Mit ihm ist auch die Übermittlung der durch die Forschung gewonnen Erkenntnisse verbunden und umfasst auch die methodisch-didaktische Präsentation gewonnener Erkenntnisse. – Die Würde von Verstorbenen wird nicht nur einfachgesetzlich durch das Bestattungsrecht geschützt, sondern findet ihre Grundlage in Art. 1 GG, der auch über den Tod hinaus – auch den konkreten Leichnam – schützt. – Hier ist zu berücksichtigen, dass die Präsentation eines Plastinats, in dessen Herstellung eingewilligt worden ist, gemäß seinem ihm selbst innewohnenden Zweck nur der Schaffung von Einblicken in das Körperinnere und der anatomischen Zusammenhänge dient. Dargestellt wird der Mensch, wie er in der medizinischen Ausbildung seit langem präsentiert wird. In den Hintergrund tritt die individuelle Persönlichkeit.

Die Wissenschaftsfreiheit umfasst die Ausstellung der Plastinate. Ihre Ausstellung verletzt die Würde der Verstorbenen nicht. Ein Verstoß gegen § 1 Abs. 2 BbgBestG entfällt. Eine Gefahr für die öffentliche Sicherheit liegt nicht vor.

bb) Öffentliche Ordnung

Es könnte eine Gefahr für die öffentliche Ordnung vorliegen. Hinsichtlich der Präsentation der Plastinate ist ein Rückgriff auf die öffentliche Ordnung ausgeschlossen, weil dieses Problem nach dem Bestattungsrecht zu lösen und deshalb die öffentliche Sicherheit einschlägig ist. Das Merchandising und der Verkauf von Getränken und Snacks könnte die Frage der öffentlichen Ordnung berühren. Die Frage kann unbeantwortet bleiben, weil ein Verstoß gegen die öffentliche Ordnung jedenfalls ein vollständiges Verbot der Ausstellung nicht rechtfertigt. Das Verbot verstößt gegen das Gebot der Erforderlichkeit nach § 14 BbgOBG, da die Untersagung des Merchandisings ein milderes Mittel darstellt. **853**

d) Zwischenergebnis

Die Ordnungsverfügung ist sowohl formell als auch materiell rechtswidrig. Somit überwiegt das Aussetzungsinteresse des F das Vollziehungsinteresse. Der Antrag auf Wiederherstellung der aufschiebenden Wirkung ist begründet.

III. Ergebnis

Der Antrag ist sowohl zulässig als auch begründet. Das Verwaltungsgericht wird die aufschiebende Wirkung des Widerspruchs herstellen.

Vertiefungshinweis: *Xenia Bremer*, Tote im Zelt – Plastination versus Bestattungszwang, NVwZ 2001, 167 ff.; *Tettinger/Erbguth/Mann*, BesVerwR, Rn. 442 ff.; 452 ff.

Fall 14**

Das Raubtier K

Schwerpunkte: Subsidiaritätsprinzip beim Schutz privater Rechte; Eilkompetenz; Polizei- und Ordnungsrecht: öffentliche Sicherheit, Gefahr; Grundrechte als Rechtfertigungsgründe; Ermessen

854 **Grundfall:** Im WS 1992 eröffnet die 1506 gegründete Universität „Viadrina" in Frankfurt (Oder) nach einer gewissen Unterbrechung wieder ihre Pforten für den Lehrbetrieb. Zu den 250 im FB Rechtswissenschaft immatrikulierten Studierenden gehört auch eine Gruppe mit diffuser politischer Einstellung. Deren Mitglieder wohnen im Studentenwohnheim, werden aber wegen Verstöße gegen die Hausordnung im März 1993 aus ihm verwiesen.

Zu diesem Zeitpunkt stehen in der Frankfurter Altstadt mehrere renovierungsbedürftige Häuser leer. Studenten besetzen eines dieser Häuser in der Görlitzer Straße, indem sie einen zum Schutz gegen den Zutritt Unbefugter besonders gesicherten Bauzaun gewaltsam überwinden. Die Besetzer wollen nach eigenen Aussagen gegen den ihrer Meinung nach menschenverachtenden Kapitalismus protestieren; er sei wie ein Raubtier. Die Hausbesetzung sei wegen der Sozialpflichtigkeit des Eigentums gerechtfertigt, da das Haus lange Zeit leer gestanden habe. Die Zahl der Bewohner schwankt zwischen zehn und zwanzig. Im Laufe der Zeit wechseln die Bewohner ständig.

Dem 1959 aus der DDR geflohenen und nunmehr im Schwäbischen ansässigen Alteigentümer Maik Weelow (W) wird sein Haus in der Görlitzer Straße rückübertragen; er möchte es renovieren. Bei der zuständigen Ordnungsbehörde beantragt er eine Räumungsverfügung. Die Hausbesetzer drohen im Fall der Vollstreckung einer dem W erteilten Räumungsverfügung mit erbittertem Widerstand gegen die „Knechte des Raubtiers".

Beurteilen Sie die Rechtmäßigkeit einer entsprechenden Räumungsverfügung.

Abwandlung: Kurz nach erfolgter Besetzung des Hauses beginnen die handwerklich wenig erfahrenen Bewohner mit der baulichen Umgestaltung des Hauses. Mit einem Durchbruch mehrerer Wände soll ein großer Raum für Proben der Band „Power to the people" geschaffen werden. Als die Bewohner umliegender Häuser am 23.12.1993 von dem unmittelbar bevorstehenden Durchbruch mehrerer tragender Wände erfahren, rufen sie die Polizei.

Wäre eine Räumung durch die Polizei zum Schutz des Eigentums des W rechtmäßig?

Bearbeitervermerk: Es ist davon auszugehen, dass mildere Mittel, insbesondere die Beschlagnahme von Bauwerkzeug u.Ä., nicht erfolgversprechend sind. Es sind die Gesetze auf dem jetzigen Stand anzuwenden.

Vorüberlegung

Nach dem Lesen des Sachverhalts wissen Sie bereits, dass der Fall eine Reihe bekannter Probleme aus dem Polizeirecht zur Bearbeitung stellt. Es kommt ausschließlich darauf an, das für polizeirechtliche Klausuren bekannte Aufbauschema abzuarbeiten. – Eine prozessrechtliche Einkleidung fehlt. Den Sachverhalt entsprechend dem überkommenen Schema: Zulässigkeit und Begründetheit einer Klage, zu lösen, wäre grob falsch. **855**

Gliederung

I. Grundfall **856**
  1. Rechtsgrundlage
  2. Formelle Rechtmäßigkeit
  3. Materielle Rechtmäßigkeit
     a) Gefahr für die öffentliche Sicherheit
     b) Rechtfertigung der Gefahr verursachenden Handlung
     c) Rechtsfolge: Ermessen
     d) Ergebnis

II. Abwandlung
  1. Rechtsgrundlage
  2. Formelle Rechtmäßigkeit
  3. Materielle Rechtmäßigkeit
     a) Gefahr für die öffentliche Sicherheit
     b) Rechtsfolge: Ermessen
     c) Ergebnis

Lösung

I. Grundfall

1. Rechtsgrundlage

857 Die Zwangsräumung ist eine belastende Maßnahme, da sie in die Rechte der Studenten eingreift. Sie benötigt eine Rechtsgrundlage. Ein Spezialgesetz ist nicht ersichtlich; die Räumung ist keine Platzverweisung und kein Aufenthaltsverbot nach § 23 BbgOBG[1] iVm § 16 Abs. 1 BbgPolG[2] („vorübergehend"). Als Ermächtigungsgrundlage kommt § 13 Abs. 1 BbgOBG[3] in Betracht. Es muss eine Gefahr für die öffentliche Sicherheit vorliegen.

858 Die Anwendung des Ordnungsrechts zum Schutz von Individualrechtsgütern ist problematisch, wenn sie subjektive Privatrechte sind und für ihre Verfolgung ein ordentliches Gericht zuständig ist.

Grundsätzlich muss jeder seine Privatrechte mit einem Verfahren vor den ordentlichen Gerichten schützen. Voraussetzung für die Durchführung eines Verfahrens ist die Angabe der Personalien des Beklagten in der Klageschrift; anderenfalls ist die Klage unzulässig. Daraus könnte hier für die Ordnungsbehörde folgen, dass sie nur dazu ermächtigt wäre, nach § 23 Nr. 1b BbgOBG iVm § 12 Abs. 1 Nr. 1 BbgPolG[4] die Personalien der anwesenden Hausbesetzer festzustellen, damit Eigentümer W gegen sie einen zivilrechtlichen Titel erwirken kann.

859 Die das Haus des W bewohnenden Personen wechseln ständig. Ihre Zahl schwankt. Eine Identifizierung der Bewohner ist nur für einen bestimmten Zeitpunkt möglich. Zum Zeitpunkt einer Klageerhebung können andere Personen im Haus wohnen, die unbekannt sind. Ein effektiver Schutz des Eigentums des W ist deswegen mit einer Klage vor einem Zivilgericht nicht zu erreichen. Fraglich ist, ob Schutz dieser Qualität in Gestalt einer ordnungsrechtlichen Zwangsräumung erlaubt ist. Der Schutz privater Rechte obliegt der Ordnungsbehörde, wenn gerichtlicher Schutz nicht oder nicht rechtzeitig zu erlangen ist; § 1 Abs. 2 BbgPolG[5], der diese Subsidiarität ausdrücklich für die Polizei feststellt, formuliert einen im Sicherheitsrecht allgemein geltenden Gedanken. Im Übrigen scheidet Handeln der Ordnungsbehörde unter dem Gesichtspunkt der Sub-

---

1 *Entspricht:* § 24 OBG NW.

2 *Entspricht:* Art. 16 BayPAG; § 27a PolG BW; § 29 BerlASOG; § 14 BremPolG; § 12a HmbSOG; § 31 HessSOG; § 52 SOG MV; § 17 NdsSOG; § 34 PolG NW; § 13 POG RP; § 12 SaarlPolG; § 21 SächsPolG; § 36 SOG LSA; § 201 LVwG SH; § 18 ThürPAG.

3 *Entspricht:* § 3 PolG BW; Art. 11 BayPAG; § 17 Abs. 1 BerlASOG; § 10 BremPolG; § 3 HmbSOG; § 11 HessSOG; §§ 13, 16 SOG MV; § 11 NdsSOG; § 14 OBG NW; § 9 POG RP; § 8 SaarlPolG; § 3 Abs. 1 SächsPolG; § 13 SOG LSA; §§ 174, 176 LVwG SH; § 13 ThürOBG.

4 *Entspricht:* § 26 PolG BW; Art. 13 BayPAG; § 21 BerlASOG; § 11 BremPolG; § 12 HmbSOG; § 18 HessSOG; § 29 SOG MV; § 13 NdsSOG; § 12 PolG NW; § 10 POG RP; § 9 SaarlPolG; § 19 SächsPolG; § 20 SOG LSA; § 181 LVwG SH; § 14 ThürPAG.

5 *Entspricht:* § 2 Abs. 2 PolG BW; Art. 2 Abs. 2 BayPAG; § 1 Abs. 2 BremPolG; § 3 Abs. 3 HmbSOG; § 1 Abs. 3 HessSOG; § 1 Abs. 3 NdsSOG; § 1 Abs. 2 OBG NW; § 1 Abs. 2 POG RP; § 1 Abs. 3 SaarlPolG; § 2 Abs. 2 SächsPolG; § 1 Abs. 2 SOG LSA; § 2 Abs. 2 ThürOBG.

sidiarität nicht aus, wenn die Gefährdung privatrechtlich geschützter Individualgüter mit der Nichtbeachtung öffentlich-rechtlicher Normen, insbesondere Strafrechtsnormen einhergeht.

Mit einer Klage vor dem ordentlichen Gericht kann W sein Eigentum nicht schützen. Die Studenten begehen einen Hausfriedensbruch nach § 123 StGB. § 13 Abs. 1 BbgOBG bildet die Rechtsgrundlage für die Zwangsräumung.

2. Formelle Rechtmäßigkeit

Die Räumungsverfügung ist formell rechtmäßig, wenn die zuständige Ordnungsbe- **860**
hörde gehandelt hat und die Verfügung in einem ordnungsgemäß durchgeführten Verfahren erlassen worden ist.

Nach §§ 1 Abs. 1[6], 13 Abs. 1 BbgOBG hat die Ordnungsbehörde die Aufgabe, Gefahren für die öffentliche Sicherheit oder Ordnung abzuwehren und die dafür notwendigen Maßnahmen zu treffen. Öffentliche Sicherheit ist die Unversehrtheit von Leben, Gesundheit, Freiheit, Ehre und Vermögen des Einzelnen, der Bestand und das Funktionieren des Staats und seiner Einrichtungen sowie die objektive Rechtsordnung, also die Gesamtheit der geschriebenen Rechtsnormen; eine Gefahr liegt vor, wenn bei ungehindertem Ablauf des zu erwartenden Geschehens in absehbarer Zeit ein Schaden für eines der oben genannten Schutzgüter eintreten wird. Die Besetzung des Hauses ist eine Verletzung des Eigentumsrechts des W und ein Verstoß gegen § 123 StGB. Das leer stehende Haus stellt eine Wohnung, jedenfalls aber ein befriedetes Besitztum dar. Das unerlaubte Betreten des Hauses, das Verweilen in ihm sowie die Weigerung, es trotz der Aufforderung des Berechtigten zu verlassen, sind die Tathandlungen. Eine Gefahr für die öffentliche Sicherheit ist gegeben.

Für die Gefahrenabwehr ist nach § 5 Abs. 1 BbgOBG[7] die örtliche Ordnungsbehörde **861**
sachlich zuständig. Nach § 3 Abs. 1 BbgOBG[8] nehmen die Ämter, die amtsfreien Gemeinden und die kreisfreien Städte die Aufgaben der örtlichen Ordnungsbehörden wahr. Frankfurt (Oder) ist eine kreisfreie Stadt. Für die Gefahrenabwehr ist der Oberbürgermeister nach §§ 4 Abs. 1, 5 Abs. 1[9] BbgOBG iVm §§ 53 Abs. 1[10], 54 Abs. 1 Nr. 3 BbgKVerf[11] sachlich und örtlich zuständig.

---

6 *Entspricht:* § 1 PolG BW; Art. 2 BayPAG; § 1 Abs. 1 BerlASOG; § 1 BremPolG; § 3 HmbSOG; § 1 HessSOG; § 1 SOG MV; § 1 NdsSOG; § 1 OBG NW; § 1 POG RP; § 1 SaarlPolG; § 1 SächsPolG; § 1 SOG LSA; § 162 LVwG SH; § 1 ThürOBG.

7 *Entspricht:* §§ 66, 67 PolG BW; § 2 BerlASOG; § 89 HessSOG; § 4 SOG MV; § 97 NdsSOG; § 5 OBG NW; § 91 POG RP; § 80 SaarlPolG; §§ 68 f. SächsPolG; § 89 SOG LSA; § 165 LVwG SH; § 4 ThürOBG.

8 *Entspricht:* §§ 61, 62 PolG BW; Art. 77 BayPAG; § 85 HessSOG; § 3 SOG MV; § 2 Nr. 7 NdsSOG; § 3 OBG NW; §§ 88, 89 POG RP; §§ 75 f. SaarlPolG; § 64 SächsPolG; §§ 84, 85 SOG LSA; §§ 163 f. LVwG SH; § 1 ThürOBG.

9 *Entspricht:* § 68 PolG BW; ZustKat BerlASOG; § 100 HessSOG; § 5 SOG MV; § 100 NdsSOG; § 4 OBG NW; § 90 POG RP; § 81 SaarlPolG; § 70 SächsPolG; § 88 SOG LSA; §§ 166 f. LVwG SH; § 4 ThürOBG.

10 *Entspricht:* § 42 Abs. 4 GO BW; § 32 Abs. 1 Satz 2 KV MV; § 85 Abs. 1 NdsKomVG; § 28 Abs. 2 GO RP; § 29 Abs. 3 SaarlKSVG; § 51 Abs. 4 SächsGO; § 57 Abs. 3 Satz 1 GO LSA; § 61 Abs. 2 GO SH.

11 *Entspricht:* § 44 Abs. 3 GO BW; § 4 Abs. 2 HessGO; § 32 Abs. 5 KV MV; § 85 Abs. 1 NdsKomVG; § 47 Abs. 1 Satz 2 Nr. 4 GO RP; § 59 Abs. 4 SaarlKSVG; § 53 Abs. 3 SächsGO; § 63 Abs. 4 GO LSA; § 50 Abs. 2 GO SH; § 29 Abs. 2 Nr. 2 ThürKO.

862 Die Räumungsverfügung bedarf nach § 19 Abs. 1 BbgOBG[12] der Schriftform. Die Erfüllung dieser Prämisse wird unterstellt. Beteiligte, in deren Rechte ein Verwaltungsakt eingreift, sind nach § 28 Abs. 1 VwVfG[13] vor Erlass des Verwaltungsakts zu hören. Diese Pflicht entfällt nach § 28 Abs. 2 Nr. 1 VwVfG, wenn eine sofortige Entscheidung wegen Gefahr in Verzug oder im öffentlichen Interesse notwendig ist. Das ist hier der Fall.

3. Materielle Rechtmäßigkeit

Die Räumungsverfügung muss materiell rechtmäßig sein. Die Voraussetzungen der Rechtsgrundlage müssen erfüllt sein.

a) Gefahr für die öffentliche Sicherheit

863 Eine Gefahr für die öffentliche Sicherheit liegt vor. Es ist über die bloße Gefahr hinaus bereits eine Störung eingetreten.

b) Rechtfertigung der Gefahr verursachenden Handlung

864 Die Verursachung der Gefahr für die öffentliche Sicherheit könnte durch Grundrechte gerechtfertigt sein. In Frage kommen die Sozialpflichtigkeit des Eigentums nach Art. 14 Abs. 2 GG und die Versammlungsfreiheit nach Art. 8 GG.

Die Hausbesetzung ist gerechtfertigt, wenn sie in zulässiger Weise eine Sozialpflichtigkeit des Eigentums durchsetzte. Zwar ist nach Art. 14 Abs. 2 GG bei der Bestimmung von Inhalt und Schranken des Eigentums das Allgemeinwohl zu beachten. Nutzungsbedingungen für Wohnraum, das Verbot seiner Zweckentfremdung und das Verbot des Leerstands können grundsätzlich durch die Sozialpflichtigkeit des Eigentums gerechtfertigt sein. Es ist indes nicht das Recht Einzelner, den Regelungsauftrag des Grundgesetzes zu vollziehen. Es ist Aufgabe des Staats, einen Verstoß gegen die Sozialpflichtigkeit des Eigentums zu unterbinden. Art. 14 Abs. 2 GG rechtfertigt die Besetzung des Hauses nicht.

Die Studenten versammeln sich regelmäßig in dem Haus des W. Die Hausbesetzung könnte eine Versammlung nach Art. 8 GG sein. Das Grundrecht auf Versammlungsfreiheit rechtfertigt aber nicht die Inanspruchnahme von Eigentum gegen den Willen des Eigentümers.

c) Rechtsfolge: Ermessen

865 Die Voraussetzungen der Rechtsgrundlage des § 13 Abs. 1 BbgOBG sind erfüllt. Ob und welche Gefahrenabwehrmaßnahme die Ordnungsbehörde trifft, ist nach § 15

---

12 *Entspricht:* § 20 OBG NW. Die anderen Landesgesetze kennen diese Norm nicht.
13 IVm § 1 Abs. 1 BbgVwVfG. Dieses gilt für alle Zitierungen des VwVfG.

BbgOBG[14] in ihr pflichtgemäßes Ermessen gestellt. Das Ermessen ist sowohl Entschließungsermessen als auch Auswahlermessen.

Pflichtgemäßes Ausüben des Ermessens erfordert eine Entscheidung darüber, ob die Ordnungsbehörde tätig werden darf. Für ein Tätigwerden sprechen die große Bedeutung des Rechtsguts Eigentum, welches bereits verletzt ist, und der Verstoß gegen § 123 StGB. Die Ordnungsbehörde darf handeln. **866**

Pflichtgemäßes Ausüben des Ermessens erfordert die Wahl des richtigen Störers. Das Handeln muss sich gegen die richtige Person richten. Nach § 16 Abs. 1 BbgOBG[15] ist zuerst eine Maßnahme gegen den Handlungsstörer zu richten. Er ist die Person, die die Gefahr für die öffentliche Sicherheit geschaffen hat. Die Studenten verlassen das Haus des W nicht. Die Störung beruht auf ihrem Verhalten. Sie sind Handlungsstörer nach § 16 Abs. 1 BbgOBG. Die Räumungsverfügung ist an sie zu adressieren. **867**

Pflichtgemäßes Ausüben des Ermessens erfordert die Wahl einer verhältnismäßigen Maßnahme. Sie muss einen legitimen Zweck verfolgen und geeignet, erforderlich und angemessen sein. **868**

Mit der Räumungsverfügung soll der von den Studenten begangene Hausfriedensbruch beendet und dem W die Nutzung seines Eigentums ermöglicht werden. Diese Zwecke sind legitim.

Die Räumungsverfügung muss für die Zielerreichung geeignet sein. Die Hausbesetzer müssten das Haus für immer verlassen, damit W mit der Renovierung beginnen könnte. Davon ist auszugehen. Die Räumungsverfügung ist als Verwaltungsakt iSd § 35 Satz 1 VwVfG einzelfallbezogen und richtet sich an eine konkrete Person. Sie entfaltet zudem Wirkung nur gegenüber demjenigen, dem sie bekannt gegeben wurde, § 43 Abs. 1 Satz 1 VwVfG. Eine in der Form des § 35 Satz 1 VwVfG ergehende Räumungsverfügung würde nur gegenüber den sich im Haus aufhaltenden Studenten wirksam werden, nicht aber gegenüber den später hinzukommenden Hausbesetzern. Sie wäre nicht geeignet, das Haus von allen denkbaren Hausbesetzern zu befreien. Nach § 35 Satz 2 VwVfG kann eine Räumungsverfügung in der Form einer Allgemeinverfügung sich gegen eine nach allgemeinen Merkmalen bestimmte oder bestimmbare Personengruppe richten und öffentlich bekannt gegeben werden, § 41 Abs. 3 Satz 2 VwVfG. Eine Räumungsverfügung, die sich an alle im Haus befindlichen Personen und ferner an alle möglichen künftigen Hausbesetzer richtet und sie dazu verpflichtet, das Haus zu verlassen oder nicht zu betreten, ist geeignet, die Hausbesetzung zu beenden. **869**

Die Räumungsverfügung muss erforderlich sein. Es dürfte kein milderes Mittel geben, welches den gleichen Erfolg mit der gleichen Sicherheit und einem vergleichbaren Auf- **870**

14 *Entspricht:* § 3 PolG BW; Art. 5 BayPAG; § 12 BerlASOG; § 4 BremPolG; § 3 Abs. 1 HmbSOG; § 5 HessSOG; § 14 SOG MV; § 5 NdsSOG; § 16 OBG NW; § 3 POG RP; § 3 SaarlPolG; § 3 Abs. 2 SächsPolG; § 6 SOG LSA; §§ 174, 176 LVwG SH; § 7 ThürOBG.

15 *Entspricht:* § 6 PolG BW; Art. 7 BayPAG; § 13 BerlASOG; § 5 BremPolG; § 8 HmbSOG; § 6 HessSOG; § 69 SOG MV; § 6 NdsSOG; § 17 OBG NW; § 4 POG RP; § 4 SaarlPolG; § 4 SächsPolG; § 7 SOG LSA; § 218 LVwG SH; § 10 ThürOBG.

wand herbeiführt, § 14 Abs. 1 BbgOBG[16]. Als ein milderes Mittel könnte die Identitätsfeststellung durch die Ordnungsbeamten nach § 23 Nr. 1b BbgOBG iVm § 12 Abs. 1 Nr. 1 BbgPolG zur Ermöglichung einer Räumungsklage in Betracht kommen. Diese Möglichkeit ist indes bereits oben verworfen worden. Die Räumungsverfügung ist erforderlich.

871 Die Räumungsverfügung muss angemessen sein. Sie darf nicht außer Verhältnis zum Ziel stehen. Wäre die Räumungsverfügung nicht statthaft, könnte sich der private Eigentümer niemals gegen eine rechtswidrige Inanspruchnahme seines Eigentums wehren. Das wäre ein absurdes Ergebnis. Die Räumungsverfügung ist angemessen.

d) Ergebnis

Die Räumungsverfügung ist formell und materiell rechtmäßig.

II. Abwandlung

1. Rechtsgrundlage

872 Die Räumung ist eine belastende Maßnahme, die in die Rechte der Studenten eingreift. Eine Rechtsgrundlage ist erforderlich. Ein Spezialgesetz fehlt. In Betracht kommt § 10 Abs. 1 BbgPolG[17]. Es muss eine Gefahr für die öffentliche Sicherheit vorliegen.

Bedenken gegen die Anwendbarkeit der polizeirechtlichen Generalklausel wegen des subsidiären Schutzes privater Rechte sind oben zerstreut worden.

873 Ferner könnte die Befugnis der Polizei an § 2 BbgPolG[18] scheitern. Nach dieser Vorschrift wird die Polizei nur tätig, soweit die Abwehr der Gefahr durch eine andere Behörde nicht oder nicht rechtzeitig möglich erscheint. Grundsätzlich haben die Ordnungsbehörden nach § 1 Abs. 1 BbgOBG die Aufgabe der Gefahrenabwehr; die Befugnis der Polizei zur Gefahrenabwehr ist subsidiär. Eine rechtzeitige Gefahrenabwehr durch die mit bürokratischen Mitteln arbeitende Ordnungsbehörde entfällt. Eine Räumungsverfügung würde nur mit erheblicher Verzögerung erlassen werden. Die Räumung selbst erfolgte noch später.

Die Hausbesetzer haben hier mit baulichen Maßnahmen bereits begonnen. Sie wollen tragende Mauern einreißen. Es drohen der Einsturz des Hauses und eine weitgehende Vernichtung des Eigentums von W. Darin liegt eine Gefahr für die öffentliche Sicher-

---

16 *Entspricht:* § 3 PolG BW; Art. 4 BayPAG; § 11 BerlASOG; § 3 BremPolG; § 4 HmbSOG; § 4 HessSOG; § 15 SOG MV; § 4 NdsSOG; § 15 OBG NW; § 2 POG RP; § 2 SaarlPolG; § 3 Abs. 3 SächsPolG; § 5 SOG LSA; § 174 LVwG SH; § 6 ThürOBG.

17 *Entspricht:* § 3 PolG BW; Art. 11 BayPAG; § 17 Abs. 1 BerlASOG; § 10 BremPolG; § 3 HmbSOG; § 11 HessSOG; § 13 SOG MV; § 11 NdsSOG; § 8 PolG NW; § 9 POG RP; § 8 SaarlPolG; § 3 Abs. 1 SächsPolG; § 13 SOG LSA; § 174 LVwG SH; § 12 ThürPAG.

18 *Entspricht:* § 2 Abs. 1 PolG BW; Art. 3 BayPAG; § 4 BerlASOG; § 3 Abs. 2 HmbSOG; § 2 HessSOG; § 7 Abs. 1 Nr. 3 SOG MV; § 1 Abs. 2 NdsSOG; § 1 Abs. 1 PolG NW; § 1 Abs. 7 POG RP; § 1 Abs. 4 SaarlPolG; §§ 2 Abs. 1, 60 Abs. 2 SächsPolG; § 2 Abs. 2 SOG LSA; § 3 ThürOBG iVm § 3 ThürPAG.

heit. Gerichtlicher Schutz ist nicht rechtzeitig zu erlangen. § 10 Abs. 1 BbgPolG bildet die Rechtsgrundlage für das Handeln.

2. Formelle Rechtmäßigkeit

Die Räumung ist formell rechtmäßig, wenn die zuständige Behörde gehandelt hat und die einschlägigen Verfahrensvorschriften beachtet worden sind. **874**

Nach §§ 1 Abs. 1 und 10 Abs. 1 BbgPolG hat die Polizei die Aufgabe, Gefahren für die öffentliche Sicherheit oder Ordnung abzuwehren und die dafür erforderlichen Maßnahmen zu treffen. Die Besetzung des Hauses und der Umbau sind Verletzungen des Eigentums des W; ferner liegt ein Verstoß gegen § 123 StGB vor; eine Gefahr für die öffentliche Sicherheit ist gegeben.

Für die Gefahrenabwehr ist das Polizeipräsidium Frankfurt (Oder) nach §§ 1 Abs. 1[19], 10 Abs. 1 BbgPolG iVm §§ 75[20], 78[21] BbgPolG sachlich und örtlich zuständig.

Die Räumung ist ein Realakt. Er basiert auf einer Duldungsverfügung, die ein Verwaltungsakt ist. Beteiligte, in deren Rechte dieser Verwaltungsakt eingreift, sind nach § 28 Abs. 1 VwVfG vor ihrem Erlass zu hören. Im vorliegenden Fall entfällt die Anhörung nach § 28 Abs. 2 Nr. 1 VwVfG. **875**

3. Materielle Rechtmäßigkeit

Die Räumung muss materiell rechtmäßig sein. Das ist der Fall, wenn die Voraussetzungen der Ermächtigungsgrundlage erfüllt sind.

a) Gefahr für die öffentliche Sicherheit

Eine Gefahr für die öffentliche Sicherheit liegt vor, s. den Ausgangsfall. Ferner wollen die Studenten tragende Wände einreißen. Das Haus könnte einstürzen. Darin ist eine weitere Gefahr für die öffentliche Sicherheit zu erblicken. **876**

b) Rechtsfolge: Ermessen

Die Voraussetzungen des § 10 Abs. 1 BbgPolG sind erfüllt. Das Ergreifen von Maßnahmen liegt nach § 4 Abs. 1 BbgPolG[22] im pflichtgemäßen Ermessen der Polizei. **877**

---

19 *Entspricht:* § 1 PolG BW; Art. 2 BayPAG; § 1 Abs. 1 BerlASOG; § 1 BremPolG; § 3 HmbSOG; § 1 HessSOG; § 1 SOG MV; § 1 NdsSOG; § 1 PolG NW; § 1 POG RP; § 1 SaarlPolG; § 1 SächsPolG; § 1 SOG LSA; § 162 LVwG SH; § 1 ThürPAG.

20 *Entspricht:* § 75 PolG BW; § 7 SOG MV; § 102 NdsSOG; § 10 PolG NW; § 85 SaarlPolG; §§ 71 ff. SächsPolG; § 89 Abs. 1 SOG LSA; § 168 LVwG SH; § 3 ThürPAG.

21 *Entspricht:* § 75 PolG BW; § 100 HessSOG; § 8 SOG MV; § 100 NdsSOG; § 7 PolG NW; § 78 POG RP; § 86 SaarlPolG; § 76 SächsPolG; § 88 Abs. 1 SOG LSA; § 169 LVwG SH; § 3 ThürPAG.

22 *Entspricht:* § 3 PolG BW; Art. 5 BayPAG; § 12 BerlASOG; § 4 BremPolG; § 3 Abs. 1 HmbSOG; § 5 HessSOG; § 14 SOG MV; § 5 NdsSOG; § 3 PolG NW; § 3 POG RP; § 3 SaarlPolG; § 3 Abs. 2 SächsPolG; § 6 SOG LSA; §§ 174, 176 LVwG SH; § 5 ThürPAG.

Nach den Ausführungen im Ausgangsfall darf die Polizei das Haus räumen. Fraglich ist, ob sie räumen muss.

878 Eine Pflicht der Behörde zum Ergreifen einer bestimmten Maßnahme kommt nur in Betracht, wenn ihr Ermessen soweit reduziert ist, dass allein die begehrte Maßnahme rechtmäßiges Handeln der Behörde wäre. Sowohl das Entschließungsermessen als auch das Auswahlermessen müssen auf Null geschrumpft sein.

879 Das Entschließungsermessen schrumpft auf Null, wenn nur Handeln rechtmäßig ist. Dafür sprechen hier die Intensität der Gefährdung – der Einsturz des Hauses kann jederzeit passieren – sowie die Bedeutung der bedrohten Rechtsgüter – das Leben oder zumindest die körperliche Unversehrtheit der Studenten, die sich zur Zeit des Einsturzes im Haus befinden würden, und das Eigentum des W. Das Entschließungsermessen ist auf Null reduziert.

880 Das Auswahlermessen ist auf Null reduziert, wenn sowohl mit Blick auf die Adressaten als auch in Ansehung des Mittels keine andere Art des Vorgehens erfolgversprechend ist. Gefahrverursacher sind ausschließlich die Studenten, gefahrvermeidend wirkt ausschließlich die Räumung des Hauses. Deshalb kann die Gefahr mit keinem anderen Mittel als der Räumung abgewendet werden.

c) Ergebnis

Die Polizei ist zur Räumung verpflichtet.

Vertiefungshinweise: *Schenke*, POR, Rn. 53 f.; *Schlink*, NVwZ 1982, 529, 530; *Peine*, AllgVerwR, Rn. 201 ff., *von Mutius*, JURA 1986, 649 f.; *Degenhart*, JuS 1982, 330 f.

Repetitorium

Gefahrenbegriff

Entscheidend für das Eingreifen von Ordnungs- oder Polizeibehörden ist das Bestehen einer Gefahr. Ordnungs- und Polizeirecht sind Gefahrenabwehrrecht.

1. Allgemeiner Gefahrenbegriff

881 Eine Gefahr ist im Allgemeinen eine Sachlage, in der bei ungehindertem Geschehensablauf ein Zustand oder ein Verhalten mit hinreichender Wahrscheinlichkeit in absehbarer Zeit zu einem Schaden für die einschlägigen Schutzgüter führen würde[23]. Um zu beurteilen, ob die geforderte Wahrscheinlichkeit tatsächlich vorliegt, ist eine sorgfältige und umfassende Analyse der gegenwärtigen Situation notwendig. Die Prognose über die Gefahr ist nach dem Maßstab eines verständigen, besonnenen und sachkundigen

23 Vgl. *Tettinger/Erbguth/Mann*, BesVerwR, Rn. 463.

Polizeibeamten auszurichten[24]. Rein subjektive Gefahreinschätzungen reichen nicht aus, es müssen objektiv vorliegende Hinweise auf eine Gefahr vorhanden sein.

Zu beachten ist, dass es sich um eine konkrete Gefahr handeln muss[25]. Eine abstrakte Gefahr ist in der Regel nicht ausreichend, um ein Handeln der Polizeibehörde zu rechtfertigen. Unter dem Begriff „konkrete Gefahr" versteht man, dass der Eintritt eines Schadens bereits begonnen hat und von einer fortdauernden Gefahr auszugehen ist. Eine konkrete Gefahr liegt auch dann schon vor, wenn ein Schaden für die öffentliche Sicherheit oder Ordnung in absehbarer Zeit mit hinreichender Wahrscheinlichkeit bevorsteht. **882**

Bloße Nachteile, Belästigungen und Unbequemlichkeiten sind keine Gefahr[26].

In diesem Zusammenhang ist auch die sog. latente Gefahr[27] zu nennen. Sie wird dadurch charakterisiert, dass eine zunächst ungefährliche Lage sich durch Hinzutreten weiterer externer Umstände zu einer aktuellen Bedrohung polizeilicher Schutzgüter auswächst. Bis zum Hinzutreten der weiteren Zustände wird es in der Regel an der hinreichenden Wahrscheinlichkeit fehlen, um eine konkrete Gefahr anzunehmen. Ein Eingreifen der Polizeibehörden ist erst dann rechtlich zulässig, wenn aus der latenten eine konkrete Gefahr geworden ist. **883**

2. Verschiedene Eingriffsstufen

Die Polizeigesetze kennen nicht ausschließlich den allgemeinen Gefahrenbegriff. Die verschiedenen Eingriffsbefugnisse knüpfen zum Teil an unterschiedliche Gefahrbegriffe an, deren Eingriffstufen sich in der Intensität der Gefahr unterscheiden. **884**

Zu nennen sind hier:

- **unmittelbar bevorstehende Gefahr:** eine Sachlage, bei welcher ein akuter Schadenseintritt mit an Sicherheit grenzender Wahrscheinlichkeit zu erwarten ist
- **dringende Gefahr:** eine Sachlage, bei der, ohne dass dies unmittelbar bevorstehen müsste, Schäden für bedeutsame Rechtsgüter oder solche für wenig bedeutsame, aber großen Ausmaßes zu erwarten sind
- **gegenwärtige Gefahr:** Sachlage, bei der die Einwirkung des schädigenden Ereignisses bereits begonnen hat oder bei der diese Einwirkung mit an Sicherheit grenzender Wahrscheinlichkeit in allernächster Zeit bevorsteht
- **erhebliche Gefahr:** eine Gefahr ist erheblich, wenn sie bedeutsamen Rechtsgütern wie Leben, körperliche Unversehrtheit, Freiheit der Person oder wichtigen öffentlichen Einrichtungen droht
- **Gefahr im Verzug:** zur Verhinderung eines Schadens muss ohne Abwarten eingeschritten werden

---

24 *Tettinger/Erbguth/Mann*, BesVerwR, Rn. 464; *Schenke*, POR, Rn. 82.
25 *Schenke*, POR, Rn. 69.
26 BVerwG, DVBl 1969, 586 f.; BayObIG, BayVBl 1980, 411 f.
27 *Tettinger/Erbguth/Mann*, BesVerwR, Rn. 472.

3. Sonderprobleme

885 Ob eine Gefahr vorliegt, kann in manchen Situationen auch von einem verständigen, besonnenen und sachkundigen Polizeibeamten nicht immer zutreffend abschließend beurteilt werden. Nach polizeilichem Einschreiten kann sich herausstellen, dass tatsächlich keine Gefahr vorgelegen hat, oder es ist vorab nicht zu klären, ob tatsächlich eine Gefahr vorliegt. Daher sind Konstellationen wie die sog. Anscheinsgefahr oder der sog. Gefahrenverdacht von großer Bedeutung.

886 Eine **Anscheinsgefahr** ist eine Sachlage, welche die Behörde als gefährlich angesehen hat und unter den gegebenen Umständen bei verständiger Würdigung und hinreichender Sachverhaltsaufklärung als gefährlich ansehen durfte[28], während im Nachhinein die Stichhaltigkeit dieser Annahme erschüttert oder gar widerlegt wird. Polizeiliches Einschreiten ist in der Regel bei Vorliegen einer Anscheinsgefahr rechtmäßig, da eine Gefahr vorliegt[29]. Im Falle einer Anscheinsgefahr darf die Polizei gegen denjenigen einschreiten, der nach ihrem Kenntnisstand dem Anschein nach Störer ist. Spätere Kostenfolgen des auf der Annahme einer Anscheinsgefahr gegründeten Polizeieinsatzes dürfen den Anscheinsstörer nur treffen, wenn er bei rückschauender Betrachtung nach Aufklärung des Sachverhalts tatsächlich die Anscheinsgefahr veranlasst und zu verantworten hat[30].

887 Eine Anscheinsgefahr stellt es nicht dar, wenn nach bloßer subjektiver Gefahreinschätzung ohne hinreichend objektivierbare Anhaltspunkte eine Gefahr angenommen wird. Dieses ist die sog. Putativgefahr, die ein polizeiliches Einschreiten nicht rechtfertigt[31]. Polizeiliche Handlungen, die auf der Annahme einer Putativgefahr beruhen, sind stets rechtswidrig.

888 Wie schon oben im Zusammenhang mit der latenten und abstrakten Gefahr beschrieben, kann es Sachlagen geben, in denen es an der hinreichenden Wahrscheinlichkeit eines Eintritts eines Schadens fehlt. Es erscheint lediglich möglich, dass ein solcher eintritt. In solchen Fällen ist ein polizeiliches Handeln (noch) nicht erlaubt.

889 In manchen Situationen vermutet die Behörde das Vorliegen einer Gefahr, kann aber anhand der gegebenen feststehenden Tatsachen noch nicht abschließend klären, ob tatsächlich eine hinreichende Wahrscheinlichkeit des Eintritts eines Schadens vorliegt. Es bestehen nicht auszuräumende Unsicherheiten über die zukünftige Entwicklung. Dieses ist der sog. **Gefahrenverdacht**[32]. Die Polizeibehörde ist in diesen Verdachtssituationen zum Einschreiten befugt[33]. Sie ist aber in ihren Mitteln beschränkt. In erster Linie dürfen nur Maßnahmen zur Gefahrenerforschung durchgeführt werden[34]. Gefahrerforschung sind solche Maßnahmen, die der weiteren Erforschung des Sachverhalts dienen,

28 BVerwGE 45, 51, 60.
29 BVerwGE 45, 51, 58.
30 BGH, NJW 1994, 2355.
31 BGH, DVBl 1954, 812 f.; *Schenke*, POR, Rn. 82.
32 *Tettinger/Erbguth/Mann*, BesVerwR, Rn. 477.
33 OVG NW, NVwZ 1982, 46.
34 *Tettinger/Erbguth/Mann*, BesVerwR, Rn. 478 ff.

aber nicht zur unmittelbaren Gefahrenabwehr führen[35]. Dieses gilt insbesondere für Maßnahmen gegenüber dem „Verdachtsstörer". Dieser hat grundsätzlich auch nur Gefahrerforschungsmaßnahmen zu dulden[36]. Es besteht keine Pflicht zu einem aktiven Mitwirken. Steht hingegen das Bestehen der Gefahr und die Störereigenschaft fest, und es fehlt lediglich Klarheit über das Ausmaß der Gefahr, kann der Störer ausnahmsweise verpflichtet werden, an der Gefahrerforschung mitzuwirken[37].

Bei solchen Gefahrerforschungsmaßnahmen wird regelmäßig die Frage der **Kostentra-** 890
gung problematisch sein. Wie diese zu regeln ist, ist strittig. Zum Teil wird angenommen, dass prinzipiell die Behörde die entstehenden Kosten zu tragen hat[38]. Eine andere differenzierende Ansicht gibt dem Verdachtsstörer die Kosten auf, wenn Verdacht bzw. Verursachung der betreffenden Kosten im Verantwortungsbereich des Verdachtsstörers wurzeln[39].

35 *Schenke*, POR, Rn. 86.
36 *Tettinger/Erbguth/Mann*, BesVerwR, Rn. 480.
37 OVG NW, DVBl 1989, 1009, 1011.
38 OVG RP, NVwZ 1987, 241.
39 HessVGH, NVwZ 1991, 498.

Fall 15***

Der Geiger und die Mutter

Schwerpunkte: Antrag nach § 80 Abs. 5 VwGO; Einweisung von von Obdachlosigkeit bedrohter Personen in die bisherige Wohnung; Handlungsstörer; Zweckveranlasser; Notstandsinanspruchnahme

891 In der Ritter-von-Karajan-Straße der kreisfreien Stadt Frankfurt (Oder) wohnen im Haus Nr. 6 die allein erziehende Mutter Anna-Sophia M und ihre vier schulpflichtigen Kinder im Alter von sechs bis zehn Jahren im Erdgeschoss, der Geiger G in einer Maisonettewohnung; ihm gehört das Haus. G erfreut bislang kleinere Hochzeiten im Oderbruch, glaubt aber an den Durchbruch und übt täglich mehrere Stunden, gelegentlich bis weit nach Mitternacht. Darüber sind M und G schon einige Male in Streit geraten. Manchmal kommt es zu Tätlichkeiten des G gegen M und ihre Kinder: G sticht mit dem Geigenbogen nach ihnen.

Bei einer nächtlichen Probe kommt es erneut zum Streit. G kündigt den Mietvertrag fristlos. Als G nach seinem Geigenbogen greift, um M und ihre Kinder zu vertreiben, verlassen diese fluchtartig das Haus aus Angst vor Verletzungen. Nach einer Nacht in einem Notquartier bei einer Freundin wendet sich M Hilfe suchend an das Ordnungsamt. In einem Gespräch erfährt sie Folgendes:

Derzeit verfüge die Stadt über keine Unterbringungsmöglichkeit für M und die Kinder. Insbesondere sei das Obdachlosenheim überbelegt. Ferner könne die Stadt zurzeit keine Wohnung mieten, da Mittel fehlten.

M erklärt sich damit einverstanden, in ihre Wohnung im Haus des G zurückzukehren, wenn man sie per Verfügung einweise.

Daraufhin verfügt der Oberbürgermeister der Stadt Frankfurt (Oder), O, ohne vorherige Anhörung des G die dauerhafte Einweisung der M und ihrer Kinder in ihre bisherigen Zimmer. In der schriftlichen Begründung führt er die der M vorgetragenen Argumente an. Die fehlende Anhörung begründet er mit Gefahr im Verzug. Ferner ordnet er mit entsprechender Begründung die sofortige Vollziehung der Einweisungsverfügung an.

G will die M und ihre Kinder nicht mehr in seinem Haus haben. Er legt gegen die Verfügung form- und fristgerecht Widerspruch ein. Er möchte einstweiligen Rechtsschutz beanspruchen. Beurteilen Sie dessen Erfolgsaussichten.

Vorüberlegung

Prozessual wieder ein Fall vorläufigen Rechtsschutzes; diesen kann man nicht oft genug üben. Materiell ein altes, aber beliebtes Problem: die Bewältigung der Obdachlosigkeit. Es kommt darauf an, das bekannte polizeirechtliche Aufbauschema konsequent abzuarbeiten. **892**

Gliederung

I. Sachentscheidungsvoraussetzungen des Antrags auf vorläufigen Rechtsschutz **893**
1. Eröffnung des Verwaltungsrechtswegs
2. Statthafte Antragsart
3. Verfahrensartabhängige Sachentscheidungsvoraussetzungen
   a) Antragsbefugnis
   b) Passive Prozessführungsbefugnis
4. Beteiligten- und Prozessfähigkeit
5. Rechtsschutzbedürfnis
6. Zwischenergebnis

II. Die Begründetheit des Antrags auf Herstellung der aufschiebenden Wirkung
1. Rechtmäßigkeit der Vollziehungsanordnung
   a) Zuständige Behörde
   b) Verfahren
   c) Form
   d) Zwischenergebnis
2. Interessenabwägung
   a) Ermächtigungsgrundlage
   b) Formelle Rechtmäßigkeit der Einweisungsverfügung
   c) Materielle Rechtmäßigkeit der Einweisungsverfügung
      aa) Voraussetzungen der Ermächtigungsgrundlage
      bb) Inanspruchnahme des richtigen Störers, §§ 16[1], 18[2] BbgOBG
      cc) Verhältnismäßigkeit der Einweisungsverfügung
   d) Zwischenergebnis

III. Ergebnis

---

1 *Entspricht:* § 6 PolG BW; Art. 7 BayPAG; § 13 BerlASOG; § 5 BremPolG; § 8 HmbSOG; § 6 HessSOG; § 69 SOG MV; § 6 NdsSOG; § 17 OBG NW; § 4 POG RP; § 4 SaarlPolG; § 4 SächsPolG; § 7 SOG LSA; § 218 LVwG SH; § 10 ThürOBG.

2 *Entspricht:* § 9 PolG BW; Art. 10 BayPAG; § 16 BerlASOG; § 7 BremPolG; § 10 HmbSOG; § 9 HessSOG; § 71 SOG MV; § 8 NdsSOG; § 19 OBG NW; § 7 POG RP; § 6 SaarlPolG; § 7 SächsPolG; § 10 SOG LSA; § 220 LVwG SH; § 13 ThürOBG.

Lösung

Als Rechtsmittel gegen die Einweisungsverfügung des O kommt ein Antrag des G an das Verwaltungsgericht mit dem Ziel der Anordnung bzw. der Herstellung der aufschiebenden Wirkung seines Widerspruchs in Betracht. Dieses Rechtsschutzbegehren ist dem einstweiligen Rechtsschutz zuzuordnen. Das Verwaltungsgericht wird dem Antrag stattgeben, wenn er zulässig und begründet ist.

I. Sachentscheidungsvoraussetzungen des Antrags auf vorläufigen Rechtsschutz

Einstweiliger Rechtsschutz existiert in dem Rechtsweg, der in der Hauptsache eröffnet ist. In Betracht kommt Rechtsschutz vor dem Verwaltungsgericht.

1. Eröffnung des Verwaltungsrechtswegs

894 Die Eröffnung des Verwaltungsrechtswegs richtet sich nach § 40 Abs. 1 Satz 1 VwGO. Die streitentscheidende Norm muss zum öffentlichen Recht zählen. Die Parteien streiten über die Rechtsfolgen der Anwendung ordnungsrechtlicher Normen. Diese berechtigen und verpflichten ausschließlich Träger öffentlicher Gewalt. Sie sind nach der modifizierten Subjektstheorie Sonderrecht des Staats.

Eine verfassungsrechtliche Streitigkeit ist offensichtlich nicht gegeben. Eine abdrängende Sonderzuweisung fehlt.

Der Verwaltungsrechtsweg ist eröffnet.

2. Statthafte Antragsart

895 G beantragt, die aufschiebende Wirkung seines Widerspruchs gegen die Einweisung wiederherzustellen. Es handelt sich um ein Begehren einstweiligen Rechtsschutzes. Fraglich ist die statthafte Antragsart.

Ausgangspunkt für dessen Ermittlung ist § 123 Abs. 5 VwGO. § 123 VwGO ist nicht einschlägig in den Fällen des § 80 und § 80a VwGO. Voraussetzung für die Anwendung dieser Vorschriften ist, dass Gegenstand der Hauptsache die Anfechtung eines Verwaltungsakts ist. Nur dann dient dem Begehren des Antragsstellers die Herstellung der aufschiebenden Wirkung. Die Verfügung des O ist ein Verwaltungsakt. G hat gegen ihn Widerspruch eingelegt. Der Antrag auf Herstellung der aufschiebenden Wirkung nach § 80 Abs. 5 Satz 1 VwGO ist der statthafte Antrag. Er ist nach § 80 Abs. 5 Satz 2 VwGO schon vor Erhebung der Anfechtungsklage zulässig.

3. Verfahrensartabhängige Sachentscheidungsvoraussetzungen

a) Antragsbefugnis

Das einstweilige Rechtsschutzverfahren ermöglicht nur soviel Rechtsschutz wie das zugrunde liegende Hauptsacheverfahren. Scheitert dieses an der Klagebefugnis des § 42 Abs. 2 VwGO, ist das einstweilige Rechtsschutzverfahren unzulässig. § 42 Abs. 2 VwGO ist entsprechend anzuwenden. **896**

G muss im Hauptsacheverfahren klagebefugt sein. G müsste geltend machen können, durch einen belastenden Verwaltungsakt in seinen Rechten verletzt zu sein.

Nach der Adressatentheorie ist der Kläger klagebefugt/der Antragsteller antragsbefugt, wenn er Adressat eines Gebots oder Verbots ist, weil die Möglichkeit der Verletzung des Rechts nach Art. 2 Abs. 1 GG besteht. G ist Adressat eines Gebots, nämlich die Familie der M in seinem Hause wohnen zu lassen, obwohl er den Mietvertrag gekündigt hat. Ob diese Kündigung wirksam ist, bleibt offen; denn die Einweisung in die Wohnung hat eine andere „Qualität" als eine privatrechtliche Berechtigung zum Wohnen. G ist antragsbefugt.

b) Passive Prozessführungsbefugnis

Die Ermächtigung des § 78 Abs. 1 Nr. 2 VwGO ist landesrechtlich durch § 8 Abs. 2 BbgVwGG umgesetzt. Richtiger Antragsgegner ist die Behörde, die den Verwaltungsakt erlassen hat. Das ist O. **897**

4. Beteiligten- und Prozessfähigkeit

G ist als natürliche Person nach §§ 61 Nr. 1 Alt. 1 und 62 Abs. 1 Nr. 1 VwGO beteiligten- und prozessfähig. Der Oberbürgermeister ist nach § 61 Nr. 3 VwGO iVm § 8 Abs. 1 BbgVwGG als Behörde beteiligtenfähig. Er ist nach § 62 Abs. 3 VwGO prozessfähig. **898**

5. Rechtsschutzbedürfnis

Bei den in § 80 Abs. 2 VwGO aufgezählten Sachverhalten entfällt die aufschiebende Wirkung. Es ist eine gerichtliche Anordnung erforderlich, um einstweiligen Rechtsschutz zu erhalten. Er begegnet der Gefahr irreparabler Zustände. **899**

Dem Widerspruch des G kommt aufschiebende Wirkung wegen der Anordnung der sofortigen Vollziehung nach § 80 Abs. 2 Satz 1 Nr. 4 VwGO nicht zu. Eine gerichtliche Anordnung ist nötig.

Zum Zeitpunkt der gerichtlichen Entscheidung darf die Verfügung des O noch nicht bestandskräftig sein. Das ist der Fall; G hat fristgemäß Widerspruch eingelegt. Ein vor Einlegung des Widerspruchs an die Behörde gerichteter Antrag nach § 80 Abs. 6 VwGO ist nicht erforderlich, da es sich hier nicht um einen Fall des § 80 Abs. 2 Satz 1 Nr. 1 VwGO handelt.

G besitzt für seinen Antrag das notwendige Rechtsschutzbedürfnis.

6. Zwischenergebnis

Der Antrag des G nach § 80 Abs. 5 Satz 1 VwGO auf Herstellung der aufschiebenden Wirkung des Widerspruchs ist zulässig.

II. Die Begründetheit des Antrags auf Herstellung der aufschiebenden Wirkung

900 Der Antrag ist begründet, wenn die Anordnung der sofortigen Vollziehung rechtswidrig ist oder wenn das Gericht nach summarischer Prüfung bei eigener Abwägung (§ 80 Abs. 5 VwGO: „kann“) das Aussetzungsinteresse des Antragsstellers gegenüber dem staatlichen Vollziehungsinteresse als vorrangig beurteilt.

1. Rechtmäßigkeit der Vollziehungsanordnung

901 Die Rechtsgrundlage für die Anordnung der sofortigen Vollziehung ergibt sich aus § 80 Abs. 2 Satz 1 Nr. 4 VwGO.

Die Anordnung muss rechtmäßig sein. Das ist dann der Fall, wenn sie von der zuständigen Behörde im ordnungsgemäß durchgeführten Verfahren und in der richtigen Form erlassen wurde.

a) Zuständige Behörde

902 Zuständig zum Erlass der Anordnung ist nach § 80 Abs. 2 Satz 1 Nr. 4 VwGO die Behörde, die den Verwaltungsakt erlassen hat. Die Einweisung ist eine Maßnahme der Gefahrenabwehr. In Brandenburg sind für die Gefahrenabwehr nach § 1 Abs. 1 BbgOBG die Ordnungsbehörden zuständig. Die Aufgaben der Ordnungsbehörden nehmen die Ämter, die amtsfreien Gemeinden und die kreisfreien Städte wahr, § 3 Abs. 1 BbgOBG. Frankfurt (Oder) ist eine kreisfreie Stadt und damit als örtliche Ordnungsbehörde für die Gefahrenabwehr zuständig. Im vorliegenden Fall hat O als Vertreter der Stadt Frankfurt (Oder) sowohl die Einweisungsverfügung als auch die Vollziehungsanordnung erlassen. Die zuständige Behörde hat gehandelt.

b) Verfahren

903 G ist vor Erlass der Vollziehungsanordnung nicht gehört worden. Das Fehlen der Anhörung könnte gegen § 28 Abs. 1 VwVfG[3] verstoßen.

Die VwGO enthält weder in § 80 Abs. 3 noch an einer anderen Stelle eine Regelung über die Notwendigkeit einer Anhörung des Betroffenen vor der Anordnung der sofortigen Vollziehung eines Verwaltungsakts. Geregelt ist lediglich die Anhörung vor dem Erlass eines Verwaltungsakts, § 28 Abs. 1 VwVfG.

---

3 IVm § 1 Abs. 1 BbgVwVfG.

Die Anhörungspflicht könnte sich unmittelbar aus § 28 Abs. 1 VwVfG ergeben. Die Vollziehungsanordnung müsste ein Verwaltungsakt sein. Dagegen spricht, dass die Anordnung der sofortigen Vollziehung stets einen unselbstständigen Annex zu einem Verwaltungsakt bildet. Der Annex ist eine Maßnahme im Bereich des einstweiligen Rechtsschutzes, der einer Bestandskraft weder zugänglich noch bedürftig ist. Ein Widerspruch oder eine Klage gegen eine Vollziehungsanordnung scheiden wegen der Sonderregelung in § 80 Abs. 5 VwGO aus. Die Anordnung ist kein Verwaltungsakt.

Es ist eine analoge Anwendung des § 28 Abs. 1 VwVfG auf eine Vollziehungsanordnung denkbar. Gegen die analoge Anwendung sprechen der abschließende Charakter der §§ 80, 80a VwGO sowie die Eilbedürftigkeit der Vollziehungsanordnung.

Eine Anhörungspflicht könnte sich letztlich dem Rechtsstaatsgebot entnehmen lassen, wenn das Verbot einer überraschenden Entscheidung die Anhörung erfordert. Sie könnte notwendig sein, wenn die Vollziehungsanordnung dem Verwaltungsakt nachträglich angefügt werden soll. Hier wurde sie zusammen mit der Einweisungsverfügung erlassen. Es bestand keine Verpflichtung zur Anhörung.

c) Form

Nach § 80 Abs. 3 Satz 1 VwGO ist das besondere Interesse an der sofortigen Vollziehung des Verwaltungsakts schriftlich zu begründen. Bei Gefahr im Verzug entfällt nach § 80 Abs. 3 Satz 2 VwGO die besondere Begründungspflicht. O hat nur die Einweisungsverfügung begründet. Er hat aber darauf hingewiesen, dass Gefahr im Verzug vorliegt. Eine besondere Begründung der Vollziehungsanordnung ist entbehrlich. **904**

d) Zwischenergebnis

Die Vollziehungsanordnung ist rechtmäßig.

2. Interessenabwägung

Ob die aufschiebende Wirkung des Widerspruchs wiederhergestellt wird, richtet sich nach dem voraussichtlichen Erfolg des eingelegten Rechtsbehelfs in folgender Weise: Die sofortige Vollziehung ist im öffentlichen Interesse regelmäßig geboten, wenn der Widerspruch offensichtlich unbegründet ist, weil in diesem Fall ein schutzwürdiges Interesse an der Aussetzung der Vollziehung fehlt. Ein öffentliches Interesse an der sofortigen Vollziehung ist zu verneinen, wenn der Widerspruch offensichtlich begründet ist. Ist bei der gebotenen summarischen Überprüfung des eingelegten Rechtsbehelfs weder festzustellen, dass der Widerspruch offensichtlich begründet noch offensichtlich unbegründet ist, muss eine Interessenabwägung im weiteren Sinne stattfinden; maßgeblich ist, ob das öffentliche Interesse schutzwürdiger als das private Interesse ist. **905**

Entscheidend ist, ob die Einweisungsverfügung rechtmäßig ist.

a) Ermächtigungsgrundlage

Die Einweisungsverfügung bedarf als belastender Verwaltungsakt einer Ermächtigungsgrundlage. Anwendbare Befugnisnorm könnte in Ermangelung einer speziellen Befugnisnorm die ordnungsrechtliche Generalklausel des § 13 Abs. 1 BbgOBG sein.

b) Formelle Rechtmäßigkeit der Einweisungsverfügung

906 Die Einweisungsverfügung ist formell rechtmäßig, wenn die zuständige Ordnungsbehörde gehandelt hat und die Verfügung in einem ordnungsgemäß durchgeführten Verfahren erlassen worden ist.

Nach §§ 1 Abs. 1[4] und 13 Abs. 1 BbgOBG[5] haben die Ordnungsbehörden die Aufgabe, Gefahren für die öffentliche Sicherheit oder Ordnung abzuwehren und die notwendigen Maßnahmen zur Zweckerreichung zu treffen. Die wegen der Kündigung und dem Wegzug aus der Wohnung drohende Obdachlosigkeit der M und ihrer Kinder stellt eine Gefahr für die öffentliche Sicherheit dar, weil diese Personen in ihrer Gesundheit gefährdet sind. Für die Gefahrenabwehr ist die kreisfreie Stadt als örtliche Ordnungsbehörde zuständig, § 4 Abs. 1 BbgOBG[6]. Die sachliche Zuständigkeit ergibt sich aus § 5 Abs. 1 BbgOBG[7]. O hat als Vertreter der Stadt die Verfügung erlassen. Er ist zuständig.

Die Einweisungsverfügung ist ordnungsgemäß begründet. Nach § 28 Abs. 2 Nr. 1 VwVfG war wegen Gefahr in Verzug eine Anhörung des G entbehrlich.

Die Einweisungsverfügung ist formell rechtmäßig.

c) Materielle Rechtmäßigkeit der Einweisungsverfügung

aa) Voraussetzungen der Ermächtigungsgrundlage

907 Es müsste eine Gefahr für die öffentliche Sicherheit oder Ordnung vorliegen. In Betracht kommt eine Gefahr für die öffentliche Sicherheit.

Öffentliche Sicherheit ist die Unverletzlichkeit der Rechtsordnung, der subjektiven Rechte und Rechtsgüter des Einzelnen sowie der Einrichtungen und Veranstaltungen des Staats oder sonstiger Träger der Hoheitsgewalt. Die drohende Obdachlosigkeit der M und ihrer Kinder stellt eine Gefahr für die öffentliche Sicherheit dar, weil ihr Rechtsgut Gesundheit gefährdet ist.

---

4 *Entspricht:* § 1 PolG BW; Art. 2 BayPAG; § 1 Abs. 1 BerlASOG; § 1 BremPolG; § 3 HmbSOG; § 1 HessSOG; § 1 SOG MV; § 1 NdsSOG; § 1 OBG NW; § 1 POG RP; § 1 SaarlPolG; § 1 SächsPolG; § 1 SOG LSA; § 162 LVwG SH; § 1 ThürOBG.

5 *Entspricht:* § 3 PolG BW; Art. 11 BayPAG; § 17 Abs. 1 BerlASOG; § 10 BremPolG; § 3 HmbSOG; § 11 HessSOG; §§ 13, 16 SOG MV; § 11 NdsSOG; § 14 OBG NW; § 9 POG RP; § 8 SaarlPolG; § 3 Abs. 1 SächsPolG; § 13 SOG LSA; §§ 174, 176 LVwG SH; § 13 ThürOBG.

6 *Entspricht:* § 68 PolG BW; ZustKat BerlASOG; § 100 HessSOG; § 5 SOG MV; § 100 NdsSOG; § 4 OBG NW; § 90 POG RP; § 81 SaarlPolG; § 70 SächsPolG; § 88 SOG LSA; §§ 166 f. LVwG SH; § 4 ThürOBG.

7 *Entspricht:* §§ 66, 67 PolG BW; § 2 BerlASOG; § 89 HessSOG; § 4 SOG MV; § 97 NdsSOG; § 5 OBG NW; § 91 POG RP; § 80 SaarlPolG; §§ 68 f. SächsPolG; § 89 SOG LSA; § 165 LVwG SH; § 4 ThürOBG.

bb) Inanspruchnahme des richtigen Störers, §§ 16, 18 BbgOBG

G könnte **Verhaltensstörer** nach § 16 Abs. 1 BbgOBG sein, wenn sein Verhalten die Gefahr verursacht hat. G müsste die Obdachlosigkeit zuzurechnen sein. Das ist ein Problem der Kausalität. **908**

Nach der im Strafrecht vertretenen Äquivalenztheorie ist jede Bedingung für einen Erfolg kausal, die nicht hinweggedacht werden kann, ohne dass der Erfolg entfiele. Die Zurechnung ist umfassend. Mit Hilfe des Kriteriums Verschulden erfolgt eine Korrektur des Resultats. Im Ordnungsrecht entfällt diese Korrekturmöglichkeit, weil es auf ein Verschulden nicht ankommt. Folgte man dieser Theorie, wäre die Ordnungspflicht sehr weit ausgedehnt. Unangemessene Ergebnisse wären die Folge. Diese Theorie ist nicht brauchbar.

Nach der im Zivilrecht vertretenen Adäquanztheorie ist eine Bedingung ursächlich für einen Erfolg, wenn sie nach allgemeiner Lebenserfahrung dazu geeignet ist, den Erfolg herbeizuführen. Im Ordnungsrecht muss einer Vielzahl unvorhergesehener Gefahren begegnet werden, auch solcher, die auf einen atypischen Kausalverlauf zurückzuführen sind, also bei Inadäquanz von Bedingung und Erfolg. Die Adäquanztheorie erweist sich als zu eng. Diese Theorie wird dem Erfordernis einer effektiven Gefahrenabwehr nicht gerecht. **909**

Nach der Theorie der rechtswidrigen Verursachung soll eine adäquat verursachte Gefahr oder Störung ihrem Urheber nur dann zugerechnet werden, wenn er sich nicht dem Recht gemäß verhält, also seinen Rechtskreis überschreitet. Es ist indes nicht hinzunehmen, die ordnungsrechtliche Verantwortlichkeit auf die Fälle rechtswidriger Verursachung einer Gefahr oder Störung zu begrenzen, sofern unter rechtswidriger Verursachung eine besondere Rechtswidrigkeit im Sinne der Verletzung spezieller Gebots- oder Verbotsnormen zu verstehen ist. Eine partielle Funktionslosigkeit der ordnungsrechtlichen Generalklausel wäre die Folge; die Verantwortlichkeit für solche Verhaltensweisen entfiele, die nicht gegen einen besonderen Rechtssatz verstoßen. **910**

Zu folgen ist der Lehre von der unmittelbaren Verursachung der Gefahr. Nach ihr ist ein Verhalten ordnungsrechtlich relevant, wenn es von Anfang an eine erhöhte Gefahrentendenz aufweist. Es ist darauf abzustellen, ob ein Verhalten die Gefahrengrenze überschreitet und damit die unmittelbare Ursache für den Eintritt der Gefahr setzt. Bei mehreren zusammenwirkenden Faktoren ist grundsätzlich die zeitlich letzte Ursache maßgeblich. Diese Theorie ist vorzugswürdig, weil sie eine sachgerechte Erfolgszurechnung ermöglicht. Lediglich mittelbare Bedingungen des eingetretenen oder drohenden Erfolgs entfallen als ordnungsrechtlich irrelevant. **911**

Das Verhalten des G ist für die eingetretene Störung – das Verlassen der Wohnung durch M und ihre Kinder – kausal. G ist nur dann Störer, wenn er subjektiv die Störung intendiert, wenn er also die Störung der öffentlichen Sicherheit vorsätzlich herbeiführt. Sein Verhalten bildet nicht die unmittelbare Bedingung für die Gefahr der Obdachlosigkeit. Unmittelbare Bedingung ist vielmehr der eigene Entschluss von M, mit ihren Kin- **912** dern die Wohnung zu verlassen. Es ist unangemessen, dem G dieses Verhalten zuzurechnen. G stört nicht selbst, sondern ruft eine Störung anderer hervor. M selbst ist Verhaltensstörerin.

913 Der Urheber mittelbarer Ursachen ist ausnahmsweise ordnungspflichtig, wenn er *Zweckveranlasser* ist. Zweckveranlasser ist, wer eine Störung nicht selbst unmittelbar verursacht, sondern ihre Verursachung durch andere veranlasst. Die Rechtsfigur Zweckveranlasser ist anerkannt, umstritten sind ihre Voraussetzungen.

Insoweit kommt es nach der subjektiven Theorie auf die Absicht des Veranlassers an. Maßgeblich ist, ob er die Herbeiführung der Gefahr durch eine andere Person zumindest billigend in Kauf nimmt. Gegen diese Theorie sprechen ihre mangelnde Übereinstimmung mit dem objektivierten Ordnungsrecht und Beweisschwierigkeiten. – Nach der objektiven Theorie muss aus der Sicht eines unbeteiligten Dritten die eingetretene Folge typischerweise durch die Veranlassung herbeigeführt sein. Gegen diese Theorie spricht ihr Ergebnis: eine Ausuferung der Störereigenschaft. – Eine vermittelnde Ansicht bejaht die Störereigenschaft dessen, der die Störung subjektiv bezweckt oder aus dessen Verhalten sie zwangsläufig folgt. Diese Theorie verdient den Vorzug, weil sie den subjektiven und den objektiven Ansatz ausgleicht.

Hier hat G die Obdachlosigkeit der M und ihrer Kinder nicht gewollt. Sie ist ferner nicht zwangsläufig die Folge der Auseinandersetzungen zwischen G und M. G ist nicht Zweckveranlasser; seine Inanspruchnahme ist nach § 16 Abs. 1 BbgOBG nicht möglich.

914 G könnte nach § 18 Abs. 1 Nr. 1 BbgOBG als **Nichtverantwortlicher** in Anspruch genommen werden. Es können Maßnahmen gegen andere Personen als die nach § 16 Abs. 1 BbgOBG Verantwortlichen getroffen werden, wenn eine gegenwärtige erhebliche Gefahr abzuwehren ist. Die Obdachlosigkeit der M und ihrer Kinder müsste eine gegenwärtige erhebliche Gefahr bilden.

915 Eine gegenwärtige Gefahr liegt vor, wenn die Einwirkung des schädigenden Ereignisses bereits begonnen hat oder wenn diese Einwirkung unmittelbar oder in allernächster Zeit mit an Sicherheit grenzender Wahrscheinlichkeit bevorsteht. Die drohende Obdachlosigkeit bildet eine gegenwärtige Gefahr für die Gesundheit der M und ihrer Kinder. Im Hinblick auf das gefährdete hohe Rechtsgut Gesundheit ist von einer erheblichen Gefahr auszugehen. Die Abwehr der Gefahr durch gegen den Störer gerichtete Maßnahmen ist nicht möglich.

916 Ein Nichtstörer kann darüber hinaus nur dann in Anspruch genommen werden, wenn Maßnahmen nach § 18 Abs. 1 Nr. 3 BbgOBG nicht möglich sind, d.h. wenn die Ordnungsbehörde die Gefahr nicht selbst oder durch Beauftragte abwenden kann. Nach dem Sachverhalt kommt eine anderweitige Unterbringung der M und ihrer Kinder nicht in Betracht, weil „auf die Schnelle“ eine andere Wohnung nicht zu beschaffen ist.

Die Inanspruchnahme des G als Nichtstörer ist rechtmäßig.

cc) Verhältnismäßigkeit der Einweisungsverfügung

Die Einweisungsverfügung muss verhältnismäßig sein, § 14 BbgOBG[8]. Das ist dann der Fall, wenn die Ordnungsbehörde von ihrem Entschließungsermessen („ob" des Einschreitens) und ihrem Auswahlermessen („wie" des Einschreitens) ordnungsgemäß Gebrauch gemacht hat. **917**

Das Einschreiten der Ordnungsbehörde ist notwendig, da anderenfalls die Obdachlosigkeit der M und ihrer Kinder droht. Die Verfügung dient dem Ziel, Gefahr für Leib und Leben der mit Obdachlosigkeit bedrohten Familie abzuwenden. Sie ist unmittelbar zielführend. **918**

Die Einweisungsverfügung ist erforderlich, wenn die drohende Obdachlosigkeit nicht durch eine zur Gefahrenbeseitigung geeignete, den Einzelnen und die Allgemeinheit weniger beeinträchtigende Unterbringung abgewendet werden kann. Nach dem Sachverhalt ist nicht ersichtlich, dass für die Familie schnell eine andere Wohnung zur Verfügung steht. **919**

Fraglich ist, ob die Maßnahme auch angemessen ist, insbesondere, ob das Übermaßverbot in zeitlicher Hinsicht eingehalten wird. **920**

Die Einweisungsverfügung beschwert den G in seinem Eigentumsrecht nur geringfügig im Verhältnis zu dem bedrohten Rechtsgut Gesundheit der M und ihrer Kinder. Andererseits ist bei Einweisungsverfügungen das Beendigungsgebot des § 14 Abs. 3 BbgOBG im besonderen Maße zu beachten. Der Einweisungszeitraum ist auf den bei äußerster Anstrengung der Verwaltung unvermeidbaren Zeitraum zu begrenzen und beträgt in der Regel äußerstenfalls wenige Monate. Der Kostenaufwand einer Maßnahme rechtfertigt die Inanspruchnahme von Nichtstörern nicht. Die Ordnungsbehörde darf sich durch selbst auferlegten Sparzwang ihrer Instrumente zur Beseitigung von Gefahren für die öffentliche Sicherheit nicht berauben. Ansonsten ließen sich über den kommunalen Haushalt die Grenzen des § 18 BbgOBG festlegen.

Eine Inanspruchnahme des G über den nach § 18 Abs. 2 BbgOBG zulässigen Zeitraum hinaus ist nicht zu rechtfertigen.

d) Zwischenergebnis

Die Einweisungsverfügung ist materiell rechtswidrig.

III. Ergebnis

Das Verwaltungsgericht wird dem Antrag des G stattgeben und die Vollziehungsanordnung des Oberbürgermeisters der Stadt Frankfurt (Oder) aufheben mit der Folge, dass der Suspensiveffekt nach § 80 Abs. 1 VwGO eintritt.

8 *Entspricht:* § 3 PolG BW; Art. 4 BayPAG; § 11 BerlASOG; § 3 BremPolG; § 4 HmbSOG; § 4 HessSOG; § 15 SOG MV; § 4 NdsSOG; § 15 OBG NW; § 2 POG RP; § 2 SaarlPolG; § 3 Abs. 3 SächsPolG; § 5 SOG LSA; § 174 LVwG SH; § 6 ThürOBG.

Vertiefungshinweise: Zum Anhörungsrecht bei § 80 Abs. 2 Satz 1 Nr. 4 VwGO: *Schenke*, VerwProzess, Rn. 978; *ders.*, VerwArch 91 (2000), 587, 594. Zur Obdachlosigkeit: *Schenke*, POR, Rn. 240, 310 f.; *Tettinger/Erbguth/Mann*, BesVerwR, Rn. 558; *Schoch*, JuS 1994, 932; *Zilkens*, JuS 1999, 672; BVerwG, DVBl 1992, 308; HessVGH, DÖV 1992, 753.

Repetitorium

Die Verantwortlichkeit im Polizei- und Ordnungsrecht – Störerauswahl

Im Rahmen der polizeilichen und ordnungsbehördlichen Gefahrenabwehr kann grundsätzlich nur der sog. Störer in Anspruch genommen werden. Der „Störer" ist der Verantwortliche für die von der Polizei abzuwehrenden Gefahr. Zu unterscheiden sind grundsätzlich der Handlungs- und der Zustandsstörer.

1. Handlungsstörer (Verhaltensverantwortlichkeit)

921 Im Gefahrenabwehrrecht gilt der Grundsatz, dass jeder die persönliche Verantwortlichkeit für sein eigenes Handeln trägt. Sobald jemand eine Gefahr verursacht hat, ist er für deren Beseitigung verantwortlich. Eine Verursachung der Gefahr ist dann zu bejahen, wenn das Verhalten selbst unmittelbar die konkrete Gefahr hervorgerufen hat, die Gefahrenschwelle überschritten wurde[9]. Auf ein weitergehendes Verschulden kommt es nicht an. Gegen schuldunfähige Personen wie Kinder oder Einsichtsunfähige können sich auch ordnungs- oder polizeibehördlicher Maßnahmen richten[10]. In diesen Fällen kann die sog. Zusatzverantwortlichkeit entstehen. Aufsichtsberechtigte können dann auch Adressaten der polizeibehördlichen Maßnahmen sein, soweit es sich um eine vertretbare Handlung handelt[11].

922 Der Handlungsstörer ist eine Person, die durch ihr Verhalten/ihren Zustand eine Gefahr oder auch den Anschein einer Gefahr hervorgerufen hat. Ein Unterlassen steht dem Handeln gleich, wenn der Betroffene rechtlich zum Tätigwerden verpflichtet ist[12].

Wichtig im Zusammenhang der Beurteilung der Verhaltensverantwortlichkeit ist immer die Kausalitätsfrage[13]. Nur der, der durch sein Verhalten selbst die konkrete Gefahr unmittelbar herbeigeführt hat, kann als Handlungsstörer herangezogen werden.

Eine Mehrzahl von Handlungsstörern liegt im Bereich des Möglichen. Rechtsnachfolger eines Handlungsstörers existieren nicht.

---

9 *Stollmann*, DVP 2003, 335, 340.
10 VG Berlin, NJW 2001, 2489, 2490.
11 Vgl. *Poscher*, JURA 2007, 801.
12 OVG NW, NJW 1989, 121.
13 Vgl. weitere Ausführungen bei *Tettinger/Erbguth/Mann*, BesVerwR, Rn. 490.

In der Ausbildung und Praxis von erheblicher Bedeutung ist die Figur des sog. Zweckveranlassers. Es ist möglich, dass eine Gefahr nicht unmittelbar von einer Person A, sondern von einer Person B ausgeht. Trotz der fehlenden Unmittelbarkeit der Gefahr mit Blick auf die Person A kann sie als Störer zur Gefahrenabwehr herangezogen werden, wenn sie, durch ihr Verhalten gewollt, eine Gefahr ausgehend von B, welche die Verhaltensverantwortung trifft, hervorgerufen hat. A muss gezielt Veranlassung gegeben haben, dass sich B polizeirechtswidrig verhält, oder durch das Verhalten der B muss sich eine Gefahr als Folge zwangsläufig eingestellt haben[14]. **923**

2. Zustandsstörer (Zustandsverantwortlichkeit)

Gefahren können auch von Sachen ausgehen, ohne dass eine Handlung einer Person für diese Gefahr einen ursächlichen Beitrag geleistet hat. Geht von einer Sache eine Gefahr aus, dann ist grundsätzlich der Eigentümer Adressat der notwendigen ordnungs- oder polizeirechtlichen Maßnahmen. Wer Eigentümer einer Sache ist, regelt sich nach den Vorschriften des BGB. Anstatt gegen den Eigentümer einer Sache können die Gefahrabwehrmaßnahmen auch gegen den Inhabers der tatsächlichen Gewalt gerichtet werden. Inhaber der tatsächlichen Gewalt ist derjenige, der die tatsächliche Einwirkungsmöglichkeit auf die Sache hat. Eine Berechtigung nach dem BGB ist dabei nicht erforderlich. Der Eigentümer der Sache darf dann nicht Adressat einer ordnungs- oder polizeirechtlichen Maßnahme sein, wenn der Inhaber der tatsächlichen Gewalt über eine Sache gegen den Willen des Eigentümers ausübt. **924**

Mit dem Verlust der Eigentümerposition endet auch die Verantwortlichkeit. Eine bloße Dereliktion (Besitzaufgabe) reicht indes nicht aus[15]. Bei einem neuen Eigentümer entsteht die Zustandsverantwortlichkeit neu[16]. Bereits erlassene Verfügungen gelten auch gegenüber dem Rechtsnachfolger, da die Verantwortlichkeit und damit die Verfügung an das Eigentum und nicht an die Person des Störers knüpfen. Würde anderes gelten, müsste bei jedem Eigentumswechsel eine neue Verfügung erlassen werden. **925**

Die Sache selbst muss die Gefahrenquelle bilden.

Der Umfang der Zustandshaftung ist grundsätzlich unbeschränkt[17]. Dieses folgt aus der Sozialpflichtigkeit des Eigentums[18]. Eine Ausnahme davon soll dann gelten, wenn der Zustandsverantwortliche durch Nachkommen der ordnungs- oder polizeibehördlichen Verfügung sein gesamtes Vermögen aufwenden muss (sog. „Opfergrenze") und er das mit der Sache verbundene Risiko nicht zumindest billigend in Kauf genommen hat[19]. Diese Ausnahme kommt insbesondere bei Altlasten zur Anwendung. **926**

---

14 VGH BW, DÖV 1996, 83.
15 BremOVG, DVBl 1989, 1008 f.
16 OVG NW, NWVBl 1997, 175, 176.
17 VGH BW, NVwZ 1985, 325 ff.
18 BVerfGE 102, 1, 18 ff.
19 BVerfGE 102, 1, 18 ff.

3. Störerauswahl

927 Häufig können unterschiedliche Störer zur Gefahrenabwehr herangezogen werden. Wer von der Behörde tatsächlich herangezogen wird, ist in der Regel gesetzlich nicht geregelt und liegt daher im Auswahlermessen der Behörde. Das Ermessen leitend muss regelmäßig der Grundsatz der Effektivität der Gefahrenabwehr sein[20]. Ein Rangverhältnis zwischen den verschiedenen Arten der Störer ist daher abzulehnen. In Ausnahmefällen ist es aus Verhältnismäßigkeitsgründen durchaus denkbar, zunächst die unmittelbaren Verursacher einer Gefahr vorrangig in Anspruch zu nehmen (Abfallberäumung durch Eigentümer, wenn anderer Verursacher), soweit der Handlungsstörer ebenso effektiv zur Gefahrenabwehr herangezogen werden kann (wohl nicht anzunehmen, wenn Verursacher in Insolvenz ist). Dieses muss aber einzelfallbezogen festgestellt werden.

Unter Umständen können sowohl Zustandsstörer als auch Handlungsstörer zur Beseitigung einer Gefahr herangezogen werden.

4. Polizeilicher Notstand

928 Es sind Fälle denkbar, in denen weder der Handlungs- noch der Zustandsstörer zeitnah und effektiv zur Gefahrenabwehr herangezogen werden kann. In dieser Situation, genannt polizeilicher Notstand, darf die Polizei ausnahmsweise Dritte, die nicht Störer sind, in Anspruch nehmen.

Voraussetzungen für eine solche Inanspruchnahme sind regelmäßig:

- das Vorliegen einer gegenwärtigen erheblichen Gefahr,
- Maßnahme gegen Störer sind nicht oder nicht rechtzeitig möglich,
- die Gefahrenabwehr ist durch eigene Kräfte nicht möglich, und
- eine Gefährdung und Verletzung höherwertiger Pflichten des herangezogenen Dritten entfällt.

929 Die Inanspruchnahme Dritter ist auf das sachlich wie zeitlich Unumgängliche zu beschränken. Erleidet der Dritte durch Maßnahmen der Ordnungs- oder Polizeibehörde bei der Inanspruchnahme im polizeilichen Notstand einen Schaden, ist der Schaden zu ersetzen. Denkbar ist auch ein Folgenbeseitigungsanspruch des Dritten, wenn die Beseitigung der unmittelbaren tatsächlichen Folgen der Inanspruchnahme (noch) möglich ist.

20 H.M.: vgl. BayVGH, NJW 2004, 2768, 2770.

Fall 16**

Das nasse Grab

Schwerpunkte: Erstattung der Kosten im Rahmen der Verwaltungsvollstreckung; Voraussetzungen der Ersatzvornahme; Inanspruchnahme als Störer; Umfang der Kostentragungspflicht

Professor P ist Eigentümer eines abgemeldeten, aber gut erhaltenen Trabant, den er auf **930**
seinem umzäunten Grundstück am Sacrower See abgestellt hat. Dieses Auto haben Jugendliche, die sich nicht mehr ermitteln lassen, in den Sacrower See geschoben. Aus diesem See gewinnt die Stadt Potsdam ihr Trinkwasser. Die zuständige Behörde, die von dem Zwischenfall erfährt, stellt fest, dass Benzin und Öl das Wasser des Sees verunreinigen. Sie beauftragt daraufhin den Unternehmer U, das Auto zu bergen und es auf einen Abstellplatz zu bringen. An Hand der Motornummer wird P als Eigentümer des Autos identifiziert. Die Behörde fordert ihn auf, das Auto abzuholen und die Bergungskosten in Höhe von 1000,– € zu zahlen. Als P sich weigert, lässt die Behörde den Wagen verschrotten.

Durch Bescheid fordert die Behörde P auf, 1000,– € Bergungskosten und 100,– € Standkosten (pro Tag 10,– €) zu zahlen, die sie an U hat leisten müssen. Dem Bescheid ist eine ordnungsgemäße Rechtsbehelfsbelehrung beigefügt.

P hält diese Forderung für ungerechtfertigt, da nicht er, sondern die Jugendlichen das Auto in den See geschoben hätten; diese müssten deshalb auch die Kosten tragen. Dass diese nicht zu ermitteln seien, sei das Risiko der Behörde.

Kann P mit Aussicht auf Erfolg Klage erheben?

Vorüberlegung

931 Es handelt sich um einen normalen polizeirechtlichen Fall, der lediglich in nicht gewohnter Weise eingekleidet ist. Es geht um einen Kostenerstattungsanspruch. Sie müssen mithin im Polizeirecht eine Norm finden, die einen Kostenerstattungsanspruch enthält. Eine solche enthält in allen Bundesländern das Verwaltungsvollstreckungsrecht. Nachdem Sie diesen Einstieg gefunden haben, müssen Sie nur noch die Norm durchprüfen: Routine. Ein kleines Problem ist der Umfang der Kostentragungspflicht; hier ist vieles vertretbar.

Gliederung

932 **I. Sachentscheidungsvoraussetzungen**
- 1. Eröffnung des Verwaltungsrechtswegs
- 2. Statthafte Klageart
- 3. Verfahrensartabhängige Sachentscheidungsvoraussetzungen
  - a) Klagebefugnis
  - b) Widerspruchsverfahren
- 4. Weitere Sachentscheidungsvoraussetzungen
- 5. Zwischenergebnis

II. Die Begründetheit der Klage
- 1. Ermächtigungsgrundlage
- 2. Formelle Rechtmäßigkeit
- 3. Materielle Rechtmäßigkeit
  - a) Ersatzvornahme
    - aa) Vertretbare Handlung
    - bb) Die Verpflichtung des P
      - (1) Gefahr für die öffentliche Sicherheit
      - (2) P als Störer
    - cc) Die Beauftragung des U
      - (1) Gegenwärtige Gefahr für die öffentliche Sicherheit
      - (2) Befugnis der Behörde
      - (3) Notwendigkeit der Maßnahme
      - (4) Ergebnis
  - b) Folgerung
  - c) Der Umfang der Kostentragungspflicht

III. Ergebnis

Lösung

I. Sachentscheidungsvoraussetzungen

1. Eröffnung des Verwaltungsrechtswegs

Die Eröffnung des Rechtswegs richtet sich nach § 40 Abs. 1 Satz 1 VwGO. Nach der Sonderrechtstheorie sind solche Normen öffentlich-rechtlicher Natur, die ausschließlich einen Träger öffentlicher Gewalt als solchen berechtigen und verpflichten. Streitentscheidende Normen sind hier solche des Ordnungsrechts und des Vollstreckungsrechts. Diese berechtigen ausschließlich Träger öffentlicher Gewalt als solche. Sie sind öffentlich-rechtlicher Natur. Diese Rechtsnatur teilt die Streitigkeit. **933**

Der Rechtsstreit ist nichtverfassungsrechtlicher Art. Eine abdrängende Sonderzuweisung fehlt.

Der Rechtsweg ist nach § 40 Abs. 1 Satz 1 VwGO eröffnet.

2. Statthafte Klageart

P will die an ihn gerichtete Aufforderung, den Betrag zu zahlen, aufheben lassen. Die Aufforderung ist ein Verwaltungsakt. Die Anfechtungsklage nach § 42 Abs. 1 Var. 1 VwGO ist statthaft. **934**

3. Verfahrensartabhängige Sachentscheidungsvoraussetzungen

a) Klagebefugnis

Als Adressat eines belastenden Verwaltungsakts ist P nach der Adressatentheorie nach § 42 Abs. 2 VwGO klagebefugt. Es besteht die Möglichkeit der Verletzung seines Rechts aus Art. 2 Abs. 1 GG. **935**

b) Widerspruchsverfahren

Vor Erhebung der Anfechtungsklage muss P erfolglos ein Widerspruchsverfahren nach §§ 68 ff. VwGO durchführen.

4. Weitere Sachentscheidungsvoraussetzungen

Alle weiteren Sachentscheidungsvoraussetzungen liegen ersichtlich vor.

5. Zwischenergebnis

Nach erfolgloser Durchführung des Widerspruchsverfahrens ist die Anfechtungsklage des P zulässig.

II. Die Begründetheit der Klage

936 Die Klage des P ist begründet, soweit die Zahlungsaufforderung rechtswidrig ist und P in seinen Rechten verletzt, § 113 Abs. 1 Satz 1 VwGO.

1. Ermächtigungsgrundlage

937 Die Rechtswidrigkeit der Zahlungsaufforderung könnte sich bereits daraus ergeben, dass die Beklagte den Anspruch nicht im Wege des Leistungsbescheids, also durch Verwaltungsakt, sondern nur im Klagewege geltend machen durfte. Von dieser Pflicht wäre auszugehen, wenn sich der Vorbehalt des Gesetzes auch auf die Art der Geltendmachung von Ansprüchen bezöge. Die Antwort auf die Frage kann offen bleiben; § 6 Abs. 1 Nr. 1 BbgVwVG bestimmt, dass Voraussetzung für die Vollstreckung von Geldforderungen (auch) der Gemeinden, s. § 1 Abs. 1 Satz 1 BbgVwVG[1], ein Leistungsbescheid ist.

Anspruchsgrundlage ist § 37 Abs. 1 Satz 1 BbgVwVG[2]. Voraussetzung dafür ist: Es muss eine Amtshandlung nach dem Verwaltungsvollstreckungsgesetz vorliegen. Für diese werden Kosten nach Maßgabe einer Kostenordnung erhoben, hier § 11 Abs. 2 Nr. 7 BbgKostO[3].

2. Formelle Rechtmäßigkeit

938 Nach dem Sachverhalt hat die zuständige Behörde gehandelt.

Formfehler sind nicht ersichtlich.

Eine Anhörung des P hat stattgefunden, da die Behörde zu P in Kontakt getreten und ihn zur Zahlung aufgefordert hat; die Behörde hat dieses Vorgehen noch nicht als mündlichen Leistungsbescheid verstanden, sonst hätte sie den späteren Bescheid nicht erlassen. P konnte im Rahmen der „Aufforderung" Stellung zum Begehren der Behörde nehmen.

3. Materielle Rechtmäßigkeit

Die Kostenforderung ist nach § 37 Abs. 1 BbgVwVG iVm § 11 Abs. 2 Nr. 7 BbgKostO materiell rechtmäßig, wenn eine ordnungsgemäße Ersatzvornahme erfolgt ist.

---

1 Vgl. bzgl. VA, die Geldleistungen anordnen, in anderen Bundesländern: § 1 VwVG BW; §§ 15 f. HessVwVG; § 111 VwVfG MV iVm § 251 AO; §§ 1, 3 NdsVwVG; §§ 1, 6 VwVG NW; §§ 1, 19 VwVG RP; §§ 1 Abs. 3, 19 SaarlVwVG; § 2 SächsVwVG; §§ 1, 3 VwVG LSA; § 262 LVwG SH; §§ 18, 19 ThürVwZVG. Beachte: In Berlin gilt das Verwaltungsvollstreckungsgesetz des Bundes.

2 *Entspricht:* § 31 VwVG BW; § 37 HmbVwVG; § 80 HessVwVG; § 111 Abs. 3 VwVfG MV iVm § 19 VwVG; § 67 NdsVwVG; § 77 VwVG NW; § 83 VwVG RP; § 77 SaarlVwVG; § 74 VwVG LSA; § 322 LVwG SH; § 56 ThürVwZVG.

3 *Entspricht:* §§ 27, 11 BayKG; § 11 Abs. 1 Satz 1 BremGebBeitrG; § 13 Abs. 1 lit. h HmbKVO; § 11 Abs. 1 Nr. 11 KO HessVwVG; § 10 Abs. 1 Nr. 4 VwVKVO MV; § 13 NdsVwKG; § 11 Abs. 2 Nr. 7 KO NW; § 10 Abs. 2 Nr. 4 KO VwVG RP; § 10 Abs. 1 Nr. 9 KO SaarlVwVG; Nr. 1.8.6 8. SächsKVZ; § 10 Abs. 1 Satz 1 KO SH; § 5 ThürVwZVGKO.

a) Ersatzvornahme

Die Voraussetzungen einer rechtmäßigen Ersatzvornahme ergeben sich aus § 19 Abs. 1 BbgVwVG[4]. **939**

aa) Vertretbare Handlung

Die Bergung des Trabants muss eine vertretbare Handlung sein; davon ist auszugehen, weil jedermann das Auto aus dem See entfernen kann.

bb) Die Verpflichtung des P

Weitere Voraussetzung ist, dass P die Handlung vornehmen, also den Trabant aus dem See bergen musste. Das wäre der Fall, wenn P als Störer eine Gefahr beseitigen musste.

(1) Gefahr für die öffentliche Sicherheit

Das Schutzgut öffentliche Sicherheit erfasst unter anderem die gesamte Rechtsordnung. **940** Zu ihr zählt das Wasserrecht. Nach § 9 Abs. 1 Nr. 4 WHG ist das Einbringen von Stoffen in ein Gewässer eine Benutzung desselben und bedarf nach § 8 Abs. 1 WHG einer Erlaubnis oder Bewilligung. Das Versenken des Trabants im Sacrower See ist ein Einbringen eines Stoffs. Keine der beiden Arten von Genehmigung liegt vor. Damit verstößt das Versenken des Trabants im See gegen Wasserrecht. Das Schutzgut öffentliche Sicherheit ist verletzt.

Ferner ist eine Verletzung dieses Schutzguts darin zu sehen, dass aus dem Trabant Benzin und Öl auslaufen, die das Wasser verschmutzen und damit die Trinkwasserversorgung der Stadt P gefährden.

P müsste den Trabant bergen, wenn von ihm eine konkrete Gefahr ausginge; denn unter dieser Voraussetzung könnte (bei Vorliegen weiterer Prämissen) gegen ihn eine Beseitigungsverfügung erlassen werden. Konkret ist eine Gefahr, wenn ein Rechtsgut bedroht wird. Davon ist hier auszugehen, da mit dem Versenken als solchen bereits ein Schaden für das Rechtsgut Reinheit des Wassers eingetreten ist und der See verschmutzt wird.

(2) P als Störer

Die Bergung des Trabants kann von P nur dann verlangt werden, wenn er Störer ist. **941**

P ist nicht Handlungsstörer. Die Jugendlichen sind Handlungsstörer.

P könnte Zustandsstörer nach § 17 Abs. 1 Satz 1 BbgOBG[5] sein. Das ist der Eigentümer

---

4 *Entspricht:* § 25 VwVG BW; Art. 55 BayPAG; § 15 BremVwVG; § 49 HessSOG, § 15 HessVwVG; § 89 SOG MV; § 66 NdsSOG; § 59 VwVG NW; § 63 VwVG RP; § 21 SächsVwVG; § 55 SOG LSA; § 238 LVwG SH; § 50 ThürVwZVG.

5 *Entspricht:* § 7 Alt. 1 PolG BW; Art. 8 Abs. 2 BayPAG; § 14 Abs. 3 BerlASOG; § 6 Abs. 2 BremPolG; § 9 Abs. 1 HmbSOG; § 7 Abs. 2 HessSOG; § 70 Abs. 1 SOG MV; § 7 Abs. 2 NdsSOG; § 18 Abs. 1 OBG NW; § 5 Abs. 2 POG RP; § 5 Abs. 2 SaarlPolG; § 5 Alt. 1 SächsPolG; § 8 Abs. 2 SOG LSA; § 219 Abs. 1 LVwG SH; § 11 Abs. 2 ThürOBG.

einer Sache, wenn von der Sache eine Gefahr ausgeht. P ist Eigentümer des Trabants; von ihm geht eine Gefahr aus. P ist Zustandsstörer. Dass P die Gefahr nicht verschuldet hat, ist bedeutungslos.

§ 17 Abs. 2 Satz 2 BbgOBG[6] ist nicht einschlägig, da die Norm voraussetzt, dass der Inhaber der tatsächlichen Gewalt bekannt ist.

942 Da hier der polizeiwidrige Zustand sowohl durch Verhaltens- als auch durch einen Zustandsstörer verursacht ist, stellt sich die Frage nach der Auswahl unter mehreren Störern. Das Ermessen ist bei der Auswahl unter mehreren Störern nicht beschränkt. Im Einzelfall erfordert es die pflichtgemäße Ermessensausübung, in erster Linie den Verhaltensverantwortlichen in Anspruch zu nehmen. Daneben kann der Zustandsstörer verantwortlich gemacht werden, solange der Verhaltensstörer nicht feststeht oder trotz seiner Feststellung keine Gewähr dafür besteht, dass er die Gefahr oder Störung unverzüglich beseitigt. Da hier die Verhaltensstörer nicht bekannt sind, wäre es pflichtgemäß gewesen, wenn die Behörde dem P die Beseitigung des Trabants aufgegeben hätte, wenn ihr bekannt gewesen wäre, dass er Eigentümer des Autos ist.

Die Behörde kann von P die Bergung des Trabants verlangen.

cc) Die Beauftragung des U

943 Die Beauftragung des U ist rechtmäßig, wenn die Behörde Verwaltungszwang ausüben durfte. Dieses richtet sich im Normalfall nach § 15 Abs. 1 BbgVwVG[7]. Dessen Voraussetzungen sind nicht erfüllt; es fehlt an einem an P adressierten Verwaltungsakt, der auf die Vornahme einer Handlung gerichtet ist.

Mit der Bergung des Trabants liegt Verwaltungszwang ohne vorausgehenden Verwaltungsakt vor. Die Rechtmäßigkeitsvoraussetzungen für dieses Handeln enthält § 15 Abs. 2 BbgVwVG[8]. Rechtmäßigkeitsvoraussetzungen sind, dass der Verwaltungszwang zur Abwehr einer gegenwärtigen Gefahr notwendig war und die Vollzugsbehörde innerhalb ihrer Befugnisse handelte.

---

6 *Entspricht:* § 7 Alt. 2 PolG BW; Art. 8 Abs. 1 BayPAG; § 14 Abs. 1 BerlASOG; § 6 Abs. 1 BremPolG; § 9 Abs. 2 HmbSOG; § 7 Abs. 1 HessSOG; § 70 Abs. 1 SOG MV; § 7 Abs. 1 NdsSOG; § 18 Abs. 2 OBG NW; § 5 Abs. 1 POG RP; § 5 Abs. 1 SaarlPolG; § 5 Alt. 2 SächsPolG; § 8 Abs. 1 SOG LSA; § 219 Abs. 2 LVwG SH; § 11 Abs. 1 ThürOBG.

7 *Entspricht:* § 2 VwVG BW; Art. 53 Abs. 1 BayPAG; § 11 Abs. 1 BremVwVG; § 18 Abs. 1 HmbVwVG; § 47 Abs. 1 HessSOG (§ 2 HessVwVG); § 80 Abs. 1 SOG MV; § 64 Abs. 1 NdsSOG; § 55 Abs. 1 VwVG NW; § 2 VwVG RP; § 44 Abs. 1 SaarlPolG (§ 18 Abs. 1 SaarlVwVG); § 2 SächsVwVG; § 53 Abs. 1 SOG LSA; § 229 Abs. 1 LVwG SH; § 19 ThürVwZVG.

8 *Entspricht:* Art. 53 Abs. 2 BayPAG; § 11 Abs. 2 BremVwVG; § 47 Abs. 2 HessSOG (§ 72 Abs. 2 HessVwVG); § 81 SOG MV; § 64 Abs. 2 NdsSOG; § 55 Abs. 2 VwVG NW; § 44 Abs. 2 SaarlPolG (§ 18 Abs. 2 SaarlVwVG); § 53 Abs. 2 SOG LSA; § 230 LVwG SH; *ähnlich:* § 21 VwVG BW; § 87 HmbSOG; § 54 ThürVwZVG.

(1) Gegenwärtige Gefahr für die öffentliche Sicherheit

Es muss eine Gefahr für die öffentliche Sicherheit vorliegen. Das Gesetz spricht zwar nur von Gefahr; gemeint ist mit diesem Begriff aber die Gefahr im Sinne des Polizeirechts und damit eine Gefahr für die öffentliche Sicherheit. Diese Voraussetzung ist oben schon bejaht worden. **944**

Die Gefahr müsste eine gegenwärtige Gefahr sein. Gegenwärtige Gefahr ist die höchste Gefahrenstufe. Die Einwirkung des schädigenden Ereignisses muss bereits begonnen haben. Davon ist nach den obigen Ausführungen auszugehen.

(2) Befugnis der Behörde

Die Behörde handelt innerhalb ihrer Befugnisse, wenn ein fiktiver Verwaltungsakt, der die Bergung des Trabants aufgäbe, rechtmäßig wäre. Der Trabant stellt hier eine konkrete Gefahr für die öffentliche Sicherheit dar (vgl. oben). Die nach dem Sachverhalt zuständige Behörde hätte nach § 13 Abs. 1 BbgOBG[9] dem P als Zustandsstörer die Bergung des Trabants aufgeben können. Mit der Beauftragung des U handelt die Behörde damit innerhalb ihrer Befugnisse. **945**

(3) Notwendigkeit der Maßnahme

Die Bergung müsste notwendig gewesen sein. Das wäre zu verneinen, wenn es der Behörde zuzumuten gewesen wäre, den Störer ausfindig zu machen und diesem die Beseitigung des Autos aufzugeben. Indessen darf davon ausgegangen werden, dass es der Behörde unzumutbar war, weiter zuzuwarten. Zur Behebung der Verschmutzung des Sees und damit der Beseitigung der Gefahr für das Trinkwasser war sofortiges Eingreifen geboten. Wenn man dieser Ansicht nicht folgte, so ergibt folgende Überlegung das Resultat: Die Behörde hätte dem Ordnungspflichtigen nicht die Beseitigung der Störung aufgeben können, da dieser nicht bekannt war: Als Eigentümer des Autos konnte P erst nach der Bergung an Hand der Motornummer ausfindig gemacht werden. **946**

Die Maßnahme der Behörde war notwendig.

(4) Ergebnis

Die Voraussetzungen des § 15 Abs. 2 BbgVwVG liegen vor.

b) Folgerung

Eine rechtmäßige Ersatzvornahme ist gegeben. Die Behörde könnte von P die Kosten verlangen, wenn er Betroffener ist. Betroffener ist der Störer. P ist Störer. **947**

---

9 *Entspricht:* § 3 PolG BW; Art. 11 BayPAG; § 17 Abs. 1 BerlASOG; § 10 BremPolG; § 3 HmbSOG; § 11 HessSOG; §§ 13, 16 SOG MV; § 11 NdsSOG; § 14 OBG NW; § 9 POG RP; § 8 SaarlPolG; § 3 Abs. 1 SächsPolG; § 13 SOG LSA; §§ 174, 176 LVwG SH; § 13 ThürOBG.

Damit ist aber die Frage, ob P auch kostenpflichtig ist, noch nicht beantwortet. Man könnte daran denken, dass nur der Verhaltensstörer kostenpflichtig ist. Hier besteht aber die Besonderheit, dass der Verhaltensstörer unbekannt ist. Dieser mag zwar primär kostentragungspflichtig sein; dieses Resultat schließt jedoch im Einzelfall nicht aus, dass auch der Zustandsstörer haftet. Dafür sprechen hier folgende Gesichtspunkte: P ist der einzige bekannte Störer; wenn er nicht in Anspruch genommen werden dürfte, müsste die Gemeinschaft für die Kosten haften, obwohl P Störer ist. Zudem hätte von P die Beseitigung der Störung auf seine Kosten verlangt werden können. Deshalb ist es gerechtfertigt, P in Anspruch zu nehmen.

P ist kostenpflichtig.

c) Der Umfang der Kostentragungspflicht

948 Die Kosten der Ersatzvornahme sind vom Betroffenen vollständig zu zahlen.

Unproblematisch sind die Bergungskosten in Höhe von 1000,– €. Fraglich ist, ob auch die Verwahrungskosten in Höhe von 100,– € zu den Kosten zählen, weil die Verwahrung selbst keine Ersatzvornahme mehr darstellt. Meines Erachtens ist davon auszugehen, dass P auch diese Kosten zu tragen hat; sie sind Folge der Ersatzvornahme. § 15 Abs. 2 VwV iVm § 37 BbgVwVG ist nicht so zu interpretieren, dass er nur die unmittelbar bei der Ersatzvornahme entstehenden Kosten erfasst, sondern all diejenigen, die durch die Vornahme selbst und unmittelbar daraus entstehen, also auch etwaige Verwaltungskosten. Eine andere Interpretation hätte zur Folge, dass eine Gesetzeslücke existierte. Es ist nicht ersichtlich, dass der Gesetzgeber sie zu schaffen beabsichtigte.

Der Anspruch ist vom Umfang her gerechtfertigt.

III. Ergebnis

Der Verwaltungsakt ist rechtmäßig. Die Klage des P hat keine Aussicht auf Erfolg.

Vertiefungshinweis: *Tettinger/Erbguth/Mann*, BesVerwR, Rn. 502 ff.

Fall 17**

List und Last

Schwerpunkte: Zulässigkeit eines Widerspruchsverfahrens; Verwaltungsvollstreckung: Voraussetzung einer Ersatzvornahme, Zustandsstörer, Umgehung der Vollstreckungsvoraussetzungen durch einen Vertrag

A ist Eigentümer eines unmittelbar an eine Bundeswasserstraße grenzenden Grundstücks. Am Ufer befindet sich ein Bootssteg, der altersbedingt zusammengebrochen ist und ein Hindernis für die Schifffahrt darstellt. Das zuständige Wasser- und Schifffahrtsamt (W) fordert A durch Ordnungsverfügung ohne weitere Begründung auf, das Hindernis zu beseitigen. Dem kommt A nicht nach und kümmert sich nicht weiter um die Verfügung. **949**

W kündigt A zwei Monate später unter Fristsetzung an, es lasse den Bootssteg durch das Unternehmen U auf Kosten des A beseitigen, falls dieser seiner Ordnungspflicht nicht nachkomme. Daraufhin veräußert A den Bootssteg an seinen Sohn S für 2500 €. Diesen Vorgang teilt A der Behörde mit der Aufforderung mit, die Vollstreckung gegen ihn einzustellen. A bleibt Eigentümer des Grundstücks, über das der Steg zu erreichen ist, um weiterhin den Zugang zu kontrollieren.

W setzt dennoch die Ersatzvornahme fest. Gegen sie legt A Widerspruch ein.

Wird der Widerspruch Erfolg haben?

Vorüberlegung

950 Nach verschiedenen Klagearten und Fällen des vorläufigen Rechtsschutzes jetzt ein Widerspruchsverfahren. Bitte denken Sie an den differenten Aufbau. Die Rechtmäßigkeitsprüfung folgt den bekannten Regeln. Hier geht es um Verwaltungsvollstreckung; das entsprechende Vokabular im Sachverhalt weist Sie in diese Richtung. Dass hier versucht wird, die Vollstreckung durch einen Trick zu verhindern, ist unmittelbar einsichtig. In der Folge kann es keine Schwierigkeiten machen, das Problem des Falls zu erkennen.

Gliederung

951 **I. Zulässigkeit des Widerspruchs**
1. Eröffnung des Verwaltungsrechtswegs
2. Statthaftigkeit des Widerspruchs
3. Widerspruchsbefugnis
4. Beteiligtenfähigkeit
5. Einlegung des Widerspruchs bei der zuständigen Behörde
6. Form und Frist
7. Zwischenergebnis

II. Die Begründetheit des Widerspruchs
1. Rechtmäßigkeit der Festsetzung
   a) Ermächtigungsgrundlage
   b) Formelle Rechtmäßigkeit
   c) Materielle Rechtmäßigkeit
      aa) Vollstreckbarer Verwaltungsakt
      bb) Art und Weise des Vollstreckungsverfahrens
      cc) Kein Vollstreckungshindernis
      dd) Zwischenergebnis
2. Zweckmäßigkeit der Festsetzung

III. Ergebnis

Lösung

Der Widerspruch des A wird Erfolg haben, wenn er zulässig und begründet ist. Voraussetzung für die Zulässigkeit des Widerspruchs ist, dass die Sachentscheidungsvoraussetzungen für eine Klage vorliegen, wenn sich die Sache im Stadium der Klageerhebung befände.

I. Zulässigkeit des Widerspruchs

1. Eröffnung des Verwaltungsrechtswegs

Der Verwaltungsrechtsweg ist nach § 40 Abs. 1 Satz 1 VwGO analog eröffnet, wenn 952
eine öffentlich-rechtliche Streitigkeit nichtverfassungsrechtlicher Art vorliegt, die nicht durch Gesetz einem anderen Gericht zugewiesen ist. Für die Streitentscheidung sind die öffentlich-rechtlichen Normen des Verwaltungsvollstreckungsrechts maßgeblich, insbesondere § 14 VwVG – Festsetzung. Eine öffentlich-rechtliche Streitigkeit ist somit gegeben. Die Streitigkeit ist ersichtlich nicht verfassungsrechtlicher Art; eine abdrängende Sonderzuweisung existiert nicht.

Der Verwaltungsrechtsweg ist eröffnet.

2. Statthaftigkeit des Widerspruchs

Nach § 68 Abs. 1 VwGO ist ein Widerspruch vor Erhebung einer Anfechtungsklage 953
statthaft. Rechtsschutzziel muss die Aufhebung eines belastenden Verwaltungsakts sein. Der Regelungsgehalt einer Festsetzung besteht darin, dass die Vollstreckung in Gestalt des festgesetzten Zwangsmittels erfolgt. Folglich handelt es sich bei der Festsetzung der Ersatzvornahme nach § 14 VwVG um einen belastenden Verwaltungsakt im Sinne des § 35 Satz 1 VwVfG, dessen Aufhebung A begehrt. Der Widerspruch ist nicht nach § 68 Abs. 1 Satz 2 Nr. 1, 2 VwGO ausgeschlossen und damit statthaft.

3. Widerspruchsbefugnis

A muss nach § 42 Abs. 2 VwGO analog widerspruchsbefugt sein. Als Adressat eines 954
belastenden Verwaltungsakts kann A zumindest in seinen Rechten aus Art. 2 Abs. 1 GG verletzt sein. Nach der so genannten Adressatentheorie ist A widerspruchsbefugt. Solange das Vollstreckungsverfahren andauert, ist A beschwert.

4. Einlegung des Widerspruchs bei der richtigen Behörde

Den Widerspruch hat A beim Wasser- und Schifffahrtsamt eingelegt, also bei der 955
Behörde, die den Verwaltungsakt erlassen hat. Das Wasser- und Schifffahrtsamt ist nach § 73 Abs. 1 Nr. 2 VwGO zuständig, den Widerspruchsbescheid zu erlassen.

5. Beteiligtenfähigkeit

956 A ist als natürliche Person nach § 79 iVm § 11 Nr. 1 VwVfG fähig, am Widerspruchsverfahren beteiligt zu sein.

6. Form, Frist

957 Von der Einhaltung der in § 70 Abs. 1 VwGO vorgeschriebenen Form und Frist ist auszugehen.

7. Zwischenergebnis

Der Widerspruch des A ist zulässig.

II. Die Begründetheit des Widerspruchs

Der Widerspruch ist begründet, soweit die Festsetzung der Ersatzvornahme rechtswidrig oder unzweckmäßig ist und dadurch in subjektive Rechte des A eingreift, § 68 Abs. 1 iVm § 113 Abs. 1 Satz 1 VwGO analog.

1. Rechtmäßigkeit der Festsetzung

Die Festsetzung ist rechtmäßig, wenn sie auf einer Ermächtigungsgrundlage beruht und weder formell noch materiell rechtswidrig ist.

a) Ermächtigungsgrundlage

958 Die Ermächtigungsgrundlage richtet sich nach dem Zwangsmittel. Die Behörde setzt fest, den Bootssteg auf Kosten des A durch U zu beseitigen. Die Beseitigung des Stegs stellt eine vertretbare Handlung dar, sodass als Zwangsmittel die Ersatzvornahme einschlägig ist, §§ 9 Abs. 1 lit. a, 10 VwVG. Die Ermächtigungsgrundlage für die Festsetzung einer Ersatzvornahme durch eine Bundesbehörde bilden §§ 14, 10 VwVG.

b) Formelle Rechtmäßigkeit

959 Nach § 7 Abs. 1 VwVG vollzieht einen Verwaltungsakt die Behörde, die ihn erlassen hat. Da W den zu vollstreckenden Grundverwaltungsakt erlassen hat, ist es auch für die Festsetzung der Ersatzvornahme zuständig.

Eine Anhörung ist nach § 28 Abs. 2 Nr. 5 VwVfG entbehrlich, da es sich bei der Festsetzung um eine Maßnahme in der Verwaltungsvollstreckung handelt.

Von der Einhaltung der Formvorschriften der §§ 37, 39 VwVfG ist auszugehen. Damit ist der Verwaltungsakt formell rechtmäßig ergangen.

c) Materielle Rechtmäßigkeit

Für die materielle Rechtmäßigkeit der Festsetzung ist erforderlich, dass die Voraussetzungen des § 6 VwVG erfüllt sind, das Vollstreckungsverfahren ordnungsgemäß durchgeführt wurde und kein Vollstreckungshindernis vorliegt.

aa) Vollstreckbarer Verwaltungsakt

Für die Zulässigkeit des Verwaltungszwangs setzt § 6 Abs. 1 VwVG zunächst voraus, dass ein vollziehbarer Verwaltungsakt vorliegt, der auf ein Handeln, Dulden oder Unterlassen gerichtet ist. **960**

A ist Adressat einer Ordnungsverfügung, durch die ihm aufgegeben wird, den beschädigten Bootssteg zu beseitigen. Diese Gebotsverfügung wurde A bekannt gegeben; sie ist für A wirksam, §§ 41, 43 VwVfG. Die nach § 39 VwVfG erforderliche Begründung fehlt. Dieser formelle Fehler wurde nicht nach § 45 Abs. 1 Nr. 2 VwVfG geheilt; deshalb ist der Verwaltungsakt formell rechtswidrig. A hat gegen die Gebotsverfügung keinen Rechtsbehelf eingelegt; folglich ist sie nach Ablauf eines Monats bestandskräftig geworden. Die formelle Rechtswidrigkeit des Grund-Verwaltungsakts ist für die Rechtmäßigkeit der Festsetzung nicht relevant. Ein vollstreckbarer Verwaltungsakt liegt vor.

Die Voraussetzungen des § 6 Abs. 1 VwVG sind erfüllt.

bb) Art und Weise des Vollstreckungsverfahrens

Weiterhin müssen die Vorschriften über das Vollstreckungsverfahren eingehalten worden sein. Nach § 13 Abs. 1 VwVG ist die schriftliche Androhung des Zwangsmittels erforderlich, die mit einer Fristsetzung verbunden ist. Dieses Erfordernis hat die Behörde erfüllt und nach Fristablauf die Ersatzvornahme entsprechend der Androhung festgesetzt. **961**

cc) Kein Vollstreckungshindernis

Vollstreckungsmaßnahmen sind rechtswidrig, wenn ein Vollstreckungshindernis besteht. Nach § 15 Abs. 3 VwVG ist der Vollzug einzustellen, sobald sein Zweck erreicht ist. Erfüllung der aufgegebenen Verpflichtung ist vorliegend nicht eingetreten, da der Steg noch nicht beseitigt wurde. **962**

Der Begriff „Vollstreckungshindernis" geht über den Wortlaut des § 15 Abs. 3 VwVG hinaus. Zweckerreichung im weiteren Sinn ist dann zu bejahen, wenn nach den Umständen des Falls feststeht, dass der Zweck nicht mehr erreicht werden kann. Ein solcher Fall ist grundsätzlich gegeben, wenn der für den Zustand einer Sache Verantwortliche das Eigentum an ihr überträgt und dadurch seine Zustandverantwortlichkeit erlischt. Ein Vollstreckungshindernis liegt demnach vor, wenn die Befolgung des Befehls aus tatsächlichen oder rechtlichen Gründen nicht (mehr) möglich ist.

963 Nach alldem muss die Übereignung die Verpflichtung des A zur Störungsbeseitigung beseitigen oder behindern. Das wäre anzunehmen, wenn der Sohn des A, S, neuer Eigentümer und er als solcher Zustandsstörer geworden wäre. Der Zustandsstörer ist zur Herstellung eines sicheren Zustands der Sache verpflichtet.

Nach § 25 Abs. 3 Satz 1 WaStrG ist die Pflicht zur Störungsbeseitigung an den Eigentümer gebunden (Zustandsverantwortlichkeit). Die Pflicht gilt für den neuen Eigentümer. Zu prüfen ist, ob das Eigentum an dem Bootssteg auf S übergegangen ist.

Die Wirksamkeit einer Übereignung einer störenden Sache beurteilt sich allein nach den Vorschriften des BGB; das WaStrG kennt keine speziellen Regelungen für derartige Fälle. Hier kann § 138 BGB der Wirksamkeit der Übereignung entgegenstehen, wenn die Übereignung gegen die guten Sitten verstößt. Die Sittenwidrigkeit kann sich daraus ergeben, dass die Übereignung allein deshalb vorgenommen wurde, damit A die polizeirechtliche Zustandsverantwortlichkeit verliert. Rechtsgeschäfte, die darauf abzielen, Rechtsverhältnisse zum Schaden der Allgemeinheit zu regeln, sind sittenwidrig, weil sie gegen das Anstandsgefühl aller billig und gerecht Denkenden verstoßen. Dieses Urteil gilt auch für Rechtsgeschäfte, deren Zweck sich darin erschöpft, die Durchsetzung von Ansprüchen des Staats auf Störungsbeseitigung zu vereiteln oder zu behindern. Das abstrakte Übereignungsgeschäft wird von der Sittenwidrigkeit in solchen Fällen mit erfasst, wenn die Sittenwidrigkeit gerade durch die Eigentumsverschiebung hervorgerufen wird.

Vorliegend hatte die Übereignung des Bootsstegs an S allein den Zweck, die Ordnungspflicht des A zu umgehen. Die Übereignung ist wegen Sittenwidrigkeit unwirksam. Die Zustandsverantwortlichkeit ist bei A verblieben.

Ein Vollstreckungshindernis besteht nicht.

dd) Zwischenergebnis

Die Voraussetzungen der Festsetzung einer Ersatzvornahme sind erfüllt. Die Festsetzung ist folglich materiell rechtmäßig.

2. Zweckmäßigkeit der Festsetzung

964 Es ist nicht ersichtlich, dass die Behörde bei der Ausübung des eingeräumten Ermessens fehlerhaft gehandelt hat. Damit ist der Verwaltungsakt nicht unzweckmäßig.

III. Ergebnis

Der Widerspruch des A ist zwar zulässig, aber unbegründet und hat somit keine Aussicht auf Erfolg.

Vertiefungshinweise: Zum Vollstreckungshindernis: BayVGH, NVwZ 2002, 364, 365.

Zur Sittenwidrigkeit eines Vertrags: BVerwG, NVwZ 1997, 577.

Fall 18***

Not kennt ein Gebot

Schwerpunkte: Erledigung eines Verwaltungsakts; Rechtsnatur des Abschleppens eines PKW; Voraussetzung einer Maßnahme der Verwaltungsvollstreckung; Rechtsnatur eines Verkehrszeichens; Verhältnismäßigkeit einer Vollstreckungsmaßnahme; Bedeutung des Hinweises auf eine Handy-Nummer

Am ersten Januarwochenende 2012 kommt es in der Nacht zum Sonntag im Keller des Hauses E-Straße 32 in Frankfurt (Oder) zu einem Wasserrohrbruch. B, der Eigentümer des Hauses, bemerkt den Schaden morgens. B gelingt es nicht, das Wasser zum Stillstand zu bringen. Er befürchtet, dass das langsam steigende Wasser Schäden am Fundament des Hauses verursachen könne. Er ruft die Firma des A, Meister für Wasser- und Gasinstallationen, aus Seelow an. A sagt zu, sich die Sache um die Mittagszeit anzusehen. **965**

Um 13.00 Uhr findet A in der E-Straße keinen Parkplatz. Um nicht Zeit mit der Parkplatzsuche zu verschwenden und um das schwere Handwerksgerät nicht von weit her zu schleppen, stellt A seinen Firmen-Kombi mit dem Kennzeichen MOL-A 156 vor dem Haus des B im eingeschränkten Halteverbot ab. Wie immer in solchen Fällen legt er einen Zettel hinter die Windschutzscheibe, auf dem seine Handy-Nummer und der Zusatz: „Bei Problemen bitte anrufen. Komme sofort." vermerkt ist.

Nach 30 Minuten hat A den Schaden behoben und kehrt zu seinem Wagen zurück. Mit Entsetzen stellt er fest, dass schon ein Einsatzfahrzeug der Polizei vor Ort ist. Die beiden Polizeibeamten haben mit ihrem Dienst-Handy ein privates Abschleppunternehmen beauftragt, den Wagen des A zum nächsten Parkplatz abzuschleppen. Die Beamten weisen den A auf sein „Fehlverhalten" hin und teilen ihm mit, dass er „ja noch mal Glück habe", denn sie hätten bereits eine Umsetzung angeordnet, weil der Wagen die Fahrbahn so einenge, dass lediglich PKW, aber keine größeren Fahrzeuge die Straße passieren könnten. A protestiert und weist die Beamten auf den Zettel mit der Handynummer hin. Die Beamten geben zu, den Zettel gesehen zu haben, meinen jedoch, dass sie nicht verpflichtet seien, die Nummer anzurufen. B, der hinzukommt und dem die Sache peinlich ist, beschwert sich bei den Beamten und weist sie darauf hin, dass es sich hier ja wohl um einen Notfall gehandelt habe, was die Beamten nur insoweit beeindruckt, als sie gegen A eine mündliche Verwarnung aussprechen. A glaubt, die Sache sei damit erledigt. Als er losfährt, biegt gerade das Abschleppfahrzeug um die Ecke; es muss unverrichteter Dinge wieder abfahren.

Zwei Wochen später erhält A mit der Post ein mit ordnungsgemäßer Rechtsbehelfsbelehrung versehenes Schreiben vom Polizeipräsidium Frankfurt (Oder). Er wird aufgefordert, die Kosten des Abschleppunternehmens in Höhe von 80,– € zu zahlen.

Nach der ersten Aufregung kümmert sich A nicht weiter um die Sache. Frau A, die die Buchhaltung für ihren Mann macht, überweist ohne Wissen des A die 80,– € auf das im

Bescheid angegebene Konto. Als A davon erfährt, ist er erneut verärgert. Deshalb legt er fristgerecht Widerspruch gegen den Kostenbescheid beim Polizeipräsidium Frankfurt (Oder) ein. Er begründet den Widerspruch damit, dass er mit der Hinterlegung der Handy-Nummer das Notwendige getan habe. Ferner habe er dem B in einer Notsituation geholfen. Schließlich sei die Polizei nicht zuständig. Im Übrigen fordere er sein Geld zurück.

Das Polizeipräsidium Frankfurt (Oder) lehnt den Widerspruch des A ab und führt zur Begründung an, die Polizeibeamten seien nicht verpflichtet gewesen, die hinterlegte Handy-Nummer anzurufen. Der Widerspruchsbescheid wird A mit Zustellungsurkunde zugestellt.

A erhebt drei Wochen später Klage beim Verwaltungsgericht Frankfurt (Oder). Er beantragt die Aufhebung des Kostenbescheids und des Widerspruchsbescheids. Zudem verlangt er, dass ihm die 80,– € erstattet werden.

Prüfen Sie die Erfolgsaussichten der Klage!

Bearbeitervermerk: Sollten Sie zu dem Ergebnis kommen, dass die Klage unzulässig ist, ist im Hilfsgutachten die Begründetheit zu prüfen. In jedem Fall ist die Rechtmäßigkeit des Kostenbescheides zu prüfen. Es ist zu unterstellen, dass die Kosten des Abschleppunternehmers tatsächlich 80,– € betragen haben.

Vorüberlegung

Der Fall stellt eine Standardkonstellation zur Bearbeitung: Kosten für das Abschleppen eines Kfz. In diesem Rahmen sind ausschließlich bekannte Fragen zu beantworten: Sie sind oben in den Schwerpunkten benannt. Die Abschleppfälle kennzeichnet regelmäßig, dass sie länger sind als „normale" Verwaltungsrechtsfälle. Wer sich aber einigermaßen im Polizeirecht und im Vollstreckungsrecht auskennt, dürfte einen solchen Fall in fünf Stunden bearbeiten können. **966**

Gliederung

I. Sachentscheidungsvoraussetzungen **967**
1. Eröffnung des Verwaltungsrechtswegs
2. Statthafte Klageart
   a) Aufhebung des Kosten- und Widerspruchsbescheids
   b) Rückzahlung der 80,– €
3. Verfahrensartabhängige Sachentscheidungsvoraussetzungen
   a) Klagebefugnis
   b) Vorverfahren
   c) Klagefrist
   d) Passive Prozessführungsbefugnis
4. Beteiligtenfähigkeit
5. Zwischenergebnis

II. Die Begründetheit der Klage
1. Ermächtigungsgrundlage für den Kostenbescheid
2. Formelle Rechtmäßigkeit des Kostenbescheids
   a) Zuständigkeit
   b) Verfahren
   c) Form
   d) Zwischenergebnis
3. Materielle Rechtmäßigkeit des Kostenbescheids
   a) Rechtmäßigkeit der Abschleppanordnung
      aa) Ermächtigungsgrundlage
      bb) Formelle Rechtmäßigkeit
      cc) Materielle Rechtmäßigkeit
   b) Kostenansatz
   c) Zwischenergebnis

III. Ergebnis

Lösung

968 Die Klage des A hat Aussicht auf Erfolg, wenn die Sachentscheidungsvoraussetzungen vorliegen und sie begründet ist.

I. Sachentscheidungsvoraussetzungen

1. Eröffnung des Verwaltungsrechtswegs

969 Die Eröffnung des Verwaltungsrechtswegs richtet sich nach § 40 Abs. 1 Satz 1 VwGO. Danach ist eine öffentlich-rechtliche Streitigkeit nichtverfassungsrechtlicher Art erforderlich, die nicht durch Gesetz einem anderen Gericht zugewiesen ist. Die streitentscheidenden Normen müssen dem öffentlichen Recht angehören. A begehrt die Aufhebung des Kosten- und Widerspruchsbescheids sowie die Rückzahlung von 80,– €. Die Bescheide ergingen auf der Grundlage der BbgKostO, BbgPolG und BbgVwVG. Diese Normen gehören dem öffentlichen Recht an. Eine öffentlich-rechtliche Streitigkeit liegt vor. Da diese Streitigkeit weder verfassungsrechtlicher Art noch einem anderen Gericht zugewiesen ist, ist der Verwaltungsrechtsweg nach § 40 Abs. 1 Satz 1 VwGO eröffnet.

2. Statthafte Klageart

A begehrt die Aufhebung des Kosten- und Widerspruchsbescheids sowie die Rückzahlung von 80,– €.

a) Aufhebung des Kosten- und Widerspruchsbescheids

970 Für die Aufhebung der Bescheide kommt die Anfechtungsklage nach § 42 Abs. 1 VwGO in Betracht, wenn A die Aufhebung eines Verwaltungsakts begehrt, der sich noch nicht erledigt hat. Bei dem Kostenbescheid handelt es sich um eine hoheitliche Maßnahme mit Außenwirkung, die eine Behörde zur Regelung eines Einzelfalls auf dem Gebiet des öffentlichen Rechts getroffen hat, sodass ein Verwaltungsakt iSv § 35 Satz 1 VwVfG vorliegt.

971 Dieser Verwaltungsakt darf sich noch nicht erledigt haben. Ansonsten bestünde an seiner gerichtlichen Aufhebung kein schutzwürdiges Interesse mehr. Hier könnte sich der Kostenbescheid durch die Zahlung der 80,– € erledigt haben. Von einer Erledigung ist auszugehen, wenn die Aufhebung des Verwaltungsakts sinnlos ist. Der bloße Vollzug eines Verwaltungsakts führt hingegen nicht zu dessen Erledigung, wenn und solange ein Rückgängigmachen der Vollziehung in Betracht kommt und bei objektiver Betrachtung sinnvoll erscheint. Das ist vorliegend der Fall: A kann ein Erstattungsanspruch zustehen, für den der Verwaltungsakt die Grundlage bildet. Demzufolge hat sich der Verwaltungsakt nicht erledigt.

Der Widerspruchsbescheid, dessen Aufhebung A begehrt, ist ein Verwaltungsakt.

Statthafte Klageart ist die Anfechtungsklage.

b) Rückzahlung der 80,– €

Durch die Zahlung der 80,– € A wurde der angefochtene Kostenbescheid vollzogen. Nach § 113 Abs. 1 Satz 2 VwGO kann mit dem Antrag auf Aufhebung des Verwaltungsakts auch ein Antrag auf Vollzugsfolgenbeseitigung verbunden werden. Das Gericht verpflichtet hierbei die Verwaltungsbehörde, die Vollziehung rückgängig zu machen. Bei der Regelung des § 113 Abs. 1 Satz 2 VwGO handelt es sich um einen besonderen Fall der objektiven Klagehäufung, da hier eine Anfechtungsklage mit einer allgemeinen Leistungsklage verbunden wird. **972**

Die Rückzahlung der 80,– € kann A folglich nach § 113 Abs. 1 Satz 2 VwGO als Vollzugsfolgenbeseitigungsantrag zur Anfechtungsklage geltend machen.

3. Verfahrensartabhängige Sachentscheidungsvoraussetzungen

a) Klagebefugnis

Nach § 42 Abs. 2 VwGO muss A klagebefugt sein. Das ist der Fall, wenn er geltend **973**
machen kann, durch den Verwaltungsakt in seinen Rechten verletzt zu sein. Nach der Adressatentheorie ist der Adressat eines belastenden Verwaltungsakts immer klagebefugt, da eine Verletzung von Art. 2 Abs. 1 GG nicht ausgeschlossen werden kann.
A ist Adressat des ihn belastenden Kostenbescheids und somit klagebefugt.

Mit Blick auf die allgemeine Leistungsklage ist A klagebefugt, weil die Möglichkeit besteht, dass A in seinem Recht auf Rückerstattung der 80,– € verletzt ist.

b) Vorverfahren

Das nach §§ 68 ff. VwGO vor Erhebung der Anfechtungsklage erforderliche Vorverfahren wurde ordnungsgemäß und erfolglos durchgeführt. **974**

c) Klagefrist

Die einmonatige Klagefrist des § 74 Abs. 1 Satz 1 VwGO wurde eingehalten. **975**

d) Passive Prozessführungsbefugnis

Die Anfechtungsklage ist nach § 78 Abs. 1 Nr. 2 VwGO iVm § 8 Abs. 2 Satz 1 **976**
BbgVwGG gegen die Behörde zu richten, die den angefochtenen Verwaltungsakt erlassen hat. Das Polizeipräsidium Frankfurt (Oder) ist der richtige Klagegegner.

4. Beteiligtenfähigkeit

A ist als natürliche Person nach § 61 Nr. 1 VwGO beteiligtenfähig. Die Beteiligtenfä- **977**
higkeit des Polizeipräsidiums Frankfurt (Oder) richtet sich nach § 61 Nr. 3 VwGO iVm § 8 Abs. 1 BbgVwGG.

5. Zwischenergebnis

Die Sachentscheidungsvoraussetzungen einer Anfechtungsklage verbunden mit einem Antrag auf Folgenbeseitigung liegen vor.

II. Die Begründetheit der Klage

Die Anfechtungsklage ist nach § 113 Abs. 1 Satz 1 VwGO begründet, soweit der Verwaltungsakt rechtswidrig ist und der Kläger dadurch in seinen Rechten verletzt wird. Der Beklagte wird dann zur Rückzahlung der 80,– € verpflichtet.

Der Kostenbescheid in Gestalt des Widerspruchsbescheids müsste rechtmäßig sein. Das ist der Fall, wenn er auf einer Ermächtigungsgrundlage beruht und weder formell noch materiell rechtswidrig ist.

1. Ermächtigungsgrundlage für den Kostenbescheid

978 Der Kostenbescheid bedarf als belastender Verwaltungsakt einer Ermächtigungsgrundlage. Die für den Kostenbescheid hängt von der Rechtsnatur des Abschleppens ab. Es kann sowohl als Sicherstellung als auch Ersatzvornahme qualifiziert werden.

979 Eine Sicherstellung nach § 25 BbgPolG[1] liegt vor, wenn der Zweck des Abschleppens darin liegt, eine Sache in Verwahrung zu nehmen, um eine der Sache selbst drohende Gefahr abzuwenden und die Sache vor Beschädigung oder Abhandenkommen zu schützen. Hier wird die Beseitigung einer von dem verkehrswidrig abgestellten Fahrzeug ausgehenden Gefahr bezweckt. Das Fahrzeug soll ferner nicht durch die Polizei in Verwahrung genommen, sondern auf den nächsten Parkplatz umgesetzt werden. Eine Sicherstellung entfällt.

980 Eine Ersatzvornahme ist gegeben, wenn es sich bei dem Abschleppen um eine vertretbare Handlung handelt. Vertretbar ist eine Handlung, die an Stelle des eigentlich Verpflichteten – rechtlich zulässig – auch ein Dritter vornehmen kann. Da auch ein Dritter das Fahrzeug entfernen kann, liegt eine vertretbare Handlung vor. Damit ist das Abschleppen als Ersatzvornahme zu qualifizieren. In der Folge ist die Ermächtigungsgrundlage § 11 Abs. 2 Satz 2 Nr. 7 BbgKostO[2] iVm § 37 Abs. 1 BbgVwVG[3] iVm § 55 Abs. 1 Satz 2 BbgPolG[4].

---

1 *Entspricht:* § 32 PolG BW; Art. 25 BayPAG; § 38 BerlASOG; § 23 BremPolG; § 14 HmbSOG; § 40 HessSOG; § 61 SOG MV; § 26 NdsSOG; § 43 PolG NW; § 22 POG RP; § 21 SaarlPolG; § 26 SächsPolG; § 45 SOG LSA; § 210 LVwG SH; § 27 ThürPAG.

2 *Entspricht:* §§ 27, 11 KG Bay; § 11 Abs. 1 Satz 1 BremGebBeitrG; § 13 Abs. 1 lit. h HmbKVO; § 11 Abs. 1 Nr. 11 KO HessVwVG; § 10 Abs. 1 Nr. 4 VwVKVO MV; § 13 NdsVwKG; § 11 Abs. 2 Nr. 7 KO NW; § 10 Abs. 2 Nr. 4 KO VwVG RP; § 10 Abs. 1 Nr. 9 KO SaarlVwVG; Nr. 8.2 7. SächsKVZ; § 10 Abs. 1 Satz 1 KO SH; § 5 ThürVwZVGKO.

3 *Entspricht:* § 31 VwVG BW; § 37 HmbVwVG; § 80 HessVwVG; § 111 Abs. 3 VwVfG MV iVm § 19 VwVG; § 67 NdsVwVG; § 77 VwVG NW; § 83 VwVG RP; § 77 SaarlVwVG; § 74 VwVG LSA; § 322 LVwG SH; § 56 ThürVwZVG. *Beachte:* in Berlin gilt das Verwaltungsvollstreckungsgesetz des Bundes.

4 *Entspricht:* § 25 VwVG BW; Art. 55 BayPAG; § 15 BremVwVG; § 49 HessSOG; § 89 SOG MV; § 66 NdsSOG; § 52 PolG NW; § 63 VwVG RP; § 46 SächsPolG; § 55 SOG LSA; § 238 LVwG SH; § 53 ThürPAG.

2. Formelle Rechtmäßigkeit des Kostenbescheids

Der Kostenbescheid muss von der zuständigen Behörde den Verfahrens- und Formvorschriften entsprechend erlassen worden sein.

a) Zuständigkeit

Das Polizeipräsidium Frankfurt (Oder) muss zuständig sein, den Kostenbescheid zu **981**
erlassen. Die §§ 37 Abs. 1 BbgVwVG, 11 Abs. 2 Satz 1 BbgKostO ergeben, dass Kosten die Behörde geltend macht, die die Vollstreckung bzw. den Vollzug angeordnet hat. Das Polizeipräsidium hat das Abschleppen angeordnet und ist für den Erlass des Kostenbescheids zuständig.

b) Verfahren

Die nach § 28 Abs. 1 VwVfG[5] erforderliche Anhörung hat nicht stattgefunden. Diese **982**
Anhörung war nicht nach § 28 Abs. 2 Nr. 5 VwVfG entbehrlich, da es sich bei einem Kostenbescheid nicht um eine Maßnahme der Verwaltungsvollstreckung handelt, sondern diese eine abgeschlossene Vollstreckung voraussetzt. Dieser formelle Mangel kann jedoch dadurch, dass A Widerspruch eingelegt hat, durch Nachholung geheilt worden sein, § 45 Abs. 1 Nr. 3 VwVfG. Eine Heilung tritt ein, wenn die Behörde die im Widerspruch vorgetragene Begründung nicht nur zur Kenntnis nimmt, sondern sie zum Anlass nimmt, die Entscheidung selbstkritisch zu überdenken. Das Polizeipräsidium hat sich mit der Begründung des A im Widerspruchsbescheid hinreichend auseinandergesetzt; eine Heilung der unterbliebenen Anhörung ist erfolgt.

c) Form

Die Einhaltung der Formvorschriften ist zu unterstellen. **983**

d) Zwischenergebnis

Der Kostenbescheid erging formell rechtmäßig.

3. Materielle Rechtmäßigkeit des Kostenbescheids

Für die materielle Rechtmäßigkeit des Kostenbescheids ist erforderlich, dass die zugrunde liegende Maßnahme rechtmäßig war und die kostenrechtlichen Vorschriften richtig angewandt wurden.

a) Rechtmäßigkeit der Abschleppanordnung

Die Abschleppanordnung ist rechtmäßig, wenn sie auf einer Ermächtigungsgrundlage **984**
beruht und formell sowie materiell rechtmäßig ist.

---

5 IVm § 1 Abs. 1 BbgVwVfG. Das gilt für alle Zitierungen.

aa) Ermächtigungsgrundlage

985 Als Ermächtigungsgrundlage der Abschleppanordnung kommt zunächst eine Ersatzvornahme im gestreckten Verfahren nach §§ 53 Abs. 1[6], 55 BbgPolG in Betracht. Es muss ein Grundverwaltungsakt vorliegen, der auf eine Handlung, Duldung oder Unterlassung gerichtet ist.

Dieser Grundverwaltungsakt könnte in dem eingeschränkten Halteverbotszeichen, § 41 StVO, Zeichen 286, zu sehen sein. Verkehrszeichen sind Verwaltungsakte in Form von Allgemeinverfügungen iSv § 35 Satz 2 VwVfG, die nicht nur Gebote, sondern auch Verbote beinhalten. Dementsprechend verbietet das Zeichen 286 nicht nur das Halten auf der Fahrbahn über drei Minuten, sondern gebietet auch das Entfernen eines verkehrswidrig abgestellten Fahrzeugs. Ein auf eine Handlung gerichteter Grundverwaltungsakt liegt vor.

986 Die Wirksamkeit dieser Allgemeinverfügung richtet sich nach § 43 Abs. 1 VwVfG. Abzustellen ist auf die Bekanntgabe, die nach bundesrechtlichen Vorschriften der StVO durch Aufstellen des Verkehrsschilds, §§ 39, 45 Abs. 4 StVO, erfolgt. Ist das Verkehrszeichen in der Weise aufgestellt, dass ein durchschnittlicher Kraftfahrer es bei Einhaltung der nach § 1 StVO erforderlichen Sorgfalt wahrnehmen kann, äußert es seine Rechtswirkung gegenüber jedem von der Regelung betroffenen Verkehrsteilnehmer. Es ist nicht ersichtlich, dass hier anderes gelten sollte. In der Folge kann davon ausgegangen werden, dass das Verkehrszeichen 286 (§ 41 StVO) gegenüber A wirksam ist.

987 Der Grundverwaltungsakt ist vollstreckbar, wenn er unanfechtbar oder sofort vollziehbar ist, § 53 Abs. 1 BbgPolG. Verkehrszeichen werden den unaufschiebbaren Anordnungen von Polizeivollzugsbeamten gleichgesetzt und sind somit analog § 80 Abs. 2 Satz 1 Nr. 2 VwGO sofort vollziehbar.

Nach § 16 Abs. 1 BbgVwVG[7] vollzieht die Behörde den Verwaltungsakt, die ihn erlassen hat. Für das Aufstellen der Verkehrsschilder ist nach § 44 Abs. 1 StVO die Straßenverkehrsbehörde zuständig. Das sind in Brandenburg die Landkreise, § 4 BbgStVRZV. Folglich ist das Verkehrszeichen als Grundverwaltungsakt nicht durch die Polizei vollziehbar. Die Polizei ist lediglich zum Vollzug ihres eigenen Wegfahrgebots befugt. Eine Ersatzvornahme im gestreckten Verfahren scheidet aus.

Die Anordnung des Abschleppens ist als Ersatzvornahme eines polizeilichen Wegfahrgebots im Wege des Sofortvollzugs nach §§ 53 Abs. 2, 55 BbgPolG iVm § 10 Abs. 1 BbgPolG[8] anzusehen.

---

6 *Entspricht:* § 2 VwVG BW; Art. 53 Abs. 1 BayPAG; § 11 Abs. 1 BremVwVG; § 18 Abs. 1 HmbVwVG; § 47 Abs. 1 HessSOG; § 80 Abs. 1 SOG MV; § 64 Abs. 1 NdsSOG; § 50 Abs. 1 PolG NW; § 2 VwVG RP; § 44 Abs. 1 SaarlPolG; § 2 SächsVwVG; § 53 Abs. 1 SOG LSA; § 229 Abs. 1 LVwG SH; § 51 Abs. 1 ThürPAG.

7 *Entspricht:* § 4 VwVG BW; Art. 77 BayPAG; § 12 BremVwVG; § 4 HmbVwVG; § 68 HessSOG; § 82 SOG MV; § 56 VwVG NW; § 4 VwVG RP; §§ 2, 14 SaarlVwVG; § 4 SächsVwVG; § 53 Abs. 3 SOG LSA iVm § 71 VwVG LSA; § 231 LVwG SH; §§ 21, 43 ThürVwZVG.

8 *Entspricht:* § 3 PolG BW; Art. 11 BayPAG; § 17 Abs. 1 BerlASOG; § 10 BremPolG; § 3 HmbSOG; § 11 HessSOG; § 13 SOG MV; § 11 NdsSOG; § 8 PolG NW; § 9 POG RP; § 8 SaarlPolG; § 3 Abs. 1 SächsPolG; § 13 SOG LSA; § 174 LVwG SH; § 12 ThürPAG.

bb) Formelle Rechtmäßigkeit

Die Abschleppanordnung muss von der zuständigen Behörde entsprechend den Verfahrens- und Formvorschriften ausgesprochen worden sein. 988

Das Polizeipräsidium Frankfurt (Oder) muss die zuständige Behörde sein. Grundsätzlich ist die Ordnungsbehörde Frankfurt (Oder) zuständig, § 47 Abs. 2 BbgOBG[9] iVm §§ 3 f. BbgOBG[10]. Da diese Behörde sonntags nicht arbeitet, ist die Polizei aufgrund ihrer Eilzuständigkeit nach § 2 Satz 1 BbgPolG[11] zuständig. Die örtliche Zuständigkeit ergibt sich aus § 5 BbgPolG[12]. Weder Androhung noch Festsetzung sind ergangen. Sie sind im Sofortvollzug nicht erforderlich: Die Androhung ist nach § 59 Abs. 1 Satz 3 BbgPolG[13] entbehrlich, eine Festsetzung sieht das BbgPolG nicht vor. Eine besondere Form mit Blick auf den Erlass von Verwaltungsakten ist im Sofortvollzug nicht vorgesehen. Das Abschleppen wurde formell rechtmäßig angeordnet.

cc) Materielle Rechtmäßigkeit

Die Abschleppanordnung ist materiell rechtmäßig, wenn die Polizei innerhalb ihrer Befugnisse zur Abwehr einer gegenwärtigen Gefahr gehandelt hat und das Handeln im Wege des Sofortvollzugs notwendig war, § 53 Abs. 2 BbgPolG[14].

(1) Es muss eine gegenwärtige Gefahr vorliegen. Eine Gefahr liegt vor, wenn ein Scha- 989
den für die öffentliche Sicherheit oder Ordnung in absehbarer Zeit mit hinreichender Wahrscheinlichkeit bevorsteht. Die öffentliche Sicherheit umfasst die Unverletzlichkeit der objektiven Rechtsordnung, der subjektiven Rechte und Rechtsgüter des Einzelnen sowie der Einrichtungen und Veranstaltungen des Staats und der anderen Träger der Hoheitsgewalt. A hat gegen die §§ 41, 49 Abs. 3 Nr. 4 StVO iVm OWiG verstoßen und somit eine Ordnungswidrigkeit begangen. Ein rechtfertigender Notstand nach § 16 OWiG ist nicht gegeben. A hat die objektive Rechtsordnung und damit die öffentliche Sicherheit verletzt. Eine Gefahr liegt vor.

9 *Entspricht:* § 48 OBG NW.

10 *Entspricht:* §§ 61, 62 PolG BW; Art. 77 BayPAG; § 85 HessSOG; § 3 SOG MV; § 2 Nr. 7 NdsSOG; § 3 OBG NW; §§ 88, 89 POG RP; §§ 75 f. SaarlPolG; § 64 SächsPolG; §§ 84, 85 SOG LSA; §§ 163 f. LVwG SH; § 1 ThürOBG.

11 *Entspricht:* § 2 Abs. 1 PolG BW; Art. 3 BayPAG; § 4 BerlASOG; § 3 Abs. 2 HmbSOG; § 2 HessSOG; § 7 Abs. 1 Nr. 3 SOG MV; § 1 Abs. 2 NdsSOG; § 1 Abs. 1 PolG NW; § 1 Abs. 7 POG RP; § 1 Abs. 4 SaarlPolG; §§ 2 Abs. 1, 60 Abs. 2 SächsPolG; § 2 Abs. 2 SOG LSA; § 3 ThürOBG iVm § 3 ThürPAG.

12 *Entspricht:* § 75 PolG BW; § 100 HessSOG; § 8 SOG MV; § 100 NdsSOG; § 7 PolG NW; § 78 POG RP; § 86 SaarlPolG; § 76 SächsPolG; § 88 Abs. 1 SOG LSA; § 169 LVwG SH; § 3 ThürPAG.

13 *Entspricht:* § 20 VwVG BW; Art. 59 Abs. 1 Satz 3 BayPAG; § 17 BremVwVG; § 18 HmbSOG; § 53 Abs. 1 Satz 3 HessSOG; § 87 Abs. 1 Satz 2 SOG MV; § 70 Abs. 1 Satz 3 NdsSOG; § 56 Abs. 1 Satz 3 PolG NW; § 60 Abs. 1 Satz 2 VwVG RP; § 50 Abs. 1 Satz 3 SaarlPolG; § 20 Abs. 1 Satz 3 SächsVwVG; § 59 Abs. 1 Satz 3 SOG LSA; § 236 Abs. 1 Satz 2 LVwG SH; § 57 Abs. 1 Satz 3 ThürPAG.

14 *Entspricht:* Art. 53 Abs. 2 BayPAG; § 11 Abs. 2 BremVwVG; § 47 Abs. 2 HessSOG; § 81 SOG MV; § 64 Abs. 2 NdsSOG; § 50 Abs. 2 PolG NW; § 44 Abs. 2 SaarlPolG; § 53 Abs. 2 SOG LSA; § 230 LVwG SH; § 51 Abs. 2 ThürPAG; *ähnlich:* § 21 VwVG BW; § 27 HmbVwVG.

990 Gegenwärtig ist die Gefahr, wenn die Einwirkung des schädigenden Ereignisses bereits begonnen hat oder unmittelbar bevorsteht. Eine Störung der öffentlichen Sicherheit geht über die Gefahr hinaus. Sie stellt immer eine gegenwärtige Gefahr dar.

991 Die Polizei hat innerhalb ihrer Befugnisse gehandelt, wenn sie in Form eines rechtmäßigen Grundverwaltungsakts ein Wegfahrgebot erlassen durfte. Die Ermächtigungsgrundlage für diesen (fiktiven) Grundverwaltungsakt bildet § 10 Abs. 1 BbgPolG. Der Verstoß gegen die StVO ist eine konkrete Gefahr für die öffentliche Sicherheit. Als Fahrer und Halter des Fahrzeugs kann A sowohl als Verhaltensstörer nach § 5 Abs. 1 BbgPolG[15] als auch als Zustandsstörer nach § 6 Abs. 1, 2 BbgPolG[16] in Anspruch genommen werden. Ein Wegfahrgebot nach § 10 Abs. 1 BbgPolG entspricht dem Grundsatz der Verhältnismäßigkeit. Ein rechtmäßiger fiktiver Grundverwaltungsakt ist gegeben. Die Polizei hat mithin innerhalb ihrer Befugnisse gehandelt.

992 (2) Notwendig ist der Sofortvollzug, wenn der Zweck der Maßnahme nicht durch Erlass eines Verwaltungsakts erreicht werden konnte. Da A sich nicht am Fahrzeug befand, war es nicht möglich, das Wegfahrgebot durch einen an A gerichteten Verwaltungsakt durchzusetzen. Demnach war der Sofortvollzug auch notwendig.

993 (3) Die Ersatzvornahme im Wege des Sofortvollzugs ist nach pflichtgemäßem Ermessen auszuüben. Insbesondere ist der Grundsatz der Verhältnismäßigkeit zu beachten, § 3 BbgPolG[17]. Dazu muss die Abschleppanordnung geeignet und erforderlich sein, den angestrebten Zweck zu erreichen, und sie darf A im Verhältnis zum angestrebten Zweck nicht übermäßig belasten.

994 Geeignet ist eine Maßnahme, wenn der gewünschte Erfolg gefördert wird. Die Abschleppanordnung stellt ein taugliches Mittel dar, den Verstoß gegen die StVO und damit gegen die öffentliche Sicherheit zu beenden.

995 Erforderlichkeit ist gegeben, wenn ein anderes, die Rechtsstellung des Betroffenen weniger berührendes, aber gleichermaßen wirksames Mittel nicht vorhanden ist. Grundsätzlich ist die Behörde nur zum Handeln befugt, wenn die Heranziehung des Störers nach den konkreten Umständen des Einzelfalls keinen Erfolg verspricht und deshalb ausscheidet. Da sich A weder in Ruf- noch in Sichtweite befand, konnte er nicht unmittelbar die Störung beseitigen. Als milderes Mittel kommt eine Halterermittlung, verbunden mit der an den Halter gerichteten Aufforderung, das Fahrzeug sofort zu entfernen, in Betracht. Da es sich vorliegend um ein auswärtiges Fahrzeug handelt, ist der vorherige Versuch einer Halterermittlung nicht erforderlich. Es waren grundsätzlich

---

15 *Entspricht:* § 6 PolG BW; Art. 7 BayPAG; § 13 BerlASOG; § 5 BremPolG; § 8 HmbSOG; § 6 HessSOG; § 69 SOG MV; § 6 NdsSOG; § 4 PolG NW; § 4 POG RP; § 4 SaarlPolG; § 4 SächsPolG; § 7 SOG LSA; § 218 LVwG SH; § 10 ThürOBG.

16 *Entspricht:* § 7 PolG BW; Art. 8 BayPAG; § 14 BerlASOG; § 6 BremPolG; § 9 HmbSOG; § 7 HessSOG; § 70 SOG MV; § 7 NdsSOG; § 5 PolG NW; § 5 POG RP; § 5 SaarlPolG; § 5 SächsPolG; § 8 SOG LSA; § 219 LVwG SH; § 7 ThürPAG.

17 *Entspricht:* § 5 PolG BW; Art. 4 BayPAG; § 11 BerlASOG; § 3 BremPolG; § 4 HmbSOG; § 4 HessSOG; § 15 SOG MV; § 4 NdsSOG; § 2 PolG NW; § 2 POG RP; § 2 SaarlPolG; § 3 Abs. 3 SächsPolG; § 5 SOG LSA; § 174 LVwG SH; § 4 ThürPAG.

keine Ermittlungen nach dem Verbleib des polizeirechtlich Verantwortlichen erforderlich, weil deren Erfolg zweifelhaft ist und zu nicht abzusehenden weiteren Verzögerungen führt. – Eine Benachrichtigung des verantwortlichen Fahrers kann jedoch geboten sein, wenn er selbst den Ermittlungsaufwand reduziert und gleichzeitig die Erfolgsaussichten dadurch steigert, dass er einen konkreten Hinweis auf seine Erreichbarkeit und seine Bereitschaft zum umgehenden Entfernen des verbotswidrig geparkten Fahrzeugs gibt. Der hinterlegte Zettel mit der Aufschrift „Bei Problemen bitte anrufen. Komme sofort." kann ein solcher Hinweis sein. Die Polizeibeamten sind verpflichtet, diesem Hinweis nachzugehen, wenn damit kein unzumutbarer Aufwand entsteht und der Verursacher kurzfristig und zuverlässig die Störung beseitigt. Der von A hinterlegte Zettel müsste diesen Anforderungen genügen. Sofern eine Nachricht ergibt, dass der Verantwortliche sich im engsten Nahbereich des störenden Wagens befindet, ist es der Polizei grundsätzlich zumutbar, den entsprechenden Ort aufzusuchen. Der Hinweis des A enthält indes keine Angaben über seinen Aufenthaltsort, sodass die Polizeibeamten insoweit nicht verpflichtet waren, diesem Hinweis nachzugehen. – Allerdings verfügten die Polizisten über ein Dienst-Handy. Ein Anruf unter der angegebenen Telefonnummer stellt keinen größeren Aufwand als das Anfordern des Abschleppwagens dar. Eine Beseitigung des Fahrzeugs durch A wäre auch schneller und mit deutlich geringeren Beeinträchtigungen für Anwohner und andere Verkehrsteilnehmer verbunden, als es bei einem Abschleppeinsatz der Fall wäre.

Die Polizeibeamten müssen der Nachricht entnehmen können, wann der Betreffende auf Anruf am Fahrzeug eintreffen wird. Ein in diesem Sinne für den Adressaten der Nachricht überprüfbares und damit hinlänglich bestimmtes Kriterium besteht in der Angabe des jeweiligen Aufenthaltsorts. Der Zettel des A lässt aber lediglich erkennen, dass A „sofort" kommen will. Das Adverb „sofort" enthält nach allgemeinem Sprachgebrauch keine objektive Zeitangabe; der Nachricht ist kein eingrenzbarer Zeitraum bis zum in Aussicht gestellten Wegfahren des Fahrzeugs zu entnehmen. Da die Polizeibeamten auf die nicht nachvollziehbare Einschätzung des A angewiesen sind, ist die Nachricht des A zu unbestimmt. – Ferner war in der Nachricht des A kein Bezug zur konkreten Situation zu erkennen. Der ausgelegte Zettel passte von seinem Inhalt vielmehr auf jeden Fall verbotswidrigen Parkens; A verwendete ihn auch so. Die Polizeibeamten konnten daher nicht davon ausgehen, dass A sich bei Verlassen des Fahrzeugs hinlänglich bewusst war, er werde im konkreten Einzelfall auch kurzfristig zum Wegfahren des Fahrzeugs bereit und imstande sein. Hinzu kommt, dass auch ein Besitzer eines Mobiltelefons aus einer Vielzahl von gewollten oder ungewollten Gründen vorübergehend nicht erreichbar sein kann. Der Nachricht des A war folglich auch keine ernstliche Bereitschaft zum Wegfahren des Fahrzeugs zu entnehmen. Ein Anruf unter der angegebenen Telefonnummer war demzufolge nicht geboten. Ein milderes Mittel ist nicht gegeben. Die Abschleppanordnung war erforderlich. **996**

Die Abschleppanordnung muss angemessen sein. Um das festzustellen, bedarf es einer Abwägung der wesentlichen Umstände des Einzelfalls. A wird durch eine Umsetzung seines Fahrzeugs finanziell und zeitlich belastet. Diese Belastung ist allerdings nicht **997** überdurchschnittlich. Demgegenüber steht die von A begangene Ordnungswidrigkeit. Ferner übt A eine negative Vorbildwirkung aus, weil andere Verkehrsteilnehmer das verkehrswidrige Parken zum Anlass für ähnliches Verhalten nehmen können. Aber weder der bloße Verstoß gegen eine Rechtsnorm noch die negative Vorbildwirkung reichen grundsätzlich aus, das Abschleppen eines Fahrzeugs zu rechtfertigen. Vorliegend kommt aber hinzu, dass A andere Verkehrsteilnehmer behindert. Zwar können PKW die Straße passieren, jedoch keine größeren Fahrzeuge; insbesondere Rettungseinsätze der Feuerwehr sind gefährdet. In Anbetracht dessen überwiegt die zeitliche und finanzielle Belastung des A das öffentliche Interesse an der Umsetzung des Fahrzeugs nicht.

998 Zugunsten des A lässt sich auch nicht anführen, dass er bei einem „Notfall" Hilfe leistete. Zwar hat sich im Haus des B ein Wasserrohrbruch ereignet, jedoch hat B sich für einen auswärtigen Notdienst entschieden und war auch damit einverstanden, dass der Schaden erst nach mehreren Stunden behoben wird. Deshalb ist der Einwand des A, es habe ein Notfall vorgelegen, der keine Zeit zur Parkplatzsuche ließ, nicht überzeugend. Die Abschleppanordnung war angemessen.

b) Kostenansatz

Die Kosten müssen in der richtigen Höhe gegenüber dem richtigen Kostenschuldner geltend gemacht werden. Als Verhaltens- und Zustandsstörer ist A der richtige Adressat des Kostenbescheids.

999 Die Kostenpflicht könnte entfallen, weil das Abschleppen nicht durchgeführt wurde. Die Auferlegung der Kosten für die durchgeführte Leerfahrt ist rechtmäßig, wenn die Kosten bereits angefallen waren und die Beauftragung des Abschleppunternehmens nicht mehr rechtzeitig storniert werden konnte. Da A und der Abschleppwagen gleichzeitig am Abstellort des Fahrzeugs erschienen, war eine Stornierung nicht mehr möglich. A muss als Pflichtiger die Kosten für den abgebrochenen Abschleppvorgang tragen.

c) Zwischenergebnis

Da alle formellen und materiellen Voraussetzungen erfüllt sind, ist die Abschleppanordnung rechtmäßig ergangen. Der Kostenbescheid ist rechtmäßig.

III. Ergebnis

Die Klage des A ist zulässig, aber unbegründet und hat demzufolge keine Aussicht auf Erfolg.

Vertiefungshinweis: Der Fall ist der Entscheidung HmbOVG, NJW 2001, 3647 f. nachgebildet. Ausführlich zum „Abschleppen" *Tettinger/Erbguth/Mann*, BesVerwR, Rn. 716 und 785 ff.

Repetitorium

Verwaltungsvollstreckung

Polizeiliche Anordnungen, die in der Regel Gebote oder Verbote enthalten, müssen häufig mit Zwangsmitteln durchgesetzt werden. Die Durchsetzung öffentlich-rechtlicher Pflichten aus VAen regelt das Verwaltungsvollstreckungsrecht. Der Bund und die Länder haben jeweils Regelungen zur Verwaltungsvollstreckung erlassen, die in ihren Grundzügen vergleichbar sind.

1. Die Zwangsmittel

Zur Durchsetzung von Handlungs-, Duldungs- und Unterlassungspflichten sind im Ver- 1000
waltungsvollstreckungsrecht nur bestimmte Mittel vorgesehen. Der Katalog der Zwangsmittel ist abschließend. Die einsetzbaren Zwangsmittel sind die Ersatzvornahme, das Zwangsgeld und der unmittelbare Zwang.

Die **Ersatzvornahme** (z.B. § 10 VwVG) dient der Erzwingung einer vertretbaren Hand- 1001
lung. Die Ersatzvornahme ist dadurch gekennzeichnet, dass die anordnende Behörde die aufgegebene Handlung selbst vornimmt (Selbstvornahme) oder mit deren Vornahme einen Dritten beauftragt. Bei der Erzwingung einer Duldung oder Unterlassung ist sie denklogisch nicht möglich. Die Behörde ist nicht in der Lage, anstelle des Pflichtigen etwas zu dulden oder zu unterlassen. Die Ersatzvornahme erfolgt in aller Regel auf Kosten des Handlungspflichtigen.

Das **Zwangsgeld** (§ 11 VwVG) kann sowohl zur Erzwingung einer vertretbaren als 1002
auch nicht vertretbaren Handlung eingesetzt werden. Das Zwangsgeld ist ein Beugemittel. Es dient der Erzwingung künftigen Verhaltens. Dieser Charakter des Zwangsgelds bedingt:

- es kann wiederholt in seiner Höhe gesteigert werden, wenn der Pflichtige nicht nachgibt;
- es darf nicht vollstreckt werden, wenn der Pflichtige den Anspruch erfüllt;
- es ist neben Strafen und Geldbußen zulässig.

Die Höhe des Zwangsgelds orientiert sich regelmäßig an einem vom jeweiligen Gesetzge- 1003
ber geregelten Rahmensatz. Zu beachten sind bei der Anwendung des Zwangsgelds aber insbesondere Fragen der Verhältnismäßigkeit; hier kann auch die Leistungsfähigkeit des Betroffenen für die Höhe des Zwangsgelds von Bedeutung sein. Bei Uneinbringlichkeit des Zwangsgelds setzt sich dieses in der Ersatzzwangshaft (§ 16 VwVG) fort.

Zwischen der Ersatzvornahme und dem Zwangsgeld besteht kein Vorrangverhältnis. 1004
Sobald ein Zwangsmittel geeignet ist, das gewünschte Ziel zu erreichen, kann es zur Anwendung kommen. Aus Gründen der Verhältnismäßigkeit kann im Einzelfall ein Zwangsmittel dem anderen vorgehen.

1005 Der **unmittelbare Zwang** (§ 12 VwVG) dient der Durchsetzung nicht vertretbarer Handlungen, aber auch vertretbarer Handlungen. In einigen Fällen kann es daher zu Abgrenzungsschwierigkeiten zur Ersatzvornahme kommen. Ersatzvornahme liegt vor, wenn die Behörde an Stelle des Pflichtigen eine ihm obliegende vertretbare Handlung durchführt; unmittelbarer Zwang ist anzunehmen, wenn die Behörde durch ihr Handeln ein bestimmtes Verhalten des Pflichtigen erreichen will.

1006 Im Wege des unmittelbaren Zwangs wird auf Personen oder Sachen durch körperliche Gewalt, durch ihre Hilfsmittel sowie durch Waffen eingewirkt. Zum unmittelbaren Zwang gehört in einigen Bundesländern auch der gezielte Todesschuss, der jedoch nur bei Vorliegen besonderer Voraussetzungen zur Anwendung kommen darf (vgl. z.B. §§ 66 f. BbgPolG).

1007 Der unmittelbare Zwang darf wegen des mit ihm einhergehenden schwerwiegenden Eingriffs nur dann zur Anwendung kommen, wenn andere Zwangsmittel nicht mehr erfolgversprechend sind („ultima ratio“).

2. Die Vollstreckungsvoraussetzungen

1008 Vollstreckungsvoraussetzung ist zunächst ein **vollstreckungsfähiger Titel**. Im Verwaltungsrecht stellt einen solchen Titel ein VA dar, der im Ordnungs- und Polizeirecht regelmäßig auf die Vornahme einer Handlung oder auf Duldung oder Unterlassung gerichtet ist. Dieser VA darf mit Verwaltungszwang durchgesetzt werden, wenn er unanfechtbar ist (Bestandskraft) oder wenn ein Rechtsmittel keine aufschiebende Wirkung hat (§ 80 Abs. 2 VwGO).

Hinweis: Bei Vorliegen dieser Voraussetzungen ist es regelmäßig nicht angezeigt, die Rechtmäßigkeit des zugrunde liegenden vollstreckbaren VAs zu überprüfen, wenn allein die Vollstreckungsmaßnahme angegriffen wird[18]. Insbesondere bei sofort vollstreckbaren, nicht bestandskräftigen VAen wird zum Teil anderes vertreten[19].

1009 Hinzukommen muss, dass die **zuständige Behörde** den VA vollzieht. In der Regel ist dieses die Behörde, die den zu vollziehenden VA erlassen hat.

1010 Es dürfen zusätzlich **keine Vollstreckungshindernisse** vorliegen. Regelmäßig werden dies solche Sachverhalte seien, in denen dem Betroffenen aus rechtlichen oder tatsächlichen Gründen das Folgen der behördlichen Anordnung nicht möglich ist (Bsp.: fehlende dingliche Berechtigung). Solche Vollstreckungshindernisse führen in aller Regel nicht zu Rechtswidrigkeit der Anordnung selbst[20]. Bei rechtlichen Hindernissen ist es möglich, das Vollstreckungshindernis mittels einer Duldungsverfügung zu umgehen.

1011 Eine in vielen Polizeigesetzen geregelte Besonderheit ist der sog. **Sofortvollzug**. Bei diesem fehlt es an der Grundverfügung, die vollstreckt wird. Aus Gründen einer gegenwärtigen Gefahr, bei der der Erlass eines GrundVAs nicht anzeigt ist, kann die Behörde

18 H.M.: Vgl. *Schenke*, POR, Rn. 540.
19 Z.B. *Jahn*, JA 2000, 79, 86.
20 Vgl. BVerwGE 40, 101, 103.

auch ohne Erlass eines GrundVAs zu Zwangsmitteln greifen. In der Regel wird hier die Ersatzvornahme oder der unmittelbare Zwang zum Einsatz gelangen. Voraussetzung ist, dass die vollziehende Behörde innerhalb ihrer Befugnisse handelt. Das heißt, dass ein fiktiver VA formell und materiell rechtmäßig sein muss. Hierin liegt ein Unterschied zum Regelfall des vollziehbaren VAs, dessen Rechtmäßigkeit nicht zu prüfen ist.

Einige Landesgesetze kennen auch die sog. **„unmittelbare Ausführung"**. Eine **1012**
Abgrenzung zum Sofortvollzug ist praktisch kaum möglich.

3. Vollstreckungsverfahren

Notwendig für eine ordnungsgemäße Vollstreckung seitens der Behörde ist die Einhal- **1013**
tung des Vollstreckungsverfahrens. Die Anwendung der Zwangsmittel hängt nicht nur von den oben genannten Vollstreckungsvoraussetzungen ab.

Das Vollstreckungsverfahren gliedert sich in zwei Stufen: die **Androhung** und die **Festsetzung**.

Mit der Androhung (§ 13 VwVG) ist dem Betroffenen in Aussicht zu stellen, dass bei **1014**
Nichtbefolgung der behördlichen Anordnung ein Zwangsmittel angewendet wird. In der Androhung ist das Zwangsmittel, welches zur Anwendung kommen soll, ausdrücklich zu bezeichnen. Es ist auch möglich, mehrere Zwangsmittel anzudrohen, jedoch ist die Reihenfolge, in welcher diese zur Anwendung kommen sollen, anzugeben. Die Androhung kann bereits im GrundVA enthalten sein. Bei der Auferlegung von Handlungspflichten ist dem Adressaten eine angemessene Frist zu setzen, um der Verfügung nachzukommen. Bei Duldungs- und Unterlassungspflichten ist eine solche Fristsetzung nicht notwendig.

Die Androhung bedarf immer der Schriftform; sie ist förmlich zuzustellen. Eine erneute Androhung von Zwangsmitteln ist möglich.

Bei Nichtbefolgen der Androhung folgt ihr die **Festsetzung** (§ 14 VwVG) des Zwangs- **1015**
mittels. Die Festsetzung muss inhaltlich der Androhung entsprechen, darf also nichts anderes beinhalten als die vorangegangene Androhung. Die Festsetzung enthält in der Regel die Mitteilung, dass das angedrohte Zwangsmittel nun Anwendung findet (Vornahme der vertretbaren Handlung durch die Behörde; Leistungsbescheid; Anweisung, den Zwang anzuwenden). Eine Festsetzung darf dann nicht mehr erfolgen, wenn der Pflicht – auch nach Ablauf der in der Androhung gesetzten Frist – nachgekommen wird[21]. Die Zwangsvollstreckung ahndet keine Rechtsverstöße, sondern dient lediglich der Durchsetzung einer Ordnungspflicht. Die Vollstreckung scheidet aus, wenn der Zweck erreicht ist. Wann dieser Zweck erreicht ist, kann unter Umständen bei Duldungs- oder Unterlassungspflichten problematisch sein. Wenn nicht zu erwarten ist, dass gegen die Duldungs- oder Unterlassungspflicht – ein weiteres Mal – verstoßen wird, ist davon auszugehen, dass der Zweck erreicht ist[22].

---

21 BayOblG, NVwZ-RR 1999, 785.
22 So HessVGH, NVwZ-RR 1996, 361 ff.; a.A. OVG LSA, DÖV 1996, 926.

Nach der Festsetzung darf das Zwangsmittel zur Anwendung kommen.

Sowohl die Festsetzung als auch die Androhung sind als selbstständige VAe zu qualifizieren (bei Androhung str.).

Beim Sofortvollzug sind die Androhung und die Festsetzung entbehrlich.

1016 **Aufbauschema: Prüfung einer rechtmäßigen Zwangsvollstreckung**

1. Vorliegen der Vollstreckungsvoraussetzungen: bestandskräftiger oder sofort vollziehbarer Verwaltungsakt
2. Ordnungsgemäßes Verwaltungsvollstreckungsverfahren
   a) Androhung
   b) Festsetzung
3. Richtiges Zwangsmittel
4. Kein Vollstreckungshindernis

Fall 19**

With the joint

Schwerpunkte: Beteiligtenfähigkeit einer Vereinigung am Widerspruchsverfahren; fehlende Anhörung nach § 28 VwVfG; Heilung nach § 45 VwVfG; Versammlungsbegriff; Begriff der öffentlichen Sicherheit; Auflage nach § 15 VersG

Am 7.8.2011 meldet S für eine Bürgerinitiative, die die Legalisierung von Cannabis **1017**
wünscht, eine Versammlung mit ca. 300 Teilnehmern für den 16.9.2011 von 12.30 Uhr bis 14.30 Uhr auf einem innerstädtischen Platz in Frankfurt (Oder) an. Ziel der Versammlungsteilnehmer ist es, die Öffentlichkeit über das Verbot von Cannabis aufzuklären, die vielfältigen Verwendungsmöglichkeiten von Hanf aufzuzeigen sowie die Beendigung des Verbots zu fordern. Im Rahmen der Veranstaltung soll die Band des S auftreten, ihre neue CD vorstellen und verkaufen.

Im Vorfeld der angemeldeten Versammlung sind mehrere Rundbriefe (Januar und Juli 2011) veröffentlicht worden, in denen die „AG Hanf" aus Frankfurt (Oder), welcher die Mitglieder der Initiative demnächst beitreten wollen oder schon beigetreten sind, die Organisation eines „Cannabis-Wochenendes" am 16./17.9.2011 ankündigen. In einem weiteren Rundbrief wird für das „Cannabis-Wochenende" zu einem so genannten „Smoke-Inn" am 16.9.2011 aufgerufen. Auf Flugblättern und Rundbriefen, die auf anderen Veranstaltungen verteilt werden, äußert die „AG Hanf", Haschisch zu rauchen und dafür zu demonstrieren, sei nicht illegal; die Teilnehmer der Demonstration dürften aber nicht kiloweise Cannabis anschleppen.

Am 7.9.2011 erlässt der Polizeipräsident von Frankfurt (Oder) als zuständige Behörde einen Bescheid mit Rechtsbehelfsbelehrung; er verbietet die angemeldete Versammlung mit der Begründung, die Voraussetzungen für ein Versammlungsverbot nach § 15 VersG seien erfüllt, da die geplante Versammlung die öffentliche Sicherheit und Ordnung unmittelbar gefährde.

Der Polizeipräsident wertet die Rundbrief-Aktion als einen Aufruf zum Cannabis-Konsum durch Rauchen und folgert, es werde zu Verstößen gegen das Betäubungsmittelgesetz aufgerufen. Ferner zweifelt er daran, dass es sich um eine Versammlung im Sinne des Versammlungsgesetzes handele, weil die Band des S auftreten und ihre neue CD anpreisen wolle. Der Zweck der Veranstaltung weise vielmehr den Charakter einer Musikveranstaltung auf, kommerzielle Ziele würden verfolgt und die Meinungskundgabe stünde nicht im Vordergrund.

Gegen den Bescheid erhebt die Initiative mit Datum vom 11.9.2011 Widerspruch beim Polizeipräsidenten. Sie rügt, sie sei nicht angehört worden. Die Mitglieder der Initiative erklären zum Beitritt zur „AG Hanf", deren Ziele und die der Initiative stimmten überein; im Vordergrund stünde die Aufklärung der Allgemeinheit über Sucht und Cannabis; sie wollten eine Diskussion über dieses Thema eröffnen, Hanf als Nutzpflanze einführen und Grundzüge einer neuen Drogenpolitik erarbeiten. Ferner führen sie aus, sie hätten nicht zu Straftaten aufgerufen; die Flugblätter und Rundbriefe seien ihnen nicht zuzurechnen; sie distanzierten sich von jeder strafbaren Handlung. Schließlich handele es sich um eine Versammlung im Sinne des Versammlungsgesetzes, weil die Band nur zwei Stücke spiele, die thematischen Bezug zur Veranstaltung hätten.

Wie wird die Widerspruchsbehörde entscheiden?

Vorüberlegung

1018 Wieder ein Widerspruchsverfahren; diese Häufung ist didaktisch gewollt, weil viele Studierende in Klageverfahren „fit" sind, nicht aber im Widerspruchsverfahren. Auch hier geht es um die Abwehr eines Verwaltungsakts. Materiell geht es um Versammlungsrecht; dieses ist ein Spezialfall des Polizeirechts. In der Sache geht es mithin um Polizeirecht; dieses ist nur anders gesetzlich eingekleidet.

Gliederung

1019 **I. Zulässigkeit des Widerspruchs**
1. Eröffnung des Verwaltungsrechtswegs
2. Statthaftigkeit des Widerspruchs
3. Widerspruchsbefugnis
4. Einlegung bei der richtigen Behörde
5. Beteiligtenfähigkeit
6. Widerspruchsinteresse
7. Form und Frist

II. Die Begründetheit des Widerspruchs
1. Ermächtigungsgrundlage
2. Rechtmäßigkeit der Verfügung
   a) Formelle Rechtmäßigkeit
   b) Materielle Rechtmäßigkeit
      aa) Öffentliche Versammlung
      bb) Unmittelbare Gefahr für die öffentliche Sicherheit
   c) Verhältnismäßigkeit

III. Ergebnis

Lösung

Die Widerspruchsbehörde wird dem Widerspruch stattgeben, wenn er zulässig und begründet ist. Voraussetzung für die Zulässigkeit des Widerspruchs ist, dass die Sachentscheidungsvoraussetzungen für eine Klage vorliegen, wenn sich die Sache im Stadium der Klageerhebung befände.

I. Zulässigkeit des Widerspruchs

1. Eröffnung des Verwaltungsrechtswegs

Der Verwaltungsrechtsweg ist nach § 40 Abs. 1 Satz 1 VwGO analog eröffnet, wenn **1020**
eine öffentlich-rechtliche Streitigkeit nichtverfassungsrechtlicher Art vorliegt, die nicht durch Gesetz einem anderen Gericht zugewiesen ist. Öffentlich-rechtlich ist eine Streitigkeit, wenn die streitentscheidenden Normen zum öffentlichen Recht zählen. Nach der modifizierten Subjektstheorie/Sonderrechtstheorie ist das der Fall, wenn die Normen einen Träger öffentlicher Gewalt als solchen berechtigen oder verpflichten. Die Beteiligten streiten über die Rechtsfolgen aus der Anwendung von Normen des Versammlungsgesetzes. Diese Vorschriften berechtigen und verpflichten ausschließlich Träger öffentlicher Gewalt, hier die Polizei. Sie sind Sonderrecht des Staats. Eine öffentlich-rechtliche Streitigkeit liegt vor.

Eine verfassungsrechtliche Streitigkeit ist nicht gegeben. Eine abdrängende Zuweisung fehlt.

Der Verwaltungsrechtsweg ist eröffnet.

2. Statthaftigkeit des Widerspruchs

Die Statthaftigkeit des Rechtsbehelfs richtet sich nach der Art des Verwaltungshandelns **1021**
und dem Rechtsschutzbegehren.

Der Polizeipräsident hat ein Versammlungsverbot ausgesprochen. Dieses Verbot ist ein belastender Verwaltungsakt iSd § 35 Satz 1 VwVfG[1]. Gegen ihn ist im Falle eines Gerichtsverfahrens eine Anfechtungsklage statthaft. Eine Zulässigkeitsvoraussetzung der Anfechtungsklage ist die Durchführung des Widerspruchsverfahrens nach § 68 Abs. 1 Satz 1 VwGO. Der Widerspruch gegen das Versammlungsverbot ist statthaft.

3. Widerspruchsbefugnis

Als Widerspruchsführerin muss die Initiative nach § 42 Abs. 2 VwGO analog wider- **1022**
spruchsbefugt sein.

Nach § 42 Abs. 2 VwGO analog muss die Initiative geltend machen können, durch den Verwaltungsakt in einem subjektiv-öffentlichen Recht verletzt zu sein. Dieses Recht

1 IVm § 1 Abs. 1 BbgVwVfG. Dieses gilt für alle Zitierungen des VwVfG.

kann sich aus § 1 Abs. 1 VersG ergeben. Die Vorschrift konkretisiert das Grundrecht der Versammlungsfreiheit. Durch das vom Polizeipräsidenten ausgesprochene Versammlungsverbot wird die Initiative an der Ausübung des Versammlungsrechts gehindert. Es erscheint nicht von vornherein ausgeschlossen, dass das Verbot des Polizeipräsidenten rechtswidrig ist und die Initiative ein Recht auf die Durchführung der angemeldeten Veranstaltung hat. Die Initiative ist widerspruchsbefugt.

4. Einlegung bei der richtigen Behörde

1023 Der Widerspruch muss bei der zuständigen Behörde eingelegt worden sein. Zuständige Behörde ist grundsätzlich die Behörde, die den Verwaltungsakt erlassen hat, § 70 Abs. 1 Satz 1 VwGO. Das ist hier geschehen: Der Widerspruch wurde bei der zuständigen Behörde eingelegt.

5. Zuständige Widerspruchsbehörde

1024 Dem Polizeipräsidenten vorgesetzte Behörde ist das Innenministerium. Es ist eine oberste Landesbehörde. Nach § 73 Abs. 1 Satz 2 Nr. 2 VwGO erlässt der Polizeipräsident selbst den Widerspruchsbescheid.

6. Beteiligtenfähigkeit der Widerspruchsführerin

1025 Die Initiative muss nach §§ 79, 11 VwVfG beteiligtenfähig sein. Fraglich ist, ob die Initiative als Personengruppe beteiligtenfähig ist. Nach § 11 Nr. 2 VwVfG sind Vereinigungen beteiligtenfähig, soweit ihnen ein Recht zustehen kann.

Vereinigungen sind Zusammenschlüsse von natürlichen und juristischen Personen, die einen bestimmten gemeinsamen Zweck verfolgen und mit einem Mindestmaß an Organisation ausgestattet sind. Es bedarf keiner festen und auf Dauer eingerichteten Organisation. Vielmehr reicht ein gewisses Maß an Ausrichtung und Zusammenwirken im Hinblick auf die Zielsetzung. Die Initiative hat sich zusammengefunden, um für die Beendigung des Cannabis-Verbots zu arbeiten. Ihre Mitglieder wollen nicht individuell, sondern als ein Zusammenschluss an einem Meinungsbildungsprozess teilnehmen und mitwirken. Sie verfolgen demnach ein gemeinsames Ziel. Von einer gewissen Organisationsstruktur ist auszugehen. – Der Initiative muss ein Recht zu stehen. Art. 8 Abs. 1 GG gewährleistet das Recht, Versammlungen, die einer gemeinsamen Meinungsbildung und -äußerung dienen, vorzubereiten, durchzuführen und an ihnen teilzunehmen. Der Gesetzgeber hat im Versammlungsgesetz eine mit Art. 8 GG in Einklang stehende Ausgestaltung des Versammlungsrechts vorgenommen und dieses Recht auch Vereinigungen ohne Rechtspersönlichkeit zugesprochen, wenn sie – wie hier die Initiative – auf eine gewisse Dauer angelegt sind.

Die Initiative ist beteiligtenfähig.

7. Widerspruchsinteresse

Die Initiative besitzt ein Widerspruchsinteresse, wenn ihre mögliche Rechtsverletzung durch die Feststellung der Rechtswidrigkeit des Versammlungsverbots verhindert oder beseitigt werden kann. Die von der Initiative für den 16.9. geplante Versammlung könnte stattfinden, wenn das Polizeipräsidium nach § 72 VwGO dem Widerspruch abhilft. Das Widerspruchsinteresse der Initiative ist gegeben. **1026**

8. Form und Frist

Mangels Angaben im Sachverhalt wird unterstellt, dass das Gebot der Schriftform nach § 70 Abs. 1 Satz 1 VwGO eingehalten worden ist. – Der Widerspruch muss nach § 70 Abs. 1 Satz 1 VwGO innerhalb eines Monats nach Bekanntgabe des Verwaltungsakts erhoben werden, sofern die Behörde die Widerspruchsführerin ordnungsgemäß über ihre Rechte belehrt hat, § 58 Abs. 1 VwGO. Laut Sachverhalt hat die Initiative die Monatsfrist eingehalten. **1027**

9. Ergebnis

Der Widerspruch der Initiative gegen das vom Polizeipräsidium Frankfurt (Oder) ausgesprochene Versammlungsverbot ist zulässig.

II. Die Begründetheit des Widerspruchs

Der Widerspruch ist begründet, soweit das Versammlungsverbot rechtswidrig oder unzweckmäßig ist und dadurch in subjektive Rechte der Initiative eingreift, § 68 Abs. 1 VwGO iVm § 113 Abs. 1 Satz 1 VwGO analog.

1. Ermächtigungsgrundlage

Das Versammlungsverbot benötigt als belastender Verwaltungsakt eine gesetzliche Ermächtigungsgrundlage. In Betracht kommt § 15 Abs. 1 VersG. **1028**

2. Rechtmäßigkeit der Verfügung

a) Formelle Rechtmäßigkeit

Das Versammlungsverbot muss formell rechtmäßig sein. Verwaltungsakte genügen dieser Forderung, wenn die Vorschriften über die Zuständigkeit, die Anhörung, die Form und Begründung, die Bekanntgabe oder spezielle Anforderungen eingehalten werden. **1029**

Das Polizeipräsidium Frankfurt (Oder) ist nach dem Sachverhalt zuständig. An der Bestimmtheit, Form (§ 37 VwVfG), Begründung (§ 39 VwVfG) und Bekanntgabe (§ 41 VwVfG) des Versammlungsverbots bestehen keine Zweifel. Insbesondere ist für Maßnahmen nach § 15 Abs. 1 VersG eine besondere Form nicht vorgeschrieben.

1030 Problematisch ist, dass eine Anhörung der Initiative nach § 28 VwVfG vor dem Erlass des Versammlungsverbots nicht stattfand. Die Anhörung war nicht entbehrlich nach § 28 Abs. 2 VwVfG; keiner der dort aufgeführten Fälle liegt vor. Fraglich sind die Auswirkungen der unterbliebenen Anhörung auf die formelle Rechtmäßigkeit des Versammlungsverbots.

1031 Ein Verwaltungsakt, der ohne die nach § 28 VwVfG vorgeschriebene Anhörung erlassen wurde, ist formell rechtswidrig. Dieser Fehler könnte nach § 45 Abs. 1 Nr. 3 VwVfG geheilt worden sein. Dann müsste die Anhörung bis zum Abschluss eines verwaltungsgerichtlichen Verfahrens nachgeholt werden, § 45 Abs. 2 VwVfG.

Fraglich ist, ob eine Heilung durch die Durchführung des Vorverfahrens erfolgt oder ob ein gesondertes Verfahren notwendig ist.

1032 Für die Durchführung eines gesonderten Verfahrens spricht eine enge Auslegung des § 28 VwVfG: Die Norm konkretisiert das verfassungsrechtlich gesicherte Recht eines Verfahrensbeteiligten auf Gehör in Form eines Anhörungsverfahrens. Gegen diese Ansicht spricht die Neufassung des § 45 Abs. 2 VwVfG: Vom Abschluss des gerichtlichen Verfahrens ist die Rede. Dem Gerichtsverfahren ist das Vorverfahren vorgelagert. Seine Durchführung führt zur Heilung von Verfahrensfehlern, weil sich der Widerspruchsführer im Widerspruchsverfahren zu allen Tatsachen äußern kann.

1033 Der Widerspruch kann jedoch Heilung nur dann bewirken, wenn die Funktion der Anhörung noch erreichbar ist. Im vorliegenden Fall hat der Polizeipräsident alle Gründe für das Versammlungsverbot ausführlich dargelegt und alle für die Entscheidung erheblichen Tatsachen erkennen lassen. Die Initiative hat zu allen Tatsachen Stellung genommen, die der Polizeipräsident für entscheidungserheblich gehalten hat. Das Recht aus § 28 VwVfG wurde demnach gewährt. Die Stellungnahme der Initiative hat die Heilung des Verfahrensfehlers bewirkt.

Das Versammlungsverbot ist formell rechtmäßig.

b) Materielle Rechtmäßigkeit

Fraglich ist, ob das Versammlungsverbot materiell rechtmäßig ist. Das ist der Fall, wenn die Tatbestandsvoraussetzungen des § 15 Abs. 1 VersG erfüllt sind. Nach dieser Vorschrift darf eine öffentliche Versammlung verboten werden, wenn Umstände erkennbar sind, die darauf schließen lassen, dass bei der Durchführung der Versammlung die öffentliche Sicherheit oder Ordnung unmittelbar gefährdet werden.

aa) Öffentliche Versammlung

1034 Es muss eine öffentliche Versammlung im Sinne des Versammlungsrechts vorliegen. Anlässlich der Veranstaltung für die Legalisierung von Cannabis soll die Band des S auftreten und ihre neueste CD vorstellen und verkaufen. Fraglich ist, ob eine solche Musikveranstaltung als eine Versammlung im Sinne des Versammlungsgesetzes anzusehen ist.

Nach h.M. ist eine Versammlung in diesem Sinne in Anlehnung an den verfassungsrechtlichen Versammlungsbegriff eine örtliche Zusammenkunft von mehreren Personen zum Zwecke gemeinschaftlicher kommunikativer Entfaltung, insbesondere der Beratung, Erörterung oder Kundgebung (enger Versammlungsbegriff). Konstituierendes Element ist eine nach außen sichtbar werdende gemeinsame Meinungsbildung und Meinungsäußerung. Bloße Zurschaustellung eines durch Musik und Tanz ausgedrückten Lebensgefühls ist nicht ausreichend. Dem Schutzbereich der Versammlungsfreiheit unterfallen aber Versammlungen, die ihre kommunikativen Zwecke unter Einsatz von Musik und Tanz verwirklichen. **1035**

Der so genannte weite Versammlungsbegriff verzichtet auf den Versammlungszweck als Abgrenzungskriterium. Maßgeblich ist die Persönlichkeitsentfaltung in Gruppenform. Ausschlaggebend für eine Versammlung ist eine innere Verbindung, ein gemeinsamer Wille der Versammelten. **1036**

Die Versammlungsfreiheit genießt einen gesteigerten verfassungsrechtlichen Schutz. Sie unterliegt wegen der konstitutiven Bedeutung des Grundrechts für die Demokratie nur den in Art. 8 Abs. 2 GG vorgesehenen Schranken. Die zulässigen Beschränkungen der Versammlungsfreiheit hat der Gesetzgeber in §§ 14 und 15 VersG sehr eng gefasst. Ferner treten oft Rechte anderer (Anwohner, Gewerbetreibende, Verkehrsteilnehmer) wegen des hohen Rangs der Versammlungsfreiheit zurück. Diese Umstände sprechen dafür, dass der Gesetzgeber Versammlungen gegenüber sonstigen Zusammenkünften bevorzugt hat. Für die Eröffnung des Schutzbereichs des Art. 8 GG reicht es nicht aus, dass die Teilnehmer bei ihrem gemeinschaftlichen Verhalten durch irgendeinen Zweck miteinander verbunden sind. Folglich gilt der enge Versammlungsbegriff. Musik- und Tanzveranstaltungen, bei denen die Meinungskundgabe lediglich ein beiläufiger Nebenakt ist, unterfallen ihm nicht. **1037**

Die Veranstaltung der Initiative für die Legalisierung von Cannabis hat zum Ziel, die Öffentlichkeit über das Verbot von Cannabis aufzuklären, dessen Abschaffung zu fordern sowie die vielfältigen Verwendungsmöglichkeiten von Hanf aufzuzeigen. Die Band des S soll nur zwei Titel spielen, die einen thematischen Zusammenhang mit der Veranstaltung haben. Der musikalische Teil wird als Mittel zur kommunikativen Entfaltung und Einflussnahme mit dem Ziel eingesetzt, auf die öffentliche Meinungsbildung einzuwirken. Der Auftritt der Band und ihre Musik nutzt der Veranstalter als Mittel zum Transport seines politischen Anliegens. Im Vordergrund steht eindeutig die Forderung nach der Legalisierung von Cannabis. Eine Versammlung im Sinne des „engen Versammlungsbegriffs“ liegt vor. **1038**

Die Veranstaltung der Initiative für die Legalisierung von Cannabis ist eine öffentliche Versammlung iSd Versammlungsgesetzes.

bb) Unmittelbare Gefahr für die öffentliche Sicherheit

Für ein Verbot nach § 15 Abs. 1 VersG ist ferner notwendig, dass nach den zur Zeit des Erlasses der Verfügung erkennbaren Umständen die öffentliche Sicherheit bei der Durchführung der Veranstaltung unmittelbar gefährdet ist. **1039**

Die öffentliche Sicherheit ist gefährdet, wenn durch die Versammlung der Unverletzlichkeit der Rechtsordnung, den subjektiven Rechtsgütern des Einzelnen sowie den Einrichtungen und Veranstaltungen des Staats oder sonstiger Träger der Hoheitsgewalt ein Schaden droht. Die Gefährdung muss unmittelbar sein. Dafür reicht ein bloßer Verdacht oder eine Vermutung nicht aus. Eine unmittelbare Gefährdung liegt vor, wenn es bei verständiger Würdigung der für die Behörde erkennbaren Umstände im Rahmen der Versammlung zu strafbaren Handlungen kommt.

Der Polizeipräsident macht geltend, die Initiative habe zum Cannabis-Konsum aufgerufen. Es könnte auf der Versammlung zum Cannabis-Konsum und damit zu Verstößen gegen § 29 BtMG kommen.

1040 Es ist zweifelhaft, ob die Initiative für die Legalisierung des Cannabis zum Hasch-Rauchen und damit zu Verstößen gegen das Betäubungsmittelgesetz aufgerufen hat. Aufrufe fanden sich in diversen Rundbriefen der „AG Hanf", die ein „Cannabis-Wochenende" und eine „Smoke-Inn"-Veranstaltung organisieren wollte. Die Handlungen der „AG Hanf" können jedoch der Initiative für Cannabis zugerechnet werden. Laut Sachverhalt sind schon einige Mitglieder der Initiative der „AG Hanf" beigetreten. Ferner hat die Initiative die Ziele und Organisationsform der „AG Hanf" anerkannt. Es ist der Schluss erlaubt, dass bereits jetzt ein enger Kontakt zwischen den beiden Gruppen besteht und der Initiative die im Sachverhalt erwähnten Flugblätter und Rundbriefe bekannt waren. In diesen wurde eindeutig zum Konsum von Cannabis anlässlich der Veranstaltung aufgerufen. Daher reicht es nicht aus, dass sich die Initiative von jeder strafbaren Handlung distanziert. Es ist vielmehr davon auszugehen, dass die Versammlungsteilnehmer keine klare Trennung zwischen der Initiative und der „AG Hanf" vornehmen und damit die von der Initiative angemeldete Versammlung für eine der auf Flugblättern und Rundbriefen angekündigten Veranstaltungen halten werden. Es ist zu erwarten, dass es aus der Mitte der Versammlung zu Verstößen gegen das Betäubungsmittelgesetz kommt und damit zu einem Verstoß gegen die öffentliche Sicherheit.

Es besteht eine unmittelbare Gefährdung der öffentlichen Sicherheit.

c) Verhältnismäßigkeit

1041 Das Versammlungsverbot wegen möglicher Verstöße gegen die öffentliche Sicherheit muss verhältnismäßig, also geeignet, erforderlich und angemessen sein.

Mit dem Versammlungsverbot wird das Ziel verfolgt, Verstößen gegen das Betäubungsmittelgesetz vorzubeugen, somit die Beachtung der öffentlichen Sicherheit zu gewährleisten. Die Maßnahme verhindert, dass gegen die Rechtsordnung durch Konsum von Cannabis verstoßen wird. Sie ist geeignet.

1042 Fraglich ist, ob das Verbot erforderlich ist. Erforderlich ist eine Maßnahme, wenn kein milderes Mittel zur Verfügung steht, mit dem der gleiche Erfolg erreicht werden kann. Im vorliegenden Fall könnte der Polizeipräsident die Durchführung der Versammlung von einer Auflage nach § 15 Abs. 1 VersG abhängig machen. Auflagen können aufgrund einer konkreten Gefahrenprognose ergehen. Auflagen im Sinne des § 15 Abs. 1 VersG sind den Auflagen nach § 36 Abs. 2 VwVfG nicht gleichzustellen, da Versammlungen nicht erlaubnispflichtig sind. Aus diesem Grund ergeht auch kein Verwaltungsakt, der eine Erlaubnis ausspricht und dem eine Auflage beigefügt werden kann. Eine Auflage nach § 15 Abs. 1 VersG ist ein selbstständiger Verwaltungsakt. Durch die Erteilung einer Auflage könnte jedoch die drohende Gefahr für die öffentliche Sicherheit nicht abgewendet werden. Eine Auflage wäre zwar ein milderes, aber nicht gleich wirksames Mittel wie ein Verbot. Demnach ist das Versammlungsverbot erforderlich.

Hinsichtlich der Angemessenheit bestehen keine Zweifel.

Bei Abwägung der kollidierenden Interessen überwiegt der Schutz der öffentlichen Sicherheit gegenüber dem Grundrecht der Versammlungsfreiheit. Das Verbot der Veranstaltung ist folglich materiell rechtmäßig. Die Initiative für die Legalisierung von Cannabis ist nicht in ihren Rechten verletzt.

III. Ergebnis

Die Widerspruchsbehörde wird dem Widerspruch nicht stattgeben.

Vertiefungshinweise: Nachgebildet dem Beschluss des HessVGH, NVwZ 1994, 717 f.; *Peine*, AllgVerwR, Rn. 592, 725; BVerwGE 54, 276, 280; 66, 111; BVerwG, NJW 1989, 1873; BVerfG, NJW 2001, 2459; BVerfGE 69, 343; *Bender*, Rechtsprechung Öffentliches Recht, Versammlungsrecht, JA 1995, 101–103; *Heckmann*, Der praktische Fall – Öffentliches Recht – Versammlungsrecht und Überlassungsverbot, JuS 2001, 675–682; *Kniesel*, Versammlungs- und Demonstrationsfreiheit, Entwicklung des Versammlungsrechts seit 1996, NJW 2000, 2857–2866; *Kutscha*, Ist das Versammlungsrecht noch zeitgemäß?, NJ 2001, 346–349.

Repetitorium

Die Heilung der Rechtswidrigkeit eines form- und verfahrensfehlerhaften Verwaltungsakts

Die Verletzung von Verfahrens- und Formvorschriften, die den VA nicht nichtig macht, **1043**
ist nach § 45 Abs. 1 VwVfG in fünf Fällen heilbar. Bestimmte Handlungen sind nachzuholen. Erfolgt das Nachholen rechtmäßig, entfällt der Fehler des VAs. Der VA wird insoweit rechtmäßig. – Die Heilung eines mangels Rechtsgrundlage rechtswidrigen VAs ist grundsätzlich nicht möglich.

§ 45 Abs. 1 VwVfG basiert auf der Idee, dass VAe, die ausschließlich in ihrer Entstehung Mängel aufweisen, in der Sache rechtmäßig sein können und deshalb nicht von vornherein zur Gänze rechtswidrig sein sollen. Verstöße gegen bestimmte Verfahrensvorschriften bleiben deshalb ohne Sanktion.

Zu den Heilungsmöglichkeiten im Einzelnen:

1044 **Nr. 1:** Das Fehlen eines Antrags bei einem antragsbedingten VA kann dessen Nichtigkeit oder Rechtswidrigkeit zur Folge haben. Bei Nichtigkeit des VAs entfällt die Heilungsmöglichkeit. Das Nachholen des Antrags ist möglich bis zum Abschluss eines gerichtlichen Verfahrens. Er kann ausdrücklich oder konkludent gestellt werden. Der Antrag kann deshalb konkludent in der Klageschrift gegen den erlassenen VA gesehen werden[2].

1045 **Nr. 2:** Die erforderliche Begründung eines VAs kann nachgeholt werden. Heilung tritt nur ein, wenn die nachträglich gegebene Begründung den Voraussetzungen des § 39 VwVfG entspricht.

1046 **Nr. 3:** Die nach § 28 VwVfG gebotene Anhörung eines Beteiligten kann nachgeholt werden. Das Nachholen führt freilich nur dann zur Heilung des VAs, wenn die Funktion der Anhörung noch erreichbar ist. In der Einlegung des Widerspruchs liegt die Nachholung der Anhörung jedoch nicht; läge in dem Gebrauchmachen von diesem Rechtsmittel bereits die Heilung, liefe § 45 Abs. 1 Nr. 3 VwVfG leer. Der Widerspruch bewirkt die Heilung nur dann, wenn die vollwertige Gewährung des Rechts aus § 28 VwVfG gewahrt ist. Erforderlich für die Heilung ist ein Tätigwerden der Behörde, welches das Vorbringen des Betroffenen berücksichtigt[3]. – Wenn das jeweilige materielle Recht eine Anhörung vorschreibt, ist § 45 Abs. 1 Nr. 3 VwVfG unanwendbar.

1047 **Nr. 4:** Die fehlende Mitwirkung eines Ausschusses kann nachgeholt werden; dieses gilt auch für solche Beschlüsse von Ausschüssen, die rechtswidrig sind[4]. Eine Heilung entfällt, wenn nach einer spezialgesetzlichen Regelung der Zweck der Mitwirkung nur durch vorherige Mitwirkung zu erreichen ist.

1048 **Nr. 5:** Das zur fehlenden Mitwirkung eines Ausschusses Gesagte gilt entsprechend für die Heilung der mangelnden Mitwirkung einer anderen Behörde. Der Tatbestand erfasst die Mitwirkung im Rahmen des Erlasses eines mehrstufigen VAs. Die Heilung entfällt, wenn nach einer spezialgesetzlichen Regelung der Zweck der Mitwirkung nur durch vorherige Mitwirkung erreicht werden kann.

§ 45 Abs. 2 VwVfG enthält eine zeitliche Schranke der Heilungsmöglichkeit. Handlungen nach Abs. 1 können bis zum Abschluss eines verwaltungsgerichtlichen Verfahrens nachgeholt werden; ein verwaltungsgerichtliches Verfahren findet seinen Abschluss durch Erlass einer Entscheidung, die rechtskräftig wird.

Die Heilung materiell-rechtlicher Fehler ist nur in seltenen Ausnahmefällen möglich, dann, wenn das einschlägige Fachrecht diese Möglichkeit vorsieht.

2 VG Berlin, NJW 1981, 540.
3 SächsOVG, NVwZ-RR 1994, 551.
4 BVerwG, NVwZ 1987, 230.

Fall 20***

Fackeln im Sturm

Schwerpunkte: Vorläufiger und einstweiliger Rechtsschutz; Versammlungsrecht; öffentliche Ordnung; Verhältnismäßigkeit; Störereigenschaft; Versammlungsbegriff; Gegendemonstrationen; Platzverweis

Am 30.10.2011 meldet Albert Hüttler (H), Vorsitzender der „Jungen Nationaldemokraten" – eine Jugendorganisation der NPD –, für den 9.11.2011 einen Aufzug in Frankfurt (Oder) an. Dieser Aufzug soll unter dem Motto „Fackelzug für Palästina" stehen. Bei der Durchführung des Aufzugs sind das Mitführen von Fackeln, Fahnen und Transparenten und die Benutzung von Trommeln und mehrerer Lautsprecherwagen geplant. Der Aufzug soll an einem Gedenkstein, der an die am 9.11.1938 zerstörte Synagoge erinnert, vorbei führen. Der Aufzug soll in der Nähe des Bahnhofs mit dem gleichzeitigen Entzünden der Fackeln und einer Rede des H beginnen. Auf diesem Platz soll ein Informationsstand aufgestellt werden. Von diesem aus werden Flugblätter mit Informationen über Palästina und Fackeln an interessierte Passanten verteilt, um diese zur Teilnahme am Aufzug zu bewegen. H rechnet mit ca. 200 Teilnehmern aus ganz Deutschland. 1049

In einem Vorgespräch am 3.11.2011 mit dem Veranstalter H gibt die zuständige Versammlungsbehörde, das Polizeipräsidium Frankfurt (Oder), zu verstehen, dass ein solcher Aufzug an diesem Tag als problematisch empfunden wird und regt an, die Veranstaltung auf den 10.11.2011 zu verlegen. H lehnt eine Verlegung ab, da mit ihr schwere logistische Probleme verbunden seien. Insbesondere reisten Mitglieder aus ganz Deutschland an; diesen würde die Teilnahme an der Veranstaltung erschwert. Zugtickets und Übernachtungsmöglichkeiten seien bereits organisiert und könnten nicht rückgängig gemacht werden. Hilfsweise melde er aber schon jetzt einen Aufzug in vergleichbarer Art für den 10.11.2011 an.

Die Ordnungsbehörde der Stadt Frankfurt (Oder) erfährt ebenfalls von der geplanten Veranstaltung. In einem Anhörungsschreiben weist sie darauf hin, dass das Aufstellen des Informationsstands eine Sondernutzung der Straße sei, die einer Genehmigung nach § 18 BbgStrG bedürfe. Für den Fall, dass der Informationsstand ohne Sondernutzungserlaubnis aufgestellt werde, stellt die Behörde seine Räumung in Aussicht.

Mit Bescheid vom 5.11.2011 verfügt der Polizeipräsident gegenüber H die Verlegung des am 9.11.2011 geplanten Aufzugs auf den 10.11.2011. Er begründet dieses damit, dass es auf Veranstaltungen dieser Art, wie die Erfahrung aus den Vorjahren zeige, üblicherweise zu rechtsextremen Parolen, Gesängen und sonstigen Äußerungen komme, die häufig auch Tatbestände des StGB verwirklichten. Zudem habe sich eine linksextreme Vereinigung im Internet bereits dahingehend geäußert, dass sie den Aufzug mit Gewalt verhindern wolle. Auch sei eine Veranstaltung dieser Art und Weise an einem so symbolträchtigen Tag wie dem 9.11. in höchstem Maße geeignet, das sittliche Empfinden nahezu aller Bürgerinnen und Bürger erheblich zu beeinträchtigen. Aus diesen Gründen ordnet der Polizeipräsident gleichzeitig die sofortige Vollziehung dieser Verfügung an.

Gegen die Verlegung legt H am 6.11.2011 Widerspruch ein. Zeitgleich stellt er beim Verwaltungsgericht Frankfurt (Oder) einen Antrag auf Gewährung vorläufigen Rechtsschutzes hinsichtlich der Verbotsverfügung. Auch möchte er durch das Gericht schnellstmöglich geklärt wissen, ob der geplante Informationsstand Teil der Versammlung und damit lediglich anzumelden sei.

Wie wird das Gericht entscheiden?

Abwandlung: Am 10.11.2011 findet die Versammlung unter Auflagen statt. Mehrere Parteien und Bürgervereinigungen haben im Vorfeld der Versammlung zu einer Blockadeveranstaltung mit dem Motto „Stopp dem Fackelzug", welche vorher nicht angemeldet wurde, aufgerufen. Die teilnehmenden Bürger sollen durch ihre bloße körperliche Anwesenheit dem Aufzug den Weg versperren. Dieses führt dazu, dass am Tag der Versammlung der Aufzug nicht die geplante Route nehmen kann, da diese Strecke entsprechend dem Aufruf durch eine Ansammlung friedlich demonstrierender Bürger blockiert ist. Die vor Ort anwesenden Polizeibeamten unternehmen nichts gegen die Blockadeveranstaltung.

Ist das Nichtstun der Polizeibeamten rechtmäßig?

Vorüberlegungen

Der Fall hat prozessual Probleme des vorläufigen Rechtsschutzes zum Gegenstand. 1050
Materiell sind Fragen des Versammlungsrechts zu lösen; es geht um den Versammlungsbegriff, die öffentliche Ordnung iSd Versammlungsgesetzes, den rechtlichen Umgang mit Gegendemonstrationen sowie um den Platzverweis. Der Fall setzt als Wissen mehr als Grundkenntnisse des Polizeirechts sowie als ein Spezialgebiet desselben, des Versammlungsrechts, voraus.

Gliederung

Erster Teil: Ausgangsfall 1051

A. Die Verlegung der Versammlung

- **I. Sachentscheidungsvoraussetzungen des Antrags auf vorläufigen Rechtsschutz**
  1. Eröffnung des Verwaltungsrechtswegs
  2. Statthafte Antragsart
  3. Verfahrensartabhängige Sachentscheidungsvoraussetzungen
     - a) Antragsbefugnis
     - b) Passive Prozessführungsbefugnis
  4. Beteiligten- und Prozessfähigkeit
  5. Rechtsschutzbedürfnis
  6. Zwischenergebnis
- **II. Die Begründetheit des Antrags auf Wiederherstellung der aufschiebenden Wirkung**
  1. Rechtmäßigkeit der Vollziehungsanordnung
     - a) Zuständige Behörde
     - b) Verfahren
     - c) Form, Begründung
     - d) Zwischenergebnis
  2. Interessenabwägung
     - a) Ermächtigungsgrundlage
     - b) Formelle Rechtmäßigkeit
       - aa) Zuständigkeit
       - bb) Verfahren
       - cc) Form
     - c) Materielle Rechtmäßigkeit
       - aa) Gefahr für die öffentliche Sicherheit
       - bb) Gefahr für die öffentliche Ordnung
       - cc) Ermessen/Verhältnismäßigkeit
     - d) Zwischenergebnis
  3. Zwischenergebnis
- **III. Ergebnis**

B. Das Aufstellen des Informationsstands

I. Sachentscheidungsvoraussetzungen des Antrags auf einstweiligen Rechtsschutz

1. Eröffnung des Verwaltungsrechtswegs
2. Statthafte Antragsart
3. Verfahrensartabhängige Sachentscheidungsvoraussetzungen
   a) Feststellungsinteresse
   b) Antragsbefugnis
   c) Passive Prozessführungsbefugnis
4. Beteiligten- und Prozessfähigkeit
5. Rechtsschutzbedürfnis
6. Zwischenergebnis

II. Die Begründetheit des Antrags auf einstweiligen Rechtsschutz

1. Anordnungsanspruch
2. Anordnungsgrund
3. Keine Vorwegnahme der Hauptsache
4. Zwischenergebnis

III. Ergebnis

Zweiter Teil: Abwandlung

I. Pflicht zur Auflösung nach § 15 Abs. 3 VersG

II. Platzverweis nach § 16 BbgPolG

Lösung

Erster Teil: Ausgangsfall

A. Versammlungsverschiebung

Das Gericht wird dem Antrag des H entsprechen, wenn er zulässig und begründet ist.

I. Sachentscheidungsvoraussetzungen des Antrags auf vorläufigen Rechtsschutz

1. Eröffnung des Verwaltungsrechtswegs

Der Verwaltungsrechtsweg ist nach § 40 Abs. 1 Satz 1 VwGO eröffnet. § 15 VersG als streitentscheidende Norm gehört dem öffentlichen Recht an. Eine verfassungsrechtliche Streitigkeit liegt nicht vor, da weder H noch die Behörde unmittelbar am Verfassungsleben beteiligt sind, auch wenn Streitgegenstand die Versammlungsfreiheit aus Art. 8 Abs. 1 GG ist. Eine abdrängende Sonderzuweisung existiert nicht. **1052**

2. Statthaftigkeit des Antrags

H begehrt vorläufigen Rechtsschutz nach § 80 Abs. 5 Satz 1 VwGO. Der Antrag ist nach § 123 Abs. 5 VwGO statthaft, wenn ein Verfahren nach § 123 Abs. 1 VwGO entfällt. Das ist der Fall, wenn statthafte Klageart im Hauptsacheverfahren die Anfechtungsklage ist. Dafür muss ein an den Antragsteller adressierter belastender Verwaltungsakt vorliegen. Adressat versammlungsbehördlicher Verfügungen nach § 15 Abs. 1 VersG ist der Veranstalter, hier also H. Die Verfügung der zuständigen Behörde ist ein an den Veranstalter H adressierter belastender Verwaltungsakt, da die durch ihn angemeldete Versammlung nicht wie geplant stattfinden kann. In der Hauptsache müsste H zur Erlangung von Rechtsschutz eine Anfechtungsklage erheben. Vorläufiger Rechtsschutz für H richtet sich nach § 80 Abs. 5 Satz 1 VwGO. **1053**

Der Verwaltungsakt muss sofort vollziehbar sein. Die Behörde hat die sofortige Vollziehbarkeit des Verbots nach § 80 Abs. 2 Satz 1 Nr. 4 VwGO angeordnet.

Für den vorläufigen Rechtsschutz nach § 80 Abs. 5 Satz 1 VwGO ist zwischen zwei Verfahren zu unterscheiden: die Anordnung und die Wiederherstellung der aufschiebenden Wirkung. Die Anordnung der aufschiebenden Wirkung kommt nur in den Fällen des § 80 Abs. 2 Satz 1 Nr. 1–3 VwGO in Betracht, während die aufschiebende Wirkung im Falle des § 80 Abs. 2 Satz 1 Nr. 4 VwGO wiederhergestellt wird. Hier entfällt die aufschiebende Wirkung wegen der Anordnung der sofortigen Vollziehung nach § 80 Abs. 2 Satz 1 Nr. 4 VwGO, sodass ein Antrag auf Wiederherstellung der aufschiebenden Wirkung der statthafte Antrag ist. **1054**

3. Besondere Sachentscheidungsvoraussetzungen

a) Antragsbefugnis

1055 Die Antragsbefugnis richtet sich nach der Klagebefugnis in der Hauptsache. Als Adressat eines belastenden Verwaltungsakts ist H klagebefugt und deshalb auch antragsbefugt. Es besteht die Möglichkeit der Verletzung des Rechts aus Art. 2 Abs. 1 GG. Hinzu tritt die mögliche Verletzung der Grundrechte aus Art. 8 und 5 GG.

b) Passive Prozessführungsbefugnis

1056 Der Antragsgegner ist wie in der Hauptsache nach § 78 VwGO zu bestimmen. In Brandenburg ist die Klage nach § 78 Abs. 1 Nr. 2 VwGO iVm § 8 Abs. 2 BbgVwGG gegen die Behörde zu richten, die den Verwaltungsakt erlassen hat. Dieses ist hier der Polizeipräsident des Polizeipräsidiums Frankfurt (Oder).

4. Beteiligtenfähigkeit

1057 Die Beteiligtenfähigkeit richtet sich ebenso nach dem Hauptsacheverfahren. H als natürliche Person ist beteiligtenfähig nach § 61 Nr. 1 VwGO, die zuständige Behörde nach § 61 Nr. 3 VwGO iVm § 8 Abs. 1 BbgVwGG.

5. Rechtsschutzinteresse

1058 Das Rechtsschutzinteresse könnte entfallen, wenn zuvor ein Antrag auf Aussetzung der Vollziehung bei der Behörde nach § 80 Abs. 5 VwGO gestellt werden müsste. § 80 Abs. 6 Satz 1 VwGO stellt fest, dass ein solcher Antrag nur für den Fall des § 80 Abs. 2 Nr. 1 VwGO vorgesehen ist. Dieser Fall liegt hier nicht vor. H besitzt Rechtsschutzinteresse.

Umstritten ist, ob im Rahmen des vorläufigen Rechtsschutzes nach § 80 Abs. 5 Satz 1 VwGO das Rechtsschutzbedürfnis nur dann vorliegt, wenn der Antragsteller einen Rechtsbehelf wie Widerspruch oder Anfechtungsklage erhoben hat, um die aufschiebende Wirkung auszulösen. Eine Ansicht verneint dieses, da § 80 Abs. 5 Satz 2 VwGO bestimmt, dass das Verfahren nach § 80 Abs. 5 Satz 1 VwGO schon vor Erhebung der Anfechtungsklage zulässig ist.

Dieser Streit ist hier nicht zu entscheiden, da H Widerspruch gegen die Verschiebung eingelegt hat, dem aufgrund der Anordnung der sofortigen Vollziehung durch die Versammlungsbehörde aufschiebende Wirkung nicht zukommt.

6. Zwischenergebnis

Der Antrag auf Wiederherstellung der aufschiebenden Wirkung nach § 80 Abs. 5 Satz 1 2. Var. VwGO ist zulässig.

II. Die Begründetheit des Antrags auf Herstellung der aufschiebenden Wirkung

Der Antrag auf Wiederherstellung der aufschiebenden Wirkung nach § 80 Abs. 5 Satz 1 Fall 2 VwGO ist begründet, wenn *entweder* die Vollziehungsanordnung rechtswidrig ist (1.) *oder* das private Interesse an der Aussetzung das öffentliche Interesse an der sofortigen Vollziehung überwiegt (2.).

1. Rechtmäßigkeit der Vollziehungsanordnung

Die Vollziehungsanordnung muss rechtmäßig sein. Sie muss form- und verfahrensfehlerfrei von der zuständigen Behörde erlassen worden sein.

a) Zuständige Behörde

Nach dem Sachverhalt hat die zuständige Behörde gehandelt. **1059**

b) Verfahren

Fraglich ist, ob H vor der Anordnung der Vollziehung angehört werden muss. **1060**

Zwar hat bezüglich des Grundverwaltungsakts („Verlegung“) eine Anhörung stattgefunden. Es ist jedoch zwischen dem Grundverwaltungsakt und der Anordnung der sofortigen Vollziehung zu unterscheiden. In der Anhörung zur Verlegung liegt keine Anhörung zur Androhung der sofortigen Vollziehung. Im Rahmen der Anhörung ist ausschließlich die Verlegung thematisiert worden. Ob dieses als Anhörung bezüglich der Vollziehungsanordnung angesehen werden kann, ist zweifelhaft.

Ob eine Anhörung stattgefunden hat, kann dahinstehen, wenn in diesem Rahmen eine **1061**
Pflicht zur Anhörung nicht besteht. Gegen die Existenz einer solchen Pflicht spricht, dass die Vollziehungsanordnung selbst kein Verwaltungsakt, der Bestandskraft nicht zugänglich und nicht selbstständig vollstreckbar ist; deshalb kommt § 28 VwVfG[1] nicht zur Anwendung. Die Vollziehungsanordnung schließt kein eigenständiges Verwaltungsverfahren ab. Ferner spricht der Wortlaut des § 80 Abs. 3 VwGO, der abschließend die Voraussetzungen der Vollziehungsanordnung regelt, gegen eine Pflicht zur Anhörung. Im Übrigen wird dem rechtsstaatlichen Schutz des Bürgers Genüge getan, da seine Interessen durch das Aussetzungsverfahren nach § 80 Abs. 5 VwGO hinreichend gewahrt sind. Eine Anhörung ist nicht erforderlich. Ein Verfahrensfehler liegt nicht vor.

c) Form, Begründung

Die Vollziehungsanordnung muss nach § 80 Abs. 3 VwGO schriftlich begründet sein; **1062**
davon ist nach dem Sachverhalt auszugehen. Ferner muss das besondere Interesse an der sofortigen Vollziehung dargelegt sein; in der Begründung muss zum Ausdruck kommen, welche Gründe die Behörde veranlassten, gerade die sofortige Vollziehung

1 IVm § 1 Abs. 1 BbgVwVfG. Dieses gilt für weitere Zitierungen des VwVfG.

anzuordnen. Die Gründe müssen über die Gründe für den Erlass des Grundverwaltungsakts hinausgehen. Eine solche Begründung fehlt. Der Polizeipräsident hat lediglich die Gründe für den Erlass der Grundverfügung aufgeführt.

1063 Im Polizeirecht, zu dem auch das Versammlungsrecht zählt, gilt jedoch eine Ausnahme von den grundsätzlichen Erfordernissen an die Begründung nach § 80 Abs. 3 VwGO. Aufgrund der Dringlichkeit der Gefahrenabwehr genügt in der Begründung der sofortigen Vollziehung ein Verweis auf die Gründe der Grundverfügung. Es geht um die Abwehr der Gefahren, die von der Versammlung ausgehen können. Die Begründung ist daher ausreichend.

d) Zwischenergebnis

Die Vollziehungsanordnung ist rechtmäßig.

2. Interessenabwägung

1064 Ob die aufschiebende Wirkung des Widerspruchs wiederhergestellt wird, richtet sich nach dem voraussichtlichen Erfolg des eingelegten Rechtsbehelfs in folgender Weise: Die sofortige Vollziehung ist im öffentlichen Interesse regelmäßig geboten, wenn der Widerspruch offensichtlich unbegründet ist, weil in diesem Fall ein schutzwürdiges Interesse an der Aussetzung der Vollziehung fehlt. Ein öffentliches Interesse an der sofortigen Vollziehung ist zu verneinen, wenn der Widerspruch offensichtlich begründet ist. Ist bei der gebotenen summarischen Überprüfung des eingelegten Rechtsbehelfs weder festzustellen, dass der Widerspruch offensichtlich begründet noch offensichtlich unbegründet ist, muss eine Interessenabwägung im weiteren Sinne stattfinden; maßgeblich ist, ob das öffentliche Interesse schutzwürdiger als das private Interesse ist.

Entscheidend ist, ob die Verfügung vom 5.11.2011 rechtmäßig ist.

a) Ermächtigungsgrundlage

1065 Ermächtigungsgrundlage für ein Verbot oder die Weisung von Auflagen ist § 15 Abs. 1 VersG. Danach kann die Versammlungsbehörde die Versammlung „verbieten oder von bestimmten Auflagen abhängig machen". Der Rechtsbegriff „Auflage" iSd § 15 Abs. 1 VersG entspricht dabei nicht dem Begriff „Auflage" iSd § 36 Abs. 2 Nr. 4 VwVfG, da es an einem begünstigenden Grundverwaltungsakt iSd § 35 Satz 1 VwVfG fehlt. Eine Versammlung nach dem Versammlungsgesetz kann ohne Erteilung einer Genehmigung (Grundverwaltungsakt) stattfinden. Auflagen im Versammlungsrecht sind dementsprechend keine Nebenbestimmungen zu einem begünstigenden Verwaltungsakt, sondern selbst beschränkende Verwaltungsakte.

b) Formelle Rechtmäßigkeit

aa) Zuständigkeit

1066 Es hat laut Sachverhalt die sachlich zuständige Behörde gehandelt.

bb) Verfahren

Verfahrensfehler sind nicht ersichtlich. Insbesondere hat eine Anhörung nach § 28 Abs. 1 VwVfG stattgefunden.

cc) Form

Formfehler sind nicht ersichtlich.

c) Materielle Rechtmäßigkeit

Nach § 15 Abs. 1 VersG kann die zuständige Behörde eine Versammlung unter freiem Himmel oder einen Aufzug verbieten oder von bestimmten Auflagen abhängig machen, wenn nach den zur Zeit des Erlasses der Verfügung erkennbaren Umständen die öffentliche Sicherheit oder Ordnung bei Durchführung der Versammlung oder des Aufzugs unmittelbar gefährdet ist. **1067**

Um den Tatbestand des § 15 Abs. 1 VersG zu erfüllen, muss es sich um eine öffentliche Versammlung unter freiem Himmel handeln. Öffentlich ist eine Versammlung, wenn sie jedermann zugänglich ist. Aus den Anmeldeunterlagen ist nicht ersichtlich, dass die Teilnehmerzahl auf einen bestimmten Kreis beschränkt ist. Die Versammlung ist öffentlich.

Eine Verfügung nach § 15 Abs. 1 VersG muss zum Zwecke der Abwehr einer unmittelbaren Gefahr für die öffentliche Sicherheit und Ordnung erfolgen.

aa) Gefahr für die öffentliche Sicherheit

Unter die „öffentliche Sicherheit" fallen sowohl der Schutz individueller Rechtsgüter als auch der des Staats und seiner Einrichtungen sowie der gesamten Rechtsordnung. In Betracht kommt hier zum einen die Beeinträchtigung der öffentlichen Sicherheit wegen der Gefahr der Begehung von Straftaten nach §§ 86, 86a, 130 StGB. Auch besteht die Möglichkeit gewalttätiger Auseinandersetzungen zwischen den Versammlungsteilnehmern und den „linken" Gegnern des Aufzugs. **1068**

Eine Gefahr für die öffentliche Sicherheit muss wegen der besonderen Bedeutung der Versammlungsfreiheit konkret vorliegen. Eine solche Gefahr liegt vor, wenn ein Schaden für die öffentliche Sicherheit in absehbarer Zeit mit hinreichender Wahrscheinlichkeit bevorsteht.

Fraglich ist, ob es wahrscheinlich ist, dass die von der Polizeibehörde befürchteten Straftaten begangen werden. Hier hat die Polizeibehörde in allgemeiner Form darauf verwiesen, es sei nicht unüblich, dass bei solchen Veranstaltungen Straftatbestände wie die der §§ 86, 86a, 130 StGB erfüllt werden. Einen konkreten Bezug zu der Versammlung hat die Behörde nicht hergestellt. Allgemeine Vermutungen und damit bloße Behauptungen ohne konkrete Anhaltspunkte, dass während der Veranstaltung Teilnehmer Straftatbestände erfüllen bzw. der Veranstalter die Begehung solcher Straftatbestände unterstützt, erlauben es nicht, eine unmittelbare Gefahr für die öffentliche **1069**

Sicherheit anzunehmen. Die Behörde muss wegen der hohen Bedeutung von Art. 8 und 5 GG konkrete Umstände darlegen, die die Verwirklichung der Straftat als wahrscheinlich erscheinen lassen („gesicherte Gefahrenprognose").

Die Behörde hat hier lediglich eine Vermutung angestellt. Eine unmittelbare Gefährdung der öffentlichen Sicherheit durch die von H angemeldete Veranstaltung scheidet aus diesem Grund aus.

1070 Anderes gilt hinsichtlich der Gefahr gewalttätiger Auseinandersetzungen. Eine linksradikale Vereinigung hat im Internet zur gewaltsamen Verhinderung dieser Versammlung aufgerufen. Es liegen konkrete Anhaltspunkte für ein gewalttätiges Aufeinandertreffen der Versammlungsteilnehmer mit Außenstehenden vor. Eine konkrete unmittelbare Gefahr für die öffentliche Sicherheit ist gegeben.

1071 Fraglich ist, ob dem H und/oder den Teilnehmern seines Aufzugs diese unmittelbare Gefahr zurechenbar ist. Er selbst und/oder ein Versammlungsteilnehmer haben zu einer Auseinandersetzung nicht aufgerufen. Nach den allgemeinen Grundsätzen des Polizei- und Ordnungsrechts ist derjenige verantwortlich und zur Gefahrenabwehr heranzuziehen, von dem die Störung ausgeht. Polizeipflichtig ist der Störer. Dieser Grundsatz gilt auch im Versammlungsrecht. Die Störung muss von der Versammlung selbst ausgehen. Deshalb darf nicht eine angegriffene Versammlung beschränkt werden, sondern es ist zunächst gegen die tatsächlichen Störer vorzugehen. Jedem ist es grundsätzlich erlaubt, sich mit anderen friedlich zu versammeln. Die „Unfriedlichkeit" geht hier nicht von der Versammlung aus. H ist nicht als Störer im ursprünglichen Sinne des Polizeirechts heranzuziehen.

1072 H könnte *Zweckveranlasser* sein. Diese Rechtsfigur ist im allgemeinen Polizeirecht anerkannt. Ihre Anwendung im Versammlungsrecht ist umstritten. Selbst wenn die Figur „Zweckveranlasser" im Versammlungsrecht herangezogen werden könnte, setzte ihre Anwendung konkrete Anhaltspunkte dafür voraus, dass der vom Veranstalter angegebene Zweck nur Vorwand und die Provokation von Gegengewalt das eigentlich vom Veranstalter objektiv oder gar subjektiv bezweckte Vorhaben ist. Dafür, dass H mit seinem Aufzug gerade Gegengewalt provozieren wollte, finden sich keine Anhaltspunkte. Allein der Umstand, dass dieses nicht von vornherein auszuschließen ist, macht H nicht zum Zweckveranlasser.

1073 H könnte als Nichtstörer herangezogen werden. Diese Möglichkeit ist, obwohl sie anders als in den allgemeinen Polizeigesetzen im Versammlungsgesetz nicht ausdrücklich geregelt ist, für den Einzelfall anerkannt. Wegen der besonderen Bedeutung der Art. 5 und 8 GG ist der polizeiliche Notstand aber nur unter sehr strengen Voraussetzungen anzunehmen. Danach können auch Verfügungen gegen eine nichtstörende Versammlungen erlassen werden, wenn eine gegenwärtige Gefahr für wichtige Rechtsgüter besteht und es der Polizei unmöglich ist, die Gefahr durch Inanspruchnahme des Störers oder durch Einsatz eigener Mittel abzuwehren. Insbesondere die letzte Voraussetzung erhöht die Anforderungen an eine rechtmäßige Verfügung stark. Die Polizei ist verpflichtet, alles zu tun, um genügend Kräfte zu erhalten, um potentielle Störer von möglichen Beeinträchtigungen der Versammlung abzuhalten. Die Polizeibehörde hat nichts vorgetragen, aus dem hervorgeht, dass es aufgrund mangelnder Kräfte unmöglich ist, die gewaltbereiten Störer in Schach zu halten. Hinzu kommen Zweifel, ob eine präventive Verfügung überhaupt gegen einen Nichtstörer erlassen werden kann; dieses widerspricht der besonderen Bedeutung der Versammlungsfreiheit für den demokratischen Meinungsbildungsprozess.

Eine Verlegung aufgrund der Drohung der linksradikalen Vereinigung ist daher nicht rechtmäßig, da H hier nicht Störer ist und auch nicht als Nichtstörer herangezogen werden kann.

bb) Gefahr für die öffentliche Ordnung

In Betracht kommt jedoch eine Gefährdung der öffentlichen Ordnung durch den Aufzug am 9.11.2011 unter dem Thema „Fackelzug für Palästina". **1074**

Die öffentliche Ordnung umfasst die ungeschriebenen Normen, deren Befolgung nach den jeweils herrschenden sozialen und ethischen Anschauungen als unentbehrliche Voraussetzung für ein gedeihliches Miteinander von der überwiegenden Bevölkerung angesehen wird.

Fraglich ist, ob hier die öffentliche Ordnung betroffen ist. Diese kann verletzt werden, wenn einem bestimmten Tag ein in der Gesellschaft eindeutiger Sinngehalt mit gewichtiger Symbolkraft zukommt, der bei der Durchführung eines Aufzugs an diesem Tag in einer Weise angegriffen wird, dass dadurch zugleich grundlegende soziale und ethische Anschauungen der Bürgerinnen und Bürger in erheblicher Weise verletzt werden. **1075**

Der 9.11. ist der Jahrestag der „Novemberpogrome" im Jahre 1938. Dieser Tag erinnert an den Übergang von der Diskriminierung und Ausgrenzung der deutschen Juden seit 1933 zu ihrer systematischen Verfolgung, die knapp drei Jahre später in den Holocaust an den europäischen Juden im Machtbereich der Nationalsozialisten mündete. Insbesondere in der Nacht des 9.11. kam es zur Zerstörung von Leben, Eigentum und Einrichtungen der Juden im gesamten Deutschen Reich. Dabei wurden vom 7. bis 13.11.1938 etwa 400 Menschen ermordet oder in den Tod getrieben. Ab dem 10.11. wurden ungefähr 30 000 Juden in Konzentrationslagern inhaftiert, in denen nochmals Hunderte ermordet wurden oder an den Haftfolgen starben. Fast alle Synagogen in Deutschland wurden zerstört. Der 9.11. ist daher ein festes Erinnerungsdatum an die Verbrechen des Nationalsozialismus. Der 9.11. ist somit für die meisten Menschen ein Tag mit besonderer Symbolwirkung, der speziell an die Folgen und Opfer des Zweiten Weltkriegs, das Unrecht des Hitler-Faschismus und an den Holocaust mahnend erinnert. **1076**

Hier deuten das Motto, die Route des Aufzugs und der Tag darauf hin, dass antisemitisches Gedankengut verbreitet werden soll, auch wenn diese Absicht nicht *offensichtlich* Ziel des Aufzugs ist. Dennoch kommt an diesem Tag die Durchführung eines derartigen Aufzugs durch Personen aus dem rechtsextremen Umfeld, nicht zuletzt durch das Mitführen von Fahnen und Trommeln, eine eindeutige und einschüchternde Wirkung **1077** zu, die eine im demokratischen Rechtsstaat anerkannte Verhaltensregeln überschreitet und die von großen Teilen der Bevölkerung als bewusste Provokation, Herabsetzung und inakzeptable Störung der eindeutigen Symbolwirkung dieses Gedenktags und damit des öffentlichen Friedens empfunden wird.

Der Aufzug wäre eine erhebliche und unerträgliche Beeinträchtigung des sittlichen Empfindens aller Bürgerinnen und Bürger und somit mit einer Gefahr für die öffentliche Ordnung verbunden.

Diese Gefahr geht unmittelbar von dem von H veranstalteten Aufzug aus, sodass er als Störer heranzuziehen ist.

Der Tatbestand des § 15 Abs. 1 VersG ist damit erfüllt.

cc) Ermessen/Verhältnismäßigkeit

1078 Die Verlegung des Aufzugs auf einen anderen Tag muss verhältnismäßig sein. Insbesondere muss die Versammlungsbehörde das richtige – mildeste Mittel – iSd § 15 Abs. 1 VersG gewählt haben. Danach besteht die Möglichkeit, ein Verbot zu verfügen oder eine Auflage zu erlassen.

Zu beachten ist, dass die Versammlungsbehörde ein Verbot von Aufzügen oder Versammlungen nach § 15 Abs. 1 VersG nur zum Schutz von Rechtsgütern, die der Bedeutung des Grundrechts aus Art. 8 Abs. 1 GG zumindest gleichwertig sind, unter Wahrung des Grundsatzes der Verhältnismäßigkeit und nur bei einer unmittelbaren, aus erkennbaren Umständen herleitbaren Gefährdung dieser Rechtsgüter verfügen darf. Eine bloße Gefährdung der öffentlichen Ordnung rechtfertigt im Allgemeinen ein Versammlungsverbot nicht.

1079 Die Verfügung der Verlegung ist unverhältnismäßig, wenn sie ein Verbot des Aufzugs darstellt. Fraglich ist, ob es sich bei der Verlegungsanordnung um ein Versammlungsverbot oder um eine Auflage iSd § 15 Abs. 1 VersG handelt.

Ein Verbot ist die Untersagung einer konkret geplanten Versammlung mit dem Ziel, ihre Durchführung zu verhindern. Werden hingegen nur einzelne Beschränkungen verfügt, handelt es sich um eine Auflage.

Die Anordnung der zeitlichen Verlegung kann ein Verbot sein, wenn der Zeitpunkt für den Versammlungszweck entscheidende Bedeutung hat. Fehlt dagegen der Versammlung ein erkennbarer spezifischer zeitlicher Bezug zum gewünschten Termin, handelt es sich in der Regel um eine Auflage.

Für ein Verbot würde sprechen, wenn mit einer Verlegung auf einen anderen Tag der Versammlungszweck vereitelt würde. Dieses wäre der Fall, wenn es H und dessen Mitstreitern gerade darauf ankommt, am 9.11. den Aufzug durchzuführen. Das Motto und die geplante Route legen den Schluss nahe, dass H gerade an genau diesem Tag demonstrieren will.

Für die Bewertung der Verlegungsanordnung als Auflage spricht indes, dass für das Versammlungsmotto („für Palästina") auch am 10.11. demonstriert werden kann; das von H gewählte Motto der Demonstration weist keinen unmittelbaren Bezug zum 9.11. auf. Jedenfalls hat H nicht dargelegt, worin sein besonderes Interesse an der Durchführung der Veranstaltung ausschließlich am 9.11. bestehe, sondern eine Verlegung lediglich mit angeblichen Organisationsschwierigkeiten abgelehnt. Konsequent hat er eine identische Versammlung für einen anderen Tag angezeigt. Diese Anhaltspunkte führen dazu, dass es H nicht auf eine Demonstration am 9.11. ankommt. Es ist von einer Auflage auszugehen[2].

Allein die Qualifizierung als Auflage rechtfertigt die Verlegung jedoch nicht. Sie muss **1080**
auch aus anderen Gründen verhältnismäßig und ermessensfehlerfrei sein.

Zu beachten ist das aus Art. 8 Abs. 1 GG folgende Selbstbestimmungsrecht des Veranstalters über Ort, Zeitpunkt, Art und Inhalt der Veranstaltung. Dieses Recht hindert aber die Behörde grundsätzlich nicht daran, eine Verfügung zulasten des Veranstalters zu erlassen. Aus diesem Recht folgt nämlich nur, dass der Veranstalter sein Demonstrationsinteresse eigenständig konkretisieren darf. Kollidiert sein Grundrecht der Versammlungsfreiheit mit anderen Rechtsgütern, steht ihm nicht auch ein Bestimmungsrecht darüber zu, mit welchem Gewicht diese Rechtsgüter in die Abwägung einzubringen sind und wie die Interessenkollision rechtlich aufzulösen ist. Insoweit bleibt ihm nur die Möglichkeit, seine Vorstellungen in eine Kooperation mit der Verwaltungsbehörde einzubringen. Die Abwägung, ob und wieweit gegenläufige Interessen die Einschränkung rechtfertigen, obliegt der Versammlungsbehörde. Zumindest hat die Behörde eine Kooperation versucht. Das Maß der Kooperation kann das Eingriffsermessen bestimmen. Je bereitwilliger und intensiver die Kooperation mit der Versammlungsbehörde ist, desto höher wird die Schwelle für behördliches Eingreifen bei Gefahren.

H hat kein Interesse an einer Kooperation mit der Versammlungsbehörde gezeigt. Die Behörde darf deshalb die Gefahr für die öffentliche Ordnung auf anderem Weg ausräumen.

Mildere Mittel, die gleichen Erfolg versprechen, sind nicht ersichtlich. In Betracht **1081**
käme eine Untersagung der Nutzung von Fahnen, Trommeln und Fackeln.

Fraglich ist insoweit allerdings schon, ob das Untersagen wirklich ein milderes Mittel ist, da auch diese Reglementierung in die von H angestrebten Modalitäten der Versammlung eingreift.

Ferner erscheint es sehr zweifelhaft, ob durch eine solche Auflage wirklich der provokative Gesamtcharakter der Veranstaltung vermieden worden wäre. Sowohl die Wahl des Tags als auch die angemeldete Route sind eindeutig provozierend.

Demnach ist die Gefahr für die öffentliche Ordnung nicht anders, insbesondere nicht durch ein milderes Mittel, abzuwenden als durch die zeitweilige Verlegung der Veranstaltung.

2 Eine andere Ansicht ist mit guten Argumenten vertretbar.

In Anbetracht der Gefahr für die öffentliche Ordnung kommt der Abwehr dieser Gefahr ein höheres Interesse zu als dem, die Veranstaltung wie geplant durchzuführen. H ist es nach der eigenen Anmeldung ferner möglich, die Veranstaltung an einem anderen Tag durchzuführen.

Ermessensfehler, insbesondere eine Überschreitung der Ermessensgrenzen, sind somit nicht ersichtlich. Damit überwiegt das Vollziehungsinteresse der Polizeibehörde das Aussetzungsinteresse des H.

d) Zwischenergebnis

Die Verlegung ist rechtmäßig.

3. Zwischenergebnis

Der Antrag des H auf Wiederherstellung der aufschiebenden Wirkung des Widerspruchs gegen den Bescheid ist unbegründet.

III. Ergebnis

Der Antrag des H hat keine Aussicht auf Erfolg.

B. Das Aufstellen des Informationsstands

Das Gericht wird dem Antrag des H entsprechen, wenn er zulässig und begründet ist.

I. Sachentscheidungsvoraussetzungen

1. Eröffnung des Verwaltungsrechtswegs

1082 Der Verwaltungsrechtsweg ist nach § 40 Abs. 1 Satz 1 VwGO eröffnet. Streitentscheidende Norm ist § 18 BbgStrG[3]. Diese gehört dem öffentlichen Recht an. Eine verfassungsrechtliche Streitigkeit liegt nicht vor, da weder H noch die Behörde unmittelbar am Verfassungsleben beteiligt sind, auch wenn Streitgegenstand die Versammlungsfreiheit aus Art. 8 Abs. 1 GG ist. Eine abdrängende Sonderzuweisung existiert nicht.

2. Statthaftigkeit des Antrags

1083 In Betracht kommt der Antrag auf Erlass einer einstweiligen Anordnung, wenn die Gefahr besteht, dass durch die Veränderung des bestehenden Zustands Rechte des Antragstellers beeinträchtigt werden könnten – Sicherungsanordnung, § 123 Abs. 1 Satz 1 VwGO, oder wenn eine Regelung eines vorläufigen Zustands in Bezug auf ein streitiges Rechtsverhältnis notwendig ist – Regelungsanordnung, § 123 Abs. 1 Satz 2 VwGO.

3 *Entspricht:* § 16 StrG BW; Art. 18 BayStrWG; § 11 BerlStrG; § 18 BremStrG; § 19 HmbWG; § 16 HessStrG; § 22 StrWG MV; § 18 NdsStrG; § 18 StrWG NW; § 41 LStrG RP; § 18 SaarlStrG; § 18 SächsStrG; § 18 StrG LSA; § 21 StrWG SH; § 18 ThürStrG.

Ein Antrag nach § 123 Abs. 1 VwGO ist nur dann statthaft, wenn in der Hauptsache die Anfechtungsklage als statthafte Klageart entfällt. Hier begehrt H die Feststellung, dass die Aufstellung seines Informationsstandes keiner Sondernutzungserlaubnis bedarf. In Betracht kommt in der Hauptsache die Feststellungsklage nach § 43 Abs. 1 VwGO.

Nach dieser Vorschrift kann durch Klage die Feststellung des Bestehens oder Nichtbestehens eines Rechtsverhältnisses begehrt werden. Unter Rechtsverhältnis ist die sich aus einem konkreten Sachverhalt aufgrund einer Rechtsnorm ergebende rechtliche Beziehung einer Person zu einer anderen oder zu einer Sache zu verstehen. Dadurch, dass die Ordnungsbehörde der Stadt Frankfurt (Oder) in dem Anhörungsschreiben verneint hat, dass das Aufstellen des Informationsstandes dem Versammlungsrecht unterfalle, ist zwischen der Behörde und H eine Rechtsbeziehung entstanden, die ein konkretes und streitiges, mithin feststellungsfähiges Rechtsverhältnis bildet. H möchte festgestellt wissen, dass dieses Rechtsverhältnis nicht besteht. In der Hauptsache entspricht die Feststellungsklage dem Begehren des H. **1084**

Die Feststellungsklage ist subsidiär. Eine Leistungs- oder Gestaltungsklage darf nicht statthaft sein. In Betracht käme eine Anfechtungsklage. Es ist aber ein belastender Verwaltungsakt noch nicht ergangen. Ferner begehrt H nicht den Erlass eines begünstigenden Verwaltungsakts. Auch eine Verpflichtungsklage scheidet aus. **1085**

In der Hauptsache wäre eine allgemeine Feststellungsklage statthaft. Damit ist der Antrag nach § 123 Abs. 1 VwGO der statthafte Antrag.

3. Besondere Sachentscheidungsvoraussetzungen

a) Feststellungsinteresse

Da in der Hauptsache eine Feststellungsklage die statthafte Klageart wäre, muss auch im Rahmen eines einstweiligen Rechtsschutzverfahrens H ein Feststellungsinteresse besitzen. H hat ein berechtigtes Interesse an der begehrten Feststellung, weil angesichts des Vorbringens der Ordnungsbehörde ein Eingriff in den Schutzbereich der von Art. 8 Abs. 1 GG gewährleisteten Versammlungsfreiheit durch das Anhörungsschreiben nicht von vornherein ausgeschlossen ist. **1086**

b) Antragsbefugnis

Die Antragsbefugnis richtet sich nach der Klagebefugnis in der Hauptsache. Auch im Rahmen einer Feststellungsklage muss der Kläger klagebefugt sein, um Popularklagen auszuschließen. Durch das mögliche Genehmigungserfordernis für den Informationsstand könnte H in seinen Rechten aus §§ 1, 14 VersG und Art. 8 GG verletzt sein. Danach bedarf es für Versammlungen keiner Genehmigung, sondern lediglich einer Anmeldung. **1087**

c) Richtiger Antragsgegner

1088 Der Antragsgegner ist wie in der Hauptsache zu bestimmen. Richtiger Antragsgegner ist derjenige, zu dem das Rechtsverhältnis besteht, hier die Ordnungsbehörde der Stadt Frankfurt (Oder).

4. Beteiligtenfähigkeit

1089 Die Beteiligtenfähigkeit richtet sich ebenso nach dem Hauptsacheverfahren. H als natürliche Person ist beteiligtenfähig nach § 61 Nr. 1 VwGO, die zuständige Behörde nach § 61 Nr. 3 VwGO iVm § 8 Abs. 1 BbgVwGG.

5. Rechtsschutzinteresse

1090 Das Rechtsschutzinteresse liegt vor.

6. Zwischenergebnis

Der Antrag ist zulässig.

II. Begründetheit

Ein Antrag nach § 123 Abs. 1 VwGO hat Aussicht auf Erfolg, wenn dem H ein Anordnungsanspruch zusteht, ein Anordnungsgrund vorliegt und die Hauptsache durch Erlass einer einstweiligen Verfügung nicht vorweggenommen wird.

1. Anordnungsanspruch

1091 H hat einen Anordnungsanspruch, wenn er in der Hauptsache einen Anspruch auf Feststellung hat, ein Rechtsverhältnis bestehe nicht. Ein solches liegt vor, wenn die Errichtung des Informationsstandes einer Sondernutzungserlaubnis nach § 18 StrGBbg bedarf.

Einer Sondernutzungserlaubnis bedarf es nicht, wenn das Aufstellen des Informationsstandes vom Schutzbereich der Versammlungsfreiheit iSd § 1 VersG iVm Art. 8 Abs. 1 GG erfasst wird. Unterfällt dieser Vorgang der Versammlungsfreiheit, ist er nur anzumelden. Die Sonderregelungen des Versammlungsgesetzes gehen dem Straßengesetz vor.

1092 § 1 Abs. 1 VersG gestattet jedermann das Recht, öffentliche Versammlungen zu veranstalten. Art. 8 Abs. 1 GG verleiht allen Deutschen das Recht, sich ohne Anmeldung oder Erlaubnis friedlich und ohne Waffen zu versammeln. Der Versammlungsbegriff des Versammlungsgesetzes entspricht demjenigen des Grundgesetzes. Die verfassungsrechtliche Gewährleistung der Versammlungsfreiheit will das ungehinderte Zusammenkommen mit anderen Menschen zum Zweck der gemeinsamen Meinungsbildung und Meinungsäußerung (kollektive Aussage) schützen. Eine Versammlung charakterisiert, dass eine Personenmehrheit durch einen gemeinsamen Zweck inhaltlich verbunden ist. Für die Eröffnung des Schutzbereichs von Art. 8 Abs. 1 GG reicht es wegen seines Bezugs auf den Prozess öffentlicher Meinungsbildung nicht aus, dass die Teilnehmer bei ihrer kommunikativen Entfaltung durch einen beliebigen Zweck verbunden sind. Vorausgesetzt ist vielmehr zusätzlich, dass die Zusammenkunft auf die Teilnahme an der öffentlichen Meinungsbildung gerichtet ist. Versammlungen iSd Art. 8 GG und damit auch des Versammlungsgesetzes sind demnach örtliche Zusammenkünfte mehrerer Personen zu gemeinschaftlicher, auf die Teilhabe an der öffentlichen Meinungsbildung gerichtete Erörterung oder Kundgebung. Entscheidend ist, dass die Meinungsbildung und Meinungsäußerung darauf abzielen, auf die Öffentlichkeit entsprechend einzuwirken.

Fraglich ist, ob auch das Aufstellen eines Informationsstandes den Schutz der Versammlungsfreiheit genießt. **1093** Dieses muss anhand der Kommunikation, die an einem solchen Informationsstand stattfindet, festgestellt werden. H möchte Flugblätter an interessierte Passanten verteilen lassen. Ein solches Handeln zielt grundsätzlich auf die individuelle Kommunikation mit zufällig des Wegs kommenden Einzelpersonen ab. Eine Gruppenbildung zum Zweck der Kommunikation wird nicht mit dem Aufstellen eines Informationsstands verbunden. Möglichen Personenansammlungen fehlt die innere Verbindung durch eine gemeinsame Meinungsbildung. Dieses macht jedoch das Wesen einer Versammlung aus. Die Bildung einer zufällig zusammengekommenen Gruppe an und hinter dem Informationsstand führt lediglich zu einer Ansammlung, nicht zu einer Versammlung. Ein Informationsstand unterfällt grundsätzlich nicht dem Schutz der Versammlungsfreiheit.

Hier könnte wegen der Verknüpfung mit dem Aufzug etwas anderes gelten. Eine Ver- **1094** sammlung liegt auch dann vor, wenn das Informationsangebot dazu dient, das politische Motto der Veranstaltung zu vermitteln, und darauf zielt, Außenstehende einzubeziehen, damit diese sich an einem Prozess der kollektiven Meinungsbildung und -äußerung beteiligen. Das Informationsangebot erweist sich dann als Bestandteil einer aus anderen Gründen zu bejahenden Versammlung. Hier sollen die interessierten Passanten zur Teilnahme am Aufzug bewegt werden. Der Informationsstand dient der Werbung weiterer Personen für die Teilnahme am Aufzug, um ihnen eine gemeinsame Meinungsbildung und -äußerung zu ermöglichen. Das ist mehr als eine bloße Ansammlung von Personen.

Der Informationsstand ist der Versammlung des H zuzurechnen. Ein Bedürfnis für die Einholung einer Sondernutzungserlaubnis besteht nicht.

Das von der Ordnungsbehörde behauptete Rechtsverhältnis besteht nicht. H hat einen Anordnungsanspruch auf Feststellung des Nichtbestehens eines Rechtsverhältnisses.

2. Anordnungsgrund

H muss ein Anordnungsgrund zugute kommen. Ein solcher liegt vor, wenn ohne Erlass **1095** der einstweiligen Anordnung die Gefahr besteht, dass die Verwirklichung eines Rechts des H vereitelt oder wesentlich erschwert wird. Die Ordnungsbehörde hat in Aussicht gestellt, dass der Informationsstand beseitigt werde, wenn eine Sondernutzungsgenehmigung für sein Aufstellen nicht eingeholt wird. H möchte eine – hier nicht notwendige Sondernutzungserlaubnis – nicht beantragen. Damit besteht die Gefahr einer Beseitigung des Stands. Da auch der Informationsstand dem Schutz der Versammlungsfreiheit unterfällt, ist ohne einstweilige Anordnung eine Verletzung dieses Rechts wahrscheinlich. Ein Anordnungsgrund besteht.

3. Keine Vorwegnahme in der Hauptsache

1096 Eine einstweilige Anordnung darf die Entscheidung in der Hauptsache nicht vorwegnehmen. Mit der Feststellung, dass der Informationsstand lediglich anzumelden ist, wird bereits die Feststellung, wie sie auch in der Hauptsache erfolgen würde, getroffen. Darin liegt eine Vorwegnahme in der Hauptsache. Von dem Erfordernis, dass die Hauptsache nicht vorweggenommen werden darf, besteht eine Ausnahme, wenn ohne den Erlass der einstweiligen Anordnung Tatsachen geschaffen werden, die später nicht mehr rückgängig gemacht werden können und dadurch unzumutbare Nachteile entstehen. Ohne eine Anordnung würde die Ordnungsbehörde den Informationsstand mangels Sondernutzungserlaubnis räumen lassen. Es würde ein Zustand geschaffen, der nicht rückgängig zu machen ist. Ausnahmsweise darf die Hauptsache daher vorweggenommen werden.

4. Zwischenergebnis

Der Antrag des H ist begründet.

III. Ergebnis

Der Antrag des H hat Aussicht auf Erfolg. Das Gericht wird dem Antrag entsprechen und feststellen, dass ein Rechtsverhältnis nicht besteht.

Zweiter Teil: Abwandlung

Die Polizeibeamten sind gegen die Blockadeveranstaltung nicht vorgegangen. Fraglich ist, ob sie gegen diese vorgehen mussten.

I. Pflicht zur Auflösung nach § 15 Abs. 3 VersG

1097 In Betracht kommt zunächst eine Auflösung der Blockadeveranstaltung nach § 15 Abs. 3 VersG. Danach kann eine Versammlung aufgelöst werden, wenn sie nicht angemeldet ist, wenn von den Angaben der Anmeldung abgewichen oder den Auflagen zuwidergehandelt wird oder wenn die Voraussetzungen für ein Verbot nach § 15 Abs. 1 oder 2 VersG gegeben sind. Fraglich ist jedoch, ob die Blockade überhaupt eine Versammlung darstellt.

1098 Versammlungen iSd Art. 8 GG und dem Versammlungsgesetz sind örtliche Zusammenkünfte mehrerer Personen zwecks gemeinschaftlicher Erörterung und Kundgebung mit dem Ziel, an der öffentlichen Meinungsbildung teilzuhaben. Art. 8 GG schützt die Teilhabe an der Meinungsbildung, nicht aber die zwangsweise oder auf andere Art selbsthilfeähnliche Durchsetzung eigener Forderungen. Der Schutz des Art. 8 GG endet dort, wo es nicht um die Teilnahme an einer Versammlung geht, sondern um deren Verhinderung. Wer eine Versammlung in der Absicht aufsucht, sie durch sein Einwirken zu verhindern, kann sich nicht auf das Grundrecht der Versammlungsfreiheit berufen, selbst wenn er mit anderen vereint auftritt.

Unter Zugrundelegung dieser Maßstäbe genießt eine Gegendemonstration den vollen **1099** Schutz des Grundrechts der Versammlungsfreiheit. Es schützt nicht nur solche Teilnehmer vor staatlichen Eingriffen, die die Ziele der Versammlung oder die dort vertretenen Meinungen billigen, sondern kommt ebenso denjenigen zugute, die ihnen kritisch oder ablehnend gegenüberstehen und dieses in der Versammlung zum Ausdruck bringen wollen. Dieser Schutz besteht jedoch nur solange, wie sich die Gegner kommunikativer Mittel bedienen und nicht ausschließlich den Zweck verfolgen, die bekämpfte Veranstaltung mit physischen Mitteln zu verhindern. Der Umstand, dass mehrere Personen zusammenwirken, bringt diese nicht in den Genuss der Versammlungsfreiheit, wenn der Zweck ihres Zusammenwirkens nur in der Unterbindung einer Versammlung besteht.

Hier wurde ausdrücklich nur der Zweck verfolgt, den von H angemeldeten „Fackelzug" zu verhindern. Die Blockadeveranstaltung genießt nicht den Schutz der Versammlungsfreiheit.

§ 15 Abs. 3 VersG ist nicht anwendbar.

II. Platzverweis nach § 16 BbgPolG[4]

Da keine spezialgesetzliche Ermächtigungsgrundlage für ein Handeln einschlägig ist, **1100** ist auf das brandenburgische Polizeigesetz zurückzugreifen. Danach kann die Polizei zur Abwehr einer Gefahr eine Person vorübergehend von einem Ort verweisen. Hier lag eine Gefahr für die öffentliche Sicherheit vor. Die Blockade verstößt gegen § 21 VersG.

Fraglich ist aber, ob daraus eine Pflicht der Polizeibeamten folgt, gegen die Blockadeveranstaltung vorzugehen. Die Entscheidung darüber, ob ein Platzverweis erfolgen soll, liegt im Ermessen der zuständigen Behörde. Die Polizeibeamten sind daher nur zu einer ermessensfehlerfreien Entscheidung verpflichtet.

Eine Pflicht, einzuschreiten, besteht nur im Falle einer Ermessensreduzierung auf Null. **1101** Für eine solche Bindung des Ermessens spricht die Bedeutung der Versammlungsfreiheit. Durch das fehlende Einschreiten der Polizeibeamten wird die Ausübung des bedeutenden Grundrechts faktisch vereitelt. Die Beamten mussten einschreiten[5].

Vertiefungshinweis: *Leist*, Versammlungsrecht und Rechtsextremismus, 2003.

---

4 *Entspricht:* Art. 16 PAG; § 29 BerlASOG; § 14 Abs. 1 BremPolG; § 12a HmbSOG; § 31 HessSOG; § 52 SOG MV; § 17 Abs. 1 NdsSOG; § 34 PolG NW; § 13 POG RP; § 12 SaarlPolG; § 21 SächsPolG; § 36 Abs. 1 SOG LSA; § 201 LVwG SH; § 18 ThürPAG.

5 Eine andere Ansicht ist gut vertretbar.

Repetitorium

Versammlungsrecht

1102 Einen besonderen Bereich des Polizeirechts stellt das Versammlungsrecht dar. Das Versammlungsrecht ist bisher im Versammlungsgesetz (VersG), einem Bundesgesetz, geregelt. Dieses ist die gesetzliche Grundlage nach Art. 8 GG. Die Versammlungsfreiheit kann nur aufgrund eines Gesetzes eingeschränkt werden. Durch die Föderalismusreform erhielten jedoch die Länder die Gesetzgebungskompetenz für das Versammlungsrecht. Solange die Länder von ihr keinen Gebrauch machen, gilt das Versammlungsgesetz (vgl. Art. 125a GG).

1. Versammlungsbegriff; Versammlungsarten

1103 Das Versammlungsrecht findet dann Anwendung, wenn es sich um eine Versammlung iSd VersG handelt. Es gilt der Versammlungsbegriff des Art. 8 GG. Danach ist eine Versammlung eine Mehrheit natürlicher Personen, die an einem gemeinsamen Ort zu einem gemeinsamen verbindenden Zweck zusammenkommen, um unter Einwirkung auf die Öffentlichkeit in einer öffentlichen Angelegenheit eine Diskussion zu führen und eine kollektive Aussage zu artikulieren[6]. Eine Versammlung soll der öffentlichen Meinungsbildung dienen; dieses Element fehlt regelmäßig bei überwiegend kommerziellen Veranstaltungen[7]. Vom Schutzumfang des Art. 8 GG sind auch sog. Spontandemonstrationen umfasst[8]. Eine Spontanversammlung kennzeichnet, dass sie sich aus einem momentanen Anlass heraus ungeplant und ohne Veranstalter entwickelt[9]. Dem Versammlungsbegriff unterfällt nicht eine Ansammlung von Personen, die ausschließlich bezwecken wollen, eine andere Versammlung zu verhindern[10].

Der Anwendungsbereich des VersG ist nur dann eröffnet, wenn es sich um eine öffentliche Versammlung handelt. Eine Versammlung ist öffentlich, wenn jedermann Zutritt hat[11].

1104 Im VersG werden **zwei verschiedene Arten** der Versammlung geregelt: **öffentliche Versammlungen in geschlossenen Räumen** und **öffentliche Versammlungen unter freiem Himmel**. Die Unterscheidung ist von großer Bedeutung, da sich ihre Zulässigkeit nach dem VersG unterscheiden.

1105 Eine Versammlung **in geschlossenen Räumen** ist nicht anmeldepflichtig; Ermächtigungsnormen zur Gefahrenabwehr stellen strengere Anforderungen an den Erlass einer Verfügung (idR Verbot der Veranstaltung). Die geringeren Anforderungen an eine Ver-

6 BVerfG, NJW 2001, 2459, 2460.
7 BVerfG, NJW 2001, 2459, 2460.
8 BVerfG, JZ 1986, 27 ff.
9 *Schenke*, POR, Rn. 368.
10 BVerfGE 84, 203, 209 f.
11 BVerfG, NVwZ 1991, 991.

sammlung in geschlossenen Räumen sind durch das geringere Gefahrenpotential bedingt.

Eine Versammlung **unter freiem Himmel** ist anzeigepflichtig. Die Anzeigepflicht ist nicht mit einer Antragspflicht zu verwechseln. Eine Versammlung unter freiem Himmel bedarf keiner Erlaubnis oder Genehmigung. Im Einzelfall kann eine solche Versammlung verboten werden, § 15 Abs. 1 VersG. Das Verbot ist ein belastender VA, gegen den mit einer Anfechtungsklage vorzugehen ist. Eine Ausnahme von der Anzeigepflicht ist bei Spontanversammlungen anzunehmen. **1106**

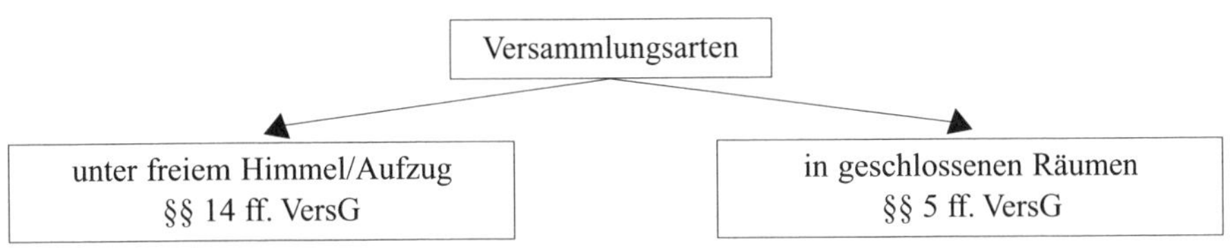

2. Versammlungsverbot und Auflagen, § 15 Abs. 1 VersG

Die zuständige Behörde kann eine Versammlung oder einen Aufzug verbieten oder von bestimmten Auflagen abhängig machen, wenn nach den zur Zeit des Erlasses der Verfügung erkennbaren Umständen die öffentliche Sicherheit oder Ordnung bei Durchführung der Versammlung oder des Aufzugs unmittelbar gefährdet ist. **1107**

Der Begriff „Auflage“ im Sinne des VersG ist nicht mit der Auflage im Sinne des § 36 VwVfG zu verwechseln. Auflagen sind solche Anordnungen, die der Abwehr der von der Versammlung ausgehenden Gefahren dienen[12]. Sie sind weniger einschneidend als ein Verbot. **1108**

Eine Verfügung im Sinne des § 15 Abs. 1 VersG setzt eine unmittelbare Gefahr (Sachlage, bei welcher ein akuter Schadenseintritt mit an Sicherheit grenzender Wahrscheinlichkeit zu erwarten ist) und eine Gefahr für die öffentliche Sicherheit oder Ordnung voraus. **1109**

Ein Verbot soll wegen der Schwere des Eingriffs und der Bedeutung der Versammlungsfreiheit nur zur Anwendung kommen, wenn die Gefahr nicht anders abzuwehren ist. Insbesondere soll ein Verbot bei einer Gefahr für die öffentliche Ordnung nur ultima ratio sein. Eine bloße Gefährdung der öffentlichen Ordnung rechtfertigt im Allgemeinen ein Versammlungsverbot nicht[13]. Von diesem Grundsatz sind aber Ausnahmen möglich, wenn von der Versammlung eine bewusste Provokation ausgeht[14]. **1110**

---

12 Vgl. *Schenke*, POR, Rn. 373.
13 BVerfG, NJW 2001, 2072, 2074.
14 Vgl. BVerfG, NJW 2004, 2814, 2815.

3. Auflösung einer Versammlung

1111 Die zuständige Behörde kann eine Versammlung oder einen Aufzug auflösen, wenn sie nicht angemeldet sind, wenn von den Angaben der Anmeldung abgewichen oder den Auflagen zuwidergehandelt wird oder wenn die Voraussetzungen eines Verbots nach § 15 Abs. 1 oder 2 VersG gegeben sind. Die Auflösung dient der Beendung der Versammlung zum Zwecke der Gefahrenabwehr.

1112 Maßnahmen, die nicht die Intensität einer Auflösung erreichen, aber ebenfalls der Gefahrenabwehr dienen, können ebenfalls auf § 15 Abs. 3 VersG gestützt werden (argumentum a maiore ad minus). Wenn eine Auflösung möglich sein soll, kann auch ein weniger schwerwiegender Eingriff zur Anwendung kommen.

1113 Da das Versammlungsrecht Polizeirecht ist, darf sich die polizeiliche Verfügung nur gegen den Störer richten. Bei einzelnen gewalttätigen Teilnehmern können nur diese Störer und damit Adressat einer Anordnung sein. Gegen die Versammlung selbst darf in solchen Fällen nur ausnahmsweise, und zwar nur unter den besonderen Voraussetzungen des so genannten polizeilichen Notstands, eingeschritten werden[15]. Vorausgesetzt ist, dass die Gefahr auf andere Weise nicht abgewehrt und die Störung auf andere Weise nicht beseitigt werden kann und die Verwaltungsbehörde nicht über ausreichend eigene, eventuell durch Amts- und Vollzugshilfe ergänzte, Mittel und Kräfte verfügt, um die gefährdeten Rechtsgüter wirksam zu schützen[16].

4. Verhältnis des Versammlungsrecht zum allgemeinen Polizeirecht

1114 Das Versammlungsrecht ist lex specialis zum allgemeinen Polizeirecht. Untersagt ist damit grundsätzlich ein Eingriff aufgrund einer polizeilichen Ermächtigung, soweit ein unmittelbarer Eingriff in die Versammlung selbst vorliegt. Geht es um die Abwehr einer Gefahr ausgehend von der Versammlung, kommen die Generalklausel und die Standardmaßnahmen nicht zur Anwendung (sog. Polizeifestigkeit des Versammlungsrechts[17]). Fraglich ist jedoch, ob dadurch die Anwendung des gesamten allgemeinen Polizeirechts gesperrt ist. Dieses ist wohl aufgrund des Zwecks des Versammlungsrechts abzulehnen. Das VersG verfolgt lediglich die Abwehr solcher Gefahren, die unmittelbar von der Versammlung ausgehen. Gegen externe Störungen im Umfeld einer öffentlichen Versammlung, die bezwecken, deren ordnungsgemäße Durchführung zu verhindern, darf die Polizei aufgrund der polizeilichen Generalklausel oder der die Standardmaßnahmen regelnden Normen einschreiten[18]. Auch nach Beendigung der Versammlung – auch bedingt durch eine Auflösung – findet wieder das allgemeine Polizeirecht Anwendung[19].

Vertiefungshinweis: *Schenke*, POR, Rn. 360 ff.; *Tettinger/Erbguth/Mann*, BesVerwR, Rn. 738 ff.

15 BVerfGE 65, 315, 355 ff.
16 BVerfG, NJW 2001, 1411, 1412.
17 OVG NW, NVwZ 1982, 46.
18 VGH BW, DÖV 1990, 572.
19 Vgl. *Schenke*, POR, Rn. 381.

Fall 21***

Cigarettes and Alcohol

Schwerpunkte: Abdrängende Sonderzuweisung; Fortsetzungsfeststellungswiderspruch; Fortsetzungsfeststellungsklage; polizeiliche Standardmaßnahmen; ordnungsbehördliche Verordnung; Beschlussfähigkeit einer Gemeindevertretung; Bestimmtheit einer Norm; Begriff der abstrakten Gefahr; Bekanntgabe von Verwaltungsakten

Die Stadtverordnetenversammlung (StVV) der Stadt Frankfurt (Oder) beschließt in der Sitzung am 13.1.2011 eine „Ordnungsbehördliche Verordnung zur Sicherung der öffentlichen Ordnung in der Innenstadt" (nachfolgend VO). Sie bezweckt damit, die in der Innenstadt überproportional bestehende Gewaltkriminalität und den starken Alkoholkonsum einzudämmen. Der Alkoholkonsum führe nach Ansicht der StVV zur Enthemmung und damit zur Steigerung der Gewaltbereitschaft Einzelner. Insbesondere Jugendliche träfen sich auf Plätzen in der Innenstadt, um dort den in Supermärkten gekauften Alkohol zu trinken. Die Erfahrung der Polizei zeige, dass der Konsum von Alkohol zumindest mitursächlich für die Begehung von Gewaltdelikten sei. **1115**

Die Verordnung hat folgenden Wortlaut:

§ 1 Geltungsbereich

(1) Diese Verordnung gilt für den Lennépark, den Brunnenplatz, den Marktplatz und den Dresdener Platz.

(2) Der beigefügte Lageplan vom 5.1.2011 ist Bestandteil dieser Polizeiverordnung.

§ 2 Alkoholverbot

(1) Im Geltungsbereich der Verordnung ist es auf den öffentlich zugänglichen Flächen außerhalb konzessionierter Freisitzflächen verboten

a) alkoholische Getränke jeglicher Art zu konsumieren,
b) alkoholische Getränke jeglicher Art mit sich zu führen, wenn aufgrund der konkreten Umstände die Absicht erkennbar ist, diese im Geltungsbereich der Verordnung konsumieren zu wollen.

(2) Dieses Verbot gilt in den Nächten von Freitag auf Samstag, Samstag auf Sonntag, Sonntag auf Montag jeweils von 22.00 Uhr bis 06.00 Uhr. Gleiches gilt für die Zeit von 00.00 Uhr bis 06.00 Uhr morgens an einem gesetzlichen Feiertag und die zwei Stunden davor (d.h. von 22.00 Uhr bis 06.00 Uhr).

(3) Das Verbot des Absatzes 1 gilt außerhalb der Zeiten des Absatzes 2 nur, wenn die Auswirkungen des Alkoholgenusses geeignet sind, Dritte erheblich zu belästigen.

Zu Beginn der Sitzung der StVV stellt deren Vorsitzender Friedrich (F) sachlich zutreffend fest, dass 24 Mitglieder anwesend und die Vertretung damit beschlussfähig ist. Während der Sitzung verlassen insgesamt sieben Mitglieder die Sitzung. In der Abstimmung stimmen neun Mitglieder der StVV für die Verordnung.

Die Verordnung wurde am 20.2.2011 ordnungsgemäß verkündet.

An einem lauen Sommerabend des 6.6.2011 (ein Samstag), geht der in Frankfurt (Oder) lebende Student Alfred (A) mit Freunden in den Lennépark. A hält sich dort öfter mit Kommilitonen auf, um abends gemütlich ein Feierabendbier zu trinken. Später am Abend (23.30 Uhr) trifft die Polizei ein und stellt eine Kiste Bier des A sicher.

Der bereits stark alkoholisierte A beginnt, die Polizeibeamten zu beleidigen. Als diese darauf nicht reagieren, tritt er mehrmals gegen einen Papierkorb. Schließlich greift er einen Polizisten tätlich an. Daraufhin erteilen die Beamten dem A einen Platzverweis. Diesem widersetzt sich A. Er beginnt, wütend eine Parkbank zu beschädigen. Die Beamten nehmen den A daraufhin in Gewahrsam. Die durchgeführte Blutkontrolle, gegen die A nichts einzuwenden hatte, ergab einen Blutalkoholspiegel von 1,2 Promille.

Nachdem A am folgenden Morgen aus dem Gewahrsam der Polizei entlassen wurde, ist er derart empört über die Polizei, dass er überlegt, was er gegen die Maßnahmen unternehmen kann. Obwohl er die Kiste Bier zurückerhalten hat, ist er der Meinung, die Polizei habe schon die Kiste Bier nicht sicherstellen dürfen. Die Polizei durfte einen Verstoß gegen die VO nicht ahnden, da die Verordnung bereits unwirksam sei. Zum einen sei sie nicht bestimmt genug. Zum anderen begründe der Alkohol keine Gefahr, die durch die VO abgewehrt werden müsse. Dass die Alkoholisierung zumindest mitursächlich für Gewalt sein kann, genügt nicht, um eine Gefahr anzunehmen. Gewalttaten seien nicht Regel-Folge von öffentlichem Alkoholkonsum. Menschliche Gewalttaten entstünden unter komplexen Umständen und seien nicht linear auf eine Alkoholisierung zurückzuführen. Der Platzverweis sei dementsprechend auch rechtswidrig, da As Verhalten nur eine Reaktion auf die Sicherstellung war. Die Ingewahrsamnahme sei auch rechtswidrig, da sie auf dem Platzverweis beruht, der A wegen seiner starken Alkoholisierung bereits nicht bekannt gegeben werden konnte. Außerdem würde er jedes Mal wieder so handeln.

Was kann A unternehmen, um sein Ziel zu erreichen? Beurteilen Sie – ggf. hilfsgutachtlich – die Erfolgsaussichten.

Bearbeitervermerk: Die Zuständigkeit des nunmehr aufgelösten Polizeipräsidiums Frankfurt (Oder) (s. § 72 Abs. 1 BbgPolG) ist zu unterstellen.

Vorüberlegung

1116 Diese Klausur hat einen polizeirechtlichem Schwerpunkt (Standardmaßnahmen und Alkoholverbot durch eine ordnungsbehördliche Verordnung). Daneben liegen die Schwerpunkte im Bereich des Verwaltungsprozessrechts (Fortsetzungsfeststellungswiderspruch und -klage) und des Kommunalrechts. Inhaltlich ist die Klausur als mittelschwer zu bewerten. Die Bearbeiter müssen erkennen, wie die einzelnen Rechtsgebiete und Rechtsnormen (BbgOBG, BbgKVerf) ineinander greifen.

Gliederung

A. Zulässigkeit eines Widerspruchs **1117**
- I. Eröffnung des Verwaltungsrechtswegs
- II. Statthaftigkeit
- III. Ergebnis

B. Sachentscheidungsvoraussetzungen eines Klageverfahrens
- I. Eröffnung des Verwaltungsrechtswegs
- II. Statthafte Klageart
- III. Verfahrensabhängige Sachentscheidungsvoraussetzungen
  1. Klagebefugnis
  2. Richtiger Klagegegner
- IV. Vorverfahren
- V. Besonderes Feststellungsinteresse
- VI. Beteiligten- und Prozessfähigkeit
- VII. Klagefrist
- VIII. Ergebnis

C. Die Begründetheit der Klage
- I. Ermächtigungsgrundlagen
- II. Formelle Rechtmäßigkeit der Maßnahmen
- III. Materielle Rechtmäßigkeit der Maßnahmen
  1. Sicherstellung
     - a) Formelle Rechtmäßigkeit der VO
     - b) Materielle Rechtmäßigkeit der VO
       - aa) Verstoß gegen das Bestimmtheitsgebot
         - (1) § 2 Abs. 1 VO
         - (2) § 2 Abs. 3 VO
       - bb) Zum Zwecke der Abwehr von Gefahren
       - cc) Zwischenergebnis
     - c) Zwischenergebnis
  2. Platzverweis
  3. Hilfsgutachten: Ingewahrsamnahme
  4. Zwischenergebnis
- IV. Rechtsverletzung
- V. Ergebnis

D. Gesamtergebnis

Lösung

A möchte gegen die polizeilichen Maßnahmen vorgehen. In Betracht kommt ein Widerspruch bzw. ein Klageverfahren gegen die Verfügungen der Polizei. Diese Rechtsbehelfe haben Aussicht auf Erfolg, wenn sie zulässig und begründet sind.

A. Zulässigkeit eines Widerspruchs

I. Eröffnung des Verwaltungsrechtswegs

1118 Eine aufdrängende Sonderzuweisung existiert nicht. Der Verwaltungsrechtsweg ist nach § 40 Abs. 1 Satz 1 VwGO eröffnet. Die streitentscheidenden Normen sind die des BbgOBG und BbgPolG. Diese gehören dem öffentlichen Recht an, da sie die Ordnungs- und Polizeibehörden berechtigen bzw. verpflichten. Eine verfassungsrechtliche Streitigkeit liegt nicht vor, da weder A noch die Polizeibehörde unmittelbar am Verfassungsleben beteiligt sind. Eine abdrängende Sonderzuweisung fehlt bei der Sicherstellung und dem Platzverweis.

1119 Anderes könnte jedoch hinsichtlich der Ingewahrsamnahme gelten. Nach § 18 Abs. 2 Satz 1 BbgPolG[1] könnten die ordentlichen Gerichte (Amtsgericht) für eine Entscheidung zuständig sein, ob eine Ingewahrsamnahme rechtmäßig ist. Nach § 18 Abs. 1 Satz 1 BbgPolG hat die Polizei, wenn eine Person auf Grund von § 12 Abs. 2 Satz 3[2], § 15 Abs. 3[3] oder § 17 BbgPolG[4] festgehalten wird, unverzüglich, spätestens innerhalb von 24 Stunden eine richterliche Anhörung sowie unverzüglich eine richterliche Entscheidung über Zulässigkeit und Fortdauer der Freiheitsentziehung herbeizuführen. Für die Entscheidung und Anhörung ist nach Absatz 2 Satz 1 der Vorschrift das Amtsgericht zuständig, in dessen Bezirk die Person festgehalten wird. Tatbestandliche Ausgangslage für die amtsgerichtliche Zuständigkeit ist mithin jeweils die Ingewahrsamnahme einer Person, nämlich zur Identitätsfeststellung (§ 12 Abs. 2 Satz 3 BbgPolG), zur zwangsweisen Durchsetzung einer Vorladung (§ 15 Abs. 3 BbgPolG) oder zu den in § 17 BbgPolG genannten weiteren Zwecken. § 18 Abs. 2 Satz 1 BbgPolG stellt eine von § 40 Abs. 1 Satz 2 VwGO zugelassene abdrängende Sonderzuweisung durch Landesgesetz zur ordentlichen Gerichtsbarkeit dar.

---

1 *Entspricht:* § 28 Abs. 4 PolG BW; Art. 18 BayPAG; § 30 BerlASOG; § 16 BremPolG; § 13a HmbSOG; § 33 HessSOG; § 56 Abs. 5 SOG MV; § 19 NdsSOG; § 36 OBG NW; § 15 POG RP; § 14 SaarlPolG; § 22 Abs. 7f SächsPolG; § 38 SOG LSA; §§ 204 Abs. 6, 181 Abs. 5 LVwG SH; § 20 ThürOBG.

2 *Entspricht:* § 26 PolG BW; Art. 13 BayPAG; § 21 BerlASOG; § 11 BremPolG; § 12 HmbSOG; § 18 HessSOG; § 29 SOG MV; § 13 NdsSOG; § 12 PolG NW; § 10 POG RP; § 9 SaarlPolG; § 19 SächsPolG; § 20 SOG LSA; § 181 LVwG SH; § 14 ThürPAG.

3 *Entspricht:* § 27 Abs. 3 PolG BW; Art. 15 Abs. 3 BayPAG; § 20 Abs. 3 BerlASOG; § 12 Abs. 3 BremPolG; § 11 Abs. 3 HmbSOG; § 30 Abs. 3 HessSOG; § 51 SOG MV; § 16 Abs. 3 NdsSOG; § 10 Abs. 3 PolG NW; § 12 Abs. 3 POG RP; § 11 Abs. 4 SaarlPolG; § 18 Abs. 5 SächsPolG; § 35 Abs. 3 SOG LSA; § 191 Abs. 3 LVwG SH; § 17 Abs. 3 ThürPAG.

4 *Entspricht:* § 28 Abs. 1 PolG BW; Art. 17 BayPAG; § 30 BerlASOG; § 15 BremPolG; § 13 HmbSOG; § 32 HessSOG; § 55 SOG MV; § 18 NdsSOG; § 35 PolG NW; § 14 POG RP; § 13 SaarlPolG; § 22 SächsPolG; § 37 SOG LSA; § 204 LVwG SH; § 19 ThürPAG.

Umstritten ist jedoch die Rechtslage, wenn während der Ingewahrsamnahme eine richterliche Anhörung nicht stattgefunden bzw. eine richterliche Entscheidung nicht eingeholt wurde. Hier wurde A ohne Beteiligung des Amtsgerichts wieder aus dem Gewahrsam entlassen. **1120**

Ein Teil der Rechtsprechung sieht in Anknüpfung an den jeweiligen Wortlaut der polizeirechtlichen Vorschriften der Länder die Verwaltungsgerichte als zuständig an, wenn während der Freiheitsentziehung keine Entscheidung des Amtsgerichts ergangen ist und erst nachträglich die Feststellung der Rechtswidrigkeit der Ingewahrsamnahme begehrt wird. Das Amtsgericht dürfe danach nur zeitlich begrenzt, nämlich während der Dauer der Freiheitsentziehung, über den Gewahrsam entscheiden. Nach Beendigung des Gewahrsams müsse das Verwaltungsgericht beurteilen, ob die Ingewahrsamnahme rechtswidrig gewesen ist. Das Amtsgericht entscheidet ausschließlich darüber, ob der Gewahrsam aufrechtzuerhalten ist. **1121**

Anders sieht das das OVG Berlin-Brandenburg. Die Zuständigkeit des Amtsgerichts entfällt nicht, wenn der in Gewahrsam Genommene freigelassen worden ist. Für diese Auslegung spricht der in § 17 Abs. 1 Satz 1 GVG enthaltene Rechtsgedanke, nach dem die Zulässigkeit des beschrittenen Rechtswegs durch eine nach Rechtshängigkeit eintretende Veränderung der sie begründenden Umstände nicht berührt wird. Auch die größere Orts- und Sachnähe der Amtsgerichte rechtfertigen diese Ansicht. Amtsgerichte haben auch nach anderen Vorschriften über Freiheitsentziehungen zu befinden. Die einheitliche Zuständigkeit der ordentlichen Gerichtsbarkeit bei Freiheitsentziehungen vermeidet es mithin, den Rechtsweg für ein und denselben Lebenssachverhalt je nach Zeitpunkt der Freilassung aufzuspalten. An dieser Auslegung des § 18 BbgOBG ändert auch nichts der Wortlaut des § 18 Abs. 1 Satz 2 BbgPolG, wonach eine richterliche Entscheidung ausscheiden kann, wenn anzunehmen ist, dass die Entscheidung des Richters und die Anhörung durch den Richter erst nach Wegfall des Grundes der polizeilichen Maßnahmen – also nach Ende des Gewahrsams – ergehen würden. Diese Ausnahme von der richterlichen Entscheidung regelt jedoch nicht, dass nunmehr das Verwaltungsgericht über die Rechtmäßigkeit der Ingewahrsamnahme zu entscheiden hat. Der Verwaltungsrechtsweg ist demnach bei einer Ingewahrsamnahme nicht eröffnet. **1122**

Im Ergebnis ist der Verwaltungsrechtsweg nur hinsichtlich der Sicherstellung und des Platzverweises eröffnet.

II. Statthaftigkeit

Ein Widerspruch ist nach § 68 Abs. 1 Satz 1 VwGO grundsätzlich statthaft, wenn das mit ihm verfolgte Begehren im Klagewege mit der Anfechtungsklage zu verfolgen wäre. Eine Anfechtungsklage ist nach § 42 Abs. 1 Alt. 1 VwGO statthaft, wenn der Kläger die Aufhebung eines Verwaltungsakts verlangt, der sich noch nicht erledigt hat. **1123**

A wendet sich hier gegen die polizeilichen Maßnahmen Sicherstellung, Platzverweis und die Ingewahrsamnahme. Diese Maßnahmen müssen Verwaltungsakte nach § 35 **1124**

Satz 1 VwVfG[5] darstellen. Alle drei Maßnahmen stellen behördliche, außenwirksame, hoheitliche Maßnahmen auf dem Gebiet des öffentlichen Rechts dar. Bei polizeilichen Standardmaßnahmen ist jedoch umstritten, ob diese Maßnahmen auch eine Regelung enthalten. Eine Regelung liegt dann vor, wenn die Maßnahme ihrem Erklärungsgehalt nach darauf gerichtet ist, eine Rechtsfolge zu setzen, also ein Recht oder eine Pflicht zu begründen, zu ändern, aufzuheben oder verbindlich festzulegen. Ist eine Maßnahme lediglich auf die Herbeiführung eines tatsächlichen Erfolgs beschränkt, stellt sie lediglich einen Realakt dar. Bei dem Platzverweis ist eine Regelung anzunehmen, da die Polizeibeamten die Pflicht des A begründen, den Platz zumindest für kurze Zeit zu verlassen. Ein Gebot wird angeordnet.

1125 Zweifelhaft ist dieses jedoch bei der Sicherstellung der Getränke und der Ingewahrsamnahme[6] des A. Dem äußeren Erscheinungsbild nach scheinen solche Maßnahmen nur auf einen faktischen Erfolg gerichtet zu sein. Dem A werden die Getränke tatsächlich nur abgenommen; er wird tatsächlich an einen anderen Ort verbracht. Aus diesen Gründen geht ein Teil der Literatur davon aus, solche Maßnahmen seien ausschließlich als Realakt zu charakterisieren. Es bestehe auch kein Bedürfnis, solche Maßnahmen als Verwaltungsakt zu qualifizieren, da auch gegen Realakte effektiver Rechtsschutz über die Leistungs- bzw. Feststellungsklage gewährleistet ist. Das BVerwG und die herrschende Literatur sehen aber auch in solchen Standardmaßnahmen, die nach dem äußeren Erscheinungsbild wie ein Realakt wirken, einen Verwaltungsakt. Ein Verwaltungsakt müsse nicht ausdrücklich einen „Befehl" aussprechen. Auch eine tatsächliche Handlung kann den Betroffenen konkludent zu einem bestimmten Verhalten auffordern. Danach verpflichten Standardmaßnahmen den Betroffenen zugleich zur Duldung des Eingriffs in seine Rechte. Im Ergebnis sind daher alle Maßnahmen als belastender Verwaltungsakt zu qualifizieren.

1126 Problematisch ist jedoch, dass von den hier durchgeführten Verwaltungsakten keine Rechtswirkungen mehr ausgehen. Hier könnte zwischenzeitlich Erledigung iSd § 43 Abs. 2 VwVfG eingetreten sein. Die Erledigung eines Verwaltungsakts tritt grundsätzlich mit dem Wegfall der beschwerenden Wirkung ein. Alle Maßnahmen sind zwischenzeitlich beendet. Die eingetretenen Belastungen liegen nicht mehr vor. Fraglich ist jedoch, ob ein Widerspruch nach § 68 Abs. 1 Satz 1 VwGO trotz Erledigung der Verwaltungsakte statthaft ist. Das BVerwG und die h.M. gehen von einer Unstatthaftigkeit eines Widerspruchs in solchen Fällen aus. Eine andere Ansicht meint, dass ein Vorverfahren weiterhin durchzuführen ist, da es gesetzlich vorgesehen ist und die Gerichte dadurch entlastet werden sollen. Zu folgen ist hier der ersten Ansicht. Ziel eines Widerspruchsverfahrens nach § 68 Abs. 1 Satz 1 VwGO ist die Aufhebung eines belastenden Verwaltungsakts. Ein solches Verfahren ist sinnlos, wenn der angegriffene Verwaltungsakt bereits unwirksam ist. Eine Korrektur seitens der Widerspruchsbehörde ist nicht mehr möglich. Andere Aufgaben wie die, die Rechtswidrigkeit von Verwaltungsakten

---

5 Alle Normen des VwVfG werden iVm § 1 Abs. 1 BbgVwVfG zitiert.

6 Dieses ist hilfsgutachtlich anzusprechen, da bereits die Voraussetzungen des § 40 Abs. 1 Satz 1 VwGO erfüllt sind.

festzustellen, stehen der Behörde nicht zu. Darüber hinaus hat der Gesetzgeber im Rahmen der Anfechtungsklage das Problem der Erledigung gesehen und gesetzlich geregelt (vgl. § 113 Abs. 1 Satz 4 VwGO). Einen Fortsetzungsfeststellungswiderspruch gibt es nicht. Ein Widerspruchsverfahren scheidet aus[7].

III. Ergebnis

Ein Widerspruch gegen die Maßnahmen ist unzulässig.

B. Sachentscheidungsvoraussetzungen eines Klageverfahrens

I. Eröffnung des Verwaltungsrechtswegs

Der Verwaltungsrechtsweg ist hinsichtlich der Sicherstellung und des Platzverweises **1127**
eröffnet, vgl. Rn. 1118 ff.

II. Statthafte Klageart

Die statthafte Klageart richtet sich nach dem Begehren des Klägers. A richtet sich hier **1128**
gegen die ihn belastenden polizeilichen Maßnahmen, die jeweils einen Verwaltungsakt darstellen. Grundsätzlich wäre damit die Anfechtungsklage nach § 42 Abs. 1 Alt. 1 VwGO die statthafte Klageart. Eine Anfechtungsklage ist jedoch nur solange statthaft, wie sich der angegriffene Verwaltungsakt nicht erledigt hat. Hier ist bereits Erledigung eingetreten (vgl. Rn. 1126). Eine Anfechtungsklage ist damit unstatthaft.

In Betracht kommt aber eine Fortsetzungsfeststellungsklage nach § 113 Abs. 1 Satz 4 **1129**
VwGO. Danach entscheidet das Gericht darüber, ob ein angegriffener, bereits erledigter Verwaltungsakt rechtswidrig war, wenn der Kläger ein berechtigtes Interesse daran hat. § 113 Abs. 1 Satz 4 VwGO regelt aber nur den Fall, dass sich der Verwaltungsakt während eines anhängigen Verfahrens erledigt hat. Hier trat die Erledigung der Verwaltungsakte aber bereits vor Erhebung der Klage ein. § 113 Abs. 1 Satz 4 VwGO kann mithin nicht unmittelbare Anwendung finden. Welche Klageart in solchen Fällen der Erledigung vor Klageerhebung die richtige Klageart ist, ist seit einiger Zeit umstritten.

Lange Zeit herrschte die Ansicht vor, dass in solchen Fällen § 113 Abs. 1 Satz 4 VwGO **1130**
entsprechend anzuwenden sei. Wann die Erledigung eines Verwaltungsakts eintrete, hänge oftmals vom Zufall ab. Dieser könne nicht über die Statthaftigkeit einer Klage bestimmen. Auch bei Erledigung vor Klageerhebung müsse eine Fortsetzungsfeststellungsklage entsprechend § 113 Abs. 1 Satz 4 VwGO möglich sein. Diese Ansicht ist aber nicht unbestritten; insbesondere das BVerwG selbst stellte seine Rechtsprechung in Zweifel. Es warf die Frage auf, ob bei der Erledigung vor Klageerhebung eine Feststellungsklage nach § 43 VwGO nicht näher liege. Einer Feststellungsklage stehe nicht entgegen, dass es sich bei der Rechtswidrigkeit eines Verwaltungsakts nicht um ein fest-

7 A.A. vertretbar.

stellungsfähiges Rechtsverhältnis handeln würde. Die Frage nach der richtigen Klageart ließ das BVerwG jedoch offen. Auch in der Literatur sprechen sich viele Stimmen für die Feststellungsklage nach § 43 VwGO aus. Die verwaltungsrechtliche Rechtsprechung wendet weiter § 113 Abs. 1 Satz 4 VwGO analog an. Für eine Analogie zu § 113 Abs. 1 Satz 4 VwGO sprechen die besseren Argumente. Zum einen ist es fraglich, ob die Rechtswidrigkeit eines Verwaltungsakts tatsächlich ein Rechtsverhältnis nach § 43 VwGO darstellt. Ein Rechtsverhältnis begründen die sich aus einem konkreten Sachverhalt aufgrund einer Rechtsnorm ergebenden rechtlichen Beziehungen einer Person zu einer anderen Person oder zu einer Sache. Verwaltungsakte können zwar zu einem Rechtsverhältnis führen, aber nie ein solches darstellen. Zudem ist § 113 Abs. 1 Satz 4 VwGO konkret auf das Begehren der Feststellung der Rechtswidrigkeit zugeschnitten. Die Interessenlage ist hier identisch. Die Feststellungsklage nach § 43 VwGO soll nur nichtige Verwaltungsakte zum Gegenstand haben.

Statthafte Klageart ist mithin die Fortsetzungsfeststellungsklage[8].

III. Verfahrensartabhängige Sachentscheidungsvoraussetzungen

1. Klagebefugnis

1131 A war Adressat der drei Anordnungen. Es ist möglich, dass A als Adressat der Verfügungen in seinem Recht aus Art. 2 Abs. 1 GG verletzt war (Adressatentheorie). Er ist mithin nach § 42 Abs. 2 VwGO klagebefugt.

2. Richtiger Klagegegner

1132 Die Klage ist hier nach § 78 Abs. 1 Nr. 2 VwGO iVm § 8 Abs. 2 BbgVwGG gegen die handelnde Behörde zu richten. Das ist hier das Polizeipräsidium Frankfurt (Oder).

IV. Vorverfahren

1133 Im Rahmen einer Fortsetzungsfeststellungsklage ist ein Vorverfahren nach § 68 Abs. 1 VwGO nicht durchzuführen, wenn sich der Verwaltungsakt vor Klageerhebung erledigt hat (vgl. Rn. 1126).

V. Besonderes Feststellungsinteresse

1134 Der Kläger bedarf im Rahmen einer Fortsetzungsfeststellungsklage eines besonderen Feststellungsinteresses. Die Rechtsprechung hat hier insgesamt vier Kategorien entwickelt: die Wiederholungsgefahr, das Rehabilitationsinteresse, ein Nutzen für eine Amtshaftungsklage und die Betroffenheit in den Grundrechten. Der Nutzen für Amtshaf-

8 A.A. vertretbar; die Entscheidung für § 43 VwGO führt zu keinen Unterschieden in der weiteren Zulässigkeitsprüfung: Ein Vorverfahren ist nicht durchzuführen; die Klageerhebung ist nicht fristgebunden. A muss auch im Rahmen des § 43 VwGO ein berechtigtes Interesse an der Feststellung des Rechtsverhältnisses haben. Das BVerwG nimmt an, dass die Voraussetzungen des berechtigten Interesses sich weitgehend mit denjenigen des Fortsetzungsfeststellungsinteresses nach § 113 Abs. 1 Satz 4 VwGO decken.

tungsklagen für die Fälle der Erledigung vor Klageerhebung wird nicht mehr als ein berechtigtes Interesse anerkannt, da dem Kläger zuzumuten ist, ohne den Umweg über die Verwaltungsgerichte den ordentlichen Rechtsweg zu beschreiten.

Hier kommt zunächst die Wiederholungsgefahr in Betracht. Eine Wiederholungsgefahr **1135**
ist zu bejahen, wenn die hinreichend konkrete Gefahr besteht, dass unter im Wesentlichen unveränderten tatsächlichen und rechtlichen Umständen erneut ein gleichartiger Verwaltungsakt ergehen würde. A trifft sich regelmäßig mit Freunden im Park, um im Freien Alkohol zu trinken. Es ist wegen des bestehenden Alkoholverbots daher nicht ausgeschlossen, dass erneut eine Sicherstellung von Alkohol stattfindet. Hinsichtlich der Sicherstellung des Alkohols liegt damit ein berechtigtes Feststellungsinteresse vor.

Darüber hinaus kommt eine Betroffenheit der Grundrechte in Betracht. Diese Kategorie **1136**
soll einen effektiven Rechtsschutz sichern, sodass nicht die Behörde darüber bestimmen kann, ob eine staatliche Maßnahme gerichtlich überprüft wird. A war hier in seinem Recht aus Art. 2 Abs. 1, Abs. 2 GG betroffen.

Ein berechtigtes Feststellungsinteresse liegt damit vor.

VI. Beteiligten- und Handlungsfähigkeit

A ist nach den §§ 61 Nr. 1, 62 Abs. 1 Nr. 1 VwGO beteiligten- und prozessfähig. Die **1137**
Behörde ist nach § 61 Nr. 3 VwGO iVm § 8 Abs. 1 BbgVwGG beteiligten- und nach § 62 Abs. 3 VwGO prozessfähig.

VII. Klagefrist

Lange ungeklärt war die Frage, ob auch bei Erledigung vor Klageerhebung eine Klage- **1138**
frist (§§ 74, 58 Abs. 1 VwGO) einzuhalten ist. Das BVerwG hat diese Frage eindeutig geklärt. Hat sich danach ein Verwaltungsakt vor Eintritt der Bestandskraft erledigt, so ist eine Klage, die auf die Feststellung seiner Rechtswidrigkeit gerichtet ist, nicht an die Fristen der §§ 74 Abs. 1 bzw. 58 Abs. 2 VwGO gebunden. Es bedarf in Fällen der Erledigung vor Bestandskraft und Klageerhebung keiner Rechtssicherheit und keines Rechtsfriedens wie bei einer Gestaltungs- oder Leistungsklage. Eine Klage wäre danach nur dann ausgeschlossen, wenn ein nun erledigter Verwaltungsakt in formelle Bestandskraft erwachsen wäre.

Da zum Zeitpunkt der Erledigung keine Bestandskraft bestand, entfällt eine Fristbindung.

VIII. Ergebnis

Die Klage des A mit dem Ziel, die Rechtswidrigkeit der polizeilichen Maßnahmen feststellen zu lassen, ist zulässig.

C. Die Begründetheit der Klage

Die Klage ist begründet, soweit die Maßnahmen rechtswidrig waren und den A dadurch in seinen Rechten verletzt haben.

I. Ermächtigungsgrundlagen

1139 Ermächtigungsgrundlagen sind § 25 BbgPolG[9] (Sicherstellung), § 16 Abs. 1 BbgPolG[10] (Platzverweis) und § 17 BbgPolG (Ingewahrsamnahme).

II. Formelle Rechtmäßigkeit der Maßnahmen

1140 Das Polizeipräsidium Frankfurt (Oder) ist sachlich und örtlich zuständig. Eine Anhörung war nach § 28 Abs. 2 Nr. 1 VwVfG entbehrlich. Die Maßnahmen konnten ohne eine besondere Form ergehen. Die Verwaltungsakte waren damit formell rechtmäßig.

III. Materielle Rechtmäßigkeit der Maßnahmen

1. Sicherstellung

1141 Die Polizei kann eine Sache sicherstellen, wenn eine gegenwärtige Gefahr vorliegt (§ 25 Nr. 1 BbgPolG). Eine Gefahr liegt dann vor, wenn nach verständiger Würdigung des Sachverhalts die objektive Möglichkeit eines Schadens für die öffentliche Sicherheit oder Ordnung angenommen werden muss. Hier könnte der Alkoholgenuss in einem öffentlichen Park in der Innenstadt gegen die öffentliche Sicherheit verstoßen. Unter dem Begriff „öffentliche Sicherheit" versteht man den Bestand des Staats, seiner Einrichtungen und seiner Veranstaltungen, höherrangige Rechtsgüter wie Leben, Gesundheit, Eigentum, Freiheit und Ehre sowie die Unverletzlichkeit der Rechtsordnung. Bei einem Verstoß gegen geltende öffentlich-rechtliche Vorschriften liegen stets eine Störung und eine weitere Gefährdung der öffentlichen Sicherheit vor.

1142 Der Genuss von Alkohol verstößt hier gegen die ordnungsbehördliche Verordnung. Die VO ist ein Teil der Rechtsordnung. Danach ist ein Verstoß gegen die Rechtsordnung und damit eine Gefahr für die öffentliche Sicherheit anzunehmen. Der Alkoholgenuss ist aber nur dann rechtswidrig, wenn die VO auch wirksam und nicht ungültig ist. Ungültige Rechtsnormen entfalten keine Rechtswirkung, sodass ein Verstoß auszuschließen ist. Zu prüfen ist mithin die Rechtmäßigkeit und damit die Wirksamkeit der ordnungsbehördlichen Verordnung.

---

9 *Entspricht:* § 32 Art. PolG BW; 25 BayPAG; § 38 BerlASOG; § 23 BremPolG; § 14 HmbSOG; § 40 HessSOG; § 61 SOG MV; § 26 NdsSOG; § 43 PolG NW; § 22 POG RP; § 21 SaarlPolG; § 26 SächsPolG; § 45 SOG LSA; § 210 LVwG SH; § 27 ThürPAG.

10 *Entspricht:* § 27a PolG BW; Art. 16 BayPAG; § 29 BerlASOG; § 14 BremPolG; § 12a HmbSOG; § 31 HessSOG; § 52 SOG MV; § 17 NdsSOG; § 34 PolG NW; § 13 POG RP; § 12 SaarlPolG; § 21 SächsPolG; § 36 SOG LSA; § 201 LVwG SH; § 18 ThürPAG.

a) Formelle Rechtmäßigkeit der VO

Grundlage einer ordnungsbehördlichen Verordnung bilden die §§ 26 ff. BbgOBG. Zunächst muss die StVV für den Erlass der Verordnung sachlich und örtlich zuständig gewesen sein. Nach § 26 Abs. 1[11] BbgOBG können die örtlichen Ordnungsbehörden Verordnungen erlassen. Örtliche Ordnungsbehörde ist die Stadt Frankfurt (Oder) als kreisfreie Stadt, vgl. §§ 3 Abs. 1[12], 4 Abs. 1 BbgOBG[13]. Bei Gemeinden ist die Gemeindevertretung für den Erlass der Verordnungen zuständig. Zuständig ist mithin die StVV. Im Übrigen ist die Einhaltung der Form nach § 29 BbgOBG[14] zu unterstellen. Die Verordnung wurde nach § 32 BbgOBG[15] ordnungsgemäß verkündet. **1143**

Da die Gemeindevertretung die Verordnung erlässt, sind auch die Vorschriften der BbgKVerf zu beachten. Die StVV könnte hier zum Zeitpunkt des Beschlusses über die VO nach § 38 Abs. 1 BbgKVerf[16] beschlussunfähig gewesen sein. Die Gemeindevertretung ist beschlussfähig, wenn mehr als die Hälfte der gesetzlichen Anzahl der Mitglieder anwesend ist. Zu Beginn der Sitzung waren 24 Gemeindevertreter anwesend. Zunächst ist die gesetzliche Anzahl der Mitglieder festzustellen. Diese ergibt sich aus § 27 Abs. 1 BbgKVerf[17] iVm § 6 Abs. 1 BbgKWahlG[18]. Die gesetzliche Anzahl bilden alle Gemeindevertreter und der Bürgermeister. Die Anzahl der Gemeindevertreter ergibt sich aus § 6 Abs. 1, Abs. 2 Nr. 2 BbgKWahlG. Danach beträgt die Anzahl der Gemeindevertreter in einer kreisfreien Stadt mit bis zu 100 000 Einwohnern 46. Mit dem Oberbürgermeister beträgt die gesetzlich Anzahl der Mitglieder 47. Mit 24 Gemeindevertretern war die StVV gerade noch beschlussfähig. Die Gemeindevertretung könnte aber später beschlussunfähig geworden sein. Nach § 38 Abs. 1 Satz 2 BbgKVerf gilt die Gemeindevertretung als beschlussfähig, solange die Beschlussunfähigkeit nicht auf Antrag eines Mitglieds der Gemeindevertretung durch den Vorsitzenden festgestellt wurde. Einen solchen Antrag gab es hier nicht. Der Vorsitzende hat jedoch nach § 38 Abs. 1 Satz 3 BbgKVerf die Beschlussfähigkeit auch ohne Antrag fest- **1144**

---

11 *Entspricht:* § 10 PolG BW; § 55 BerlASOG; § 48 BremPolG; § 74 Satz 1 HessSOG; § 17 Abs. 1 SOG MV; § 55 Abs. 1 NdsSOG; § 27 OBG NW; § 43 Abs. 1 POG RP; § 59 SaarlPolG; § 9 SächsPolG; § 94 SOG LSA; § 27 ThürOBG.

12 *Entspricht:* §§ 61, 62 PolG BW; Art. 77 PAG; § 85 HessSOG; § 3 Abs. 1 SOG MV; § 2 Nr. 7 NdsSOG; § 3 OBG NW; §§ 88, 89 POG RP; §§ 75 f. SaarlPolG; § 64 SächsPolG; §§ 84, 85 SOG LSA; §§ 163 f. LVwG SH; § 27 ThürOBG.

13 *Entspricht:* § 68 PolG BW; vgl. ZustKat zum BerlASOG; § 100 HessSOG; § 5 SOG MV; § 100 NdsSOG; § 4 OBG NW; § 91 POG RP; § 81 SaarlPolG; § 70 SächsPolG; § 88 SOG LSA; § 166 LVwG SH; § 4 ThürOBG.

14 *Entspricht:* §§ 12 PolG BW; § 53 BremPolG; § 78 HessSOG; § 21 SOG MV; § 58 NdsSOG; § 30 OBG NW; § 46 POG RP; § 62 SaarlPolG; § 11 SächsPolG; § 97 SOG LSA; § 32 ThürOBG.

15 *Entspricht:* § 12 Abs. 3 PolG BW; § 76 Abs. 2 HessSOG; § 24 SOG MV; § 60 NdsSOG; § 34 OBG NW; § 46 POG RP; § 65 SaarlPolG; § 14 SächsPolG; § 99 SOG LSA; § 35 ThürOBG.

16 *Entspricht:* § 37 GO BW; Art. 47 BayGO; § 68 HessGO; § 30 KV MV; § 65 NdsKomVG; § 46 GO NW; § 39 GO RP; § 44 SaarlKSVG; § 39 Abs. 2 SächsGO; § 53 GO LSA; § 38 GO SH; § 36 ThürKO.

17 *Entspricht:* § 25 Abs. 1 GO BW; Art. 31 Abs. 1 BayGO; § 49 HessGO; § 65 Abs. 1 NdsKomVG; § 40 Abs. 2 GO NW; § 29 Abs. 1 GO RP; § 32 Abs. 1 SaarlKSVG; § 29 Abs. 1 SächsGO; § 36 Abs. 1 GO LSA; § 31 Abs. 1 GO SH; § 23 Abs. 1 ThürKO.

18 *Entspricht:* § 25 Abs. 2 GO BW; Art. 31 Abs. 2 BayGO; § 3a HessKWG; § 4 KWG MV; § 65 Abs. 1 NdsKomVG; § 3 KWG NW; § 29 Abs. 2 GO RP; § 32 Abs. 2 SaarlKSVG; § 29 Abs. 2 SächsGO; § 36 Abs. 3 GO LSA; § 23 Abs. 3 ThürKO.

zustellen, wenn weniger als ein Drittel der gesetzlichen Anzahl der Mitglieder der Gemeindevertretung oder weniger als drei Mitglieder anwesend sind. 17 Mitglieder waren beim Beschluss der Verordnung anwesend. Das ist mehr als ein Drittel der gesetzlichen Anzahl. Die Gemeindevertretung galt daher als beschlussfähig. Andere mögliche Verstöße gegen die BbgKVerf sind nicht ersichtlich.

Die Verordnung ist mithin formell rechtmäßig.

b) Materielle Rechtmäßigkeit der VO

1145 Die VO ist materiell rechtmäßig, wenn sie (tatbestandlich) zur Abwehr einer Gefahr für die öffentliche Sicherheit und Ordnung erlassen wurde und (auf der Rechtsfolgenseite) der Grundsatz der Verhältnismäßigkeit gewahrt ist.

aa) Verstoß gegen das Bestimmtheitsgebot

1146 Die Verordnung könnte nicht dem Grundsatz der Bestimmtheit nach § 28 Abs. 1 BbgOBG[19] entsprechen.

(1) § 2 Abs. 1 VO

1147 Das aus dem Rechtsstaatsgebot abzuleitende Gebot der hinreichenden Bestimmtheit und Klarheit der Norm fordert vom Normgeber, seine Regelungen so genau zu fassen, dass der Betroffene die Rechtslage, d.h. Inhalt und Grenzen von Gebots- oder Verbotsnormen, in zumutbarer Weise erkennen und sein Verhalten danach einrichten kann. Der Normgeber darf dabei grundsätzlich auch auf unbestimmte Rechtsbegriffe zurückgreifen, wenn die Kennzeichnung der Normtatbestände mit beschreibenden Merkmalen nicht möglich ist. Die Auslegungsbedürftigkeit einer Norm steht ihrer Bestimmtheit nicht entgegen; allerdings müssen sich dann aus Wortlaut, Zweck und Zusammenhang der Regelung objektive Kriterien gewinnen lassen, die einen verlässlichen, an begrenzende Handlungsmaßstäbe gebundenen Vollzug der Norm gewährleisten. Die Erkennbarkeit der Rechtslage durch den Betroffenen darf hierdurch nicht wesentlich eingeschränkt sein und die Gerichte müssen in der Lage bleiben, den Regelungsinhalt mit den anerkannten Auslegungsregeln zu konkretisieren.

1148 § 2 Abs. 1 lit a) VO spricht ein klares Alkoholkonsumverbot aus und ist damit ausreichend bestimmt. Fraglich ist, ob dieses auch für § 2 Abs. 1 lit. b) VO gilt. Lit. b) verbietet, „alkoholische Getränke jeglicher Art mit sich zu führen, wenn aufgrund der konkreten Umstände die Absicht erkennbar ist, diese im Geltungsbereich der Verordnung konsumieren zu wollen". Die Norm lässt auch den Betroffenen klar erkennen, welche Handlungen verboten sind. Für den Betroffenen erkennbar erfasst die Verbotsnorm nicht das einfache Durchqueren des Geltungsbereichs der VO mit dem zuvor gekauften Alkohol, wenn nicht beabsichtigt ist, diesen dort konsumieren zu wollen. Auch das Ver-

19 *Entspricht:* § 56 Abs. 2 Satz 1 BerlASOG; § 52 Abs. 2 BremPolG; § 76 Abs. 1 HessSOG; § 18 Abs. 1 SOG MV; § 57 Abs. 1 NdsSOG; § 29 OBG NW; § 45 Abs. 2 POG RP; § 61 Abs. 1 SaarlPolG; § 96 Abs. 1 SOG LSA; § 31 Abs. 1 ThürOBG.

weilen mit mitgeführtem Alkohol ohne Konsumabsicht unterfällt nicht dem § 2 Abs. 1 lit. b) VO. Verboten ist dagegen das Mitsichführen alkoholischer Getränke, wenn aufgrund der konkreten Umstände die Absicht erkennbar ist, diese an Ort und Stelle zu konsumieren. Die Bezugnahme auf eine Absicht des Handelnden widerspricht nicht dem Bestimmtheitsgebot. Da konkrete äußere Umstände diese Absicht belegen müssen, ist diese Regelung noch hinreichend bestimmt. Mögliche Nachteile einer insoweit verbleibenden Unbestimmtheit kann eine gerichtliche Kontrolle einer konkretisierenden Polizeiverfügung ausgleichen. Auch hinsichtlich des zeitlichen und örtlichen Anwendungsbereichs des Alkoholverbots sind Bedenken hinsichtlich des Bestimmtheitsgebots nicht ersichtlich. Durch die genaue Bezeichnung der erfassten Straßen und Plätze ist die räumliche Festlegung des Verbotsgebiets hinreichend erkennbar.

(2) § 2 Abs. 3 VO

Fraglich ist jedoch, ob § 2 Abs. 3 VO dem obigen Maßstab gerecht wird. **1149**

Als problematisch erweist sich hier die Bestimmtheit der Verbotsfolge bzw. der Umstände, die das Verbot auslösen. Die „Auswirkungen" des Alkoholgenusses müssen nach der VO „geeignet" sein, „Dritte erheblich zu belästigen", um das Verbot des Alkoholgenusses hervorzurufen. Der Normgeber bezweckt mit seinem Verbot die alkoholbedingten, mit Belästigungen Dritter verbundenen Ausfall- und Folgeerscheinungen, wie aggressives Verhalten, Verunreinigungen, ruhestörender Lärm u. Ä. auszuschließen. Nähere Umstände, unter denen diese Befürchtungen gerechtfertigt sind, beschreibt der Normgeber allerdings nicht. Das Verbot des Verweilens zum Zwecke des Alkoholgenusses wird der Sache nach unter den Vorbehalt einer weiteren Sachverhaltsfeststellung gestellt, d.h. dass in jedem Einzelfall noch eine Überprüfung stattfinden muss, ob tatsächlich eine Gefahr gegeben ist. Vom Normadressaten sind daher die Grenzen nicht auszumachen, ab wann bzw. unter welchen Voraussetzungen das Verweilen zum Alkoholgenuss geeignet ist, sich belästigend auf Dritte auszuwirken und Sanktionen nach sich zu ziehen. Der Wortlaut der angegriffenen Norm gibt keine eindeutige Antwort auf diese Fragen, insbesondere auch nicht darauf, welche – bevorstehenden – Auswirkungen des Alkoholkonsums nicht mehr hingenommen werden. Eine klare Grenzziehung zwischen Verbotenem und Erlaubtem ist nicht möglich. Dieses entspricht nicht mehr dem Gebot der Bestimmtheit, da der Normadressat nicht von vornherein weiß, welches Verhalten tatsächlich verboten ist.

§ 2 Abs. 3 VO ist wegen Verstoßes gegen das Bestimmtheitsgebot rechtswidrig und damit unwirksam.

bb) Zum Zwecke der Abwehr von Gefahren

Nach § 26 Abs. 1 BbgOBG dienen ordnungsbehördliche Verordnungen der Abwehr einer Gefahr für die öffentliche Sicherheit oder Ordnung. Nach § 24 BbgOBG[20] sind **1150**

20 *Entspricht:* § 48 BremPolG; § 71 HessSOG; § 54 NdsSOG; § 25 OBG NW; § 93 SOG LSA; § 32 ThürOBG.

ordnungsbehördliche Verordnungen Gebote oder Verbote, die für eine unbestimmte Anzahl von Fällen an eine unbestimmte Anzahl von Personen gerichtet sind. Demgemäß ist der Gefahrenbegriff des § 26 Abs. 1 BbgOBG – anders als der nach § 13 Abs. 1 BbgOBG[21] – ein abstrakter. Die abstrakte Gefahr unterscheidet sich von der konkreten Gefahr durch den Bezugspunkt der Gefahrenprognose. Eine abstrakte Gefahr ist gegeben, wenn eine generell-abstrakte Betrachtung für bestimmte Arten von Verhaltensweisen oder Zuständen zu dem Ergebnis führt, dass mit hinreichender Wahrscheinlichkeit ein Schaden im Einzelfall eintreten wird und daher Anlass besteht, diese Gefahr mit generell-abstrakten Mitteln, also einer Rechtsnorm zu bekämpfen; lediglich auf den Nachweis der Gefahr eines Schadenseintritts im Einzelfall kann verzichtet werden (hier Einzelfall, dort die Vielzahl von Fällen), nicht auf die hinreichende Wahrscheinlichkeit des Schadenseintritts. Um eine abstrakten Gefahr annehmen zu können, müssen – bei abstrakt-genereller Betrachtung – hinreichende Anhaltspunkte vorhanden sein, die den Schluss auf den drohenden Eintritt von Schäden rechtfertigen. Der Schaden muss regelmäßig und typischerweise, wenn auch nicht ausnahmslos zu erwarten sein.

1151 Ist die Behörde mangels genügender Erkenntnisse über die Einzelheiten zu der erforderlichen Gefahrenprognose nicht im Stande, so liegt keine Gefahr, sondern – allenfalls – eine mögliche Gefahr oder ein Gefahrenverdacht vor. Vorsorgemaßnahmen zur Abwehr möglicher Beeinträchtigungen im Gefahrenvorfeld sind nicht auf die §§ 24, 26 BbgOBG zu stützen.

1152 Der Konsum von Alkohol in der Öffentlichkeit bzw. auf öffentlichen Plätzen muss entsprechend diesen Ausführungen eine abstrakte Gefahr begründen. Um zu dieser Annahme gelangen zu können, müsste mit einer statistisch hohen Wahrscheinlichkeit nachzuweisen sein, dass Sachbeschädigungen oder Körperverletzungen auf den vorherigen Konsum alkoholischer Getränke zurückzuführen sind. Regelmäßig sind zwar Ursachenzusammenhänge zwischen Alkoholkonsum und Gewaltdelikten nicht auszuschließen; sie begründen jedoch allenfalls einen Gefahrenverdacht, nicht aber eine abstrakte Gefahr im oben dargelegten Sinne. Dass Alkoholgenuss generell zu Aggressivität führt, widerspricht schon der Lebenserfahrung. Vielmehr hängt es von den äußeren Umständen, den individuellen Gegebenheiten und Befindlichkeiten sowie den Einflüssen im Einzelfall ab, welche Wirkungen der Alkoholgenuss bei dem Einzelnen hervorruft. Alkoholkonsum im öffentlichen Raum ist nicht unüblich und führt keineswegs typischerweise zur Begehung von Gewalttaten. Zudem hat der Alkoholgenuss in der Öffentlichkeit bei der Mehrheit der konsumierenden Menschen nicht die Begehung von Gewalttaten zur Folge. Zahlreiche Menschen trinken allein oder in Gruppen in der Öffentlichkeit, ohne dass dies die abzuwehrenden Verhaltensweisen nach sich zieht.

Eine abstrakte Gefahr liegt folglich nicht vor.

---

21 *Entspricht:* § 3 PolG BW; Art. 11 BayPAG; § 17 Abs. 1 BerlASOG; § 10 BremPolG; § 3 HmbSOG; § 11 HessSOG; §§ 13, 16 SOG MV; § 11 NdsSOG; § 14 OBG NW; § 9 POG RP; § 8 SaarlPolG; § 3 Abs. 1 SächsPolG; § 13 SOG LSA; §§ 174, 176 LVwG SH; § 13 ThürOBG.

cc) Zwischenergebnis

Der § 2 VO ist damit materiell rechtswidrig und damit unwirksam.

c) Zwischenergebnis

Da die VO unwirksam ist, kann ein Verstoß gegen die VO keine Gefahr für die öffentliche Sicherheit begründen. Die Sicherstellung war folglich materiell rechtswidrig.

2. Platzverweis

Nach § 16 Abs. 1 BbgPolG kann die Polizei zur Abwehr einer Gefahr eine Person von einem Ort vorübergehend verweisen. Die Gefahr muss für die öffentliche Sicherheit oder Ordnung bestehen (zum Begriff „öffentliche Sicherheit“ vgl. Rn. 1141). Richtig ist der Einwand, dass der Verstoß gegen die VO nicht als Grund für den Platzverweis dienen kann. **1153**

A randalierte jedoch und griff die Polizisten tätlich an. Damit verstieß er gegen das StGB (Sachbeschädigung und versuchte Körperverletzung). Er verletzte somit die Rechtsordnung. Eine Gefahr für die öffentliche Sicherheit lag folglich vor. Auf die Rechtmäßigkeit der Sicherstellung kommt es mithin nicht an. **1154**

Der Platzverweis war rechtmäßig.

3. Hilfsgutachten: Ingewahrsamnahme[22]

Nach § 17 Abs. 1 BbgPolG kann die Polizei eine Person in Gewahrsam nehmen, wenn eine der dort genannten Varianten (Nr. 1–5) erfüllt ist. In Betracht kommt zunächst Nr. 2. Hier ist bereits zweifelhaft, ob das Verhalten des A zu einer nachhaltigen Beeinträchtigung des Rechtsfriedens führt. **1155**

Nach § 17 Abs. 1 Nr. 3 BbgPolG ist aber eine Gewahrsamnahme auch möglich, wenn diese unerlässlich ist, um eine Platzverweisung nach § 16 BbgPolG durchzusetzen. A widersetzte sich dem Platzverweis und führte sein Verhalten, was den Platzverweis hervorrief, weiter. Ohne die Ingewahrsamnahme wäre er dem Platzverweis nicht nachgekommen. Der Tatbestand ist also dem Grunde nach erfüllt. **1156**

Als problematisch könnte sich hier die Alkoholisierung des A erweisen. § 17 Abs. 1 Nr. 3 BbgPolG knüpft an einen wirksamen Platzverweis an. Ohne einen wirksamen Platzverweis wäre eine Ingewahrsamnahme nicht möglich. Ein Verwaltungsakt wird nach § 43 Abs. 1 VwVfG erst mit der Bekanntgabe wirksam. Fraglich ist, ob einem alkoholisierten Bürger ein Verwaltungsakt bekannt gegeben werden kann. Nach höchstrichterlicher Rechtsprechung reicht es zur Bekanntgabe eines Verwaltungsakts aus, dass die Behörde seinen Inhalt willentlich dem Adressaten zur Kenntnis bringt. Zur Kenntniserlangung bedarf es lediglich der Handlungsfähigkeit des Empfängers nach § 12 **1157**

22 Eine Prüfung der Ingewahrsamnahme ist nur im Hilfsgutachten möglich, wenn der Bearbeiter eine abdrängende Sonderzuweisung nach § 18 BbgPolG annimmt. Anderes wäre widersprüchlich.

VwVfG, die mit seiner Geschäftsfähigkeit nach bürgerlichem Recht einhergeht. Geschäftsunfähig ist nach § 104 Nr. 2 BGB derjenige, der sich in einem die freie Willensbildung ausschließenden, nicht nur vorübergehenden Zustand krankhafter Störung der Geistestätigkeit befindet. Dagegen führt nicht einmal der vorübergehende, völlige Ausschluss der freien Willensbestimmung, der nach § 105 Abs. 2 BGB der Wirksamkeit von Willenserklärungen entgegensteht, zur Geschäfts- und Handlungsunfähigkeit. Selbst ein solcher – hier nicht ansatzweise ersichtlicher – vorübergehender Zustand hindert nicht die wirksame Bekanntgabe von Verwaltungsakten nach den hierauf entsprechend anwendbaren allgemeinen Regeln über den Zugang von Willenserklärungen nach bürgerlichem Recht. Selbst wenn der im Bekanntgabezeitpunkt alkoholisierte A die Anordnung nicht vollständig erfasst haben sollte, bestehen daher keine Zweifel am Wirksamwerden der Grundverfügung ihm gegenüber nach § 43 Abs. 1 VwVfG.

Auch die Ingewahrsamnahme war damit rechtmäßig.

4. Zwischenergebnis

Lediglich die Sicherstellung erweist sich als rechtswidrig. Die übrigen Maßnahmen waren rechtmäßig.

IV. Rechtsverletzung

1158 Die rechtswidrige Sicherstellung des Alkohols verletzte den A als Adressat der Maßnahme zumindest in seinem Recht aus Art. 2 Abs. 1 GG.

V. Ergebnis

Die Klage des A wäre nur teilweise begründet.

D. Gesamtergebnis

Die Klage des A hätte teilweise Erfolg. Im Übrigen wäre sie abzuweisen.

Vertiefungshinweise: BVerwGE 116, 347; VGH BW, VBlBW 2010, 33 ff.; OVG Berlin-Brandenburg, NJW 2009, 2695 ff.; *Schenke*, POR, Rn. 605 ff.

Repetitorium

Ordnungsbehördliche Verordnungen

1159 Neben der ordnungsbehördlichen Verfügung besteht auch die Möglichkeit, Gefahren für die öffentliche Sicherheit oder Ordnung mit Hilfe einer sog. ordnungsbehördlichen Verordnung abzuwehren. In ihr werden polizeiliche Gebote und Verbote aufgestellt, die sich im Gegensatz zu einem VA an eine unbestimmte Anzahl von Personen richten und eine unbestimmte Anzahl von Fällen betreffen. Weiterhin unterscheidet sich die ordnungsbehördliche Verordnung vom VA durch die Art der Gefahr, die sie erfasst. Hier genügt in der Regel eine abstrakte Gefahr. Eine abstrakte Gefahr ist gegeben, wenn eine generell-abstrakte Betrachtung bestimmter Arten und Verhaltensweisen oder Zustände zu dem Ergebnis führt, dass mit hinreichender Wahrscheinlichkeit ein Schaden im Einzelfall einzutreten pflegt und daher Anlass besteht, diese Gefahr mit generell-abstrakten Mitteln, also einem Rechtssatz, zu bekämpfen. In diesem Fall kann auf den Nachweis eines Schadens im Einzelfall verzichtet werden[23].

Die meisten Ordnungsgesetze der Länder enthalten eine allgemeine Ermächtigung zum **1160**
Erlass ordnungsbehördlicher Verordnungen. Diese Ermächtigungen werden verdrängt, wenn Spezialvorschriften für besondere Bereiche gesonderte Regeln enthalten.

Vertiefungshinweis: *Schenke*, POR, Rn. 605 ff.

23 BVerwG, DÖV 1970, 713, 715.

Fall 22***

Der Fluch der Tat

Schwerpunkte: Bodenschutzrecht; Kriterien der Störerauswahl in „Altlastenfällen“; ordnungsrechtliche Kausalitätstheorien; Zweckveranlasser; Zusatzverantwortlichkeit

1161 M ist Eigentümer eines Areals an der Stadtgrenze von Frankfurt (Oder). Das Grundstück erwarb er vor zwei Monaten vom Alteigentümer S, um Einfamilienhäuser zu errichten. M wusste nicht, dass S vor einigen Jahren auf dem Grundstück eine chemische Fabrik betrieb, die in Konkurs fiel. S wollte Abfälle, die bei Kontakt mit menschlicher Haut zu Verätzungen führen, vergraben. Er beauftragte den Auszubildenden J mit dem Vergraben; er sagte J, es handele sich um biologisch abbaubare Produkte. J glaubte S bedenkenlos, obwohl er für die Tätigkeit weit überdurchschnittlich vergütet wurde.

Als M einen Antrag auf Erteilung einer Baugenehmigung stellte, meldeten sich Eltern von Kindern, die auf dem Grundstück des M spielten. Sie berichteten, dass Ärzte bei Behandlungen ihrer Kinder Verätzungen der Haut an unbedeckten Körperstellen beobachtet hätten.

Die zuständige Behörde konnte M und S nicht erreichen; beide befanden sich auf Auslandsreisen. Sie ließ von einer Firma sofort die obere Bodenschicht gegen sauberen Boden austauschen. Nach durchgeführter Anhörung verlangte die Behörde mit Bescheid vom 8.8.2011 die Erstattung der Kosten für den Austausch des Erdreichs von J. Zur Begründung führte sie an, eine Inanspruchnahme von S entfalle deshalb, weil dieser infolge seiner Insolvenz verarmt sei. M wolle man nicht in Anspruch nehmen, weil man fürchte, er werde nicht bauen. Aus Gründen der Stadtentwicklung habe man am Bau der Häuser ein öffentliches Interesse.

Nach erfolglosem Vorverfahren erhebt J, der infolge seiner guten Entlohnung die Kosten der Maßnahme tragen könnte, am 5.9.2011 Klage gegen den Bescheid. Mit Erfolg?

Bearbeitervermerk: Das hier partiell einschlägige Bundes-Bodenschutzgesetz ist im Sartorius unter Nr. 299 abgedruckt. Die Entscheidung des EuGH in der Rechtssache van de Walle ./. Texaco ist nicht anzuwenden – das (jetzige) KrWG entfällt als Ermächtigungsgrundlage.

Vorüberlegung

Bodenschutzrecht ist besonderes Polizeirecht; in der Folge stellt sich die Suche nach der Ermächtigungsgrundlage in der Weise dar, dass nach einer solchen zuerst im Spezialgesetz zu suchen ist. Ausgangspunkt ist ein Kostenbescheid; es ist nach dem Recht eines solchen Bescheids zu suchen. Sie sehen sofort, dass das Hauptproblem des Falls die Auswahl des Störers ist. **1162**

Gliederung

I. Sachentscheidungsvoraussetzungen **1163**
1. Eröffnung des Verwaltungsrechtwegs
2. Statthafte Klageart
3. Verfahrensartabhängige Sachentscheidungsvoraussetzungen
   a) Klagebefugnis
   b) Vorverfahren
   c) Frist
   d) Passive Prozessführungsbefugnis
4. Beteiligten- und Prozessfähigkeit
5. Rechtsschutzbedürfnis

II. Die Begründetheit der Klage
1. Rechtsgrundlage für den Kostenbescheid
2. Formelle Rechtmäßigkeit
3. Materielle Rechtmäßigkeit
   a) Rechtmäßigkeit der Vollstreckungsmaßnahme
   b) Rechtmäßigkeit der Kostenabwälzung

III. Ergebnis

Lösung

Die Klage des J hat Erfolg, wenn sie zulässig und begründet ist.

I. Sachentscheidungsvoraussetzungen

1. Eröffnung des Verwaltungsrechtswegs

1164 Der Verwaltungsrechtsweg könnte nach § 40 Abs. 1 Satz 1 VwGO eröffnet sein.

Es muss sich zunächst um eine öffentlich-rechtliche Streitigkeit handeln. Nach der modifizierten Subjektstheorie/Sonderrechtstheorie ist das der Fall, wenn die streitentscheidende Norm zum öffentlichen Recht zählt. Davon ist auszugehen, wenn die Norm ausschließlich einen Träger öffentlicher Gewalt berechtigt oder verpflichtet. Die Parteien streiten über die Rechtsfolgen aus der Anwendung von Normen des Bodenschutzrechts bzw. des Verwaltungsvollstreckungsrechts. Diese Vorschriften berechtigen und verpflichten ausschließlich Träger öffentlicher Gewalt. Sie sind Sonderrecht des Staats.

Eine verfassungsrechtliche Streitigkeit entfällt; eine abdrängende Sonderzuweisung ist nicht ersichtlich.

Eine öffentlich-rechtliche Streitigkeit iSv § 40 Abs. 1 Satz 1 VwGO ist zu bejahen. Der Verwaltungsrechtsweg ist eröffnet.

2. Statthafte Klageart

1165 J erstrebt die Aufhebung des Kostenbescheids. Dieser ist ein Verwaltungsakt. J kann sein Ziel nur mit der Anfechtungsklage nach § 42 Abs. 1 Var. 1 VwGO erreichen.

3. Verfahrensartabhängige Sachentscheidungsvoraussetzungen

a) Klagebefugnis

1166 J muss klagebefugt sein. Die Klagebefugnis ist nach § 42 Abs. 2 VwGO zu bejahen, wenn J geltend machen kann, durch einen belastenden Verwaltungsakt in seinen Rechten verletzt zu sein. Nach der so genannten Adressatentheorie ist J als Adressat eines belastenden Verwaltungsakts klagebefugt. Es besteht die Möglichkeit der Verletzung seines Rechts aus Art. 2 Abs. 1 GG.

b) Vorverfahren

1167 J hat das Widerspruchsverfahren nach § 68 VwGO ordnungsgemäß durchgeführt.

c) Frist

1168 J hat die Klagefrist für die Anfechtungsklage nach § 74 Abs. 1 VwGO eingehalten.

d) Passive Prozessführungsbefugnis

Die Ermächtigung des § 78 Abs. 1 Nr. 2 VwGO setzt § 8 Abs. 2 BbgVwGG um. Richtige Beklagte ist die Behörde, die den Verwaltungsakt erlassen hat. **1169**

4. Beteiligten- und Prozessfähigkeit

J ist als natürliche Person nach §§ 61 Nr. 1 Alt. 1 und 62 Abs. 1 VwGO beteiligten- und prozessfähig. Auf der Beklagtenseite ist die zuständige Behörde nach § 61 Nr. 3 VwGO iVm § 8 Abs. 1 BbgVwGG beteiligten- und nach § 62 Abs. 3 VwGO prozessfähig. **1170**

5. Rechtsschutzbedürfnis

Das Rechtsschutzbedürfnis ist gegeben, wenn die mögliche Rechtsverletzung des Klägers durch die Feststellung der Rechtswidrigkeit des angegriffenen Verwaltungsakts verhindert oder beseitigt werden kann. Die Feststellung der Rechtswidrigkeit des Kostenbescheids hätte zur Folge, dass J die Kosten des Austausches des Erdreichs nicht zahlen muss. Das Rechtsschutzbedürfnis des J ist gegeben. **1171**

II. Die Begründetheit der Klage

Die Klage des J auf Aufhebung des Kostenbescheids ist nach § 113 Abs. 1 Satz 1 VwGO begründet, soweit der Bescheid rechtswidrig ist und J in seinem Recht verletzt.

1. Rechtsgrundlage für den Kostenbescheid

Der Kostenbescheid ist eine belastende Maßnahme. Sie bedarf einer Rechtsgrundlage. **1172**

Ein Kostenbescheid regelt, wer die Kosten einer ordnungsrechtlichen Vollstreckungsmaßnahme bzw. einer Sanierungsmaßnahme trägt. Seine Rechtsgrundlage ist fraglich. Es kommt § 24 Abs. 1 BBodSchG in Betracht. Diese Vorschrift konkretisiert die Pflicht des Verantwortlichen zur Kostentragung für *selbst* durchgeführte Maßnahmen, die auf einer behördlichen Anordnung beruhen.

Die Behörde hat mit der Durchführung der Sanierungsmaßnahme nach § 10 Abs. 1 Satz 1 iVm § 4 Abs. 3 BBodSchG ein Unternehmen beauftragt. Es handelt sich um eine Ersatzvornahme für den Pflichtigen, weil sie einen Dritten die Maßnahme hat durchführen lassen. Dieser Fall ist im BBodSchG nicht geregelt. Die Kostentragungspflicht richtet sich nach §§ 19[1] Abs. 1, 37 Abs. 1[2] BbgVwVG iVm § 11 Abs. 2 Nr. 7 BbgKostO[3].

---

1 *Entspricht:* § 25 VwVG BW; Art. 55 BayPAG; § 15 BremVwVG; § 49 HessSOG, § 15 HessVwVG; § 89 SOG MV; § 66 NdsSOG; § 59 VwVG NW; § 63 VwVG RP; § 21 SächsVwVG; § 55 SOG LSA; § 238 LVwG SH; § 50 ThürVwZVG.

2 *Entspricht:* § 31 VwVG BW; § 37 HmbVwVG; § 80 HessVwVG; § 111 Abs. 3 VwVfG MV iVm § 19 VwVG; § 67 NdsVwVG; § 77 VwVG NW; § 83 VwVG RP; § 77 SaarlVwVG; § 74 VwVG LSA; § 322 LVwG SH; § 56 ThürVwZVG.

3 *Entspricht:* §§ 27, 11 KG Bay; § 11 Abs. 1 Satz 1 BremGebBeitrG; § 13 Abs. 1 lit. h HmbKVO; § 11 Abs. 1 Nr. 11 KO HessVwVG; § 10 Abs. 1 Nr. 4 VwVKVO MV; § 13 NdsVwKG; § 11 Abs. 2 Nr. 7 KO NW; § 10 Abs. 2 Nr. 4 KO VwVG RP; § 10 Abs. 1 Nr. 9 KO SaarlVwVG; Nr. 8.2 7. SächsKVZ; § 10 Abs. 1 Satz 1 KO SH; § 5 ThürVwZVGKO.

2. Formelle Rechtmäßigkeit

1173 Der Verwaltungsakt muss formell rechtmäßig, d.h. von der richtigen Behörde, im richtigen Verfahren, in der richtigen Form erlassen worden sein. Zuständigkeit und Form begegnen keinen Bedenken. Insbesondere hat die Behörde vor Erlass des Kostenbescheids J rechtliches Gehör nach § 28 Abs. 1 VwVfG[4] gewährt.

3. Materielle Rechtmäßigkeit

1174 Der Kostenbescheid muss materiell rechtmäßig sein. Eine Kostenschuld besteht, wenn die Amtshandlung selbst rechtmäßig war und die Kosten der Höhe nach richtig berechnet wurden. Es wird grundsätzlich von der „Ordnungspflichtigkeit" auf die „Kostenpflichtigkeit" geschlossen.

a) Rechtmäßigkeit der Vollstreckungsmaßnahme

1175 Die Vollstreckung des Austausches des Erdreichs erfolgte nach §§ 19 Abs. 1, 15 Abs. 1[5] BbgVwVG, da die Ausführung des Austausches der oberen Erdschicht durch das Unternehmen unter den gegebenen Umständen als Maßnahme der Verwaltungsvollstreckung zu qualifizieren ist. Die Voraussetzungen der Ersatzvornahme beurteilen sich unterschiedlich je nachdem, ob die Verwaltungsvollstreckung im „gestreckten Verfahren" oder im Wege des „sofortigen Vollzugs" durchgeführt wurde.

Voraussetzung für eine rechtmäßige Zwangsvollstreckung im „gestreckten Verfahren" ist eine Verfügung mit einem vollstreckungsfähigen Inhalt, die endgültig oder nach § 80 Abs. 2 Satz 1 VwGO vorläufig vollstreckbar ist, eine Androhung nach § 23 BbgVwVG[6], Festsetzung nach § 24 BbgVwVG[7], Anwendung nach § 25 BbgVwVG[8] ohne Vollstreckungshindernisse. Hier erging gegen J nur ein Kostenbescheid. Eine (vollziehbare) Verfügung, die ihn zur Sanierung des Grundstücks verpflichtete, fehlt. Die Voraussetzungen des „gestreckten Verfahrens" sind nicht zu prüfen. In Betracht kommt der „sofortige Vollzug" nach § 15 Abs. 2 BbgVwVG[9].

---

4 IVm § 1 Abs. 1 BbgVwVfG.

5 *Entspricht:* § 2 VwVG BW; Art. 53 Abs. 1 BayPAG; § 11 Abs. 1 BremVwVG; § 18 Abs. 1 HmbVwVG; § 47 Abs. 1 HessSOG (§ 2 HessVwVG); § 80 Abs. 1 SOG MV; § 64 Abs. 1 NdsSOG; § 55 Abs. 1 VwVG NW; § 2 VwVG RP; § 44 Abs. 1 SaarlPolG (§ 18 Abs. 1 SaarlVwVG); § 2 SächsVwVG; § 53 Abs. 1 SOG LSA; § 229 Abs. 1 LVwG SH; § 19 ThürVwZVG.

6 *Entspricht:* § 20 VwVG BW; Art. 59 Abs. 1 BayPAG; § 17 BremVwVG; § 18 HmbSOG; § 53 Abs. 1 Satz 1 HessSOG; § 87 Abs. 1 Satz 2 SOG MV; § 70 Abs. 1 Satz 3 NdsSOG; § 56 Abs. 1 Satz 3 VwVG NW; § 60 Abs. 1 Satz 2 VwVG RP; § 50 Abs. 1 Satz 3 SaarlPolG; § 20 Abs. 1 Satz 3 SächsVwVG; § 59 Abs. 1 Satz 3 SOG LSA; § 236 Abs. 1 Satz 2 LVwG SH; § 57 Abs. 1 Satz 3 ThürPAG.

7 *Entspricht:* § 19 BremVwVG; § 20 HmbVwVG; § 71 HessSOG; § 92 SOG MV; § 65 PolG NW; § 241 LVwG SH; § 47 ThürVwZVG.

8 *Entspricht:* § 18 BremVwVG; § 64 PolG NW; *nur bezüglich des Zwangsgelds:* § 23 VwVG BW; Art. 561 BayPAG; § 18 HmbVwVG; § 76 HessSOG; § 88 SOG MV; § 67 NdsSOG; § 64 VwVG RP; § 47 SaarlPolG; § 22 SächsVwVG; § 56 SOG LSA; § 237 LVwG SH; § 48 ThürVwZVG.

9 *Entspricht:* Art. 53 Abs. 2 BayPAG; § 11 Abs. 2 BremVwVG; § 47 Abs. 2 HessSOG; § 81 SOG MV; § 64 Abs. 2 NdsSOG; § 50 Abs. 2 PolG NW; § 44 Abs. 2 SaarlPolG; § 53 Abs. 2 SOG LSA; § 230 LVwG SH; § 51 Abs. 2 ThürPAG; *ähnlich:* § 21 VwVG BW; § 7 HmbSOG.

Der Verwaltungszwang kann ohne vorausgehenden Verwaltungsakt angewendet werden, wenn das zur Abwehr einer gegenwärtigen Gefahr notwendig ist und die Vollzugsbehörde hierbei innerhalb ihrer Befugnisse handelt.

Die Vollzugsbehörde handelt dabei innerhalb ihrer Befugnisse, wenn ein fiktiver Verwaltungsakt formell und materiell rechtmäßig wäre. Als fiktiver Verwaltungsakt kommt eine Anordnung der Behörde nach § 10 Abs. 1 Satz 1 BBodSchG zur Erfüllung der Pflichten nach § 4 Abs. 3 BBodSchG in Frage. Nach § 10 Abs. 1 Satz 1 BBodSchG kann die Behörde notwendige Maßnahmen treffen. Gegenstand der Maßnahmen muss die Erfüllung der Pflichten des Verursachers aus § 4 Abs. 3 BBodSchG sein. Danach wird der Verursacher einer schädlichen Bodenveränderung oder einer Altlast sowie der Grundstückseigentümer dazu verpflichtet, den Boden und die Altlasten so zu sanieren, dass dauerhaft keine Gefahren für den Einzelnen oder die Allgemeinheit entstehen. **1176**

Es muss eine schädliche Bodenveränderung oder eine Altlast iSd § 4 Abs. 3 BBodSchG vorliegen. Altlasten sind nach § 2 Abs. 5 BBodSchG Grundstücke, auf denen Abfälle gelagert sowie Grundstücke, auf denen mit umweltgefährdenden Stoffen umgegangen wurde. Vorliegend handelt es sich um ein Grundstück, auf dem im Rahmen einer chemischen Produktion mit umweltgefährdenden Stoffen umgegangen wurde. Sie wurden auf dem Grundstück vergraben. Es liegt eine Altlast iSd §§ 2 Abs. 5, 4 Abs. 3 BBodSchG vor. Die Verantwortlichen waren nach § 4 Abs. 3 BBodSchG dazu verpflichtet, diese Altlast zu sanieren, um eine Gefahr für die Allgemeinheit zu verhindern. Die Behörde war nach § 10 Abs. 1 BBodSchG berechtigt, die Erfüllung dieser Pflicht anzuordnen. **1177**

Die Ordnungsbehörde müsste zur Abwendung einer drohenden Gefahr gehandelt haben. Eine drohende Gefahr liegt vor, wenn der Schadenseintritt unmittelbar bevorsteht oder die Störung bereits eingetreten ist und andauert. Hier sind auf dem Grundstück Chemieabfälle vergraben, die Verätzungen menschlicher Haut hervorrufen. Es gab Verätzungen. Damit realisierte sich die Gefahr. Die Voraussetzungen des § 15 Abs. 2 BbgVwVG liegen vor. Die Androhung des Zwangsmittels sowie seine Festsetzung waren nach §§ 23 Abs. 1 Satz 2, 24 Satz 2 BbgVwVG entbehrlich. Vollstreckungshindernisse sind nicht ersichtlich. Die Voraussetzungen einer rechtmäßigen Vollstreckung liegen vor. **1178**

Die Ersatzvornahme nach § 19 Abs. 1 BbgVwVG war hier das richtige Zwangsmittel zur Durchsetzung des Sanierungsgebots, weil eine Anordnung nach § 10 Abs. 1 BBodSchG auf eine vertretbare Handlung gerichtet ist. **1179**

b) Rechtmäßigkeit der Kostenabwälzung

aa) Die Ersatzvornahme als kostenpflichtige Amtshandlung iSd § 19 Abs. 1 BbgVwVG erfolgte rechtsfehlerfrei. Rechtsfolge der rechtmäßig vorgenommenen Amtshandlung ist die Kostenpflicht des Vollstreckungsschuldners, § 19 BbgVwVG. Fraglich ist, ob J Vollstreckungsschuldner und damit richtiger Adressat des Kostenbescheids ist. Nach § 19 BbgVwVG nimmt die Behörde eine Handlung für den Betroffe- **1180**

nen vor oder lässt sie durch einen Dritten vornehmen. Als Betroffener ist der Adressat des (Grund-)Verwaltungsakts gemeint, der die im Verwaltungsakt angeordnete Pflicht nicht erfüllt hat.

Im Bodenschutzrecht sind der Verursacher der Altlast und der Eigentümer des Grundstücks als zur Sanierung Verpflichtete, § 4 Abs. 3 BBodSchG, zugleich Adressaten der Anordnung nach § 10 Abs. 1 BBodSchG.

1181 Fraglich ist, wer hier Verursacher der Altlast ist. Einerseits hat S den Auftrag gegeben, die Chemieabfälle auf dem Grundstück zu vergraben. Andererseits war es J, der diese Arbeit ausgeführt und die Altlast unmittelbar verursacht hat. Ist J Verursacher im Rechtssinne?

Nach der im Strafrecht vertretenen Äquivalenztheorie ist jede Bedingung ursächlich, die nicht hinweg gedacht werden kann, ohne dass der Erfolg entfiele. Anders als im Strafrecht fehlt im Ordnungsrecht das Korrektiv des Verschuldens. Folgte man dieser Theorie, wäre die Verantwortlichkeit zu weit ausgedehnt. – Nach der im Zivilrecht vertretenen Adäquanztheorie ist eine Bedingung für einen Erfolg ursächlich, wenn sie nach der allgemeinen Lebenserfahrung dazu geeignet ist, den Erfolg herbeizuführen. Diese Theorie wird dem Erfordernis einer effektiven Gefahrenabwehr nicht gerecht. Im Ordnungsrecht muss einer Vielzahl unvorhergesehener Gefahren begegnet werden, auch solcher, die auf einen atypischen Kausalverlauf zurückzuführen sind, also bei Inadäquanz von Bedingung und Erfolg. Die Adäquanztheorie erweist sich als zu eng. – Nach der Theorie der rechtswidrigen Verursachung soll eine adäquat verursachte Gefahr oder Störung ihrem Urheber nur dann zugerechnet werden, wenn er sich nicht dem Recht gemäß verhalten, d.h. seinen Rechtskreis überschritten hat. Es ist nicht hinnehmbar, die Verantwortlichkeit auf die Fälle der rechtswidrigen Verursachung einer Gefahr oder Störung zu begrenzen, sofern darunter eine besondere Rechtswidrigkeit im Sinne der Verletzung spezieller Gebots- oder Verbotsnormen verstanden wird. Das würde zu einer partiellen Funktionslosigkeit der ordnungsrechtlichen Generalklausel und zum Wegfall der Verantwortlichkeit für solche Verhaltensweisen führen, die gegen keinen besonderen Rechtssatz verstoßen.

1182 Nach der schon genannten Theorie der unmittelbaren Verursachung ist ein Verhalten ordnungsrechtlich relevant, wenn es von Anfang an eine erhöhte Gefahrentendenz aufweist. Es ist darauf abzustellen, ob ein Verhalten die Gefahrengrenze überschreitet und damit die unmittelbare Ursache für den Eintritt der Gefahr setzt. Bei mehreren zusammenwirkenden Faktoren ist grundsätzlich die zeitlich letzte Ursache maßgeblich. Diese Theorie ist vorzugswürdig, weil sie eine sachgerechte Erfolgszurechnung ermöglicht. Entfernte, lediglich mittelbare Bedingungen des eingetretenen oder drohenden Erfolgs werden als irrelevant ausgeschieden.

Die zeitlich letzte und dadurch maßgebliche Ursache für die Entstehung der Altlast war das Vergraben der Chemiestoffe auf dem Grundstück durch J. Er war derjenige, der durch sein Handeln die Gefahrengrenze unmittelbar überschritt. J ist Verursacher.

bb) Fraglich ist, ob auch S Verursacher ist. S gab lediglich den Auftrag. Er verursachte die Gefahr mittelbar. Fraglich ist, ob S als Zusatzverantwortlicher haftet. Zusatzverantwortlichkeit ist die zusätzliche Haftung für das Verhalten anderer Personen. Insbesondere haftet der Geschäftsherr für das Verhalten des Verrichtungsgehilfen, sofern dieser in Ausführung einer Verrichtung eine Gefahr verursacht. Die Zusatzverantwortlichkeit sehen alle Polizeigesetze der Länder vor. Das Bundesbodenschutzgesetz erwähnt sie nicht. Problematisch ist, ob § 4 Abs. 3 BBodSchG sie ausschließt oder eine Gesetzeslücke vorliegt. **1183**

§ 4 Abs. 3 BBodSchG sieht eine Sanierungspflicht hinsichtlich schädlicher Bodenveränderungen oder Altlasten für den Verursacher sowie dessen Gesamtrechtsnachfolger, den Grundstückseigentümer und den Inhaber der tatsächlichen Gewalt über ein Grundstück vor. Die Nichterwähnung der Zusatzverantwortlichkeit in dieser Vorschrift könnte als ihr gesetzgeberischer Ausschluss verstanden werden. Dagegen spricht, dass dieses Verständnis zu einer unbegründeten Verantwortlichkeitslücke führte, die eine einseitige Verlagerung der Verantwortlichkeit auf den Grundstückseigentümer zur Folge hätte. Es wäre unverständlich, wenn Unternehmen, die für das Verhalten ihrer Arbeitnehmer als Verrichtungsgehilfen haften, im Bereich des Bodenschutzrechts von der Haftung freigestellt wären. Deshalb ist die Anwendung der Zusatzverantwortlichkeit im Bodenschutzrecht zu befürworten. **1184**

S muss Geschäftsführer und J Verrichtungsgehilfe sein. Maßgeblich für das Vorliegen der Verrichtungsgehilfeneigenschaft ist die Abhängigkeit vom weisungsbefugten Geschäftsführer. J erhielt die Anweisung von S, die Abfälle auf dem Grundstück zu vergraben. Als Auszubildender konnte J keine eigenen Entscheidungen im Unternehmen des S treffen, sondern unterstand dessen Weisungen. J war Verrichtungsgehilfe. Für sein Verhalten, hier die Verursachung der Altlast auf dem Grundstück, haftet S als Geschäftsführer. **1185**

cc) Als Verantwortlicher iSd § 4 Abs. 3 BBodSchG kommt ferner M in Frage. Seine Verantwortung wird durch seine Eigenschaft als Grundstückseigentümer begründet. **1186**

dd) Im Ergebnis haften J, S und M. Dieses Ergebnis wäre vorläufig, wenn J nicht in Anspruch genommen werden könnte. Davon wäre auszugehen, wenn die Inanspruchnahme des J neben S und M ermessensfehlerhaft wäre. **1187**

J könnte nicht in Anspruch genommen werden, wenn seine Haftung nicht zumutbar oder nicht möglich, insbesondere mit untragbaren finanziellen Folgen verbunden wäre bzw. S und M vorrangig haften. Davon kann nach der Aufgabenstellung nicht die Rede sein. S ist leistungsunfähig; dass die Behörde ihn nicht in Anspruch nahm, ist nicht zu beanstanden. Der Ausschluss des M von der Haftung geschah aus sachfremden Erwägungen und ist ermessensfehlerhaft und rechtswidrig. Daraus folgt nicht, dass die Inanspruchnahme des J rechtswidrig wird, da er von der Behörde als leistungsfähig ausgewählt wurde (effektive Gefahrenabwehr).

III. Ergebnis

Die Klage des J ist zulässig, aber erfolglos.

Vertiefungshinweise: *Schenke*, POR, Rn. 241 f., 266; *Gusy*, POR, 7. Aufl. 2009, Rn. 374 f.; *Tettinger/Erbguth/Mann*, BesVerwR, Rn. 687 ff.; *Schink*, Verantwortlichkeit für die Gefahrenabwehr und die Sanierung schädlicher Bodenveränderungen nach dem Bundesbodenschutzgesetz, DÖV 1999, 797; *Brodersen*, Rechtsprechungsübersicht, Störerauswahl im Polizeirecht (hier – bei Altlasten), JuS 2001, 302.

C. Baurecht

Fall 23**

Ziggy Stardust meets Luke Skywalker

Schwerpunkte: Ordnungsgemäße Durchführung eines Widerspruchsverfahrens; lex generalis und lex specialis im Bauordnungsrecht; Begriff der baulichen Anlage; Anforderungen an Werbeanlagen; formelle und materielle Illegalität im Baurecht; Reichweite des Suspensiveffekts

Ausgangsfall: Siggi Sternenstaub (S) betreibt inmitten der amtsfreien brandenburgischen Gemeinde Nieder-Wulkow im Landkreis Märkisch-Oderland (MOL) die Diskothek „Major Tom". Die Diskothek ist Anziehungspunkt für das ländliche Publikum. Um die Attraktivität seiner Diskothek zu steigern, installiert S auf dem Dach der Diskothek einen so genannten Himmelstrahler, auch Skybeamer genannt. Dabei handelt es sich um einen mehrere tausend Watt starken Scheinwerfer, der einen gebündelten Lichtkegel in den dunklen Nachthimmel schickt, der je nach Wetterlage bis zu einer Höhe von etwa 100 m reicht und weithin sichtbar ist. Damit sollen Diskothekenbesucher und potentiell Interessierte schon von weitem auf den Standort der Diskothek aufmerksam gemacht werden und Ortsunkundige den Weg dorthin leichter finden. 1188

Anfang Januar 2012 erhält S ein Schreiben vom Bauaufsichtsamt beim Landrat des Landkreises MOL. S wird darauf hingewiesen, dass für den Himmelsstrahler keine Baugenehmigung vorliege. S möge Stellung nehmen. S geht davon aus, dass es sich nicht um eine bauliche Anlage handele, mithin keine Baugenehmigung erforderlich sei, und reagiert auf das Schreiben nicht.

Mit Bescheid vom 31.3.2012, der am selben Tag zur Post geht, wird S vom Bauaufsichtsamt aufgefordert, den Himmelsstrahler zu beseitigen. Zur Begründung wird ausgeführt, dass für die Anlage keine Genehmigung erteilt worden sei; ferner widerspreche der Strahler dem geltenden Bauordnungsrecht und stelle, was sachlich zutreffend ist, eine Gefährdung des Straßenverkehrs dar, da Autofahrer, die dem Strahl folgten, den sonstigen Straßenverkehr gefährden könnten. In einer ordnungsgemäßen Rechtsbehelfsbelehrung wird S auf die Möglichkeit des Widerspruchs hingewiesen.

Dem S kommt die Sache allmählich merkwürdig vor; er entschließt sich, zu reagieren. Er formuliert einen Widerspruch, in dem er seine Auffassung darlegt, dass der Himmelsstrahler nicht unter das Regime des Bauordnungsrechts falle und somit weder genehmigungspflichtig noch irgendwie baurechtswidrig sei. Das von ihm am 28.4.2012 zur Post gegebene Schreiben erhält er jedoch am 3.5.2012 von der Post zurück mit der Bemerkung: „Return to sender – Briefmarke ungültig". Er sendet das Schreiben erneut und nunmehr richtig frankiert an das Landratsamt. Es geht dort am 6.5.2012 ein.

Das Bauaufsichtsamt erlässt am 7.5.2012 einen Widerspruchsbescheid. In ihm wird der Widerspruch des S als sachlich unbegründet zurückgewiesen. Die Bauaufsichtsbehörde geht in ihrer Begründung auf die Argumente des S ein und legt dar, der Skybeamer bedürfe auf jeden Fall einer Genehmigung. Der mit einer ordnungsgemäßen Rechtsbehelfsbelehrung versehene Widerspruchsbescheid wird dem S am 10.5.2012 zugestellt.

S erhebt Klage vor dem VG Frankfurt (Oder) mit dem Antrag, die Beseitigungsanordnung aufzuheben. Wie wird das VG entscheiden?

Bearbeitervermerk: Bauplanungsrecht und Straßenverkehrsrecht sind nicht zu prüfen. Örtliche Bauvorschriften oder ein Bebauungsplan existieren nicht

Zusatzfrage: Unterstellt, S hat für den Himmelsstrahler eine Baugenehmigung beantragt. Der Antrag wird abgelehnt. Die Kosten für das Genehmigungsverfahren werden zutreffend auf 80,– € festgesetzt. S legt gegen die Versagung Widerspruch ein. Noch vor Entscheidung über den Widerspruch erhält S von der Bauaufsichtsbehörde eine Mahnung, weil er die Verfahrenskosten nicht bezahlt habe. Zugleich droht die Behörde mit der Vollstreckung. S will etwas dagegen unternehmen. Welcher Rechtsbehelf wäre statthaft?

Vorüberlegung

Mit diesem Fall wird erstmalig eine baurechtliche Problematik angesprochen. Sie kennen den Unterschied zwischen Bauordnungsrecht und Bauplanungsrecht. Dem Bearbeitervermerk entnehmen Sie, dass es nur um Bauordnungsrecht geht. Ferner erkennen Sie, dass im Rahmen der Zulässigkeit der Klage ein Problem bei der ordnungsgemäßen Durchführung des Widerspruchsverfahrens besteht. Die Zusatzfrage spricht ein weiteres Problem des Verwaltungsprozessrechts an. **1189**

Gliederung

A. Ausgangsfall **1190**

- **I. Sachentscheidungsvoraussetzungen**
  1. Eröffnung des Verwaltungsrechtswegs
  2. Statthafte Klageart
  3. Verfahrensabhängige Sachentscheidungsvoraussetzungen
     a) Klagebefugnis
     b) Widerspruchsverfahren
     c) Passive Prozessführungsbefugnis
  4. Beteiligtenfähigkeit
  5. Allgemeines Rechtsschutzinteresse
  6. Zwischenergebnis
- **II. Die Begründetheit der Klage**
  1. Ermächtigungsgrundlage
  2. Formelle Rechtmäßigkeit
     a) Zuständigkeit
     b) Verfahren
     c) Form
  3. Materielle Rechtmäßigkeit
  4. Zwischenergebnis
- **III. Ergebnis**

B. Zusatzfrage

Lösung

A. Ausgangsfall

I. Sachentscheidungsvoraussetzungen

1. Eröffnung des Verwaltungsrechtswegs

1191 Der Verwaltungsrechtsweg nach § 40 Abs. 1 Satz 1 VwGO ist eröffnet, da es sich um eine öffentlich-rechtliche Streitigkeit handelt. Entscheidend für die Lösung des Streits sind Vorschriften des Bauordnungsrechts. Es handelt sich um Normen, die dem öffentlichen Recht zugehören.

2. Statthafte Klageart

1192 Statthafte Klageart ist die Anfechtungsklage nach § 42 Abs. 1 Var. 1 VwGO. Der Kläger begehrt die Aufhebung der Beseitigungsanordnung. Sie ist offensichtlich ein Verwaltungsakt.

3. Verfahrensartabhängige Sachentscheidungsvoraussetzungen

a) Klagebefugnis

1193 S ist Adressat eines belastenden Verwaltungsakts. Die Klagebefugnis nach § 42 Abs. 2 VwGO ergibt sich nach der Adressatentheorie aus dieser Stellung des S. In dieser Konstellation besteht stets die Möglichkeit einer Verletzung der allgemeinen Handlungsfreiheit nach Art. 2 Abs. 1 GG.

b) Widerspruchsverfahren

1194 Problematisch ist hier die ordnungsgemäße Durchführung eines Widerspruchsverfahrens.

Der Landrat des Landkreises MOL ist als Ausgangsbehörde zugleich Widerspruchsbehörde, s. § 73 Abs. 1 Satz 2 Nr. 2 VwGO. Hinsichtlich der Zuständigkeit für den Erlass des Widerspruchsbescheids besteht kein Problem.

1195 Die Frist für die Einlegung des Widerspruchs müsste eingehalten worden sein. Der Widerspruch ist nach § 70 Abs. 1 Satz 1 VwGO innerhalb eines Monats, nachdem der Verwaltungsakt seinem Adressaten bekannt gegeben wurde, schriftlich bei der Ausgangsbehörde einzureichen. Die Beseitigungsanordnung hat der Landrat von MOL am 31.3.2012 zur Post gegeben. Als zugestellt gilt dieser Bescheid nach § 41 Abs. 2 VwVfG[1] am dritten Tag nach Aufgabe zur Post; das ist der 3.4.2012. Die Widerspruchsfrist ist am 3.5.2012 abgelaufen. Der Widerspruch des S ist bei der Behörde am 6.5.2012 eingegangen. S hat die Frist nicht eingehalten. S hat das Widerspruchsverfahren folglich nicht rechtzeitig eingeleitet.

---

1 IVm § 1 Abs. 1 BbgVwVfG. Dieses gilt für alle Zitierungen des VwVfG.

Fraglich ist, ob der Mangel der Fristversäumnis durch die Entscheidung der Widerspruchsbehörde in der Sache geheilt worden ist. Gegen diese Möglichkeit soll der Wortlaut des § 70 VwGO sprechen; er eröffne der Widerspruchsbehörde insoweit keine Entscheidungsfreiheit und deshalb stehe die Norm nicht zu ihrer Disposition. Die Widerspruchsfrist sei ferner eine gesetzliche Frist, die der Rechtssicherheit diene. Schließlich diene das Vorverfahren der Entlastung der Gerichte; diese Wirkung entfalle, wenn die Widerspruchsbehörde einen Fehler im Widerspruchsverfahren heilen könne. Gegen diese Erwägungen spricht, dass die Widerspruchsbehörde „Herrin des Vorverfahrens" ist. Als solche kann sie sich sachlich auf den verspäteten Widerspruch einlassen, sofern nicht Rechtspositionen eines Dritten (Nachbarn) betroffen sind. Der Aspekt der Selbstkontrolle der Verwaltung rechtfertigt dieses Vorgehen. **1196**

Die Verfristung des Widerspruchs ist unschädlich.

c) Passive Prozessführungsbefugnis, § 78 VwGO

Passiv prozessführungsbefugt ist in Brandenburg die Behörde, die den angefochtenen Verwaltungsakt erlassen hat, § 78 Abs. 1 Nr. 2 VwGO iVm § 8 Abs. 2 Satz 1 BbgVwGG, hier also der Landrat des Landkreises MOL. Das Bauaufsichtsamt ist keine selbstständige Behörde. **1197**

4. Beteiligtenfähigkeit

S ist als natürliche Person beteiligtenfähig nach § 61 Nr. 1 VwGO, der Landrat als Behörde nach § 61 Nr. 3 VwGO iVm § 8 Abs. 1 BbgVwGG. **1198**

5. Allgemeines Rechtsschutzinteresse

Das allgemeine Rechtschutzinteresse ist gegeben; für S ist eine einfachere, ebenso effektive Art des Rechtsschutzes nicht ersichtlich. **1199**

6. Zwischenergebnis

Die Klage ist zulässig.

II. Die Begründetheit der Klage

Die Klage ist begründet, soweit die Beseitigungsverfügung rechtswidrig und S dadurch in seinen Rechten verletzt ist, § 113 Abs. 1 Satz 1 VwGO.

1. Ermächtigungsgrundlage

Voraussetzung für die Rechtmäßigkeit der Beseitigungsanordnung ist zunächst das Vorliegen einer die Anordnung gestattenden Ermächtigungsgrundlage. Als Ermächtigungs- **1200** grundlage kommen zum einen die §§ 73 ff. BbgBO[2] in Betracht, zum anderen könnte die Generalklausel des § 52 Abs. 2 Satz 2 BbgBO[3] einschlägig sein. Vor der Generalklausel sind stets die speziellen Vorschriften zu prüfen.

1201 § 73 Abs. 1 BbgBO[4] erlaubt der Bauaufsicht, die Einstellung der Bauarbeiten anzuordnen. Hier geht es jedoch nicht um eine Baueinstellung, sondern um die Demontage des bereits installierten Himmelsstrahlers. Die Norm ist nicht einschlägig.

1202 § 73 Abs. 3 BbgBO[5] erlaubt die Nutzungsuntersagung baulicher Anlagen. Abgesehen davon, dass bezweifelt werden kann, ob überhaupt eine bauliche Anlage vorliegt, geht es hier nicht um die bloße Unterlassung der Nutzung, sondern um eine Handlung des Inhalts, den Himmelsstrahler zu entfernen. Die Norm ist nicht einschlägig.

1203 Die Beseitigung baulicher Anlagen richtet sich nach § 74 Abs. 1 BbgBO[6]. Tatbestandsvoraussetzung ist, dass der Skybeamer eine bauliche Anlage ist. Den Begriff „bauliche Anlage" definiert § 2 Abs. 1 BbgBO[7]. Danach sind bauliche Anlagen mit dem Erdboden verbundene und aus Bauprodukten hergestellte Anlagen. Bauprodukte sind nach § 2 Abs. 9 BbgBO[8] Baustoffe, Bauteile und Anlagen, die hergestellt werden, um dauerhaft in bauliche Anlagen eingebaut zu werden bzw. vorgefertigte bauliche Anlagen. Der Himmelsstrahler ist ein Scheinwerfer, ein elektrisches Großgerät. Er ist nicht mit dem Erdboden verbunden und auch nicht ein Bauprodukt. Deshalb kann man den Skybeamer wohl nicht dem Begriff „bauliche Anlage" subsumieren.

1204 Freilich gilt für Werbeanlagen § 74 Abs. 1 BbgBO entsprechend, § 74 Abs. 3 Satz 1 BbgBO. Danach kann für Werbeanlagen ebenso wie für eine bauliche Anlage ein Beseitigungsgebot ausgesprochen werden. Fraglich ist, ob der Skybeamer eine Werbe-

---

2 *Entspricht:* §§ 64 ff. BO BW; Art. 75 f. BayBO; §§ 77 ff. BerlBO; §§ 81f. BremBO; §§ 75 f. HmbBO; §§ 71 f. HessBO; §§ 79 f. BO MV; § 89 NdsBO; §§ 80 f. BO RP; §§ 81 f. SaarlBO; §§ 79 f. SächsBO; §§ 78 f. BO LSA; §§ 85 f. BO SH; §§ 76 f. ThürBO. In der Bauordnung des Landes Nordrhein-Westfalen finden sich keine speziellen Ermächtigungsnormen, sodass die Generalklausel des § 61 Abs. 1 Satz 2 BO NW anzuwenden ist.

3 *Entspricht:* § 47 Abs. 1 Satz 2 BO BW; Art. 54 Abs. 2 Satz 2 BayBO; § 58 Abs. 1 BerlBO; § 58 Abs. 2 Satz 2 BremBO; § 58 Abs. 1 Satz 2 HmbBO; § 53 Abs. 2 Satz. 2 HessBO; § 65 Abs. 1 BO MV; § 65 Abs. 1 NdsBO; § 61 Abs. 1 Satz 2 BO NW; § 59 Abs. 1 BO RP; § 58 Abs. 1 SaarlBO; § 58 Abs. 2 SächsBO; § 57 Abs. 2 Satz 1 BO LSA; § 66 Abs. 1 Satz 2 BO SH; § 60 ThürBO.

4 *Entspricht:* § 64 BO BW; Art. 75 BayBO; § 78 BerlBO; § 78 BremBO; § 75 HmbBO; § 71 HessBO; § 79 BO MV; § 89 Abs. 1 Satz 2 Nr. 1 NdsBO; § 80 BO RP; § 81 SaarlBO; § 79 SächsBO; § 78 BO LSA; § 85 BO SH; § 76 ThürBO.

5 *Entspricht:* § 65 Satz 2 BO BW; Art. 76 Satz 2 BayBO; § 79 Satz 2 BerlBO; § 79 Abs. 1 Satz 2 BremBO; § 76 Abs. 1 Satz 2 HmbBO; § 72 Abs. 1 Satz 2 HessBO; § 80 Abs. 2 BO MV; § 89 Abs. 1 Satz 2 Nr. 5 NdsBO; § 81 Satz 1 Alt. 2 BO RP; § 82 Abs. 2 SaarlBO; § 80 Satz 2 SächsBO; § 79 Satz 2 BO LSA; § 85 Abs. 1 Satz 3 BO SH; § 77 Satz 2 ThürBO.

6 *Entspricht:* § 65 Satz 1 BO BW; Art. 76 Satz 1 BayBO; § 79 Satz 1 BerlBO; § 79 Abs. 2 Satz 1 BremBO; § 76 Abs. 1 Satz 1 HmbBO; § 72 Abs. 1 Satz 1 HessBO; § 80 Abs. 1 BO MV; § 89 Abs. 1 Satz 2 Nr. 4 NdsBO; § 81 Satz 1 Alt. 1 BO RP; § 82 Abs. 1 SaarlBO; § 80 Satz 1 SächsBO; § 79 Satz 1 BO LSA; § 85 Abs. 1 Satz 1 BO SH; § 77 Satz 1 ThürBO.

7 Ebenso in allen Bauordnungen der Länder.

8 *Entspricht:* § 2 Abs. 10 BO BW; Art. 2 Abs. 10 BayBO; § 2 Abs. 9 BerlBO; § 2 Abs. 14 BremBO; § 2 Abs. 10 HmbBO; § 2 Abs. 12 HessBO; § 2 Abs. 9 BO MV; § 2 Abs. 6 NdsBO; § 2 Abs. 9 BO NW; § 2 Abs. 9 BO RP; § 2 Abs. 12 SaarlBO; § 2 Abs. 9 SächsBO; § 2 Abs. 9 BO LSA; § 2 Abs. 10 BO SH; § 2 Abs. 9 ThürBO.

anlage im Sinne dieser Vorschrift ist. Nach § 9 Abs. 1 BbgBO[9] sind Werbeanlagen alle ortsfesten Einrichtungen, die der Ankündigung oder Anpreisung oder als Hinweis auf Gewerbe oder Beruf dienen. Hierzu zählen auch Lichtwerbungen oder für Lichtwerbung bestimmte Säulen, Tafeln und Flächen. Als Einrichtung ist alles vom Menschen Geschaffene anzusehen. Der Skybeamer ist ein Manufactum. Er ist eine örtlich gebundene Einrichtung, die durch den Lichtstrahl auf ein Gewerbe, nämlich die Diskothek des S hinweist. Entscheidend ist nicht, dass es sich dabei „nur" um Licht handelt, sondern relevant ist der Ankündigungs- und Hinweischarakter der Anlage. Daher bilden der Lichtstrahl und das Gerät, welches den Strahl erzeugt, eine einheitliche Werbeanlage und unterfallen den bauordnungsrechtlichen Vorschriften für Anlagen dieser Art.

Als Ermächtigungsgrundlage kommt § 74 Abs. 1 iVm § 74 Abs. 3 Satz 1 BbgBO in Betracht.

2. Formelle Rechtmäßigkeit

a) Zuständigkeit

Die Aufgaben der unteren Bauaufsichtsbehörden obliegt den Landkreisen als Rechtsträ- **1205**
ger, § 51 Abs. 1 BbgBO[10]. Behörde des Landkreises und somit auch Bauaufsichtsbehörde ist der Landrat.

Man könnte auch an eine Zuständigkeit der amtsfreien Gemeinden und Ämter nach § 53 Abs. 1 Satz 2 Nr. 3 BbgBO denken, der ausdrücklich auf § 74 BbgBO verweist. Maßnahmen nach § 74 BbgBO können die amtsfreien Gemeinden und Ämter aber nur im Rahmen ihrer bauordnungsrechtlichen Zuständigkeit ergreifen. Sie sind nur für den Vollzug örtlicher Bauvorschriften und bauplanerischer Festsetzungen bei genehmigungsfreien Vorhaben zuständig, § 53 Abs. 1 Satz 1 BbgBO. Weil es hier um Vorschriften dieses Inhalts nicht geht (s. den Bearbeitervermerk), entfällt eine Zuständigkeit der amtsfreien Gemeinden und Ämter.

b) Verfahren

Dem S wurde die Möglichkeit eingeräumt, eine Stellungnahme abzugeben. Damit ist **1206**
dem Anhörungserfordernis nach § 28 Abs. 1 VwVfG genügt.

c) Form

Formfehler nach § 39 VwVfG sind nicht ersichtlich. **1207**

---

9 *Entspricht:* § 2 Abs. 9 BO BW; Art. 2 Abs. 1 Satz 2 BayBO; § 10 Abs. 1 BerlBO; § 10 BremBO; § 13 Abs. 1 HmbBO; § 2 Abs. 1 Satz 3 Nr. 7 HessBO; § 10 Abs. 1 BO MV; § 49 Abs. 1 NdsBO; § 13 Abs. 1 BO NW; § 52 Abs. 1 BO RP; § 12 Abs. 1 SaarlBO; § 10 Abs. 1 SächsBO; § 10 Abs. 1 BO LSA; § 15 Abs. 1 BO SH; § 13 Abs. 1 ThürBO.

10 *Entspricht:* § 46 Abs. 1 BO BW; Art. 53 Abs. 1 BayBO; Nr. 1 des ZustKat zum BerlASOG Berlin; § 57 BremBO; § 52 HessBO; § 63 Abs. 1 BO MV; § 63; § 60 Abs. 1 BO NW; § 58 Abs. 1 BO RP; § 57 Abs. 2 SaarlBO; § 57 SächsBO; § 56 BO LSA; § 65 BO SH; § 59 ThürBO.

3. Materielle Rechtmäßigkeit

1208 Die Beseitigungsverfügung ist materiell rechtmäßig, wenn eine Werbeanlage entgegen öffentlich-rechtlichen Vorschriften errichtet oder geändert wird, § 74 Abs. 1, Abs. 3 BbgBO. Bei dem Skybeamer handelt es sich um eine Werbeanlage. Die Montage des Himmelsstrahlers ist als Errichtung anzusehen.

Ein Widerspruch zu öffentlich-rechtlichen Vorschriften besteht bei einem Widerspruch zu formellen und materiellen Normen des Bauordnungsrechts.

Ein Verstoß gegen formelles Bauordnungsrecht liegt vor, wenn eine genehmigungspflichtige Einrichtung ohne Genehmigung errichtet wird. Fraglich ist, ob die Montage des Himmelsstrahlers genehmigungspflichtig ist.

1209 Genehmigungspflichtig sind nach § 54 BbgBO[11] die Errichtung, die Änderung und die Nutzungsänderung baulicher Anlagen und Einrichtungen, an die die BbgBO oder an die Vorschriften aufgrund der BbgBO Anforderungen stellen, soweit nicht eine Ausnahme vorliegt. Skybeamer sind, wie festgestellt, zwar keine baulichen Anlagen, jedoch Werbeanlagen. Werbeanlagen werden wie bauliche Anlagen behandelt bzw. ihnen gleichgestellt. An Werbeanlagen stellt § 9 Abs. 2 BbgBO[12] besondere Anforderungen. Damit unterfallen Werbeanlagen grundsätzlich dem Genehmigungserfordernis. Fraglich ist, ob es für diese Art der Werbeanlage eine Ausnahmevorschrift gibt. Ausnahmen für Werbeanlagen sind geregelt in § 55 Abs. 8 BbgBO[13]. Die dort aufgeführten Ausnahmetatbestände sind allesamt für den Himmelsstrahler nicht einschlägig. Auch die anderen Ausnahmevorschriften treffen keine Aussagen, die auf den hier in Streit befindlichen Himmelsstrahler zutreffen. Folglich besteht für das Aufstellen des Skybeamers eine Genehmigungspflicht. Die Genehmigung fehlt. Deshalb verstößt der Himmelsstrahler gegen formelles Bauordnungsrecht. Ein Verstoß gegen öffentlich-rechtliche Vorschriften im Sinne des § 74 Abs. 1 BbgBO liegt vor.

1210 Ferner ist Voraussetzung einer Beseitigungsanordnung nach § 74 Abs. 1 BbgBO, dass ein rechtmäßiger Zustand auf andere Weise nicht hergestellt werden kann. Damit ist vor allem der Fall angesprochen, dass ein formell illegales Bauvorhaben dann nicht beseitigt werden soll, wenn es materiell genehmigungsfähig ist. Dann darf die Bauaufsichtsbehörde nach dem Grundsatz der Verhältnismäßigkeit und wegen des Eigentumsschutzes nicht die Beseitigung verlangen, sondern hat darauf hinzuwirken, die formelle Illegalität zu beenden, indem das Genehmigungsverfahren nachgeholt wird. Bis zu die-

---

11 *Entspricht:* § 49 BO BW; Art. 62 BayBO; § 55 BerlBO; § 59 BremBO; § 59 HmbBO; § 54 Abs. 1 HessBO; § 59 BO MV; § 68 Abs. 1 NdsBO; § 63 Abs. 1 BO NW; § 61 BO RP; § 60 SaarlBO; § 59 SächsBO; § 58 Abs. 1 BO LSA; § 68 Abs. 1 BO SH; § 62 Abs. 1 ThürBO.

12 *Entspricht:* § 11 Abs. 3 BO BW; § 10 Abs. 2 BerlBO; § 10 BremBO; § 13 Abs. 2–4 HmbBO; § 10 Abs. 2–4 BO MV; § 49 Abs. 2 NdsBO; § 13 Abs. 2–4 BO NW; § 52 Abs. 2–4 BO RP; § 12 Abs. 2–4 SaarlBO; § 10 Abs. 2–4 SächsBO; § 10 Abs. 2–4 BO LSA; § 15 Abs. 2–4 BO SH; § 13 Abs. 2–4 ThürBO.

13 *Entspricht:* § 50 BO BW iVm Nr. 55 f. der Anlage; Art. 57 Abs. 1 Nr. 11 BayBO; § 62 Abs. 1 Nr. 11 BerlBO; § 62 BremBO; § 60 Abs. 1 HmbBO iVm Nr. 11 des Anhangs 2; § 55 HessBO iVm Nr. 10 der Anlage 2; § 61 Abs. 1 Nr. 11 BO MV; § 69 NdsBO iVm Nr. 10 des Anhangs; § 65 Abs. 1 Nr. 33–35 BO NW; § 62 Abs. 1 Nr. 8 BO RP; § 61 Abs. 1 Nr. 8 SaarlBO; § 61 Abs. 1 Nr. 11 SächsBO; § 60 Abs. 1 Nr. 11 BO LSA; § 69 Abs. 1 Nr. 43–45 BO SH; § 63 Abs. 1 Nr. 11 ThürBO.

sem Ereignis könnte die Behörde als milderes Mittel beispielsweise eine Nutzungsuntersagung aussprechen.

Fraglich ist, ob der Skybeamer materiell legal errichtet ist. Das ist der Fall, wenn die Voraussetzungen für die Erteilung einer Baugenehmigung vorliegen. Die materielle Rechtmäßigkeit einer Werbeanlage beurteilt sich nach § 9 Abs. 2 BbgBO. Danach dürfen Werbeanlagen weder bauliche Anlagen noch das Straßen-, Orts- oder Landschaftsbild verunstalten, die Sicherheit und Leichtigkeit des Verkehrs nicht gefährden und das Wohnen nicht stören. Hier liegt nach dem Sachverhalt eine Gefährdung des Straßenverkehrs vor, sodass problemlos von der materiellen Baurechtswidrigkeit auszugehen ist. **1211**

4. Zwischenergebnis

Im Ergebnis ist der Himmelsstrahler formell und materiell rechtswidrig. Die Beseitigungsverfügung der Bauaufsichtsbehörde ist rechtmäßig.

III. Ergebnis

Das Verwaltungsgericht wird die Anfechtungsklage des S abweisen.

B. Zusatzfrage: Welcher Rechtsbehelf ist statthaft?

S könnte die Anordnung/Wiederherstellung der aufschiebenden Wirkung, also Vollstreckungsschutz nach § 80 Abs. 5 VwGO, beim Verwaltungsgericht beantragen. **1212**

Liegt allerdings ein Fall der faktischen Vollziehung vor, d.h. es wird trotz der aufschiebenden Wirkung von Klage oder Widerspruch (Suspensiveffekt) vollstreckt, ist ein Antrag nach § 80 Abs. 5 VwGO nicht vorgesehen, da der Suspensiveffekt ja bereits besteht, s. § 80 Abs. 1 VwGO. In diesem Fall sind zwei Antragsverfahren denkbar:

1. Feststellung der aufschiebenden Wirkung analog § 80 Abs. 5 Satz 1 VwGO,
2. Verpflichtung zur Unterlassung der Vollziehung analog § 80 Abs. 5 Satz 3 VwGO.

Man könnte auch die einstweilige Anordnung nach § 123 VwGO als einschlägig betrachten. **1213**

Voraussetzung ist in jedem Fall, dass der Suspensiveffekt besteht. Das ist nur dann der Fall, wenn der Widerspruch gegen die abgelehnte Baugenehmigung auch die Kostenentscheidung erfasst. Das soll nicht der Fall sein. Die Verwaltungsgebühren fallen unter Kosten nach § 80 Abs. 2 Satz 1 Nr. 1 VwGO. Der Suspensiveffekt entfällt insoweit. Alles in allem bleibt es bei der herkömmlichen Systematik. Grundsätzlich wäre § 80 Abs. 5 Satz 1 VwGO (Anordnung der aufschiebenden Wirkung) einschlägig. Voraussetzung ist jedoch ein zuvor gestellter Antrag bei der Behörde nach § 80 Abs. 6 VwGO, es sei denn, die Vollstreckung droht. Ob mit der Mahnung schon die Vollstreckung droht, ist wohl nicht anzunehmen.

Fall 24**

Pilgerreise zum Suppenmekka

Schwerpunkte: Widerspruchsverfahren; Erledigung eines Verwaltungsakts; Beseitigungsverfügung; bauliche Anlage; formelle und materielle Baurechtswidrigkeit; Duldung eines rechtswidrigen Zustands; intendiertes Ermessen; Androhung und Festsetzung von Verwaltungszwang; vorläufiger Rechtsschutz

1214 Der Bankkaufmann Anton Altig (A) aus Frankfurt (Oder) entscheidet sich während der Finanz- und Wirtschaftskrise spontan dazu, beruflich etwas ganz anderes auszuüben. Er möchte seiner Passion, Suppen zu kochen, folgen und Dritte mit seinen Suppen beglücken. Eine Gaststättenöffnung ist ihm jedoch bei der momentanen wirtschaftlichen Lage zu riskant. So kauft er sich einen Imbisswagen und stellt diesen im Februar 2011 am Römerhügel in Frankfurt (Oder) ab. Sein Stellplatz ist eine kleine Freifläche zwischen zwei Wohnhäusern. Für den Römerhügel existiert kein Bebauungsplan, doch entspricht die Umgebung einem Kleinsiedlungsgebiet.

A bietet nun werktags selbst gekochte Suppen und typische Imbissspeisen wie Pommes Frites und Bratwürste an.

Obwohl der Imbisswagen weiterhin fahrtüchtig ist, scheut A den Aufwand, den Imbisswagen täglich auf sein Grundstück und zurück zum Römerhügel zu fahren. So belässt er den Imbisswagen am Verkaufsort.

Schon nach kurzer Zeit erfreut sich der Imbiss des A regen Zulaufs. Ganz Frankfurt (Oder) weiß innerhalb von nur wenigen Wochen von dem Suppenmekka. Kunden kommen aus bis zu 30 km entfernten Städten, um die vorzüglichen Suppen des A zu genießen.

Am 4.12.2011 erhält A vom Oberbürgermeister die Bitte um Stellungnahme hinsichtlich seines illegalen Imbissstandes. A ist sich keiner Schuld bewusst und ignoriert dieses Schreiben.

Am 6.1.2012 lässt der Oberbürgermeister der Stadt Frankfurt (Oder) dem A eine Verfügung zustellen. Darin wird A aufgefordert, den Imbiss bis zum 31.1.2012 zu beseitigen. Die Verfügung begründet der Oberbürgermeister damit, dass A keine Baugenehmigung eingeholt hat und somit ein illegaler Zustand entstanden ist. Einen solchen will er nicht dulden, er macht von seinem Entschließungsermessen Gebrauch.

Gleichzeitig ordnet der Oberbürgermeister mit gleicher Begründung die sofortige Vollziehung an. Auch droht er eine Ersatzvornahme an, sollte A den Imbiss nicht bis zum 31.1.2012 beseitigt haben.

A legt gegen diese Verfügung am 8.1.2012 formgerecht Widerspruch ein. Er versteht nicht, warum er für einen Imbisswagen eine Baugenehmigung benötigt. Seit wann ist ein Wagen ein Gebäude. Zudem ist ihm unklar, warum die Ordnungsbehörde erst jetzt tätig wird. Sie hatte fast ein Jahr Zeit, die Beseitigung anzuordnen. Die Behörde handelte jedoch nicht. So konnte A zwischenzeitlich davon ausgehen, dass niemand etwas gegen seinen Imbiss hat. Das stellt für ihn bereits eine Baugenehmigung dar. Selbst wenn darin keine Baugenehmigung zu sehen ist, müsste er eine solche doch auf alle Fälle erlangen können. Er fragt sich, warum er den Imbiss trotzdem beseitigen soll. Darüber hinaus hat die Behörde völlig außer Acht gelassen, dass seine neue Existenz auf dem Spiel steht, wenn er seinen Imbiss beseitigen muss. Er wird daher der Aufforderung nicht Folge leisten.

Nachdem A der Beseitigungsverfügung bis zum 31.1.2012 nicht nachgekommen ist, setzt der Oberbürgermeister am 1.2.2012 die Ersatzvornahme fest. Diese wird dem A am selben Tag zugestellt. Sogleich legt A auch gegen die Festsetzung formgerecht Widerspruch ein. Am 2.2.2012 lässt der Oberbürgermeister den Wagen abholen und lässt ihn in die Garage des A bringen.

Beurteilen Sie die Erfolgsaussichten der eingelegten Rechtsbehelfe des A. Gehen Sie dabei auf alle aufgeworfenen Fragen – ggf. hilfsgutachtlich – ein.

Vorüberlegung

1215 Die Klausur ist als mittelschwer zu qualifizieren. Die Zulässigkeitsprüfung weist bereits einige Schwierigkeiten auf. Den Schwerpunkt bildet die Frage nach der Erledigung. Die Begründetheit enthält klassische Probleme des Bauordnungsrechts wie die Bestimmung des Begriffs „bauliche Anlage“ und die Voraussetzung einer Beseitigungsverfügung. Auch die Anwendung der BauNVO wird erwartet. Wichtig ist insgesamt eine methodisch korrekte und stringente Prüfung.

Gliederung

1216 **A. Zulässigkeit des Widerspruchs**

I. Eröffnung des Verwaltungsrechtswegs
II. Statthafter Widerspruch
  1. Beseitigungsverfügung
  2. Androhung und Festsetzung der Ersatzvornahme
III. Widerspruchsbefugnis
IV. Beteiligten- und Handlungsfähigkeit
V. Einlegung des Widerspruchs bei der richtigen Behörde
VI. Widerspruchsfrist
VII. Zwischenergebnis

B. Die Begründetheit des Widerspruchs

I. Rechtmäßigkeit der Beseitigungsanordnung
  1. Ermächtigungsgrundlage
  2. Formelle Rechtmäßigkeit
  3. Materielle Rechtmäßigkeit
    a) Tatbestand der Ermächtigungsgrundlage
      aa) Bauliche Anlage
      bb) Widerspruch zu öffentlich-rechtlichen Vorschriften
        (1) Formelle Illegalität
        (2) Materielle Illegalität
      cc) Ergebnis
    b) Rechtsfolge: Ermessen und Verhältnismäßigkeit
      aa) Ermessensfehler
      bb) Vertrauensschutz
    c) Zwischenergebnis
  4. Zwischenergebnis
II. Hilfsgutachten: Rechtmäßigkeit der Androhung und der Festsetzung

C. Ergebnis

Lösung

A legt insgesamt drei Widersprüche ein: gegen die Beseitigungsverfügung, die Androhung und die Festsetzung. Diese haben Aussicht auf Erfolg, wenn sie zulässig und begründet sind. Nach der herrschenden Ansicht stellt die Anordnung der sofortigen Vollziehung keinen Verwaltungsakt dar, sie kann mithin nicht Gegenstand eines Widerspruchsverfahrens sein.

A. Zulässigkeit des Widerspruchs

I. Eröffnung des Verwaltungsrechtswegs

Zunächst muss der Verwaltungsrechtsweg eröffnet sein. Da es an einer aufdrängenden **1217**
Sonderzuweisung fehlt, ist die Frage, ob der Verwaltungsrechtsweg eröffnet ist, anhand von § 40 Abs. 1 VwGO zu beantworten. Der Verwaltungsrechtsweg ist danach eröffnet, wenn eine öffentlich-rechtliche Streitigkeit nicht verfassungsrechtlicher Art vorliegt. Eine Streitigkeit ist dann öffentlich-rechtlicher Art, wenn die streitentscheidende Norm einen Träger öffentlicher Gewalt als solchen berechtigt oder verpflichtet (modifizierte Subjektstheorie/Sonderrechtstheorie). Streitentscheidende Normen sind hier die des Bauordnungsrechts, insb. § 74 BbgBO[1]. Diese berechtigen einen Träger öffentlicher Gewalt – das zuständige Bauordnungsamt – die Beseitigung eines Gebäudes anzuordnen. Die Streitigkeit ist damit öffentlich-rechtlich. Es fehlt an der doppelten Verfassungsunmittelbarkeit, sodass die Streitigkeit nichtverfassungsrechtlicher Art ist. Eine abdrängende Sonderzuweisung fehlt. Der Verwaltungsrechtsweg ist eröffnet.

II. Statthafter Widerspruch

Das Widerspruchsverfahren ist einer Anfechtungs- bzw. Verpflichtungsklage vorge- **1218**
schaltet, vgl. § 68 VwGO. Hier kommt ein Anfechtungswiderspruch in Betracht, da sich A gegen die Verfügungen wehrt. Ein Anfechtungswiderspruch ist nur gegen einen Verwaltungsakt, der sich noch nicht erledigt hat, statthaft. A wehrt sich gegen die Beseitigungsverfügung, die Androhung und die Festsetzung der Ersatzvornahme.

1. Beseitigungsverfügung

Die Beseitigungsverfügung ist unproblematisch ein Verwaltungsakt. Fraglich ist jedoch, **1219**
ob sich die Beseitigungsverfügung mit der Ersatzvornahme iSd § 43 Abs. 1 VwVfG[2] erledigt hat. Die Erledigung führt zur Unzulässigkeit des Widerspruchs. Das Gesetz kennt keinen Fortsetzungsfeststellungswiderspruch. Erledigung tritt dann ein, wenn der

1 *Entspricht:* § 65 Satz 1 BO BW; Art. 76 Satz 1 BayBO; § 79 Satz 1 BerlBO; § 79 Abs. 1 BremBO; § 76 Abs. 1 Satz 1 HmbBO; § 72 Abs. 1 Satz 1 HessBO; § 80 Abs. 1 BO MV; § 89 Abs. 1 Satz 2 Nr. 4 NdsBO; § 81 Satz 1 Alt. 1 BO RP; § 82 Abs. 1 SaarlBO; § 80 Satz 1 SächsBO; § 79 Satz 1 BO LSA; § 85 Abs. 1 Satz 1 BO SH; § 77 Satz 1 ThürBO.

2 Normen des VwVfG immer iVm § 1 Abs. 2 BbgVwVfG.

Verwaltungsakt nicht mehr geeignet ist, rechtliche Wirkungen zu erzeugen. Hiervon kann jedenfalls so lange keine Rede sein, wie der mit der behördlichen Maßnahme erstrebte Erfolg noch nicht endgültig eingetreten ist. Problematisch ist, inwieweit Erledigung durch Vollziehung des Verwaltungsakts eintritt. Eine Erledigung kommt nur in Frage, wenn sich der Verwaltungsakt auf Grund der Vollziehung in keiner Weise mehr rechtlich auswirkt. Rechtliche Bedeutung behält er jedenfalls, solange der Vollzug rückgängig gemacht werden kann (keine irreversiblen Verhältnisse). Soweit eine Verfügung das Verhalten eines Adressaten nicht einmalig, sondern auf Dauer steuern soll, tritt mit dem Vollzug keine Erledigung ein, solange der Betroffene die geschaffene Situation durch eigene Handlungen jederzeit ändern kann.

Dieses muss hier gelten. Von der Beseitigungsverfügung geht neben dem Gebot, den Imbisswagen zu beseitigen, auch das Verbot, ihn an der genannten Stelle wieder aufzustellen, aus. A ist weiterhin im Besitz des Imbisswagens und kann diesen jederzeit, entgegen dem Verbot, am Römerhügel abstellen. Des Weiteren können auf A ggf. Vollzugskosten zukommen. Die Beseitigungsverfügung hat sich folglich nicht erledigt[3]. Der Anfechtungswiderspruch ist zulässig.

2. Androhung und Festsetzung der Ersatzvornahme

1220 Hinsichtlich der Erzwingung von Handlungen, Duldungen und Unterlassungen im Wege der Verwaltungsvollstreckung sind die Androhung und Festsetzung von Zwangsmitteln Verwaltungsakte. Fraglich ist jedoch auch hier, ob sich die Androhung und die Festsetzung nach § 43 Abs. 2 VwVfG erledigt haben, da von den Zwangsmitteln Gebrauch gemacht wurde. Ob der Gebrauch der Zwangsmittel auch zur Erledigung der Androhung und der Festsetzung führt, ist umstritten. Eine ältere Ansicht vertritt die Meinung, dass die Androhung eines Zwangsmittels ihre Erledigung darin und dadurch findet, dass das Zwangsmittel angewendet wird. Eine andere Ansicht sieht die Androhung nicht als gegenstandslos an, wenn sie festgesetzt wird. Bei der Festsetzung wird vertreten, dass diese an die Stelle der Grundverfügung tritt und sich ebenso wenig erledigen kann. Überzeugender ist wohl die Ansicht, die von einer Erledigung ausgeht. Mit der Nutzung der Vollzugsmittel geht von der Androhung und der Festsetzung keine Wirkung mehr aus. Anders als beim Grundverwaltungsakt zwingen sie nicht mehr zu einem Handeln. Selbst wenn A den Wagen wieder zurück zum Römerhügel bringen würde, könnte die Vollzugsbehörde von der Androhung und einer Festsetzung nicht erneut Gebrauch machen. Je Vollzugsakt ist eine erneute Androhung bzw. Festsetzung auszusprechen. Eine Rechtswirkung geht von diesen damit nicht mehr aus[4]. Hier ist folglich Erledigung eingetreten. Der Widerspruch gegen die Androhung und die Festsetzung ist mithin nicht statthaft.

3 Eine andere Ansicht ist mit guter Argumentation vertretbar.
4 Eine andere Ansicht ist gut vertretbar.

III. Widerspruchsbefugnis

A ist Adressat der drei Anordnungen. Es ist möglich, dass A als Adressat der Verfügung in seinem Recht aus Art. 2 Abs. 1 GG verletzt ist (Adressatentheorie). Er ist somit nach § 42 Abs. 2 VwGO analog widerspruchsbefugt. **1221**

IV. Beteiligten – und Handlungsfähigkeit

A ist nach den §§ 11 Nr. 1, 12 Abs. 1 Nr. 1 VwVfG beteiligten- und handlungsfähig. Dieses gilt nach den §§ 11 Nr. 3, 12 Abs. 1 Nr. 4 VwVfG auch für den Oberbürgermeister. **1222**

V. Einlegung des Widerspruchs bei der richtigen Behörde

Den Widerspruch hat A beim Oberbürgermeister eingelegt, also richtigerweise bei der Behörde, die den Verwaltungsakt erlassen hat, vgl. § 70 Abs. 1 VwGO. **1223**

VI. Widerspruchsfrist

A hat die Monatsfrist nach § 70 Abs. 1 VwGO eingehalten. **1224**

VII. Zwischenergebnis

Der Widerspruch gegen die Beseitigungsverfügung ist zulässig.

B. Die Begründetheit des Widerspruchs

I. Rechtmäßigkeit der Beseitigungsanordnung

Der Widerspruch gegen die Beseitigungsverfügung ist begründet, soweit die Beseitigungsverfügung rechtswidrig sowie unzweckmäßig ist und den A in seinen Rechten verletzt.

1. Ermächtigungsgrundlage

Die Ermächtigungsgrundlage für eine Beseitigungsverfügung ist § 74 Abs. 1 BbgBO. **1225**

2. Formelle Rechtmäßigkeit

Der Oberbürgermeister war für den Erlass der Ordnungsverfügung nach §§ 51[5], 52[6] BbgBO zuständig. Die Verfügung war im Übrigen formell rechtmäßig. Insbesondere **1226**

---

5 *Entspricht:* § 46 Abs. 1 BO BW; Art. 53 Abs. 1 BayBO; Nr. 1 des ZustKat zum BerlASOG; § 57 BremBO; § 52 HessBO; § 63 Abs. 1 BO MV; § 63 NdsBO; § 60 Abs. 1 BO NW; § 58 Abs. 1 BO RP; § 57 Abs. 2 SaarlBO; § 57 SächsBO; § 56 BO LSA; § 65 BO SH; § 59 ThürBO.

6 *Entspricht:* § 47 Abs. 1 Satz 2 BO BW; Art. 54 Abs. 2 Satz 2 BayBO; § 58 Abs. 1 BerlBO; § 57 BremBO; § 58 Abs. 1 Satz 2 HmbBO; § 53 Abs. 2 Satz 2 HessBO; § 65 Abs. 1 BO MV; § 65 Abs. 1 NdsBO; § 61 Abs. 1 Satz 2 BO NW; § 59 Abs. 1 BO RP; § 58 Abs. 1 SaarlBO; § 58 Abs. 2 SächsBO; § 57 Abs. 2 Satz 1 BO LSA; § 66 Abs. 1 Satz 2 BO SH; § 60 ThürBO.

eine Anhörung hat stattgefunden. Dass A auf das Anhörungsschreiben geschwiegen hat, schadet nicht.

3. Materielle Rechtmäßigkeit

a) Tatbestand der Ermächtigungsgrundlage

1227 Zunächst müssen die Tatbestandsvoraussetzungen der Ermächtigungsgrundlage erfüllt sein.

Werden bauliche Anlagen im Widerspruch zu öffentlich-rechtlichen Vorschriften errichtet oder geändert, so können die Bauaufsichtsbehörden die teilweise oder vollständige Beseitigung der baulichen Anlagen anordnen, wenn nicht auf andere Weise rechtmäßige Zustände hergestellt werden können, § 74 Abs. 1 BbgBO.

aa) Bauliche Anlage

1228 Um den Tatbestand zu erfüllen, muss es sich bei dem Imbisswagen um eine bauliche Anlage im Sinne des § 2 Abs. 1 BbgBO[7] handeln. Bauliche Anlagen sind mit dem Erdboden verbundene, aus Bauprodukten hergestellte Anlagen. Eine solche Verbindung mit dem Erdboden fehlt hier. Eine Verbindung mit dem Boden besteht jedoch auch dann, wenn die Anlage durch eigene Schwere auf dem Boden ruht oder auf ortsfesten Bahnen begrenzt beweglich ist, oder wenn die Anlage nach ihrem Verwendungszweck dazu bestimmt ist, überwiegend ortsfest benutzt zu werden. Davon ist hier auszugehen. Nach den objektiven Gegebenheiten ist der Imbisswagen dazu bestimmt, auf unbestimmte Zeit am Römerhügel benutzt zu werden, ohne ihn fortzubewegen. Der Imbisswagen ist damit eine bauliche Anlage.

bb) Widerspruch zu öffentlich-rechtlichen Vorschriften

Des Weiteren muss die Aufstellung des Imbisswagens öffentlich-rechtlichen Vorschriften widersprechen. Zu prüfen ist vorrangig Bauordnungs- und Bauplanungsrecht.

(1) Formelle Illegalität

1229 Zunächst kommt eine formelle Illegalität des Vorhabens in Betracht, da A für die Errichtung des Imbisswagens keine Baugenehmigung nach § 54 BbgBO[8] eingeholt hat. Fraglich ist, ob der Imbisswagen einer Baugenehmigung bedarf. Die Errichtung, die Änderung und die Nutzungsänderung baulicher Anlagen bedürfen der Baugenehmigung, soweit sie nicht nach § 55 BbgBO[9] vom Genehmigungserfordernis freigestellt

---

7 Ebenso in allen Bauordnungen der Länder.

8 *Entspricht:* § 49 BO BW; Art. 62 BayBO; § 55 BerlBO; § 59 Abs. 1 BremBO; § 59 HmbBO; § 54 Abs. 1 HessBO; § 59 BO MV; § 68 Abs. 1 NdsBO; § 63 Abs. 1 BO NW; § 61 BO RP; § 60 SaarlBO; § 59 SächsBO; § 58 Abs. 1 BO LSA; § 68 Abs. 1 BO SH; § 62 Abs. 1 ThürBO.

9 *Entspricht:* § 50 BO BW iVm Nr. 30 des Anhangs; Art. 57 Abs. 1 Nr. 4a BayBO; § 62 Abs. 1 Nr. 4a BerlBO; § 61 BremBO iVm Nr. 26 des Anhangs; § 60 Abs. 1 HmbBO iVm Nr. 4 des Anhangs 2; § 55 HessBO iVm Nr. 5.1.1 der Anlage 2; § 61 Abs. 1 Nr. 4a BO MV; § 69 NdsBO iVm Nr. 4 des Anhangs; § 65 Abs. 1 Nr. 18 BO NW; § 62 Abs. 1 Nr. 4b BO RP; § 61 Abs. 1 Nr. 4 SaarlBO; § 61 Abs. 1 Nr. 4 SächsBO; § 60 Abs. 1 Nr. 4a BO LSA; § 69 Abs. 1 Nr. 33 BO SH; § 63 Abs. 1 Nr. 4a ThürBO.

sind. Der Katalog des § 55 enthält keinen Tatbestand, der auf den Imbisswagen Anwendung finden kann. Es bestand folglich eine Genehmigungspflicht. A hat jedoch keine Baugenehmigung beantragt. Der Imbisswagen widerspricht damit formellem Bauordnungsrecht.

Fraglich ist jedoch, ob trotzdem von einer (faktischen) Baugenehmigung auszugehen ist, weil die Behörde trotz Kenntnis der Nutzung nahezu ein Jahr nichts dagegen unternommen hat. Es ist davon auszugehen, dass die Popularität des Imbisses des A auch bis ins Bauordnungsamt vorgedrungen ist. Im bloßen Schweigen bzw. Nichtstun liegt weder ein Verzicht noch eine (aktive) Duldung, d.h. keine verbindliche Regelung dahingehend, von bestehenden Untersagungsbefugnissen keinen Gebrauch zu machen. Eine Genehmigung ist darin nicht zu sehen. Im Ergebnis war das Aufstellen des Imbisswagens formell illegal. Dem Wortlaut nach ist der Tatbestand des § 74 Abs. 1 BbgBO erfüllt. 1230

(2) Materielle Illegalität

Nach § 74 Abs. 1 darf eine Beseitigungsverfügung nur erlassen werden, wenn rechtmäßige Zustände nicht auf andere Art und Weise als durch Beseitigung hergestellt werden können. Aus dieser Formulierung und Gründen der Verhältnismäßigkeit wird grundsätzlich gefordert, dass die bauliche Anlage auch materiell rechtswidrig sein muss, um eine Beseitigungsverfügung zu rechtfertigen. Erst wenn die Übereinstimmung des Vorhabens mit den öffentlich-rechtlichen Vorschriften in einem anhängig zu machenden Baugenehmigungsverfahren nicht festgestellt werden könnte, darf eine Beseitigungsverfügung angeordnet werden. Zu prüfen wäre damit grundsätzlich auch die materielle Illegalität. 1231

Von dieser Regel wird jedoch dann eine Ausnahme gemacht, wenn die Beseitigung der baulichen Anlage ohne Substanzverlust möglich ist. In solchen Fällen bedarf es der Prüfung der materiellen Legalität in der Regel nicht. Das kann der Fall sein, wenn sich die Beseitigung in dem bloßen Abbau oder dem Fortbewegen der baulichen Anlage erschöpft, ohne dass es zu einer Zerstörung wesentlicher Bauteile kommt. Hier reicht für das Beseitigungsverlangen die formelle Baurechtswidrigkeit aus, es sei denn, das Vorhaben wäre offensichtlich genehmigungsfähig. Davon kann nur in besonderen Ausnahmefällen ausgegangen werden. 1232

Ein solcher Ausnahmefall ist hier nicht anzunehmen. Fraglich ist schon, ob das Vorhaben bauplanungsrechtlich nach § 34 Abs. 2 BauGB iVm § 2 BauNVO genehmigungsfähig ist. Nach § 2 Abs. 2 Nr. 2 BauNVO sind in einem Kleinsiedlungsgebiet Läden, Schank- und Speisewirtschaften zulässig, soweit sie der Versorgung der Umgebung dienen. Der Imbiss des A zieht auch über die Grenzen Frankfurts hinaus Kundschaft an. Auch fehlt ein Hinweis darauf, dass der Imbiss für die Versorgung der Bevölkerung des Wohngebiets notwendig ist. In Betracht käme dann nur eine Ausnahme als sonstiger Gewerbebetrieb nach § 2 Abs. 3 BauNVO iVm §§ 31 Abs. 1, 34 Abs. 2 BauGB. Eine Ausnahmeentscheidung liegt jedoch nach § 31 Abs. 1 BauGB im Ermessen der 1233

Behörde. Hinzu tritt, dass bei der Erteilung einer Baugenehmigung nach § 67 Abs. 1 BbgBO[10] andere öffentlich-rechtliche Normen zu prüfen sind. Im Rahmen des Rücksichtnahmegebots nach § 15 BauNVO ist insb. das Immissionsschutzrecht heranzuziehen. Vom Imbissstand können schädliche Umwelteinwirkungen durch Gerüche oder den Anfahrtsverkehr ausgehen. Bauordnungsrechtliche Fragen wie Stellplätze etc. sind auch nicht geklärt. Es fehlt an einer offensichtlichen Genehmigungsfähigkeit. Im vorliegenden Fall genügt daher die formelle Illegalität für den Erlass einer Beseitigungsanordnung nach § 74 Abs. 1 BbgBO.

cc) Ergebnis

Der Tatbestand des § 74 Abs. 1 BbgBO ist erfüllt.

b) Rechtsfolge: Ermessen und Verhältnismäßigkeit

aa) Ermessensfehler

1234 Hier könnte ein Ermessensfehler darin liegen, dass sich die Behörde nur auf den rechtswidrigen Zustand beruft und nicht die Umstände des Einzelfalls betrachtet. Beim Entschließungsermessen bezüglich des Einschreitens gegenüber einem rechtswidrigen Zustand gilt jedoch das sog. „intendierte Ermessen“. Das Gesetz legt in diesen Fällen ein bestimmtes Ergebnis nahe. Nur im Ausnahmefall (atypische Fälle) kann hiervon abgewichen werden. Beim „intendierten Ermessen“ versteht sich das Abwägungsergebnis von selbst und es bedarf deshalb keiner das Selbstverständliche darstellenden Begründung nach § 39 Abs. 1 Satz 3 VwVfG. Es genügt demnach bei einer Beseitigungsverfügung regelmäßig, dass die Behörde zum Ausdruck bringt, der beanstandete Zustand müsse wegen seiner Rechtswidrigkeit beseitigt werden. Eine prinzipielle Handlungspflicht der Behörden wird für das Einschreiten gegen rechts- und ordnungswidrige Zustände angenommen. Einer besonderen Auseinandersetzung mit den Umständen des Einzelfalls bedarf es daher nur, wenn sich dieser in einer für die Ermessensentscheidung erheblichen Weise vom Regelfall abhebt. Ein solcher Sonderfall ist hier nicht zu sehen.

bb) Vertrauensschutz

1235 A könnte sich indes auf Vertrauensschutz berufen, da die Behörde nahezu ein Jahr die illegale Situation geduldet hat. Aus dem bloßen Schweigen/Nichtstun (passive Duldung) lassen sich jedoch idR keine subjektiv-öffentlichen Rechte auf Beibehaltung eines rechtswidrigen Zustands (Bestandsschutz/Vertrauensschutz) herleiten. Nur bei jahrelang geduldeten Schwarzbauten könnte etwas anderes gelten (Übermaßverbot). Der illegale Zustand ist jedoch noch kein Jahr vorhanden. Vertrauensschutz kann mithin nicht bestehen.

---

10 *Entspricht:* § 58 BO BW; Art. 72 BayBO; § 71 BerlBO; § 72 BremBO; § 69 HmbBO; § 64 HessBO; § 72 BO MV; § 75 NdsBO; § 75 BO NW; § 70 BO RP; § 73 SaarlBO; § 72 SächsBO; § 77 BO LSA; § 78 BO SH; § 70 ThürBO.

c) Zwischenergebnis

Die Beseitigungsverfügung ist materiell rechtmäßig.

4. Zwischenergebnis

Die Beseitigungsverfügung ist rechtmäßig. Der Widerspruch ist unbegründet und hat keine Aussicht auf Erfolg.

II. Hilfsgutachten[11]: Rechtmäßigkeit der Anordnung und der Festsetzung

Zu beachten sind bei der Beurteilung der Rechtmäßigkeit der Anordnung und der Festsetzung die allgemeinen Vollstreckungsvoraussetzungen und die besonderen Anforderungen. Allgemeine Vollstreckungsvoraussetzungen sind nach § 15 Abs. 1 BbgVwVG[12] ein vollziehbarer Verwaltungsakt. Auf dessen Rechtmäßigkeit kommt es nicht an. Der Oberbürgermeister hat die sofortige Vollziehung angeordnet. Somit sind die Voraussetzungen des § 15 Abs. 1 BbgVwVG erfüllt. Die Behörde konnte die Zwangsmittel androhen und festsetzen. Die Androhung kann auch gleichzeitig mit der Verfügung erfolgen, vgl. § 23 Abs. 2 Satz 1 BbgVwVG[13], da hier eine Handlung erzwungen werden konnte. Die Fristsetzung war angemessen, da A über drei Wochen Zeit hatte, den Imbisswagen wegzufahren. Mit Fristablauf konnte die Festsetzung nach § 24 BbgVwVG[14] erfolgen. Beide Verwaltungsakte waren damit rechtmäßig. 1236

C. Ergebnis

Der Widerspruch hat keine Aussicht auf Erfolg.

---

11 Der Widerspruch gegen die Anordnung und die Festsetzung ist bereits wegen Erledigung unzulässig. Die Begründetheit ist damit nur im Hilfsgutachten zu prüfen.

12 *Entspricht:* § 2 VwVG BW; Art. 29 BayVwZVG; § 5a BerlVwVfG iVm § 6 BerlVwVG; § 11 BremVwVG; § 18 HmbVwVG; § 2 HessVwVG; § 70 Abs. 1 SOG MV iVm § 110 VwVfG MV; § 64 Abs. 1 NdsSOG iVm § 79 NdsVwVG; § 55 VwVG NW; § 61 VwVG RP; § 18 SaarlVwVG; § 2 SächsVwVG; § 53 SOG LSA iVm § 71 VwVG LSA; § 229 Abs. 1 LVwG SH; § 19 ThürVwZVG.

13 *Entspricht:* § 20 VwVG BW; Art. 36 BayVwZVG; § 5a BerlVwVfG iVm § 13 BerlVwVG; § 17 BremVwVG; § 18 Abs. 1 lit. b) HmbVwVG; § 69 HessVwVG; § 87 SOG MV iVm § 110 VwVfG MV; § 70 NdsSOG iVm § 79 NdsVwVG; § 63 VwVG NW; § 66 VwVG RP; § 19 SaarlVwVG; § 20 SächsVwVG; § 59 SOG LSA iVm § 71 VwVG LSA; § 239 Abs. 1 LVwG SH; § 46 ThürVwZVG.

14 Festsetzung wie in Brandenburg nur nach folgenden Normen erforderlich: § 5a BerlVwVfG iVm § 14 VwVG; § 18 BremVwVG; § 18 Abs. 2 HmbVwVG; § 64 VwVG NW.

Repetitorium

I. Baugenehmigung

1237 Die Baugenehmigung ist das Instrument zur Realisierung von Vorhaben, die bauplanungsrechtlich zulässig sind. Die Baugenehmigung erlaubt dem Bürger in der Regel, ein Vorhaben ins Werk zu setzen. Die Baugenehmigung darf nur versagt werden, wenn das Vorhaben öffentlich-rechtlichen Vorgaben widerspricht, die im bauaufsichtlichen Genehmigungsverfahren zu prüfen sind. Sie ist das wichtigste Instrument zur Sicherung bauordnungsrechtlicher Erfordernisse.

1238 Die Baugenehmigung ist ein VA, der aus einem feststellenden (das Vorhaben entspricht der Rechtsordnung) und einem verfügenden (der Bau wird freigegeben) Teil besteht. Demnach stellt die Baugenehmigung das Bestehen eines baurechtlichen Anspruchs fest und erlaubt den Baubeginn. Die Baugenehmigung beinhaltet ferner die Erlaubnis, die der Genehmigung entsprechende Anlage in dem zugelassenen Umfang zu nutzen (Nutzungsgenehmigung).

1239 Sie ist in der Regel ein **VA mit Doppelwirkung**, weil sie den Bauherrn begünstigt und den Nachbarn belastet.

1240 Neben der einfachen Baugenehmigung bestehen auch Sonderformen. Zu nennen sind hier der Bauvorbescheid und die Teilbaugenehmigung. Ein **Bauvorbescheid** beantwortet die Vorfrage der Bebaubarkeit des Grundstücks nach §§ 29 ff. BauGB. Rechtlich ist der Bauvorbescheid nicht eine Zusicherung iSv § 38 VwVfG, sondern ein vorweggenommener Teil der (später zu erteilenden) Baugenehmigung. Er ist also ein VA. Er erlaubt aber nicht die Errichtung einer baulichen Anlage. Die **Teilbaugenehmigung** erlaubt dem Bauherrn, nach Einreichung des Bauantrags und vor seiner Genehmigung aufgrund eines weiteren schriftlichen Antrags mit dem Ausschachten der Baugrube und mit weiteren Arbeiten zu beginnen. Voraussetzung für die Erteilung einer Teilbaugenehmigung ist, dass das Gesamtvorhaben mit den einschlägigen öffentlich-rechtlichen Vorschriften übereinstimmt.

1. Die Notwendigkeit einer Baugenehmigung

Die Errichtung, die Änderung, die Nutzungsänderung und der Abbruch einer baulichen Anlage bedürfen nach allen Landesbauordnungen einer Baugenehmigung, soweit gesetzlich nichts anderes bestimmt ist. Grundsätzlich gilt das Genehmigungserfordernis.

Hinsichtlich gesetzlicher Ausnahmen sind zwei Fälle zu unterscheiden:

- über die Genehmigung eines Vorhabens wird im Rahmen eines anderen Verfahrens mit entschieden (z.B. Anlagengenehmigung nach §§ 6, 13 BImSchG)
- die Landesbauordnungen enthalten selbst Ausnahmen vom Erfordernis der Baugenehmigung

Genehmigungsfreiheit bedeutet, dass der Bauherr weder ein Genehmigungs- noch ein Anzeigeverfahren durchführen muss. Die Genehmigungsfreiheit entbindet ihn nicht von der Pflicht, den Bau, den Abriss eines Vorhabens etc. entsprechend den materiellen Vorschriften der Bauordnungen vorzunehmen. Für die zuvor genannten genehmigungsfreien Vorhaben ist festzustellen: Sie sind in den jeweiligen Landesbauordnungen selbst, in einem Anhang zu ihnen oder in einer Rechtsverordnung aufgrund der Landesbauordnung abschließend aufgezählt.

2. Der Anspruch auf Erteilung einer Baugenehmigung

Der Bürger hat bei Erfüllung der bauplanungsrechtlichen und bauordnungsrechtlichen **1241**
Voraussetzungen einen Anspruch auf Erteilung der Baugenehmigung. Es handelt sich um eine gebundene Entscheidung der Behörde; der Behörde steht kein Ermessen zu. Sie kann die Erfüllung des Genehmigungsanspruchs nicht von einer Gegenleistung abhängig machen. Es besteht ein sog. Koppelungsverbot. Ein entsprechender Vertrag ist nichtig, § 59 Abs. 2 Nr. 4 iVm § 56 Abs. 2 VwVfG.

Maßgeblich für die Entscheidung über den Bauantrag und den Anspruch auf Erteilung **1242**
einer Baugenehmigung ist die Sach- und Rechtslage im Zeitpunkt der behördlichen Entscheidung über den Antrag. Der Zeitpunkt der Antragstellung ist bedeutungslos.

3. Das Verfahren auf Erteilung einer Baugenehmigung

Die Landesbauordnungen enthalten Vorschriften verfahrensrechtlicher Art, die für die **1243**
Erteilung einer Baugenehmigung bedeutsam sind.

Die Baugenehmigung wird nach Stellung eines Bauantrags erteilt. Der Bauantrag muss **1244**
vollständig sein; alle für die Beurteilung des Antrags erforderlichen Unterlagen (Bauvorlagen) sind einzureichen.

Die Gemeinde, in der das Vorhaben ausgeführt werden soll, ist zu beteiligen, § 36 Abs. 1 BauGB. Die Gemeinde kann aus bauordnungsrechtlichen Gründen ihr Einvernehmen nicht verweigern. Andere Behörden können an dem Verfahren beteiligt sein. Ob sie zu beteiligen sind, regeln die Landesbauordnungen.

Die Beteiligung des Nachbarn regeln die Landesbauordnungen höchst unterschiedlich. **1245**
Übereinstimmung ist lediglich insoweit festzustellen, als es einer Beteiligung des Nachbarn nicht bedarf, wenn seine Zustimmung zum Bauvorhaben vorliegt. Die Beteiligung des Nachbarn entfällt, wenn seine Interessen von dem Vorhaben offensichtlich unberührt bleiben.

Nachbar ist immer eine Person, die Eigentümer oder sonst dinglich Berechtigter an **1246**
einem Grundstück ist. Nicht davon umfasst sind obligatorische Berechtigte wie Mieter oder Pächter, weil sich der Begriff „Nachbar" am Grundstück orientiert. Wegen möglichen Nutzungsbeschränkungen muss sich dieser an den Eigentümer wenden. Eine Aus-

nahme wird dann gemacht, wenn das Recht aus Art. 2 Abs. 2 GG betroffen ist[15]. Welcher Personenkreis gegen Aktivitäten durch Bauherren geschützt ist, definiert der Begriff „Nachbar". Insoweit sind zwei unterschiedliche Begriffsinhalte zu trennen: zum einen die Identifikation des Begriffs „Nachbar" mit „Angrenzer", dieser Inhalt ist nach einigen Landesbauordnungen für die Beteiligung im Genehmigungsverfahren bedeutsam; zum anderen ist „Nachbar", wer durch das Baurecht als solcher gegen bauliche Aktivitäten durch Bauherren geschützt ist. Die Antwort auf diese Frage ist abhängig von der Reichweite des Schutzes der Norm, die nachbarschützenden Charakter besitzt.

1247 Die Baugenehmigung bedarf der Schriftform. Nachbarn, deren Einwendungen im Genehmigungsverfahren unberücksichtigt blieben, ist die Entscheidung der Baugenehmigungsbehörde bekannt zu geben.

4. Die Wirkungen der Baugenehmigung

1248 Die Baugenehmigung hat zwei Funktionen: Sie sichert vor ihrer Ausnutzung das Recht zu bauen, nach ihrer Ausnutzung sichert sie den Bestand des fertig gestellten Bauwerks. Diese Sicherungsfunktion besteht nach den Grundsätzen über die Bestandskraft von VAen (§§ 48–51 VwVfG). Die Baugenehmigung entfaltet ihre Sicherungsfunktion unabhängig davon, ob die Baugenehmigung dem materiellen Recht entspricht oder nicht.

1249 Sie lässt die festgestellte Rechtmäßigkeit des Vorhabens auch dann fortbestehen, wenn das Vorhaben wegen einer später eingetretenen Änderung der Rechtslage nicht mehr genehmigungsfähig wäre. Nach Ausnutzung der Baugenehmigung erlischt sie nicht, sie bleibt bestehen.

1250 Die Baugenehmigung ist nicht an die Person des Antragstellers gebunden. Sie ist auf das Grundstück und auf das Bauvorhaben bezogen. Sie hat somit dinglichen Charakter. Deswegen gilt sie auch für und gegen den Rechtsnachfolger des Bauherrn und des Nachbarn.

II. Illegalität einer baulichen Anlage – bauordnungsrechtliche Eingriffsbefugnisse

1251 Die Baugenehmigung enthält für das Vorhaben eine Unbedenklichkeitsbescheinigung. Diese Bescheinigung drückt aus, dass das Vorhaben weder dem Bauplanungsrecht noch dem Bauordnungsrecht widerspricht. Ein ohne die erforderliche Baugenehmigung errichtetes Vorhaben ist illegal. Zu unterscheiden ist die materielle und formelle Illegalität. Bei der formellen Voraussetzung fehlt es an der Erteilung einer Genehmigung, obwohl das Vorhaben genehmigungsbedürftig ist. Bei der materiellen Illegalität steht die Errichtung, die Nutzung oder Änderung der baulichen Anlage im Widerspruch zu öffentlich-rechtlichen Vorschriften, die bereits die Genehmigungsfähigkeit verhindern. Bei bloßer formeller Illegalität ist das Vorhaben an sich genehmigungsfähig.

15 BVerwG, NVwZ 1998, 956.

Die Bauaufsichtsbehörde darf gegen den illegalen Bau („Schwarzbau“) jederzeit einschreiten. Sie wird dazu entweder durch Spezialbestimmungen der Landesbauordnungen oder durch die bauordnungsrechtliche Generalklausel ermächtigt. Ein Rückgriff auf die polizeiliche Generalklausel ist selten notwendig. 1252

1. Arten der Eingriffsbefugnisse

Bei der Illegalität kennen die Landesbauordnungen in der Regel drei Arten der Eingriffsbefugnisse, um die Illegalität zu beseitigen. Diese sind die: 1253

- Baueinstellung (Baustopp oder ggf. Stilllegungsverfügung),
- Beseitigung (Abbruchsverfügung),
- Nutzungsuntersagung.

Die **Baueinstellung** ist in der Regel auszusprechen, wenn sich die bauliche Anlage noch in der Errichtungsphase befindet. Damit soll eine sich steigernde Rechtsverletzung verhindert werden.

Wie das Wort **Beseitigung** bereits aussagt, ist den Baubehörden auch die Möglichkeit eingeräumt, die Beseitigung einer baulichen Anlage zu fordern.

Bei der **Nutzungsuntersagung** ist lediglich die Nutzung der baulichen Anlage aufgrund behördlicher Anordnung nicht mehr möglich.

2. Intensität der Bauaufsichtsmaßnahmen

Die Intensität der zu ergreifenden Bauaufsichtsmaßnahmen ist davon abhängig, ob die Schwarzbauten nur formell oder auch materiell illegal sind. Wenn die Bauaufsichtsbehörde zu dem Ergebnis gelangt, dass einem Bauwerk die erforderliche Genehmigung fehlt, so bedeutet dieses Fehlen noch nicht, dass die Beseitigung des Bauwerks verlangt werden kann. Es widerspricht dem Grundsatz der Verhältnismäßigkeit sowie der eigentumsrechtlich gewährleisteten Baufreiheit, wenn ein bloß formell illegales Bauwerk abgebrochen werden muss. Die lediglich formelle Illegalität soll für einen Abriss indes genügen, wenn die Beseitigungsverfügung einem Nutzungsverbot gleichkommt; dies gilt z.B. für eine Fertiggarage[16] und für eine Flutlichtanlage[17]. Weiterhin darf das Bauwerk keinen Bestandsschutz genießen. Eine später eintretende materielle Illegalität rechtfertigt eine Beseitigung nicht, wenn bei Genehmigungserteilung Genehmigungsfähigkeit bestand. Ein Rohbau ist jedoch nicht bestandsgeschützt[18]. 1254

Wenn ein Bauwerk materiell legal ist – wenn eine Baugenehmigung erteilt werden kann –, dann darf die Baugenehmigungsbehörde nicht den Abriss des Bauwerks verlangen, sondern muss den Eigentümer auffordern, die formelle Illegalität beseitigen zu helfen, indem er einen Bauantrag stellt. Die für die Prüfung erforderlichen Bauunterlagen können vom Bauherrn eingefordert werden. Die Baugenehmigungsbehörde kann bis zum Abschluss der Prüfung entweder die Fortsetzung der Bauarbeiten verbieten (Stilllegungsverfügung) oder aber dann, wenn die Bauarbeiten bereits abgeschlossen 1255

16 HessVGH, BRS 52 Nr. 239; a.A. *Mampel*, BauR 1996, 13, 16.
17 OVG SH, BauR 1992, 742; a.A. *Mampel*, ebd.
18 HessVGH, NVwZ-RR 1992, 531.

sind, die Ingebrauchnahme des Vorhabens untersagen (Nutzungsverbot), oder aber, wenn das Bauwerk schon bezogen ist, ein Räumungsgebot aussprechen. Ein Räumungsgebot darf indes nur dann ausgesprochen werden, wenn es verhältnismäßig ist. Das ist z.B. der Fall, wenn das Wohnen in dem betreffenden Haus gesundheitsgefährdend erscheint.

1256 Wenn die bauaufsichtliche Prüfung das Ergebnis erbringt, dass das Vorhaben nicht nur formell, sondern auch materiell illegal und darum nicht genehmigungsfähig ist, so kann die Behörde den Abbruch verfügen[19]. Ob sie eine Abbruchverfügung erlässt, steht in ihrem Ermessen. Wie jedes Ermessen kann auch dieses entsprechend den Umständen des konkreten Einzelfalls auf Null reduziert sein. Maßgeblicher Zeitpunkt für die Beurteilung der materiellen Illegalität ist die aktuelle Rechtslage zum Zeitpunkt der behördlichen Entscheidung[20]. Eine bauaufsichtsbehördliche Beseitigungsanordnung darf nicht gegen Art. 3 Abs. 1 GG verstoßen, indem sie vergleichbare Gebäude in der Nähe behördlich unbeanstandet lässt[21]. Ein weiterer Fall für den Erlass einer Abbruchverfügung ist derjenige, dass eine erteilte Baugenehmigung aufgrund eines Nachbarwiderspruchs oder einer Nachbarklage aufgehoben worden ist. In den Fällen wird der Baugenehmigungsbehörde kein Ermessen zugestanden. Es wird gesagt, der Nachbar habe einen Anspruch auf Erlass der Abbruchverfügung. Dieser Anspruch wird aus dem Gesichtspunkt der Folgenbeseitigung oder der Folgenbeseitigungslast hergeleitet[22]. Lehnt man diese Auffassung ab und gesteht der Baugenehmigungsbehörde einen Ermessensspielraum zu, dann darf davon ausgegangen werden, dass es nur in Ausnahmefällen ermessensfehlerfrei sein kann, von einer Abbruchverfügung abzusehen[23], weil ansonsten das Nachbarrecht nicht durchgesetzt werden könnte.

Hinweis: Im Falle einer einen Schwarzbau betreffenden Klausur ist zu prüfen, ob das Vorhaben materiell illegal ist. Fehlt es daran, ist eine Abbruchverfügung rechtswidrig. Ist das Vorhaben sowohl formell als auch materiell illegal, so kann eine Abbruchverfügung gleichwohl rechtswidrig sein, wenn sie unverhältnismäßig ist.

Welche Art der Illegalität ist für welche bauordnungsbehördliche Maßnahme notwendig?

1257

Art der Maßnahme	Formelle Illegalität	Materielle Illegalität
Baueinstellung	+	
Nutzungsuntersagung	+	+
		(jedoch nur bei dauerhafter Nutzungsuntersagung)
Beseitigung	+	+

19 Die h.M. fordert formelle und materielle Illegalität für eine Abbruchverfügung, vgl. BVerwG, BauR 1988, 711 ff. A.A. *Mampel*, BauR 1996, 13, 19, der allein materielle Illegalität für ausreichend hält.
20 Ausführlich hierzu *Mampel*, BauR 1996, 13, 17.
21 NdsOVG, NVwZ-RR 1994, 249.
22 VGH BW, VBlBW 1992, 148.
23 OVG NW, NJW 1984, 883.

III. Die Systematik der §§ 29–35 BauGB

Die planungsrechtliche Zulässigkeit eines Vorhabens ist vom Gebietstyp abhängig, in dem es errichtet werden soll. In den §§ 30–35 BauGB werden folgende Fälle planungsrechtlicher Zulässigkeit von Vorhaben unterschieden: **1258**

- Bauvorhaben **im Planbereich** (erster Fall),
- Bauvorhaben im **unbeplanten Bereich** (zweiter Fall).

Der **erste Fall** ist entsprechend der Intensität der Festsetzungen des Bebauungsplans – man unterscheidet einen qualifizierten und einen einfachen Bebauungsplan – auszudifferenzieren in: **1259**

- Bauvorhaben im Bereich eines **qualifizierten Planbereichs**,
- Bauvorhaben im Bereich eines **einfachen Planbereichs**.

Der **zweite Fall** ist entsprechend der Intensität der vorhandenen Bebauung – man unterscheidet unter diesem Aspekt den Innenbereich und den Außenbereich – auszudifferenzieren in: **1260**

- Bauvorhaben im **Innenbereich**,
- Bauvorhaben im **Außenbereich**.

Mit Blick auf die Bauvorhaben im **qualifizierten Planbereich** sind hier insbesondere drei Fälle zu nennen: **1261**

- § 30 Abs. 1 BauGB: Zulässigkeit aufgrund von Plankonformität,
- § 31 Abs. 1 BauGB: Zulässigkeit aufgrund einer plankonformen Ausnahme,
- § 31 Abs. 2 BauGB: Zulässigkeit trotz Planabweichung wegen der Erfüllung eines gesetzlichen Befreiungstatbestands.

Mit Blick auf die Bauvorhaben **im einfachen Planbereich** sind hier insbesondere zwei Fälle zu nennen: **1262**

- § 30 Abs. 3 iVm § 34 Abs. 1 BauGB: Zulässigkeit bei Plankonformität (einfacher Bebauungsplan) und Gesetzeskonformität,
- § 30 Abs. 3 iVm § 35 BauGB: Zulässigkeit bei Plankonformität (einfacher Bebauungsplan) und Gesetzeskonformität.

Mit Blick auf die Vorhaben **im unbeplanten Bereich** lassen sich ebenfalls drei Fälle unterscheiden: **1263**

- § 34 BauGB (Innenbereich): Zulässigkeit bei Einfügung in Nachbarschaft und wenn öffentliche Belange nicht entgegenstehen,
- § 35 BauGB (Außenbereich): Zulässigkeit bei Privilegierung und wenn öffentliche Belange nicht entgegenstehen, § 35 Abs. 1,
- § 35 BauGB (Außenbereich): Zulässigkeit im Einzelfall, wenn öffentliche Belange nicht beeinträchtigt werden, § 35 Abs. 2–4.

In allen zuvor aufgezählten Fällen ist eine weitere Prämisse zu beachten: Es muss die **Erschließung gesichert** sein, §§ 30 Abs. 1, 33 Abs. 1 Nr. 4, 34 Abs. 1, 35 Abs. 1 BauGB. **1264**

IV. Zulässigkeit im Innenbereich, § 34 BauGB

1. Definition des Begriffs „Innenbereich“

1265 Das Vorliegen eines Innenbereichs setzt einen im Zusammenhang bebauten Ortsteil voraus. Maßgebend für einen *Bebauungszusammenhang* ist, ob eine tatsächlich aufeinander folgende, zusammenhängende Bebauung besteht[24]. Ein im Zusammenhang bebauter Ortsteil kann sich auch über die Gemeindegrenze hinaus erstrecken[25]. Schwierigkeiten bereiten *Baulücken*. Ausschlaggebend ist, inwieweit die vorhandene Bebauung den Eindruck der Geschlossenheit vermittelt; letztlich ist das nach der Verkehrsanschauung zu entscheiden[26].

1266 Ferner muss das Grundstück selbst einen Bestandteil des Zusammenhangs bilden[27]. Dieses Erfordernis schließt indes nicht aus, dass auch eine Randlage zu einem Bebauungszusammenhang gehört[28]. Immer ist die tatsächlich vorhandene Bebauung entscheidend, nicht hingegen kommt es darauf an, ob diese rechtmäßig erfolgt ist. Auch sind die formalen Grundstücksgrenzen unbeachtlich.

1267 § 34 Abs. 1 BauGB fordert, dass der Bebauungszusammenhang zu einem *Ortsteil* gehört. Dieses Tatbestandsmerkmal soll „die nach der Siedlungsstruktur angemessene Fortentwicklung der Bebauung innerhalb des gegebenen Bereichs“[29] sichern. Demgemäß ist *Ortsteil* jeder Bebauungskomplex im Gebiet einer Gemeinde, der nach der Zahl der vorhandenen Bauten ein gewisses Gewicht besitzt und Ausdruck einer organischen Siedlungsstruktur ist. Letzteres fehlt bei einer völlig regellosen Bebauung. Die Zahl der erforderlichen Bauten ist abhängig von der Siedlungsform der jeweiligen Gegend.

2. Zulässigkeit im Innenbereich nach § 34 Abs. 1 BauGB

1268 Nach § 34 Abs. 1 BauGB ist ein Vorhaben im unbeplanten Innenbereich zulässig, wenn es sich:

- nach Art und Maß der baulichen Nutzung, Bauweise und der Grundstücksfläche, die überbaut werden soll, in die Eigenart der näheren Umgebung einfügt,
- wenn die Anforderungen an die gesunden Wohn- und Arbeitsverhältnisse gewahrt bleiben und das Ortsbild nicht beeinträchtigt wird.

Entscheidendes Merkmal nach § 34 Abs. 1 Satz 1 BauGB ist, dass sich das Bauvorhaben in die Eigenart der näheren Umgebung einfügt.

1269 Als *„nähere Umgebung“* kommen über die Nachbargrundstücke hinaus alle Grundstücke in Betracht, auf die sich die Ausführung des Vorhabens auswirken kann und soweit die Umgebung ihrerseits den grundsätzlichen Charakter des Baugrundstücks prägt oder

24 BVerwGE 31, 22; vgl. auch BVerwG, BauR 1994, 494.
25 NdsOVG, NVwZ-RR 1996, 132, 133.
26 BVerwG, BRS 20 Nr. 67.
27 BVerwGE 41, 228.
28 BVerwG, DÖV 1972, 827.
29 BVerwGE 31, 27.

doch beeinflusst[30]. Unter *„Eigenart"* wird die Prägung durch die vorhandene Bebauung verstanden. Was in ihr bereits als Fremdkörper erscheint, ist außer Acht zu lassen. Abzustellen ist auf die städtebauliche Eigenart, also auf alles „Vorhandene", sofern es prägende Wirkung hat. Ein Vorhaben *„fügt"* sich *„ein"*, wenn es sich innerhalb des vorgegebenen Rahmens hält. Bei der Bestimmung des Rahmens ist grundsätzlich auf die BauNVO zurückzugreifen[31]. Indes geht es weniger um Einheitlichkeit denn um Harmonie. Ein Überschreiten des Rahmens ist somit zulässig, sofern keine neue bodenrechtliche Spannung in das Gebiet hineingetragen wird. „Einfügen" führt nicht zur Erzwingung von Uniformität[32].

In dem Merkmal des „Einfügens" sieht das Bundesverwaltungsgericht das so genannte **1270** *Gebot der Rücksichtnahme* enthalten. Der Inhalt des Gebots besteht in der Verpflichtung des Bauherrn, seinen Neubau so zu gestalten und das Grundstück so auszunutzen, dass beides mit den Interessen der Nachbarn, ihr Eigentum unbeeinträchtigt zu sehen, nicht kollidiert, soweit dieses schutzwürdig ist.

Das Vorhaben muss schließlich öffentlichen Belangen entsprechen. Das Gesetz nennt in **1271** § 34 Abs. 1 Satz 2 BauGB die Wahrung der Anforderungen an gesunde Wohn- und Arbeitsverhältnisse sowie die Nichtbeeinträchtigung des Ortsbilds. Danach kann ein zum Wohnen bestimmtes Gebäude in einem Gebiet unzulässig sein, das sich durch Immissionsbelastung auszeichnet[33]. Die Prüfung eines Vorhabens unter dem Aspekt „Beeinträchtigung des Ortsbilds" hat auch seine ästhetische Wirkung zu berücksichtigen.

3. Zulässigkeit im Innenbereich nach § 34 Abs. 2 BauGB

Bei § 34 BauGB sind zwei verschiedene Varianten zu unterscheiden. Absatz 2 ist zu **1272** Absatz 1 lex specialis. Absatz 2 findet dann Anwendung, wenn die Eigenart der näheren Umgebung einem der Baugebiete der BauNVO entspricht. Ein Rückgriff auf Absatz 1 ist dann nicht mehr erforderlich.

30 BVerwGE 55, 386.
31 Vgl. BVerwG, BauR 1995, 361 ff.
32 Ebd.
33 OVG NW, BRS 32 Nr. 49.

Fall 25**

Der geplagte Rechtsanwalt

Schwerpunkte: Klagebefugnis bei einer Drittanfechtung; Probleme mit dem Vorverfahren; Untätigkeitsklage; materielles Baurecht: qualifizierter Bebauungsplan; Baunutzungsverordnung

1273 A ist Eigentümer eines freistehenden, eingeschossigen Einfamilienhauses in der Rosenstraße. Diese befindet sich in der Siedlung „Blumental" in Frankfurt (Oder). Ein qualifizierter Bebauungsplan weist sie seit 1998 als reines Wohngebiet aus.

Gegenüber dem Haus des A auf der anderen Straßenseite befindet sich ebenfalls ein eingeschossiges Einfamilienhaus; es gehört seit kurzem dem Rechtsanwalt Dr. R. R will das Gebäude umbauen lassen. Das Erdgeschoss soll vollständig als Kanzlei dienen. Im Dachgeschoss will R wohnen. Die Büroräume werden 70 % der bewohnbaren Fläche einnehmen, die Dachwohnung 30 %. Das Bauaufsichtsamt beim Oberbürgermeister der Stadt Frankfurt (Oder) erteilt R am 10.1. die beantragte Baugenehmigung.

Das Bauaufsichtsamt lässt dem A eine Abschrift der Baugenehmigung zukommen. A ist verärgert. Er meint, wenn das Vorhaben verwirklicht werde, würde sich der Charakter der Siedlung verändern. A stellt am 20.1. beim Oberbürgermeister der Stadt Frankfurt (Oder) – Bauaufsichtsamt – den Antrag, die „fehlerhafte und sachlich unrichtige Baugenehmigung für das Vorhaben des R durch Bescheid zurückzunehmen bzw. aufzuheben".

Dieser Antrag wird abgelehnt. In der Begründung wird ausgeführt, der Antrag auf Rücknahme werde in einen Antrag auf Widerruf der Baugenehmigung umgedeutet. Gleichwohl sei der Antrag unbegründet, weil das Vorhaben des R planungsrechtlich zulässig sei, im Übrigen seien Widerrufsgründe nicht ersichtlich.

Gegen diesen Bescheid legt A fristgerecht Widerspruch beim Bauaufsichtsamt ein. Der Widerspruch wird mit Bescheid vom 15.3. zurückgewiesen.

A beauftragt nunmehr Rechtsanwalt B damit, die Sache weiter zu verfolgen. B ist der Auffassung, dass das Schreiben des A vom 20.1. „doch wohl als Widerspruch zu verstehen gewesen" sei und erhebt namens des A am 5.5. Klage beim Verwaltungsgericht Frankfurt (Oder) mit dem Antrag, die Baugenehmigung aufzuheben.

Wie wird das Verwaltungsgericht entscheiden?

Bearbeitervermerk: Es ist davon auszugehen, dass der Umbau genehmigungspflichtig ist. Ferner ist davon auszugehen, dass das Vorhaben des R, soweit der Sachverhalt keine Angaben enthält, zulässig ist. – Sollten Sie zur Unzulässigkeit der Klage kommen, ist die Begründetheit im Wege des Hilfsgutachtens zu prüfen. R hat das Vorhaben noch nicht begonnen. – Die in allen Landesbauordnungen gleich lautende Norm betreffend den Anspruch auf Erteilung einer Baugenehmigung findet sich in § 67 Abs. 1 Satz 1 BbgBO[1]; die Genehmigungspflichtigkeit eines Umbaus enthalten alle Landesbauordnungen, in Brandenburg findet sich die Vorschrift in § 54 BbgBO[2].

Vorüberlegung

Der Fall enthält die Problematik der Drittanfechtung eines Verwaltungsakts, hier einer **1274**
Baugenehmigung. Die Klagebefugnis bestimmt sich in diesen Fällen nicht nach der Adressatentheorie. Der Bearbeiter muss positiv wissen, dass Festsetzungen des Bebauungsplans betreffend die Art der baulichen Nutzung drittschützend sind. Die materiellen Probleme des Falls sind die klassischen baurechtlichen: Einstieg mit Hilfe des Landesrechts: Anspruch auf Erteilung der Baugenehmigung, Genehmigungspflichtigkeit eines Vorhabens; dann die Bearbeitung der materiellen Seite mit Hilfe des BauGB und der BauNVO.

Gliederung

I. Sachentscheidungsvoraussetzungen **1275**
1. Eröffnung des Verwaltungsrechtswegs
2. Statthafte Klageart
3. Verfahrensartabhängige Sachentscheidungsvoraussetzungen
   a) Klagebefugnis
   b) Vorverfahren
   c) Klagefrist
   d) Passive Prozessführungsbefugnis
4. Beteiligtenfähigkeit
5. Beiladung
6. Zwischenergebnis

II. Die Begründetheit der Klage
1. Ermächtigungsgrundlage
2. Rechtmäßigkeit der Baugenehmigung
   a) Formelle Rechtmäßigkeit
   b) Materielle Rechtmäßigkeit
3. Rechtsverletzung

III. Ergebnis

1 *Entspricht:* § 58 BO BW; Art. 72 BayBO; § 71 BerlBO; § 72 BremBO; § 69 HmbBO; § 64 HessBO; § 72 BO MV; § 75 NdsBO; § 75 BO NW; § 70 BO RP; § 73 SaarlBO; § 72 SächsBO; § 77 BO LSA; § 78 BO SH; § 70 ThürBO.

2 *Entspricht:* § 49 BO BW; Art. 62 BayBO; § 55 BerlBO; § 59 Abs. 1 BremBO; § 59 HmbBO; § 54 Abs. 1 HessBO; § 59 BO MV; § 68 Abs. 1 NdsBO; § 63 Abs. 1 BO NW; § 61 BO RP; § 60 SaarlBO; § 59 SächsBO; § 58 Abs. 1 BO LSA; § 68 Abs. 1 BO SH; § 62 Abs. 1 ThürBO.

Lösung

Die Klage des A hat Aussicht auf Erfolg, wenn sie zulässig und begründet ist.

I. Sachentscheidungsvoraussetzungen

1. Eröffnung des Verwaltungsrechtswegs

1276 Die Eröffnung des Verwaltungsrechtswegs richtet sich nach § 40 Abs. 1 Satz 1 VwGO. Der Rechtsstreit des A muss eine öffentlich-rechtliche Streitigkeit nichtverfassungsrechtlicher Art sein, die gesetzlich nicht einem anderen Gericht zugewiesen ist. Eine öffentlich-rechtliche Streitigkeit ist gegeben, wenn die streitentscheidende Norm dem öffentlichen Recht zugehört. Streitentscheidend sind hier Normen des Baurechts: das Baugesetzbuch, die Baunutzungsverordnung und die Bauordnung des Landes Brandenburg; diese Normen sind öffentlich-rechtlicher Natur. – Die Streitigkeit ist weder verfassungsrechtlicher Art noch einem anderen Gericht zugewiesen. – Der Verwaltungsrechtsweg ist eröffnet.

2. Statthafte Klageart

1277 A begehrt die Aufhebung der dem R erteilten Baugenehmigung. Die Baugenehmigung ist ein Verwaltungsakt, der sich noch nicht erledigt hat. Statthafte Klageart ist die Anfechtungsklage in Form einer Drittanfechtungsklage nach § 42 Abs. 1 VwGO.

3. Verfahrensartabhängige Sachentscheidungsvoraussetzungen

a) Klagebefugnis

1278 Nach § 42 Abs. 2 VwGO muss A geltend machen können, durch die Baugenehmigung in seinen Rechten verletzt zu sein. Da A nicht ihr Adressat ist, beurteilt sich seine Klagebefugnis danach, ob er möglicherweise in einem subjektiv-öffentlichen Recht verletzt ist. Dieses muss sich aus einer Norm mit drittschützendem Charakter ergeben. Drittschützende Norm kann eine Festsetzung des Bebauungsplans sein: die Art der baulichen Nutzung iSv § 1 Abs. 2 BauNVO. Nach allgemeiner Auffassung dienen Baugebietsfestsetzungen dem Nachbarschutz und sind deshalb drittschützend. Die Siedlung ist als reines Wohngebiet festgesetzt. Die Grundstückseigentümer haben einen Anspruch darauf, dass in dem Gebiet nur solche Vorhaben zugelassen werden, die in einem reinen Wohngebiet zulässig sind.

Es kann nicht ausgeschlossen werden, dass die von R angestrebte Nutzung unzulässig und deshalb A in seinem Anspruch auf Gebietserhaltung verletzt ist. A ist klagebefugt.

b) Vorverfahren

1279 Nach den §§ 68 ff. VwGO ist vor Erhebung der Anfechtungsklage ordnungsgemäß und erfolglos ein Vorverfahren durchzuführen.

A hat ein Widerspruchsverfahren durchgeführt. Fraglich ist, ob dieses Vorverfahren als Zulässigkeitsvoraussetzung der von A erhobenen Anfechtungsklage genügt. Das Widerspruchsverfahren hat zum Gegenstand den Antrag des A vom 20. 1.; es ist auf die Verpflichtung der Behörde zur Rücknahme der Baugenehmigung gerichtet. Damit bezieht es sich nicht auf den Gegenstand der erhobenen Anfechtungsklage, sondern auf eine Verpflichtungsklage. Das durchgeführte Vorverfahren ist für die Anfechtungsklage bedeutungslos.

A hat einen als solchen bezeichneten Widerspruch gegen die Baugenehmigung nicht **1280** eingelegt. Zu prüfen ist aber, ob die Behörde seinen Antrag vom 20. 1. als Widerspruch verstehen musste. Als empfangsbedürftige Willenserklärung ist der Antrag des A nach den §§ 133, 157 BGB analog auszulegen. Entscheidend ist, wie der Empfänger die Erklärung bei objektiver Betrachtungsweise verstehen muss. Maßgeblich ist der geäußerte Wille des Erklärenden. Bei der Ermittlung des wirklichen Willens ist zugunsten des Bürgers davon auszugehen, dass er denjenigen Rechtsbehelf einlegt, der seinem Begehren entspricht und der eingelegt werden muss, um den erkennbar angestrebten Erfolg zu erreichen. A bezeichnet die R erteilte Baugenehmigung als „fehlerhaft und sachlich unrichtig“, die zurückgenommen bzw. aufgehoben werden solle. Das Bauaufsichtsamt hat diese Äußerung als Antrag auf Widerruf ausgelegt. Dem Schreiben ist indes das Ziel zu entnehmen, die für rechtswidrig gehaltene Baugenehmigung zu beseitigen. Dieses Ziel entspricht einem Anfechtungswiderspruch. Ferner deutet die Formulierung, die Baugenehmigung sei aufzuheben, auf eine Anfechtung hin. Folglich ist der Antrag des A vom 20.1. als Widerspruch auszulegen. Auf diesen Widerspruch hin ist jedoch ein Widerspruchsbescheid nicht ergangen; der ablehnende Bescheid bezieht sich auf die Verpflichtung der Behörde zur Rücknahme der Baugenehmigung. Über den von A erhobenen Widerspruch ist nicht entschieden; § 75 VwGO ist anwendbar. Nach § 75 Satz 1 VwGO ist eine Klage auch ohne erfolglos durchgeführtes Vorverfahren zulässig, wenn über einen Widerspruch in angemessener Frist nicht sachlich entschieden wurde.

c) Klagefrist

Nach § 75 Satz 2 VwGO kann eine Anfechtungsklage als Untätigkeitsklage nicht vor **1281** Ablauf von drei Monaten seit der Einlegung des Widerspruchs erhoben werden. Dieser Zeitraum ist verstrichen. Die Klagefrist ist eingehalten.

d) Passive Prozessführungsbefugnis

Nach § 78 Abs. 1 Nr. 2 VwGO iVm § 8 Abs. 2 Satz 1 BbgVwGG ist richtiger Klagegeg- **1282** ner der Oberbürgermeister der Stadt Frankfurt (Oder).

4. Beteiligtenfähigkeit

A ist als natürliche Person nach § 61 Nr. 1 VwGO, die Behörde nach § 61 Nr. 3 VwGO **1283** iVm § 8 Abs. 1 BbgVwGG beteiligtenfähig.

5. Beiladung

1284 Die gerichtliche Entscheidung betrifft unmittelbar und zwangsläufig Rechte des R. Er ist nach § 65 Abs. 2 VwGO notwendig beizuladen.

6. Zwischenergebnis

Die Sachentscheidungsvoraussetzungen liegen vor. Die Klage des A ist zulässig.

II. Die Begründetheit der Klage

Die Klage des A ist begründet, soweit die Baugenehmigung rechtswidrig ist und ihr Erlass ihn in seinen Rechten verletzt, § 113 Abs. 1 Satz 1 VwGO.

1. Ermächtigungsgrundlage

1285 Die Ermächtigungsgrundlage für den Erlass einer Baugenehmigung bildet § 67 Abs. 1 Satz 1 BbgBO. An deren Rechtmäßigkeit bestehen keine Zweifel. Nach dieser Norm hat R einen Anspruch auf Erteilung der Baugenehmigung, wenn seinem Vorhaben öffentlich-rechtliche Vorschriften nicht entgegenstehen.

2. Rechtmäßigkeit der Baugenehmigung

Die Baugenehmigung ist rechtmäßig, wenn sie auf einer rechtmäßigen Ermächtigungsgrundlage beruht und weder formell noch materiell rechtswidrig ist.

a) Formelle Rechtmäßigkeit

1286 Nach dem Sachverhalt sind die Zuständigkeits-, Verfahrens- und Formvorschriften eingehalten.

b) Materielle Rechtmäßigkeit

1287 Nach § 54 BbgBO ist die Änderung einer baulichen Anlage genehmigungspflichtig. Das trifft für den beabsichtigten Umbau des R zu. Der Umbau müsste genehmigungsfähig sein. Diese Möglichkeit richtet sich nach dem schon erwähnten § 67 Abs. 1 Satz 1 BbgBO.

Den Maßstab bildende öffentlich-rechtliche Vorschriften sind die §§ 30 ff. BauGB. Sie sind nach § 29 Abs. 1 BauGB anwendbar. Das von R geplante Vorhaben liegt im Bereich eines qualifizierten Bebauungsplans; es gilt § 30 Abs. 1 BauGB. Nach dieser Vorschrift ist ein Vorhaben zulässig, wenn es den Festsetzungen des Bebauungsplans nicht widerspricht und die Erschließung gesichert ist.

1288 Hier setzt der Bebauungsplan die Art der baulichen Nutzung als reines Wohngebiet fest. Diese Festsetzung entspricht dem in § 1 Abs. 2 Nr. 2 BauNVO aufgeführten Baugebiet. Nach § 1 Abs. 3 Satz 2 BauNVO wird § 3 BauNVO Bestandteil des Bebauungsplans.

Nach § 3 Abs. 2 BauNVO sind in einem reinen Wohngebiet nur Wohngebäude zulässig. Das geplante Kanzlei- und Wohngebäude wird nicht ein (ausschließlich) als Wohngebäude genutztes Gebäude sein. Ferner sind die Ausnahmetatbestände des § 3 Abs. 3, 4 BauNVO nicht einschlägig. Das geplante Vorhaben ist nicht nach § 3 BauNVO zulässig.

Es könnte nach § 13 BauNVO zulässig sein, wenn Räume eines Wohngebäudes freiberuflich genutzt werden sollen. Der Beruf des Rechtsanwalts ist ein freier Beruf. Fraglich ist, ob eine 70%ige freiberufliche Nutzung noch unter den Begriff „Räume" iSv § 13 BauNVO fällt. Unter dem Gesichtspunkt der Wahrung der Gebietsart bedeutet die Beschränkung der freiberuflichen Nutzung auf Räume, dass diese Nutzung das Wohngebäude nicht prägen darf. Von der Prägung eines Einfamilienhauses in diesem Sinne ist auszugehen, wenn mehr als 50% der Fläche freiberuflich genutzt werden. Diese Grenze sprengt das geplante Vorhaben des R. Es ist auch nach § 13 BauNVO nicht zulässig. 1289

Das geplante Vorhaben widerspricht den Festsetzungen des Bebauungsplans und verstößt gegen öffentlich-rechtliche Vorschriften, § 30 Abs. 1 BauGB iVm § 3 BauNVO. Die Voraussetzung des § 67 Abs. 1 BbgBO ist nicht gegeben.

Die erteilte Baugenehmigung ist materiell rechtswidrig.

3. Rechtsverletzung

Weil die dem R erteilte Baugenehmigung gegen eine drittschützende Festsetzung des Bebauungsplans verstößt, ist A in seinem Recht auf Erhaltung der Gebietsart verletzt. 1290

III. Ergebnis

Die erteilte Baugenehmigung ist materiell rechtswidrig und verletzt A in seinen Rechten. Das Verwaltungsgericht wird die Baugenehmigung aufheben, § 113 Abs. 1 Satz 1 VwGO. Die Klage des A hat Aussicht auf Erfolg. 1291

Vertiefungshinweis: *Peine*, ÖffBauR, Rn. 451 ff.; 478 ff.

Fall 26**

Der Muezzin ruft

Schwerpunkte: Baunachbarstreit; maßgeblicher Zeitpunkt der Sach- und Rechtslage; Bauplanungsrecht; Innenbereich; Rücksichtnahmegebot; Maß der baulichen Nutzung

1292 V ist ein eingetragener Verein sunnitischer Glaubensrichtung mit etwa 120 Mitgliedern. Seit Jahren betreibt er in einem Gewerbegebiet in Potsdam eine Moschee. Da deren Räumlichkeiten von den Mitgliedern jedoch zunehmend als unbefriedigend empfunden werden, erwirbt V im Sommer 2011 ein Grundstück in einem anderen Stadtteil und beabsichtigt, dort eine neue Moschee zu errichten. Das Grundstück liegt in einem noch unbeplanten, durchgängig bebauten Gebiet, dessen Eigenart einem allgemeinen Wohngebiet entspricht. Die Höhe der vorhandenen Gebäude beträgt durchschnittlich 12 m. V hält das Gebiet für besonders geeignet für die geplante, 12 m hohe Moschee, die Gebetsräume für Männer und Frauen mit Platz für insgesamt 130 Personen enthalten soll, außerdem Gruppenräume für religiöse Unterweisungen sowie für die Kinder-, Jugend- und Frauenarbeit des Vereins. Bestandteil des Gebäudes soll auch ein 15 m hohes Minarett mit Lautsprechern sein, von dem zum wöchentlichen Freitagsgebet ein Gebetsruf erfolgen soll.

Die von V bei der zuständigen Bauaufsichtsbehörde beantragte Baugenehmigung wird ihm am 2.12.2011 erteilt. Nachbar N, dessen Grundstück dem Baugrundstück unmittelbar gegenüber liegt, legt dagegen form- und fristgerecht Widerspruch ein. Als V mit den Bauarbeiten beginnt stellt er außerdem einen Antrag auf vorläufigen Rechtsschutz beim Verwaltungsgericht Potsdam. Zur Begründung trägt er vor, dass die geplante Moschee nach Umfang und Angebot auf einen überörtlichen Einzugsbereich abziele. Aufgrund des zu erwartenden Zu- und Abfahrtsverkehrs führe sie zu einer in dem Gebiet nicht hinnehmbaren Beeinträchtigung. Dies gelte insbesondere für die Nutzung der Moschee für Gebete, weil damit der störungsträchtige Fahrzeug- und Publikumsverkehr in den Sommermonaten schon vor 6.00 Uhr einsetze. Auch der Gebetsruf und das erhöhte Besucheraufkommen an Freitagen sowie die an Feiertagen zu erwartenden Menschenansammlungen führten zu einer unzumutbaren Belästigung. Zudem werde das Ortsbild durch das „fremdländische Aussehen" der Moschee sowie des die Wohnhäuser überragenden Minaretts beeinträchtigt. Wegen der unmittelbaren Nähe zur Moschee werde sein eigenes Haus außerdem im Wert gemindert. V entgegnet, dass sich von den überwiegend berufstätigen Vereinsmitgliedern höchstens zehn regelmäßig zum Morgengebet einfänden und auch nicht jeder mit einem eigenen Pkw anreise. An Freitagen kämen max. 40–60 Besucher. Nur zum letzten Tag des Ramadan sowie zum Opferfest könne mit einer vollen Auslastung der Moschee gerechnet werden.

Bis April 2012 ergeht noch kein Bescheid über den Widerspruch des N. Unterdessen hat die Stadtverordnetenversammlung einen Bebauungsplan für das fragliche Gebiet erlassen. In diesem wird u.a. die zulässige Höhe (Firsthöhe) baulicher Anlagen auf 12 m über Gelände begrenzt, was ausweislich der Planbegründung auch im gegenseitigen Interesse der Anlieger geschieht. Festsetzungen hinsichtlich der Art der baulichen Nutzung enthält der Bebauungsplan nicht. Er tritt am 18.2.2012 in Kraft. N meint nunmehr, dass die Genehmigung schon deshalb rechtswidrig sei, weil das Minarett die im Bebauungsplan vorgeschriebene Gebäudehöhe überschreite. V ist der Ansicht, dass der Plan für ihn nicht maßgeblich sein könne. Außerdem müsse ein Minarett aus architektonischer Sicht höher sein als die Moschee.

Wie wird das Verwaltungsgericht im April 2012 über den Antrag des N auf vorläufigen Rechtsschutz entscheiden?

Bearbeitervermerk: Gehen Sie – ggf. hilfsgutachtlich – auf alle aufgeworfenen Fragen ein. Von der Wirksamkeit des Bebauungsplans ist auszugehen.

Vorüberlegung

1293 Die vorliegende Klausur ist anspruchsvoll. Es handelt sich um einen Antrag nach § 80a Abs. 3 VwGO. Neben dem verwaltungsprozessrechtlichen Problem des maßgeblichen Zeitpunkts der Sach- und Rechtslage im Baunachbarstreit behandelt die Klausur ausführlich das in § 15 Abs. 1 BauNVO enthaltene Rücksichtnahmegebot sowie das Tatbestandsmerkmal „Einfügen" des § 34 Abs. 1 BauGB.

Gliederung

1294 **A. Sachentscheidungsvoraussetzungen des Antrags**

I. Eröffnung des Verwaltungsrechtswegs
II. Statthafte Antragsart
III. Verfahrensartabhängige Sachentscheidungsvoraussetzungen
1. Antragsbefugnis
2. Passive Prozessführungsbefugnis
3. Erfolgloser Antrag auf Aussetzung der Vollziehung nach § 80 Abs. 6 VwGO?
IV. Beteiligten- und Prozessfähigkeit
V. Rechtsschutzbedürfnis
VI. Beiladung
VII. Zwischenergebnis

B. Die Begründetheit des Antrags

I. Ermächtigungsgrundlage
II. Formelle Rechtmäßigkeit
III. Materielle Rechtmäßigkeit
1. Die maßgeblichen Rechtsgrundlagen
2. Die Zulässigkeit des Vorhabens hinsichtlich der Art der baulichen Nutzung
3. Die Zulässigkeit des Vorhabens hinsichtlich des Maßes der baulichen Nutzung
4. Zwischenergebnis
IV. Zwischenergebnis

C. Ergebnis

Lösung

Das Verwaltungsgericht wird dem Antrag stattgeben, wenn er Aussicht auf Erfolg hat. Der Antrag hat Aussicht auf Erfolg, wenn er zulässig und begründet ist.

A. Sachentscheidungsvoraussetzungen des Antrags

I. Eröffnung des Verwaltungsrechtswegs

Mangels aufdrängender Sonderzuweisung richtet sich die Eröffnung des Verwaltungsrechtswegs nach § 40 Abs. 1 VwGO. Streitentscheidende Normen sind hier die öffentlich-rechtlichen Vorschriften des BauGB, der BauNVO sowie der BbgBO. Die Streitigkeit ist nicht verfassungsrechtlicher Art. Eine abdrängende Sonderzuweisung fehlt. Der Verwaltungsrechtsweg ist daher eröffnet. **1295**

II. Statthafte Antragsart

Die statthafte Antragsart richtet sich nach dem Begehren des Antragstellers, vgl. §§ 88, 122 Abs. 1 VwGO. N begehrt vorläufigen Rechtsschutz gegen die dem V erteilte Baugenehmigung. Die Baugenehmigung ist ein für N belastender Verwaltungsakt, der mit der Anfechtungsklage anzugreifen wäre. Da er für V begünstigend ist, handelt es sich um einen Verwaltungsakt mit Doppelwirkung. In Betracht kommt daher ein Antrag nach § 80a Abs. 3 iVm Abs. 1 Nr. 2 VwGO. Dieser ist statthaft, wenn einem Rechtsbehelf gegen den Verwaltungsakt keine aufschiebende Wirkung zukommt. Nach § 212a BauGB haben Widerspruch und Anfechtungsklage eines Dritten gegen die bauaufsichtliche Zulassung eines Vorhabens keine aufschiebende Wirkung. Der Antrag des N ist damit als Antrag auf Aussetzung der Vollziehung nach § 80a Abs. 3 iVm Abs. 1 Nr. 2 VwGO statthaft. **1296**

III. Verfahrensartabhängige Sachentscheidungsvoraussetzungen

1. Antragsbefugnis

N müsste nach § 42 Abs. 2 VwGO analog antragsbefugt sein. Da er nicht Adressat des angegriffenen Verwaltungsakts ist, muss sich N auf die Verletzung einer drittschützenden Norm berufen können (Schutznorm). Er macht hier die Unzulässigkeit des Vorhabens wegen Überschreitung der laut Bebauungsplan zulässigen Gebäudehöhe sowie die Gebietsunverträglichkeit der Moschee aufgrund der davon ausgehenden Lärmbelästigung geltend. **1297**

Soweit der Bebauungsplan Festsetzungen trifft, richtet sich die Zulässigkeit des Vorhabens nach § 30 BauGB, falls maßgeblicher Zeitpunkt der Zeitpunkt der letzten Verwaltungsentscheidung ist. Im Übrigen[1] bzw. dann, wenn man als maßgeblichen Zeitpunkt den Zeitpunkt der Erteilung der Baugenehmigung ansieht, ist § 34 BauGB einschlägig. **1298**

1 Bei einem einfachen Bebauungsplan nach § 30 Abs. 3 BauGB.

Die Festsetzung der Gebäudehöhe im Bebauungsplan betrifft das Maß der baulichen Nutzung. Festsetzungen des Maßes der baulichen Nutzung sind grundsätzlich nicht nachbarschützend. Etwas anderes kann sich jedoch aus dem durch Auslegung zu ermittelnden Willen des Planungsträgers ergeben. Hier enthält der Sachverhalt den Hinweis, dass die Festsetzung auch im gegenseitigen Interesse der Nachbarn getroffen wurde, diese also im Sinne eines Austauschverhältnisses jeweils wechselseitig begünstigt und belastet werden, sodass sich N auf diese Festsetzung berufen kann.

1299 Im Übrigen ist § 34 BauGB einschlägig. Bestandteil des Tatbestandsmerkmals „Einfügen" in § 34 Abs. 1 BauGB ist das Gebot der Rücksichtnahme. Bei faktischen Baugebieten ist in Bezug auf die Art der baulichen Nutzung über § 34 Abs. 2 BauGB, § 15 Abs. 1 BauNVO anwendbar, in dem das Gebot der Rücksichtnahme ebenfalls enthalten ist. Das Gebot der Rücksichtnahme vermittelt Drittschutz, wenn in qualifizierter und individualisierter Weise auf schutzwürdige Interessen eines erkennbar abgegrenzten Kreises Dritter Rücksicht zu nehmen ist, wovon hier auszugehen ist[2].

1300 N beruft sich auch auf eine Beeinträchtigung des Ortsbilds. Die Gestaltung von baulichen Anlagen und Störungen des Ortsbilds regelt § 8 Abs. 2 BbgBO[3]. N kann die Wahrung des Ortsbilds jedoch nicht einfordern. § 8 Abs. 2 BbgBO dient nicht dem Individualschutz, sondern einzig dem öffentlichen Interesse an der Wahrung bestimmter Mindestanforderungen an das Straßen- und Ortsbild.

N ist folglich antragsbefugt.

2. Passive Prozessführungsbefugnis

1301 Der Antragsgegner bestimmt sich nach § 78 VwGO analog. In Brandenburg ist der Antrag nach § 78 Abs. 1 Nr. 2 VwGO iVm § 8 Abs. 2 BbgVwGG gegen die Behörde zu richten, die den Verwaltungsakt erlassen hat. Richtiger Antragsgegner ist folglich der Oberbürgermeister der Stadt Potsdam.

3. Erfolgloser Antrag auf Aussetzung der Vollziehung nach § 80 Abs. 6 VwGO?[4]

1302 § 80a Abs. 3 Satz 2 VwGO verweist u.a. auf § 80 Abs. 6 VwGO, wonach ein Antrag auf Anordnung der aufschiebenden Wirkung nach § 80 Abs. 5 Satz 1 VwGO nur zulässig ist, wenn die zuständige Behörde einen Antrag auf Aussetzung der Vollziehung zuvor ganz oder zum Teil abgelehnt hat. Es wird vertreten, dass es sich bei § 80 Abs. 3 Satz 2 VwGO um eine Rechtsfolgenverweisung handelt, sodass in allen Fällen des

2 Möglich wäre, bereits hier den entscheidungserheblichen Zeitpunkt zu problematisieren und die Frage der Klagebefugnis dem Ergebnis entsprechend sowohl an §§ 30 und 34 BauGB bzw. lediglich an § 34 BauGB zu messen.

3 *Entspricht:* § 11 Abs. 1 BO BW; Art. 8 Satz 2 BayBO; § 9 Abs. 2 BerlBO; § 9 Satz 2 BremBO; § 12 HmbBO; § 9 Abs. 2 HessBO; § 9 Satz 2 BO MV; § 53 NdsBO; § 12 Abs. 2 BO NW; § 5 Abs. 2 BO RP; § 4 SaarlBO; § 9 SächsBO; § 9 BO LSA; § 10 BO SH; § 12 ThürBO.

4 Diese Frage kann auch im Rahmen der Prüfung des Rechtsschutzbedürfnisses beantwortet werden.

§ 80a Abs. 1 Nr. 1 VwGO eine vorherige Befassung der zuständigen Verwaltungsbehörde mit dem Anliegen des Antragstellers stattfinden muss. Überwiegend wird der Verweis auf § 80 Abs. 6 VwGO jedoch als gesetzgeberisches Versehen betrachtet. Ein vorheriges behördliches Vorverfahren müsse nur in Abgaben- und Kostensachen nach § 80 Abs. 2 Satz 1 Nr. 1 VwGO erfolgen.

Im vorliegenden Fall ist eine Entscheidung des Streits jedoch entbehrlich: Ist die Verweisung auf § 80 Abs. 6 VwGO als Rechtsfolgenverweisung zu verstehen, so umfasst sie auch die Ausnahmen des § 80 Abs. 6 Satz 2 VwGO. Nach § 80 Abs. 6 Satz 2 Nr. 1 VwGO ist kein behördliches Vorverfahren erforderlich, wenn Vollstreckung droht. Bei entsprechender Anwendung auf die ihren Adressaten begünstigende Baugenehmigung muss dies bedeuten, dass dann kein Vorverfahren erforderlich ist, wenn der Adressat von seiner Begünstigung unmittelbar Gebrauch zu machen beabsichtigt, da in diesem Fall ebenfalls die Vollziehung des Verwaltungsakts droht. Hier hat V bereits mit den Bauarbeiten begonnen. Eine vorherige Ablehnung eines Antrags auf Aussetzung der Vollziehung durch die Behörde ist somit nach beiden Ansichten nicht erforderlich.

IV. Beteiligten- und Prozessfähigkeit

N ist nach den §§ 61 Nr. 1, 62 Abs. 1 Nr. 1 VwGO beteiligten- und prozessfähig. Die **1303**
Behörde ist nach § 61 Nr. 3 VwGO iVm § 8 Abs. 1 BBgVwGG beteiligten- und nach § 62 Abs. 3 VwGO prozessfähig.

V. Rechtsschutzbedürfnis

Umstritten ist, ob im Rahmen des vorläufigen Rechtsschutzes nach § 80 Abs. 5 Satz 1 **1304**
VwGO das Rechtsschutzbedürfnis nur dann vorliegt, wenn der Antragsteller einen Rechtsbehelf wie Widerspruch oder Anfechtungsklage erhoben hat, um die aufschiebende Wirkung auszulösen. Eine Ansicht verneint dieses, da § 80 Abs. 5 Satz 2 VwGO bestimmt, dass das Verfahren nach § 80 Abs. 5 Satz 1 VwGO schon vor Erhebung der Anfechtungsklage zulässig ist. Dieser Streit ist hier nicht zu entscheiden, da N hier bereits Widerspruch eingelegt hat. Ein Rechtsschutzbedürfnis liegt vor.

VI. Beiladung[5]

V ist nach § 65 Abs. 2 VwGO notwendig beizuladen. Er ist beteiligten- und prozessfä- **1305**
hig nach den §§ 61 Nr. 1, 62 Abs. 3 VwGO.

VII. Zwischenergebnis

Der Antrag des N ist zulässig.

5 Die Notwendigkeit der Beiladung ist im Grunde keine Frage der Zulässigkeit einer Klage, sodass dieser Punkt auch gesondert neben der Zulässigkeit und Begründetheit geprüft werden kann.

B. Die Begründetheit des Antrags

1306 Wann ein Antrag eines Dritten auf Anordnung der aufschiebenden Wirkung nach § 80a Abs. 3 Satz 1 iVm Abs. 1 Nr. 2 VwGO begründet ist, ist im Gesetz nicht ausdrücklich geregelt. Jedoch ergibt sich aus Sinn und Zweck der Gesamtregelung der §§ 80, 80a VwGO, dass ein solcher Antrag dann begründet ist, wenn das Interesse des Dritten an der Aussetzung der Vollziehung das Interesse des Adressaten am Vollzug der durch den VA getroffenen Regelung überwiegt. Hierfür ist maßgeblich auf die Erfolgsaussichten des Rechtsbehelfs abzustellen. Es stellt sich also die Frage, ob sich die Baugenehmigung hier nach der im vorläufigen Rechtsschutzverfahren vorzunehmenden summarischen Prüfung als rechtswidrig erweist und der N dadurch in seinen Rechten verletzt ist.

I. Ermächtigungsgrundlage für Erteilung einer Baugenehmigung

Rechtsgrundlage für die Erteilung einer Baugenehmigung ist § 67 BbgBO[6].

II. Formelle Rechtmäßigkeit

1307 Der Oberbürgermeister ist als Bauaufsichtsbehörde nach § 51 BbgBO[7] für den Erlass der Baugenehmigung zuständig. Von der Einhaltung der Verfahrens- und Formvorschriften ist mangels gegenteiliger Hinweise auszugehen.

III. Materielle Rechtmäßigkeit

Allein fraglich ist hier, ob die Baugenehmigung gegen nachbarschützende Vorschriften des Bauplanungsrechts verstößt.

1. Die maßgeblichen Rechtsgrundlagen

1308 Die bauplanungsrechtliche Zulässigkeit von baulichen Anlagen richtet sich nach den §§ 29 ff. BauGB. § 30 BauGB ist dabei einschlägig, wenn sich das Baugrundstück im Geltungsbereich eines Bebauungsplans befindet. Trifft dieser nicht alle in § 30 Abs. 1 BauGB aufgeführten Festsetzungen, richtet sich die Zulässigkeit des Vorhabens in im Zusammenhang bebauten Ortsteilen im Übrigen nach § 34 BauGB (vgl. § 30 Abs. 3 BauGB). Ist kein Bebauungsplan vorhanden, ist bei Vorhaben im Innenbereich § 34 BauGB einschlägig.

1309 Vorliegend liegt ein einfacher Bebauungsplan für das fragliche Gebiet vor, da er nicht alle Festsetzungen iSd § 30 Abs. 1 BauGB enthält. Dieser trat erst am 18.1.2012 und damit nach der Erteilung der Baugenehmigung, jedoch vor dem Zeitpunkt der letzten

6 *Entspricht:* § 58 BO BW; Art. 72 BayBO; § 71 BerlBO; § 72 BremBO; § 69 HmbBO; § 64 HessBO; § 72 BO MV; § 75 NdsBO; § 75 BO NW; § 70 BO RP; § 73 SaarlBO; § 72 SächsBO; § 77 BO LSA; § 78 BO SH; § 70 ThürBO.

7 *Entspricht:* § 46 Abs. 1 BO BW; Art. 53 Abs. 1 BayBO; Nr. 1 des ZustKat zum BerlASOG; § 57 BremBO; § 52 HessBO; § 63 Abs. 1 BO MV; § 63 NdsBO; § 60 Abs. 1 BO NW; § 58 Abs. 1 BO RP; § 57 Abs. 2 SaarlBO; § 57 SächsBO; § 56 BO LSA; § 65 BO SH; § 59 ThürBO.

Verwaltungsentscheidung (26.1.2012) in Kraft. Es stellt sich also die Frage nach dem für die Beurteilung der Sach- und Rechtslage maßgeblichen Zeitpunkt. Bei der Anfechtungsklage ist im Allgemeinen die Sach- und Rechtslage im Zeitpunkt der letzten Behördenentscheidung maßgeblich. Die Zulässigkeit des Bauvorhabens hinsichtlich des Maßes der baulichen Nutzung wäre mithin nach § 30 BauGB zu beurteilen.

Dieser Grundsatz findet jedoch bei baurechtlichen Nachbarklagen keine Anwendung. **1310** Vielmehr ist hier auf den Zeitpunkt der Erteilung der Baugenehmigung an den Bauherrn abzustellen. Erhält der Bauherr eine ihm nach dem im Zeitpunkt des Erlasses des Verwaltungsakts geltenden Recht zustehende Baugenehmigung, so erlangt er eine Rechtsposition, die von einem Dritten nicht im Rechtsbehelfswege beseitigt werden kann. Eine spätere, dem Bauherrn nachteilige Änderung der Sach- oder Rechtslage erlaubt es nicht, dem Bauherrn rechtens eingeräumte Rechtspositionen zu entziehen. Besonders das Bodenrecht ist durch Vorschriften gekennzeichnet, die dem Bauherrn eingeräumte Rechtspositionen trotz Änderung der Sach- oder Rechtslage belassen oder zumindest nicht entschädigungslos entziehen (vgl. die §§ 14 Abs. 3, § 42 Abs. 6 BauGB). Weiter ist zu berücksichtigen, dass der Bauherr in der Regel bereits vor dem Gebrauchmachen von einer Genehmigung, also noch bevor sein Vorhaben ausgeführt und damit bestandsgeschützt ist, erhebliche Investitionen aufbringen muss, ohne übersehen zu können, ob und wann von einem für ihn möglicherweise nicht einmal erkennbaren Dritten ein Widerspruch zu erwarten ist, der bei einer Rechtsänderung während des vielleicht längere Zeit andauernden Widerspruchsverfahrens Erfolg haben müsste und der seine Investitionen verloren gehen ließe.

Maßgeblicher Zeitpunkt für die Beurteilung der Sach- und Rechtslage ist hier folglich **1311** der Zeitpunkt der Erteilung der Baugenehmigung, sodass es auf den erst danach in Kraft getretenen Bebauungsplan nicht ankommt[8]. Die bauplanungsrechtliche Zulässigkeit des Vorhabens richtet sich also nicht nach § 30 Abs. 1, 3 BauGB, vielmehr ist – da es sich hier um einen im Zusammenhang bebauten Ortsteil handelt – § 34 BauGB einschlägig. Danach ist ein Vorhaben zulässig, wenn es sich nach Art und Maß der baulichen Nutzung, der Bauweise und der Grundstücksfläche, die überbaut werden soll, in die Eigenart der näheren Umgebung einfügt und die Erschließung gesichert ist. Fraglich ist hier allein das Einfügen der Moschee nach Art und Maß der baulichen Nutzung.

2. Die Zulässigkeit des Vorhabens hinsichtlich der Art der baulichen Nutzung

Entspricht die Eigenart der näheren Umgebung einem der Baugebiete der BauNVO, so **1312** richtet sich nach § 34 Abs. 2 BauGB die Zulässigkeit des Vorhabens seiner Art nach allein danach, ob es nach der BauNVO in diesem Baugebiet allgemein zulässig wäre, wobei als allgemeine Voraussetzungen für die Zulässigkeit baulicher und sonstiger Anlagen in den Baugebieten auch die Vorschriften des § 15 BauNVO zu beachten sind.

8 A.A. vertretbar.

1313 Hier entspricht die Eigenart der näheren Umgebung laut Sachverhalt einem allgemeinen Wohngebiet iSd § 4 BauNVO. Wohnen ist dort die Hauptnutzungsart, jedoch sind bestimmte Anlagen und Betriebe ebenfalls allgemein zulässig. Eine Moschee ist als dem Gottesdienst gewidmetes Gebäude eine Anlage für kirchliche Zwecke. Diese Einordnung als solche ist im Hinblick auf die Pflicht des Staats zur weltanschaulich-religiösen Neutralität unabhängig von der Glaubensrichtung oder der Frage, ob die Anlage von einer öffentlich-rechtlichen Religionsgemeinschaft oder einer anderen religiösen Gemeinschaft genutzt wird. Auch ein von einem privatrechtlichen Verein betriebenes islamisches Gotteshaus ist damit eine Anlage für kirchliche Zwecke. Als solche ist die Moschee im allgemeinen Wohngebiet allgemein zulässig, § 4 Abs. 2 Nr. 3 BauNVO. Ein überörtlicher Einzugsbereich ist hier – anders als in reinen Wohngebieten – unschädlich.

1314 Die Moschee könnte jedoch nach § 15 Abs. 1 BauNVO ausnahmsweise unzulässig sein, wenn sie nach Lage, Umfang oder Zweckbestimmung der Eigenart des Baugebiets widerspricht (S. 1) oder von ihr nach der Eigenart des Baugebiets unzumutbare Belästigungen oder Störungen ausgehen können (S. 2). § 15 Abs. 1 BauNVO ist eine besondere Ausprägung des Rücksichtnahmegebots, das eine Abwägung der betroffenen Interessen im Einzelfall verlangt. Die Schutzwürdigkeit des von dem Bauvorhaben Betroffenen, die Intensität der Beeinträchtigung, die Interessen des Bauherrn und das, was beiden Seiten billigerweise zumutbar oder unzumutbar ist, sind gegeneinander abzuwägen.

1315 Für die Frage, ob ein Vorhaben den Nachbarn zugemutet werden kann, ist grundsätzlich der genehmigte Nutzungsumfang ausschlaggebend, jedoch kann nicht von einer rein fiktiven Belastung ausgegangen werden. Vielmehr ist eine realistische Prognose anzustellen. Zugunsten des N ist hier zu berücksichtigen, dass das vor Sonnenaufgang beginnende Morgengebet und damit auch der Anfahrtsverkehr zeitweise in die stärkeren Schutz genießende Ruhezeit vor 6.00 Uhr (vgl. z.B. § 10 BbgLImSchG[9] – Nachtruhe) fällt. Bei realistischer Besucherprognose sind jedoch hiervon keine unzumutbaren Lärmbeeinträchtigungen zu erwarten. Auch der Verkehr und Gebetsruf an Freitagen dürfte die Zumutbarkeitsgrenze nicht überschreiten: Die Nachbarn einer in dem Baugebiet allgemein zulässigen kirchlichen Anlage haben die mit deren Benutzung üblicherweise verbundenen Beeinträchtigungen nach der gesetzlichen Wertung grundsätzlich hinzunehmen. Dazu gehört der An- und Abfahrtsverkehr der Besucher sowie liturgisches Glockengeläut oder eben Gebetsrufe. Zugunsten des V spricht hier weiter, dass die geplante Nutzung der Moschee für Gebete ein unverzichtbarer Bestandteil der islamischen Religionsausübung ist und die Wertentscheidung des Grundgesetzes hinsichtlich der Gewährung der freien Religionsausübung (Art. 4 Abs. 1 und 2 GG) bei der Anwendung des einfachen Rechts – hier § 15 Abs. 1 Satz 2 BauNVO – mit zu berücksichtigen ist. Ein Gebetsruf soll außerdem nur einmal wöchentlich, nämlich freitags zum Hauptgebet erfolgen. Die Tatsache, dass an den hohen islamischen Feiertagen eine größere Anzahl an Besuchern zu erwarten ist, fällt kaum ins Gewicht, da es sich hier um Ausnahmesituationen handelt. Auf eine Wertminderung seines Eigentums kann sich

---

9 *Entspricht:* § 3 BerlLImSchG; § 9 LImSchG NW; § 4 LImSchG RP; die anderen Landesimmissionsschutzgesetze enthalten keine vergleichbaren Regelungen.

N nicht erfolgreich berufen. Da sich jede Nachbarbebauung auf den Wert der umliegenden Grundstücke auswirken kann, können Wertminderungen als Folge der Ausnutzung der einem Dritten erteilten Baugenehmigung nicht für sich genommen Maßstab für die Beurteilung des Rücksichtnahmegebots sein. Einen allgemeinen Rechtssatz des Inhalts, dass der Einzelne einen Anspruch darauf hat, vor jeglicher Wertminderung bewahrt zu werden, gibt es nicht. Eine Schutzgewähr besteht insoweit nur nach Maßgabe des einschlägigen Rechts. Auch auf das „fremdländische Aussehen" der Moschee kann sich Nachbar N hier nicht erfolgreich berufen. Bei der Anwendung des baurechtlichen Rücksichtnahmegebots ist allein auf städtebauliche Belange abzustellen; das Bauplanungsrecht gewährleistet keinen „Milieuschutz".

Nach alldem ist das Bauvorhaben seiner Art nach in dem Gebiet zulässig[10].

3. Die Zulässigkeit des Vorhabens hinsichtlich des Maßes der baulichen Nutzung

Das Maß der baulichen Nutzung ist im unbeplanten Innenbereich stets an § 34 Abs. 1 **1316**
BauGB zu messen, es kommt also darauf an, ob sich das Bauvorhaben diesbezüglich in die Eigenart der näheren Umgebung einfügt.

Fraglich ist hier, ob sich die Moschee hinsichtlich der geplanten Höhe des Gebäudes in **1317**
die Eigenart der näheren Umgebung einfügt. Zunächst ist dabei auf den Rahmen, der aus der Umgebung des Vorhabens hervorgeht, abzustellen. Ein Vorhaben, das sich in jeder Hinsicht innerhalb des aus seiner Umgebung hervorgehenden Rahmens hält, fügt sich in der Regel in seine Umgebung ein. Hier hält sich das geplante Vorhaben zwar grundsätzlich, nicht jedoch in jeder Hinsicht in dem von der Umgebung vorgegebenen Rahmen, da mit dem geplanten Minarett ein Teil des Gebäudes alle anderen Gebäude überragt. Auch ein Vorhaben, das sich nicht in jeder Hinsicht innerhalb des aus seiner Umgebung hervorgehenden Rahmens hält, kann sich jedoch in die Eigenart der näheren Umgebung einfügen, da es bei der Einfügung weniger um Einheitlichkeit als um Harmonie geht. Daraus, dass ein Vorhaben in seiner Umgebung – überhaupt oder doch in dieser oder jener Beziehung – ohne ein Vorbild ist, folgt noch nicht, dass es ihm an der harmonischen Einfügung fehlt. Das Gebot des Einfügens zwingt nicht zur Uniformität. Ein Vorhaben fügt sich demnach in die Umgebung ein, wenn es weder selbst noch in Folge einer nicht auszuschließenden Vorbildwirkung geeignet ist, bodenrechtlich beachtliche Spannungen zu begründen oder vorhandene Spannungen zu erhöhen.

Bodenrechtlich beachtliche Spannungen sind hier aufgrund des geplanten, die übrigen **1318**
Gebäude nur um 3 m überragenden Minaretts nicht zu erwarten. Insbesondere ist nicht ersichtlich, dass es eine erdrückende Wirkung hat. Bei religiösen Gebäuden – insbesondere Kirchen – ist es zudem geradezu typisch, dass sie benachbarte Wohnhäuser zum Teil überragen. Daher ist auch keine negative Vorbildfunktion zu erwarten. Das Minarett ist hier Ausdruck der spezifischen Nutzung des Gebäudes, sodass die Situation nicht auf andere Gebäude übertragen werden kann. Andere Bauherren werden sich

10 A.A. mit guter Begründung vertretbar.

nicht auf die Höhe des Minaretts berufen können. Die Moschee fügt sich hinsichtlich des Maßes der baulichen Nutzung also in die Eigenart der näheren Umgebung ein und ist damit auch insoweit zulässig[11].

4. Zwischenergebnis

Die Baugenehmigung ist folglich nicht wegen Verstoßes gegen nachbarschützende Vorschriften rechtswidrig.

IV. Zwischenergebnis

Die Baugenehmigung ist rechtmäßig. Das Aussetzungsinteresse des N überwiegt mithin nicht. Der Antrag ist unbegründet.

C. Ergebnis

Der Antrag des N ist zulässig, aber unbegründet. Das Verwaltungsgericht wird ihn ablehnen.

Vertiefungshinweis zum Rücksichtnahmegebot: BVerwG, NJW 1992, 2170; OVG Berlin-Brandenburg, DVBl 2009, 645 ff.; VG Düsseldorf, NWVBl 2008, 157 ff.; VG Frankfurt, NVwZ-RR 2002, 175 ff.; *Konrad*, Gebietserhaltungsanspruch und Gebot der Rücksichtnahme; *Peine*, ÖffBauR, Rn. 780 f., 858 ff.

Vertiefungshinweis zum maßgeblichen Entscheidungszeitpunkt: OVG NW, BauR 2008, 799 ff.

Repetitorium

I. Das Gebot der Rücksichtnahme

1319 Die ständige Rechtsprechung geht davon aus, dass das sog. Gebot der Rücksichtnahme ein Gebot des objektiven Rechts ist. Danach hat ein Bauherr mit Blick auf Art und Maß scincs Baus auf das Interesse der Nachbarn an einer angemessenen Nutzung des Eigentums Rücksicht zu nehmen. Der Inhalt des Gebots besteht somit in der Verpflichtung des Bauherrn, seinen Neubau so zu gestalten und das Grundstück so auszunutzen, dass beides mit den Interessen der Nachbarn, ihr Eigentum unbeeinträchtigt zu sehen, nicht kollidiert, soweit dieses schutzwürdig ist.

1320 Das Gebot der Rücksichtnahme hebt ab auf die gegenseitige Verpflichtung der baulichen Nutzung benachbarter Grundstücke und soll die Interessen der Nachbarn an einer ihrer Vorstellungen gemäßen Eigentumsnutzung zum Ausdruck bringen, wenn und soweit sich die nachbarlichen Interessen in einem konfliktbeladenen Zustand befinden.

11 A.A. vertretbar.

Das Gebot der Rücksichtnahme bildet einen Beurteilungsmaßstab. Geurteilt wird danach, ob und inwieweit Art und Maß des Neubaus dem Nachbarn bei Inrechnungstellung seiner tatsächlichen Eigentumsnutzung zumutbar sind. Es wird also das Interesse am Fernhalten einer unzumutbaren Eigentumsbeeinträchtigung in Ansatz gebracht. Das Ergebnis, ob ein Neubau zumutbar oder nicht zumutbar ist, wird durch Abwägung gewonnen; in diesem Prozess spielen die Schutzwürdigkeit der vorhandenen Eigentumsnutzung sowie die Verständlichkeit der mit dem Neubau verfolgten Interessen eine Rolle: „Je empfindlicher und schutzwürdiger die Stellung derer ist, denen die Rücksichtnahme zugute kommt, umso mehr kann an Rücksichtnahme verlangt werden. Je verständlicher und unabweisbarer die mit dem Vorhaben verfolgten Interessen sind, umso weniger braucht derjenige, der das Vorhaben verwirklichen will, Rücksicht zu nehmen“[12]. Eine schutzwürdige Abwehrposition erlangt der Eigentümer eines Grundstücks im Innenbereich nicht allein dadurch, dass die von ihm verwirklichte Nutzung rechtmäßig, die des Nachbarn im Außenbereich aber rechtswidrig ist, ohne dass die Rechtswidrigkeit auf der Verletzung nachbarschützender Normen beruht[13]. Mit der Zumutbarkeit ist nicht diejenige des Enteignungsrechts angesprochen, sondern eine sich im Vorfeld des enteignungsrechtlich Relevanten befindliche. Unzumutbar ist der Neubau, wenn er den Nachbarn billigerweise nicht mehr zugemutet werden kann. Dafür hat die Wertminderung seines Eigentums indizielle Bedeutung; es kommt auf die Schwere des Eingriffs an. 1321

Als Anwendungsbereich des Gebots der Rücksichtnahme sieht das Bundesverwaltungsgericht das gesamte Bauplanungsrecht an. Eine Berücksichtigung des Gebots entfällt freilich bei der Erteilung von Baugenehmigungen in Übereinstimmung mit einem qualifizierten Bebauungsplan. Ist er rechtmäßig, sind also insbesondere die öffentlichen und privaten Belange gegeneinander und untereinander gerecht abgewogen worden (§ 1 Abs. 7 BauGB), dann ist dem Gebot Genüge getan. Eine den Einzelfall betreffende Anwendungsmöglichkeit besteht nur insoweit, als die Genehmigungsbehörde durch einen Bebauungsplan nicht gebunden ist. Das ist bei der Erteilung von Ausnahmen (hier existiert lediglich ein durch den Plan vorgegebener Rahmen) und Befreiungen nach § 31 BauGB sowie bei Vorhaben zu bejahen, die **im unbeplanten Innenbereich** (§ 34 BauGB) oder **im Außenbereich** (§ 35 BauGB) errichtet werden sollen. 1322

II. Der Nachbarschutz im Baurecht

Baugenehmigungen haben in der Regel Auswirkungen auf den Nachbarn. Sie sind daher **VAe mit Doppelwirkung**. Zwangsläufig kommt es zwischen dem Bauherrn, der ein Bauvorhaben verwirklicht hat, verwirklichen will oder der eine bestimmte Nutzung seines Grundstücks anstrebt, und dem Nachbarn, der sich durch diese Vorhaben in der störungsfreien Nutzung insbesondere seines Eigentums gehindert sieht, zu Interessenkonflikten. Der Vermeidung von Beeinträchtigung der nachbarlichen Interessen dient der sog. Nachbarschutz. 1323

12 BVerwGE 52, 126.
13 BVerwG, NVwZ 1994, 686.

1. Nachbarschützender Charakter einer Norm

1324 Der Nachbar hat die Möglichkeit, gegen eine erteilte Baugenehmigung im Wege der Anfechtungsklage vorzugehen, wenn die Baugenehmigung – nach seiner Auffassung – gegen eine baurechtliche Norm verstößt, die nachbarschützenden Charakter hat. Dies nimmt das Bundesverwaltungsgericht nach der **sog. Schutznormtheorie** an, wenn die Norm „einen bestimmten und abgrenzbaren, d.h. individualisierbaren und nicht übermäßig weiten Kreis"[14] von durch sie Berechtigten erkennen lässt. Es ist deshalb – mit Blick auf den **nachbarschützenden Charakter** der einzelnen Norm – genau diese Prüfung mit Hilfe der anerkannten Auslegungsregeln (Wortlaut, systematischer Zusammenhang, gesetzgeberische Absicht usf.) vorzunehmen. Die Prüfung soll dazu dienen, das Verbot der Popularklage im Verwaltungsprozess einzuhalten und den Bauherrn vor einer unübersehbaren Vielzahl von Abwehransprüchen zu schützen. Die h.M. geht nicht davon aus, dass jede Baurechtsnorm potentiell nachbarschützend sei.

Damit ergibt sich als Ausgangspunkt:

1325
- Der in Frage stehende Rechtssatz muss einen bestimmten und abgrenzbaren Kreis von Begünstigten erkennen lassen;
- die Vorschrift darf nicht nur dem öffentlichen Interesse dienen, sondern muss zumindest auch bestimmten Individualinteressen zu dienen bestimmt sein;
- nachbarschützende Normen sind schließlich solche, die entweder ausdrücklich oder doch nach ihrem durch Auslegung zu ermittelnden Sinn zumindest auch den Nachbarn dadurch rechtlich schützen wollen, dass ihm eine subjektiv-öffentliche Berechtigung eingeräumt wird, von der Behörde ihre Einhaltung zu verlangen.

Folgende baurechtliche Vorschriften können Nachbarschutz vermitteln:

1326
- das Abwägungsgebot des § 1 Abs. 7 BauGB[15];
- § 34 Abs. 1 BauGB; im Gebot des „Sich-Einfügens" kommt das Gebot der Rücksichtnahme zum Ausdruck, welches Nachbarschutz verleiht[16];
- § 34 Abs. 2 BauGB; in diesem Fall lässt sich § 15 BauNVO direkt, analog oder im Wege des „Erst-Recht-Schlusses" heranziehen; deshalb kann ein Vorhaben trotz Einhaltung der landesrechtlichen Abstandsvorschriften bundesrechtlich rücksichtslos und deshalb rechtswidrig sein[17];
- § 35 Abs. 3 Nr. 3 BauGB[18];
- alle Festsetzungen in einem Bebauungsplan, die ein bestimmtes Austauschverhältnis der Grundstücksnutzungen gewährleisten, sind nachbarschützend; dieser Charakter kann sich sowohl aus der Festsetzung unmittelbar als auch aus der Begründung des

14 BVerwGE 41, 63.
15 BVerwGE 107, 215, 220.
16 BVerwG, NVwZ 1987, 128.
17 BVerwG, NVwZ 1999, 897; 2001, 813 ff.; zum Problem s. *Gaentzsch*, Zur Entwicklung des Bauplanungsrechts in der Rechtsprechung des Bundesverwaltungsgerichts, NVwZ 2000, 993, 999.
18 BVerwG, DÖV 2000, 81; in der Entscheidung NVwZ-RR 2001, 82 spricht das Gericht nur von § 35.

Bebauungsplans ergeben[19]; somit sind für den Planbetroffenen die Festsetzungen eines Bebauungsplans nicht generell, sondern nur speziell nachbarschützend;
- die Festsetzungen im Bebauungsplan über die Art der baulichen Nutzung[20];
- § 15 Abs. 1 BauNVO, soweit in qualifizierter und zugleich individualisierter Weise auf schutzwürdige Interessen eines erkennbar abgegrenzten Kreises Dritter Rücksicht zu nehmen ist[21];
- umstritten ist der Nachbarschutz beim Maß der baulichen Nutzung; Festsetzungen dieses Inhalts dürften im Grundsatz keinen nachbarschützenden Charakter haben[22], ausnahmsweise und im Einzelfall kann die Abweichung indes so gravierend sein – z.B. bei einer drohenden Änderung des Gebietscharakters –, dass Nachbarschutz gewährt werden muss[23];
- die Festsetzungen über die offene Bauweise haben nachbarschützenden Charakter;
- umstritten ist, ob die Festsetzungen über die geschlossene Bauweise nachbarschützend sind;
- den Festsetzungen über die Überbaubarkeit von Grundstücken durch Baulinien, Baugrenzen und Bebauungstiefen kommt nachbarschützender Charakter zu;
- *keinen Nachbarschutz* vermitteln die städtebaulichen Ziele des § 1 Abs. 5 BauGB und die Rechte aus § 3 BauGB.

Daraus ergibt sich folgendes **Prüfungsschema** im Hinblick auf die Ermittlung des nachbarschützenden Charakters von Festsetzungen im Bebauungsplan: **1327**
- **Ziel:** Ermittlung einer Schutznorm
- **Kriterium:** Objektivierter Wille des gemeindlichen Satzunggebers
- **Methode:** Auslegung

Die Aufstellung lässt erkennen, dass die §§ 34, 35 BauGB als solche keinen Nachbarschutz vermitteln[24]. Das Bundesverwaltungsgericht[25] hilft in diesen Fällen mit dem von ihm entwickelten **Gebot der Rücksichtnahme** weiter. Das an der Zumutbarkeit ausgerichtete, an schutzwürdigen Individualinteressen orientierte Gebot ist im Wege richterrechtlicher inhaltlicher Erweiterung der Tatbestandsmerkmale „Sich-Einfügen" (§ 34 Abs. 1 BauGB) und „Öffentliche Belange" (§ 35 Abs. 2 BauGB) kreiert worden. In diesen Tatbestandsmerkmalen soll es enthalten sein. **1328**

Das **Gebot der Rücksichtnahme** entfaltet nachbarschützende Wirkung freilich nur ausnahmsweise. Mithin hat der Nachbar eines Neubaus auch nur ausnahmsweise die Möglichkeit, seine Einhaltung gerichtlich überprüfen zu lassen: nämlich dann, wenn „in qualifizierter und gleichzeitig individualisierter Weise auf schutzwürdige Interessen **1329**

19 VGH BW, BauR 1984, 54. Nachweise der jüngeren Rechtsprechung finden sich bei *Ortloff*, Die Entwicklung des Bauordnungsrechts, NVwZ 2006, 999 ff.
20 BVerwGE 94, 151, 155; *Mampel*, DVBl 1994, 1053, 1055.
21 BVerwG, NJW 1984, 139.
22 BVerwG, NVwZ 1996, 170, 171 begründet dies mit der begrenzten Reichweite der Auswirkungen, wenn das vorgeschriebene Maß überschritten wird.
23 BVerwG, BauR 1995, 823 f.
24 So auch BVerwG, NVwZ 1993, 1184.
25 BVerwGE 52, 122; BVerwG, NVwZ 1993, 1184. S. auch BGH, NVwZ 1986, 790.

eines erkennbar abgegrenzten Kreises Dritter Rücksicht zu nehmen ist“, was der Fall sei, wenn die „tatsächlichen Umstände geradezu handgreiflich ergeben, welcher enge Kreis von Betroffenen als Adressaten der Rücksichtnahme in Betracht kommt“[26].

1330 Auch § 34 Abs. 2 BauGB wird neben § 34 Abs. 1 BauGB eine drittschützende Wirkung zuerkannt: So wie die Festsetzung von Baugebieten nach Maßgabe der BauNVO (Art der baulichen Nutzung) durch Bebauungspläne grundsätzlich nachbarschützende Funktion haben, muss auch im unbeplanten Innenbereich, wenn die Eigenart der näheren Umgebung einem Baugebiet der BauNVO entspreche, derselbe Nachbarschutz bestehen[27].

2. Der Nachbarbegriff

1331 In räumlicher Hinsicht ist das Gebiet, auf das sich die nachbarschützende Vorschrift ihrem Regelungszweck nach außen auswirken kann, zu bestimmen. Aus dem Schutzzweck der Norm folgt, ob sie nur ein unmittelbar angrenzendes Grundstück, alle an das Baugrundstück angrenzenden oder schließlich weitere Grundstücke in der Umgebung schützen will.

1332 In personeller Hinsicht kommen grundsätzlich nur der Eigentümer und die Inhaber eigentumsähnlicher Rechte als Nachbarn in Betracht.

Problematisch ist die Klagebefugnis für rein obligatorisch am Nachbargrundstück Berechtigte (wie Mieter, Pächter etc.). Das Bundesverfassungsgericht[28] hat das Besitzrecht des Mieters an der gemieteten Wohnung ausdrücklich unter den Eigentumsschutz des Art. 14 Abs. 1 Satz 1 GG gestellt. Denn der Schutz auch rein obligatorisch Berechtigter durch Art. 14 Abs. 1 Satz 1 GG muss prozessual geltend gemacht werden können. Folglich ist die Schutznormtheorie auf diese ebenso anzuwenden wie auf dinglich am Grundstück Berechtigte, insbesondere Eigentümer (str.).

---

26 BVerwGE 52, 131.

27 BVerwGE 94, 151, 156 = NVwZ 1994, 783.

28 BVerfGE 89, 1 ff. = BVerfG, NJW 1993, 2035 = UPR 1993, 339.

Fall 27***

Der wankelmütige Landkreis

Schwerpunkte: Genehmigung eines Bebauungsplans als Verwaltungsakt; Rücknahme im Rechtssetzungsverfahren erlaubt?; Mängel eines Bebauungsplans; Rechtsschutz gegen einen Bebauungsplan; wann endet die Möglichkeit der Rücknahme der Genehmigung?

Im Januar 2012 beschließt die Gemeindevertretung von G, die einen Flächennutzungsplan für das Gemeindegebiet nicht aufgestellt hat, eine Änderung des Bebauungsplans Nr. 90. Das beplante Gebiet grenzt an ein reines Wohngebiet. Der Plan sah in seiner ursprünglichen Fassung ein Kerngebiet vor; nach Änderung ist das beplante Gebiet ein Gewerbegebiet. Diese Ausweisung ist erfolgt, um einem Unternehmen U der stahlverarbeitenden Industrie den Bau eines Lagerhauses und eines Lagerplatzes im Freien zu ermöglichen, auf dem mit der Eisenbahn angelieferte Stahlträger mithilfe eines Krans abgeladen und nach Bedarf auf Lang-LKW verladen werden. U informierte den Bürgermeister von seinen Absichten und bat um entsprechende Ausweisung. Eine förmliche Beteiligung der Bürger und die Anhörung Träger öffentlicher Belange hat im Planaufstellungsverfahren nicht stattgefunden; die Bürger und die Träger öffentlicher Belange sind aber von der beabsichtigten Änderung in Kenntnis gesetzt worden mit der Bitte um Stellungnahme innerhalb eines Monats. Reaktionen sind ausgeblieben. **1333**

Ende Januar 2007 genehmigt der Landkreis L als zuständige Behörde den Plan. Vor Bekanntmachung der Genehmigung durch G kommen der Behörde Bedenken, ob sie den Plan genehmigen durfte. Sie hebt Mitte Februar 2012 die Genehmigung auf und teilt dieses G mit.

G meint, der Plan sei rechtmäßig. Die Änderung betreffe die Grundzüge der Planung nicht, deshalb sei ein Anhörungsverfahren nicht nötig gewesen; es bedürfe ferner keiner Genehmigung des Plans; die Aufhebung der Genehmigung sei deshalb nichtssagend. Das Planungsermessen sei rechtmäßig ausgeübt worden.

1. In einem Rechtsgutachten ist zu klären, ob die Baugenehmigungsbehörde U aufgrund des Plans eine Baugenehmigung erteilen darf. Das geplante Vorhaben stimmt mit den Festsetzungen des Plans überein. Sollte das Planaufstellungsverfahren für Ihre Entscheidung bedeutungslos sein, ist dessen Relevanz für die Erteilung der Baugenehmigung in einem Hilfsgutachten zu prüfen.
2. Das in der 10 km von G entfernten Gemeinde A ansässige Unternehmen X, welches ein direkter Konkurrent des U ist, möchte bereits vor Bekanntmachung des Plans gerichtlich feststellen lassen, dass der Bebauungsplan nichtig ist, um zu verhindern, dass U die beantragte Genehmigung erhält. Hätte eine solche Klage Aussicht auf Erfolg?
3. Nach ortsüblicher Bekanntmachung des Bebauungsplans hebt die Aufsichtsbehörde den Genehmigungsbescheid betreffend den Bebauungsplan auf. Hat eine Klage der G gegen die Aufhebung Erfolg?

Vorüberlegung

1334 Der Fall behandelt eine relativ seltene Konstellation im Bereich baurechtlicher Klausuren: es geht um die Genehmigung des Plans. Wenn diese Hürde überwunden ist, läuft die Lösung wie immer. Die abzuarbeitenden Probleme sind im Sachverhalt ausdrücklich genannt. Der etwas ungewöhnliche Einstieg sollte nicht Verwirrung stiften; das Problem als solches ist angesprochen und nach normalen Grundsätzen zu lösen. Das gilt auch für Frage 3.

Gliederung

1335 **I. Die Erteilung der Baugenehmigung**
   1. Die fehlende Plangenehmigung
   2. Hilfsgutachten: Die Rechtmäßigkeit des Bebauungsplans
   3. Ergebnis

II. Die Klage gegen den Bebauungsplan

III. Die Klage der G gegen die Aufhebung der Genehmigung
   1. Sachentscheidungsvoraussetzungen
      a) Eröffnung des Verwaltungsrechtswegs
      b) Statthafte Klageart
      c) Verfahrensartabhängige Sachentscheidungsvoraussetzungen
         aa) Klagebefugnis
         bb) Widerspruchsverfahren
      d) Weitere Sachentscheidungsvoraussetzungen
   2. Die Begründetheit der Klage
   3. Ergebnis

Lösung

I. Die Erteilung der Baugenehmigung

Die Baugenehmigung darf erteilt werden, wenn der Bebauungsplan wirksam ist. Ist das der Fall?

1. Die fehlende Plangenehmigung

Wirksamkeitsvoraussetzung für den Bebauungsplan ist seine Genehmigung durch die zuständige Behörde (soweit eine Genehmigung erforderlich ist; dazu später). Die Genehmigung fehlt. Sie war erteilt worden. Durfte die Genehmigungsbehörde sie wieder aufheben? Die Plangenehmigung ist Verwaltungsakt, adressiert an die beantragende Gemeinde; sie hat Regelungswirkung, weil ohne sie der Plan nicht wirksam werden kann, soweit sie erforderlich ist. Obwohl die Genehmigung in ein von § 9 VwVfG nicht erfasstes Rechtssetzungsverfahren eingefügt ist, darf sie bis zum Inkrafttreten des Bebauungsplans wie andere Verwaltungsakte behandelt werden; nichts spricht dafür, dass die Plangenehmigung vor Abschluss des Rechtssetzungsverfahrens eine Sonderbehandlung erfahren soll. Deshalb darf bis zur Bekanntmachung nach § 10 Abs. 3 Satz 1 BauGB die Plangenehmigung nach § 48 VwVfG zurückgenommen werden. Die Rücknahme der Plangenehmigung ist grundsätzlich in der Zuständigkeit zu ihrer Erteilung mit enthalten. Mit der Rücknahme beansprucht die Plangenehmigungsbehörde das Recht zur Korrektur einer schon getroffenen Entscheidung und keine über den Akt der Plangenehmigung kompetenzrechtlich hinausgehende dauerhafte Kontrollzuständigkeit; deren Existenz ist zu verneinen. 1336

Die Aufhebung der Genehmigung ist ausgeschlossen, wenn der Bebauungsplan rechtmäßig ist: Die Aufsichtsbehörde muss einen rechtmäßigen Plan genehmigen. Dieses Ergebnis folgt aus dem Wesen der Aufsichtsbehörde als Inhaberin von Aufsichtsrechten. 1337

Die Rechtmäßigkeit der Aufhebung der Genehmigung setzt die Rechtswidrigkeit des Plans voraus. Ist das der Fall? Die Fragestellung wäre verfehlt, wenn der Plan einer Genehmigung nicht bedürfte. Der Plan ist ein so genannter vorzeitiger Bebauungsplan; er ist nach § 8 Abs. 4 BauGB zwingend zu genehmigen. Die Genehmigung fehlt. Deshalb ist ein wirksamer Plan nicht vorhanden. An diesem Ergebnis ändert sich nichts trotz des Hinweises, es sei nicht sicher, ob die Voraussetzungen einer Rücknahme oder eines Widerrufs vorliegen. Eine wirksame Genehmigung ist erst dann wieder vorhanden, wenn die „Aufhebung" der Genehmigung ihrerseits wirksam aufgehoben ist; davon ist nach dem Sachverhalt nicht die Rede.

Die Baugenehmigung kann nicht erteilt werden.

2. Hilfsgutachten: Die Rechtmäßigkeit des Bebauungsplans

Wenn der Plan an beachtlichen Fehlern leidet, ist er fehlerhaft. Die Erteilung einer Baugenehmigung aufgrund eines fehlerhaften Plans ist amtspflichtwidrig. 1338

Das Verfahren nach § 3 Abs. 1 Satz 2 Nr. 1 BauGB: vorzeitige Bürgerbeteiligung, § 3 Abs. 2: Bürgerbeteiligung, und § 4 BauGB: Beteiligung der Träger öffentlicher Belange hat nicht stattgefunden. Dieser Mangel könnte die Nichtigkeit des Plans zur Folge haben.

1339 Für das Fehlen des Verfahrens nach § 3 Abs. 1 Satz 2 Nr. 1 BauGB, vorzeitige Bürgerbeteiligung, ist festzuhalten: Von der Unterrichtung und Erörterung kann abgesehen werden, wenn ein Bebauungsplan aufgestellt oder aufgehoben wird und dieser Vorgang sich auf das Plangebiet und die Nachbargebiete nicht oder nur unwesentlich auswirkt. Von einer nicht oder nur unwesentlichen Auswirkung auf das Plangebiet ist zu sprechen, wenn die Grundzüge der Planung unberührt bleiben. Hier findet eine Änderung des Gebietstyps im Sinne der BauNVO statt. Von einer nur unwesentlichen Auswirkung ist nicht zu sprechen, da eine Änderung der planerischen Konzeption vorhanden ist, die die Grundstücksnutzung insgesamt – und nicht nur einzelner Grundstücke – ändert. Daraus folgt, dass die vorzeitige Bürgerbeteiligung nach § 3 Abs. 1 Satz 2 Nr. 1 BauGB nicht unterbleiben darf. Indessen ist darauf hinzuweisen, dass dieser Fehler nach § 214 Abs. 1 BauGB unbeachtlich ist.

1340 Die Verfahren nach § 3 Abs. 2 und § 4 BauGB haben ebenfalls nicht stattgefunden. Dieses Unterlassen ist rechtswidrig, da die Aufforderung zur Abgabe von Stellungnahmen dieses Verfahren nicht ersetzt. Die Rechtswidrigkeit ergibt sich auch aus § 214 Abs. 1 Satz 1 Nr. 2 BauGB. Obwohl ein Fall des § 215 BauGB nicht vorliegt und es ferner an einer Rüge des Plans fehlt, darf eine Baugenehmigung nicht erteilt werden. Bis zur Behebung der Mängel der Satzung entfaltet diese nach § 214 Abs. 4 BauGB keine Rechtswirkungen. Der zuständige Beamte darf den Plan nicht vollziehen. Der zuständige Beamte muss die für die Aufstellung bzw. Änderung des Plans zuständige Gemeinde G von dem Fehler informieren, damit diese eine Berichtigung des Plans vornehmen kann.

Die vorzeitige Verpflichtung von G gegenüber U, den Plan aufzustellen, könnte ein Verstoß gegen § 1 Abs. 7 BauGB sein. Es fehlt an einem schriftlichen Vertrag; deshalb kann eine vorzeitige Einschränkung des Planungsermessens nicht angenommen werden. Die Planungsfreiheit ist somit nicht unangemessen beschränkt.

Die Baugenehmigung kann aus den dargelegten Gründen nicht erteilt werden.

3. Ergebnis

U hat keinen Anspruch auf Erteilung der Baugenehmigung

II. Die Klage gegen den Bebauungsplan

1341 Eine Feststellungsklage gegen den zukünftigen Bebauungsplan nach § 43 Abs. 1 VwGO ist nicht statthaft, weil die Feststellungsklage gegenüber dem Normenkontrollverfahren nach § 47 Abs. 1 Nr. 1 VwGO subsidiär ist. Eine Normenkontrollklage ist nicht zulässig, da es am Rechtschutzbedürfnis fehlt, weil eine Normenkontrollklage nur gegen in Kraft befindliche Bebauungspläne erhoben werden darf. Eine vorbeugende Normenkontrollklage ist unzulässig.

III. Die Klage der G gegen die Aufhebung der Genehmigung

Die Klage der G gegen die Aufhebung der Genehmigung hat Erfolg, wenn sie zulässig und begründet ist.

1. Sachentscheidungsvoraussetzungen

a) Eröffnung des Verwaltungsrechtswegs

Der Verwaltungsrechtsweg ist nach § 40 Abs. 1 Satz 1 VwGO eröffnet. Die Beteiligten **1342** streiten über baurechtliche Normen; es handelt sich um eine öffentlich-rechtliche Streitigkeit. Ein Verfassungsrechtsstreit entfällt offensichtlich; eine abdrängende Sonderzuweisung ist nicht ersichtlich.

b) Statthafte Klageart

Die Erteilung der Genehmigung ist ein Verwaltungsakt. Ihre Aufhebung ist der actus **1343** contrarius und teilt die Rechtsnatur der Genehmigung. G will die Kassation der Aufhebung. Statthafte Klageart ist die Anfechtungsklage nach § 42 Abs. 1 VwGO.

c) Verfahrensartabhängige Sachentscheidungsvoraussetzungen

aa) Klagebefugnis

Der belastende Verwaltungsakt könnte G in ihrem Recht auf kommunale Selbstverwal- **1344** tung nach Art. 28 Abs. 2 GG verletzen. G ist nach § 42 Abs. 2 VwGO klagebefugt.

bb) Widerspruchsverfahren

G muss erfolglos ein Widerspruchsverfahren durchgeführt haben. **1345**

d) Weitere Sachentscheidungsvoraussetzungen

Die weiteren Sachentscheidungsvoraussetzungen liegen vor. Die Klage der G ist zulässig.

2. Die Begründetheit der Klage

Nach § 113 Abs. 1 Satz 1 VwGO ist die Klage der G begründet, soweit die Aufhebung **1346** der Genehmigung rechtswidrig ist und G in ihren Rechten verletzt.

Die Genehmigungsbehörde darf die erteilte Genehmigung *nach* Bekanntmachung der Genehmigung nicht aufheben. Die Mitwirkung der höheren Verwaltungsbehörde am Zustandekommen eines Bebauungsplans beschränkt sich nach § 10 Abs. 2 BauGB auf die Rechtskontrolle des Plans im Rahmen eines Genehmigungsverfahrens und auf die

Erteilung der Genehmigung als Wirksamkeitsvoraussetzung für den Plan. Mit der Erteilung der Genehmigung ist die Mitwirkung abgeschlossen. Das Baugesetzbuch räumt der höheren Verwaltungsbehörde nicht die Befugnis ein, nach ortsüblicher Bekanntmachung der Genehmigung eines Bebauungsplans im Rahmen einer nachträglichen Rechtskontrolle die Nichtigkeit des Plans festzustellen. Insbesondere lässt sich dem BauGB keine Kompetenz der für die Plangenehmigung zuständigen höheren Verwaltungsbehörde zu einer umfassenden Kontrolle der Gesetzmäßigkeit der Verwaltung im Bereich der Bauleitplanung entnehmen.

1347 § 10 BauGB bestimmt, dass der Bebauungsplan als Satzung zu beschließen und bekannt zu machen ist. Eine Norm kann grundsätzlich nur in dem für die Normsetzung geltenden Verfahren aufgehoben werden. So sieht es auch das BauGB für den Bebauungsplan vor, § 1 Abs. 8 BauGB. Etwas anderes gilt auch nicht für den Fall, dass der Bebauungsplan an einem zur Ungültigkeit führenden Fehler leidet. Das zuvor belegte Ergebnis gebietet die Rechtssicherheit; denn mit dem Erlass und der Verkündung eines Bebauungsplans bekundet der Satzunggeber gegenüber der Öffentlichkeit, dass die von ihm beschlossene Satzung Geltung beansprucht. Leidet die Satzung an einem Fehler, so ist dieser Umstand im Allgemeinen nicht für jedermann erkennbar. Der durch die Normgebung gesetzte Rechtsschein ist deshalb durch einen Gegenakt der Normsetzung, d.h. beim fehlerhaften Bebauungsplan durch dessen förmliche Aufhebung, zu beseitigen, wenn der Fehler nicht geheilt oder heilbar ist.

3. Ergebnis

Die Klage ist begründet und hat deshalb Aussicht auf Erfolg.

Vertiefungshinweis: BVerwG, DVBl 1987, 482.

Fall 28***

Der lärmempfindliche Cellist

Schwerpunkte: Normenkontrolle; statthafte Antragsart; Überprüfung eines Bebauungsplans: Dauer der Auslegung, Auslegung des Begriffs „unmittelbarer Vorteil oder Nachteil" im Zusammenhang der Befangenheitsvorschriften, inhaltliche Fehler

Die Stadt Potsdam möchte in ihrer Altstadt den Verkehr entflechten und beruhigen. Seit zehn Jahren besteht ein Stadtentwicklungsplan, der die Entlastung der Altstadt durch eine neue Straßenbahnlinie vorsieht. **1348**

Die Stadtverordnetenversammlung ließ Entwürfe zweier Bebauungspläne für die Altstadt erarbeiten; der Plan „Hinter dem Rathaus" betrifft das nördliche Umfeld der Altstadt, der Plan „Vor dem Rathaus" den Kern der Altstadt und den südlichen Teil. Die Entwürfe genügen in formeller Hinsicht § 2a BauGB. Die Pläne waren vom 1.4.2012 bis 11.5.2012 im Rathaus ausgelegt und für jeden Bürger werktags von 9.00 bis 12.00 Uhr einsehbar.

Der Planentwurf „Hinter dem Rathaus" sieht als Art der baulichen Nutzung Mischgebiet, Kerngebiet und Wohngebiet vor. Er setzt den Bau einer Straßenbahnlinie fest; sie soll den Verkehr in nördlicher Richtung an dem Altstadtkern vorbeiführen. Er regelt die Inanspruchnahme von Grundstücken für die Verlegung elektrischer Leitungen zum Betrieb der Straßenbahnlinie; diese Grundstücke sind gesondert im Entwurf aufgeführt. Er enthält Aussagen über Lärmschutzvorrichtungen.

Die Stadtverordnetenversammlung beschließt am 18.5.2012 beide Entwürfe als Bebauungspläne mit 28:23 Stimmen; sie werden am 29.6.2012 ortsüblich bekannt gemacht. Die Pläne sind mit einer Begründung versehen.

Herr D ist Cellist bei den Berliner Philharmonikern. Ihm gehört ein an einer ruhigen Straße im Planbereich „Hinter dem Rathaus" gelegenes Haus, in dem er wohnt und übt. Er befürchtet in der Zukunft Lärm. Deshalb begehrt D im September 2012 die Unwirksamkeitserklärung des Bebauungsplans „Hinter dem Rathaus" vor dem Oberverwaltungsgericht Berlin-Brandenburg mit der Begründung, der Bebauungsplan verletze ihn in seinen Rechten.

In formeller Hinsicht rügt D: Die Auslegungszeit des Entwurfs habe nicht den gesetzlichen Vorgaben entsprochen; die höhere Verwaltungsbehörde habe den Bebauungsplan nicht genehmigt und der seiner Auffassung nach befangene Stadtverordnete B habe die Bebauungspläne mit beschlossen. D meint, B habe für die Entwürfe gestimmt, da er Eigentümer eines Grundstücks im Planbereich „Vor dem Rathaus" sei und eine andere Trasse direkt an seinem Grundstück vorbei geführt hätte. Nur mit der Zustimmung zu den Bebauungsplänen vermeide B, durch einen alternativen Plan betroffen zu werden.

In materieller Hinsicht bemängelt D: Es fehle an einem Flächennutzungsplan für die Altstadt; der Verkehrslärm werde sich durch den Bau der Straßenbahnlinie erhöhen; bei dem Neubau der Straßenbahnlinie handele es sich um eine Übergangslösung, da der Stadt zur Zeit Mittel fehlten, um die an sich vorgesehene Tunnellösung zu realisieren, eine Übergangslösung könne schon aus Kostengründen nicht rechtmäßig sein; dem Planentwurf fehle es an einer Rechtfertigung; es hätte ein Bebauungsplan für die gesamte Altstadt aufgestellt werden müssen; die Abwägung sei fehlerhaft, da hochrangige private Belange weniger stark gewichtet wurden als die Verbesserung der Infrastruktur und finanzielle Aspekte; die beabsichtigte Verkehrsberuhigung im Planbereich „Vor dem Rathaus“ führe, so D, zu einer unzumutbaren Zusatzbelastung im Planbereich „Hinter dem Rathaus“; angemessene Planalternativen seien nicht ausreichend bei der Beschlussfassung berücksichtigt worden, da sie schon während des Aufstellungsverfahrens verworfen worden seien.

Die Stadt erwidert auf das Vorbringen, dass die Bebauungspläne der Verkehrsentflechtung, dem Schutz der Altstadt mit seinem historischen Markt und einer verkehrsfreien Stadt dienten. Ihre Realisierung führte zu einer Belebung der Stadt durch Fußgänger und forcierte dadurch die Stadtentwicklung. Die Stadt weist ferner darauf hin, dass nicht nur an die Tunnellösung als Alternative gedacht war, sondern dass verschiedene Alternativen geprüft und Sachverständigengutachten angefordert worden seien; andere mögliche Lösungen seien im Vorfeld des Beschlusses verworfen worden, da die beschlossene Linienführung als einzige rentabel und finanzierbar sei, die geringsten Auswirkungen auf die Wohnbebauung der ganzen Stadt habe und die beste Verwirklichungsmöglichkeit biete. Aufgrund des immer stärker werdenden Verkehrsaufkommens hätte dringend eine langfristige, finanzierbare Lösung geschaffen werden müssen, ansonsten wären Schäden für den Altstadtkern zu befürchten. Die Stadt habe die Probleme der Übergangslösung erkannt, andere Möglichkeiten gesucht und diskutiert. Die Stadtvertreter seien aber zu dem Ergebnis gekommen, dass der jetzt gefasste Beschluss die einzige Möglichkeit zur Lösung aller Probleme der Stadt sei. Der zu erwartende Lärm sei erkannt und bei der Trassenbildung berücksichtigt worden. Nach dem Verkehrsgutachten würden durch die Lärmschutzmaßnahmen Innenpegel gewährleistet, die Verkehrslärm bedingte Kommunikations- oder Schlafstörungen ausschlössen und den Vorschriften des BImSchG entsprächen. Außerdem folge der Bebauungsplan den Vorgaben des Stadtentwicklungsplans. B sei nicht befangen, da er aus dem Satzungsbeschluss keinen unmittelbaren Vorteil erlange.

Prüfen Sie die Erfolgsaussichten des Antrags von D.

Bearbeitervermerk: Potenziell einschlägige Normen der BbgKVerf lauten:

§ 22 Abs. 1: Der ehrenamtlich Tätige … Berufene darf weder beratend noch entscheidend mitwirken, wenn die Entscheidung einer Angelegenheit 1. ihm selbst … einen unmittelbaren Vorteil oder Nachteil bringen kann.

§ 22 Abs. 6: Die Mitwirkung eines wegen Befangenheit Betroffenen hat die Unwirksamkeit des Beschlusses … nur dann zur Folge, wenn sie für das Abstimmungsergebnis entscheidend war.

§ 31 Abs. 2: Für die Tätigkeit als Gemeindevertreter … gelten die Vorschriften der §§ 21–23 … entsprechend …

Vorüberlegung

In diesem Fall wird das Recht des Bebauungsplans sowohl mit Blick auf seine Aufstellung als auch in Hinsicht seiner inhaltlichen Rechtmäßigkeit umfassend zur Bearbeitung gestellt. Dieses Recht muss von einem Examenskandidaten beherrscht werden. **1349**

Gliederung

I. Sachentscheidungsvoraussetzungen des Antrags **1350**
   1. Eröffnung des Verwaltungsrechtswegs nach § 40 Abs. 1 Satz 1 VwGO
   2. Statthafter Antrag
   3. Verfahrensartabhängige Sachentscheidungsvoraussetzungen
      a) Antragsbefugnis
      b) Passive Prozessführungsbefugnis
      c) Antragsfrist
   4. Beteiligten- und Prozessfähigkeit
   5. Rechtsschutzbedürfnis
   6. Zwischenergebnis

II. Die Begründetheit des Antrags
   1. Formelle Rechtmäßigkeit
      a) Zuständigkeit der Gemeinde
      b) Verfahren nach §§ 2–4, 10 BauGB
         aa) Auslegung des Bebauungsplans
         bb) Befangenheit des B
      c) Genehmigung
      d) Beachtlichkeit der Fehler
      e) Ergänzendes Verfahren nach § 214 Abs. 4 BauGB
   2. Materielle Rechtmäßigkeit des Bebauungsplans
      a) Die Festsetzung der Trasse im Bebauungsplan
      b) Die Beachtung der Rechtmäßigkeitskriterien nach dem Baugesetzbuch
         aa) Erforderlichkeit des Bebauungsplans nach § 1 Abs. 3 BauGB
         bb) Die Bindung an die Planungsziele nach § 1 Abs. 5 und 6 BauGB
         cc) Die Begrenzung der Gestaltungsfreiheit
         dd) Entwicklung aus dem Flächennutzungsplan
   3. Zwischenergebnis

III. Ergebnis

Lösung

Der Antrag des D hat Aussicht auf Erfolg, wenn er zulässig und begründet ist.

I. Sachentscheidungsvoraussetzungen des Antrags

1. Eröffnung des Verwaltungsrechtswegs nach § 40 Abs. 1 Satz 1 VwGO

1351 Das Oberverwaltungsgericht entscheidet nach § 47 Abs. 1 VwGO im Rahmen seiner Gerichtsbarkeit. Dieses Kriterium ist erfüllt, wenn die Anwendung der zur Kontrolle gestellten Norm zu öffentlich-rechtlichen Streitigkeiten führen kann, deren Entscheidung nicht einem anderen Gericht einer anderen Gerichtsbarkeit zugewiesen ist. Der Rechtsweg zu den Verwaltungsgerichten muss eröffnet sein.

Der Verwaltungsrechtsweg könnte nach § 40 Abs. 1 Satz 1 VwGO eröffnet sein. Es müsste sich zunächst um eine öffentlich-rechtliche Streitigkeit handeln. Das ist der Fall, wenn die streitentscheidende Norm dem öffentlichen Recht angehört. Nach der modifizierten Subjektstheorie/Sonderrechtstheorie zählt eine Norm zum öffentlichen Recht, wenn sie einen Träger öffentlicher Gewalt als solchen berechtigt oder verpflichtet. Die Beteiligten streiten über die Rechtsfolgen aus der Anwendung von Normen des Baurechts sowie der Kommunalverfassung Brandenburgs. Diese Vorschriften berechtigen und verpflichten ausschließlich Träger öffentlicher Gewalt, in diesem Fall die Gemeinde und ihre Organe. Diese Normen sind Sonderrecht des Staats.

Eine verfassungsrechtliche Streitigkeit ist nicht gegeben. Eine abdrängende Zuweisung fehlt.

Eine öffentlich-rechtliche Streitigkeit iSv § 40 Abs. 1 Satz 1 VwGO ist zu bejahen. Der Verwaltungsrechtsweg ist eröffnet.

2. Statthafter Antrag

1352 Der Antrag des D auf Unwirksamkeitserklärung des Bebauungsplans muss statthaft sein. Ein Normenkontrollantrag nach § 47 Abs. 1 Nr. 1 VwGO ist statthaft, wenn sich der Antragsteller gegen eine Satzung wendet, die nach den Vorschriften des Baugesetzbuchs erlassen wurde. Ein Bebauungsplan wird nach § 10 BauGB als Satzung erlassen. Der Antrag des D ist statthaft.

3. Verfahrensartabhängige Sachentscheidungsvoraussetzungen

a) Antragsbefugnis

1353 D muss nach § 47 Abs. 2 Satz 1 VwGO antragsbefugt sein. Er muss geltend machen können, durch eine Rechtsvorschrift oder deren Anwendung in seinen Rechten verletzt zu sein oder in absehbarer Zeit verletzt zu werden. Der Bebauungsplan könnte D in seinem Recht auf lärmfreie Nutzung seines Eigentums verletzen. Das Eigentumsrecht ist durch Art. 14 GG geschützt. D ist antragsbefugt.

b) Passive Prozessführungsbefugnis

Antragsgegner ist die Stadt Potsdam als Körperschaft, die den Bebauungsplan erlassen hat, § 47 Abs. 2 Satz 2 VwGO. **1354**

c) Antragsfrist

Der Normenkontrollantrag ist nach § 47 Abs. 2 Satz 1 VwGO innerhalb eines Jahres nach Bekanntmachung des Bebauungsplans zu stellen. D hat den Antrag fristgemäß gestellt. **1355**

4. Beteiligten- und Prozessfähigkeit

D ist nach § 47 Abs. 2 Satz 1 VwGO beteiligten- und nach § 62 Abs. 1 Nr. 1 VwGO prozessfähig. Auf der Antragsgegnerseite ist die Stadt Potsdam nach § 47 Abs. 2 Satz 2 VwGO beteiligten- und nach § 62 Abs. 3 VwGO prozessfähig. **1356**

5. Rechtsschutzbedürfnis

Das Rechtsschutzbedürfnis ist gegeben, wenn die mögliche Rechtsverletzung des Antragstellers durch die Feststellung der Nichtigkeit des angegriffenen Bebauungsplans verhindert oder beseitigt werden kann. Die ruhige Wohnlage der Wohnung des D bleibt erhalten, wenn der Bebauungsplan „Hinter dem Rathaus" für nichtig erklärt wird. Das Rechtsschutzbedürfnis ist gegeben. **1357**

6. Zwischenergebnis

Der Antrag des D auf Überprüfung des Bebauungsplans im Verfahren der prinzipalen Normenkontrolle ist zulässig.

II. Die Begründetheit des Antrags

Der Antrag ist begründet, wenn der Bebauungsplan der Stadt Potsdam ungültig ist, § 47 Abs. 5 Satz 2 VwGO. Das ist der Fall, wenn er gegen höherrangiges Recht verstößt.

1. Formelle Rechtmäßigkeit

Der Bebauungsplan muss formell rechtmäßig zustande gekommen sein.

a) Zuständigkeit der Gemeinde

Die Stadt Potsdam müsste für den Erlass des Bebauungsplans sachlich zuständig sein. **1358**

Bauleitpläne sind nach § 1 Abs. 3 iVm § 2 Abs. 1 Satz 1 BauGB von den Gemeinden in eigener Verantwortung aufzustellen. Der angegriffene Bebauungsplan betrifft das Stadtgebiet von Potsdam. Die Stadt ist zuständig.

b) Verfahren nach §§ 2–4, 10 BauGB

1359 Der Bebauungsplan müsste in einem fehlerfreien Verfahren beschlossen worden sein. Wenn Fehler vorliegen, könnte der Plan ungültig sein, wenn die Fehler nach §§ 214, 215 BauGB beachtlich sind.

Das Planungsverfahren nach §§ 2–4, 10 BauGB besteht aus folgenden Verfahrensabschnitten: Aufstellungsbeschluss (§ 2 Abs. 1 Satz 1 BauGB), frühzeitige Bürgerbeteiligung (§ 3 Abs. 1 BauGB), Begründung des Bebauungsplans (§ 9 Abs. 8 BauGB), öffentliche Auslegung (§ 3 Abs. 2 Satz 1 BauGB), Beteiligung der Träger öffentlicher Belange (§ 4 BauGB), Satzungsbeschluss über den Bebauungsplan (§ 10 Abs. 1 BauGB), Genehmigung bzw. Anzeige des als Satzung beschlossenen Bebauungsplans (§ 10 Abs. 2 BauGB) sowie ortsübliche Bekanntmachung (§ 10 Abs. 3 BauGB).

1360 Die Stadtverordnetenversammlung hat die Aufstellung des Plans beschlossen und den Beschluss nach § 2 Abs. 1 Satz 2 BauGB ortsüblich bekannt gemacht. Sie hat ferner einen Billigungs- und Auslegungsbeschluss sowie nach Ablauf des Verfahrens einen Satzungsbeschluss gefasst. Der Bebauungsplan ist entsprechend § 10 Abs. 3 Satz 3 und 5 BauGB veröffentlicht.

Fehlerhaft könnte das Verfahren wegen einer zu kurzen Auslegungszeit, einer Befangenheit des Stadtverordneten B bei der Beschlussfassung und der fehlenden Genehmigung der höheren Verwaltungsbehörde sein.

aa) Auslegung des Bebauungsplans

1361 Fraglich ist, ob der Planentwurf nach § 3 Abs. 2 BauGB ordnungsgemäß ausgelegt war.

Nach § 3 Abs. 2 BauGB muss der Planentwurf mit Begründung mindestens einen Monat zur Einsicht öffentlich ausliegen. An wie vielen Stunden des Tags bzw. an wie vielen Tagen innerhalb dieses Zeitraums den interessierten Bürgern tatsächlich eine ungehinderte Einsicht in die Planunterlagen möglich sein muss, ist ungeregelt.

1362 Eine Ansicht plädiert für eine sehr weitgehende Einsichtsmöglichkeit: Die auslegende Behörde müsse den Planentwurf während sämtlicher Dienststunden – unabhängig von den Zeiten des Publikumsverkehrs – für die Einsichtnahme bereithalten. Eine Beschränkung der Auslegung auf die Zeiten des Publikumsverkehrs (der Sprechstunden) würde die vorgeschriebene Monatsfrist zu sehr einengen und dem Bürger Möglichkeiten nehmen, den Inhalt des Bebauungsplans und seine Begründung kennen zu lernen.

1363 Die Gegenansicht hält eine einmonatige, auf die Stunden des Publikumsverkehrs beschränkte Auslegung für genügend. Die Stunden des Publikumsverkehrs müssten indes so bemessen sein, dass die Einsichtsmöglichkeit nicht unzumutbar beschränkt werde; wegen der unterschiedlichen zeitlichen Möglichkeiten der Bürger müsste auch nachmittags Einsicht genommen werden können.

Die Einsicht in die Planentwürfe war an 15 Stunden in der Woche während der Auslegungszeit möglich. Sie war zwar an allen Werktagen, aber lediglich vormittags gestattet. Nach der engen Ansicht muss die Einsichtnahme an allen Werktagen möglich sein und darf nicht nur auf die Vormittage oder nur auf die Nachmittage beschränkt werden. Diesem Kriterium genügt die Auslegung nicht. Es liegt ein Verstoß gegen § 3 Abs. 2 BauGB vor.

bb) Befangenheit des B

Der Bebauungsplan könnte wegen Verstoßes gegen § 22 Abs. 1 Nr. 1 BbgKVerf[1] rechtswidrig sein. Diese Vorschrift ist nach § 31 Abs. 2 BbgKVerf[2] auf die Stadtverordneten anwendbar. Nach ihr darf ein Stadtverordneter an der Beratung und Entscheidung von gemeindlichen Angelegenheiten nicht mitwirken, wenn die Entscheidung in der Sache ihm selbst einen unmittelbaren Vorteil oder Nachteil bringen kann. Für Ratsmitglied B könnte der beschlossene Plan vorteilhaft sein, weil nach seiner Festsetzung die Straßenbahntrasse sein Grundstück nicht berührt. **1364**

Fraglich ist, ob dieser Umstand ausreicht, für B einen *unmittelbaren Vorteil* anzunehmen. Von einem *Vorteil* für B darf ausgegangen werden, da sein Grundstück von Lärm verschont wird; die Belastung eines Grundstücks mit Lärm wirkt bekanntlich wertmindernd. Fraglich ist das Kriterium *Unmittelbarkeit.* **1365**

Nach einem formalen Ansatz liegt Unmittelbarkeit vor, wenn die Entscheidung dem Gemeindevertreter „direkt kausal", ohne dass ein zwischengeschalteter Entscheidungsträger tätig werden müsse, einen Vor- oder Nachteil bringt. – Nach der so genannten Sonderinteressentheorie ist für das Merkmal der Unmittelbarkeit eine direkte Kausalität zwischen der Entscheidung und dem Vor- oder Nachteil nicht erforderlich. Diese Begriffe seien weit auszulegen (Sonderinteresse). Bereits der „böse Schein" einer Interessenkollision oder die bloße Möglichkeit eines individualisierbaren materiellen oder immateriellen Vor- oder Nachteils begründeten ein Mitwirkungsverbot. **1366**

Nach der ersten Ansicht ist Unmittelbarkeit gegeben, weil B den Vorteil ohne Zwischenschaltung eines Entscheidungsträgers erfährt. Nach der zweiten Ansicht besteht bei der Beschlussfassung über einen Bebauungsplan ein generelles Mitwirkungsverbot für alle Eigentümer, die ein Grundstück im Planbereich besitzen; nur auf diese Weise bleibe der „böse Schein" von Anfang an „vor der Tür". B ist Eigentümer im Plangebiet, also besteht ein Mitwirkungsverbot; Unmittelbarkeit ist ebenfalls gegeben. **1367**

Der Bebauungsplan verstößt gegen § 22 Abs. 1 Nr. 1 BbgKVerf.

c) Genehmigung

Der Bebauungsplan ist nicht aus einem Flächennutzungsplan entwickelt worden. Er ist ein so genannter vorzeitiger Bebauungsplan. Er bedarf nach § 10 Abs. 2 Satz 1 BauGB der Genehmigung der höheren Verwaltungsbehörde. Sie fehlt. Ein Verstoß gegen § 10 Abs. 2 Satz 1 BauGB liegt vor. **1368**

1 *Entspricht:* § 18 GO BW; Art. 49 BayGO; § 11 VerfBrhv; § 25 HessGO; § 24 KV MV; § 41 NdsKomVG; § 31 GO NW; § 22 GO RP; § 27 SaarlKSVG; §§ 20 SächsGO; § 31 GO LSA; § 22 GO SH; § 38 ThürKO.
2 *Entspricht:* Art. 49 BayGO; § 50 Abs. 2 HessGO; § 24 KV MV; § 43 Abs. 2 GO NW; § 32 Abs. 2 GO SH.

d) Beachtlichkeit der Fehler

1369 Der Verstoß gegen das Mitwirkungsverbot nach § 22 Abs. 1 Nr. 1 BbgKVerf könnte beachtlich ist. Seine Unbeachtlichkeit richtet sich nach § 22 Abs. 6 BbgKVerf[3]. Die Mitwirkung eines wegen Befangenheit Betroffenen kann nach Beendigung der Abstimmung geltend gemacht werden, wenn sie für das Abstimmungsergebnis entscheidend war.

Der Bebauungsplan ist mit 28:23 Stimmen beschlossen worden. Die Stimme des B war für das Zustandekommen des Beschlusses nicht entscheidend, weil zwei Stadtverordnete mehr als nötig für die Bebauungspläne „Vor dem Rathaus" und „Hinter dem Rathaus" gestimmt haben. Der Formfehler *Mitwirkungsverbot* ist unbeachtlich.

1370 Das Verfahren zur Aufstellung des Bebauungsplans verstößt gegen § 3 Abs. 2 Satz 1 und § 10 Abs. 2 Satz 1 BauGB.

Die Verletzung von Vorschriften über die Aufstellung von Bebauungsplänen ist nur nach Maßgabe der §§ 214, 215 BauGB beachtlich. Die gefundenen Verfahrensfehler müssten in § 214 Abs. 1 BauGB genannt sein; sie dürften ferner nicht der Unbeachtlichkeitsregel § 214 Abs. 1 BauGB unterfallen; schließlich müsste die Rügefrist nach § 215 Abs. 1 Nr. 1 BauGB eingehalten sein.

1371 Der Verstoß gegen § 3 Abs. 2 Satz 1 BauGB ist nach § 214 Abs. 1 Satz 1 Nr. 2 BauGB beachtlich. Die interne Unbeachtlichkeitsregel des § 214 Abs. 1 Satz 1 Nr. 2 Hs. 2 BauGB findet keine Anwendung. Dieser Fehler führt nach § 214 Abs. 1 Satz 1 Nr. 2 iVm § 215 Abs. 1 BauGB zur Ungültigkeit des Bebauungsplans, wenn er innerhalb eines Jahres geltend gemacht wird. Diese Frist hat D eingehalten. Der Bebauungsplan ist ungültig.

Der Verstoß gegen § 10 Abs. 2 Satz 1 BauGB ist nach § 214 Abs. 1 Satz 1 Nr. 4 BauGB beachtlich. Er führt zur Ungültigkeit des Bebauungsplans. D hat den Fehler rechtzeitig gerügt. Der Bebauungsplan ist ungültig.

e) Ergänzendes Verfahren nach § 214 Abs. 4 BauGB

1372 Die analysierten Fehler könnten durch ein ergänzendes Verfahren nach § 214 Abs. 4 BauGB geheilt werden. Für die Anwendbarkeit des § 214 Abs. 4 BauGB genügt es, dass die Fehlerbehebung in einem ergänzenden Verfahren möglich ist. Die Mängel dürften die Grundzüge der Planung nicht berühren. Das ist hier der Fall, weil die Fehler lediglich formaler Art sind. Die Stadt kann nach § 214 Abs. 4 BauGB das frühere Planungsverfahren aufnehmen, an die vor der Rechtsverletzung liegenden Verfahrensschritte anknüpfen und die Fehler beheben. Anschließend muss der Bebauungsplan erneut ortsüblich bekannt gemacht werden.

---

3 *Entspricht:* Art. 49 Abs. 6 BayGO; § 41 Abs. 6 NdsKomVG; § 31 Abs. 6 GO NW; § 22 Abs. 5 GO SH; § 38 Abs. 4 ThürKO.

2. Materielle Rechtmäßigkeit des Bebauungsplans

Der Bebauungsplan der Stadt Potsdam ist rechtmäßig, wenn er den für die materielle Rechtmäßigkeit existierenden Kriterien des Baugesetzbuchs genügt.

a) Die Festsetzung der Trasse im Bebauungsplan

Fraglich ist, ob die Stadt Potsdam die Trasse für eine Straßenbahn in einem Bebauungsplan ausweisen durfte. Nach § 28 Abs. 3 Satz 1 PBefG darf die Gemeinde die Straßenbahntrasse in einem Bebauungsplan festsetzen und die Planfeststellung nach § 28 Abs. 1 PBefG ersetzen. **1373**

b) Die Beachtung der Rechtmäßigkeitskriterien nach dem Baugesetzbuch

Der Bebauungsplan ist materiell rechtmäßig, wenn Planrechtfertigung nach § 1 Abs. 3 BauGB vorliegt, die Kriterien nach § 1 Abs. 5 und 6 BauGB eingehalten sind, er nicht an Abwägungsfehlern leidet und er als vorzeitiger Bebauungsplan nach § 8 Abs. 4 Satz 1 BauGB erlaubt ist. **1374**

aa) Erforderlichkeit des Bebauungsplans nach § 1 Abs. 3 BauGB

Die Stadt Potsdam benötigt für das Aufstellen des Bebauungsplans eine Rechtfertigung entsprechend § 1 Abs. 3 BauGB. **1375**

Der Erlass muss für die städtebauliche Entwicklung und Ordnung erforderlich sein. Die Erforderlichkeit richtet sich nach der planerischen Konzeption der Gemeinde – auch im Fall einer Planung von Straßen und Straßenbahnlinien. Die Gemeinde darf planen, wenn hinreichend gewichtige städtebauliche Belange für die Planung sprechen.

Die Stadt Potsdam hat den Bebauungsplan entwickelt, um ihre Infrastruktur zu verbessern und die Innenstadt vor weiterem Individualverkehr zu schützen. Der Plan entspricht den Vorgaben des Stadtentwicklungsplans; ihn kennzeichnet eine erkennbare Konzeption der Verkehrsentlastung der Altstadt. Zweck des Bebauungsplans ist damit die Umsetzung eines öffentlichen Interesses an einer bestimmten Infrastruktur. Eine Planrechtfertigung liegt vor.

Die Planung ist nach Auffassung des D nicht finanzierbar. Dieser Umstand könnte zur Rechtswidrigkeit des Bebauungsplans führen. Eine von vornherein mangels Finanzierbarkeit des Vorhabens nicht zu verwirklichende Planung ist rechtswidrig. Ihr fehlt die Planrechtfertigung, weil sie nicht vernünftigerweise geboten ist. Die Stadt verweist darauf, dass die Finanzierbarkeit geregelt ist. Ein Fehler hinsichtlich der Planrechtfertigung entfällt. **1376**

bb) Die Bindung an die Planungsziele nach § 1 Abs. 5 und 6 BauGB

Ein Verstoß gegen die Planungsziele und ihre Konkretisierung durch die Planungsleitsätze ist nicht ersichtlich. **1377**

cc) Die Begrenzung der Gestaltungsfreiheit

1378 Bei der Aufstellung des Bebauungsplans besitzt die Stadt Potsdam planerische Gestaltungsfreiheit. Diese ist begrenzt durch das Abwägungsgebot des § 1 Abs. 7 BauGB. Die öffentlichen und privaten Belange sind gegeneinander und untereinander gerecht abzuwägen. Das Planungsermessen muss fehlerfrei ausgeübt worden sein.

Im Widerstreit der öffentlichen und privaten Belange kommt es darauf an, dass das private Interesse eines Betroffenen an der Verhinderung der Planung gegenüber dem öffentlichen Belang an der Realisierung der Planung nicht unverhältnismäßig zurückgesetzt ist. Es ist indes nicht von vornherein rechtswidrig, wenn die Stadt nach einer Abwägung zum Ergebnis kommt, dass die Belange Erhaltung historischer Bauwerke und Verbesserung der Infrastruktur sich gegenüber dem privaten Belang des D durchsetzen.

1379 **(1)** D wirft der Stadt Potsdam vor, die Straßenbahntrasse sei nur eine Übergangslösung. Ihre Entscheidung für die Übergangslösung könnte wegen des hohen Finanzbedarfs und der fehlenden Langlebigkeit abwägungsfehlerhaft sein. Es könnte ein **Abwägungsausfall** als solcher vorliegen, wenn eine sachgerechte Abwägung nicht stattgefunden hat.

Die Stadtverordnetenversammlung hat die sich aus den neuen Bebauungsplänen ergebenden Probleme erkannt, diskutiert sowie nach Alternativen gesucht. Ihr Beschluss enthält den zur Zeit einzig möglichen Vorschlag zur Lösung aller Verkehrsprobleme der Stadt. Alternativlösungen sind nicht finanzierbar; die gefundene Lösung soll dauerhaft sein. Das Problem der Lärmbelästigung hat die Stadtverordnetenversammlung erkannt. – Die beabsichtigte Trasse führt dazu, dass der historische Teil mit Marktplatz vom Verkehr entlastet wird. Ferner führt die zu errichtende Straßenbahnlinie zu einer Verkehrsentflechtung. Durch diese Verkehrsberuhigung wird ein Teil der Stadt durch Fußgänger belebt und die Stadtentwicklung forciert. Positive Auswirkungen auf die städtebauliche Entwicklung sind die Folge. – Die Versammlung sieht die Nachteile ihres Plans durch dessen Vorteile mehr als aufgewogen. Es ist nicht ersichtlich, dass diese Einschätzung nicht sachgemäß ist. Ein Abwägungsausfall ist nicht festzustellen.

1380 **(2)** D wirft der Stadt Potsdam vor, sie habe sich mit der in Frage stehenden Alternativlösung nicht auseinandergesetzt. Die Stadt habe nicht sämtliche Belange in die Abwägung einbezogen, welche hätten einbezogen werden müssen. Es könnte sich um ein **Abwägungsdefizit** handeln.

Während der Aufstellung eines Bauleitplans müssen mögliche andere Planungen berücksichtigt werden. Mit Blick auf die Abwägung darf der Plangeber nur solche Planungsalternativen außer Acht lassen, die er zwar erwogen hat, für die er aber zum Ergebnis gekommen ist, dass sie nicht dem Vorhaben dienen oder aus sonstigen Gründen nicht in Betracht kommen. Es ist erlaubt, nur solche Planvarianten in die Abwägung einzubeziehen, die wirklich durchführbar sind und ernsthaft in Betracht kommen.

Insoweit ist es nicht abwägungsfehlerhaft, finanziell nicht realisierbare Alternativen auszuscheiden. Ferner hat die Stadt alle Alternativlösungen geprüft und im Verfahren vor dem Satzungsbeschluss aus Gründen der Verwirklichungsmöglichkeit, Finanzierbarkeit und Auswirkungen auf private Belange, insbesondere aufgrund der Wohnbebauung in der Stadt, verworfen. Allein die beschlossene Alternative führt zur Bewältigung der Verkehrsprobleme der Stadt Potsdam. Nur diese war nach Sachverständigengutachten beschlussfähig. Ein Abwägungsdefizit liegt nicht vor.

(3) D wirft der Stadt Potsdam vor, die in der Zukunft fahrende Straßenbahn erzeuge **1381**
unerträglichen Lärm. Wenn unzumutbare Lärmbelästigungen nicht korrekt bewertet wurden, könnte eine **Abwägungsfehleinschätzung** vorliegen.

Der Bebauungsplan sieht die Errichtung von Lärmschutzvorrichtungen vor. Nach dem Sachverständigengutachten entsprechen diese Vorrichtungen den Anforderungen des BImSchG. Es ist erkennbar, dass die Stadt das Problem des Lärms erkannt und bewertet hat sowie versucht, es zu lösen. Aus diesem Grund hat sie Lärmschutzmaßnahmen beschlossen. Diese Maßnahmen gewährleisten einen Geräuschpegel in den Wohnungen, der Verkehrslärm bedingte Kommunikations- oder Schlafstörungen ausschließt. Die Belange der Anwohner wurden erkannt, gegen die Änderung der Verkehrsführung, die sich als besonders wichtig und dringlich erwies, abgewogen. Im Ergebnis wurde der Lärm korrekt bewertet. Eine Abwägungsfehleinschätzung fehlt.

(4) Die Pläne der Stadt Potsdam sehen die Aufteilung der Altstadt in zwei Planbereiche vor. **1382**
Dieses **Planungsergebnis** könnte gegen das Gebot der Konfliktbewältigung verstoßen.

Das Planungsergebnis erfordert die inhaltliche Abgewogenheit des Plans im Sinne des Gewichts der einzelnen Belange. Damit hat die Aufteilung einer „Planungsregion" auf zwei Plangebiete nichts zu tun; das korrekte Ergebnis eines Plans ist nicht davon abhängig, dass eine solche Zweiteilung unterbleibt. Eine solche Aufteilung entspricht der den Gemeinden eingeräumten Planungshoheit. Die Antragsteller können ihre Rechte in zwei Planaufstellungsverfahren geltend machen. Nachteile sind nicht ersichtlich. Ein Verstoß gegen das Gebot der Konfliktbewältigung liegt nicht vor.

dd) Entwicklung aus dem Flächennutzungsplan

Der Bebauungsplan könnte wegen Verstoßes gegen § 8 Abs. 2 Satz 1 BauGB ungültig **1383**
sein. Nach dieser Vorschrift sind Bebauungspläne aus dem Flächennutzungsplan zu entwickeln. Die Stadt Potsdam hat einen Flächennutzungsplan nicht beschlossen.

Die mögliche Ungültigkeit entfällt, wenn § 8 Abs. 4 Satz 1 BauGB Anwendung findet und ein so genannter vorzeitiger Bebauungsplan aufgestellt werden durfte. Eine Entwicklung des Bebauungsplans aus dem Flächennutzungsplan ist nicht notwendig, wenn die Aufstellung eines Bebauungsplans aus dringenden Gründen erforderlich ist und wenn er der beabsichtigten städtebaulichen Entwicklung des Gemeindegebiets nicht entgegensteht. – Ein Fall des § 8 Abs. 2 Satz 2 BauGB liegt definitiv nicht vor; von einem möglichen Verzichtsfall kann nicht die Rede sein.

Die in den Bebauungsplänen festgesetzte Trasse dient der Verkehrsentflechtung und Verkehrsentlastung der Altstadt von Potsdam. Diese soll eine langfristige und finanzierbare Verkehrsvariante angesichts des wachsenden Verkehrsaufkommens bieten.

Dieses ist als dringender Grund zu akzeptieren. Ferner existiert ein Stadtentwicklungsplan mit der Straßenbahnlinie. Der städtebaulichen Entwicklung der Stadt steht der Bebauungsplan nicht entgegen.

3. Zwischenergebnis

Der Bebauungsplan verstößt in formeller Hinsicht gegen höherrangiges Recht. Das führt grundsätzlich zur Ungültigkeit des gesamten Bebauungsplans. Im vorliegenden Fall können die Fehler in einem ergänzenden Verfahren nach § 214 Abs. 4 BauGB behoben werden. Das OVG erklärt den Bebauungsplan bis zur Behebung der Mängel für unwirksam.

III. Ergebnis

Der Antrag des D hat teilweise Aussicht auf Erfolg.

Vertiefungshinweise: *Peine*, ÖffBauR, Rn. 395 ff. Zu § 214 Abs. 4 BauGB s. z.B. *Battis/Krauzberger/Löhr*, Kommentar zum BauGB, 11. Aufl. 2009, § 214 Rn. 23 ff.

Fall 29***

Die Kiesgrube als Goldmine

Schwerpunkte: Antragsbefugnis im Normenkontrollverfahren; Entwicklungsgebot im Bauplanungsrecht; Fehler bei der Abwägung nach § 1 Abs. 7 BauGB; Fehlerheilung

Im westlichen Außenbereich der kreisfreien brandenburgischen Stadt Marienburg **1384** befindet sich eine 1 ha große Kiesgrube von 15 m Tiefe. Sie wurde in den 70er Jahren stillgelegt. Eine Zufahrt existiert nicht mehr. Eigentümer des Geländes, auf dem sich die Kiesgrube befindet, ist Hinrich Schulte-Röttelkamp. Er möchte die Kiesgrube als Abfalldeponie benutzen und beabsichtigt, den notwendigen Planfeststellungsbeschluss nach § 35 Abs. 2 Satz 1 KrWG zu beantragen.

Um diese Nutzung zu ermöglichen, hat die Stadtverordnetenversammlung Anfang Januar 2012 mit großer Mehrheit einen Bebauungsplan beschlossen, der das Gebiet der Kiesgrube selbst sowie das Gebiet östlich der Kiesgrube und der westlichen Umgehungsstraße von Marienburg betrifft. Das mehrere ha große Gelände zwischen der Kiesgrube und der Umgehungsstraße gehört der Stadt Marienburg. Der Bebauungsplan setzt die Fläche der Kiesgrube als Fläche für die Abfallentsorgung fest; er setzt ferner eine 2 km lange und 6 m breite Straße, die von der Umgehungsstraße abzweigt und zur Kiesgrube führt, sowie nördlich und südlich dieser Straße Waldfläche fest. Die Begründung des Bebauungsplans führt aus, die Festsetzung der Fläche für die Abfallbeseitigung sei notwendig, um einen Entsorgungsnotstand zu vermeiden. Die Straße sei notwendig, um den Betrieb der zukünftigen Deponie zu ermöglichen. Ferner wird ausgeführt, die Aufforstung solle die Stadt Marienburg vor Immissionen schützen. Weiteres fehlt.

Ein Flächennutzungsplan für dieses Gelände existiert nicht.

Der Bebauungsplan wird genehmigt und am 1.4.2012 ordnungsgemäß bekannt gegeben.

Vor der Beschlussfassung fand in der Stadtverordnetenversammlung eine heftige Debatte statt, die sich im Wesentlichen auf das Für und Wider der zukünftigen Deponie bezog.

Herr Schulte-Röttelkamp beantragte Anfang 2013 den Erlass eines Planfeststellungsbeschlusses. Die Gegner der Deponie wollen das Vorhaben durch Unwirksamkeitserklärung des Bebauungsplans verhindern.

Die evangelische Kirchengemeinde von Marienburg erhebt Klage vor dem Oberverwaltungsgericht Berlin-Brandenburg mit dem Antrag, den Bebauungsplan für nichtig zu erklären. Sie trägt zur Begründung vor, ihr biblischer Auftrag zur Bewahrung der Schöpfung verpflichtete sie, sich für die Erhaltung der Gesundheit ihrer Gemeindemitglieder und für den Schutz der Umwelt einzusetzen; Abfalldeponien seien Altlasten der Zukunft. Veronika Meier-Blumenbeet (VMB) erhebt ebenfalls Klage. Sie trägt vor, dass sie Eigentümerin eines nördlich des Plangebiets und damit der zukünftigen Deponie gelegenen Mehrfamilienhauses sei; die Nachbarschaft zu einer Deponie werde dazu führen, dass es nicht mehr vermietet werden könne. Ihr Interesse an der Verhinderung der Deponie sei – was zutrifft – in der Debatte überhaupt nicht zur Kenntnis genommen worden, da eine gewisse Marion Müller-Bauernschlau einerseits mit betörendem Charme und andererseits mit einer Beschwörung des Entsorgungsnotstands die Stadtverordneten von einer rationalen Abwägung der Argumente abgehalten habe. Die Stadt Marienburg hält beide Klagen für unzulässig, da die vorgetragenen Erwägungen im Planfeststellungsverfahren betreffend die Errichtung der Deponie vorzubringen seien.

Haben die Klagen Aussicht auf Erfolg?

Bearbeitervermerk: Ein Planfeststellungsbeschluss muss die Rechte von Nachbarn vollständig berücksichtigen; der Beschluss benötigt als Rechtmäßigkeitsvoraussetzung nicht die Sicherung in Anspruch zu nehmender Flächen im Bebauungsplan. – Einen Entsorgungsnotstand gibt es in Deutschland nicht.

Vorüberlegung

Der Fall hat ein Normenkontrollverfahren zum Gegenstand. In diesem spielt die Antragsbefugnis regelmäßig eine gewisse Rolle; so auch hier. Zu beachten ist, das § 47 Abs. 2 Satz 1 VwGO geändert und § 42 Abs. 2 VwGO angepasst wurde; ältere Falllösungen basieren deshalb regelmäßig auf einer heute überholten Rechtslage. Im Übrigen sind Fragen des Bauplanungsrechts zu beantworten. Die Relation des Bauplanungsrechts zum Planfeststellungsrecht, die die Stadt Marienburg im Sachverhalt anspricht, wird im Bearbeitervermerk aufgegriffen. **1385**

Gliederung

A. Der Antrag der evangelischen Kirchengemeinde Marienburg **1386**
- **I. Sachentscheidungsvoraussetzungen des Antrags**
  - 1. Eröffnung des Verwaltungsrechtswegs
  - 2. Statthafter Antrag/instanzielle Zuständigkeit
  - 3. Antragsbefugnis
- **II. Ergebnis**

B. Der Antrag der Veronika Meier-Blumenbeet
- **I. Sachentscheidungsvoraussetzungen des Antrags**
  - 1., 2. wie zuvor
  - 3. Antragsbefugnis
  - 4. Sonstiges
  - 5. Zwischenergebnis
- **II. Die Begründetheit des Antrags**
  - 1. Mängel des Planaufstellungsverfahrens
  - 2. Materielle Fehler
    - a) Die Festsetzungen im Bebauungsplan
    - b) Verstoß gegen das Entwicklungsgebot
    - c) Verstoß gegen das Gebot gerechter Abwägung
    - d) Verstoß gegen das Problembewältigungsgebot
- **III. Ergebnis**

Lösung

A. Der Antrag der evangelischen Kirchengemeinde Marienburg

Der Antrag der evangelischen Kirchengemeinde von Marienburg hat Aussicht auf Erfolg, wenn er zulässig und begründet ist.

I. Sachentscheidungsvoraussetzungen des Antrags

1. Eröffnung des Verwaltungsrechtswegs

1387 Nach § 47 Abs. 1 VwGO entscheidet das Oberverwaltungsgericht „im Rahmen seiner Gerichtsbarkeit". Das bedeutet, dass das Gericht innerhalb der Rechtswegezuständigkeit, also im Rahmen des § 40 Abs. 1 Satz 1 VwGO entscheidet. Für den Rechtsstreit muss der Rechtsweg zu den Verwaltungsgerichten eröffnet sein.

Bauplanungsrecht ist öffentliches Recht. Es handelt sich weder um Verfassungsrecht noch ist für diese Streitigkeit der Rechtsweg zu einem anderen Gericht kraft Zuweisung durch eine spezielle Norm eröffnet.

Der Rechtsweg zu den Verwaltungsgerichten ist gegeben.

2. Statthafter Antrag/instanzielle Zuständigkeit

1388 Der Antrag richtet sich gegen einen Bebauungsplan. Dieser wird nach § 10 Abs. 1 BauGB als Satzung beschlossen. Der Antrag, eine Satzung für nichtig zu erklären, ist sachlich ein Normenkontrollantrag. Das Oberverwaltungsgericht entscheidet nach § 47 Abs. 1 Nr. 1 VwGO über die Gültigkeit von Satzungen, die nach den Vorschriften des Baugesetzbuchs erlassen sind; es kann nach § 47 Abs. 5 Satz 2 VwGO den Plan für unwirksam erklären. Der Normenkontrollantrag ist deshalb statthaft.

Das Oberverwaltungsgericht ist instanziell zuständig.

3. Antragbefugnis

1389 Nach § 47 Abs. 2 Satz 1 VwGO kann den Antrag jede natürliche oder juristische Person stellen, die geltend macht, durch die Rechtsvorschrift oder deren Anwendung in ihren Rechten verletzt zu sein oder in absehbarer Zeit verletzt zu werden. Die evangelische Kirchengemeinde von Marienburg ist eine juristische Person. Nach § 1 Abs. 6 Nr. 6 BauGB sind die von den Kirchen und Religionsgemeinschaften des öffentlichen Rechts festgestellten Erfordernisse für Gottesdienst und Seelsorge bei der Aufstellung der Bauleitpläne besonders zu berücksichtigen. Die Kirchen stellen bei der Ausweisung von Flächen durch die (politische) Gemeinde ihren Bedarf für Gottesdienst und Seelsorge autonom fest und machen ihn gegenüber der Gemeinde geltend. Sie können insoweit auch eine Rechtsverletzung iSv § 47 Abs. 2 Satz 1 VwGO erleiden, wenn die Gemeinde ihren Vorstellungen unter Verletzung des Abwägungsgebots nicht entspricht. Deshalb kann die evangelische Kirchengemeinde antragsbefugt sein.

Hier geht es jedoch nicht um Gottesdienst und Seelsorge. Die Kirchengemeinde leitet vielmehr aus ihrer kirchlichen Aufgabe, insbesondere aus ihrer Pflicht zur Seelsorge gegenüber ihren Gemeindeangehörigen und aus dem „biblischen Auftrag zur Bewahrung der Schöpfung" ab, dass sie sich für die Erhaltung der Gesundheit ihrer Gemeindemitglieder und für den Schutz der Umwelt einsetzen und – vermeintliche – Verstöße in einem Normenkontrollverfahren geltend machen könne, auch wenn sie nicht als Grundstückseigentümerin oder im Hinblick auf konkrete, flächenbezogene Interessen durch die Planung betroffen werde. Darin ist eine mögliche Rechtsverletzung iSd § 47 Abs. 2 Satz 1 VwGO nicht zu erblicken. Ausschließlich eigene Rechte sind bedeutungsvoll, es darf sich nicht um fremde Rechte handeln. Das ist jedoch der Fall, wenn eine Kirchengemeinde einen Normenkontrollantrag stellt, weil sie „die Gesundheit ihrer Gemeindemitglieder" schützen möchte. Zum Schutz der Allgemeinheit und einzelner Privatpersonen, die ihre Interessen selbst geltend machen können, kann eine Kirchengemeinde ein Normenkontrollverfahren nicht einleiten. **1390**

Die evangelische Kirchengemeinde von Marienburg ist nicht antragsbefugt.

II. Ergebnis

Der Antrag der evangelischen Kirchengemeinde von Marienburg ist unzulässig.

B. Der Antrag der Veronika Meier-Blumenbeet

Der Antrag der VMB hat Aussicht auf Erfolg, wenn er zulässig und begründet ist.

I. Sachentscheidungsvoraussetzungen des Antrags

1., 2. wie oben.

3. Antragsbefugnis

VMB müsste in einem subjektiv-öffentlichen Recht verletzt sein. VMB befürchtet eine Wertminderung ihres Eigentums, weil Emissionen der zukünftigen Deponie das Haus unvermietbar werden lassen könnten. Das Eigentum nach Art. 14 Abs. 1 GG ist ein in diesem Zusammenhang relevantes Recht der VMB. **1391**

Als Nachbarin der zukünftigen Deponie, die potentiell das Eigentum beeinträchtigt, ist VMB antragsbefugt.

4. Sonstiges

Der Antrag ist innerhalb eines Jahres zu stellen, § 47 Abs. 2 Satz 1 VwGO. Er ist gegen die Stadt Marienburg, vertreten durch den Oberbürgermeister, zu richten, s. § 47 Abs. 2 Satz 2 VwGO. Für die Diskussion weiterer Sachentscheidungsvoraussetzungen besteht kein Anlass. Insbesondere führt die Möglichkeit, dass bestimmte Erwägungen in einem Verfahren gegen den Planfeststellungsbeschluss vorgetragen werden könnten, nicht zum Fehlen des Rechtsschutzbedürfnisses. **1392**

5. Zwischenergebnis

Der Antrag der VMB ist zulässig.

II. Die Begründetheit des Antrags

Der Antrag ist begründet, wenn der Bebauungsplan ungültig ist, § 47 Abs. 5 Satz 2 VwGO. Das ist der Fall, wenn er gegen höherrangiges Recht verstößt.

1. Mängel des Planaufstellungsverfahrens

1393 Fehler bei der Aufstellung des Bebauungsplans sind nicht ersichtlich. Der Charme, den Marion Müller-Bauernschlau versprüht, ist für die Rechtmäßigkeit des Plans bedeutungslos.

2. Materielle Fehler

a) Die Festsetzungen im Bebauungsplan

1394 Alle getroffenen Festsetzungen sind im Bebauungsplan zulässig, s. § 9 Abs. 1 Nr. 11, 14, 18b BauGB.

b) Verstoß gegen das Entwicklungsgebot

1395 Für die Aufstellung von Bebauungsplänen gilt das Gebot ihrer Entwicklung aus Flächennutzungsplänen nach § 8 Abs. 2 Satz 1 BauGB. Ein Flächennutzungsplan wird nicht gleichzeitig aufgestellt. Der Fall des Parallelverfahrens nach § 8 Abs. 3 Satz 1 BauGB liegt nicht vor.

Das BauGB kennt zwei Fälle der Zulässigkeit eines Bebauungsplans, wenn ein Flächennutzungsplan fehlt: § 8 Abs. 2 Satz 2 und § 8 Abs. 4 Satz 1 BauGB.

1396 § 8 Abs. 2 Satz 2 BauGB (selbstständiger Bebauungsplan) ist erfüllt, wenn die Gemeinde auf die Aufstellung eines Flächennutzungsplans verzichten darf, wenn es für die Ordnung der städtebaulichen Entwicklung ausreicht, Bebauungspläne aufzustellen. Ob das vorliegend der Fall ist, ist sehr fraglich. Regelmäßig wird als Beispiel für diesen Fall die Einrichtung eines Campingplatzes am Dorfrand angeführt. Dieser Fall ist dem der Errichtung einer Deponie nicht gleichzustellen. Deshalb ist die Aufstellung des Bebauungsplans von Marienburg kein Fall des § 8 Abs. 2 Satz 2 BauGB.

1397 § 8 Abs. 4 Satz 1 BauGB (vorzeitiger Bebauungsplan) ist erfüllt, wenn 1. ein dringender Grund existiert und 2. der Plan der beabsichtigten städtebaulichen Entwicklung nicht entgegensteht. Zu Letzterem ist mangels Aussagen im Sachverhalt nichts zu sagen. Ein dringender Grund könnte die Schaffung von Standorten für Abfallentsorgungsanlagen sein, um einem Müllnotstand zuvorzukommen. Dieser Grund entfällt aber: Es gibt in Deutschland keinen Mangel an Deponien, den Deponien mangelt es vielmehr an Abfall.

Nach § 214 Abs. 2 Nr. 1 BauGB ist es unbeachtlich, wenn die dringenden Gründe für die Aufstellung eines vorzeitigen Bebauungsplans nicht richtig beurteilt worden sind. Der Bebauungsplan ist mit einem unbeachtlichen Fehler behaftet.

c) Verstoß gegen das Gebot gerechter Abwägung

Das Gebot gerechter Abwägung bei der Aufstellung eines Bebauungsplans nach § 1 **1398**
Abs. 7 BauGB verlangt, dass alle für die Abwägung relevanten Fakten ermittelt werden. Es könnte ein Ermittlungsdefizit vorliegen. Die Stadtverordnetenversammlung, die die Abwägung vorzunehmen hat, hat zwar den Plan diskutiert, das Interesse der VMB am Schutz ihres Eigentums vor Immissionen, die von der zukünftigen Deponie ausgehen können, nicht zur Kenntnis genommen. Ein Ermittlungsdefizit ist gegeben.

Es liegt ein Verstoß gegen § 2 Abs. 3 BauGB vor.

Dieser Mangel müsste nach § 214 Abs. 1 Satz 1 Nr. 1 BauGB beachtlich sein. Die von **1399**
der Deponie ausgehenden Emissionen und das Interesse der VMB an ihrer Verhinderung hätten der Stadtverordnetenversammlung bekannt sein müssen. Daran fehlt es. Die Stadtverordnetenversammlung hat deshalb diese Belange nicht zutreffend ermittelt. Dieser Mangel des Abwägungsvorgangs müsste 1. offensichtlich sein und 2. das Abwägungsergebnis beeinflusst haben. Offensichtlich ist alles, was zur äußeren Seite des Abwägungsvorgangs derart gehört, dass es auf objektiv fassbaren Sachumständen beruht. Das ist hier eindeutig gegeben: Die Beeinträchtigung des Eigentums beruht auf objektiv fassbaren Sachumständen; es ist unberücksichtigt in der Abwägung geblieben. Von Einfluss auf das Abwägungsergebnis ist der Mangel, wenn nach den Umständen des jeweiligen Falls die konkrete Möglichkeit besteht, dass ohne den Mangel im Abwägungsvorgang das Ergebnis anders ausgefallen wäre. Angesichts des Einflusses der Marion Müller-Bauernschlau auf die Entscheidung ist davon auszugehen, dass diese auch bei Berücksichtigung des Interesses der VMB im Ergebnis gleich geblieben wäre.

Der Abwägungsmangel ist unbeachtlich.

d) Verstoß gegen das Problembewältigungsgebot

Das Abwägungsergebnis fordert die inhaltliche Abgewogenheit des Plans. Davon ist **1400**
auszugehen, wenn der Plan die Probleme bewältigt. Diese Problembewältigung fehlt hier, da der Plan für VMB erst ein Problem schafft. Fraglich ist, ob die Problemlösung im Planfeststellungsbeschluss nach § 35 Abs. 2 Satz 1 KrWG zu erfolgen hat. Unproblematisch ist jedenfalls die Feststellung, dass der Planfeststellungsbeschluss mit Blick auf das Eigentum der VMB Schutzvorkehrungen zu treffen hat. Da der Planfeststellungsbeschluss als Rechtmäßigkeitsvoraussetzung die Ausweisung der zukünftigen Deponie im Bebauungsplan nicht benötigt, muss der Beschluss die Rechte der VMB vollständig beachten. Zum Schutz der Rechte der VMB sind deshalb Festsetzungen im Bebauungsplan nicht nötig. Ein Verstoß gegen das Gebot der Problembewältigung entfällt.

III. Ergebnis

Der Bebauungsplan ist fehlerhaft; die Fehler sind aber unbeachtlich. Der Antrag der VMB ist unbegründet. Er hat keine Aussicht auf Erfolg.

Vertiefungshinweise: Zur Antragsbefugnis einer Kirchengemeinde im Normenkontrollverfahren s. BVerwG, NVwZ 1991, 979. *Peine*, ÖffBauR, Rn. 362 ff.

Repetitorium

Der Bebauungsplan

1. Funktion

1401 Der Bebauungsplan setzt rechtsverbindlich fest, welche städtebaulichen Maßnahmen auf einem Grundstück erlaubt sind. Er bildet die Grundlage für weitere zum Vollzug des BauGB erforderliche Maßnahmen, § 8 Abs. 1 BauGB. Diese doppelte Funktion bedingt: Den Festsetzungen im Bebauungsplan muss eine positive planerische Entscheidung zugrunde liegen: eine Entscheidung zugunsten einer spezifischen Nutzung. Eine bloß negative Aussage oder eine die zukünftige Nutzung freihaltende Entscheidung ist nicht erlaubt, wenn mit dieser Festsetzung die wahren Nutzungsabsichten verdeckt werden. Eine weitere Folgerung besteht darin, dass der Plan ausschließlich einen Rahmen setzt, dessen Ausfüllung der Privatinitiative des Einzelnen überlassen bleibt. Der Plan bildet nach § 8 Abs. 1 Satz 2 BauGB die Grundlage des Vollzugs, zwingt also selbst nicht zum Vollzug seiner Festsetzungen.

2. Das Planaufstellungsverfahren

Die §§ 2–4b BauGB enthalten das Recht der Planaufstellung. Das Verfahren der Aufstellung eines Bebauungsplans ist ein formalisiertes sechsstufiges Verfahren. Nach § 4b BauGB kann die Gemeinde zur Verfahrensbeschleunigung einen Dritten einschalten.

a) 1. Stufe

1402 Die erste Stufe umfasst den Beschluss der Gemeinde, einen Bauleitplan aufstellen zu wollen. Die Pflicht, einen Bauleitplan aufzustellen, folgt aus § 1 Abs. 3 Satz 1 BauGB bei Vorliegen seiner Voraussetzungen. Der Planaufstellungsbeschluss muss den Planbereich bezeichnen. Aussagen über zukünftige Planinhalte sind nicht erforderlich. Der Beschluss ist ortsüblich bekannt zu machen, § 2 Abs. 1 Satz 2 BauGB. Das Fehlen eines förmlichen Aufstellungsbeschlusses sowie das Fehlen seiner dem Recht entsprechenden Bekanntmachung führt nicht zur Rechtswidrigkeit der Planung[1].

1 BVerwG, NVwZ 1988, 916.

b) 2. Stufe

Auf der zweiten Stufe folgt die Beteiligung der Träger öffentlicher Belange an der Aufstellung, § 4 Abs. 1 Satz 1 BauGB. Das Gesetz folgt dem sog. funktionellen Behördenbegriff. Träger öffentlicher Belange sind z.B.: die Nachbargemeinde, der Träger der Straßenbaulast, die Industrie- und Handelskammer, die Handwerkskammer, die Stadtwerke GmbH. Anzuhören sind die Träger öffentlicher Belange nur, wenn sie von dem Bebauungsplan konkret betroffen sind. Sie müssen öffentliche Belange der Art vertreten, die sich auf Art und Maß der Bodennutzung auswirken können. Aus Gründen der Verfahrensbeschleunigung existiert für die anzuhörenden Stellen eine Frist von einem Monat für die Abgabe der Stellungnahme, § 4 Abs. 2 Satz 2 BauGB. Die vorgetragenen Belange werden lediglich Teil des Abwägungsmaterials iSv § 1 Abs. 7 BauGB. Die Beteiligung nach § 4 Abs. 2 BauGB ist herkömmlicher Weise als Ordnungsvorschrift zu verstehen[2]. 1403

c) 3. Stufe

Ebenso wie Träger öffentlicher Belange sind auch planbetroffene Bürger zu beteiligen. 1404 § 3 BauGB enthält ein **zweistufiges Beteiligungsverfahren**. Seine Durchführung ist Rechtspflicht. Es gibt die sog. vorzeitige oder auch vorgezogene Bürgerbeteiligung, geregelt in § 3 Abs. 1 BauGB, und die normale Bürgerbeteiligung, § 3 Abs. 2 BauGB.

- **vorzeitige Beteiligung:** Die vorzeitige Beteiligung besteht in der öffentlichen Unterrichtung über die Ziele und Zwecke des Plans mit folgender Anhörung und Erörterung. Von ihr kann ggf. abgesehen werden. Im Anschluss daran folgt die Planaufstellung.
- **normale Beteiligung:** Hier erfolgt die öffentliche Auslegung des Planaufstellungsbeschlusses für die Dauer eines Monats. „Öffentlich" bedeutet die Möglichkeit der Einsichtnahme während der allgemeinen Zeiten des Publikumsverkehrs[3]. Die Unterlagen müssen vollständig, sichtbar, griffbereit und zusammengehörig der Öffentlichkeit zugänglich sein. Der Bürger hat das Recht zum Vorbringen von Anregungen. Die Gemeinde ist zur öffentlichen Prüfung der vorgetragenen Bedenken verpflichtet. Die Entscheidung über die Berücksichtigung der Bedenken fällt in der Beschlussfassung über den Plan. Nicht berücksichtigte Anregungen sind der Genehmigungsbehörde vorzulegen.

d) 4. Stufe

Nach § 10 Abs. 1 BauGB wird der Bebauungsplan als Satzung (Ausnahme: § 246 1405 BauGB) in der Regel durch den Gemeinderat beschlossen.

2 BVerwG, DVBl 1971, 746.
3 BVerwG, NJW 1981, 594.

e) 5. Stufe

1406 Soweit der Bebauungsplan genehmigungspflichtig ist, ist die Genehmigung des Plans durch die Aufsichtsbehörde einzuholen, § 10 Abs. 2 BauGB. Eine generelle Genehmigungspflicht besteht nicht, nur für den selbstständigen Bebauungsplan (§ 8 Abs. 2 Satz 2 BauGB), den vorzeitigen Bebauungsplan (§ 8 Abs. 4 BauGB) und den vorzeitig bekannt gemachten Bebauungsplan (§ 8 Abs. 3 Satz 2 BauGB).

Geprüft werden darf lediglich die Rechtmäßigkeit (Rechtsaufsicht: jedes zu beachtende materielle Recht), nicht die Zweckmäßigkeit des Plans.

1407 Die Genehmigung ist ihrer Rechtsnatur nach als Akt der Kommunalaufsicht ein VA; die Gemeinde kann die Genehmigung im Wege der Verpflichtungsklage erstreiten[4]. Für den Bürger entfällt diese Möglichkeit, da die Genehmigung einen Teil des Rechtssetzungsvorgangs darstellt.

§ 6 Abs. 4 Satz 4 BauGB enthält eine Genehmigungsfiktion: wird nicht innerhalb dieser Frist entschieden, so gilt die Genehmigung als erteilt.

f) 6. Stufe

1408 Letzte Stufe ist die öffentliche Bekanntmachung der Genehmigung bzw. des Beschlusses über den Bebauungsplan. Die Bekanntmachung hat „ortsüblich" zu erfolgen. Mit der Bekanntmachung wird der Plan wirksam, §§ 6 Abs. 5, 10 Abs. 3 BauGB.

3. Anforderungen an den Bebauungsplan

Ein Bebauungsplan muss mehrere Voraussetzungen erfüllen.

a) Entwicklungspflicht

1409 Nach § 8 Abs. 2 Satz 1 BauGB sind Bebauungspläne aus dem Flächennutzungsplan zu entwickeln. Der Gesetzgeber geht somit im Grundsatz von einer Stufenfolge der Planung aus; die Konkretisierung der erlaubten Nutzung verläuft vom größeren zum kleineren Raum. Das Entwicklungsgebot mit seiner stufenweisen Konkretisierung der zulässigen Raumnutzungen stellt sich für den Bebauungsplan in der Weise dar, dass durch seine Festsetzungen die zugrunde liegenden Darstellungen des Flächennutzungsplans konkreter ausgestaltet und damit zugleich verdeutlicht werden[5]. Ausnahmen davon bilden der selbstständige und vorzeitige Bebauungsplan.

b) Die Bindung an die Planungsziele des § 1 Abs. 5 BauGB

1410 § 1 Abs. 5 Satz 1 BauGB enthält vier generelle Planungsziele:
- die Gewährleistung einer nachhaltigen städtebaulichen Entwicklung;
- die Gewährleistung einer dem Wohl der Allgemeinheit entsprechenden sozialgerechten Bodennutzung;

4 BVerwGE 34, 303.
5 BVerwGE 48, 70.

- die Sicherung einer menschenwürdigen Umwelt;
- den Schutz und die Entwicklung der natürlichen Lebensgrundlagen.

Zu diesen Planungszielen tritt der Schutz der natürlichen Lebensgrundlagen (hierzu gehört auch der Klimaschutz) und die baukulturelle Erhaltung und Entwicklung des Orts- und Landschaftsbilds.

Diese Planungsziele werden durch die Planungsleitlinien des § 1 Abs. 6 BauGB konkretisiert.

Nach der Rechtsprechung des Bundesverwaltungsgerichts sind sowohl die generellen Planungsziele als auch die konkreten Planungsleitlinien unbestimmte Rechtsbegriffe, die – im Rahmen der Kontrolle des Abwägungsvorgangs – in ihrer Auslegung wie in ihrer Anwendung uneingeschränkt gerichtlich zu kontrollieren sind[6].

c) Die Begrenzung durch das Abwägungsgebot des § 1 Abs. 7 BauGB

§ 1 Abs. 7 BauGB schreibt der planaufstellenden Gemeinde vor, die öffentlichen und privaten Belange gegeneinander und untereinander gerecht abzuwägen. Der Begriff „Belang“ ist identisch mit „Interesse“. Zum Inhalt des „öffentlichen Interesses“ schweigt das BauGB. Man ist sich einig, dass wegen der Funktion des Baurechts „öffentliches Interesse“ iSd Baurechts alle Interessen erfasst, die sich auf die Art und Intensität der Bodennutzung auswirken. Private Interessen sind aus dem Grundeigentum resultierende, also vornehmlich Nutzungsinteressen; es braucht sich nicht um rechtlich geschützte Interessen zu handeln, weil das private Interesse weiter reicht als das Interesse an der Erhaltung einer Rechtsposition. **1411**

Die **Abwägung** vollzieht sich in **drei Phasen**: **1412**

- **Ermittlungs- und Feststellungsvorgang:** der Planungsträger hat die konkret betroffenen Interessen zu ermitteln und festzustellen. Es geht um die Zusammenstellung des Abwägungsmaterials. Der Vorgang lässt sich in zwei „Untervorgänge“ trennen: zunächst sind die abwägungserheblichen Gesichtspunkte aus den vielen denkbaren Interessen herauszufiltern, dann ist zu entscheiden, welchen der in § 1 Abs. 5 BauGB genannten Ziele sie subsumiert werden können; in diesem Zusammenhang ist auf die Aussagen des § 1a BauGB zum Umweltschutz hinzuweisen: der Bodenschutz ist nach § 1a Abs. 2 Satz 3 BauGB in der Abwägung zu berücksichtigen, die Eingriffsregelung nach dem Naturschutzrecht ebenfalls entsprechend § 1a Abs. 3 Satz 1 BauGB, nach § 1a Abs. 4 BauGB sind Besonderheiten bis zum Einholen einer Stellungnahme der Kommission zu beachten;
- **Bewertungsvorgang:** der Planungsträger hat den objektiven Inhalt der Belange zu bestimmen und die einzelnen Belange zu gewichten;
- **Abwägungsvorgang:** auf dieser Stufe wird entschieden, welchem Belang der Vorrang eingeräumt und welcher zurückgestellt wird; dieses ist die eigentliche planerische Entscheidung.

6 BVerwGE 34, 308.

1413 Die Planung ist einer reduzierten rechtlichen Kontrolle zugänglich. Das Vorhandensein von Gestaltungsermächtigungen in Form von Freiräumen (planerische Gestaltungsfreiheit) verbietet eine vollständige gerichtliche Kontrolle, weil die Judikative sich nicht an die Stelle der Exekutive setzen darf. Eine eingeschränkte Kontrolle findet statt nach Maßgabe der sog. Abwägungsfehlerlehre. Die erste Weichenstellung dieser Lehre besteht in der Differenzierung zwischen dem Abwägungsvorgang und dem Abwägungsergebnis.

1414 Mit Blick auf den Abwägungsvorgang, den das BVerwG als der Gerichtskontrolle voll zugänglich betrachtet, sind folgende vier Fehler denkbar (**Abwägungsfehlerlehre**[7]):

- **Abwägungsausfall bzw. -defizit** (keine oder unvollständige Abwägung),
- **Ermittlungsausfall bzw. -defizit** (keine oder unvollständige Ermittlung der relevanten Belange),
- **Abwägungsfehleinschätzung** (falsche Bewertung eines Belangs),
- **Abwägungsdisproportionalität** (Verstoß gegen das objektive Gewicht eines Belangs).

1415 Mit Blick auf das Abwägungsergebnis prüft das BVerwG dieselben Fehler; insb. muss der Plan hinsichtlich des objektiven Gewichts einzelner Belange ausgewogen sein. Als Fehler beim Abwägungsergebnis ist im Wesentlichen eine inhaltliche Unausgewogenheit des Plans in dem Sinne denkbar, dass das objektive Gewicht einzelner Belange nicht beachtet worden ist.

1416 Eine korrekte Abwägung hat das abwägungserhebliche Material festzustellen, es zu bewerten und sich unter Zurückstellung eines Belangs für einen anderen zu entscheiden. Mit Blick auf Gewichtungsvorgaben, die „Überwindung“ bestimmter Interessen, ihr „Zurücktreten“ hinter andere Belange, sind drei Fälle zu unterscheiden:

- Interessen, die aufgrund ihrer gesetzlichen Verfasstheit strikte Beachtung bei der Planung verlangen, sind nicht Gegenstand der Abwägung, sondern „abwägungsfest“ oder „ergebnisfest“; das bedeutet, dass sie einzelnen in § 1 Abs. 5 BauGB genannten Zielen zuzuordnen sind, aber im Rahmen der dritten Phase der Abwägung nicht „weggewogen“ werden können – insoweit besteht planerische Gestaltungsfreiheit nicht; es handelt sich um in Planungsleitsätzen verankerte Belange, Beispiel: § 1 Abs. 4 BauGB: die Anpassung der Bauleitpläne an die Ziele der Raumordnung.
- Interessen, die in sog. „Optimierungsgeboten“ ihren gesetzlichen Niederschlag gefunden haben; die Bedeutung der Optimierungsgebote für den Planungsprozess besteht darin, den in ihnen enthaltenen Zielvorgaben ein besonderes Gewicht zuzumessen und insoweit die planerische Gestaltungsfreiheit einzuschränken; Beispiel: die Ausgleichspflicht bei Eingriffen in Natur und Landschaft nach dem BNatSchG.
- Interessen, die in der Abwägung „einfach“ überwunden werden können; insoweit besteht planerische Gestaltungsfreiheit; Beispiel: der Denkmalschutz nach § 1 Abs. 6 Nr. 5 BauGB.

---

7 BVerwGE 34, 301; 45, 309; 48, 56.

Die Abwägung iSd § 1 Abs. 7 BauGB erfolgt in nachstehenden Schritten: **1417**

- **Zusammenstellung des Abwägungsmaterials:** nur erkennbare Belange müssen in die Abwägung eingestellt werden
- **Gewichtung der Belange**
- **konkreter Abwägungsvorgang**
  - **Hinweis:** § 1 Abs. 7 BauGB kommt drittschützende Wirkung zu[8].
  - Zu beachten sind das Verhältnismäßigkeitsprinzip und Differenzierungsgebot.
  - Ebenso zu beachten ist das Gebot der planerischen Konfliktbewältigung: alle durch den Plan aufgeworfenen Konflikte sind zu lösen (z.B. räumliche Trennung unverträglicher Nutzungen; planerisch vorbeugender Umweltschutz; Beherrschbarkeit von Immissionen).

Ein rechtmäßiges Abwägungsergebnis liegt vor, wenn der Plan iSd objektiven Gewichts **1418** einzelner Belange inhaltlich abgewogen ist. Dieses Ergebnis ist immer nur dann erzielt, wenn der Plan die Probleme bewältigt. Problembewältigung hat die Notwendigkeit einer einheitlichen, alle Konflikte lösenden Planungsentscheidung zur Voraussetzung[9].

d) Die Pflicht zur Abstimmung nach § 2 Abs. 2 BauGB

§ 2 Abs. 2 BauGB verpflichtet benachbarte Gemeinden, ihre Bebauungspläne aufeinan- **1419** der abzustimmen (interkommunales Abwägungsgebot). Benachbarte Gemeinden sind sowohl angrenzende Gemeinden als auch solche, deren Belange (örtliche, private, öffentliche) durch die Bauleitplanung einer anderen Gemeinde berührt werden. Benachbarte Gemeinden haben einen Anspruch auf Beteiligung an den jeweiligen Planungen der anderen Gemeinde[10]. Es soll verhindert werden, dass – nicht nur an den Gemeindegrenzen – Nutzungen geplant und später erlaubt werden, die Konflikte der Qualität erzeugen, die innerhalb einer Gemeinde vermieden werden müssen oder zu bereinigen sind. Die Nichtbeachtung der Abstimmungspflicht verletzt § 1 Abs. 7 BauGB, was die Unwirksamkeit (vgl. § 47 Abs. 5 VwGO) des Plans zur Folge hat. Es ist bereits dann die Unwirksamkeit des Plans anzunehmen, wenn sich der planenden Gemeinde die Notwendigkeit der Beteiligung der Nachbargemeinde wegen der Auswirkungen auf deren Bauleitplanung aufdrängen musste.

4. Die Inhalte des Bebauungsplans

Der Bebauungsplan enthält Festsetzungen in dem für die Realisierung der städtebauli- **1420** chen Zielsetzung erforderlichen Umfang.

Mit Blick auf den Umfang der Festsetzungen wird zwischen einem **qualifizierten** und einem **einfachen Bebauungsplan** unterschieden. Ein qualifizierter Bebauungsplan enthält die sog. Mindestfestsetzungen. Von seinem Vorliegen ist auszugehen, wenn er allein oder gemeinsam mit sonstigen baurechtlichen Vorschriften Festsetzungen über

---

8 BVerwGE 107, 215, 220.
9 Zur Konfliktbewältigung vgl. *Stüer*, Konfliktbewältigung in der Bauleitplanung, BayVBl 2000, 257 ff.
10 BVerwG, NVwZ 1995, 694.

die Art und das Maß der baulichen Nutzung, über die überbaubaren Grundstücksflächen und über die örtlichen Verkehrsflächen enthält, § 30 Abs. 1 BauGB. Ein Bebauungsplan mit einem „Weniger" an Festsetzungen ist möglich und deshalb nicht unwirksam. Er wird **einfacher Bebauungsplan** genannt, § 30 Abs. 3 BauGB.

Die Festsetzungen im Bebauungsplan müssen parzellenscharf sein. Sie müssen die Nutzung eines jeden dem Bebauungsplan unterfallenden Grundstücks regeln.

Der Katalog der nach § 9 Abs. 1 BauGB möglichen Festsetzungen lässt sich unterteilen in Festsetzungen der baulichen Nutzung und der nichtbaulichen Nutzung.

5. Wirkungen des Bebauungsplans

1421 Der wirksam gewordene Bebauungsplan ist rechtsverbindlich. Auf seiner Basis wird entschieden, ob und wie ein Grundstück genutzt, insbesondere bebaut werden darf (§ 30 BauGB). Seine Festsetzungen entscheiden auch über die Teilbarkeit des Grundstücks (§ 19 BauGB). Durch die Festsetzungen werden diejenigen Nutzungen ausgeschlossen, die ihm widersprechen. Zulässig sind diejenigen Nutzungen, die sich im Rahmen der Festsetzung des Bebauungsplans halten.

6. Rechtsschutz gegen den Bebauungsplan

1422 Der Bebauungsplan hat die Form einer **Satzung**. Der Bebauungsplan regelt die Bodennutzung verbindlich. Die Rechtsordnung sieht zwei Möglichkeiten vor, die Rechtmäßigkeit eines Bebauungsplan zu überprüfen: die unmittelbare Prüfung in Form eines Normenkontrollantrags (§ 47 VwGO) und die mittelbare Prüfung in Form einer Verpflichtungs- oder Anfechtungsklage bezüglich einer versagten oder an einen Dritten erteilten Baugenehmigung.

7. Der fehlerhafte Bebauungsplan und die Planerhaltung

1423 Die §§ 214, 215 BauGB regeln das **System der Planungsmängel** und der **Planerhaltung**. Hintergrund dieser Norm ist das Ansinnen des Gesetzgebers, die Bestandssicherheit von Bauleitplänen soweit wie möglich zu garantieren. Es sollen die Folgen von Fehlern in der Bauleitplanung begrenzt und ggf. auch Fehler behoben werden.

§§ 214, 215 BauGB ändern nicht die Anforderungen an das Aufstellen der Bauleitpläne, es wird lediglich der Umfang der Kontrolle durch Gerichte begrenzt. Die Reduktion der Kontrolldichte gilt sowohl für Flächennutzungspläne als auch für Satzungen des Städtebaurechts.

1424 Hauptregel des § 214 BauGB ist die Unbeachtlicherklärung bestimmter Fehler, die während der Planung auftreten können. Damit wird das früher sog. „Nichtigkeitsdogma" teilweise durchbrochen, nach dem jeder Fehler einer Rechtsnorm zu deren Nichtigkeit, heute Unwirksamkeit führt. § 214 Abs. 1–3 BauGB nehmen davon Abstand, indem nicht jeder Fehler des Plans oder der Planaufstellung die Unwirksamkeit des Plans bedingt.

Bei Fehlern, die nicht unbeachtlich sind, stellt der Gesetzgeber mit § 214 Abs. 4 BauGB die Möglichkeit zur Verfügung, Flächennutzungspläne oder Satzungen durch ein ergänzendes Verfahren zur Behebung von Fehlern auch rückwirkend in Kraft zu setzen. **1425**

Die Aufstellung von Bauleitplänen unterliegt strengen formellen und materiellen Regeln, deren fehlende Einhaltung einen Bauleitplan grundsätzlich rechtswidrig und damit unwirksam macht.

§ 214 Abs. 1–3 BauGB regeln die Unbeachtlichkeit solcher Planungsfehler. Im Mittelpunkt stehen formelle Fehler des Bauleitplans bei der Aufstellung. Aber auch materielle Fehler des Bebauungsplans, die in Zusammenhang mit dem Entwicklungsgebot nach § 8 BauGB begangen werden, sowie Abwägungsfehler können unbeachtlich sein. Daraus folgt, dass materielle Fehler, bis auf die in § 214 Abs. 2 und Abs. 3 BauGB genannten, immer zur Ungültigkeit des Bauleitplans führen. **1426**

Die Rechtsfolge bezüglich der formellen Fehler ist im Vergleich zu den materiellen Fehlern spiegelverkehrt. Lediglich die in § 214 Abs. 1 BauGB genannten Verstöße gegen Form- und Verfahrensvorschriften führen grundsätzlich zur Unwirksamkeit des Bauleitplans. Die nicht aufgeführten formellen Fehler sind daher im Umkehrschluss unbeachtlich. **1427**

§ 214 Abs. 2a BauGB ergänzt die grundsätzlichen Regelungen der Fehlerfolgen der Abs. 1 und 2 in Bezug auf Fehler, die bei der Aufstellung eines Bauleitplans im beschleunigten Verfahren nach § 13a BauGB aufgetreten sind. **1428**

§ 214 Abs. 3 BauGB widmet sich Fehlern im Abwägungsvorgang. Neben der Unbeachtlichkeit wegen der Art des Fehlers nach § 214 Abs. 1–3 BauGB können solche nach § 214 Abs. 1–3 nicht mehr unbeachtlichen Fehler durch Zeitablauf nach § 215 BauGB unbeachtlich werden. **1429**

a) § 214 Abs. 1 BauGB

§ 214 Abs. 1 BauGB regelt abschließend, welche Verstöße gegen Form- und Verfahrensvorschriften beachtlich für die Wirksamkeit des Bauleitplans sind (sog. externe Unbeachtlichkeit). § 214 Abs. 1 BauGB engt ferner innerhalb der Aufzählung der beachtlichen Fehler die Folge der Unwirksamkeit weiter ein, indem ein in § 214 Abs. 1 genannter Fehler beim Vorliegen bestimmter Voraussetzungen ebenfalls unbeachtlich sein kann (interne Unbeachtlichkeit). **1430**

- **Nr. 1:** fehlende Ermittlung und Bewertung der abwägungsrelevanten Belange im Sinne des § 2 Abs. 3 BauGB
  - Mangel muss offensichtlich und auf das Ergebnis des Verfahrens von Einfluss gewesen (Kausalität) sein (interne Unbeachtlichkeitsklausel)
- **Nr. 2:** fehlende Öffentlichkeits- bzw. Behördenbeteiligung
  - interne Unbeachtlichkeitsklausel: die entsprechenden Belange sind unerheblich oder fanden in der Entscheidung Berücksichtigung.

- **Nr. 3:** Verstoß gegen §§ 2a, 3 Abs. 2, § 5 Abs. 1 Satz 2 Halbsatz 2 und Abs. 5, § 9 Abs. 8 und § 22 Abs. 10 BauGB
  - interne Unbeachtlichkeitsklausel: unbeachtlich, wenn die Begründung lediglich unvollständig ist
  - von interner Unbeachtlichkeitsklausel weitere Ausnahme in Bezug auf den Umweltbericht
- **Nr. 4:** Satzungsbeschluss der Gemeinde wurde nicht gefasst, eine Genehmigung nicht erteilt oder der mit der Bekanntmachung des Plans verfolgte Hinweiszweck ist nicht erreicht worden ist. Verstöße dieser Art sind derart schwerwiegend, dass sie einer Unbeachtlichkeit nicht zugänglich sind und immer zur Unwirksamkeit des Plans führen (vgl. § 215 Abs. 1 Nr. 1 BauGB).

b) § 214 Abs. 2 BauGB

1431 § 214 Abs. 2 BauGB enthält eine Ausnahme davon, dass grundsätzlich alle materiellen Fehler eines Bauleitplans auch zu dessen Unwirksamkeit führen. Diese Fehler betreffen fast ausschließlich das Entwicklungsgebot, § 8 BauGB.

c) § 214 Abs. 3 BauGB

1432 § 214 Abs. 3 BauGB widmet sich ausschließlich den Fehlern, die beim **Abwägungsvorgang** während der Entschlussfassung auftreten. Zunächst ergänzt § 214 Abs. 3 BauGB den § 1 Abs. 7 BauGB, indem er bestimmt, zu welchem Zeitpunkt die maßgebliche Abwägung stattzufinden hat. Danach ist der Zeitpunkt der Beschlussfassung der maßgebende Zeitpunkt. Damit ist eine zeitliche Zäsur vorhanden, die dazu führt, dass während einer gerichtlichen Kontrolle nachträglich eingetretene relevante Abwägungsbelange nicht zu einer Fehlerhaftigkeit führen können. Die Gemeinde trifft nicht die Pflicht, ihre Abwägung auf dem jeweils aktuellen Stand zu halten.

Satz 2 bestätigt nochmals die verfahrenstechnische Unterscheidung zwischen der Ermittlung und Bewertung der erheblichen Abwägungsbelange und dem Abwägungsvorgang an sich. Fehler bei der Ermittlung fallen nicht unter Absatz 3. Hiervon werden nur Mängel im Abwägungsvorgang erfasst.

1433 Als Fehler beim Abwägungsvorgang in diesem Sinne ist danach eindeutig nur folgender Typ denkbar: die **Abwägungsdisproportionalität** (Verstoß gegen das objektive Gewicht eines Belangs). Geprüft wird in diesem Rahmen nur das Abwägungsergebnis. Nach dem Willen des Gesetzgebers sind Fehler in der Ermittlung (Ausfall oder Defizit) oder die falsche Bewertung eines Belangs (Abwägungsfehleinschätzung) keine Fehler des Abwägungsvorgangs im Sinne des Absatzes 3. Wie der Abwägungsausfall einzuordnen ist, ist von den Umständen des Einzelfalls abhängig. Ein Abwägungsausfall kann schon darin liegen, dass es an jeglicher Ermittlung fehlt – das wäre ein Verfahrensfehler nach § 214 Abs. 1 Nr. 1 BauGB. Fehlte jedoch die Auseinandersetzung der Planungsbehörde mit den ermittelten Belangen, stellt dieses im System des § 214 Abs. 3 Satz 2 BauGB einen materiellen Fehler dar.

Mängel im Abwägungsvorgang sind zunächst nur dann erheblich (= beachtlich), wenn sie **offensichtlich** sind. Offensichtlich ist ein Mangel in der Regel dann, wenn alle äußeren, klar erkennbaren Umstände unzweifelhaft darauf hindeuten[11]. 1434

Ein somit offensichtlicher Mangel ist ferner nur dann erheblich, wenn er auf das Abwägungsergebnis von Einfluss gewesen ist. Das heißt, das Ergebnis des Abwägungsvorgangs beruht kausal auf dem offensichtlichen Fehler. Dieses muss angenommen werden, wenn nach den Umständen des Einzelfalls diese konkrete Möglichkeit nicht auszuschließen ist[12].

An beide Tatbestandsmerkmale sind jeweils strenge Maßstäbe zu stellen, da diese die Überprüfung der Bauleitpläne beschränken sollen.

d) § 215 BauGB

§ 215 BauGB regelt den Umstand, dass ein nach § 214 Abs. 1–3 BauGB beachtlicher Fehler zwischenzeitlich wegen Zeitablaufs unbeachtlich ist. Hintergrund dieser Regel ist die Rechtssicherheit. Mängel, die während des in § 215 BauGB festgelegten Zeitraums nicht durch mögliche Betroffene gerügt werden, sind unbeachtlich. Nach diesem Datum ist der Bauleitplan verbindlich. Kommt es zu einer Rüge innerhalb des bestimmten Zeitraums, bleibt der Fehler in jedem Fall beachtlich. Darauf können sich auch solche Beteiligten berufen, die in der Frist einen Mangel nicht gerügt haben. 1435

§ 215 Abs. 1 BauGB zählt abschließend die Mängel auf, die durch Zeitablauf unbeachtlich werden können. Unbeachtlich werden danach folgende beachtliche Fehler: Verfahrens- und Formfehler nach § 214 Abs. 1 Satz 1 Nr. 1–3, Fehler iSd § 214 Abs. 2 BauGB und nach § 214 Abs. 3 Satz 2 beachtliche Mängel im Abwägungsvorgang. 1436

Die darin genannten Mängel müssen einheitlich in einem Zeitraum von einem Jahr seit der Bekanntmachung des Bauleitplans gerügt werden. Diese Frist beginnt erst, wenn nach Absatz 2 bei der Inkraftsetzung des Flächennutzungsplans oder der Satzung auf die Voraussetzungen für die Geltendmachung der Verletzung von Vorschriften sowie auf die Rechtsfolgen hingewiesen wurde. Die Folge der Unbeachtlichkeit nach Absatz 1 kann nur bei einem dem Absatz 2 entsprechenden Hinweis, dass bestimmte Mängel nur befristet geltend gemacht werden können, eintreten. 1437

Maßgeblicher Zeitpunkt für die Wahrung der Rügefrist ist der Eingang der Rüge bei der Gemeinde. Die in Absatz 1 genannte Frist ist eine Ausschlussfrist; eine Wiedereinsetzung in den vorigen Stand kommt nicht in Betracht.

§ 215 BauGB bestimmt nicht, wer eine Rüge zur Verhinderung der Wirksamkeit des Bebauungsplans vorbringen kann. Im Gegensatz zu § 47 VwGO ist nicht nur ein durch die Auswirkungen des Bebauungsplans Betroffener rügeberechtigt. Zu einer solchen Rüge ist jedermann berechtigt.

---

11 BVerwG, NVwZ 1992, 662.
12 BVerwGE 64, 33 ff.

1438 Die Rüge muss der in § 215 Abs. 1 BauGB bestimmten Form entsprechen. Die Rüge ist danach in Schriftform gegenüber der Gemeinde unter Darlegung des die Verletzung begründenden Sachverhalts geltend zu machen. Die Rüge muss der Gemeinde zugehen. Ähnlich wie in einem gerichtlichen Schriftsatz ist die Rüge hinsichtlich des Mangels und des ihn begründenden Sachverhalts substantiiert darzulegen. Eine irgendwie geartete pauschale Rüge genügt den Anforderungen des § 215 Abs. 1 BauGB nicht. Der Gemeinde muss es ermöglicht werden, den Sachverhalt zu prüfen und ggf. ein ergänzendes Verfahren durchzuführen.

e) Das ergänzende Verfahren, § 214 Abs. 4 BauGB

1439 Die Gemeinde kann, nachdem sie einen beachtlichen Fehler der Planerstellung erkannt hat oder dieser ihr mit einer Rüge nach § 215 BauGB mitgeteilt wurde, wählen, ob sie ein komplett neues fehlerfreies Verfahren oder ein Planergänzungsverfahren nach § 214 Abs. 4 BauGB durchführt. Eine gerichtliche Feststellung des Mangels ist nicht notwendig. Die Gemeinde kann wegen ihrer Planungshoheit ohne eine übergeordnete Entscheidung über eine Behebung von Fehlern entscheiden. Nach § 214 Abs. 4 BauGB kann der Plan durch ein ergänzendes Verfahren zur Behebung von Fehlern auch rückwirkend in Kraft gesetzt werden. Vorteil dieses ergänzenden Verfahrens ist zum einen, dass ein Teil des Planaufstellungsverfahrens nicht wiederholt werden muss, was Zeit und Kosten sparen kann. Sollte die Behörde weder ein ergänzendes noch ein neues Verfahren durchführen, ist der Bauleitplan aufzuheben. Das gilt nicht, soweit eine Pflicht zur Aufstellung eines Bauleitplans besteht.

1440 Das ergänzende Verfahren dient der Behebung von Fehlern. Absatz 4 erfasst alle beachtlichen Fehler nach § 214 Abs. 1–3. Das heißt, dass sämtliche materiellen Fehler – auch solche der Abwägung nach § 1 Abs. 7 BauGB – geheilt werden können. Auch, wenn der Wortlaut dieses nicht klarstellt, können aber nur solche Fehler behoben werden, die nicht von einer solchen Art und Schwere sind, dass sie Zweifel an dem gesamten Plan aufkommen lassen oder die Grundzüge der Planung berühren[13]. Eine Änderung des Plans innerhalb des ergänzenden Verfahrens kommt daher grundsätzlich nicht in Betracht. Mängel im Kern der Abwägungsentscheidung können nicht innerhalb eines ergänzenden Verfahrens geheilt werden, weil dadurch die Grundzüge der Planung betroffen sind.

1441 Bis zur Behebung des Fehlers und einer erneuten In-Kraft-Setzung des Plans darf der Bauleitplan nicht vollzogen werden. Rechtswirkungen gehen während der Zeit der Planergänzung von ihm nicht aus.

1442 Die Fehler können nur dadurch behoben werden, dass das zuständige Organ die mängelbehaftete Verfahrenshandlung nach den dafür geltenden Vorschriften nachholt; ferner müssen alle diesem Verfahrensschritt nachfolgenden Verfahrenshandlungen erneut durchgeführt werden.

13 BVerwG, NVwZ 2002, 83, 84.

Der Wortlaut der Norm legt es nahe, dass die Gemeinde in Ausübung ihres Ermessens **1443** entscheiden kann, ob sie den Bauleitplan ex nunc oder ex tunc in Kraft setzt. Der Rückwirkung liegt der Gedanke des Vertrauensschutzes zugrunde. Das Vertrauen der Betroffenen auf den Bestand des Bauleitplans soll geschützt werden. Eine Rückwirkung darf aber frühestens zu dem Zeitpunkt eintreten, zu welchem der ursprüngliche Bauleitplan wirken sollte. Die Rückwirkung heilt auch Fehler eines aufgrund des fehlerhaften Plans ergangenen Verwaltungsakts.

Fall 30***

Ein Ausflug in den Antennenwald

Schwerpunkte: Feststellungsklage; Baugenehmigung; Verpflichtungsklage; Ausnahme und Befreiung von der Festsetzung eines Bebauungsplans; Informationsfreiheit; örtliche Bauvorschriften; Wirksamkeit einer Festsetzung im Bebauungsplan; Ermessensreduzierung

1444 Die Wohnungsbaugesellschaft „Wo wir wohnen" (W) ist Eigentümerin eines Grundstücks im Mühlenweg in Frankfurt (Oder). Das Grundstück ist mit einem achtstöckigen Mehrfamilienhaus bebaut. Das Grundstück liegt im Geltungsbereich des Bebauungsplanes Nr. 30 „Mühlenweg" der Stadt Frankfurt (Oder) vom 16.1.1991, der für die Grundstücke entlang des Mühlenwegs ein reines Wohngebiet festsetzt.

Nach der unter *„B. Weitere Festsetzungen"* gefassten textlichen Festsetzung heißt es:

Bauliche Nutzung:

1. Es gilt die Baunutzungsverordnung mit Ausnahme des § 3 Abs. 3 BauNVO

[...]

4. Nebenanlagen nach § 14 BauNVO sind nur ausnahmsweise zulässig

Außenanlagen/Nebenanlagen:

[...]

4. Für jedes Haus ist nur eine Antenne zulässig.

Auf dem Flachdach des Wohnhauses auf dem Grundstück der W befinden sich derzeit zwei jeweils ca. 6 m hohe Fernseh-Empfangsantennen und zwei jeweils 12,20 m hohe, nicht genehmigte Mobilfunk-Antennenträger (einer mit Richtfunkspiegel). Am Gebäude der W sind seit mehreren Jahren an den Balkonen und Fassaden 20 Parabolantennen angebracht. Eine vergleichbare Häufung von Antennen an einem anderen Gebäude ist im Baugebiet nicht festzustellen.

Mit Schreiben vom 22.2.2012 beantragte die W eine Ausnahme von den Festsetzungen des Bebauungsplans für die „Errichtung von vier Mobilfunk-Antennenträgern für den Mobilfunk" durch die Firma U3. Die vier Antennenträger mit einer Gesamthöhe von jeweils 3,30 m, die an den vier Ecken des Flachdachs angebracht werden sollen, sollen jeweils parallel zum Trägerrohr montierte Sektorantennen mit einer maximalen Länge von 2,00 m tragen und dienen nach der Betriebsbeschreibung sowohl dem Aufbau und Betrieb des UMTS-Netzes. Ein UMTS-Netz ist in diesem Wohngebiet noch nicht vorhanden. Aus der Baubeschreibung ergibt sich ferner, dass die zwei vorhandenen, jeweils 12,20 m hohen Antennenträger an den oberen Enden um je 9,20 m verkürzt werden sollen, sodass zwei Antennenträger mit einer Gesamtlänge von 3,00 m verbleiben. Auch der zweite Antennenträger soll mit einem Richtfunkspiegel mit einem Durchmesser von 0,36 m bestückt werden. Die Sicherheitsabstände der 26. Verordnung zum

BImSchG über elektromagnetische Felder (26. BImSchV) werden durch die Antennenträger eingehalten.

In einem Vorgespräch gab der zuständige Sachbearbeiter zu verstehen, dass eine Ausnahme wohl nicht in Betracht komme. W entgegnete diesem, dass auch eine Befreiung vom Bebauungsplan ihrem Vorhaben entgegen komme. Der Oberbürgermeister der Stadt Frankfurt (Oder) lehnte den Antrag mit Bescheid vom 11.5.2012 ab. Für dieses Bauvorhaben sei eine Baugenehmigung notwendig. Einen Antrag auf Erteilung einer Baugenehmigung habe die W nicht gestellt. Ferner lägen die Tatbestandsvoraussetzungen für die Erteilung einer Ausnahme von den Festsetzungen des Bebauungsplans nicht vor. Die Erteilung einer Befreiung sei abwegig.

Gegen diesen Bescheid erhob die W Widerspruch. Die W habe einen Anspruch auf Erteilung einer Ausnahme. Hilfsweise sei zumindest eine Befreiung von den Festsetzungen des Bebauungsplans zu gewähren.

Im darauf folgenden Widerspruchsbescheid vom 6.6.2012 verweist der Oberbürgermeister der Stadt Frankfurt (Oder) erneut auf die Versagungsgründe aus dem Ausgangsbescheid und hebt hervor, dass auch eine Befreiung von den Festsetzungen des Bebauungsplans nicht Betracht kommt. Es fehle schon am Vorliegen der Tatbestandsvoraussetzungen. Die Grundzüge der Planung seien berührt. Die flächendeckende Versorgung mit UMTS müsse hinter diesem städtebaulichen Aspekt zurückstehen. Eine flächendeckende Versorgung mit UMTS sei keine öffentliche Aufgabe, sondern eine rein privatwirtschaftliche. UMTS rechne auch nicht zur Grundversorgung. Zudem könne einer Befreiung aus Ermessenserwägungen nicht zugestimmt werden. Zu den derzeit vorhandenen zwei Antennenträgern der U3, die zwar verkürzt werden, aber in reduzierter Form erhalten bleiben sollen, kämen vier neue Antennenträger mit jeweils drei Sendeantennen hinzu, sodass sich im Endzustand praktisch 14 Antennen auf dem Dach des Anwesens befinden würden. Diese Vielzahl von Einzelantennen verunstalte sowohl das Gebäude selbst als auch das Orts- und Straßenbild. Derartige Antennenwälder seien grundsätzlich rechtswidrig. Das bereits jetzt vorhandene negative Erscheinungsbild des Gebäudes würde noch verstärkt und damit auch das Straßen- und Ortsbild zusätzlich beeinträchtigt.

Unmittelbar nach Zustellung des Widerspruchsbescheids erhebt die W Klage zum Verwaltungsgericht. Sie trägt vor, dass ein Antrag auf Erteilung einer Baugenehmigung nicht notwendig sei. Zudem habe sie einen Anspruch auf Erteilung einer Ausnahme, aber zumindest auf Erteilung einer Befreiung von den Festsetzungen des Bebauungsplans. Deren Tatbestandsvoraussetzungen lägen vor. Die von der Beklagten geltend gemachte Beeinträchtigung des Ortsbilds sei nicht stichhaltig. Die Errichtung der Mobilfunkanlage auf einem gestalterisch nicht besonders ansprechenden achtgeschossigen Wohnhaus beeinträchtige weder die Umgebungsbebauung noch das Ortsbild. Antennenträger seien mit der flächendeckenden Verbreitung der Netze nichts Außergewöhnliches mehr. Außerdem spreche im vorliegenden Fall vieles dafür, dass die Beeinträchtigung des Ortsbilds nur vorgeschoben sei und es der Beklagten eigentlich um die

Angst der Bevölkerung vor Gesundheitsgefahren gehe, wie sich aus einer Resolution ergebe. Für die Ausübung des Ermessens seien keine sachlichen Gründe ersichtlich, die eine Ablehnung der Befreiung rechtfertigen könnten. Unter diesen Umständen verdichte sich das Befreiungsermessen zu einem Rechtsanspruch auf Erteilung.

Hat die Klage der W Aussicht auf Erfolg?

Vorüberlegung

1445 Dieser sehr anspruchsvolle Fall aus dem Bauplanungsrecht beschäftigt sich ausgiebig mit den Regelungen zur Ausnahme und Befreiung von den Festsetzungen eines Bebauungsplans. Zu beachten ist, dass es sich hier um insgesamt drei Klagebegehren handelt. Eines dieser Klagebegehren ist jedoch nur hilfsweise zu prüfen.

Gliederung

A. Notwendigkeit einer Baugenehmigung 1446

I. Sachentscheidungsvoraussetzungen

1. Eröffnung des Verwaltungsrechtswegs
2. Statthafte Klageart
3. Verfahrensartabhängige Sachentscheidungsvoraussetzungen
   a) Feststellungsinteresse
   b) Subsidiarität
   c) Klagebefugnis
4. Beteiligten- und Prozessfähigkeit
5. Rechtsschutzbedürfnis
6. Zwischenergebnis

II. Die Begründetheit der Feststellungsklage

III. Ergebnis

B. Anspruch auf Erteilung einer Ausnahme bzw. hilfsweise Befreiung

I. Sachentscheidungsvoraussetzungen

1. Eröffnung des Verwaltungsrechtswegs
2. Statthafte Klageart
3. Besondere Sachentscheidungsvoraussetzungen der Verpflichtungsklage
   a) Klagebefugnis
   b) Vorverfahren
   c) Klagefrist
   d) Passive Prozessführungsbefugnis
4. Beteiligten- und Prozessfähigkeit
5. Zwischenergebnis

II. Die Begründetheit der Klage

1. Hauptantrag – Anspruch auf Erteilung einer Ausnahme
   a) Anspruchsgrundlage
   b) Anspruchsvoraussetzungen
2. Hilfsantrag – Anspruch auf Erteilung einer Befreiung
   a) Anspruchsgrundlage
   b) Anspruchsvoraussetzungen
      aa) Grundzüge der Planung
      bb) Befreiungsgründe
      cc) Würdigung nachbarlicher Interessen
      dd) Rechtsfolge Ermessen
   c) Zwischenergebnis
3. Zwischenergebnis

III. Ergebnis

Lösung

A. Notwendigkeit der Baugenehmigung

Die Klage der W hat Erfolg, wenn sie zulässig und begründet ist.

I. Sachentscheidungsvoraussetzungen

1. Eröffnung des Verwaltungsrechtswegs

1447 Die Eröffnung des Verwaltungsrechtswegs richtet sich nach § 40 Abs. 1 Satz 1 VwGO. Die streitentscheidenden Normen müssen dem öffentlichen Recht angehören. Den Streit entscheiden Normen des BauGB und der BbgBO. Diese sind öffentlich-rechtlicher Natur, da sie einen Träger öffentlicher Gewalt einseitig berechtigen und verpflichten. – Der Streit ist nichtverfassungsrechtlicher Art. Eine abdrängende Sonderzuweisung fehlt. – Der Verwaltungsrechtsweg ist eröffnet.

2. Statthafte Klageart

1448 Statthafte Klageart könnte eine Feststellungsklage nach § 43 Abs. 1 VwGO sein. Sie ist statthaft, wenn das Begehren der W nach ihrem eventuell auszulegenden Antrag auf die Feststellung des Bestehens oder Nichtbestehens eines Rechtsverhältnisses gerichtet ist.

Unter einem Rechtsverhältnis iSd Feststellungsklage ist die aus einem konkreten Sachverhalt aufgrund einer öffentlich-rechtlichen Norm sich ergebende Beziehung einer Person zu einer anderen Person oder zu einer Sache zu verstehen.

Hier geht es um eine Rechtsbeziehung zwischen Personen: zwischen W und dem Oberbürgermeister der Stadt Frankfurt (Oder). W will feststellen lassen, dass die Verkürzung der bestehenden zwei Antennenmasten und die Errichtung weiterer vier Antennenmasten eines Antrags auf Erteilung einer Baugenehmigung nicht bedürfen. Die Rechtsbeziehung basiert auf öffentlich-rechtlichen Normen; als solche waren die einschlägigen Normen des Baurechts identifiziert worden. Es geht W um das Nichtbestehen einer Rechtsbeziehung.

Ein Rechtsverhältnis iSd Feststellungsklage liegt vor.

3. Verfahrensartabhängige Sachentscheidungsvoraussetzungen

a) Feststellungsinteresse

1449 Die Feststellungsklage erfordert für ihre Zulässigkeit ein ausreichendes Interesse des Klägers an der gerichtlichen Feststellung des Rechtsverhältnisses, § 43 Abs. 1 Hs. 2 VwGO. Als Feststellungsinteresse ist jedes schutzwürdige Interesse rechtlicher, wirtschaftlicher oder ideeller Art anzusehen. Hier hat W ein Interesse rechtlicher Art, da sie keinen Antrag auf Erteilung einer Baugenehmigung stellen möchte.

Das Interesse muss schutzwürdig sein. Dieses Kriterium ist erfüllt, wenn W Träger eines subjektiven öffentlichen Rechts ist, aus dem sie Ansprüche herleitet bzw. um deren Verteidigung es ihr geht. W verteidigt ein Recht aus Art. 14 GG; sie will ihr Haus nutzen, wie es in ihrem Interesse liegt, ohne hierfür eine gesonderte Baugenehmigung zu beantragen. Das Interesse an dieser Feststellung ist schutzwürdig. **1450**

Das erforderliche Feststellungsinteresse ist gegeben.

b) Subsidiarität der Feststellungsklage

Die Feststellungsklage ist nach § 43 Abs. 2 VwGO nicht statthaft, wenn W ihr Begehren durch eine Gestaltungs- oder Leistungsklage verfolgen kann. In Betracht kommt hier eine Verpflichtungsklage auf Erteilung der Genehmigung. **1451**

Die Möglichkeit, eine Verpflichtungsklage zu erheben, schließt eine Feststellungsklage nur dann aus, wenn mit der Verpflichtungsklage Rechtsschutz in zumindest gleichem Umfang und mit gleicher Effektivität erreicht würde. Diese Voraussetzung entfällt, wenn die Existenz eines Rechts gerade ohne Rücksicht auf eine mit der Verpflichtungsklage verfolgbare Genehmigung behauptet wird.

W betrachtet die Errichtung als genehmigungsfrei. Wäre das richtig, wäre eine Verpflichtungsklage erfolglos. W hätte Verfahrenskosten zu tragen, die über die der Erreichung einer Ausnahme- bzw. Befreiungsentscheidung hinausgehen würde.

Die Feststellungsklage der W ist nicht subsidiär.

c) Klagebefugnis

Die Klage der W könnte nur dann zulässig sein, wenn W klagebefugt ist. W müsste eventuell darlegen, möglicherweise in einem subjektiv-öffentlichen Recht verletzt zu sein. **1452**

Ob der Kläger bei der Feststellungsklage seine Klagebefugnis darlegen muss, ist umstritten. Für eine analoge Anwendung des § 42 Abs. 2 VwGO soll die Abwehr der unzulässigen Popularklage sprechen. Diesem Argument wird seine Bedeutung mit dem Hinweis abgesprochen, neben dem Feststellungsinteresse sei kein Raum für die Klagebefugnis.

Die Antwort auf die Frage kann unterbleiben, wenn W in jedem Fall klagebefugt ist. Ihr geht es um den Schutz ihrer Eigentumsfreiheit aus Art. 14 Abs. 1 GG. Die Eigentumsfreiheit vermittelt die sog. Baufreiheit, also das Recht des Eigentümers, sein Grundstück unter Beachtung des Rechts nach Gutdünken zu bebauen. Eine Verletzung ist bei der Erforderlichkeit zur Einholung einer Baugenehmigung möglich.

W ist klagebefugt.

4. Beteiligten- und Prozessfähigkeit

1453 W ist als juristische Person des Privatrechts beteiligten- und prozessfähig nach §§ 61 Nr. 1, 62 Abs. 1 Nr. 1 VwGO. Der Oberbürgermeister der Stadt Frankfurt (Oder) ist als Behörde nach § 61 Nr. 3 VwGO iVm § 8 Abs. 1 BbgVwGG beteiligtenfähig und nach § 62 Abs. 3 VwGO prozessfähig.

5. Rechtsschutzinteresse

1454 Das Rechtsschutzinteresse ist bei einer Feststellungsklage zu bejahen, wenn der Kläger ein berechtigtes Interesse an der Feststellung des Rechtsverhältnisses besitzt. W hat ein solches Interesse an der Feststellung des Nichtbestehens eines Rechtsverhältnisses.

6. Zwischenergebnis

Die Feststellungsklage ist zulässig.

II. Begründetheit der Feststellungsklage

1455 Die Feststellungsklage der W ist begründet, wenn die Errichtung der vier neuen und die Kürzung der zwei bestehenden Antennen keiner Baugenehmigung bedürfen.

Nach § 54 BbgBO[1] bedürfen die Errichtung, die Änderung und die Nutzungsänderung baulicher Anlagen sowie anderer Anlagen und Einrichtungen einer Baugenehmigung, soweit in der BbgBO nichts anderes bestimmt ist.

1456 Bauliche Anlagen sind nach § 2 Abs. 1 Satz 1 BbgBO[2] mit dem Erdboden verbundene, aus Bauprodukten hergestellte Anlagen. Fraglich ist, ob ein Antennenmast eine bauliche Anlage ist. Er ist nicht unmittelbar mit dem Erdboden verbunden. Dem Wortlaut des § 2 Abs. 1 Satz 1 BbgBO ist jedoch nicht zu entnehmen, dass eine solche Verbindung bestehen muss. Es genügt eine lediglich mittelbare Verbindung. Entscheidend ist, dass die Anlage die Unbeweglichkeit des Bodens teilt. Hier ist die Antenne fest auf dem Dach eines mit dem Boden verbundenen Hauses angebracht. Die unmittelbare Verbindung des Hauses vermittelt eine Verbindung der Antenne mit dem Boden. Eine solche Antenne ist eine bauliche Anlage, deren Errichtung grundsätzlich einer Genehmigung bedarf.

---

1 *Entspricht:* § 49 BO BW; Art. 62 BayBO; § 55 BerlBO; § 59 Abs. 1 BremBO; § 59 HmbBO; § 54 Abs. 1 HessBO; § 59 BO MV; § 68 Abs. 1 NdsBO; § 63 Abs. 1 BO NW; § 61 BO RP; § 60 SaarlBO; § 59 SächsBO; § 58 Abs. 1 BO LSA; § 68 Abs. 1 BO SH; § 62 Abs. 1 ThürBO.

2 *Entspricht:* § 2 Abs. 1 BO BW; Art. 2 Abs. 1 BayBO; § 2 Abs. 1 BerlBO; § 2 Abs. 1 BremBO; § 2 Abs. 1 HmbBO; § 2 Abs. 1 HessBO; § 2 Abs. 1 BO MV; § 2 Abs. 1 NdsBO; § 2 Abs. 1 BO NW; § 2 Abs. 1 BO RP; § 2 Abs. 1 SaarlBO; § 2 Abs. 1 SächsBO; § 2 Abs. 1 BO LSA; § 2 Abs. 1 BO SH; § 2 Abs. 1 ThürBO.

Anderes könnte jedoch nach § 55 BbgBO[3] gelten. Dessen Absatz 4 Nr. 4 regelt, dass die Errichtung oder Änderung von Antennenanlagen mit nicht mehr als 10 m Bauhöhe und Parabolantennenanlagen mit einem Durchmesser der Reflektorschalen von nicht mehr als 1,20 m keiner Baugenehmigung bedürfen. Danach bedürfen die Errichtung und Änderung der Antennen keiner Baugenehmigung, da die Bauhöhe nur 3 m betragen soll. **1457**

Ein Rechtsverhältnis in der Ausgestaltung, dass W einen Baugenehmigungsantrag stellen muss, besteht nicht. Die Klage ist begründet.

III. Ergebnis

W muss keine Baugenehmigung beantragen. Die Feststellungsklage ist zulässig und begründet und hat Aussicht auf Erfolg.

B. Ausnahme bzw. Befreiung

Die Klage der W hat Aussicht auf Erfolg, wenn sie zulässig und begründet ist.

I. Sachentscheidungsvoraussetzungen

1. Eröffnung des Verwaltungsrechtswegs

Der Verwaltungsrechtsweg nach § 40 Abs. 1 Satz 1 VwGO muss eröffnet sein. Die streitentscheidende Norm muss zum öffentlichen Recht zählen. Die Parteien streiten über die Rechtsfolgen aus der Anwendung von Normen des BauGB und der BbgBO. Diese Vorschriften berechtigen und verpflichten ausschließlich Träger öffentlicher Gewalt. Sie sind Sonderrecht des Staats und zählen deshalb zum öffentlichen Recht. Eine verfassungsrechtliche Streitigkeit entfällt offensichtlich; eine abdrängende Sonderzuweisung ist nicht vorhanden. Der Verwaltungsrechtsweg ist eröffnet. **1458**

2. Statthafte Klageart

W strebt die Erteilung einer Ausnahmeentscheidung nach § 31 Abs. 1 BauGB und hilfsweise eine Befreiung nach § 31 Abs. 2 BauGB an, welche ihr vom Oberbürgermeister versagt wurden. Sowohl die Entscheidung über eine Ausnahme als auch die über eine Befreiung sind jeweils ein Verwaltungsakt nach § 35 S. 1 VwVfG[4]. Danach ist die Verpflichtungsklage nach § 42 Abs. 1 Var. 2 VwGO (sog. Versagungsgegenklage) statthaft. Bei der Klage auf Erteilung einer Befreiung handelt es sich um einen Eventualantrag (Hilfsantrag). Dessen Begründetheit ist ausschließlich zu prüfen, wenn der Hauptantrag **1459**

---

3 *Entspricht:* § 50 BO BW iVm Nr. 30 des Anhangs; Art. 57 Abs. 1 Nr. 4a BayBO; § 62 Abs. 1 Nr. 4a BerlBO; § 62 BremBO iVm Nr. 26 des Anhangs; § 60 Abs. 1 HmbBO iVm Nr. 4 des Anhangs 2; § 55 HessBO iVm Nr. 5.1.1 der Anlage 2; § 61 Abs. 1 Nr. 4a BO MV; § 69 NdsBO iVm Nr. 4 des Anhangs; § 65 Abs. 1 Nr. 18 BO NW; § 62 Abs. 1 Nr. 4b BO RP; § 61 Abs. 1 Nr. 4 SaarlBO; § 61 Abs. 1 Nr. 4 SächsBO; § 60 Abs. 1 Nr. 4a BO LSA; § 69 Abs. 1 Nr. 33 BO SH; § 63 Abs. 1 Nr. 4a ThürBO.

4 IVm § 1 Abs. 1 BbgVwVfG.

auf Erteilung der Ausnahme unzulässig bzw. unbegründet ist. Es handelt sich hierbei um eine objektive Klagehäufung nach § 44 VwGO.

3. Besondere Sachentscheidungsvoraussetzungen der Verpflichtungsklage

a) Klagebefugnis

1460 Nach § 42 Abs. 2 VwGO muss W geltend machen, durch die Versagung der beantragten Ausnahme bzw. Befreiung in ihren Rechten verletzt zu sein. Die sog. Adressatentheorie kommt bei der Verpflichtungsklage nicht zur Anwendung. In Betracht kommt eine Verletzung des einfachgesetzlichen Rechts nach § 31 Abs. 1 und 2 BauGB, die einen Anspruch auf ermessensfehlerfreie Entscheidung einräumen. Ebenfalls ist die Verletzung ihres Grundrechts aus Art. 14 Abs. 1 GG möglich (vgl. oben). W ist klagebefugt.

b) Vorverfahren

1461 § 68 Abs. 2 VwGO bestimmt, dass vor Erhebung einer Verpflichtungsklage ein Vorverfahren durchzuführen ist, wenn ein Antrag auf Vornahme eines VAs abgelehnt wurde. Ein entsprechendes Verfahren fand statt. Im Ergebnis versagte der Oberbürgermeister die Erteilung der Ausnahme bzw. eine Befreiung.

c) Klagefrist

1462 Die Klagefrist für eine Verpflichtungsklage bestimmt sich nach § 74 Abs. 2 iVm Abs. 1 VwGO. Die Klagefrist beträgt einen Monat nach Zustellung des Widerspruchsbescheids. W erhob die Klage unmittelbar nach Zustellung der Klage und deshalb fristgemäß.

d) Passive Prozessführungsbefugnis

1463 Richtiger Klagegegner ist nach § 78 Abs. 1 Nr. 2 VwGO iVm § 8 Abs. 2 BbgVwGG die Behörde, die die Erteilung der Ausnahme bzw. der Befreiung von den Festsetzungen des Bebauungsplans abgelehnt hat. Dies ist der Oberbürgermeister.

4. Beteiligten- und Prozessfähigkeit

1464 Die Beteiligtenfähigkeit der W ergibt sich aus § 61 Nr. 1 Alt. 2 VwGO; die Beteiligtenfähigkeit der beklagten Behörde aus § 61 Nr. 3 VwGO iVm § 8 Abs. 1 BbgVwGG. Die Prozessfähigkeit der W bestimmt sich nach § 62 Abs. 1 Nr. 1 VwGO; die Prozessfähigkeit der beklagten Behörde ergibt sich aus § 62 Abs. 3 VwGO.

5. Zwischenergebnis

Die Klage ist zulässig.

II. Begründetheit

Die Klage der W ist begründet, soweit die Ablehnung der Erteilung der Ausnahme bzw. der Befreiung rechtswidrig und W dadurch in ihren Rechten verletzt ist, § 113 Abs. 5 Satz 1 VwGO. Die Ablehnung der Erteilung der Ausnahme bzw. Befreiung ist rechtswidrig und verletzt W in ihren Rechten, wenn sie einen Anspruch auf Erteilung der Ausnahme bzw. (hilfsweise) der Befreiung hat.

1. Hauptantrag – Anspruch auf Erteilung einer Ausnahme

a) Anspruchsgrundlage

Anspruchsgrundlage für die Erteilung einer Ausnahme von den Festsetzungen des Bebauungsplans ist § 31 Abs. 1 BauGB. Grundsätzlich besteht nur ein Anspruch auf fehlerfreie Ausübung des Ermessens. **1465**

b) Anspruchsvoraussetzungen

Um überhaupt einen Anspruch auf Ausübung fehlerfreien Ermessens zu haben, müssen zunächst die Tatbestandsvoraussetzungen des § 31 Abs. 1 BauGB vorliegen. Von den Festsetzungen des Bebauungsplans können nur solche Ausnahmen zugelassen werden, die im Bebauungsplan nach Art und Umfang ausdrücklich vorgesehen sind. **1466**

Das heißt, dass das Bauvorhaben überhaupt den Festsetzungen des Bebauungsplans widersprechen muss, § 30 Abs. 1 BauGB. Der Bebauungsplan setzt für den betreffenden Bereich ein reines Wohngebiet nach § 3 BauNVO fest. Als Hauptnutzung sind damit nach § 3 Abs. 1, 2 BauNVO nur Wohngebäude allgemein zulässig. Mobilfunk-Sendeanlagen, die Betriebsteile einer gewerblichen Hauptanlage sind, fallen nicht hierunter. Als Nebenanlage iSd § 14 Abs. 1 BauNVO ist die Mobilfunkanlage schon deshalb nicht allgemein zulässig, weil derartige Nebenanlagen nach der textlichen Festsetzung „Bauliche Nutzung“, Nr. 4 des Bebauungsplans, nur ausnahmsweise zulässig sind. Ohne Abweichung ist die Mobilfunkanlage im reinen Wohngebiet also nach § 30 Abs. 1 BauGB unzulässig. **1467**

Eine Ausnahme kommt in Betracht, wenn der Bebauungsplan Ausnahmen für UMTS-Antennen zulässt.

§ 3 Abs. 3 BauNVO nennt solche Anlagen, die ausnahmsweise in einem reinen Wohngebiet zulässig sein können. § 3 Abs. 3 BauNVO wird nach § 1 Abs. 3 Satz 2 BauNVO grundsätzlich Inhalt eines Bebauungsplans, wenn dieser ein allgemeines Wohngebiet festsetzt. Hier hat die Stadt Frankfurt (Oder) jedoch ausdrücklich iSd § 1 Abs. 6 Nr. 2 BauNVO bestimmt, dass § 3 Abs. 3 BauGB nicht anwendbar ist. Darüber hinaus stellt eine UMTS-Antenne auch keine in § 3 Abs. 3 BauNVO genannte ausnahmefähige bauliche Anlage dar. **1468**

Jedoch lässt der Bebauungsplan in Nr. 4 „Bauliche Nutzung“ Nebenanlagen iSd § 14 BauNVO zu.

1469 Fraglich ist, ob die Antenne eine Nebenanlage ist. In Betracht kommt zunächst eine Nebenanlage iSd § 14 Abs. 1 BauNVO. Die Vorschrift regelt die Zulässigkeit untergeordneter Nebenanlagen oder Einrichtungen, die dem Nutzungszweck der in dem Baugebiet gelegenen Grundstücke oder dem Baugebiet selbst dienen. W gibt in ihrer Beschreibung des Vorhabens an, dass die geplante Mobilfunk-Anlage der Versorgung der Bewohner des Baugebiets mit einem UMTS-Netz diene. Mobilfunk-Sendeanlagen dienen jedoch nicht nur der Versorgung des Baugebiets, sondern als Teil eines flächendeckenden Funknetzes letztlich dem Betrieb des gesamten Mobilfunk-Unternehmens, weshalb ein unmittelbarer Funktionszusammenhang mit der Zweckbestimmung des Baugebiets oder der im Baugebiet gelegenen Grundstücke gerade fehlt. Die Anlage ist daher nicht als Nebenanlage iSd § 14 Abs. 1 BauNVO zulässig.

1470 Eine solche Mobilfunkantenne könnte jedoch der fernmeldetechnischen Nebenanlage iSd § 14 Abs. 2 Satz 2 BauNVO zu subsumieren sein. Fernmeldeanlagen dienen vor allem auch der Telekommunikation. Darunter fallen Fernmeldetürme und Antennenträger. Die UMTS-Antennen(träger) sind fernmeldetechnische Anlagen und ausnahmsweise zulässig.

1471 Der Bebauungsplan regelt jedoch, dass je Haus nur eine Antenne ausnahmsweise zugelassen werden kann. Somit ist eine Zulassung weiterer Antennenanlagen nicht zulässig. Fraglich ist, ob diese Festsetzung auch für Mobilfunkantennen gilt. Der Bebauungsplan stammt aus dem Jahre 1991. Zu diesem Zeitpunkt waren vergleichbare Mobilfunkantennen wenig verbreitet. Der Satzungsgeber könnte damit die damals üblichen Empfangsantennen für Rundfunk- und Fernsehprogramme gemeint haben, sodass diese Einschränkung das Vorhaben der W nicht betrifft. Zwar wird der damalige Satzunggeber Empfangsantennen für Rundfunk- und Fernsehprogramme vor Augen gehabt haben. Jedoch ist auch der Entwicklungsstand der Technik zu beachten. Standortentscheidungen für Mobilfunk-Sendeantennen auf Wohnhäusern waren im Zeitpunkt des Satzungserlasses wohl nicht zu treffen. Auch wenn die Festsetzung also vor allem durch das Ziel motiviert gewesen sein mag, zu verhindern, dass jeder Wohnungsinhaber eine eigene Fernsehantenne auf dem Dach anbringt mit der Folge, dass – insbesondere bei mehrgeschossigen Wohnhäusern mit vielen Wohneinheiten – ein „Antennenwald“ entsteht, ergibt sich hieraus keine auf Fernseh-Empfangsantennen beschränkte objektive Normgeltung. Der Wortlaut der Festsetzung, der den Begriff „Antenne“ weder einschränkt noch weiter spezifiziert, legt diese Interpretation nicht nahe. Ferner zwingen Sinn und Zweck der Festsetzung nicht zu einer einschränkenden Auslegung. Zur Entstehung eines städtebaulich unerwünschten „Antennenwalds“ können auch gewerbliche Mobilfunk-Sendeanlagen beitragen. Die Einschränkung des Bebauungsplans betrifft auch das Vorhaben der W.

1472 Bedenken könnten jedoch gegen die Wirksamkeit des Bebauungsplans bestehen. Die Regelung, dass nur eine Antenne je Haus zulässig ist, findet in § 81 Abs. 1 Nr. 1

BbgBO[5] ihre rechtliche Grundlage. Nach dieser Vorschrift können die Gemeinden örtliche Bauvorschriften über besondere Anforderungen an die äußere Gestaltung baulicher Anlagen erlassen. Nach § 9 Abs. 4 BauGB iVm § 81 Abs. 9 Nr. 1 BbgBO[6] können die Regelungen als Festsetzung in den Bebauungsplan aufgenommen werden.

Solche Begrenzungen der Anzahl von Antennen könnten jedoch gegen Grundrechte verstoßen. In Betracht kommt eine Verletzung des Art. 5 Abs. 1 Satz 1 Hs. 2 GG (Informationsfreiheit). Danach hat jeder das Recht, sich aus allgemein zugänglichen Quellen ungehindert zu informieren. Der Schutzbereich erstreckt sich auch auf die Beschaffung und Nutzung der hier fraglichen Anlagen. Der Schutzbereich ist betroffen. Die Gewährleistung der Informationsfreiheit findet aber ihre wichtigste Schranke in den allgemeinen Gesetzen nach Art. 5 Abs. 2 GG, zu denen auch meinungsneutrale Festsetzungen eines Bebauungsplans gehören können. Der Plangeber ist deshalb grundsätzlich nicht gehindert, aus städtebaulichen Gründen und zum Schutz oder zur Gestaltung des Ortsbilds die Anzahl der zulässigen Antennen je Haus auf eine bestimmte Höchstgrenze zu beschränken, wenn die Beschränkung die verfassungsrechtlichen Vorgaben beachtet und auch den Wert der Informationsfreiheit in verhältnismäßiger Weise berücksichtigt. Diese Grenze ist hier gewahrt, weil ein ungehinderter Empfang von Rundfunk- und Fernsehprogrammen grundsätzlich über eine (Gemeinschafts-)Antenne je Haus sowie über Kabelanschlüsse gewährleistet ist. **1473**

Die Festsetzung könnte jedoch funktionslos geworden sein. Es gibt allein am Haus der W ca. 20 Parabolantennen und zwei Mobilfunkantennen. Dieses steht im Widerspruch zur Festsetzung des Bebauungsplans. Funktionslos kann eine bauplanerische Festsetzung sein, wenn und soweit die tatsächlichen Verhältnisse, auf die sie sich bezieht, ihre Verwirklichung auf unabsehbare Zeit ausschließen und diese Tatsache so offensichtlich ist, dass ein in ihre (Fort-)Geltung gesetztes Vertrauen keinen Schutz verdient. Ob diese Voraussetzungen erfüllt sind, ist für jede Festsetzung gesondert zu prüfen. Dabei kommt es nicht auf die Verhältnisse auf einzelnen Grundstücken an. Die Planungskonzeption, die einer Festsetzung zugrunde liegt, wird nicht schon dann sinnlos, wenn sie nicht mehr überall im Plangebiet umgesetzt werden kann. Die Festsetzung verliert dadurch nicht die Fähigkeit, die städtebauliche Entwicklung im Baugebiet in eine bestimmte Richtung zu lenken. Das gilt bereits deshalb, weil die festgestellte Häufung von Antennen nur das Grundstück der W betrifft. Die Stadt Frankfurt (Oder) hat deshalb auf der Grundlage dieser Festsetzung nach wie vor die Möglichkeit, die weitere Entwicklung im Baugebiet zu steuern, indem sie den bereits eingetretenen „Wildwuchs" durch „aktive Rückbaupolitik" mit Hilfe der Bauaufsicht zurückdrängt und ferner für die Zukunft auf einen strikten Vollzug des Bebauungsplans achtet. **1474**

5 *Entspricht:* § 74 Abs. 1 BO BW; Art. 81 Abs. 1 BayBO; § 85 Abs. 1 Nr. 1 BremBO; § 81 Abs. 1 HessBO; § 86 Abs. 1 Nr. 1 BO MV; § 56 Abs. 1 NdsBO; § 86 Abs. 1 Nr. 1 BO NW; § 88 Abs. 1 Nr. 1 BO RP; § 85 Abs. 1 Nr. 1 SaarlBO; § 89 Abs. 1 Nr. 1 SächsBO; § 85 Abs. 1 Nr. 1 BO LSA; § 92 Abs. 1 Nr. 1 BO SH; § 83 Abs. 1 Nr. 1 ThürBO.

6 *Entspricht:* § 74 Abs. 4, 5 BO BW; Art. 81 Abs. 2 BayBO; § 85 Abs. 3 BremBO; § 81 Abs. 4 HessBO; § 86 Abs. 3 BO MV; § 86 Abs. 4 BO NW; § 88 Abs. 6 BO RP; § 85 Abs. 4 SaarlBO; § 89 Abs. 2 SächsBO; § 85 Abs. 3 BO LSA; § 92 Abs. 4 Nr. 1 BO SH; § 83 Abs. 2 ThürBO.

Demnach widerspricht die Errichtung weiterer Antennen(träger) dem Bebauungsplan. Weitere Ausnahmen sind nicht möglich. Die Anlage überschreitet bereits für sich genommen die festgesetzte Zulässigkeitsgrenze von einer Antenne je Haus.

Da eine Ausnahme für mehrere Antennen nicht im Bebauungsplan vorgesehen ist, sind die Tatbestandsvoraussetzungen des § 31 Abs. 1 BauGB nicht erfüllt. W hat keinen Anspruch auf Ausübung des Ermessens in der Weise, dass ihr eine Ausnahme erteilt wird.

2. Hilfsantrag – Antrag auf Erteilung einer Befreiung

a) Anspruchsgrundlage

1475 Anspruchsgrundlage für die Erteilung einer Befreiung von den Festsetzungen eines Bebauungsplans ist § 31 Abs. 2 BauGB. Aber auch hier besteht in der Regel lediglich ein Anspruch auf fehlerfreie Ausübung des Ermessens.

b) Anspruchsvoraussetzungen

1476 Ein Anspruch auf fehlerfreie Ausübung des Ermessens mit dem Ziel der Erteilung einer Befreiung nach § 31 Abs. 2 BauGB besteht, wenn die Befreiung die Grundzüge der Planung nicht berührt, Gründe des Wohls der Allgemeinheit die Befreiung erfordern (Nr. 1) oder die Abweichung städtebaulich vertretbar ist (Nr. 2) oder die Durchführung des Bebauungsplans zu einer offenbar nicht beabsichtigten Härte führen (Nr. 3) würde und wenn die Abweichung auch unter Würdigung nachbarlicher Interessen mit den öffentlichen Belangen vereinbar ist

aa) Grundzüge der Planung

Zunächst ist zu prüfen, ob die Grundzüge der Planung nicht berührt werden.

1477 Mit dem Begriff „Grundzüge der Planung" umschreibt das Gesetz in § 31 Abs. 2 BauGB die planerische Grundkonzeption, die den Festsetzungen eines Bebauungsplans zugrunde liegt und in ihnen zum Ausdruck kommt. Hierzu gehört alles, was das Ergebnis der Abwägung über die von der Planung berührten öffentlichen und privaten Belange und den mit den getroffenen Festsetzungen verfolgten Interessenausgleich trägt.

1478 Zu fragen ist, welches planerische Grundkonzept die Stadt Frankfurt (Oder) mit ihren Festsetzungen im Bebauungsplan für das Gebiet Mühlenweg verfolgt. In der textlichen Festsetzung „Bauliche Nutzung", Nr. 1, schließt der Bebauungsplan sämtliche gewerblichen und sonstigen Nutzungen aus, die nach der Gebietstypenbeschreibung des § 3 Abs. 3 Nr. 1 und 2 BauNVO im reinen Wohngebiet ausnahmsweise zugelassen werden können. Damit wird die im Baugebiet zulässige Nutzung auf eine reine Wohnnutzung beschränkt. Es soll ein reines Wohngebiet geschaffen werden.

Dieses Grundkonzept deckt sich mit der Festsetzung zu den „Außenanlagen", Nr. 4. Mit der Festsetzung, dass für jedes Haus nur eine Antenne zulässig ist, beschränkt der Bebauungsplan Antennen auf das verfassungsrechtlich gebotene Minimum. Damit bringt die Stadt Frankfurt (Oder) deutlich zum Ausdruck, dass sie, auch was mögliche optische Beeinträchtigungen des Baugebiets durch Antennenanlagen betrifft, ihre Handlungsmöglichkeiten ebenfalls voll ausschöpfen und Antennen so weit wie möglich vom Baugebiet fernhalten will, um auch in gestalterischer Hinsicht ein Maximum an Einheitlichkeit zu gewährleisten. **1479**

Im Ergebnis sollen insbesondere gewerbliche Nutzungen und optische Beeinträchtigungen vermieden werden. Es soll eine ruhige Wohnlandschaft entstehen.

Fraglich ist, ob das Vorhaben der W dieses Grundkonzept beeinträchtigt. Die Grundzüge der Planung werden in jedem Fall berührt, wenn durch die neue Bebauung ein „Umkippen" des Gebietscharakters droht. Jedoch ist zu beachten, dass die Grundzüge nicht nur berührt werden, wenn das Grundkonzept hinsichtlich des Gebietscharakters zu kippen droht. Die satzunggebende Gemeinde hat nach § 1 Abs. 4 bis 10 BauNVO eine große Gestaltungsbreite, die sich nicht in der Festlegung der Gebietsart erschöpft. Dieses gilt auch für das gestalterische Grundkonzept nach § 81 BbgBO. Das neue Vorhaben muss eine ins Gewicht fallende Verschlechterung der planerischen Situation bewirken. Grundsätzlich muss dieses bei vier neuen Antennenträgern bejaht werden. Sie widersprechen dem Grundkonzept der Stadt Frankfurt (Oder). **1480**

Einer tatsächlichen Verschlechterung der planerischen Situation könnte jedoch entgegenstehen, dass an dem Gebäude der W bereits über einen längeren Zeitpunkt zwei gewerbliche Mobilfunkantennenträger und ca. 20 Parabolantennen angebracht sind. Damit könnte das planerische Grundkonzept überholt sein. Die planungsrechtliche Grundentscheidung für ein Wohngebiet, freigehalten von Antennenwäldern und gewerblicher Nutzung, ist damit verwässert. Eine ins Gewicht fallende Verschlechterung der planerischen Situation bewirken die neuen Antennenträger nicht. Eine erhebliche zusätzliche Beeinträchtigung der „optischen Wohnruhe" ist nicht zu erwarten. **1481**

Eine Unterscheidung zwischen privat genutzten Antennen und gewerblichen Antennen ist nicht vorzunehmen. Zwar sollen gewerbliche Anlagen insgesamt verhindert werden. Aufgrund der vielen verschiedenen Antennen verschwimmt eine Unterscheidung zwischen diesen Antennenarten. Insbesondere die vielen Parabolantennen, die das Erscheinungsbild des Gebäudes prägen, treten optisch besonders negativ in Erscheinung und verwischen den Unterschied zum gewerblichen Charakter der Mobilfunk-Sendeantennen. Das gilt umso mehr angesichts der geringen Höhe (3,30 m) der Mobilfunk-Antennenträger der W, die auf dem Flachdach des achtstöckigen Gebäudes auch als gewerbliche Fremdkörper kaum in Erscheinung treten werden. **1482**

Im Übrigen ist bei der Frage, ob Grundzüge der Planung berührt werden, zu berücksichtigen, dass das Vorhaben die optische Situation auf dem Dach des Wohnhauses der W nicht verschlechtert, sondern sogar verbessern könnte. Aus der Baubeschreibung der W ergibt sich, dass im Zuge der Neuerrichtung der vier Antennenträger an den Ecken **1483** des Flachdachs die zwei vorhandenen Antennenträger jeweils von 12,20 m um 9,20 m auf 3,00 m verkürzt werden sollen. Ergebnis der Gesamtmaßnahme wäre deshalb, dass auf dem Dach des Gebäudes in Zukunft zwar insgesamt sechs statt bisher zwei gewerbliche Mobilfunk-Antennenträger vorhanden wären, diese aber wegen der Reduzierung ihrer Höhe sehr viel weniger in Erscheinung treten werden.

bb) Befreiungsgründe

W muss ihr Begehren auf einen der in § 31 Abs. 2 Nr. 1–3 BauGB genannten Befreiungsgründe stützen können.

1484 **(1)** In Betracht kommt, dass Gründe des Gemeinwohls die Befreiung erfordern, § 31 Abs. 2 Nr. 1 BauGB. W beruft sich darauf, dass dem Gemeinwohl eine flächendeckende UMTS-Netz-Versorgung zugute kommt.

In der modernen, stark technisierten Welt ist eine flächendeckende und ausreichende Versorgung der Bevölkerung mit Telekommunikationsdienstleistungen von großem Interesse. Diese Versorgung liegt im öffentlichen Interesse. Zur Versorgung gehören Mobilfunknetze, die eine Privatgesellschaft im privatwirtschaftlichen Interesse betreibt. Die Versorgung mit UMTS-Dienstleistungen, die W mit dem Mobilfunk-Standort sicherstellen möchte, erfüllt diese Voraussetzung.

1485 Dieses öffentliche Interesse muss die Befreiung *erfordern*. Dazu genügt es, dass die Verwirklichung des Vorhabens an der vorgesehenen Stelle zur Wahrung des jeweiligen öffentlichen Interesses vernünftigerweise geboten ist. Maßgebend sind die Umstände des Einzelfalls. Ein UMTS-Netz ist im Wohngebiet noch nicht vorhanden. Wegen des Bestehens eines öffentlichen Interesses ist die Befreiung erforderlich, um die Versorgung herzustellen. Erst mit diesen Antennenträgern wird eine Nutzung von Angeboten über das UMTS-Netz gewährleistet. Der Befreiungsgrund Gemeinwohl liegt vor.

1486 **(2)** Hinzu könnte treten, dass die Abweichung vom Bebauungsplan auch iSd § 31 Abs. 2 Nr. 2 BauGB städtebaulich vertretbar ist. Städtebaulich vertretbar heißt Vereinbarkeit mit einer geordneten städtebaulichen Entwicklung entsprechend § 1 Abs. 1 BauGB.

Wie ausgeführt, sind Mobilfunk-Sendeanlagen als fernmeldetechnische Nebenanlagen iSd § 14 Abs. 2 Satz 2 BauNVO zu qualifizieren. Sie können deshalb grundsätzlich auch im reinen Wohngebiet ausnahmsweise zugelassen werden. Es gibt ferner keine Anhaltspunkte dafür, dass einer entsprechenden Festsetzung die allgemeinen Planungsgrundsätze des § 1 Abs. 5 BauGB entgegenstehen könnten. Gerade unter Berücksichtigung der planabweichenden Entwicklungen im Baugebiet erscheint es jedenfalls nicht ausgeschlossen, Ist- und Sollzustand dadurch wieder zur Deckung zu bringen, dass die normativen Vorgaben im Wege einer Änderung der Festsetzungen des Bebauungsplans an die tatsächlich veränderte Situation herangeführt werden.

Die Erteilung einer Befreiung ist damit auch städtebaulich vertretbar.

(3) Für das Eingreifen des Befreiungsgrundes der nicht beabsichtigten Härte sind keine Anhaltspunkte ersichtlich.

Im Ergebnis liegen somit zwei Befreiungsgründe vor.

cc) Würdigung nachbarlicher Interessen

Die Abweichung muss schließlich auch unter Würdigung nachbarlicher Interessen mit den öffentlichen Belangen vereinbar sein.

Zu den öffentlichen Belangen gehören insbesondere die in § 1 Abs. 6 BauGB bezeichneten sowie alle im Zusammenhang mit den städtebaurechtlichen Anforderungen an die Bauleitplanung heranzuziehenden Belange. In Betracht kommt hier insbesondere eine Gesundheitsgefahr. **1487**

Die Sicherheitsabstände der 26. Verordnung zum BImSchG über elektromagnetische Felder (26. BImSchV) werden eingehalten. Mögliche Gesundheitsgefahren, die vom Betrieb einer Mobilfunkanlage ausgehen können, haben deshalb von vornherein außer Betracht zu bleiben.

In wesentlichen Teilen ist die Frage der Vereinbarkeit mit den öffentlichen Belangen bereits in den speziellen Voraussetzungen des „Nichtberührtseins der Grundzüge der Planung" und in den Anforderungen der einzelnen Befreiungstatbestände enthalten. Daher kann auf die Ausführungen dazu verwiesen werden. Weitere entgegenstehende nachbarliche Interessen sind nicht ersichtlich.

Auch unter Würdigung der nachbarlichen Belange überwiegen öffentliche Belange.

dd) Rechtsfolge Ermessen

Die Tatbestandsvoraussetzungen für die Erteilung einer Befreiung liegen vor. W hat daher grundsätzlich einen Anspruch auf eine fehlerfreie Ermessensentscheidung seitens des Oberbürgermeisters der Stadt Frankfurt (Oder) hinsichtlich der Erteilung einer Befreiung. **1488**

W begehrt jedoch unmittelbar die Erteilung einer Befreiung. Eine solche kann sie wegen des Ermessenscharakters des § 31 Abs. 2 BauGB nicht verlangen. Auch bei Vorliegen der Tatbestandsvoraussetzungen besteht grundsätzlich kein Rechtsanspruch auf eine Befreiung. Die Befreiung hängt von einer Ermessensentscheidung ab.

Das Gericht wird W eine unmittelbare Befreiung nur dann zusprechen, wenn ein Ausnahmefall des gebundenen Ermessens vorliegt (Ermessensreduzierung auf Null). **1489**

Fraglich ist, wann im Rahmen einer Entscheidung über eine Befreiung nach § 31 Abs. 2 BauGB eine solche Ermessensreduzierung auf Null vorliegt. Im Rahmen des § 31 Abs. 2 BauGB ist zu beachten, dass „für die Ausübung dieses Ermessens nur wenig Raum besteht, wenn die Voraussetzungen für die Erteilung einer Befreiung gegeben sind." Eine Befreiung kann nur dann versagt werden, wenn der Befreiung gewichtige Interessen entgegenstehen. Diese Aussage berücksichtigt, dass wegen des Umfangs der Anwendungsvoraussetzungen für die Erteilung von Befreiungen nach § 31 Abs. 2

BauGB die Spielräume für zusätzliche Erwägungen bei Ausübung des Ermessens tendenziell gering sind. Dieses folgt aus dem Ziel Herstellung von Einzelfallgerechtigkeit, Bewahrung städtebaulicher Flexibilität sowie dem Grundsatz der Wahrung der Verhältnismäßigkeit. Daraus folgt jedoch nicht, dass der zuständigen Behörde entgegen dem Wortlaut der Vorschrift kein Ermessensspielraum zusteht oder dass das Ermessen stets auf Null reduziert ist, wenn die Voraussetzungen für eine Befreiung vorliegen. Erforderlich für eine negative Ermessensentscheidung ist nur, dass der Befreiung gewichtige Interessen entgegenstehen.

Fraglich ist demnach, was gewichtige Interessen in diesem Sinne sind.

1490 Zum Teil wird vertreten, dass im Rahmen der Ermessensentscheidung nur solche Erwägungen möglich bleiben, die über die in der jeweiligen Standortsituation relevanten städtebaulichen Gesichtspunkte hinausgehen (fiskalische Erwägungen der Gemeinde im Hinblick auf Folgekosten im Erschließungs- und Infrastrukturbereich oder neue Planungsabsichten der Gemeinde). Ohne solche Gesichtspunkte besteht ein Anspruch auf Erteilung der Befreiung. Diese Ansicht beruht darauf, dass die für die drei Befreiungstatbestände verlangten Voraussetzungen, die Wahrung der Grundzüge der Planung sowie die Beachtung sonstiger öffentlicher und privater Belange – jedenfalls in städtebaurechtlicher Hinsicht – nahezu erschöpfend sind, sodass die öffentlichen Belange schon in diese Betrachtung mit einfließen. Hier trug die Stadt Frankfurt (Oder) ausschließlich solche Erwägungen vor, die sich unmittelbar auf den Standort des Hauses der W beziehen und städtebaulich relevant sind. Hiernach läge eine Ermessensreduzierung auf Null vor. Die Baugenehmigung wäre zu erteilen, weil bereits die Tatbestandsvoraussetzungen für die Erteilung einer Befreiung vorliegen.

1491 Eine andere Ansicht geht davon aus, dass im Rahmen des § 31 Abs. 2 BauGB zulässige Ermessenserwägungen auch öffentliche Belange und private Interessen betreffen können, die auch im Befreiungstatbestand zu prüfen sind, etwa im Rahmen der Befreiungsgründe oder bei der Frage, ob die Abweichung auch unter Würdigung nachbarlicher Interessen mit den öffentlichen Belangen vereinbar ist. Voraussetzung für eine negative Ermessensentscheidung zulasten des Bauherrn ist allerdings, dass diese Belange und Interessen hinreichend gewichtig, dem Interesse des Bauherrn im Gewicht also nicht kategorisch untergeordnet sind. Liegt eine kategorische Überordnung der Interessen des Bauherrn vor, so ist das Ermessen auf Null reduziert. Wenn nämlich die für die Nutzungsinteressen des Bauherrn streitenden Gründe nach den Umständen des Einzelfalls so gewichtig sind, dass ein Festhalten am Plan ungerecht, insbesondere unverhältnismäßig oder gleichheitswidrig wäre, ist die Befreiung von Verfassungs wegen geboten; in diesen Fällen hat bereits die Erfüllung des Befreiungstatbestands einen Rechtsanspruch auf Befreiung zur Folge, ohne dass noch ein behördlicher Ermessensspielraum eröffnet wäre. Demgegenüber zwingen weder das Verfassungsrecht noch das grundsätzlich auf behördliche Ermessensbetätigung angelegte einfache Gesetzesrecht zur Bevorzugung der Interessen des Bauherrn, wenn die sich gegenüberstehenden Interessen und Belange in etwa gleich gewichtig sind.

Eine Entscheidung zwischen diesen beiden gegenläufigen Ansichten ist dann nicht notwendig, wenn auch die Anwendung der weiteren Ansicht zu einer Ermessensbindung gelangen würde. Das ist dann anzunehmen, wenn den Interessen des Bauherrn eine kategorische Vorrangstellung zu kommen würde.

Ein kategorischer Vorrang der Interessen der W könnte hier aufgrund des Art. 87 f. GG vorliegen. Die Bestimmung normiert für den Bereich des Postwesens und der Telekommunikation eine Verpflichtung des Bundes, flächendeckend angemessene und ausreichende Dienstleistungen zu gewährleisten. Auch wenn dieser Gewährleistungsauftrag, der sich in erster Linie an den Bundesgesetzgeber wendet und diesem einen erheblichen Entscheidungsspielraum bei der Umsetzung lässt, zugleich als ermessensbindende Wertentscheidung der Verfassung zu qualifizieren wäre, die auch im Rahmen des § 31 Abs. 2 BauGB zu berücksichtigen ist, lässt sich eine generelle Vorrangstellung der Mobilfunk-Sendeanlangen schon deshalb nicht herleiten, weil ein strikter Standortbezug bei Mobilfunk-Sendeanlagen in der Regel fehlt. Einen Anspruch, gleichsam für jeden denkbaren Mobilfunkstandort eine Befreiung zu erhalten, vermittelt die Verfassungsbestimmung nicht. 1492

Fraglich ist aber dennoch, ob die hier von der Gemeinde vorgetragenen gemeindlichen Belange ein entsprechendes Gewicht wie die privaten Interessen der W haben. Das mit Inkrafttreten des Bebauungsplans bodenrechtlich verbindlich gewordene städtebauliche Ziel, das reine Wohngebiet exklusiv auf Wohnnutzung zu beschränken und von allen sonstigen, insbesondere gewerblichen Nutzungen freizuhalten, ferner auch zur Ortsbild- und Baugestaltung Antennen im Baugebiet auf das Unerlässliche zu beschränken, um ein Maximum an Einheitlichkeit und „Wohnruhe" zu gewährleisten, sind entsprechende Belange. Damit korrespondieren entsprechende Interessen der Wohnnachbarschaft. Grundsätzlich liegt damit ein gleichwertiger Belang vor. 1493

Kein hinreichend gewichtiger Belang ist allerdings das Ziel, am Gebäude der W lediglich den status quo zu erhalten. Wie dargelegt, ist die planerische Grundkonzeption des Bebauungsplans durch die tatsächlichen Entwicklungen im Baugebiet insgesamt verwässert und namentlich am Gebäude der W definitiv überholt. Infolgedessen ist der vom Bebauungsplan verfolgte spezifische Interessenausgleich hier auch nicht mehr verwirklicht. Da an dieser Stelle ein intaktes, dem Konzept der Ortsbildgestaltung entsprechendes, reines Wohngebiet nicht mehr existiert, kann es auch nicht aufrecht erhalten und geschützt werden. Ein auf den bloßen Erhalt des bereits jetzt vorhandenen negativen Erscheinungsbilds des Gebäudes beschränktes Schutzinteresse wäre nicht derart gewichtig, dass es mit dem Befreiungsinteresse der W konkurrieren könnte. Ferner ist es mit dem allgemeinen Gleichheitssatz (Art. 3 Abs. 1 GG) nicht zu vereinbaren, einerseits die geplante Mobilfunk-Sendeanlage der W mit Rücksicht auf das Erscheinungsbild des Gebäudes abzulehnen, andererseits aber die – zeitlich wie sachlich – primären Verursacher des negativen Erscheinungsbilds zu einem Rückbau zu verpflichten. Die Stadt hat das Erscheinungsbild bisher geduldet. 1494

Danach liegen keine gleichwertigen Interessenlagen mehr vor. Den Interessen der W ist ein Vorrang einzuräumen. Das Ermessen ist zu einem Anspruch verengt. Eine Entscheidung zwischen den gegenläufigen Ansichten ist daher nicht notwendig.

c) Zwischenergebnis

W hat einen Anspruch auf Erteilung der Befreiung.

3. Zwischenergebnis

Die Klage auf Erteilung einer Ausnahme ist unbegründet. Der hilfsweise gestellte Antrag auf Erteilung einer Befreiung ist begründet. Die Klage ist damit teilweise begründet.

III. Ergebnis

Die Klage der W hat teilweise Aussicht auf Erfolg.

Vertiefungshinweis: *Peine*, ÖffBauR, Rn. 762 f., 766 ff.; zu baurechtlichen Problemen bei der Errichtung von Mobilfunkanlagen: *Wehr*, BayVBl 2006; 453 ff.; *Seebauer*, BayVBl 2007, 357 ff.; zur Baugenehmigungspflicht von Mobilfunkanlagen: *Gehrken*, NVwZ 2006, 977 ff.; zur Ermessensverengung bei Befreiungsentscheidung: BVerwG, NVwZ 2003, 478 ff.

Repetitorium

Zulässigkeit von Vorhaben im Bereich eines qualifizierten Bebauungsplans

1. Zulässigkeit von Vorhaben aufgrund von Plankonformität (§ 30 BauGB)

1495 Im Geltungsbereich eines qualifizierten Bebauungsplans, der rechtswirksam ist, sind Vorhaben zulässig, wenn sie den Festsetzungen des Plans nicht widersprechen. Bebauungspläne setzen des Öfteren lediglich einen Rahmen mit Blick auf Art und Maß der baulichen Nutzung, innerhalb dieses Rahmens hat der Bauherr Gestaltungsfreiheit. Das Gebot des „Nicht-Widersprechens" bedeutet deshalb die Pflicht zur Einhaltung oder Beachtung des Rahmens, nicht aber seine vollständige Ausfüllung.

1496 Ausgeschlossen ist lediglich eine „qualifiziert planwidrige" Nutzung, d.h. eine Nutzung, die entweder die Verwirklichung des Plans ausschließt bzw. wesentlich erschwert oder die die vorhandene Situation mehr als nur geringfügig verschlechtert und deshalb situationswidrig ist[7].

7 BVerwG, DÖV 1982, 119

Hinweis: Im Rahmen einer Fallbearbeitung ist bei Vorliegen eines Bebauungsplans zunächst zu prüfen, ob der Plan gültig ist. Ist die Gültigkeit zu bejahen, ist festzustellen, ob das Vorhaben den Festsetzungen nicht widerspricht. Ist der Plan ungültig (vgl. § 47 Abs. 5 VwGO), so ist die Zulässigkeit des Vorhabens noch nicht zu verneinen, sondern es ist nach §§ 34, 35 BauGB zu entscheiden.

2. Zulässigkeit von Vorhaben aufgrund einer plankonformen Ausnahme (§ 31 Abs. 1 BauGB)

Von den Festsetzungen des Bebauungsplans können nach § 31 Abs. 1 BauGB Ausnahmen zugelassen werden, die im Bebauungsplan nach Art und Umfang ausdrücklich vorgesehen sind. Dieser Fall geht von der Tatsache aus, dass es zur Erzielung von Einzelfallgerechtigkeit sinnvoll sein kann, nicht strikt auf den Festsetzungen des Plans zu beharren, sondern Ausnahmen zuzulassen. Diese Ausnahmen müssen aber vom Plan selbst ausdrücklich vorgesehen, also als Satzung beschlossen worden sein. Sie müssen ferner nach Art und Umfang feststehen. Art meint, von welchen Festsetzungen Ausnahmen erlaubt sind; Umfang meint, wieweit die Ausnahme gehen darf. Schließlich ist die Zulassung von Ausnahmen lediglich begrenzt möglich, das Regel-Ausnahme-Verhältnis muss gewahrt bleiben. 1497

3. Zulässigkeit aufgrund eines gesetzlichen Befreiungstatbestands (§ 31 Abs. 2 BauGB)

Widerspricht ein Vorhaben den Festsetzungen des Bebauungsplans und erlaubt der Plan eine Ausnahme nicht bereits selbst (§ 31 Abs. 1 BauGB), so muss das Vorhaben nicht notwendig unzulässig sein. Nach § 31 Abs. 2 BauGB sind Befreiungen vom Plan mit der Folge möglich, dass ein den Festsetzungen des Plans widersprechendes Vorhaben planungsrechtlich zulässig ist. Indes ist diese Befreiung nur unter engen Voraussetzungen erlaubt. 1498

Von den Festsetzungen des Bebauungsplans kann befreit werden, wenn die Grundzüge der Planung nicht berührt werden und Gründe des Wohls der Allgemeinheit die Befreiung erfordern (Nr. 1) oder die Abweichung städtebaulich vertretbar ist (Nr. 2) oder die Durchführung des Bebauungsplans zu einer offenbar nicht beabsichtigten Härte führen würde (Nr. 3) und wenn die Abweichung auch unter Würdigung nachbarlicher Interessen mit den öffentlichen Belangen vereinbar ist. 1499

Nach Abs. 2 Nr. 1 des § 31 BauGB können Gründe des Wohls der Allgemeinheit die Befreiung erfordern. Dieser Begriff ist weit auszulegen. Unter ihn fallen z.B. alle in § 1 Abs. 5 BauGB genannten öffentlichen Interessen[8]. „Erfordert" ist die Befreiung bereits, wenn sie vernünftigerweise geboten ist. 1500

Für die Befreiungsmöglichkeit nach Nr. 2 ist angesichts der weiten Fassung von Nr. 1 ein Einsatzbereich kaum zu erkennen. Eine Befreiung ist nach dieser Vorschrift möglich, wenn städtebauliche Gründe die Abweichung vertretbar erscheinen lassen und die 1501

8 BVerwGE 56, 76.

Grundzüge der Planung nicht berührt werden. Das ist der Fall, wenn sich hinreichend gewichtige städtebauliche Gründe für die Befreiung anführen lassen[9].

1502 Die dritte – und einzige privatnützige – Befreiung dient der Vermeidung offenbar nicht beabsichtigter Härten. Sie greift ein, wenn die Durchführung des Bebauungsplans zu einem Ergebnis führen würde, welches bei der Aufstellung des Plans offenbar nicht beabsichtigt worden ist. Diese Ausnahme muss eng gehandhabt werden und kann nur dann in Betracht kommen, wenn die bauplanerischen Festsetzungen für ein Grundstück so nicht getroffen worden wären, wenn die Gestaltung des Grundstücks bekannt gewesen wäre.

1503 In die Abwägung mit einem dieser Fälle ist zunächst das nachbarliche Interesse an der Planeinhaltung einzubringen, da der Plan gerade zwischen ihren Interessen einen Ausgleich geschaffen hat[10]. Es darf davon ausgegangen werden, dass ein Abweichen von nachbarschützenden Vorschriften von einigem Gewicht – z.B. von der Art der baulichen Nutzung – in der Regel nicht möglich ist; es kommt in diesem Fall nur eine *Umplanung* in Betracht[11]. Es ist ferner in die Abwägung das öffentliche Interesse einzustellen. Da es sich inhaltlich mit dem Wohl der Allgemeinheit deckt, kommt es gegenüber der ersten Befreiungsmöglichkeit nicht besonders zum Tragen. Es gewinnt im Prinzip Bedeutung gegenüber der privatnützigen Befreiung nach Nr. 3. Für die öffentlichen Interessen gilt mit Blick auf ihre Bedeutung diese Abwägung: Fiskalische Interessen sind nicht zu berücksichtigen; es lässt sich im Übrigen folgende Relation aufstellen: Je mehr eine Befreiung in das Interessengeflecht des Bebauungsplans eingreift, desto mehr stehen öffentliche Belange einer Befreiung entgegen[12]. Als „Faustregel" gilt: Dürfte das Vorhaben bei Anwendbarkeit des § 34 BauGB nicht genehmigt werden, weil es sich in seine Umgebung nicht einfügt, so kann es auch nicht im Wege der Befreiung von den Festsetzungen des Bebauungsplans genehmigt werden; es ist eine Umplanung erforderlich.

1504 Hat die Gemeinde im Bauleitplanverfahren die Anregungen eines Grundstückseigentümers, bestimmte Festsetzungen im Bebauungsplan zu treffen, ausdrücklich abgelehnt, ist eine Befreiung für eine entsprechende Bebauung ausgeschlossen[13], da andernfalls die Planungshoheit der Gemeinde verletzt würde.

---

9 HmbOVG, BRS 32 Nr. 162.
10 *Battis/Krautzberger/Löhr*, aaO, § 31 BauGB Rn. 41.
11 BVerwGE 56, 79.
12 Ebd.
13 NdsOVG, NVwZ 1995, 914.

Fall 31***

Jeder Penny zählt

Schwerpunkte: Gemeindliches Einvernehmen; Bauplanungsrecht; großflächiger Einzelhandelsbetrieb; Zulässigkeit im Innenbereich

Die Handelskette P möchte in der amtsfreien Gemeinde A einen Verbrauchermarkt mit **1505**
einer Verkaufsfläche von 700 m² errichten. Die Gemeinde A gehört zum brandenburgischen Landkreis Oder-Spree. P möchte zu großen Teilen Güter des täglichen Bedarfs wie Lebensmittel und Drogerieartikel anbieten. Nur auf ca. 40–60 m² der Verkaufsfläche soll wöchentlich wechselnd sog. „Aktionsware" aus dem Non-Food-Bereich zum Kauf bereitgestellt werden.

Standort des Verbrauchermarkts soll ein Grundstück auf einem Gelände am Ortsrand der Gemeinde sein. Östlich und nördlich des Grundstücks der P liegen ein Bürogebäude der Telekom und ein Dachdeckerbetrieb. Auf den westlich angrenzenden Grundstücken finden sich mehrere kleine Handwerksbetriebe, eine Firma, die Leistungen auf dem Gebiet Heizungs-, Klima- und Sanitärtechnik anbietet und ein Verbrauchermarkt der Handelskette N, dessen Verkaufsfläche 650 m² beträgt. Das von N angebotene Sortiment ist dem der P vergleichbar. Südlich des Grundstücks der P befindet sich Wohnbebauung. Die Wohnbebauung im gesamten maßgeblichen Gebiet beträgt ca. 50 %.

Für das gesamte Gelände besteht zunächst kein Bebauungsplan. Zwar läuft seit längerer Zeit ein Aufstellungsverfahren, welches jedoch noch nicht abgeschlossen ist. Weder ein Satzungsbeschluss noch eine Bekanntmachung liegen vor. Zu Beginn des Aufstellungsverfahrens hatte die Gemeinde eine Veränderungssperre beschlossen, die am 2.5.2010 verkündet worden war.

Im Zentrum der Gemeinde finden sich Läden, die Artikel wie Schmuck, Uhren, Optik- und Fotoartikel sowie Schuhe und Kleidung anbieten.

Am 29.4.2012 beantragt die P die Erteilung einer Baugenehmigung, um den geplanten Verbrauchermarkt errichten zu können. Im Rahmen des Genehmigungsverfahrens beteiligt der Landrat auch die Gemeindevertretung der Gemeinde A. Das Beteiligungsschreiben erreicht die Gemeindevertretung am 3.5.2012. Am Montag den 5.7.2012 versagt sie ihr Einvernehmen mit dem Vorhaben: Das Vorhaben der P sei ein großflächiger Einzelhandelsbetrieb; die Größe des Vorhabens als auch das größtenteils innenstadtrelevante Sortiment sprächen gegen einen Nachbarschaftsladen; nur ein solcher wäre im maßgeblichen Gebiet genehmigungsfähig. Außerdem entspräche die maßgebliche Umgebung wegen der vorhandenen Wohnbebauung einem allgemeinen Wohngebiet. Verbrauchermärkte in der Größenordnung seien störend und widersprächen damit dem Gebietscharakter.

Der Landrat hält die Ansicht der Gemeinde insgesamt für falsch. P stellt für ihn einen typischen Lebensmittelnahversorger dar. Zudem entspricht die Umgebung auf keinen Fall einem allgemeinen Wohngebiet. Unter Ersetzung des gemeindlichen Einvernehmens erteilt er der P am 12.7.2012 die beantragte Baugenehmigung. Der Landrat begründet die Ersetzung des Einvernehmens und die Erteilung der Baugenehmigung damit, dass dem Vorhaben keine bauplanungsrechtlichen Belange entgegenstehen und er so entscheiden musste.

Gegen die Baugenehmigung legt die Gemeinde A am 20.7.2012 Widerspruch ein, welchen der Landrat am 2.9.2012 zurückweist. Gegen den Widerspruchsbescheid erhebt die Gemeinde A am 27.9.2012 Klage zum Verwaltungsgericht. Drei Tage zuvor wurde ein Bebauungsplan bekannt gemacht, der die Umgebung des Grundstücks der P als allgemeines Wohngebiet ausweist.

In der Klagebegründung weist die Gemeinde daraufhin, dass das Vorhaben zwischenzeitlich auch dem Bebauungsplan widerspricht. Auch wenn zum Zeitpunkt der Genehmigungserteilung noch kein Bebauungsplan bekannt gemacht worden war, hätte der Landrat in seiner Ermessensentscheidung die bereits vorhandene Planung als Belang zugunsten der Gemeinde beachten müssen. Die Baugenehmigung sei insgesamt rechtswidrig und damit aufzuheben.

Prüfen Sie (ggf. hilfsgutachtlich) die Erfolgsaussichten der Klage!

Bearbeitervermerk: Es ist zu unterstellen, dass der 3.7.2012 auf einen Samstag fällt.

Vorüberlegung

Diese Klausur ist als sehr anspruchsvoll einzuordnen, da sie viele Probleme enthält. Die Probleme der Zulässigkeit sind recht offensichtlich. Wichtig ist, dass die Teilnehmer die prozessualen Besonderheiten erkennen, die bestehen, wenn Gemeinden als Kläger im Verwaltungsprozess auftreten. **1506**

Der materielle Schwerpunkt liegt hier auf der Frage nach der Rechtmäßigkeit der Ersetzung des gemeindlichen Einvernehmens. Darin eingekleidet sind Probleme des Bauplanungsrechts wie die Zulässigkeit von Einzelhandelsbetrieben im Innenbereich.

Gliederung

I. Sachentscheidungsvoraussetzungen **1507**
1. Eröffnung des Verwaltungsrechtswegs
2. Statthaftigkeit
3. Klageartabhängige Sachentscheidungsvoraussetzungen
   a) Klagebefugnis
   b) Passive Prozessführungsbefugnis
   c) Vorverfahren
   d) Klagefrist
4. Zuständiges Gericht
5. Beteiligten- und Prozessfähigkeit
6. Rechtsschutzbedürfnis
7. Beiladung
8. Zwischenergebnis

II. Die Begründetheit der Klage
1. Anwendbarkeit des § 36 BauGB
2. Rechtmäßigkeit der Ersetzungsentscheidung
   a) Formelle Rechtmäßigkeit
   b) Materielle Rechtmäßigkeit
      aa) Tatbestand des § 36 Abs. 2 Satz 3 BauGB
         (1) Maßgebliche Rechtsgrundlage
         (2) Zulässigkeit im Innenbereich
         (3) Zwischenergebnis
      bb) Rechtsfolge – Ermessen des Landrats
      cc) Zwischenergebnis
   c) Zwischenergebnis
3. Zwischenergebnis

III. Ergebnis

Lösung

Die Klage der Gemeinde A hat Aussicht auf Erfolg, wenn sie zulässig und begründet ist.

I. Sachentscheidungsvoraussetzungen

1. Verwaltungsrechtsweg

1508 Da die streitentscheidenden Normen solche des öffentlichen Baurechts (§ 36 BauGB, BauNVO) sind, handelt es sich um eine öffentlich-rechtliche Streitigkeit iSd Sonderrechtstheorie, sodass – mangels doppelter Verfassungsunmittelbarkeit und abdrängender Sonderzuweisung – der Verwaltungsrechtsweg nach § 40 Abs. 1 VwGO eröffnet ist.

2. Statthaftigkeit

1509 Fraglich ist, welche die richtige Klageart ist. Die statthafte Klageart richtet sich nach dem Begehren des Klägers. Die Gemeinde A verlangt die Aufhebung der der P erteilten Baugenehmigung. Mit der Anfechtungsklage kann die Aufhebung eines Verwaltungsakts erreicht werden, § 42 Abs. 1 Alt. 1 VwGO. Die Baugenehmigung ist ein Verwaltungsakt nach § 35 Satz 1 VwVfG. Mithin ist die Anfechtungsklage statthaft.

3. Klageartabhängige Sachentscheidungsvoraussetzungen

a) Klagebefugnis

1510 A müsste nach § 42 Abs. 2 VwGO klagebefugt sein, also geltend machen können, durch den angegriffenen Verwaltungsakt möglicherweise in ihren eigenen Rechten verletzt zu sein. Bei Adressaten eines belastenden Verwaltungsakts kann zumindest eine Verletzung von Art. 2 Abs. 1 GG nicht ausgeschlossen werden (Adressatentheorie). Adressat der Baugenehmigung ist jedoch P. Die Adressatentheorie ist mithin gegenüber A nicht anwendbar.

1511 Die Klagebefugnis könnte sich jedoch aus der Schutznormtheorie ergeben, wenn A sich auf eine Rechtsnorm berufen kann, die nicht nur im öffentlichen Interesse, sondern (zumindest auch) in ihrem Interesse besteht. In Betracht kommt hier zum einen eine Verletzung des Rechts der Gemeinde aus § 36 BauGB. Dieses Beteiligungsrecht der Gemeinde ist Ausprägung der kommunalen Planungshoheit, die Teil der kommunalen Selbstverwaltung nach Art. 28 Abs. 2 GG ist. Durch diese Verfahrensbeteiligung soll einer „Präjudizierung“ im unbeplanten Innen- und Außenbereich vorgebeugt werden; die Möglichkeit einer späteren Überplanung durch die Gemeinde ist zu erhalten. Durch die Genehmigungserteilung unter Ersetzung des gemeindlichen Einvernehmens besteht damit die Möglichkeit einer Rechtsverletzung der Gemeinde. A ist mithin klagebefugt, wenn § 36 BauGB im vorliegenden Fall Anwendung findet, d.h. die §§ 34, 35 die maßgebliche Rechtsgrundlage für die Erteilung der Baugenehmigung bilden.

Zum anderen könnte die A auch in ihrer Planungshoheit verletzt sein, wenn die Genehmigungsbehörde eine Baugenehmigung erteilt hat, die den Festsetzungen eines Bebauungsplans nach § 30 BauGB widerspricht. Dieses kann zum „Umkippen" der gemeindlichen Bauleitplanung führen. Hier hat die Gemeinde sowohl eine Veränderungssperre (§ 14 BauGB) als auch einen Bebauungsplan (§ 30 BauGB) erlassen. **1512**

Je nach Anwendbarkeit der jeweiligen Normen (entweder §§ 14, 30 BauGB oder §§ 34, 35, 36 BauGB) ist die Gemeinde folglich klagebefugt.

b) Passive Prozessführungsbefugnis

Der Landrat ist nach § 78 Nr. 2 VwGO iVm § 8 Abs. 2 BbgVwGG der richtige Klagegegner. **1513**

c) Vorverfahren

Ein nach § 68 Abs. 1 VwGO notwendiges Vorverfahren wurde erfolglos durchgeführt. **1514**

d) Klagefrist

A hat die einmonatige Klagefrist des § 74 Abs. 1 Satz 2 VwGO gewahrt. **1515**

4. Zuständiges Gericht

Das VG Frankfurt (Oder) ist für die Klage nach §§ 45, 52 Nr. 3 VwGO örtlich und sachlich zuständig. **1516**

5. Beteiligten- und Prozessfähigkeit

A ist nach § 61 Nr. 1 VwGO beteiligtenfähig und nach § 62 Abs. 3 VwGO prozessfähig. **1517** Die Gemeinde A ist durch den hauptamtlichen Bürgermeister zu vertreten. Der Landrat ist als Behörde nach § 61 Nr. 3 VwGO iVm § 8 Abs. 1 BbgVwGG beteiligten- und nach § 62 Abs. 3 VwGO prozessfähig.

6. Rechtsschutzbedürfnis

Die A beruft sich hier auf die rechtswidrige Ersetzung ihres Einvernehmens. Das **1518** Rechtsschutzbedürfnis entfällt jedoch, wenn die Gemeinde ihr Einvernehmen erteilt hat. In Betracht kommt hier die fiktive Erteilung des Einvernehmens nach § 36 Abs. 2 Satz 2 BauGB. Das Einvernehmen der Gemeinde gilt als erteilt, wenn es nicht binnen zwei Monaten nach Eingang des Ersuchens der Genehmigungsbehörde verweigert wird. Der Fristablauf bestimmt sich nach den §§ 187 ff. BGB. Für die Bestimmung des Fristendes ist § 188 BGB heranzuziehen. Eine Frist, die nach Wochen, nach Monaten oder nach einem mehrere Monate umfassenden Zeitraum – Jahr, halbes Jahr, Vierteljahr – bestimmt ist, endet im Falle des § 187 Abs. 1 mit dem Ablauf desjenigen Tags der letzten Woche oder des letzten Monats, welcher durch seine Benennung oder seine Zahl dem Tag entspricht, in den das Ereignis oder der Zeitpunkt fällt. Die Gemeinde wurde am 3.5.2012 um die Erteilung des Einvernehmens ersucht. Letzter Tag, an dem sie ihr Einvernehmen versagen könnte, um der Fiktion des § 36 Abs. 2 Satz 2 BauGB vorzukommen, wäre mithin der 3.7.2012 gewesen. Die Versagung vom 5.7.2012 war folglich verfristet. Jedoch war der 3.7.2012 ein Samstag. Nach § 193 BGB ist erst der nächste Werktag maßgeblich, wenn das Fristende auf einen Sonnabend fällt. Fristende war damit erst der 5.7.2012. Die Versagung war folglich noch fristgemäß. Eine Fiktion des Einvernehmens liegt damit nicht vor.

1519 Des Weiteren wendet sich die Gemeinde nur gegen die der P erteilte Baugenehmigung. Sie ergreift keine Rechtsbehelfe gegen das Ersetzen des Einvernehmens. Das Ersetzen des gemeindlichen Einvernehmens ist ein von der Baugenehmigung zu unterscheidender gesonderter Verwaltungsakt gegenüber der Gemeinde, auch wenn beide Entscheidungen in einem Verwaltungsakt erfolgen. Die Ersetzungsentscheidung und die Baugenehmigung sind aber derart miteinander verknüpft, dass, wenn die Gemeinde allein die Baugenehmigung anficht und die Ersetzung bestandskräftig wird, die Rechtmäßigkeit der Ersetzung in Bezug auf die Baugenehmigung nicht mehr in Frage gestellt werden kann. Hier ist die Ersetzungsentscheidung mittlerweile in Bestandskraft erwachsen.

1520 Umstritten ist, wie mit diesem Problem umzugehen ist. Überwiegend vertreten wird, dass die Gemeinde beide Verwaltungsakte anzufechten hat. Eine davon abweichende Ansicht verneint die Notwendigkeit, beide Verwaltungsakte anzugreifen. Zur Begründung wird § 44a VwGO herangezogen. Danach dürfen Rechtsbehelfe gegen die behördliche Verfahrenshandlung nur gleichzeitig mit den gegen die Sachentscheidung zulässigen Rechtsbehelfen geltend gemacht werden. § 44a VwGO ist eine eigene negative Zulässigkeitsvoraussetzung, die einen gesonderten Rechtsschutz gegen vorangestellte Verfahrenshandlungen ausschließt. Die Ersetzung des Einvernehmens ist eine solche Verfahrenshandlung, da sie ein im Rahmen des Verwaltungsverfahrens ergehende, dem Zustandekommen der Sachentscheidung dienende Maßnahme ist. Die Rechtmäßigkeit der Ersetzung des Einvernehmens ist in diesem Sinne nur eine Vorfrage, ob die Baugenehmigung rechtmäßig ist. Allein zulässig sei demnach eine Inzidentprüfung des Einvernehmens. Für die letztgenannte Ansicht sprechen mehrere Gründe. Die jeweils gesonderte Anfechtung der Ersetzung und der Baugenehmigung führt zu einem prozessualen Auseinanderfallen des Rechtsschutzes gegen die beiden akzessorisch verbundenen Verwaltungsakte. Die inhaltliche Prüfung wäre jedoch die gleiche. Die Anwendung von § 44a VwGO führt zu einem prozessökonomischen Verfahren, in dem die Streitfragen in einem einzigen Rechtsbehelf konzentriert werden, ohne auf die Klagehäufung nach § 44 VwGO abzustellen. Zudem ist so der Widerspruch, der sich aus § 212a BauGB ergäbe, ausgeräumt. § 212a BauGB regelt lediglich die sofortige Vollziehbarkeit der Baugenehmigung, nicht jedoch die der Ersetzung des gemeindlichen Einvernehmens. Folgt man dieser wohl überzeugenden Ansicht, so besteht weiterhin ein Rechtsschutzbedürfnis hinsichtlich der Baugenehmigung, weil A die Ersetzungsentscheidung nie gesondert hätte anfechten dürfen.

7. Beiladung

Die P ist nach § 65 Abs. 2 VwGO notwendig zum Verfahren beizuladen. **1521**

8. Zwischenergebnis

Die Klage der A ist zulässig.

II. Die Begründetheit der Klage

Die Anfechtungsklage ist begründet, soweit der angefochtene Verwaltungsakt rechtswidrig ist und die Klägerin dadurch in ihren Rechten verletzt (§ 113 Abs. 1 Satz 1 VwGO). Hier handelt es sich um eine Drittanfechtungsklage. In solchen Konstellationen kommt es nicht auf die objektive Rechtswidrigkeit der Baugenehmigung, sondern allein auf die Verletzung von drittschützenden Normen an. In Betracht kommt hier zunächst die Verletzung des Mitwirkungsrechts der Gemeinde nach § 36 BauGB. **1522**

1. Anwendbarkeit des § 36 BauGB

§ 36 BauGB ist nur dann anwendbar, wenn es um die Zulässigkeit von Vorhaben nach den §§ 31, 33–35 BauGB geht. Das gemeindliche Einvernehmen ist bei Vorhaben in einem beplanten Bereich nicht einzuholen. Dieses beruht auf dem Umstand, dass es in solchen Fällen des gemeindlichen Einvernehmens nicht bedarf, da der Maßstab für die Zulässigkeit von Vorhaben in diesen Fällen durch den gemeindlichen Bebauungsplan bereits vorgegeben ist. Die Genehmigungsbehörde ist an das Gemeinderecht, wozu auch die Bauplanung gehört, gebunden. Hier könnte die Anwendbarkeit des § 36 BauGB dadurch ausgeschlossen sein, dass die Gemeinde gemeindliches Bauplanungsrecht geschaffen hat. **1523**

Zunächst existierte eine Veränderungssperre nach § 14 BauGB. Veränderungssperren haben jedoch eine maximale Geltungsdauer von zwei Jahren, vgl. § 17 Abs. 1 Satz 1 BauGB. Die Veränderungssperre war am 2.5.2010 bekannt gemacht worden. Zum Zeitpunkt der Genehmigungserteilung am 12.7.2012 war die Veränderungssperre bereits außer Kraft getreten. **1524**

Jedoch hat die Gemeinde am 24.9.2012 einen Bebauungsplan für das Gebiet bekannt gemacht, in welchem P das Vorhaben verwirklichen möchte. Bei baurechtlichen Nachbarklagen ist aber auf die Sach- und Rechtslage im Zeitpunkt der Genehmigungserteilung abzustellen, spätere Änderungen zu Lasten des Bauherrn haben außer Betracht zu bleiben. Dem Bauwilligen darf grundsätzlich eine Rechtsposition, die ihm nach dem im Zeitpunkt des Erlasses des Verwaltungsakts geltenden Recht eingeräumt wurde und die ein Dritter zu dulden hat, nachträglich nicht ohne ausdrückliche Rechtsgrundlage wieder entzogen werden. Dieses gilt entsprechend, wenn eine Gemeinde sich unter Berufung auf ihre Planungshoheit bzw. die rechtswidrige Ersetzung ihres gemeindlichen Einvernehmens gegen eine Baugenehmigung wendet. Unterschiede zu einem Nachbarn sind nicht ersichtlich. Für diese Annahme spricht insbesondere die in § 36 Abs. 2 **1525**

Satz 2 BauGB geregelte Frist. § 36 Abs. 2 Satz 2 BauGB ist eine Regelung, die dem Schutz des Bauherrn dient und sicherstellen soll, dass über eine Teilfrage des Genehmigungsverfahrens – nämlich über die Erteilung des gemeindlichen Einvernehmens – innerhalb der Frist Klarheit geschaffen wird. Ziel dieser Regelung ist es, innerhalb absehbarer Fristen klare Verhältnisse über die Einvernehmenserklärung der Gemeinde zu schaffen. Mit dieser Zielsetzung wäre es nicht vereinbar, wenn Veränderungen, die erst während des Widerspruchsverfahrens gegen die Ersetzung des Einvernehmens eintreten, die zunächst rechtswidrige Versagung des gemeindlichen Einvernehmens nachträglich rechtfertigen könnten. Der während des anhängigen Klageverfahrens bekanntgegebene Bebauungsplan ist mithin nicht maßgeblich. § 36 BauGB ist anwendbar. Zu prüfen ist mithin, ob das Einvernehmen rechtswidrig ersetzt wurde.

2. Rechtmäßigkeit der Ersetzungsentscheidung

a) Formelle Rechtmäßigkeit

1526 § 36 Abs. 2 Satz 3 BauGB enthält keine Bestimmungen über das Verfahren zur Ersetzung des gemeindlichen Einvernehmens. Damit ist auf die allgemeinen Regelungen des VwVfG zurückzugreifen. Da die Ersetzung des Einvernehmens als Verwaltungsakt zu qualifizieren ist, ist der Gemeinde vor Entscheidung über die Ersetzung des Einvernehmens Gelegenheit zur Stellungnahme zu geben. § 28 VwVfG ist anzuwenden. Hier wurde das Einvernehmen ohne weitere Beteiligung der Gemeinde ersetzt. Eine Anhörung fehlt mithin. Jedoch stellt die Durchführung eines Widerspruchsverfahrens nach der überwiegenden Ansicht eine Heilung des Anhörungsfehlers nach § 45 Abs. 1 Nr. 3 VwVfG dar. Die Ersetzung ist damit nicht mehr fehlerhaft.

1527 Die Ersetzung des Einvernehmens kommt frühestens nach Ablauf der Frist zur Erteilung des Einvernehmens nach § 36 Abs. 2 Satz 2 BauGB in Betracht. Diese Frist wurde durch den Landrat beachtet.

Die Ersetzungsentscheidung ist formell rechtmäßig.

b) Materielle Rechtmäßigkeit

Nach § 36 Abs. 2 Satz 3 BauGB kann die nach Landesrecht zuständige Behörde ein rechtswidrig versagtes Einvernehmen der Gemeinde ersetzen.

aa) Tatbestand des § 36 Abs. 2 Satz 3 BauGB

1528 Auf tatbestandlicher Seite ist demnach eine Ersetzung des Einvernehmens möglich, wenn die Gemeinde ihr Einvernehmen rechtswidrig versagt hat. Nach § 36 Abs. 2 Satz 1 BauGB darf eine Gemeinde ihr Einvernehmen aus den sich aus §§ 31, 33, 34 und 35 BauGB ergebenden Gründen verweigern. Nach einer überwiegenden Ansicht darf die Gemeinde das Einvernehmen wegen jeglicher Verstöße des Bauvorhabens gegen die Anforderungen der §§ 31, 33–35 BauGB versagen, auch wenn die Wahrnehmung der betroffenen Belange nicht Teil der einer Gemeinde zugewiesenen Selbstverwaltungsaufgabe ist. Die Gemeinde durfte mithin ihr Einvernehmen versagen, wenn die §§ 31, 33–35 BauGB gegen das Vorhaben sprechen. Die Ersetzung des gemeindlichen Einvernehmens war rechtswidrig, wenn das Vorhaben der P nach den §§ 31, 33–35 BauGB nicht genehmigungsfähig war.

(1) Maßgebliche Rechtsgrundlage

Vor dem Planbeschluss lag ein Bebauungsplan nicht vor. Die Zulässigkeit eines Bauvorhabens im unbeplanten Bereich richtet sich entweder nach § 34 BauGB oder nach § 35 BauGB. Welche Norm Anwendung findet, entscheidet sich danach, ob das Gebiet dem Innen- oder dem Außenbereich zuzuordnen ist. Ein Innenbereich ist nach § 34 BauGB ein im Zusammenhang bebauter Ortsteil. Liegt ein solcher Bebauungszusammenhang nicht vor, richtet sich die Zulässigkeit des Bauvorhabens nach § 35 BauGB. Alles was nicht „innerhalb der im Zusammenhang bebauten Ortsteile" liegt, ist insoweit dem Außenbereich iSd § 35 zuzuordnen. **1529**

Zu untersuchen ist, ob das zu bebauende Grundstück in einem Innenbereich iSd § 34 BauGB liegt. Ein Innenbereich besteht laut § 34 Abs. 1 BauGB aus einem in einem Zusammenhang liegenden Ortsteil. Ein Ortsteil ist jeder Bebauungskomplex im Gebiet einer Gemeinde, der nach der Zahl der vorhandenen Bauten ein gewisses Gewicht besitzt und Ausdruck einer organischen Siedlungsstruktur ist. Der Ortsteil ist danach nicht iS eines örtlichen Siedlungskomplexes, der einen besonderen Namen trägt, zu verstehen. Auch wird nicht nach Ortschaften und Teilbereichen einer Ortschaft unterschieden. Es kommt vielmehr auf die tatsächlichen Gegebenheiten an, wobei maßgeblich darauf abzustellen ist, ob der Bebauung ein gewisses Gewicht zukommt und ob der Bebauungskomplex eine organische Siedlungsstruktur aufweist. Es kommt dabei auf die Verkehrsauffassung und entscheidend auf die Verhältnisse des Einzelfalls an. Die hier bereits bestehende Bebauung weist eine organische Struktur und kaum Lücken auf. Die angrenzenden Grundstücke sind jeweils bebaut. Eine lückenlose Bebauung ist mithin anzunehmen. Damit ist von einem Innenbereich auszugehen. Die Zulässigkeit des Vorhabens richtet sich nach § 34 BauGB. **1530**

(2) Zulässigkeit im Innenbereich

Innerhalb der im Zusammenhang bebauten Ortsteile ist ein Vorhaben nach § 34 Abs. 1 BauGB zulässig, wenn es sich nach Art und Maß der baulichen Nutzung, der Bauweise und der Grundstücksfläche, die überbaut werden soll, in die Eigenart der näheren Umgebung einfügt und die Erschließung gesichert ist. Entspricht die Eigenart der näheren Umgebung einem der Baugebiete, die in der BauNVO bezeichnet sind, beurteilt sich die Zulässigkeit des Vorhabens nach seiner Art allein danach, ob es nach der Verordnung in dem Baugebiet allgemein zulässig wäre, § 34 Abs. 2 BauGB. § 34 Abs. 2 BauGB ist lex specialis zu § 34 Abs. 1 BauGB. Es ist daher zu prüfen, ob die nähere Umgebung einem Baugebiet der BauNVO entspricht. **1531**

1532 Ob die Eigenart der näheren Umgebung einem bestimmten Baugebiet der BauNVO entspricht, hängt davon ab, ob sich in der näheren Umgebung die diesen Gebietstyp kennzeichnenden Nutzungsarten befinden. In Betracht kommt hier ein faktisches Mischgebiet nach § 6 BauNVO. Die Annahme eines faktischen Mischgebiets hängt davon ab, dass die nähere Umgebung von Wohnnutzung und das Wohnen nicht störenden Gewerbebetrieben geprägt ist, während ein allgemeines Wohngebiet vorwiegend dem Wohnen vorbehalten ist, der Wohncharakter also sofort ins Auge fallen und überwiegen muss. Hier lässt sich ein Überwiegen der Wohnnutzung nicht feststellen. Eine überwiegende Wohnnutzung findet sich nur im Gebiet südlich des Grundstücks. Auf den anderen angrenzenden Grundstücken findet sich eine überwiegend gewerbliche Nutzung. Die nähere Umgebung entspricht damit einem Mischgebiet nach § 6 BauNVO. Mithin beurteilt sich die Zulässigkeit des Vorhabens nach der Art der baulichen Nutzung ausschließlich nach der BauNVO.

1533 Das Vorhaben der P muss sich in die Eigenart der näheren Umgebung einfügen. Fraglich ist demnach, ob der Verbrauchermarkt in einem Mischgebiet zulässig ist. Nach § 6 Abs. 2 Nr. 3 BauNVO sind Einzelhandelsbetriebe in einem Mischgebiet zulässig. Einzelhändler ist, wer überwiegend Endverbraucher beliefert. Dies sind alle Arten von Verkaufsstellen, damit auch der Markt der P. Die Zulässigkeitsregel des § 6 Abs. 2 Nr. 3 enthält keine Größenbeschränkung; insofern können auch größere Betriebe in Mischgebieten zulässig sein. Die Zulässigkeit von Einzelhandelsbetrieben in Mischgebieten ist aber durch die die Einzelhandelsbetriebe in den Baugebieten allgemein beschränkende Vorschrift des § 11 Abs. 3 BauGB begrenzt. Großflächige Einzelhandelsbetriebe, die sich nach Art, Lage oder Umfang auf die Verwirklichung der Ziele der Raumordnung und Landesplanung oder auf die städtebauliche Entwicklung und Ordnung nicht nur unwesentlich auswirken können, sind außer in Kerngebieten nur in für sie festgesetzten Sondergebieten zulässig (§ 11 Abs. 3 Satz 1 Nr. 2 BauNVO). Entscheidend ist danach, ob es sich um einen großflächigen Einzelhandelsbetrieb iSd § 11 Abs. 3 Satz 1 BauNVO handelt und ob von diesem bestimmte raumordnerische oder städtebauliche Auswirkungen zu erwarten sind. § 11 Abs. 3 Satz 1 BauNVO legt den konkreten Maßstab für die Annahme der Großflächigkeit eines Einzelhandelsbetriebs, d.h. die Größenordnung und den Maßstab, nicht fest. Erfasst werden sollen alle Einzelhandelsbetriebe mit einem breiten Warenangebot in großer Menge oder bei einseitigem Sortiment mit größerer Flächeninanspruchnahme, die sich deutlich von kleineren Einzelhandelsbetrieben unterscheiden. Das Bundesverwaltungsgericht hat den Grenzwert lange Zeit bei ca. 700 m^2 Verkaufsfläche angesetzt. Diese Rechtsprechung sah sich zunehmender Kritik ausgesetzt, da infolge der Ausweitung des Warenangebots und des geänderten Käuferverhaltens ein höherer Flächenbedarf für erforderlich gehalten wurde. Das BVerwG hat diesem Einwand Rechnung getragen und den Grenzwert auf 800 m^2 Verkaufsfläche angehoben. Dem ist aufgrund der gesamtgesellschaftlichen und wirtschaftlichen Entwicklung zuzustimmen. Die Verkaufsfläche liegt hier bei 700 m^2. Der geplante Verbrauchermarkt ist damit kein großflächiger Einzelhandelsbetrieb. § 11 Abs. 3 BauGB ist damit nicht anwendbar und steht der Zulässigkeit des Vorhabens nach §§ 34 Abs. 2 BauGB, 6 BauNVO nicht entgegen.

Trotzdem könnte ein Einzelhandelsbetrieb auch in einem Mischgebiet unzulässig sein, wenn dadurch die gewerbliche Nutzung in quantitativer Hinsicht ein erdrückendes Übergewicht über die Wohnnutzung erhält. Die Wohnbebauung hat bisher 50 % betragen. Ein Verbrauchermarkt von 700 m² wird diesen Anteil der Wohnbebauung kaum zurückdrängen. Durch den neuen Verbrauchermarkt erhält die gewerbliche Nutzung damit kein erdrückendes Übergewicht. **1534**

Nach § 34 Abs. 3 BauGB dürfen von dem Vorhaben keine schädlichen Auswirkungen auf zentrale Versorgungsbereiche in der Gemeinde oder in anderen Gemeinden zu erwarten sein. Zentrale Versorgungsbereiche der Gemeinde sind solche, die für die Versorgung der Bevölkerung insbesondere mit Waren und Dienstleistungen des kurz-, mittel- und langfristigen Bedarfs zentrale städtebauliche Funktion haben, insbesondere durch die verkehrsmäßige Anbindung (z.B. Innenstadtzentren). Als schädliche Vorhaben kommen alle Nutzungen in Betracht, die zentrenrelevant und zentrenschädlich sein können. § 34 Abs. 3 BauGB ist nicht wie § 11 Abs. 3 BauNVO, der eine ähnliche Zwecksetzung wie § 34 Abs. 3 BauGB hat, auf großflächige Einzelhandelsbetriebe beschränkt. Ein Vorhaben ist dann als zentrenschädlich anzusehen, wenn es außerhalb des zentralen Versorgungsbereichs liegt, einen relevanten Kaufkraftabfluss bewirkt und dadurch die Existenz der in diesem Bereich vorhandenen Einzelhandelsbetriebe gefährdet. In dieser Beziehung kommt es auf das Warenangebot, den zu erwartenden Umsatz und seine Ausstrahlungswirkung auf zentrale Versorgungsbereiche an. Die P bietet überwiegend Güter des täglichen Bedarfs an – Lebensmittel und Drogerieartikel. Vergleichbare Artikel werden im Zentrum der Gemeinde nicht vertrieben. Die Verkaufsfläche für „Randsortimente", die ggf. auch im Ortszentrum angeboten werden, beträgt lediglich ca. 10%. Daraus folgt keine schädliche Auswirkung auf die vorhandenen zentralen Versorgungsbereiche. § 34 Abs. 3 BauGB steht dem Vorhaben nicht entgegen. **1535**

Das Vorhaben der P ist folglich im Innenbereich zulässig.

(3) Zwischenergebnis

Die Gemeinde hat ihr Einvernehmen rechtswidrig versagt. Der Tatbestand des § 36 Abs. 2 Satz 3 BauGB ist erfüllt.

bb) Rechtsfolge – Ermessen des Landrats

Umstritten ist, ob § 36 Abs. 2 Satz 3 BauGB der zuständigen Behörde ein Ermessen einräumt. Die besseren Argumente sprechen für eine Ermessensentscheidung. Der Wortlaut der Norm ist zu beachten. Danach „kann" die Behörde das Einvernehmen ersetzen. Der Begriff „kann" steht in Rechtsvorschriften grundsätzlich für ein Ermessen der Behörde. Eine Rechtspflicht wird darin nicht verankert. **1536**

Die Ersetzungsentscheidung ist folglich auf Ermessensfehler hin zu untersuchen. Der Begründung des Landrats ist zu entnehmen, dass er davon ausging, er müsse so entscheiden. Er verkennt mithin sein Ermessen. Darin liegt ein Ermessensausfall. Jedoch könnte hier das Ermessen des Landrats auf Null reduziert sein. Dem Vorhaben der P **1537** standen keine bauplanungsrechtlichen Belange entgegen. Grundsätzlich besteht damit eine Rechtspflicht, die Baugenehmigung zu erteilen, da sonst eine Verletzung von Art. 14 Abs. 1 GG möglich ist. Dieses spricht für eine Ermessensreduzierung. Anderes kann nur gelten, wenn noch Gesichtspunkte zugunsten der Gemeinde zu beachten waren. Ein solcher Gesichtspunkt ist in Beachtung der gemeindlichen Planungshoheit eine weitgehend verfestigte Planung der Gemeinde. Diese ist anzunehmen, wenn nur noch die Bekanntmachung des Bebauungsplans erforderlich, nicht dagegen, wenn das Beteiligungsverfahren noch nicht abgeschlossen ist. Die Bekanntmachung des Bebauungsplans erfolgte erst Ende September 2012. Das Verfahren dauerte bereits mehrere Jahre, ohne konkrete Beschlüsse. Die Veränderungssperre war bereits außer Kraft getreten. Der Landrat konnte nicht von einer verfestigten Planung ausgehen. Belange der Gemeinde sprechen mithin nicht gegen die Ermessensreduzierung. Die Ermessensentscheidung war damit rechtmäßig.

cc) Zwischenergebnis

Die Ersetzungsentscheidung war materiell rechtmäßig.

c) Zwischenergebnis

Die Ersetzung des gemeindlichen Einvernehmens ist rechtmäßig.

3. Zwischenergebnis

Die Klage ist unbegründet.

III. Ergebnis

Die Klage hat keine Aussicht auf Erfolg.

Vertiefungshinweise: BVerwG, NVwZ 2006, 452 ff.; NdsOVG, BauR 2005, 679 ff.; BayVGH, BayVBl 1006, 471; *Beutling/Pauli*, BauR 2010, 418 ff.; *Dippel*, NVwZ 1999, 921 ff.; *Möstl*, BayVBl 2003, 225 ff.

Repetitorium

Die Beteiligung der Gemeinde am Baugenehmigungsverfahren – gemeindliches Einvernehmen

1538 Das Verfahren zur Erteilung einer Baugenehmigung regeln die Landesbauordnungen. Nur größere Gemeinden sind Baugenehmigungsbehörden. In aller Regel erfüllen die Kreise und kreisfreien Städte diese Funktion. Diese vollziehen den von der Gemeinde aufgestellten Bebauungsplan.

§ 36 Abs. 1 BauGB sieht vor, dass die Genehmigung im Einvernehmen mit der Gemeinde zu erteilen ist. Einvernehmen bedeutet Zustimmung[1]. Das Einvernehmen wird nach § 36 Abs. 2 Satz 2 BauGB fingiert, wenn es nicht binnen zweier Monate nach Eingang des Ersuchens um Erteilung verweigert wird. Widerruf oder Rücknahme auch des fingierten Einvernehmens sind möglich[2]. Fehlt das Einvernehmen, so darf die Baugenehmigungsbehörde die Baugenehmigung nicht erteilen. Die Verweigerung des Einvernehmens ist dem Antragsteller gegenüber kein VA. Sie gehört zum Verwaltungsinternum; ihr kommt deshalb Außenwirkung nicht zu[3]. **1539**

Nach § 36 Abs. 2 Satz 1 BauGB darf die Gemeinde die Zustimmung nur aus den Gründen verweigern, die sich aus den §§ 31, 33–35 BauGB ergeben. Ermessen ist ihr nicht eröffnet; fehlen Versagungsgründe, muss sie die Zustimmung erteilen. Die Gemeinde darf ihr Einvernehmen folglich nicht deshalb versagen, weil das zu genehmigende Vorhaben nicht mit ihren Planungsabsichten übereinstimmt. Eine von der Baugenehmigungsbehörde unter Verstoß gegen § 36 Abs. 1 BauGB erteilte Baugenehmigung ist auf den Widerspruch der Gemeinde aufzuheben, ohne dass es auf die Genehmigungsfähigkeit des Vorhabens im Übrigen ankommt. Die Frage, ob die Gemeinde das Einvernehmen zu (Un-)Recht versagt hat, ist auch dann nicht zu prüfen, wenn der Bauantragsteller gegen den dem Widerspruch der Gemeinde stattgebenden Bescheid Klage erhebt[4]. **1540**

Nach § 36 Abs. 2 Satz 2 BauGB wird das Einvernehmen nach Ablauf einer Zweimonatsfrist fingiert. Die Fiktion kann bis zur Erteilung der Baugenehmigung ohne Anwendung der §§ 48, 49 VwVfG widerrufen oder zurückgenommen werden[5]. **1541**

Nach § 36 Abs. 2 Satz 3 kann die nach Landesrecht zuständige Behörde ein rechtswidrig versagtes Einvernehmen der Gemeinde ersetzen. **1542**

1 *Battis/Krautzberger/Löhr*, aaO, § 36 BauBG Rn. 5.
2 HessVGH, NVwZ 1993, 908.
3 BVerwG, NJW 1966, 513; BGH, DÖV 1970, 784.
4 VGH BW, NVwZ-RR 1996, 74.
5 HessVGH, UPR 1993, 113.

Fall 32***

Der Alterssitz mit Ziegenmist

Schwerpunkte: Rechtsbehelfsbelehrung; Untätigkeitsklage; Abgrenzung Innen- und Außenbereich; Bauvorhaben im Außenbereich; (Teil-)Privilegierungen

1543 Der kinderlose Richter Ratlos (R) ist seit 1990 Eigentümer eines Grundstücks in der Gemeinde Tauche in Brandenburg, welches mit einem Einfamilienhaus aus dem Jahr 1930 bebaut ist. Das Haus ist von einer großen Wiese umgeben. Für das Gebäude besteht eine Baugenehmigung aus dem Jahr 1990.

Das Grundstück ist 1000 m2 groß und liegt zwischen den Ortsteilen Ranzig und Stremmen. Für beide Ortsteile besteht kein Bebauungsplan. Die Bebauung in Ranzig und Stremmen entspricht einem Dorfgebiet. Im Norden grenzen mehrere Grundstücke der beiden Ortsteile unmittelbar aneinander. Im Süden ist die jeweils letzte Bebauung ca. 1,5 km voneinander entfernt und durch eine Landstraße verbunden. Etwa in der Mitte dieser Straße geht in nördliche Richtung ein Weg ab, der zu dem Grundstück des R führt. Ein Flächennutzungsplan aus dem Jahr 2006 weist die Flächen zwischen Ranzig und Stremmen als Flächen für Maßnahmen zum Schutz, zur Pflege und zur Entwicklung von Boden, Natur und Landschaft aus.

Das auf dem Grundstück stehende Wohnhaus hatte R an die Familie Plansch vermietet. Dieses Mietverhältnis endete im Februar 2010, nachdem der jüngste Sohn der Familie das Haus unter Wasser gesetzt hatte. Nach Mietende blieb das Haus für Wohnzwecke ungenutzt. Hauptursache war der entstandene Wasserschaden. Die Reparaturen zogen sich bis Ende 2011 hin, da der diese durchführende Betrieb aufgrund von Zahlungsschwierigkeiten nur mit Unterbrechungen im Haus arbeitete. Im Februar 2012 zerstörte das Orkantief Bettina das Haus.

Kurz darauf entschloss sich R mit seiner Frau nach Tauche zu ziehen, um sich, wie schon seit zehn Jahren geplant, mit voller Hingabe der Ziegenzucht zu widmen. Am 5.3.2012 stellte er einen Bauantrag auf Neuerrichtung des zerstörten Wohnhauses. Das neue Haus sollte bis auf kleinere Details im Innenausbau (moderne Heizung, weniger steile Treppen) dem durch den Sturm zerstörten Haus entsprechen. Diesen Bauantrag lehnte der zuständige Landrat ab. Das Bauvorhaben beeinträchtige öffentliche Belange, da es im Außenbereich nicht dem Schutz, der Pflege und der Entwicklung des Bodens diene.

Hiergegen legte R Widerspruch ein, da er der Ansicht ist, dass das neue Gebäude lediglich einen Ersatz für das im Februar 2012 zerstörte Gebäude darstelle. R berief sich ferner darauf, dass sein Grundstück nicht im Außenbereich liege. Es gehöre zum Bebauungszusammenhang, den die beiden Ortsteile Ranzig und Stremmen bilden. Wenn überhaupt, sei sein Grundstück ein „Außenbereich im Innenbereich", sodass sich die Zulässigkeit eines Bauvorhabens nach den Vorschriften über den Innenbereich richten.

Am 21.5.2012 erging ein Widerspruchsbescheid. Diesen begründete die Widerspruchsbehörde damit, dass das neue Gebäude keinen Ersatzbau darstelle, da es von dem bisherigen Bau abweiche. Ferner habe das Gebäude vor der Zerstörung bereits zwei Jahre leer gestanden, sodass eine Teilprivilegierung entfalle, weil die Baugenehmigung aufgegeben wurde.

Dem Bescheid war eine Rechtsbehelfsbelehrung mit folgendem Wortlaut beigefügt: „Gegen diesen Widerspruch können Sie schriftlich innerhalb von vier Wochen Klage einlegen."

Enttäuscht über diesen Bescheid wollte R zumindest seinen Traum von der Ziegenzucht verwirklichen. Im Juni 2012 ließ er zwei Ställe für die dauerhafte Unterbringung von zehn Ziegen errichten. Diese Ställe mit einer quadratischen Grundfläche sind 3 m hoch und 5 m breit. Die Ziegen sollen auf der Wiese auf seinem Grundstück weiden. Aus der Ziegenmilch will er hausgemachten Käse erzeugen und diesen zu einem großen Teil an Feinkostläden verkaufen.

Kurz darauf erließ die zuständige Bauordnungsbehörde eine für R überraschende Abrissverfügung, da eine Baugenehmigung fehle.

Hiergegen legt R fristgerecht am 4.7.2012 Widerspruch ein. Er trägt vor, dass die Voraussetzungen für eine solche Verfügung nicht vorliegen. Eine Baugenehmigung sei nicht notwendig. Zudem sei sein Vorhaben privilegiert zu behandeln. Außerdem sei der Erlass einer Abrissverfügung „überzogen". Da die zuständige Widerspruchsbehörde am 30.10.2012 noch nicht über den Widerspruch entschieden hat, erhebt er vor dem zuständigen Verwaltungsgericht Klage auf Aufhebung der Abrissverfügung.

Gleichzeitig geht er auch gegen die Ablehnung der Erteilung der Baugenehmigung vor.

Hat die Klage Aussicht auf Erfolg?

Vorüberlegung

1544 Der Fall behandelt Fragen des Bauplanungsrechts, insbesondere Fragen der Zulässigkeit von Bauvorhaben im Außenbereich. In der Prüfung der Zulässigkeit der Klage sind bekannte Probleme wie die einer ordnungsgemäßen Rechtsbehelfsbelehrung und die Voraussetzungen für eine Untätigkeitsklage anzusprechen.

Gliederung

1545 **Teil 1: Die Klage auf Erteilung der Baugenehmigung**

I. Sachentscheidungsvoraussetzungen
1. Eröffnung des Verwaltungsrechtswegs
2. Statthafte Klageart
3. Verfahrensartabhängige Sachentscheidungsvoraussetzungen
   a) Klagebefugnis
   b) Vorverfahren
   c) Klagefrist
   d) Passive Prozessführungsbefugnis
4. Beteiligten- und Prozessfähigkeit
5. Zwischenergebnis

II. Die Begründetheit der Klage
1. Anspruchsgrundlage
2. Anspruchsvoraussetzungen
   a) Entgegenstehendes Bauplanungsrecht
      aa) Abgrenzung Innenbereich und Außenbereich
      bb) Zulässigkeit im Außenbereich
   b) Entgegenstehen weiterer öffentlich-rechtlicher Normen
3. Zwischenergebnis

III. Ergebnis

Teil 2: Die Klage gegen die Beseitigungsverfügung

I. Sachentscheidungsvoraussetzungen
1. Eröffnung des Verwaltungsrechtswegs
2. Statthafte Klageart
3. Verfahrensartabhängige Sachentscheidungsvoraussetzungen
   a) Klagebefugnis
   b) Vorverfahren
   c) Klagefrist
   d) Passive Prozessführungsbefugnis
4. Beteiligten- und Prozessfähigkeit
5. Zwischenergebnis

II. Die Begründetheit der Klage
1. Ermächtigungsgrundlage
2. Formelle Rechtmäßigkeit
3. Materielle Rechtmäßigkeit
   a) Illegalität
      aa) Formelle Illegalität
      bb) Materielle Illegalität
      cc) Zwischenergebnis
   b) Rechtsfolge – Ermessen
4. Zwischenergebnis

III. Ergebnis

Lösung

Teil 1: Die Klage auf Erteilung der Baugenehmigung

Das Verwaltungsgericht wird der Klage des R stattgeben, wenn sie zulässig und begründet ist.

I. Sachentscheidungsvoraussetzungen

1. Eröffnung des Verwaltungsrechtswegs

1546 Der Verwaltungsrechtsweg muss nach § 40 Abs. 1 Satz 1 VwGO eröffnet sein. Die streitentscheidende Norm muss zum öffentlichen Recht zählen. Die Parteien streiten über die Rechtsfolgen aus der Anwendung von Normen des BauGB und der BbgBO. Diese Vorschriften berechtigen und verpflichten ausschließlich Träger öffentlicher Gewalt. Sie sind Sonderrecht des Staats und zählen deshalb zum öffentlichen Recht. Eine verfassungsrechtliche Streitigkeit entfällt offensichtlich; eine abdrängende Sonderzuweisung ist nicht vorhanden. Der Verwaltungsrechtsweg ist eröffnet.

2. Statthafte Klageart

1547 R strebt die Erteilung einer versagten Baugenehmigung an. Sie ist ein Verwaltungsakt nach § 35 Satz 1 VwVfG[1]. Danach ist die Verpflichtungsklage nach § 42 Abs. 1 Var. 2 VwGO (sog. Versagungsgegenklage) statthaft.

3. Verfahrensartabhängige Sachentscheidungsvoraussetzungen

a) Klagebefugnis

1548 Nach § 42 Abs. 2 VwGO muss R geltend machen, durch die Versagung der beantragten Baugenehmigung in seinen Rechten verletzt zu sein. Die sog. Adressatentheorie kommt bei der Verpflichtungsklage nicht zur Anwendung. In Betracht kommt eine Verletzung seines einfachgesetzlichen Rechts nach § 67 Abs. 1 BbgBO. Wenn die Voraussetzungen des § 67 Abs. 1 BbgBO vorliegen, ist die Baugenehmigung zu erteilen. Ebenfalls ist die Verletzung seines Grundrechts aus Art. 14 Abs. 1 GG möglich. Das Grundrecht der Eigentumsfreiheit schützt auch die Entscheidung darüber, wie das Grundstück zu bebauen ist (sog. Baufreiheit). R ist klagebefugt.

b) Vorverfahren

1549 § 68 Abs. 2 VwGO bestimmt, dass auch im Vorfeld einer Verpflichtungsklage ein Vorverfahren durchzuführen ist, wenn ein Antrag auf Vornahme eines Verwaltungsakts abgelehnt wurde. Ein entsprechendes Verfahren fand statt, in dessen Ergebnis die Widerspruchsbehörde die Erteilung der Baugenehmigung versagte.

---

1 IVm § 1 Abs. 1 BbgVwVfG. Dieses gilt für alle Zitierungen des VwVfG.

c) Klagefrist

Die Klagefrist für eine Verpflichtungsklage bestimmt sich nach § 74 Abs. 2 iVm Abs. 1 VwGO. Die Klagefrist beträgt danach einen Monat nach Zustellung des Widerspruchsbescheids. Der Widerspruchsbescheid erging am 21.5.2012. Die Klage hätte nach § 74 VwGO bis zum 21.6.2012 erhoben werden müssen. Die Klage wurde aber erst am 30.10.2012 und damit nicht fristgerecht nach § 74 VwGO erhoben. **1550**

Anderes gilt nach § 58 Abs. 2 VwGO. Nach § 58 Abs. 1 VwGO beginnt eine Frist für die Einlegung eines Rechtsmittels oder eines anderes Rechtsbehelfs erst mit einer ordnungsgemäßen Rechtsbehelfsbelehrung zu laufen. Absatz 2 führt diesen Gedanken dahingehend fort, dass bei einer unterbliebenen oder unrichtig erteilten Rechtsbehelfsbelehrung die Einlegung eines Rechtsbehelfs abweichend von § 74 VwGO innerhalb eines Jahres seit Zustellung zulässig ist. **1551**

Hier könnte eine fehlerhafte Rechtsbehelfsbelehrung vorliegen. Es handelt sich um eine Rechtsbehelfsbelehrung die Erhebung einer Verpflichtungsklage betreffend. Entscheidende Normen für den Inhalt einer solchen Rechtbehelfsbelehrung sind die §§ 74, 81 VwGO. Danach muss die Rechtsbehelfsbelehrung den Betroffenen dahingehend informieren, dass er die Klage schriftlich oder bei instanzieller Zuständigkeit eines Verwaltungsgerichts auch zur Niederschrift des Urkundsbeamten der Geschäftsstelle innerhalb eines Monats seit Zustellung erheben kann. Hier bestimmt die Rechtsbehelfsbelehrung eine Klagefrist von vier Wochen und eine ausschließlich schriftliche Klageerhebung. Die Rechtsbehelfsbelehrung entspricht nicht den Vorgaben der §§ 74, 81 VwGO. Die Klagefrist beträgt folglich ein Jahr. Die Klageerhebung am 31.10.2012 erfolgte fristgerecht. **1552**

d) Passive Prozessführungsbefugnis

Richtiger Klagegegner ist nach § 78 Abs. 1 Nr. 2 VwGO iVm § 8 Abs. 2 BbgVwGG die Behörde, die die Erteilung der Baugenehmigung abgelehnt hat. Dieses ist der für Tauche zuständige Landrat. **1553**

4. Beteiligten- und Prozessfähigkeit

Die Beteiligtenfähigkeit des R ergibt sich aus § 61 Nr. 1 VwGO; die Beteiligtenfähigkeit der beklagten Behörde aus § 61 Nr. 3 VwGO iVm § 8 Abs. 1 BbgVwGG. Die Prozessfähigkeit des R bestimmt sich nach § 62 Abs. 1 Nr. 1 VwGO; die Prozessfähigkeit der beklagten Behörde ergibt sich aus § 62 Abs. 3 VwGO. **1554**

5. Zwischenergebnis

Die Klage ist zulässig.

II. Die Begründetheit der Klage

Die Klage des R ist begründet, soweit die Ablehnung der Erteilung der Baugenehmigung rechtswidrig und R dadurch in seinen Rechten verletzt ist, § 113 Abs. 5 Satz 1 VwGO. Die Ablehnung der Erteilung der Baugenehmigung ist rechtswidrig und verletzt R in seinen Rechten, wenn er einen Anspruch auf Erteilung der Baugenehmigung hat.

1. Anspruchsgrundlage

1555 Anspruchsgrundlage für die Erteilung einer Baugenehmigung ist § 67 Abs. 1 BbgBO[2].

2. Anspruchsvoraussetzungen

Ein Anspruch auf Erteilung einer Baugenehmigung besteht nach § 67 Abs. 1 BbgBO, wenn dem Vorhaben keine öffentlich-rechtlichen Vorschriften entgegenstehen.

a) Entgegenstehendes Bauplanungsrecht

Dem Bauvorhaben könnte Bauplanungsrecht nach den §§ 29 ff. BauGB entgegenstehen.

aa) Abgrenzung Innenbereich und Außenbereich

1556 Fraglich ist, nach welcher Norm die Zulässigkeit des Bauvorhabens zu beurteilen ist. In Betracht kommt § 34 oder § 35 BauGB, da ein Bebauungsplan nach § 30 BauGB für das zu beurteilende Vorhaben nicht besteht. Welche Norm Anwendung findet, entscheidet sich danach, ob das Gebiet dem Innen- oder dem Außenbereich zuzuordnen ist. Ein Innenbereich ist nach § 34 BauGB ein im Zusammenhang bebauter Ortsteil. Liegt ein solcher Bebauungszusammenhang nicht vor, richtet sich die Zulässigkeit des Bauvorhabens nach § 35 BauGB. Alles, was nicht „innerhalb der im Zusammenhang bebauten Ortsteil" liegt, ist dem Außenbereich iSd § 35 zuzuordnen.

1557 Es ist zu untersuchen, welchem Gebiet das Grundstück des R zuzuordnen ist. Er selbst beruft sich darauf, dass sein Gebiet nicht im Außenbereich liege, da es zum Innenbereich, den die Ortsteile Ranzig und Stremmen bilden, gehöre.

Das Grundstück des R könnte dem Innenbereich zuzuordnen sein. Ein Innenbereich besteht laut § 34 Abs. 1 Satz 1 BauGB aus einem in einem Zusammenhang bebauten Ortsteil. Ein Ortsteil ist jeder Bebauungskomplex im Gebiet einer Gemeinde, der nach der Zahl der vorhandenen Bauten ein gewisses Gewicht besitzt und Ausdruck einer organischen Siedlungsstruktur ist. Der Begriff ist nicht im Sinne eines örtlichen Siedlungskomplexes, der einen besonderen Namen trägt, zu verstehen. Auch wird nicht nach Ortschaften und Teilbereichen einer Ortschaft unterschieden. Es kommt vielmehr auf die tatsächlichen Gegebenheiten an. Es ist maßgeblich darauf abzustellen, ob der

---

2 *Entspricht:* § 58 BO BW; Art. 72 BayBO; § 71 BerlBO; § 72 BremBO; § 69 HmbBO; § 64 HessBO; § 72 BO MV; § 75 NdsBO; § 75 BO NW; § 70 BO RP; § 73 SaarlBO; § 72 SächsBO; § 77 BO LSA; § 78 BO SH; § 70 ThürBO.

Bebauung ein gewisses Gewicht zukommt und ob der Bebauungskomplex eine organische Siedlungsstruktur aufweist. Es kommt insoweit auf die Verkehrsauffassung und entscheidend auf die Verhältnisse des Einzelfalls an.

Laut Sachverhalt bilden beide Ortsteile für sich jeweils einen Ortsteil. Sie entsprechen einem Dorfgebiet mit einer organischen Siedlungsstruktur.

Fraglich ist jedoch, ob Ranzig und Stremmen gemeinsam einen Ortsteil iSd § 34 **1558**
BauGB bilden. Dagegen spricht, dass beide Orte im Süden mit 1,5 km relativ weit voneinander entfernt sind. Im Norden hingegen liegt die jeweilige Bebauung verhältnismäßig nah zusammen. Ferner ist fraglich, ob beide Ortsteile einen Bebauungszusammenhang bilden. Das Merkmal „im Zusammenhang bebaut" erfordert eine „tatsächlich aufeinander folgende", also eine zusammenhängende Bebauung.

Ob beide Orte einen Ortsteil bilden, kann dahin stehen, wenn das Grundstück des R **1559**
schon nicht zum (möglichen) Bebauungszusammenhang bestehend aus beiden Ortsteilen gehört. Die Fläche, auf der das Vorhaben sich befindet und die nach § 34 BauGB beurteilt werden soll, muss einen Bestandteil des Bebauungszusammenhangs bilden, also selbst am Eindruck der Geschlossenheit und Zusammengehörigkeit teilnehmen. Das ist der Fall, wenn die aufeinander folgende Bebauung trotz etwa vorhandener Baulücken nach der Verkehrsauffassung den Eindruck der Geschlossenheit und Zusammengehörigkeit vermittelt und dic zur Bebauung vorgesehene Fläche diesem Zusammenhang angehört. Eine ringsum von Bebauung umgebene Freifläche, die so groß ist, dass sich ihre Bebauung nicht mehr als zwanglose Fortsetzung der vorhandenen Bebauung aufdrängt und die deshalb nicht als Baulücke erscheint, liegt nicht innerhalb eines Bebauungszusammenhangs iSd § 34 Abs. 1 BauGB; sie ist damit bebauungsrechtlich Außenbereich.

Das Grundstück des R mit seiner Größe von 1000 m^2 und bebaut mit einem einzelnen Haus unterbricht einen Bebauungszusammenhang. Es fehlt am objektiven Eindruck des Zusammenhangs[3].

„Außenbereich im Innenbereich" ist kein eigenständiger Rechtsbegriff im Baurecht. Das Bauplanungsrecht unterscheidet klar zwischen Außen- und Innenbereich. Ein Grundstück kann nicht beiden Bereichen zugeordnet werden.

Das Grundstück des R liegt im Außenbereich. Dessen Bebaubarkeit richtet sich nach § 35 BauGB.

bb) Zulässigkeit im Außenbereich

Die Zulässigkeit der Errichtung des neuen Wohngebäudes richtet sich in der Regel nach **1560**
§ 35 Abs. 2 BauGB. Danach können Vorhaben im Einzelfall zugelassen werden, wenn ihre Ausführung oder Benutzung öffentliche Belange nicht beeinträchtigt und die Erschließung gesichert ist.

3 Eine andere Auffassung ist ohne Weiteres vertretbar.

Absatz 2 kommt nur zur Anwendung, wenn keine Privilegierung nach § 35 Abs. 1 BauGB vorliegt. Eine solche ist hier nicht ersichtlich.

1561 Es könnten öffentliche Belange der Erteilung der Baugenehmigung entgegenstehen. Solche öffentliche Belange sind in § 35 Abs. 3 BauGB genannt. Eine Beeinträchtigung öffentlicher Belange liegt nach § 35 Abs. 3 S 1 Nr. 1 BauGB vor, wenn das Vorhaben den Darstellungen des Flächennutzungsplans widerspricht. Der Flächennutzungsplan von 2006 weist das Grundstück des R als Fläche für Maßnahmen zum Schutz, zur Pflege und zur Entwicklung von Boden, Natur und Landschaft aus. Maßnahmen zum Schutz, zur Pflege und zur Entwicklung des Bodens beziehen sich auf die Erhaltung und Entwicklung der Bodenfunktionen. Maßnahmen betreffend den Naturschutz und die Landschaftspflege beziehen sich auf die Leistungs- und Funktionsfähigkeit des Naturhaushalts, die Regenerationsfähigkeit und Nutzungsfähigkeit der Naturgüter, die Tier- und Pflanzenwelt sowie die Vielfalt, Eigenart und Schönheit von Natur und Landschaft. Eine Wohnbebauung entspricht diesen Schutzzielen nicht.

Ein Widerspruch zum Flächennutzungsplan liegt vor. Dem Bauvorhaben stehen öffentliche Belange nach § 35 Abs. 3 BauGB entgegen.

1562 Beachtung könnte hier jedoch § 35 Abs. 4 BauGB finden. Danach kann den in Absatz 4 genannten Vorhaben nicht entgegengehalten werden, dass sie Darstellungen des Flächennutzungsplans widersprechen (sog. Teilprivilegierung). In Betracht kommt hier nach Nr. 4 die alsbaldige Neuerrichtung eines zulässigerweise errichteten, durch Brand, Naturereignisse oder andere außergewöhnliche Ereignisse zerstörten, gleichartigen Gebäudes an gleicher Stelle.

Hier soll ein Gebäude, welches ein Sturm – ein Naturereignis – zerstörte, unmittelbar nach seiner Zerstörung neu errichtet werden.

1563 Die Baugenehmigungsbehörde stellt in Abrede, dass es sich um ein gleichartiges Gebäude handelt, weil der Innenausbau von dem des zerstörten Hauses abweicht. Gleichartigkeit des Gebäudes bedeutet, dass es im Bauvolumen, in der Nutzung und in der Funktion, also in bodenrechtlicher Hinsicht, mit dem zu ersetzenden Gebäude übereinstimmt. Das Gebäude soll in diesen Merkmalen dem zerstörten Haus entsprechen. Der Innenausbau ist bei der Frage der Gleichartigkeit bedeutungslos. Gleichartigkeit liegt vor.

1564 Die Teilprivilegierung des § 35 Abs. 4 Nr. 3 BauGB besteht nur dann, wenn das zerstörte Gebäude in zulässiger Weise errichtet wurde. Ein Gebäude ist dann „zulässigerweise errichtet“, wenn es bauaufsichtlich genehmigt oder zwar ohne Genehmigung errichtet worden ist, aber wegen seiner materiellen Legalität Bestandsschutz genoss. Hier besteht eine Baugenehmigung für das zerstörte Gebäude aus dem Jahr 1990, welche grundsätzlich Bestandsschutz vermittelt.

1565 Fraglich ist, wie sich der Umstand auswirkt, dass das Haus zuvor zwei Jahre leer gestanden hat. Bestandsschutz, den eine Baugenehmigung vermittelt, erlischt, wenn auch die Genehmigung unwirksam wird. Fraglich ist, ob ein zeitweiser Verzicht auf eine zulässige Nutzung zum Erlöschen einer Baugenehmigung führt.

Eine Ansicht bejaht dieses. Zur genaueren Beurteilung des Zeitraums wurde das „Zeitmodell“ entwickelt. Danach rechnet die Verkehrsauffassung im ersten Jahr nach der Aufgabe einer Nutzung stets mit deren Wiederaufnahme. Eine Einzelfallprüfung erübrigt sich. Im zweiten Jahr nach der Nutzungsaufgabe spricht für die Annahme, dass die Verkehrsauffassung eine Wiederaufnahme erwartet, eine Regelvermutung, die im Einzelfall jedoch entkräftet werden kann, wenn Anhaltspunkte für das Gegenteil vorhanden sind. Nach Ablauf von zwei Jahren kehrt sich diese Vermutung um. Es sei davon auszugehen, dass die Grundstückssituation nach so langer Zeit für eine Wiederaufnahme der ursprünglichen Nutzung nicht mehr offen ist. Der Bauherr muss besondere Gründe dafür darlegen, dass die Aufgabe der Nutzung des Gebäudes noch keinen als endgültig erscheinenden Zustand herbeigeführt hat.

Nach dieser Ansicht muss R Tatsachen vortragen, dass er mit der zeitweiligen Nutzungsaufgabe keinen endgültigen Zustand herbeiführen wollte.

Diese Ansicht wird zum Teil abgelehnt. Da nach dem Baurecht eine Rechtspflicht zur **1566**
genehmigten Nutzung eines Baubestands nicht bestehe, könne allein aufgrund einer – auch länger andauernden – Nutzungsunterbrechung nicht davon ausgegangen werden, das Gebäude mit der ihm zugedachten (Nutzungs-)Funktion bestehe nicht mehr und das Regelungsobjekt der Baugenehmigung sei weggefallen. Eine Nutzungsunterbrechung lasse daher unabhängig von ihrer Dauer die Wirksamkeit einer Baugenehmigung unberührt. Eine Aufgabe einer Baugenehmigung sei darin nicht zu sehen. Die Baugenehmigung wirke auch im Fall einer Nutzungsunterbrechung solange fort, wie ihr Substrat, die bauliche Anlage, funktionsfähig sei bzw. solange die Baugenehmigung nicht nach den §§ 48 ff. VwVfG zurückgenommen oder widerrufen werde.

Eine Streitentscheidung kann entfallen. Selbst bei Anwendung des sog. Zeitmodells sind die Baugenehmigung und ihr Bestandsschutz durch Nutzungsunterbrechung nicht erloschen. Eine Nutzung des Hauses als Wohnhaus war aufgrund des Wasserschadens und der danach folgenden langwierigen Reparatur nicht möglich.

Im Ergebnis besteht der durch die Baugenehmigung aus dem Jahr 1990 vermittelte Bestandsschutz weiter. Die Voraussetzungen des § 35 Abs. 4 Nr. 3 BauGB sind erfüllt. Öffentliche Belange iSd § 35 Abs. 3 BauGB können dem Bauvorhaben nicht entgegen gehalten werden. Das Bauvorhaben widerspricht nicht § 35 BauGB.

Bauplanungsrecht steht dem Bauvorhaben nicht entgegen.

b) Entgegenstehen weiterer öffentlich-rechtlicher Normen

Weitere öffentlich-rechtliche Vorschriften, denen das Vorhaben widersprechen könnte, **1567**
sind nicht ersichtlich.

3. Zwischenergebnis

Dem Vorhaben stehen keine öffentlich-rechtlichen Vorschriften entgegen. Die Baugenehmigung war daher nach § 67 Abs. 1 BbgBO als gebundene Entscheidung zu erteilen. Die Klage ist begründet.

III. Ergebnis

Die Klage des R hat Aussicht auf Erfolg.

Teil 2: Die Klage gegen die Beseitigungsverfügung

Das Verwaltungsgericht wird der Klage des R stattgeben, wenn sie zulässig und begründet ist.

I. Sachentscheidungsvoraussetzungen

1. Eröffnung des Verwaltungsrechtswegs

1568 Auch hier ist der Verwaltungsrechtsweg eröffnet (vgl. Rn. 1546).

2. Statthafte Klageart

1569 R strebt die Aufhebung der Beseitigungsverfügung an. Die Beseitigungsverfügung ist ein Verwaltungsakt nach § 35 Satz 1 VwVfG. Danach ist die Anfechtungsklage nach § 42 Abs. 1 VwGO statthaft.

3. Verfahrensartabhängige Sachentscheidungsvoraussetzungen

a) Klagebefugnis

1570 Die Beseitigungsverfügung ist für R ein belastender Verwaltungsakt. Als Adressat eines belastenden Verwaltungsakts ist R nach der Adressatentheorie klagebefugt, weil nicht auszuschließen ist, dass er in seinem Recht aus Art. 2 Abs. 1 GG verletzt ist.

b) Vorverfahren

1571 Vor Erhebung der Anfechtungsklage sind Rechtmäßigkeit und Zweckmäßigkeit des Verwaltungsakts in einem Vorverfahren nachzuprüfen, § 68 Abs. 1 VwGO. Von einer Nachprüfung seitens der Widerspruchsbehörde ist auszugehen, wenn ein Widerspruchs- bzw. Abhilfebescheid ergangen ist. In der Regel ist die Erhebung einer Anfechtungsklage erst zulässig, wenn ein Widerspruchsbescheid ergangen ist. An dem Erlass eines Widerspruchsbescheids fehlt es hier. Danach wäre die Anfechtungsklage bislang unzulässig. R müsste den Erlass eines Widerspruchsbescheids abwarten.

1572 Eine Ausnahme von dieser Regel ist in § 75 VwGO enthalten, sog. Untätigkeitsklage. Ist über einen Widerspruch oder über einen Antrag auf Vornahme eines Verwaltungsakts ohne zureichenden Grund in angemessener Frist sachlich nicht entschieden worden, so ist die Klage abweichend von § 68 VwGO zulässig. Die Klage kann jedoch nicht vor Ablauf von drei Monaten seit der Einlegung des Widerspruchs oder seit dem Antrag auf Vornahme des Verwaltungsakts erhoben werden, außer wenn wegen besonderer Umstände des Falls eine kürzere Frist geboten ist. Seit Einlegung des Widerspruchs am 4.7.2012 sind mehr als drei Monate vergangen. Die Widerspruchsbehörde trug keine Gründe für die Verzögerung der Entscheidung über den Widerspruch vor. Eine Klageerhebung am 30.10.2012 ist ohne Zuwarten auf einen Widerspruchsbescheid zulässig.

c) Klagefrist

Die Klagefrist des § 74 Abs. 1 VwGO ist bei Erhebung einer Untätigkeitsklage nicht zu beachten. **1573**

d) Passive Prozessführungsbefugnis

Richtiger Klagegegner ist nach § 78 Abs. 1 Nr. 2 VwGO iVm § 8 Abs. 2 BbgVwGG die Behörde, die den angefochtenen VA erlassen hat. Es sind keine Anhaltspunkte dafür ersichtlich, dass R die falsche Behörde verklagt hat. **1574**

4. Beteiligten- und Prozessfähigkeit

Die Beteiligtenfähigkeit des R ergibt sich aus § 61 Nr. 1 VwGO; die Beteiligtenfähigkeit der beklagten Behörde aus § 61 Nr. 3 VwGO iVm § 8 Abs. 1 BbgVwGG. Die Prozessfähigkeit des R bestimmt sich nach § 62 Abs. 1 Nr. 1 VwGO; die Prozessfähigkeit der beklagten Behörde ergibt sich aus § 62 Abs. 3 VwGO. **1575**

5. Zwischenergebnis

Die Klage ist zulässig.

II. Die Begründetheit der Klage

Die Anfechtungsklage des R ist nach § 113 Abs. 1 Satz 1 VwGO begründet, soweit die Beseitigungsverfügung rechtswidrig und R dadurch in seinen Rechten verletzt ist.

1. Ermächtigungsgrundlage

Ermächtigungsgrundlage für den Erlass einer Beseitigungsverfügung ist § 74 Abs. 1 BbgBO[4]. **1576**

2. Formelle Rechtmäßigkeit

Formellrechtliche Bedenken gegen die Beseitigungsverfügung bestehen nur wegen der fehlenden Anhörung. Die bauordnungsrechtliche Verfügung war für R überraschend, da er insoweit vorher nicht angehört wurde. Hierin liegt ein Verstoß gegen die Pflicht der Anhörung nach § 28 Abs. 1 VwVfG. Für ein zwingendes Bedürfnis zum Absehen der Anhörung iSd § 28 Abs. 2 VwVfG liegen keine Anhaltspunkte vor. **1577**

---

4 *Entspricht:* § 65 Satz 1 BO BW; Art. 76 Satz 1 BayBO; § 79 Satz 1 BerlBO; § 79 Abs. 1 BremBO; § 76 Abs. 1 Satz 1 HmbBO; § 72 Abs. 1 Satz 1 HessBO; § 80 Abs. 1 BO MV; § 89 Abs. 1 Satz 2 Nr. 4 NdsBO; § 81 Satz 1 Alt. 1 BO RP; § 82 Abs. 1 SaarlBO; § 80 Satz 1 SächsBO; § 79 Satz 1 BO LSA; § 85 Abs. 1 Satz 1 BO SH; § 77 Satz 1 ThürBO; in Nordrhein-Westfalen gilt die Generalklausel des § 61 Abs. 1 Satz 2 BO NW.

Jedoch ist hier noch eine Heilung nach § 45 Abs. 1 Nr. 3 VwVfG möglich. Eine Heilung von Verfahrensfehlern kann bis zum Abschluss der mündlichen Verhandlung in der Hauptsache erfolgen.

3. Materielle Rechtmäßigkeit

Nach § 74 Abs. 1 BbgBO kann die Bauaufsichtsbehörde die Beseitigung einer baulichen Anlage verlangen, wenn deren Errichtung im Widerspruch zu öffentlich-rechtlichen Vorschriften steht.

a) Illegalität

aa) Formelle Illegalität

1578 Die Bauordnungsbehörde beruft sich hier bei ihrer Begründung der Beseitigungsanordnung auf die fehlende Baugenehmigung für die Errichtung der Ställe. R hingegen trägt vor, dass eine Einholung einer Baugenehmigung nicht erforderlich gewesen sei. Zu prüfen ist, ob die Errichtung der Ställe einer Baugenehmigung nach § 54 BbgBO[5] bedarf.

Die Ställe sind bauliche Anlagen iSd § 2 Abs. 1 BbgBO[6]. Die Errichtung von baulichen Anlagen bedarf grundsätzlich einer Baugenehmigung, soweit nicht etwas anderes bestimmt ist. Hier könnte es sich um ein genehmigungsfreies Vorhaben handeln. In Betracht kommt eine Genehmigungsfreiheit nach § 55 Abs. 2 Nr. 1 oder Nr. 2 BbgBO[7]. Ställe, die zur dauerhaften Unterbringung von Tieren bestimmt sind, unterfallen nicht der Genehmigungsfreiheit, auch wenn ihre Größe gering ist. Die Erteilung einer Baugenehmigung wäre daher vor Errichtung der Ställe einzuholen gewesen. Es liegt ein Verstoß gegen § 54 BbgBO vor.

1579 Formelle Illegalität reicht in der Regel jedoch nicht aus, um eine Beseitigungsverfügung zu rechtfertigen. Wegen der Irreversibilität einer vollzogenen Beseitigung ist zu fordern, dass der Bau auch materiellem Baurecht widerspricht. Bei bloßer formeller Illegalität wäre es ein milderes Mittel, die Beantragung einer Baugenehmigung zu verlangen.

1580 Eine Ausnahme von diesem Grundsatz bildet der Fall, dass die Beseitigung ohne Substanzverlust möglich ist. Der Abriss der Schuppen hätte jedoch den Verlust der Bausubstanz zur Folge. Die bauliche Anlage muss also auch materiell illegal sein.

---

5 *Entspricht:* § 49 BO BW; Art. 62 BayBO; § 55 BerlBO; § 59 Abs. 1 BremBO; § 59 HmbBO; § 54 Abs. 1 HessBO; § 59 BO MV; § 68 Abs. 1 NdsBO; § 63 Abs. 1 BO NW; § 61 BO RP; § 60 SaarlBO; § 59 SächsBO; § 58 Abs. 1 BO LSA; § 68 Abs. 1 BO SH; § 62 Abs. 1 ThürBO.

6 *Entspricht:* § 2 Abs. 1 BO BW; Art. 2 Abs. 1 BayBO; § 2 Abs. 1 BerlBO; § 2 Abs. 1 BremBO; § 2 Abs. 1 HmbBO; § 2 Abs. 1 HessBO; § 2 Abs. 1 BO MV; § 2 Abs. 1 NdsBO; § 2 Abs. 1 BO NW; § 2 Abs. 1 BO RP; § 2 Abs. 1 SaarlBO; § 2 Abs. 1 SächsBO; § 2 Abs. 1 BO LSA; § 2 Abs. 1 BO SH; § 2 Abs. 1 ThürBO.

7 *Entspricht:* § 50 BO BW iVm Nr. 2 des Anhangs; Art. 57 Abs. 1 Nr. 1c BayBO; § 62 Abs. 1 Nr. 1c BerlBO; § 65 BremBO iVm Nr. 4 des Anhangs; § 60 Abs. 1 HmbBO iVm Nr. 1 des Anhangs 2; § 55 HessBO iVm Nr. 1.3 der Anlage 2; § 61 Abs. 1 Nr. 1c BO MV; § 69 NdsBO iVm Nr. 1.2 des Anhangs; § 65 Abs. 1 Nr. 1 BO NW (hier schon Voraussetzungen des landwirtschaftlichen Unternehmens); § 62 Abs. 1 Nr. 1b BO RP; § 61 Abs. 1 Nr. 1c SaarlBO; § 61 Abs. 1 Nr. 1c SächsBO; § 60 Abs. 1 Nr. 1c BO LSA; § 69 Abs. 1 Nr. 22 BO SH; § 63 Abs. 1 Nr. 1c ThürBO.

bb) Materielle Illegalität

In Betracht kommt ein Verstoß gegen Bauplanungsrecht. Das Bauvorhaben liegt im Außenbereich (vgl. oben), sodass dessen Vereinbarkeit mit § 35 BauGB zu prüfen ist. 1581

Die Ställe könnten ein privilegiertes Vorhaben nach § 35 Abs. 1 BauGB sein. In Betracht kommt ihre Zugehörigkeit zu einem land- oder forstwirtschaftlichen Betrieb.

Ein landwirtschaftlicher Betrieb ist durch eine spezifische betriebliche Organisation gekennzeichnet. Die Nachhaltigkeit der Bewirtschaftung ist erforderlich und es muss sich um ein auf Dauer gedachtes und auf Dauer lebensfähiges Unternehmen handeln. Eine Gewinnerzielungsabsicht kann ein Indiz für die Dauerhaftigkeit eines Unternehmens sein. 1582

Ein Betrieb ist von bloßer Liebhaberei abzugrenzen. Wird ein Betrieb allein aus Liebhaberei unterhalten, fehlt es an einem landwirtschaftlichen Betrieb iSd § 35 Abs. 1 BauGB. Das Vorliegen eines privaten Interesses („Liebhabereimotiv") an der Ausübung der Tätigkeit schließt jedoch die Charakterisierung als einen landwirtschaftlichen Betrieb von vornherein nicht aus. Zu prüfen ist, ob die spezifischen Merkmale eines Unternehmens vorliegen. 1583

Entscheidend für das Vorliegen eines Unternehmens sind die Nachhaltigkeit und die Dauerhaftigkeit des Betriebs zu Erwerbszwecken. Das Erfordernis der Dauerhaftigkeit des landwirtschaftlichen Betriebs berücksichtigt, dass bauliche Anlagen regelmäßig „auf Dauer" errichtet werden und der Außenbereich grundsätzlich nur einer ernsthaften, in seiner Beständigkeit auf Dauer angelegten landwirtschaftlichen Betätigung in Anspruch genommen werden darf. 1584

R will den Ziegenkäse zum Teil verkaufen. Dieses ist ein Indiz für das Bestehen eines Erwerbszwecks und einer gewissen Ernsthaftigkeit, die über eine bloße Liebhaberei hinausgeht. Fraglich ist jedoch, ob die notwendige Nachhaltigkeit und Dauerhaftigkeit durch die Aufnahme der Zucht gewährleistet sind. Erwartet wird neben einer gewissen Gewinnerzielungsabsicht, dass nach den bestehenden Umständen der Betrieb über eine längere Zeit bestehen wird. Diese Maßstäbe sind streng anzuwenden, wenn eine landwirtschaftliche Betätigung erstmalig aufgenommen wird.

Trotz des Ziels, den hergestellten Käse zu verkaufen, sprechen die besonderen Umstände gegen eine gewisse Nachhaltigkeit der Ziegenzucht. R will mit der Ziegenzucht seinen Lebensabend verbringen. Er hat keinen Nachfolger für seine Tätigkeit. Jüngere leibliche Erben, die seine Tätigkeit übernehmen könnten, fehlen. Zehn Ziegen reichen nicht aus, um von einer ernsthaften unternehmerischen Tätigkeit sprechen zu können. Die Gesamtbetrachtung der Umstände führt zu dem Schluss, dass die Ziegenzucht für R eine bloße Liebhaberei und keinen landwirtschaftlichen Betrieb darstellt.

Für das Vorhaben des R entfällt eine Privilegierung iSd § 35 Abs. 1 BauGB.

1585 Es ist zu prüfen, ob dem Vorhaben öffentliche Belange entgegenstehen. In der Errichtung von Ställen zum Zwecke der Ziegenzucht liegt ein Widerspruch zum Flächennutzungsplan iSd § 35 Abs. 2 iVm Abs. 3 Satz 1 Nr. 1 BauGB (vgl. oben). Öffentliche Belange stehen dem Vorhaben entgegen.

Im Ergebnis besteht auch ein materieller Verstoß gegen öffentlich-rechtliche Normen.

cc) Zwischenergebnis

Die Errichtung der Ställe ist sowohl formell als auch materiell illegal. Die Tatbestandsvoraussetzungen des § 74 Abs. 1 BbgBO sind erfüllt.

b) Rechtsfolge – Ermessen

1586 Ermessensfehler sind nicht ersichtlich.

4. Zwischenergebnis

Die Klage ist nicht begründet.

III. Ergebnis

Die Klage hat keine Aussicht auf Erfolg.

Vertiefungshinweise: Zur Dauerhaftigkeit eines landwirtschaftlichen Betriebs, BVerwG, NVwZ 2005, 587 ff. Zur Abgrenzung Innenbereich vom Außenbereich, BVerwG, BauR 2006, 348 f. Zum sog. Zeitmodell, BVerwGE 98, 235 ff., BVerwG, BauR 2007, 1697. *Peine*, ÖffBauR, Rn. 804 ff.

Repetitorium

I. Zulässigkeit eines Vorhabens im Außenbereich

1. Privilegierungen des § 35 Abs. 1 BauGB

1587 § 35 Abs. 1 BauGB erlaubt im Außenbereich – in dem das Bauen grundsätzlich verboten ist – Vorhaben, deren Erschließung gesichert ist, dann, wenn
- das Vorhaben privilegiert ist (Nr. 1–7),
- wenn öffentliche Belange nicht entgegenstehen.

1588 In allen Privilegierungsfällen des § 35 Abs. 1 BauGB dürfen öffentliche Belange nicht entgegenstehen. Beispiele für solche öffentlichen Belange enthält § 35 Abs. 3 BauGB. Bei der Abwägung ist in Rechnung zu stellen, dass der Gesetzgeber die Vorhaben des Absatzes 1 dem Außenbereich zugewiesen hat. Damit hat er ihnen Vorrang eingeräumt[8]. Die

8 BVerwGE 28, 151.

vorzunehmende Abwägung ist deshalb nachvollziehender, nicht gestaltender Art. Ausgeschlossen ist somit, die Beeinträchtigung öffentlicher Belange gegenüber den Vorzügen des Vorhabens gleichsam kompensatorisch hinzunehmen.

Früher war es umstritten, ob § 35 Abs. 1 BauGB drittschützende Wirkung entfaltet, nunmehr ist es h.M., dass auch § 35 Abs. 1 BauGB drittschützend ist[9].

2. Zulässigkeit von Vorhaben im Außenbereich; die Ausnahme des § 35 Abs. 2, 3 BauGB

Nach § 35 Abs. 2 BauGB können im Außenbereich im Einzelfall sonstige Vorhaben **1589**
zugelassen werden, wenn ihre Ausführung oder Benutzung öffentliche Belange nicht beeinträchtigt und die Erschließung gesichert ist. Fälle einer Beeinträchtigung öffentlicher Belange zählt § 35 Abs. 3 BauGB auf. Sonstige Vorhaben sind solche, die nicht nach Absatz 1 privilegiert sind. Auch die in Absatz 4 genannten Vorhaben sind sonstige iSd Absatzes 2.

Während den privilegierten Vorhaben nach Absatz 1 öffentliche Belange nicht „entge- **1590**
genstehen" dürfen, fordert das Gesetz für die „sonstigen Vorhaben", dass sie öffentliche Belange nicht „beeinträchtigen". Darin liegt eine qualitative Steigerung der Zulässigkeitshürde. Die unterschiedliche Bewertung ergibt sich aus der vom Gesetzgeber vorgenommenen generellen Planung hinsichtlich der privilegierten Vorhaben. Diese besitzen ein grundsätzlich stärkeres Durchsetzungsvermögen gegenüber den von ihnen berührten öffentlichen Belangen[10]. Ob eine Beeinträchtigung öffentlicher Belange vorliegt, ist eine Einzelfrage. Dieser Umstand ist bei der Abwägung zu berücksichtigen. Die Abwägung zwischen dem Interesse an der Durchführung der sonstigen Vorhaben und den öffentlichen Belangen ist – mit Blick auf das Abwägungsergebnis – dadurch begrenzt, dass die Abwägung nicht gestaltender Art sein darf; sie hat ausschließlich zum Gegenstand, ob überhaupt eine negative Berührung mit öffentlichen Belangen gegeben ist. Ist das der Fall, dann ist das Vorhaben immer unzulässig. Auf die Beachtung öffentlicher Belange kann nicht verzichtet werden[11]. Absatz 3 definiert die öffentlichen Belange nicht abschließend. Es handelt sich um einen Katalog wichtiger öffentlicher Belange. „Öffentliche Belange" ist ein *unbestimmter Rechtsbegriff*. Ihm unterfallen alle Gesichtspunkte, die für das Bauen im Außenbereich potenziell erheblich sind.

Von Interesse ist noch das in § 35 Abs. 4, 5 BauGB geregelte Recht der Nutzungsände- **1591**
rungen, Ersatzbauten und Erweiterungen. An sich beurteilt sich die Zulässigkeit dieser Bauten nach § 35 Abs. 1–3 BauGB. Hiervon schafft Absatz 4 Ausnahmen.

9 Vgl. statt vieler: BVerwGE 52, 122, 125 f.; NVwZ 1983, 609, immer unter Hinzuziehung des Rücksichtnahmegebots.
10 BVerwGE 48, 114.
11 BVerwG, DÖV 1978, 774.

II. Rechtsbehelfsbelehrung

1592 Die VwVfGe schweigen sich über die Verpflichtung der Behörde zur Erteilung einer Rechtsbehelfsbelehrung aus. Sie überlassen eine denkbare Pflicht Spezialgesetzen. Für Bundesbehörden im engeren Sinne, also nicht für bundesunmittelbare Körperschaften, Anstalten oder Stiftungen des öffentlichen Rechts, ergibt sich die Pflicht, einem schriftlichen Verwaltungsakt, der der Anfechtung unterliegt, eine Rechtsbehelfsbelehrung beizufügen, aus § 59 VwGO. Für den Widerspruchsbescheid ergibt sich die Belehrungspflicht aus § 73 Abs. 3 VwGO. Ferner ist die Pflicht zur Erteilung einer Rechtsbehelfsbelehrung auch für Landesbehörden in verschiedenen Normen enthalten, z.B. in § 211 BauGB.

1593 Bei der Rechtsbehelfsbelehrung sind folgende Fehler denkbar:

- Die Rechtsbehelfsbelehrung fehlt trotz Rechtspflicht zu ihrer Erteilung vollständig oder teilweise
- das Rechtsmittel (Widerspruch; falls ein Widerspruchsverfahren entfällt, Anfechtungsklage) wird unrichtig angegeben
- die Stelle, bei der das Rechtsmittel eingelegt werden kann (s. § 70 Abs. 1 VwGO) wird unrichtig angegeben
- die Fristbelehrung (§ 70 Abs. 1 VwGO) wird unrichtig angegeben.

1594 Die Rechtsfolge einer unterbliebenen oder unrichtig erteilten Rechtsbehelfsbelehrung ergibt sich aus § 58 Abs. 2 VwGO. Nach dieser Vorschrift ist die Einlegung des Rechtsbehelfs nur innerhalb eines Jahres seit Zustellung, Eröffnung oder Verkündung zulässig, außer wenn die Einlegung vor Ablauf der Jahresfrist infolge höherer Gewalt unmöglich war oder eine schriftliche Belehrung dahin erfolgt ist, dass ein Rechtsbehelf nicht gegeben sei. Die Rechtsfolge besteht somit nicht darin, dass der VA rechtswidrig ist, sondern in dem Nichtlauf von Fristen.

D. Kommunalrecht

Fall 33**

Das Kreuz mit dem Kreuz

Schwerpunkte: Statthaftes Instrument des vorläufigen Rechtsschutzes; Rechtsverletzung eines Organteils einer juristischen Person des öffentlichen Rechts; Begründung der Beteiligtenfähigkeit; Rechtsschutzinteresse; Geltung der Grundrechte bei Wahrnehmung eines Mandats

Seit Oktober 2012 finden die Sitzungen des Kreistags des Landkreises Märkisch-Oderland in dessen Sitzungssaal im neuen Kreishaus in Seelow statt. Auf Initiative der Vorsitzenden des Kreistags, Frau Pia Fromme, und im Einvernehmen mit dem Landrat segneten und weihten ein evangelischer Pastor und ein katholischer Pfarrer diesen Sitzungssaal in einer Feierstunde am 1.10.2012, an der alle Kreistagsabgeordneten teilnahmen. Während der ersten Sitzung des Kreistags im neuen Sitzungssaal am 6.10.2012 war dort kein Kreuz angebracht. Die Vorsitzende des Kreistags ließ anschließend im Einvernehmen mit dem Landrat ein aus allgemeinen Mitteln des Verwaltungshaushalts ohne besondere Beschlussfassung der Kreisgremien finanziertes ca. 50 cm hohes Kreuz neben der Eingangstür an der Rückwand des Sitzungssaals anbringen. **1595**

Zu Beginn der nächsten Sitzung des Kreistags am 27.10.2012 erklärt die Fraktionsvorsitzende der P-Partei, Margeaux Hohn-Äcker (H-Ä), in einer persönlichen Erklärung, dass sie sich durch das Kreuz in ihren religiösen Gefühlen verunsichert und beeinträchtigt fühle und unter dem Kreuz nicht mit der notwendigen Konzentration arbeiten könne. Es müsse möglich sein, so H-Ä, in einem Raum öffentlichen Rechts religiöse Neutralität zu wahren. Sie appelliere daher dringend an die Vorsitzende, vor Eintritt in die Tagesordnung darüber zu entscheiden, ob schon aus Respekt vor Andersgläubigen und Atheisten das Kreuz abgenommen werden könne.

Die Vorsitzende des Kreistags lehnt die Entfernung des Kreuzes ab. Daraufhin verlassen H-Ä und fünf weitere Abgeordnete die Sitzung.

H-Ä wendet sich schriftlich an den Landrat, er möge dafür sorgen, dass das Kreuz entfernt werde. Der Landrat lehnt die Bitte umgehend mit der Begründung ab, die Entfernung des Kreuzes sei Sache des Kreistags; H-Ä solle einen entsprechenden Beschluss herbeiführen.

Am 3.11.2012 erhebt die H-Ä beim Verwaltungsgericht in Frankfurt (Oder) Klage mit dem Antrag, die Vorsitzende des Kreistags zu verpflichten, das Kreuz abhängen zu lassen. Zugleich beantragt sie vorläufigen Rechtsschutz, damit noch vor der nächsten Sitzung des Kreistags im November 2012 das Kreuz entfernt wird.

Wie wird das Verwaltungsgericht über den Eilantrag entscheiden?

Vorüberlegung

1596 Prozessual ist die Frage zu beantworten, welche Form des vorläufigen Rechtschutzes einschlägig ist. Es ist die Frage nach dem Rechtsschutz in der Hauptsache relevant. Materiell bewegen wir uns erstmalig im Kommunalrecht. Die Organstellung eines Kreistagsmitglieds wirkt sich prozessual aus, z.B. bei der Klagebefugnis. Sachlich geht es um die ungestörte Amtsausübung. Bitte denken Sie an die Kruzifixentscheidung des Bundesverfassungsgerichts.

Gliederung

1597 **I. Sachentscheidungsvoraussetzungen des Antrags**
1. Eröffnung des Verwaltungsrechtswegs
2. Statthaftigkeit des Antrags
3. Verfahrensartabhängige Sachentscheidungsvoraussetzungen
   a) Antragsbefugnis
   b) Passive Prozessführungsbefugnis
4. Zuständigkeit des Gerichts
5. Beteiligtenfähigkeit
6. Rechtsschutzinteresse

II. Die Begründetheit des Antrags
1. Anordnungsanspruch
2. Anordnungsgrund
3. Keine Vorwegnahme in der Hauptsache
4. Zwischenergebnis

III. Ergebnis

Lösung

Der Antrag der H-Ä hat Aussicht auf Erfolg, wenn die Antragsvoraussetzungen vorliegen und der Antrag begründet ist.

I. Sachentscheidungsvoraussetzungen des Antrags

1. Eröffnung des Verwaltungsrechtswegs

Die Eröffnung des Verwaltungsrechtswegs richtet sich nach § 40 Abs. 1 Satz 1 VwGO. **1598** Es muss sich um eine öffentlich-rechtliche Streitigkeit nicht verfassungsrechtlicher Art handeln, für die eine abweisende Sonderzuweisung nicht besteht. Öffentlich-rechtlich ist eine Streitigkeit, wenn die streitentscheidenden Normen dem öffentlichen Recht angehören. Eine Norm zählt zum öffentlichen Recht, wenn sie sich ausschließlich an einen Träger öffentlicher Gewalt richtet. Streitentscheidend sind hier die Normen der so genannten inneren Verfassung des Landkreises, §§ 131 f. BbgKVerf. Adressaten dieser Vorschriften sind ausschließlich die Landkreise sowie ihre Organe und Organteile. Landkreise sind im Verwaltungsaufbau Träger öffentlicher Gewalt.

Eine verfassungsrechtliche Streitigkeit liegt offensichtlich nicht vor; eine abdrängende Sonderzuweisung ist nicht ersichtlich.

Der Verwaltungsrechtsweg ist eröffnet.

2. Statthaftigkeit des Antrags

Das Ersuchen um vorläufigen Rechtsschutz könnte als Antrag auf Erlass einer einstwei- **1599** ligen Anordnung nach § 123 Abs. 1 VwGO oder nach § 80 Abs. 5 Satz 1 bzw. § 80a Abs. 3 VwGO statthaft sein. Nach der Regel des § 123 Abs. 5 VwGO kommt eine einstweilige Anordnung nach § 123 Abs. 1 VwGO dann in Betracht, wenn das Verfahren nach §§ 80 Abs. 5, 80a Abs. 3 VwGO nicht einschlägig ist.

Eilverfahren nach §§ 80 Abs. 5, 80a Abs. 3 VwGO setzen einen gegen den Antragsteller **1600** gerichteten Verwaltungsakt voraus, gegen den im Hauptsacheverfahren die Anfechtungsklage statthafte Klageart ist. Hier scheidet ein Verfahren nach § 80 Abs. 5 VwGO aus zwei Gründen aus: Zum einen ist das Entfernen des Kreuzes kein Verwaltungsakt im Sinne von § 35 Satz 1 VwVfG[1], sondern ein Realakt. Zum anderen sind Verwaltungsakte in innerorganisatorischen Streitigkeiten nicht denkbar, da es an dem Merkmal Außenwirkung fehlt.

In Betracht kommt der Antrag auf Erlass einer einstweiligen Anordnung, wenn die **1601** Gefahr besteht, dass durch die Veränderung des bestehenden Zustands Rechte des Antragstellers beeinträchtigt werden könnten – Sicherungsanordnung, § 123 Abs. 1 Satz 1 VwGO, oder wenn eine Regelung eines vorläufigen Zustands in Bezug auf ein streitiges Rechtsverhältnis notwendig ist – Regelungsanordnung, § 123 Abs. 1 Satz 2

1 IVm § 1 Abs. 1 BbgVwVfG.

VwGO. Hier verlangt die Antragstellerin, einen bestehenden Zustand zu verändern, und nicht, einen bestehenden Zustand zu erhalten. In Betracht kommt eine Regelungsanordnung.

1602 Statthaft ist der Eilantrag, wenn das verfolgte Begehren in der Hauptsache statthaft ist. Es handelt sich hier um einen so genannten Kommunalverfassungsstreit. Dieser bildet kein Verfahren sui generis, sondern fügt sich in das System der vorhandenen Klagearten ein. Das statthafte Hauptsacheverfahren könnte eine allgemeine Leistungsklage sein. Eine Verpflichtungsklage kommt hier nicht in Betracht, weil das Begehren der Antragstellerin auf die Vornahme eines Realakts und nicht auf den Erlass eines Rechtsakts gerichtet ist.

Eine Feststellungsklage entfällt wegen ihrer Subsidiarität.

Statthafte Klageart im Hauptsacheverfahren ist die Leistungsklage.

Der Antrag auf Erlass einer Regelungsanordnung ist statthaft.

3. Verfahrensartabhängige Sachentscheidungsvoraussetzungen

a) Antragsbefugnis

1603 Wie die Leistungsklage setzt das entsprechende Eilverfahren die Klagebefugnis voraus. Die Antragstellerin muss möglicherweise in ihren Rechten verletzt sein.

H-Ä könnte sich auf das ihr zustehende Recht auf negative Religionsfreiheit nach Art. 4 GG berufen. Hier ist indes zu berücksichtigen, dass H-Ä nicht als natürliche Person Rechte gegen den Staat geltend macht, sondern als Teil des Organs Kreistag. Es widerspricht der Grundrechtsdogmatik, dass ein Organ oder Organteil einer juristischen Person des öffentlichen Rechts Träger von Grundrechten sein kann.

1604 Fraglich ist ferner, ob innerhalb staatlicher Kollegialorgane überhaupt justiziable Rechtsbeziehungen bestehen. Deren Existenz könnte mit dem Argument verneint werden, dass Rechte und Pflichten immer nur zwischen (juristischen und/oder natürlichen) Personen bestehen und Rechtsbeziehungen innerhalb juristischer Personen nicht denkbar sind. Herrschend ist heute die gegenteilige Auffassung: Werden Organen oder Organteilen juristischer Personen Zuständigkeiten zugewiesen und ist erkennbar, dass diese so genannten Wahrnehmungszuständigkeiten eine rechtlich geschützte Position gegenüber anderen Organen oder Organteilen vermitteln, dann müssen diese Rechtspositionen wehrhaft sein. Anderenfalls sind sie wertlos. Dieses Ergebnis ist ausgeschlossen, weil die Zuständigkeit gerade im Hinblick auf die Gesamtfunktion des (Kollegial-)-Organs verliehen wurde, um eine optimale Willensbildung nach demokratischen Grundsätzen sicherzustellen. In der Folge besitzt ein Organ oder Organteil Rechte.

1605 Die Antragsbefugnis kann nur aus einer wehrhaften Wahrnehmungszuständigkeit hergeleitet werden. Hier geht es um einen Streit innerhalb eines Kollegialorgans, um Rechte der Kreistagsabgeordneten gegenüber der Vorsitzenden des Kreistags. Notwendig ist eine Wahrnehmungszuständigkeit, die Rechte der Kreistagsabgeordneten begründet und mit denen bestimmte Pflichten der Vorsitzenden korrespondieren. Aus §§ 131, 30 Abs. 2 Satz 1 BbgKVerf[2] folgt das Recht der Abgeordneten auf ungehinderte, störungsfreie Ausübung des Mandats. Dem korrespondiert die Pflicht der Vorsitzenden, ordnungsleitende Maßnahmen zu ergreifen, wenn Störungen abzustellen sind, §§ 131, 37 BbgKVerf[3].

Aus diesen Normen lässt sich ein Anspruch jedes Abgeordneten gegen die Vorsitzende herleiten, ungestört verhandeln zu können. Da H-Ä behauptet, durch das Kreuz in der Ausübung ihres Mandats gestört zu werden und diese Störung nicht von vornherein unmöglich erscheint, ist H-Ä antragsbefugt.

b) Passive Prozessführungsbefugnis

Richtige Antragsgegnerin ist die Vorsitzende des Kreistags. **1606**

4. Zuständigkeit des Gerichts

Zuständig ist das Gericht der Hauptsache, also das Verwaltungsgericht Frankfurt **1607**
(Oder).

5. Beteiligtenfähigkeit

H-Ä und die Vorsitzende des Kreistags müssen beteiligtenfähig sein. Auch hier kann **1608**
nicht auf die Beteiligtenfähigkeit natürlicher Personen nach § 61 Nr. 1 VwGO abgestellt werden, weil hier nicht um Rechte natürlicher Personen, sondern um Rechtspositionen von Organteilen gestritten wird. Dementsprechend kommt § 61 Nr. 1 VwGO analog zur Anwendung[4].

6. Rechtsschutzinteresse

Das Rechtsschutzinteresse ist zu verneinen, wenn es einen einfacheren, ebenso effekti- **1609**
ven Weg gibt, das Begehrte zu erreichen. Denkbar wäre hier, dass H-Ä einen Beschluss des Kreistags beantragt, mit dem der Antragsgegnerin aufgegeben wird, das Kreuz zu entfernen. Allerdings kennt die Kommunalverfassung nicht das Recht des Kreistags, der Vorsitzenden sitzungsleitende Vorgaben zu machen. Das Begehrte ist nicht einfacher zu erreichen.

2 *Entspricht:* § 26 LKrO BW; Art. 23 Abs. 2, 42 BayLKrO; §§ 28, 28a HessLKrO; § 107 KV MV; §§ 55, 56 NdsKomVG; § 28 KrO NW; § 157 SaarlKSVG; § 23 LKrO RP; § 31 SächsLKrO; § 31 LKrO LSA; § 27 KrO SH; § 103 ThürKO.

3 *Entspricht:* § 31 LKrO BW; Art. 47 BayLKrO; § 32 HessLKrO iVm § 55 HessGO; § 107 KV MV; § 63 NdsKomVG; § 36 KrO NW; § 31 LKrO RP; §§ 171, 43 SaarlKSVG; § 34 SächsLKrO; § 44 LKrO LSA; § 32 KrO SH; §§ 112, 41 ThürKO.

4 Nr. 2 analog nach *Kopp/Schenke*, aaO, § 61 VwGO Rn. 11.

II. Die Begründetheit das Antrags

Der Antrag ist begründet, wenn H-Ä Anordnungsanspruch sowie -grund glaubhaft gemacht hat.

1. Anordnungsanspruch

1610 Der Anordnungsanspruch ist gegeben, wenn H-Ä nach §§ 131, 30, 37 BbgKVerf gegen die Antragsgegnerin beanspruchen kann, das Kreuz abnehmen zu lassen.

Die Antragsgegnerin muss Anspruchsverpflichtete sein. Ordnungsleitende Maßnahmen sind allein Recht des Vorsitzenden des Kreistags und nicht etwa des Landrats. Der Landrat ist Organ des Landkreises mit einem anderen Zuständigkeitsbereich. Auf die Tätigkeit des Kreistags hat er nur bedingt Einfluss.

§§ 131, 30, 37 BbgKVerf ergeben einen Anspruch des Kreistagsabgeordneten auf ungestörten Ablauf der Sitzungen. Der Anspruch korrespondiert mit der Pflicht des Vorsitzenden, Störungen zu verhindern und selbst zu unterlassen. Er muss durch sitzungsleitende Maßnahmen sicherstellen, dass die Mitglieder des Kreistags ihr Mandat unbeeinträchtigt wahrnehmen können.

1611 Fraglich ist, ob hier eine Beeinträchtigung vorliegt, die eine entsprechende Maßnahme durch die Vorsitzende erfordert. Richtigerweise kann nicht jedes von einem Mitglied als Beeinträchtigung empfundene Factum Schutzmaßnahmen des Vorsitzenden auslösen. Entscheidend ist, dass die Ordnung der Sitzung gestört ist, weil eine Atmosphäre der Ruhe und Sachlichkeit nicht mehr gegeben ist. Im Vordergrund stehen die Funktionsfähigkeit des Kollegialorgans und des Entscheidungsprozesses, nicht die Grundrechte der Beteiligten.

1612 Das Anbringen des Kreuzes gefährdet die Funktionsfähigkeit nicht. H-Ä muss aber eine Einschränkung ihres Grundrechts hinnehmen. H-Ä leitet aus dem Grundrecht auf negative Glaubensfreiheit und dem Gebot staatlicher Neutralität bestimmte Rechte her. Folglich ist zu fragen, ob die Mitglieder eines Kollegialorgans (allein) unselbstständige Teile der staatlichen Verwaltung (reines Innenrecht) oder auch selbstständige Rechtssubjekte sind, die Anspruch auf Einhaltung ihrer Grundrechte haben (Außenrecht). Wie zur Klagebefugnis festgestellt, finden die Grundrechte innerhalb staatlicher Organisationen und ihrer Organteile keine Anwendung. Inwieweit sie dennoch in Innerorganisationsstreitigkeiten heranzuziehen sind, ist die unbeantwortete Frage des Kommunalverfassungsstreits.

1613 Für die Anwendbarkeit der Grundrechte spricht, dass die Leitung des Kollegialorgans nicht nur den Funktionsablauf zu ordnen und sicherzustellen hat, sondern dass ihr auch eine besondere Fürsorgepflicht gegenüber den Abgeordneten obliegt. In diesem Rahmen ist der Vorsitzende des Kollegialorgans gehalten, seine Ordnungsbefugnisse zur Abwehr von Schäden und Beeinträchtigungen einzusetzen. Diese Pflicht muss auch für den Schutz der Grundrechte der Abgeordneten gelten. Der Abgeordnete verliert somit als Rechtssubjekt nicht gänzlich seine Grundrechtssubjektivität. Denn die Grundrechte sind das höchste Recht eines Menschen; er verliert sie nicht vollständig, wenn er als staatliches Organ handelt. Dabei ist aber immer darauf zu achten, dass der Abgeordnete sich nur auf seine Grundrechte als Privatperson berufen kann, wenn die Beeinträchtigung ihn als Abgeordneten in der ungehinderten Ausübung seines Mandats behindert. Den Grundrechten kommt insoweit nur eine die organschaftliche Position verstärkende Funktion zu.

Wird in Innerorganisationsbeziehungen ein Grundrecht verletzt, ohne dass die Verlet- **1614**
zung zu organschaftlichen Störungen führt oder den Funktionsablauf beeinträchtigt, dann muss diese Verletzung im Außenrechtsstreit geführt werden. Der Betroffene tritt dann nicht mehr als Teilorgan auf, sondern als Privatperson. Zu verklagen wäre nicht der Vorsitzende des Kollegialorgans, sondern die Gemeinde/der Kreis als Rechtsträger bzw. der Kreistag als Behörde.

Die Verletzung der H-Ä in ihrem Recht auf negative Religionsfreiheit schränkt ihre **1615**
Fähigkeit ein, das Mandat auszuüben. Damit ist der Ablauf der innerorganisatorischen Willensbildung gestört. Dem könnte entgegengehalten werden, die Beeinträchtigung sei so gering, dass sie kaum zu einer Behinderung führe. Allerdings verletzt nach der Rechtsprechung des Bundesverfassungsgerichts bereits ein kleines Kruzifix im Schulzimmer die negative Glaubensfreiheit. In der Folge dieser Judikatur ist hier eine erhebliche, die Funktionsfähigkeit der Sitzungen behindernde Störung anzunehmen.

Der Antragstellerin könnte entgegenhalten werden, sie habe ihr Recht verwirkt, da sie bei der Segnung des Sitzungssaals anwesend war und keine Einwendungen vorbrachte. Dieser Akt fand jedoch nicht im Rahmen einer Sitzung statt, die der Beratung und Beschlussfassung diente, sondern im Rahmen einer Feier. Es fehlt an einem widersprüchlichen Verhalten der Antragstellerin.

Im Ergebnis ist festzuhalten, dass die Antragstellerin gegen die Antragsgegnerin einen Anspruch auf Entfernung des Kreuzes hat. Der Regelungsanspruch ist gegeben.

2. Anordnungsgrund

Der Anordnungsgrund ist gegeben, wenn Eilbedürftigkeit vorliegt: also Gefahr besteht, **1616**
dass durch Zeitablauf die Rechte des Antragstellers beeinträchtigt werden.

Hier ist maßgebend, dass die nächste Sitzung des Kreistags bereits im November stattfinden soll. Bis zu diesem Zeitpunkt ist mit einer rechtskräftigen Entscheidung in der Hauptsache nicht zu rechnen. Der Antragstellerin ist nicht zumutbar, bis zu einer solchen Entscheidung ihre Mitgliedschaftsrechte im Kreistag nur unter unzulässigen Einschränkungen wahrzunehmen.

Ein Anordnungsgrund ist damit gegeben.

3. Keine Vorwegnahme der Hauptsache

1617 Grundsätzlich soll eine einstweilige Anordnung keine vollendeten Tatsachen schaffen, da nur eine summarische Prüfung der Tatsachen stattfindet und die Entscheidung sich im Wesentlichen auf vom Antragsteller glaubhaft gemachte Tatsachen stützt. Die Gefahr besteht hier nicht; das Kreuz kann bei Abänderung der Entscheidung im Hauptsacheverfahren wieder angebracht werden.

4. Zwischenergebnis

Der Antrag ist begründet.

III. Ergebnis

Der Antrag der H-Ä hat Erfolg. Das Verwaltungsgericht wird der Antragsgegnerin in einer einstweiligen Anordnung aufgeben, dass Kreuz entfernen zu lassen.

Vertiefungshinweise: Fall nach VG Darmstadt, NJW 2003, 455; Bestätigung der Entscheidung durch HessVGH, NJW 2003, 2471.

Repetitorium

Die Gemeindevertretung

1618 Die Gemeindevertretung (Gemeinderat) ist die zentrale Führungsinstanz der Gemeinde. Die Gemeindevertretung ist Teil der vollziehenden Gewalt. Die Gemeindevertretung ist in der Regel das Organ der Meinungsbildung innerhalb der Gemeinde. Die Zuständigkeit regelt sich nach dem jeweiligen Landesrecht. Es können Regelvermutungen bestehen (z.B. § 41 GO NRW). Einige Länder bestimmen die Zuständigkeit der Gemeindevertretung in einer katalogartigen Aufzählung (vgl. z.B. § 28 BbgKVerf).

Die Mitglieder der Gemeindevertretung – die Gemeindevertreter – werden im Rahmen der Kommunalwahl von den Bürgern der Gemeinde gewählt, soweit die sich zur Wahl stellenden Personen nicht von der Wahl ausgeschlossen sind (Inkompatibilität – Bsp. Beamte oder Angestellte der Gemeinde).

1. Rechte und Pflichten der Gemeindevertreter

1619 Die gewählten Ratsmitglieder haben umfassende Mitwirkungsrechte bei der Beratung und Entscheidung der Gemeindevertretung. Es besteht ein Recht auf gleichberechtigte Mitwirkung[5]. Zu den Mitwirkungsrechten gehört auch ein umfassendes Informationsrecht[6], z.B. gegenüber dem Vorsitzenden der Gemeindevertretung oder dem Bürgermeister.

---

5 OVG NW, NWVBl 1992, 20, 21.

6 Vgl. *Tettinger/Erbguth/Mann*, BesVerwR, Rn. 136.

Diesen sehr weitgehenden Rechten stehen aber mehrere Pflichten gegenüber. Wichtig sind hier z.B. die Verschwiegenheits- und die Treuepflicht. Zu beachten ist ebenfalls die Bindung an das geltende Recht. **1620**

Von großer Bedeutung ist der Grundsatz der Unbefangenheit. Der jeweilige Gemeindevertreter hat die Pflicht, seine Entscheidungen nicht aufgrund individueller Sonderinteressen zu treffen. Um dieses zu gewährleisten, bestehen in der Regel gesetzliche Befangenheitsvorschriften und Mitwirkungsverbote. **1621**

Ein Gemeindevertreter ist von der Mitwirkung an der Beratung und Entscheidung einer gemeindlichen Angelegenheit ausgeschlossen, wenn die Entscheidung in der Sache ihm selbst, einem seiner Angehörigen oder einer von ihm kraft Gesetzes oder kraft Vollmacht vertretenen natürlichen oder juristischen Person einen unmittelbaren Vorteil oder Nachteil bringen kann. Das Mitwirkungsverbot kann auch für Gemeindevertreter, die bei der vom Vor- oder Nachteil betroffenen natürlichen oder juristischen Personen gegen Entgelt beschäftigt sind und bei denen ein Interessenwiderstreit zu vermuten ist, bestehen. Als befangen gelten weiterhin Gemeindevertreter, die zugleich Vertreter von Leitungsorganen juristischer Personen oder Vereinigungen sind, die durch die Entscheidung Vor- oder Nachteile erlangen könnten, es sei denn, der Gemeindevertreter ist auf Vorschlag der Gemeinde selbst Mitglied des Leitungsorgans. **1622**

All diese Beispiele spiegeln Situationen wider, in denen es zu Interessenskonflikten zwischen denen des Gemeindevertreters als Vertreter der Bürger und denen des Gemeindevertreters als Privatperson kommen kann. Zu erwarten ist jedoch, dass die Gemeindevertreter unvoreingenommen entscheiden, um Vertrauen der Bürger in die Unvoreingenommenheit zu begründen und zu erhalten. Bereits die hinreichende Wahrscheinlichkeit eines Interessenkonflikts – die bestehende Möglichkeit eines Vorteils für den Gemeindevertreter – begründet ein Mitwirkungsverbot[7]. Umfasst sind sowohl Vermögensinteressen als auch ideelle Interessen. **1623**

Die Vorteile für Gemeindevertreter müssen „unmittelbar" entstehen. Wann die „Unmittelbarkeit" eintritt, ist umstritten[8]. **1624**

Befangene Gemeindevertreter haben die Pflicht, ihre Befangenheit zu offenbaren. Sie sind von der Beschlussfassung auszuschließen. **1625**

Die Beteiligung eines befangenen Gemeindevertreters an einer Beschlussfassung führt grundsätzlich zur Unwirksamkeit des Beschlusses; in Brandenburg nur, wenn die Mitwirkung des befangenen Gemeindevertreters für das Abstimmungsergebnis entscheidend war. Nach herrschender Auffassung ist dies dann der Fall, wenn ohne die Stimmabgabe des befangenen Gemeindevertreters ein anderes Abstimmungsergebnis erzielt worden wäre[9]. **1626**

7 VGH BW, NVwZ-RR 1993, 504 f.

8 Vgl. hierzu näher *Schumacher*, in: Schumacher u.a. (Hrsg.), Kommunalverfassungsrecht Brandenburg, 2010, § 22 BbgKVerf, Ziffer 4.5.

9 Vgl. hierzu näher *Schumacher*, in: Schumacher u.a. (Hrsg.), Kommunalverfassungsrecht Brandenburg, 2010, § 22 BbgKVerf, Ziffer 9.5.

2. Sitzung der Gemeindevertretung

Die Sitzung der Gemeindevertretung entspricht in der Regel dem gesetzlichen Prozedere.

1627 Zunächst ist der Rat einzuberufen. Hier sind im Regelfall bestimmte Fristen einzuhalten. Im Vorhinein ist die Tagesordnung festzusetzen. Während der Sitzung selbst kann diese aufgrund eines Initiativrechts erweitert werden.

1628 Zu beachten ist die Sitzungsöffentlichkeit. Jeder Bürger muss die Möglichkeit haben, Kenntnis von Ort und Zeit der Sitzung zu erlangen. Freier Zutritt ist zu gewähren (Ausnahme: besondere Gründe für nicht öffentliche Sitzung).

1629 Vor Fassung eines Beschlusses durch die Gemeindevertretung muss deren Beschlussfähigkeit festgestellt werden.

Genauere Regelungen sind den jeweiligen Landesgesetzen zu entnehmen.

Fall 34***

Der Absturz des Dynamikers

Schwerpunkte: Herleitung von innerorganisatorischen Rechten in selbstständigen Verwaltungsorganisationen; Selbstverwaltungsgarantie; Innenrechtsverhältnisse; Innerorganisationsakte; Kommunalverfassungsstreit

Bürgermeister Dr. Jürgen Kies (K) der brandenburgischen Stadt Kranzdorf (Stadt K) ist ein Dynamiker. Er will den in der Gemeinde tätigen Wirtschaftsunternehmen zum Aufschwung verhelfen und die Entscheidungsprozesse sowie Verwaltungsabläufe beschleunigen. K unterstützt den gleichgesinnten Vorsitzenden der Stadtverordnetenversammlung Horst Sondermann (S) in der Vorbereitung der nächsten Sitzung der Stadtverordnetenversammlung (StVV). S lädt am 18.9.2011 ordnungsgemäß – unter Einhaltung der 7-tägigen Ladungsfrist – zum 30.9.2011 zu einer Sitzung der Gemeindevertretung ein und verschickt die Tagesordnung mit allen notwendigen Unterlagen an ihre Mitglieder. **1630**

Das im Gemeindegebiet tätige Unternehmen „Energie – Kompetenzzentrum für Nachhaltigkeit“ hat vor zwei Jahren mit der Gemeinde einen Konzessionsvertrag über die Nutzung der kommunalen Einrichtungen abgeschlossen. Es wünscht die Änderung dieses Vertrags, um innovative Projekte zu realisieren. Am 28.9.2011 stellt der Geschäftsführer der „Energie“ einen Antrag bei dem Bürgermeister auf Änderung des Konzessionsvertrags. K will die Sache schnell „in trockene Tücher bringen“, damit der innovative Geist sich in den Weiten Brandenburgs nicht in Luft auflöst. Noch am selben Tag berät sich K mit S. Beide kommen überein, dass K eine Beschlussvorlage zur Änderung des Konzessionsvertrags in der nächsten Sitzung der Stadtverordnetenversammlung am 30.9.2011 als Eilvorlage (auch Tischvorlage genannt) einreicht.

In der Sitzung am 30.9.2011 erhalten die Stadtverordneten den mit einer kurzen Begründung versehenen Text der Beschlussvorlage zur Änderung des Konzessionsvertrags. In dessen Neufassung finden sich umfangreiche neue Passagen, ohne dass auf den ersten Blick ersichtlich ist, welche Vereinbarungen des Vertrags geändert werden sollen. Die ursprüngliche Fassung des mit der „Energie“ abgeschlossenen Vertrags liegt der Beschlussvorlage nicht bei.

Als S zu Beginn der Sitzung unter Punkt 1 die Feststellung der Tagesordnung aufruft, beantragt K die Erweiterung der Tagesordnung um den Punkt „Beschlussfassung zur Änderung des Konzessionsvertrags mit dem Unternehmen ‚Energie‘“. Zur Begründung führt er aus, die Belebung der wirtschaftlichen Aktivitäten im Gemeindegebiet mache es erforderlich, die Entscheidungsprozesse in den kommunalen Gremien zu beschleunigen. Die nächste Sitzung nach den Sommerferien käme zu spät. Die unverzügliche Entscheidung sei notwendig, ansonsten müsse eine außerordentliche Sitzung einberufen werden; zusätzliche Kosten für die Gemeinde und verwaltungstechnischer Aufwand seien erforderlich.

Der kleinkarierte Stadtverordnete Donatus Funke-Morgenrot protestiert und beantragt, die Angelegenheit zu vertagen. Mit der Tischvorlage wolle man die Stadtverordneten „über den Tisch ziehen". Er benötige einige Tage Zeit, um sich mit der Problematik zu beschäftigen. Im Übrigen brauche er noch Unterlagen, insbesondere den Konzessionsvertrag mit „Energie", um sich ein Bild von dem Problem zu machen. Der Antrag wird mehrheitlich abgelehnt. Stattdessen findet in der anschließenden Abstimmung der Antrag des K über die Erweiterung der Tagesordnung trotz der Einwände die notwendige Mehrheit der anwesenden Stadtverordneten.

In der Aussprache über die Beschlussvorlage zur Änderung des Konzessionsvertrags rügt Funke-Morgenrot abermals, das Verfahren mittels Tischvorlage sei unrechtmäßig. S fordert ihn auf, ausschließlich zur Sache zu sprechen. Er fügt hinzu, dass Funke-Morgenrot nicht ernsthaft ein Problem in der Eilvorlage sehen könne; solche Vorlagen seien heutzutage gängige Praxis. Funke-Morgenrot meint, er dürfe auf die Rechtswidrigkeit des Verfahrens hinweisen, schließlich herrsche Meinungsfreiheit. Darauf entzieht S ihm das Wort.

Erwartungsgemäß findet die Beschlussvorlage zur Änderung des Konzessionsvertrags Zustimmung.

Funke-Morgenrot ist empört. Er sucht seinen Rechtsanwalt Dr. Justus auf und trägt ihm den Ablauf der Sitzung vor. Er sehe sich durch das Verfahren der Erweiterung der Tagesordnung und durch das erteilte „Redeverbot" in seinen Rechten als Stadtverordneter verletzt. Die rechtswidrige Erweiterung der Tagesordnung verletze auch den Grundsatz der Öffentlichkeit. Damit in Zukunft eine solch autoritäre Schlamperei nicht mehr stattfindet, möchte er die Maßnahmen gerichtlich überprüfen lassen. Hätte eine Klage vor dem zuständigen Verwaltungsgericht Erfolg?

Erstellen Sie das Gutachten des Rechtsanwalts zu den angesprochenen Rechtsproblemen.

Bearbeitervermerk: Auszug aus der Geschäftsordnung der StVV der Stadt K:

§ 7: (1) Der Vorsitzende der StVV beruft die Sitzungen der StVV ein. Die Ladung muss den Mitgliedern mindestens sieben volle Tage vor dem Sitzungstag zugehen.

(2) In besonders dringenden Fällen kann die Ladungsfrist auf drei volle Tage vor dem Sitzungstag abgekürzt werden. Die Dringlichkeit ist in der Einladung zu begründen.

(3) Die Stadtverordnetenversammlung kann auf Antrag zu Beginn ihrer Sitzung zusätzliche Angelegenheiten in die Tagesordnung aufnehmen, wenn es sich um eine Angelegenheit handelt, die keinen Aufschub duldet. Die Aufnahme eines zusätzlichen Tagesordnungspunkts erfolgt durch Beschluss. Für die Aufnahme genügt die Mehrheit der anwesenden Gemeindevertreter.

Vorüberlegung

Es geht um die Rechte von Mitgliedern der kommunalen Vertretungsorgane. Diese sind übereinstimmend in den einschlägigen Landesgesetzen normiert. Formale Dinge enthält der Bearbeitervermerk. Wie im Fall zuvor wirkt sich die Organstellung prozessual aus. **1631**

Gliederung

I. Sachentscheidungsvoraussetzungen **1632**

1. Eröffnung des Verwaltungsrechtswegs
2. Statthafte Klageart
3. Verfahrensartabhängige Sachentscheidungsvoraussetzungen
   a) Feststellungsinteresse
   b) Subsidiarität
   c) Klagebefugnis
   d) Klagegegner
4. Beteiligtenfähigkeit
5. Rechtsschutzbedürfnis
6. Ergebnis

II. Die Begründetheit der Klage

1. Rechtsgrundlage
2. Formelle Rechtmäßigkeit
3. Materielle Rechtmäßigkeit
   a) Erweiterung der Tagesordnung
      aa) Recht auf Sitzungsöffentlichkeit
      bb) Organrecht auf ausreichende und rechtzeitige Information
   b) Redeverbot
4. Ergebnis

Lösung

Eine Klage gegen die Aufnahme einer zusätzlichen Angelegenheit in die Tagesordnung und das Redeverbot hat Erfolg, wenn sie zulässig und begründet ist.

I. Sachentscheidungsvoraussetzungen

1. Eröffnung des Verwaltungsrechtswegs

1633 Die Eröffnung des Verwaltungsrechtswegs richtet sich nach § 40 Abs. 1 Satz 1 VwGO. Die streitentscheidende Norm muss zum öffentlichen Recht zählen. F-M streitet mit dem Vorsitzenden der StVV über die Rechtsfolgen aus der Anwendung von Normen des Kommunalverfassungsrechts, insbesondere der Vorschriften der Kommunalverfassung und der Geschäftsordnung. Diese Vorschriften berechtigen und verpflichten ausschließlich Träger öffentlicher Gewalt. Sie sind nach der modifizierten Subjektstheorie öffentlich-rechtlicher Natur. Eine verfassungsrechtliche Streitigkeit ist offensichtlich nicht gegeben. Eine abdrängende Sonderzuweisung fehlt.

Die Voraussetzungen des § 40 Abs. 1 Satz 1 VwGO liegen vor. Der Verwaltungsrechtsweg ist eröffnet.

2. Statthafte Klageart

1634 F-M begehrt die Überprüfung, dass die Erweiterung der Tagesordnung durch die Stadtverordnetenversammlung und das vom Vorsitzenden der Gemeindevertretung erteilte Redeverbot rechtswidrig waren, wodurch seine Rechte als Gemeindevertreter verletzt wurden.

Es handelt sich um einen Kommunalverfassungsstreit. Darunter ist eine gerichtliche Auseinandersetzung zwischen verschiedenen Organen (*Inter*organstreit) oder innerhalb eines Kollegialorgans (*Intra*organstreit) über die Rechtmäßigkeit des organschaftlichen Funktionsablaufs zu verstehen. Hier will F-M als Stadtverordneter gegen die Stadtverordnetenversammlung als Kollegialorgan bzw. den Vorsitzenden vorgehen.

1635 Der Kommunalverfassungsstreit ist kein eigenständiges Institut des Verwaltungsprozessrechts, sondern richtet sich nach den Verfahrensregeln der VwGO.

Fraglich ist, ob die Anfechtungsklage die richtige Klageart ist. Das wäre der Fall, wenn der Beschluss über die Erweiterung der Tagesordnung und das dem F-M erteilte Redeverbot Verwaltungsakte wären. Der Beschluss zur Erweiterung der Tagesordnung und das Redeverbot müssen die Voraussetzungen des § 35 Satz 1 VwVfG[1] erfüllen. Sie müssen hoheitliche Maßnahme einer Behörde sein. Angesichts des weiten Behördenbegriffs, von dem § 1 Abs. 2 BbgVwVfG ausgeht, dürften hinsichtlich der Behördeneigenschaft keine Bedenken bestehen. Eine hoheitliche Maßnahme, die in einem Über- und Unterordnungsverhältnis ergeht, ist auch insoweit unproblematisch, als ein Organ oder

1 IVm § 1 Abs. 1 BbgVwVfG.

Organteil (Vorsitzender der StVV) gegenüber anderen Organen oder Organteilen (Stadtverordneter) zu einseitigen Regelungen wie die Erteilung eines Redeverbots befugt ist. Derartigen Beschlüssen fehlt aber die Außenwirkung. Sie sind keine Verwaltungsakte. Die Anfechtungsklage ist nicht statthaft.

Eine Leistungsklage mit dem Antrag, die StVV möge den Beschluss aufheben, entfällt, da sich mit der Abstimmung über die erweiterte Tagesordnung die Angelegenheit erledigt hat.

Statthafte Klageart könnte die Feststellungsklage nach § 43 Abs. 1 VwGO sein. Voraus- **1636** setzung für eine Feststellungsklage ist ein zwischen den Parteien bestehendes Rechtsverhältnis. Unter einem Rechtsverhältnis sind die sich aus einem konkreten Sachverhalt aufgrund einer Rechtsnorm des öffentlichen Rechts ergebenden rechtlichen Beziehungen einer Person zu einer anderen Person oder zu einer Sache zu verstehen.

Fraglich ist, ob es sich überhaupt um einen Streit zwischen Personen handelt, da der **1637** Kläger als Stadtverordneter ein Teil des Organs StVV ist und die StVV ein Organ der Körperschaft „Stadt K" ist. Mit der heute überholten Impermeabilitätstheorie wurde vertreten, es könne einen Innenrechtsstreit nicht geben, da es innerhalb einer juristischen Person keine klagefähigen subjektiven Rechte gebe. Mittlerweile ist jedoch anerkannt, dass der Zuweisung von Kompetenzen wehrfähige subjektive Recht korrespondieren, die gerichtlich durchgesetzt werden können. Für diese so genannte beschränkte Innenrechtssubjektivität spricht, dass die Auslegung der die Organkompetenz begründenden objektiv-rechtlichen Normen zusätzlich eine inneradministrative Gewaltenteilung nicht nur im Interesse der Kommune als solcher, sondern auch im Interesse subjektiv-rechtlicher schutzwürdiger Kontrastorgane erkennen lässt, denen jeweils ein selbstständiger, eigenständiger Anteil an der innerkommunalen Entscheidungsbildung zugeordnet sein soll. Mithin gilt: Wenn schon einem Organ Zuständigkeiten und Mitwirkungsrechte zugewiesen sind, dann müssen diese Rechte auch bei Verletzung wehrfähig sein und ein gerichtlich überprüfbares Rechtsverhältnis begründen.

F-M sind als Gemeindevertreter nach § 30 BbgKVerf[2] Mitgliedschaftsrechte zugewiesen. Er hat das Recht auf ausreichende und rechtzeitige Information vor Beratung und Entscheidung über Angelegenheiten in der StVV sowie das Rederecht. Diese Mitwirkungsrechte sind wehrfähige Rechtspositionen. Im Ergebnis gibt es ein Rechtsverhältnis zwischen den Gemeindevertretern und der Gemeindevertretung bzw. deren Vorsitzenden, innerhalb dessen Rechte und Pflichten bestehen. F-M geht es darum, festgestellt zu wissen, dass seine Organrechte verletzt werden.

Die Feststellungsklage ist statthafte Klageart.

2 *Entspricht:* § 32 GO BW, § 11 BerlBezirksverwaltungsordnung; § 22 VerfBrhv; §§ 35, 35a HessGO; § 23 KV MV; § 56 NdsKomVG; § 43 GO NW; § 30 GO RP; §§ 27, 35 SächsGO; § 42 GO LSA; § 32 GO SH; §§ 22, 24 ThürKO.

3. Verfahrensartabhängige Sachentscheidungsvoraussetzungen

a) Feststellungsinteresse

1638 Der Kläger muss ein Interesse an der Klärung der Rechtsfrage geltend machen. Gemeint ist damit ein schutzwürdiges Interesse rechtlicher, wirtschaftlicher oder ideeller Art. F-M macht ein Recht an der Beachtung seiner Mitwirkungsrechte durch die StVV geltend. Ferner besteht Wiederholungsgefahr, wenn die Frage gerichtlich ungeklärt bleibt. Das Feststellungsinteresse liegt vor.

b) Subsidiarität

1639 Die Subsidiarität der Feststellungsklage nach § 43 Abs. 2 Satz 1 VwGO gilt im Kommunalverfassungsstreit nicht. Bei Klagen von Organen darf erwartet werden, dass sich der unterliegende Teil auch ohne Vollstreckungsmaßnahmen einem Feststellungsurteil beugen wird.

c) Klagebefugnis

1640 Umstritten ist, ob neben dem Bestehen eines Rechtsverhältnisses der Kläger nach § 42 Abs. 2 VwGO analog klagebefugt sein muss.

Für eine analoge Anwendung des § 42 Abs. 2 VwGO soll die Abwehr der unzulässigen Popularklage sprechen. Diesem Argument wird seine Bedeutung mit dem Hinweis abgesprochen, neben dem Feststellungsinteresse sei kein Raum für die Klagebefugnis. Dem ist zu widersprechen, weil das Rechtsverhältnis, dessen Bestehen oder Nichtbestehen nach § 43 VwGO Gegenstand einer Feststellungsklage ist, nicht zwingend zwischen dem Kläger und dem Beklagten bestehen muss. Durch die (weitere) Voraussetzung Klagebefugnis wird der Anwendungsbereich der verwaltungsprozessualen Feststellungsklage auf die Prozessbeteiligten beschränkt.

Hier kann die Entscheidung des Streits unterbleiben, da F-M eine Verletzung seines organschaftlichen Mitwirkungsrechts[3] geltend macht und deshalb klagebefugt ist. (Die Klagebefugnis kann nicht auf Grundrechte gestützt werden, weil diese im staatlichen Innenbereich keine Wirkung entfalten; F-M klagt nicht als natürliche Person, sondern als Mitglied eines Kollegialorgans.)

d) Klagegegner

1641 Die Klage ist gegen das Organ oder Teilorgan zu richten, das die Rechtsverletzung begangen hat: wegen der Erweiterung der Tagesordnung gegen die Stadtverordnetenversammlung (StVV) und wegen des Redeverbots gegen den Vorsitzenden der StVV.

---

3 Bereits an dieser Stelle kann geprüft werden, ob sich F-M auf die Einhaltung der Sitzungsöffentlichkeit berufen kann. Ob diese im Sinne der Schutznormtheorie „drittschützend" zugunsten des Gemeindevertreters ist, ist umstritten, vgl. unten Rn. 1649 ff.

Das Rechtsträgerprinzip des § 78 VwGO findet keine Anwendung, da es sich nicht um eine Anfechtungs- oder Verpflichtungsklage handelt.

4. Beteiligtenfähigkeit

F-M macht Rechte geltend, die sich aus seiner Stellung als Mitglied eines Kollegialorgans ergeben. Daher kommt für die Beantwortung der Frage nach der Beteiligtenfähigkeit des F-M § 61 Nr. 1 VwGO nicht in Betracht; diese Norm findet Anwendung, wenn ein Organwalter Individualrechte als natürliche Person geltend macht. Die Beteiligtenfähigkeit des F-M ergibt sich aus § 61 Nr. 1 VwGO analog[4]. **1642**

5. Rechtsschutzbedürfnis

Das Rechtsschutzbedürfnis ist gegeben, wenn die Rechtsverletzung des Klägers mittels der allgemeinen Feststellungsklage aufgehoben werden kann. Die gerichtliche Feststellung der Rechtswidrigkeit der Erweiterung der Tagesordnung beugt der Wiederholungsgefahr vor. Die Möglichkeit, die Rechtsaufsichtsbehörde einzuschalten, schließt das Rechtsschutzbedürfnis nicht aus. **1643**

6. Ergebnis

Die Klage des F-M ist zulässig.

II. Die Begründetheit der Klage

Die Klage des F-M ist begründet, wenn die Aufnahme des zusätzlichen Tagesordnungspunkts und das erteilte Redeverbot rechtswidrig waren und er dadurch in seinen Mitwirkungsrechten als Gemeindevertreter verletzt ist. **1644**

1. Rechtsgrundlage

Rechtsgrundlage für die Aufnahme der Änderung des Konzessionsvertrags in die Tagesordnung ist § 35 Abs. 2 BbgKVerf[5] iVm § 7 Abs. 3 Geschäftsordnung der Stadtverordnetenversammlung der Stadt K. Von der Gesetzmäßigkeit des § 7 Abs. 3 der Geschäftsordnung ist auszugehen; die Vorschrift wiederholt den Wortlaut des § 35 Abs. 2 BbgKVerf. **1645**

2. Formelle Rechtmäßigkeit

Die Zuständigkeit der Stadtverordnetenversammlung für einen Beschluss zur Erweiterung der Tagesordnung ergibt sich aus § 35 Abs. 2 BbgKVerf iVm § 7 Abs. 4 Geschäftsordnung. Der Antrag wird mit Mehrheit der anwesenden Gemeindevertreter angenommen. Das ist alles so geschehen. **1646**

---

4 Eher nicht § 61 Nr. 2 analog – vgl. *Kopp/Schenke*, aaO, § 61 VwGO Rn. 1.

5 *Entspricht:* § 34 GO BW; Art. 46 Abs. 2 BayGO; § 23 Abs. 3 VerfBrhv; § 58 Abs. 5 HessGO; § 29 Abs. 1 KV MV; § 59 Abs. 3 NdsKomVG; § 48 GO NW; § 34 GO RP; § 41 SaarlKSVG; § 36 SächsGO; § 51 Abs. 4 GO LSA; § 34 GO SH; § 35 ThürKO.

3. Materielle Rechtmäßigkeit

a) Erweiterung der Tagesordnung

1647 Der Beschluss über die Aufnahme einer neuen Angelegenheit in die Tagesordnung muss rechtmäßig sein. Das ist der Fall, wenn die Tagesordnung um die Beschlussfassung betreffend die Änderung des Konzessionsvertrags mit dem Unternehmen „Energie“ hätte erweitert werden dürfen.

§ 35 Abs. 2 BbgKVerf und § 7 Abs. 3 Geschäftsordnung sehen vor, dass die Stadtverordnetenversammlung zu Beginn ihrer Sitzung auf Antrag zusätzliche Angelegenheiten in die Tagesordnung aufnehmen kann, wenn es sich um eine Angelegenheit handelt, die keinen Aufschub duldet. Die Änderung des Konzessionsvertrags dürfte keinen Aufschub dulden.

1648 Eine Angelegenheit duldet keinen Aufschub, wenn ihre Beratung und Entscheidung nicht bis zur nächsten Ratssitzung aufgeschoben werden kann, ohne dass Nachteile eintreten, die nicht wieder rückgängig gemacht werden können. Die Nachteile müssen für die Gemeinde entstehen. Nachteil sind nicht die Kosten einer Sondersitzung oder höherer Verwaltungsaufwand. Begründeten die höheren Kosten einer Sondersitzung bereits einen Nachteil, wäre eine Eilvorlage immer zulässig und es gäbe keinen Grund, Sondersitzungen gesetzlich vorzusehen.

Das Argument „gängige Praxis“ greift nicht, da eine rechtswidrige Praxis rechtswidrig bleibt.

Ein unabwendbarer Nachteil für K ist nicht ersichtlich. Der Beschluss betreffend die Eilvorlage ist rechtswidrig. F-M begehrt aber die Feststellung, dass er in seinen Rechten als Gemeindevertreter verletzt ist.

Der Beschluss muss folglich ein organschaftliches Recht des F-M verletzen.

aa) Recht auf Sitzungsöffentlichkeit

1649 § 35 Abs. 2 Satz 2 BbgKVerf ergibt, dass eine unzulässige Erweiterung der Tagesordnung den Grundsatz der Öffentlichkeit der Sitzung nach § 36 BbgKVerf[6] verletzt. Fraglich ist, ob dieser Grundsatz für den einzelnen Gemeindevertreter wehrfähige Rechtspositionen enthält.

Grundsätzlich dient der in § 36 BbgKVerf normierte Grundsatz der Öffentlichkeit allein dem Interesse der Allgemeinheit. Er entspricht dem Demokratieprinzip nach Art. 20 Abs. 1 GG, das auch die Gemeinden nach Art. 28 Abs. 2 GG beachten müssen. Mit der Öffentlichkeit der Sitzung der Stadtverordnetenversammlung soll das kommunalpolitische Interesse der Einwohner geweckt und die bürgerliche Selbstverwaltung gestärkt werden.

---

6 *Entspricht:* § 35 GO BW; Art. 52 BayGO; § 24 VerfBrhv; § 52 HessGO; § 29 Abs. 5 KV MV; § 59 Abs. 3 Satz 5 NdsKomVG; § 48 GO NW; § 35 GO RP; § 40 SaarlKSVG; § 37 SächsGO; § 50 Abs. 4 GO LSA; § 35 GO SH; § 40 ThürKO.

Die neuere Rechtsprechung gibt auch Fraktionen und Ratsmitgliedern einen eigenen Anspruch auf Wahrung des Grundsatzes der Sitzungsöffentlichkeit. Dem Grundsatz werden wehrfähige Organrechte entnommen wie: Aufnahme eines von einer Fraktion vorgeschlagenen Tagesordnungspunkts in die Tagesordnung, soweit der Vorschlag die formalen Voraussetzungen erfüllt; das Recht, die eigene Auffassung öffentlich darzustellen. **1650**

Hier wurde öffentlich verhandelt. Der Grundsatz der Öffentlichkeit wurde indes verletzt, weil interessierte Bürger keine Kenntnis über die Beratung des Tagesordnungspunkts erhalten konnten. Ferner wurde das aus dem Grundsatz der Sitzungsöffentlichkeit hergeleitete Organrecht des F-M als Gemeindevertreter verletzt, weil ihm die Möglichkeit genommen wurde, seinen Standpunkt zu dem Beschlussgegenstand öffentlich darzulegen. Dieses grundsätzliche Organrecht auf öffentliche Meinungsdarstellung ist insoweit wehrfähig, als F-M bei der Willensbildung und Entscheidungsfindung in der StVV mitwirkt. Es liegt eine Verletzung des Rechts auf Öffentlichkeit der Sitzung vor. F-M ist in diesem Recht verletzt. **1651**

bb) Organrecht auf ausreichende und rechtzeitige Information

Die Erweiterung der Tagesordnung könnte F-M in seinem organschaftlichen Recht auf ausreichende und rechtzeitige Information vor Beratung und Entscheidung nach § 30 BbgKVerf verletzten. Dieses Recht darf nur in dringenden Fällen eingeschränkt werden. Das Mitgliedschaftsrecht des F-M ist schon dadurch verletzt, dass die Eilvorlage mit einer kurzen allgemeinen Begründung versehen wurde, Gründe für die Dringlichkeit der Beschlussvorlage hingegen fehlten. Nach § 7 Abs. 3 Geschäftsordnung darf die Ladungsfrist in besonders dringenden Fällen auf drei volle Tage vor der Sitzung abgekürzt werden. Die Dringlichkeit ist jedoch zu begründen. Umso mehr bedarf die Dringlichkeit einer Tischvorlage einer Begründung, weil die Stadtverordneten keine Zeit haben, sich mit der Problematik der Eilvorlage hinreichend zu beschäftigen. Diese Voraussetzung wurde nicht erfüllt. **1652**

Das Recht des F-M auf ausreichende und rechtzeitige Information könnte ferner verletzt sein, weil der Vorlage keine vollständigen Unterlagen beigefügt wurden. Nach § 30 BbgKVerf haben die Gemeindevertreter ihr Amt nach dem Gesetz und nach ihrer freien, dem Gemeinwohl verpflichteten Überzeugung auszuüben. Um dieser Pflicht nachkommen zu können, bedürfen sie einer angemessenen, sachgerechten, umfassenden und rechtzeitigen Information über den Beratungsgegenstand. Sie umfasst alle Unterlagen, die zur Bildung einer Meinung über den Beratungsgegenstand notwendig sind. Maßgeblich sind Inhalt und Bedeutung der zu entscheidenden Problematik. **1653**

F-M und andere Stadtverordnete haben als Anlage zu der Eilvorlage lediglich den geänderten Konzessionsvertrag ohne die ursprüngliche Fassung des Vertrags erhalten. Die Neufassung des Vertrags enthielt umfangreiche neue Passagen; auf den ersten Blick war nicht ersichtlich, welche Vereinbarungen des Vertrags geändert werden sollten. Angesichts der Komplexität der durch den Konzessionsvertrag geregelten Materie **1654** sowie einer möglichen finanziellen Bedeutung des Vertrags und seiner Ausgestaltung für die Stadt K waren die Unterlagen nicht ausreichend, um einen wertenden Vergleich der Änderungen mit der Originalfassung des Vertrags vorzunehmen und sich eine Meinung zu bilden. Das Recht des F-M auf ausreichende und rechtzeitige Information wurde verletzt.

b) Redeverbot

1655 Das Rederecht in der Gemeindevertretung ergibt sich aus den Statusrechten des Gemeindevertreters nach § 30 BbgKVerf. Es gehört zu den wichtigsten Mitwirkungsrechten des Gemeindevertreters und ermöglicht erst die Ausübung des Stadtverordnetenmandats. (Zwar beruft sich F-M auf die Meinungsfreiheit nach Art. 5 Abs. 1 Satz 1 GG. Das Grundrecht bildet aber nicht die Basis für das Rederecht des Mitglieds eines kommunalen Selbstverwaltungsorgans.)

1656 Der Vorsitzende der StVV kann das Rederecht eines Gemeindevertreters nach § 37 BbgKVerf[7] kraft seiner Ordnungsbefugnis in begründeten Fällen einschränken. Er kann die Mitglieder der Gemeindevertretung ferner zur Ordnung rufen bzw. von der Sitzung ausschließen. Er kann den Redner zur Sache rufen, wenn dieser in seinen Ausführungen vom Beratungsgegenstand abschweift. Er kann auch einen Gemeindevertreter zur Ordnung rufen, wenn dieser gegen Regeln der Geschäftsordnung oder der Gemeindeordnung verstößt.

F-M hat in der Sitzung der Stadtverordnetenversammlung zur Sache gesprochen und durch sein Verhalten weder gegen die Geschäftsordnung noch gegen die Gemeindeordnung verstoßen. Die Entziehung des Rederechts erfolgte, obwohl F-M nicht gegen Recht verstoßen hatte.

Die Entziehung des Rederechts war rechtswidrig und verletzt F-M in seinem organschaftlichen Recht aus § 30 BbgKVerf.

4. Ergebnis

Die Tischvorlage und das Redeverbot sind rechtswidrig und verletzten F-M in seinen Organrechten als Gemeindevertreter. Die Feststellungsklage ist begründet und hat Aussicht auf Erfolg.

Vertiefungshinweise: *Bauer/Krause*, Innerorganisatorische Streitigkeiten im Verwaltungsprozess, JuS 1996, 411 f., 513 f.; *Martensen*, Grundfälle zum Kommunalverfassungsstreit, JuS 1995, 989 f., 1077 f.; *Tettinger/Erbguth/Mann*, BesVerwR, Rn. 181 ff.; *Schmitz*, Zur Unzulässigkeit von Tischvorlagen, VR 1990, 266; VGH BW, DÖV 2001, 298; HessVGH, NVwZ 2001, 345; VG Schwerin, LKV 2000, 167; OVG NW, DÖV 2001, 916.

---

7 *Entspricht:* § 36 GO BW; Art. 53 BayGO; § 29 VerfBrhv; § 58 Abs. 4 HessGO; § 29 Abs. 1 KV MV; § 63 NdsKomVG; § 51 GO NW; § 38 GO RP; §§ 42, 43 SaarlKSVG; § 38 SächsGO; § 55 GO LSA; § 37 GO SH; § 41 ThürKO.

Fall 35***

Einer geht noch rein

Schwerpunkte: Klagebefugnis; Fortsetzungsfeststellungsklage; rechtliche Einordnung der sog. Hausverbotsfälle; Klagehäufung; materielle Anforderungen an ein Hausverbot und ein Verbot der Teilnahme an Sitzungen der Stadtverordnetenversammlung

Kurt Schmock (S), angestellter Journalist des lokalen Boulevardblatts „Supraulli“, betritt im Oktober 2011 das Rathaus seiner Heimatstadt Eberswalde, um mit dem Bürgermeister einen Termin für ein Exklusivinterview zu vereinbaren und um einen neuen Pass zu beantragen. Nach der Terminvereinbarung geht S in den Citizen-Service-Point, zieht eine „Waiting-Card“ und erkennt, dass er in ca. 30 Minuten sein Anliegen vortragen kann. Aus Interesse durchstreift er das Rathaus und gelangt in den Keller. Dort öffnet er einen Verschlag und entdeckt mehrere Kisten mit leeren Bier- und Schnapsflaschen. Er fotografiert die Flaschen. 1657

Zwei Tage später erscheint „Supraulli“ mit dem Aufmacher „Suff im Rathaus – die letzte Flasche, die umfällt, könnte der Bürgermeister sein!“ Das Bild mit den leeren Flaschen sowie ein Bild des Bürgermeisters zieren die erste Seite des Blatts. In dem knappen Begleittext wird die Frage aufgeworfen „Saufen die da oben nur noch?“ Der Artikel schließt mit der Formel: „Hier muss noch vieles aufgeklärt werden – Wir trinken mit. Ihr Super-Schmock.“

Bürgermeister Krüger (K) ist über diese „Rufmordkampagne“ empört. Mit einem Schreiben – den amtlichen Briefkopf verwendet K bei jedem Schreiben – verhängt er zwei Wochen später ein Hausverbot gegen S Er untersagt ihm, das Rathaus für ein Jahr zu betreten, es sei denn, persönliche Verwaltungsangelegenheiten seien zu erledigen. Das Hausverbot wird mit einer massiven Störung des Verwaltungsbetriebs begründet. Der Termin für das Interview wird auf unbestimmte Zeit verschoben.

S, der den geselligen K gut kennt, glaubt, dass ein wenig Zeit vergehen müsse, und nimmt die Sache nicht ernst. Er besucht im Dezember eine Sitzung der Stadtverordnetenversammlung und setzt sich auf einen Zuschauerplatz. Der Vorsitzende der Stadtverordnetenversammlung, Dr. Weisemanowski (W), weist auf das bestehende Hausverbot hin. Er gibt S Gelegenheit zur Stellungnahme; S schweigt. Anschließend verweist er S des Sitzungssaals.

S klagt vor dem Verwaltungsgericht. In einem selbst verfassten Schriftsatz fordert er 1. die Aufhebung des Hausverbots und 2. die Feststellung, der Verweis durch den Vorsitzenden der Stadtverordnetenversammlung sei rechtswidrig.

In der Klageerwiderung legt der Bürgermeister dar, dass das Hausverbot aus Gründen der ordnungsgemäßen Aufgabenerfüllung notwendig gewesen sei. Eine derart diffamierende Darstellung habe demotivierend auf alle Mitarbeiter gewirkt und somit den Dienstbetrieb gestört. Dieses Tun habe er nicht sanktionslos hinnehmen können. Unter Berücksichtigung aller vom Kläger vorgetragenen Argumente beantrage er Klageabweisung.

Dr. W begründet seinen Verweis mit dem verhängten Hausverbot.

Vorüberlegung

1658 Die Hausverbotsfälle zählen zum Standardrepertoire; Sie müssen die Problematik beherrschen. Die Fortsetzungsfeststellungsklage ist ebenfalls ein beliebtes Thema; bitte schauen Sie sich noch einmal die Problematik der Erledigung von Verwaltungsakten an. Kommunalrechtlich geht es um die Ordnung in Sitzungen; dieses Problem sprechen alle einschlägigen Regelwerke an.

Gliederung

I. Sachentscheidungsvoraussetzungen 1659

1. Eröffnung des Verwaltungsrechtswegs
   a) Das Hausverbot
   b) Die Verweisung aus dem Sitzungssaal
   c) Ergebnis
2. Statthafte Klageart
   a) Das Hausverbot
   b) Die Verweisung aus dem Sitzungssaal
3. Besondere Sachentscheidungsvoraussetzungen der Anfechtungsklage
   a) Klagebefugnis
   b) Vorverfahren
   c) Frist
   d) Passive Prozessführungsbefugnis
4. Besondere Sachentscheidungsvoraussetzungen der Fortsetzungsfeststellungsklage
   a) Besonderes Feststellungsinteresse
   b) Zulässigkeit der (entfallenen) Anfechtungsklage
      aa) Klagebefugnis
      bb) Vorverfahren
      cc) Passive Prozessführungsbefugnis
5. Klagehäufung, Klageverbindung
6. Beteiligtenfähigkeit
7. Rechtsschutzbedürfnis
8. Zwischenergebnis

II. Die Begründetheit der Klagen

Teil 1: Das Hausverbot

1. Ermächtigungsgrundlage
2. Formelle Rechtmäßigkeit
   a) Zuständigkeit
   b) Verfahren
   c) Form
3. Materielle Rechtmäßigkeit
4. Zwischenergebnis

Teil 2: Die Verweisung aus dem Sitzungssaal

1. Ermächtigungsgrundlage
2. Formelle Rechtmäßigkeit
3. Materielle Rechtmäßigkeit
4. Zwischenergebnis

III. Ergebnis

Lösung

I. Sachentscheidungsvoraussetzungen

1. Eröffnung des Verwaltungsrechtswegs

a) Das Hausverbot

1660 Die Eröffnung des Verwaltungsrechtswegs richtet sich nach § 40 Abs. 1 Satz 1 VwGO. Es muss sich hier um eine öffentlich-rechtliche Streitigkeit nichtverfassungsrechtlicher Art handeln, die nicht einem anderen Gericht zur Entscheidung zugewiesen ist.

Hier ist die öffentlich-rechtliche Streitigkeit problematisch. Die Sonderrechtstheorie, nach der eine Streitigkeit öffentlich-rechtlicher Natur ist, sofern die streitentscheidenden Normen solche des öffentlichen Rechts sind, versagt, da Vorschriften im Zusammenhang mit einem Hausverbot als Fragen des Eigentumsgebrauchs auch im Zivilrecht zu finden sind: §§ 859 ff., 903, 1004 BGB. Aus dem gleichen Grund versagt die Interessentheorie, da mit den genannten Vorschriften des BGB Rechtssätze vorhanden sind, die gerade dem Individualinteresse dienen. Die Subordinationstheorie, nach der eine Rechtsbeziehung als öffentlich-rechtlich anzusehen ist, wenn zwischen den Beteiligten ein Über- und Unterordnungsverhältnis besteht, hilft nicht weiter: Das Privatrecht kennt ebenfalls Über- und Unterordnungsverhältnisse, z.B. das Eltern-Kind-Verhältnis.

1661 Über die trennscharfe Zuordnung der Hausverbotsfälle besteht Streit.

Einigkeit besteht darüber, dass dann, wenn das Hausverbot durch einen der Form nach eindeutigen Verwaltungsakt ausgesprochen wird, das Rechtsregime des öffentlichen Rechts maßgebend ist. Klare Indizien sind insoweit eine Rechtsbehelfsbelehrung oder Formulierungen wie Verfügung, Bescheid. Hier fehlen derartige Indizien. Wenn der Bürgermeister in amtlicher Eigenschaft Schreiben versenden lässt, findet der offizielle Briefkopf des Bürgermeisters Verwendung unabhängig davon, ob die Angelegenheit öffentlich-rechtlicher oder privatrechtlicher Natur ist.

1662 Das Bundesverwaltungsgericht und Teile der Lehre stellen in solchen Fällen darauf ab, ob das Hausverbot im Zusammenhang mit fiskalischem oder hoheitlichem Handeln ausgesprochen wurde. Maßgebend ist der *Zweck, den der Störer mit seinem Besuch* verfolgte. Betrat der Besucher das Haus zur Wahrnehmung öffentlich-rechtlicher Angelegenheiten, zum Beispiel zur Bauantragsstellung, soll die Reaktion der Verwaltung auf Störungen des Verwaltungsbetriebs öffentlich-rechtlich zu beurteilen sein. Besuchte der Störer das Gebäude in Erledigung privatrechtlicher Geschäfte, wie z.B. zum Photographieren im Standesamt, sei das Hausverbot zivilrechtlich zu werten.

1663 Diese Rechtsprechung vermag jedoch nicht die Fälle eindeutig zuzuordnen, in denen der Besucher einen der gezeigten Hauptzwecke nicht verfolgt und sich beispielsweise nur im Rathaus aufwärmen will oder von Anfang an beabsichtigt, den Dienstbetrieb zu stören. Schwierigkeiten bereiten ferner die Fälle, in denen der Störer bei seinem Betreten mehrere Zwecke verfolgt. So betrat S hier das Rathaus, um einerseits einen Termin zu vereinbaren, und andererseits, um einen Pass zu beantragen. Man wird den Zweck Terminvereinbarung offensichtlich als zivilrechtlich bewerten müssen, den Zweck Passbeantragung als öffentlich-rechtlich.

Wegen dieser Abgrenzungsschwierigkeiten stellen weite Teile der Lehre und Rechtsprechung auf den *Zweck des Hausverbots* ab. Es hat dann öffentlich-rechtlichen Charakter, wenn es der ungestörten Erfüllung der öffentlichen Aufgaben im Verwaltungsgebäude dient; warum der Störer das Gebäude betritt, bleibt unberücksichtigt. Da in Gebäuden, die dem Gemeingebrauch, dem Anstaltsgebrauch oder dem Verwaltungsgebrauch dienen, regelmäßig öffentlich-rechtliche Aufgaben erfüllt werden, sei bei diesen Gebäuden der Zweck des Hausverbots immer die Sicherung der öffentlich-rechtlichen Aufgabenerfüllung. **1664**

Für die letzte Auffassung spricht die ermöglichte zweifelsfreie Zuordnung: Hausverbote in Gebäuden mit öffentlich-rechtlicher Zweckbestimmung sind immer öffentlich-rechtlich zu beurteilen; die Eigentums- und Besitzverhältnisse sind bedeutungslos. **1665**

Gegen diese Auffassung soll sprechen, dass die Verwaltung in vielen Bereichen frei sei, ihre Aufgaben sowohl öffentlich-rechtlich als auch zivilrechtlich zu erfüllen; der Zweck einer Verwaltungstätigkeit sei deshalb in vielen Gebieten zufällig öffentlich-rechtlich oder privatrechtlich. Es komme ebenso zu Abgrenzungsschwierigkeiten und vor allem zu einer Beurteilung von einheitlichen Sachverhalten als öffentlich-rechtlich und zugleich als privatrechtlich. Dieses Argument ist zu entkräften mit dem Hinweis, dass es gerade nicht auf die Rechtsform der Aufgabenerledigung ankommt, sondern auf die Aufgabenqualität an sich. **1666**

Nach alldem sind Hausverbote in Räumlichkeiten, in denen öffentliche Aufgaben erfüllt werden, immer als öffentlich-rechtlich zu beurteilen. Demnach ist auch das Hausverbot für S öffentlich-rechtlicher Natur.

b) Die Verweisung aus dem Sitzungssaal

Gleiches gilt für die Verweisung aus dem Sitzungssaal der Stadtverordnetenversammlung. Hier ist die Rechtslage insoweit weniger zweifelhaft, als der Vorsitzende der StVV eine öffentlich-rechtliche Befugnisnorm für sich in Anspruch nehmen kann, § 37 BbgKVerf[1], also eine Maßnahme aufgrund öffentlich-rechtlichen Sonderrechts trifft. **1667**

c) Ergebnis

Da beide Streitigkeiten nicht verfassungsrechtlicher Art sind und eine abdrängende Sonderzuweisung fehlt, ist der Verwaltungsrechtsweg eröffnet.

1 *Entspricht:* § 36 GO BW; Art. 53 BayGO; § 29 VerfBrhv; § 58 Abs. 4 HessGO; § 29 Abs. 1 KV MV; § 63 Abs. 2 Satz 1 NdsKomVG; § 51 GO NW; § 38 GO RP; §§ 42, 43 SaarlKSVG; § 38 SächsGO; § 55 GO LSA; § 37 GO SH; § 41 ThürKO.

2. Statthafte Klageart

a) Das Hausverbot

1668 S will erreichen, dass das gegen ihn ausgesprochene Hausverbot aufgehoben wird. Statthafte Klageart könnte die Anfechtungsklage sein. Dazu müsste es sich bei dem Hausverbot um einen Verwaltungsakt handeln. Wie bereits dargelegt, gibt die äußere Form für die Qualifizierung als Verwaltungsakt nichts her. Demnach ist entscheidend, ob das Hausverbot alle Merkmale eines Verwaltungsakts im Sinne von § 35 Satz 1 VwVfG[2] erfüllt. An der Qualifizierung des Amts des Bürgermeisters als Behörde bestehen keine Zweifel; an einer Maßnahme zur Regelung eines Einzelfalls ebenso wenig. Die Frage, ob es sich um eine Handlung auf dem Gebiet des öffentlichen Rechts handelt, wurde bereits oben positiv beantwortet. Da es sich bei dem Verbot nicht um eine verwaltungsinterne Maßnahme der Binnenorganisation handelt, sondern S als einen außerhalb der Verwaltung stehenden Bürger trifft, ist das Merkmal der Außenwirkung erfüllt. Ein Verwaltungsakt liegt vor. Statthafte Klageart ist die Anfechtungsklage.

b) Die Verweisung aus dem Sitzungssaal

1669 Soweit S begehrt, die Rechtswidrigkeit der Verweisung aus dem Sitzungssaal feststellen zu lassen, kommt als statthafte Klageart eine Fortsetzungsfeststellungsklage nach § 113 Abs. 1 Satz 4 VwGO in Betracht.

Voraussetzung für die Statthaftigkeit der Fortsetzungsfeststellungsklage ist, dass ein Verwaltungsakt sich erledigt hat. Die Verweisung aus dem Sitzungssaal muss ein Verwaltungsakt sein. Fraglich ist, ob der Vorsitzende der Stadtverordnetenversammlung Behörde im Sinne von § 1 Abs. 2 BbgVwVfG ist. Behörde ist jede Stelle, die Aufgaben der öffentlichen Verwaltung wahrnimmt. Da der Vorsitzende seine Befugnisse aus der Rechtsstellung der Stadtverordnetenversammlung herleitet, muss diese selbst als Behörde zu qualifizieren sein. Kollegiale kommunale Entscheidungsorgane sind dem Bereich der Verwaltung zuzuordnen. Die gelegentlich anzutreffende Formulierung „Kommunalparlament" täuscht darüber hinweg, dass die Aufgaben der Kommunalvertretung ausschließlich Exekutivaufgaben sind. Ein echtes Parlament mit Legislativaufgaben ist die Stadtverordnetenversammlung nicht. Sie ist folglich als Behörde im Sinne von § 1 Abs. 2 VwVfG anzusehen. – Ferner müsste das Merkmal Außenwirkung erfüllt sein. Eine Maßnahme ist dann auf Rechtswirkungen nach außen gerichtet, wenn die Behörde außerhalb ihrer selbst für Bürger oder juristische Personen Rechte und Pflichten begründet. Keine Außenwirkungen haben dementsprechend Maßnahmen gegenüber den Stadtverordneten selbst. Gegenüber einem Außenstehenden wie S entfalten Maßnahmen Außenwirkung, da er selbst nicht Teilorgan der Stadtverordnetenversammlung ist. – Da auch das Merkmal der hoheitlichen Regelung eines Einzelfalls gegeben ist, ist die Verweisung aus dem Sitzungssaal ein Verwaltungsakt.

---

2 IVm § 1 Abs. 1 BbgVwVfG. Das gilt für alle Zitierungen des VwVfG.

Der Verwaltungsakt müsste sich nach dem Wortlaut des § 113 Abs. 1 Satz 4 VwGO nach Klageerhebung erledigt haben. Erledigt ist ein Verwaltungsakt, wenn er gegenstandslos geworden ist. Er darf keine Rechtswirkung mehr entfalten. Hier hat der Verwaltungsakt, als S den Sitzungssaal verließ, jeden Regelungsgehalt verloren und ist gegenstandslos geworden. Allerdings hat sich der Verwaltungsakt bereits vor Klageerhebung erledigt. Da dieser Fall bei Berücksichtigung des Gebots effektiven Rechtsschutzes nicht anders bewertet werden kann als die Fallkonstellation, die § 113 Abs. 1 Satz 4 VwGO dem Wortlaut nach regelt, kommt diese Vorschrift nach einer Ansicht für die Fälle sofortiger Erledigung analog zur Anwendung. **1670**

Diese Ansicht ist aber nicht unbestritten; selbst das BVerwG stellte die analoge Anwendung des § 113 Abs. 1 Satz 4 VwGO in Zweifel. Es warf die Frage auf, ob bei der Erledigung vor Klageerhebung eine Feststellungsklage nach § 43 VwGO nicht näher liege. Einer Feststellungsklage stehe es nicht entgegen, dass es sich bei der Rechtswidrigkeit eines Verwaltungsakts nicht um ein feststellungsfähiges Rechtsverhältnis handeln würde. Die Frage nach der richtigen Klageart ließ das BVerwG jedoch offen. Auch in der Literatur sprechen sich viele Stimmen für die Feststellungsklage nach § 43 VwGO aus. Es fehle am Vorliegen einer Regelungslücke, da die allgemeine Feststellungsklage nach § 43 Abs. 1 VwGO in Betracht komme. Das feststellungsfähige Rechtsverhältnis sei die Befugnis der Behörde, den erledigten Verwaltungsakt zu erlassen.

Für eine Analogie zu § 113 Abs. 1 Satz 4 VwGO sprechen jedoch die besseren Argumente. Zum einen ist es fraglich, ob die Rechtswidrigkeit eines Verwaltungsakts tatsächlich ein Rechtsverhältnis nach § 43 VwGO darstellt. Ein Rechtsverhältnis stellen die sich aus einem konkreten Sachverhalt aufgrund einer Rechtsnorm ergebenden rechtlichen Beziehungen einer Person zu einer anderen Person oder zu einer Sache dar. Verwaltungsakte können zwar ein Rechtsverhältnis begründen, aber nie ein solches darstellen. Zudem ist § 113 Abs. 1 Satz 4 VwGO konkret auf das Begehren der Feststellung der Rechtswidrigkeit eines erledigten Verwaltungsakts zugeschnitten. Die Interessenlage ist hier identisch. Es wäre wertungswidersprüchlich, je nach zufälligem Zeitpunkt der Erledigung unterschiedliche Verfahrensarten mit unterschiedlichem Verfahrensgegenstand und Zulässigkeitsvoraussetzungen für dasselbe Klagebegehren heranzuziehen. Die Feststellungsklage nach § 43 VwGO soll nur nichtige Verwaltungsakte zum Gegenstand haben. Statthafte Klageart ist mithin die Fortsetzungsfeststellungsklage[3].

3 Eine andere Ansicht ist gut vertretbar. Insbesondere das Argument der Subsidiarität bei Zulässigkeit von Gestaltungs- und Leistungsklagen kann allein nicht gegen die Anwendung des § 43 VwGO sprechen. Bei Erledigung vor Klageerhebung kommt keine Gestaltungs- oder Leistungsklage in Betracht. Die Entscheidung für § 43 VwGO führt zu keinen Unterschieden in der weiteren Zulässigkeitsprüfung. Ein Vorverfahren ist nicht durchzuführen, da unstatthaft (vgl. oben); die Klageerhebung ist nicht fristgebunden. Der Kläger muss auch im Rahmen des § 43 VwGO ein berechtigtes Interesse an der Feststellung des Rechtsverhältnisses haben. Das BVerwG nimmt an, dass die Voraussetzungen des berechtigten Interesses sich weitgehend mit denjenigen des Fortsetzungsfeststellungsinteresses nach § 113 Abs. 1 Satz 4 VwGO decken.

3. Besondere Sachentscheidungsvoraussetzungen der Anfechtungsklage

a) Klagebefugnis

1671 Nach § 42 Abs. 2 VwGO ist die Anfechtungsklage nur zulässig, wenn der Kläger klagebefugt ist. Er muss behaupten, in eigenen Rechten verletzt zu sein, und diese Rechtsverletzung muss nach seinem Vortrag möglich sein. Das Hausverbot könnte das Recht des S verletzen, die öffentlichen Einrichtungen der Gemeinde nach § 12 BbgKVerf zu benutzen. Fraglich ist, ob das Rathaus als solches eine öffentliche Einrichtung zur Nutzung durch die Bürger ist oder ob nicht vielmehr Einrichtungen mit einem gewissen Anstaltscharakter gemeint sind. Die Antwort auf die Frage kann hier dahinstehen; denn die Möglichkeit der Verletzung eigener Rechte könnte sich nach der Adressatentheorie ergeben. Nach ihr ist der Adressat eines belastenden Verwaltungsakts immer klagebefugt, weil immer eine Verletzung der allgemeinen Handlungsfreiheit nach Art. 2 Abs. 1 GG möglich erscheint. Als Adressat des ihn belastenden Hausverbots ist S klagebefugt.

b) Vorverfahren

1672 Nach § 68 Abs. 1 VwGO ist vor der Anfechtungsklage ein Vorverfahren durchzuführen. S hat laut Sachverhalt Widerspruch nicht eingelegt. Da das Hausverbot keine Rechtsbehelfsbelehrung enthielt und somit die Jahresfrist des § 58 Abs. 2 Satz 1 VwGO für die Einlegung des Widerspruchs gilt, wäre denkbar, dass S zunächst den noch zulässigen Widerspruch einlegen müsste.

1673 Etwas anderes könnte gelten, wenn ein Fall der Unbeachtlichkeit des fehlenden Widerspruchsverfahrens vorliegt. Nach der Rechtsprechung ist das Fehlen des Widerspruchsverfahrens unbeachtlich, wenn der beklagte Hoheitsträger sich im Verfahren zur Sache äußert, ohne das Fehlen des Vorverfahrens zu rügen, und Beklagter und Widerspruchsbehörde identisch sind. Beide Voraussetzungen sind hier gegeben: Der Bürgermeister hat in seiner Klageerwiderung ausschließlich Argumente vorgetragen, die die Begründetheit des Hausverbots betreffen; das fehlende Widerspruchsverfahren hat er nicht gerügt. Ferner ist er nach § 73 Abs. 1 Nr. 3 VwGO Widerspruchsbehörde, da es hier um eine Selbstverwaltungsangelegenheit geht.

1674 Diese Rechtsprechung wird allerdings in der Literatur kritisiert. Die Verteidigungsmöglichkeit des Beklagten sei durch diese Rechtsprechung unzumutbar eingeschränkt. Ferner werde das Widerspruchsverfahren letztlich zur Disposition der Beteiligten gestellt. Die Kritik überzeugt nicht vollends. Die Verteidigungsmöglichkeiten sind zwar geschmälert – ob nicht vertretbar, sei dahingestellt –, wenn der Widerspruch verfristet war. Dieser Fall liegt hier jedoch nicht vor. Hier hat die zuständige Widerspruchsbehörde in der Sache umfangreiche Ausführungen gemacht und aufgezeigt, dass sie von ihrer Rechtsauffassung nicht abweichen will. Würde man verlangen, dass der Kläger erst das erkennbar erfolglose Widerspruchsverfahren durchführt, um dann dieselben Argumente im Klageverfahren nochmals vorzutragen, wäre weder der Prozessökonomie noch dem Rechtsschutzinteresse des Klägers gedient. Deshalb ist in diesem Sonderfall der Rechtsprechung zu folgen. Das Fehlen des Widerspruchsverfahrens ist unbeachtlich.

c) Frist

Mangels Vorverfahrens besteht auch keine Frist zur Einreichung der Klage. **1675**

d) Passive Prozessführungsbefugnis

Der Bürgermeister ist nach § 78 Abs. 1 Nr. 2 VwGO iVm § 8 Abs. 2 BbgVwGG passiv prozessführungsbefugt. **1676**

4. Besondere Sachentscheidungsvoraussetzungen der Fortsetzungsfeststellungsklage

a) Besonderes Feststellungsinteresse

Die Fortsetzungsfeststellungsklage ist nur dann zulässig, wenn der Kläger ein besonderes Feststellungsinteresse geltend machen kann. Das besondere Feststellungsinteresse ist für vier Fallgruppen allgemein anerkannt: Es muss die Wahrscheinlichkeit bestehen, dass die Verwaltung ihr Verhalten wiederholt; wenn der Kläger eine so starke Rechtsbeeinträchtigung erfahren hat, dass er ein Interesse an seiner Rehabilitation hat; wenn für den Kläger die Frage der Rechtmäßigkeit von Bedeutung ist, weil sie als Vorfrage für einen Schadensersatzprozess beantwortet werden muss[4]; bei Beeinträchtigung einer wesentlichen Grundrechtsposition. **1677**

Hier kommt der Aspekt der Wiederholungsgefahr zum Tragen. Es ist nicht ausgeschlossen, dass S auf der nächsten Sitzung der Stadtverordnetenversammlung wieder des Saals verwiesen wird. Aus diesem Grund ist das besondere Feststellungsinteresse anzuerkennen. **1678**

b) Zulässigkeit der (entfallenen) Anfechtungsklage

Die Fortsetzungsfeststellungsklage ist nur dann zulässig, wenn gegen den erledigten Verwaltungsakt im Falle der Noch-Nicht-Erledigung die Anfechtungsklage zulässig wäre. Es soll verhindert werden, dass eine an sich unzulässige Anfechtungsklage im Wege der Fortsetzungsfeststellungsklage vor ein Gericht gebracht wird. Daher muss die Klagebefugnis für die (hypothetische) Anfechtungsklage vorliegen; die Pflicht, ein Vorverfahren durchzuführen, ist strittig; der Klagegegner muss passiv prozessführungsbefugt sein.

aa) Klagebefugnis

Die Klagebefugnis lässt sich zum einen mit der Adressatentheorie begründen. Möglicherweise verletztes Recht ist zum anderen auch § 36 Abs. 1 Satz 1 BbgKVerf[5]. Nach dieser Vorschrift sind die Sitzungen des Kreistags öffentlich: Allen interessierten Bür- **1679**

4 Diese Variante scheidet bei Erledigung vor Klageerhebung aus.

5 *Entspricht:* § 35 GO BW; Art. 52 BayGO; § 24 VerfBrhv; § 52 HessGO; § 29 Abs. 5 KV MV; § 64 NdsKomVG; § 48 GO NW; § 35 GO RP; § 40 SaarlKSVG; § 37 SächsGO; § 50 GO LSA; § 35 GO SH; § 40 ThürKO.

gern ist nach Maßgabe des zur Verfügung stehenden Platzangebots Zugang zu den Sitzungen zu gewähren. Mit dem Ausschluss des S von der Öffentlichkeit könnte er in diesem Recht verletzt sein.

bb) Vorverfahren

1680 Fraglich ist, ob vor Erhebung einer Fortsetzungsfeststellungsklage ein Widerspruchsverfahren durchzuführen ist.

Diese Frage ist zu bejahen, wenn die Erledigung nach Klageerhebung erfolgt. Die ursprünglich eingelegte Anfechtungsklage wäre ohne Vorverfahren unzulässig. Da diese Anfechtungsklage nach Erledigung zu einer Fortsetzungsfeststellungsklage wird, müssen an diese Klage dieselben Voraussetzungen wie bei der Anfechtungsklage gestellt werden. Eine unzulässige Anfechtungsklage kann nicht zu einer zulässigen Fortsetzungsfeststellungsklage werden.

Gleiches gilt für die Erledigung vor Klageerhebung nach Ablauf der Widerspruchsfrist.

1681 Anderes gilt für den hier vorliegenden Fall der Erledigung vor Klageerhebung, aber innerhalb der Widerspruchsfrist. Hier ist umstritten, ob ein so genannter Fortsetzungsfeststellungswiderspruch notwendig ist. Die Rechtsprechung sieht dafür keine Notwendigkeit, da es nach Erledigung des Verwaltungsakts sinnlos sei, ihn erneut einer behördlichen Rechtmäßigkeitskontrolle zu unterziehen. Die Aufhebung durch die Widerspruchsbehörde sei nicht mehr möglich. Die Gegenauffassung betont, dass es durchaus sinnvoll sei, wenn die Widerspruchsbehörde sich auch erledigter Verwaltungsakte annehme. Dadurch würden die Gerichte entlastet und das System verwaltungsinterner Kontrolle und Korrektur gestärkt. Entscheidend dürfte sein, dass es nicht Aufgabe der Behörden ist, verbindlich die Rechtswidrigkeit erledigter Verwaltungsakte festzustellen. Ferner hat ein feststellender behördlicher Bescheid nicht die Wirkung einer gerichtlichen Entscheidung. Deshalb ist ein Vorverfahren entbehrlich.

cc) Passive Prozessführungsbefugnis

1682 Passiv prozessführungsbefugt sind nach brandenburgischem Recht Behörden, § 78 Abs. 1 Nr. 2 VwGO iVm § 8 Abs. 2 Satz 1 BbgVwGG. Gegen sie ist die Klage zu richten und zwar mit Vorrang vor dem Rechtsträger nach § 78 Abs. 1 Nr. 1 VwGO.

Fraglich ist, ob der Vorsitzende der Stadtverordnetenversammlung Behörde ist. Eine Behörde ist jede Stelle, die Verwaltungsaufgaben wahrnimmt. Zu beachten ist allerdings, dass der Vorsitzende nicht selbst (nach außen) verwaltend tätig wird, sondern Teilorgan des Gemeindeorgans Stadtverordnetenversammlung ist. Richtigerweise ist deshalb die Klage gegen die Stadtverordnetenversammlung als Behörde zu richten.

5. Klagehäufung, Klageverbindung

1683 Da S unterschiedliche Klagebegehren verfolgt, ist fraglich, ob beide Begehren in einer gemeinsamen Klage verfolgt werden können. § 44 VwGO bestimmt, dass eine solche objektive Klagehäufung zugelassen werden kann, wenn sich beide Begehren gegen denselben Beklagten richten, im Zusammenhang stehen und dasselbe Gericht zuständig ist. Die beiden letzten Voraussetzungen sind hier ohne weiteres gegeben, die Voraussetzung der Beklagtenidentität nicht. Folglich sind die Anträge des S zu trennen und in zwei Verfahren weiterzuführen. Allerdings kann das Gericht mehrere Verfahren über den gleichen Gegenstand zu gemeinsamer Verhandlung und Entscheidung verbinden, § 93 VwGO. Ein gleicher Gegenstand ist dann gegeben, wenn die Verfahren im Wesentlichen auf denselben oder gleichartigen tatsächlichen oder rechtlichen Gründen beruhen. Da hier beide Verfahren im Wesentlichen auf dem ausgesprochenen Hausverbot beruhen, wird das Gericht aus Gründen der Verfahrensökonomie beide Verfahren verbinden.

6. Beteiligtenfähigkeit

S ist als natürliche Person beteiligtenfähig nach § 61 Nr. 1 VwGO. Der Bürgermeister ist Behörde, ebenso unterfällt die Stadtverordnetenversammlung dem Behördenbegriff. Beide sind beteiligtenfähigfähig nach § 61 Nr. 3 VwGO iVm § 8 Abs. 1 BbgVwGG. 1684

7. Rechtsschutzbedürfnis

Das Rechtsschutzbedürfnis soll entfallen, wenn ein einfacherer, ebenso effektiver Weg gegeben ist, das Begehren zu erreichen. Bei Maßnahmen kommunaler Behörden besteht die Möglichkeit, dass die Kommunalaufsichtsbehörde regulierend eingreift, §§ 108 ff. BbgKVerf[6]. Maßnahmen der Stadtverordnetenversammlung können ferner vom Bürgermeister beanstandet werden, § 55 BbgKVerf[7]. 1685

Denkbar wäre daher, dass S zunächst versuchen müsste, sein Anliegen über die Aufsichtsbehörden durchzusetzen. Allerdings gilt für die Kommunalaufsicht der Opportunitätsgrundsatz: Die Behörden werden nach Ermessen tätig. Einen Anspruch des Bürgers auf Tätigwerden der Aufsichtsbehörden gibt es nur im Fall der Ermessensreduzierung auf Null. Gleiches gilt für Beanstandungen des Bürgermeisters bei Maßnahmen der Stadtverordnetenversammlung. Hier ist entscheidend, dass der Bürgermeister selbst das Hausverbot erlassen hat und demnach kaum die Durchsetzung des Hausverbots durch den Vorsitzenden der Stadtverordnetenversammlung beanstanden wird. 1686

Das Rechtsschutzbedürfnis des S ist gegeben.

8. Zwischenergebnis

Die Sachentscheidungsvoraussetzungen liegen für beide Klagen vor.

---

6 *Entspricht:* § 118 GO BW; Art. 108 BayGO; § 64 VerfBrhv; § 135 HessGO; § 78 KV MV; § 170 NdsKomVG; § 119 GO NW; § 117 GO RP; § 127 SaarlKSVG; § 111 SächsGO; § 133 GO LSA; § 120 GO SH; § 116 ThürKO.

7 *Entspricht:* § 43 Abs. 2 GO BW; Art. 59 Abs. 2 BayGO; § 63 Abs. 1 HessGO; § 33 Abs. 1, 2 KV MV; § 112 NdsKomVG; § 88 Ans. 1 Satz 2 NdsKomVG NW; § 42 GO RP; § 60 SaarlKSVG; § 52 Abs. 2 SächsGO; § 62 Abs. 2 GO LSA; § 43 GO SH; § 44 ThürKO.

II. Die Begründetheit der Klagen

Teil 1: Das Hausverbot

Die Klage des S ist begründet, soweit das Hausverbot rechtswidrig ist und S dadurch in seinen Rechten verletzt.

1. Ermächtigungsgrundlage

1687 Eine ausdrückliche Regelung zum Erlass eines Hausverbots findet sich in den einschlägigen Normen des öffentlichen Rechts nicht. Als Ermächtigungsgrundlage kommt nach der Rechtsprechung § 12 BbgKVerf[8] in Betracht. Danach ist die Gemeinde auch ohne ausdrückliche Ermächtigung berechtigt, Maßnahmen zu ergreifen, die den ordnungsgemäßen Betrieb und den Widmungszweck einer von ihr betriebenen öffentlichen Einrichtung sicherstellen. Ähnlich argumentiert die Literatur: Eine gesetzliche Grundlage ist nicht erforderlich, weil sich die Befugnis zum Erlass des Hausverbots bereits aus der allgemeinen, kraft öffentlichen Rechts bestehenden Kompetenz einer jeden Behörde ergibt, für einen störungsfreien Dienstbetrieb innerhalb ihres räumlichen Verwaltungsbereichs zu sorgen.

2. Formelle Rechtmäßigkeit

a) Zuständigkeit

1688 Zuständig für die Störungsabwehr ist der Behördenleiter als Inhaber des Hausrechts, also Bürgermeister K.

b) Verfahren

1689 Eine nach § 28 VwVfG erforderliche Anhörung hat nicht stattgefunden.

Fraglich ist, ob die Anhörung entfallen konnte, weil das sofortige Hausverbot im öffentlichen Interesse geboten und eine Anhörung deshalb nach § 28 Abs. 2 Nr. 1 VwVfG entbehrlich war. Im öffentlichen Interesse ist eine sofortige Entscheidung vor allem dann notwendig, wenn die Anhörung das mit der Entscheidung verfolgte oder damit verbundene öffentliche Interesse ganz oder partiell zu vereiteln droht. Die Notwendigkeit einer sofortigen Entscheidung ist im Hinblick auf den Zweck der Regelung nicht nur im Sinne zeitlicher Unaufschiebbarkeit, sondern allgemein im Sinne einer Entscheidung ohne vorherige Anhörung der Betroffenen zu verstehen. In zeitlicher Hinsicht ist hier mit Blick darauf, dass die Anhörung an keine bestimmte Form gebunden ist, nicht nachvollziehbar, weshalb eine Anhörung des S vor Erteilung des Hausverbots nicht möglich gewesen sein sollte. Zwischen Erscheinen der „Supraulli" und dem Erlass des Hausverbots ist immerhin ein Zeitraum von zwei Wochen vergangen. In sachlicher Hinsicht ist nicht erkennbar, unter welchem Gesichtspunkt die vorherige

8 *Entspricht:* § 10 GO BW; Art. 21 BayGO; § 15 VerfBrhv; § 19 HessGO; § 14 KV MV; § 30 Abs. 1 NdsKomVG; § 8 GO NW; § 14 GO RP; § 19 SaarlKSVG; § 10 SächsGO; § 22 GO LSA; § 37 GO SH; § 14 ThürKO.

Anhörung geeignet gewesen wäre, die mit Verhängung des Hausverbots verfolgten Ziele zu vereiteln.

Der Fehler unterlassene Anhörung könnte nach § 45 Abs. 2 VwVfG bis zum Abschluss des verwaltungsgerichtlichen Verfahrens geheilt worden sein. Die an die Heilung zu stellenden Anforderungen werden entscheidend durch die Funktion der Aufgabe bestimmt. Diese besteht darin, den Beteiligten Gelegenheit zur Stellungnahme und die Möglichkeit zu geben, auf den Gang und das Ergebnis des Verfahrens dadurch Einfluss zu nehmen, dass die Behörde die Stellungnahmen bei ihrer Entscheidung ernsthaft in Erwägung zieht und sich spätestens in ihrer Begründung damit auseinandersetzt. Eine nachträgliche Heilung kann folglich nur dann eintreten, wenn die Funktion der Anhörung im Entscheidungsprozess der Behörde uneingeschränkt erreicht werden kann. Das setzt voraus, dass die Behörde das Ergebnis der Anhörung nicht nur zur Kenntnis, sondern zum Anlass nimmt, die Entscheidung zu überdenken. **1690**

Hier hat sich der Bürgermeister eingehend mit der Klage des S auseinandergesetzt. Auch ein ernstliches Überdenken kann der Argumentation des Bürgermeisters entnommen werden. Der Zweck der Anhörung ist damit nachträglich erreicht worden.

Der Mangel ist folglich geheilt.

c) Form

Formfehler insbesondere hinsichtlich des § 39 Abs. 1 VwVfG sind nicht erkennbar. **1691**

3. Materielle Rechtmäßigkeit

Es fehlt eine Rechtsgrundlage, die exakt Tatbestand und Rechtsfolge beschreibt. Deshalb muss zunächst festgestellt werden, nach welchen rechtlichen Maßstäben sich ein Hausverbot richtet. **1692**

Das Hausverbot soll den bestimmungsgemäßen Gebrauch der Verwaltungseinrichtung sicherstellen. Deshalb ist ein Gebrauch der öffentlichen Sache außerhalb des Widmungszwecks und daraus folgend eine drohende oder eingetretene Störung des ordnungsgemäßen Betriebs erforderlich (Verletzung des Hausrechts – erstes Tatbestandsmerkmal). Da das Hausverbot in die Zukunft wirkt, muss ferner das zweite Tatbestandsmerkmal Wiederholungsgefahr erfüllt sein. Die Rechtsfolge steht im Ermessen des zuständigen Behördenleiters – ein Rechtsgrundsatz, der dem gesamten Ordnungsrecht immanent ist. Die Ermessensausübung wird insbesondere durch den Grundsatz der Verhältnismäßigkeit geleitet; die Maßnahme muss zur Verhinderung der Störung geeignet, erforderlich und angemessen sein.

Für das erste Tatbestandsmerkmal ist festzustellen: Das Rathaus ist dem Zweck kommunale Aufgabenerledigung gewidmet. Soweit es dieser Zweck erfordert, dass Bürger die Verwaltungseinrichtung persönlich betreten, ist ihre Anwesenheit im Rathaus vom Widmungszweck erfasst. Dementsprechend umschließt der Widmungszweck die Erledigung von Pass- und Meldeangelegenheiten und erlaubt das Betreten der Büros und der **1693** allgemein zugänglichen Warteräume und Flure. Das Betreten von Hilfseinrichtungen wie Heizungs- und Kellerräume erfasst der Widmungszweck von vornherein nicht.

Das Betreten der Kellerräume durch S ist nicht vom Widmungszweck gedeckt.

1694 Der widmungsfremde Gebrauch müsste zu einer Störung des ordnungsgemäßen Betriebs geführt haben. Das Verständnis von „ordnungsgemäßer Betrieb" ist Resultat einer Betrachtung des Einzelfalls. Hier wurden die im Rathaus Beschäftigten unter den Generalverdacht übermäßigen Alkoholkonsums innerhalb der Dienstzeit gestellt. Die Behauptung des S wirkte frustrierend auf die Mitarbeiter. Zu den Führungsaufgaben des Behördenleiters gehört es, motivierend auf die Mitarbeiter einzuwirken und den Betriebsfrieden sicherzustellen. Die Behauptung war geeignet, die Bemühungen des Behördenleiters zu unterlaufen und den Dienstbetrieb einzuschränken.

1695 Die Gefahr der Wiederholung kann in der Bemerkung des S gesehen werden, er beabsichtige weitere Aufklärung. Damit brachte er zum Ausdruck, weiter investigativ ermitteln zu wollen. Die Wiederholungsgefahr ist gegeben.

1696 Die Rechtsfolge Aussprechen eines Hausverbots steht im Ermessen des Behördenleiters. Begrenzt wird das Ermessen durch den Grundsatz der Verhältnismäßigkeit. Maßnahmen, die den Rahmen überschreiten, den der Verhältnismäßigkeitsgrundsatz zieht, überschreiten die Grenzen des Ermessens und sind rechtswidrig.

1697 Das Hausverbot muss ein geeignetes, erforderliches und angemessenes Mittel sein, um den angestrebten Zweck Realisierung des ordnungsgemäßen Betriebs sicherzustellen.

1698 Geeignet ist ein Mittel, wenn mit ihm der angestrebte Zweck überhaupt erreicht werden kann. Ungeeignet ist ein untaugliches Mittel. Hier ist das Hausverbot geeignet, weitere über den Betriebszweck hinausgehende Aufenthalte des S im Rathaus zu verhindern.

1699 Erforderlich ist ein Mittel, wenn es kein milderes Mittel gibt, das im Ergebnis ebenso effektiv den Zweck erfüllt. Ein milderes Mittel könnte sein, dass sich S im Rathaus nur in Begleitung eines Mitarbeiters aufhalten darf. Eine derartige Beaufsichtigung würde jedoch nur mit hohem Aufwand bei der Stadtverwaltung zu realisieren sein. Unter dem Gesichtspunkt der Effizienz wäre eine Beaufsichtigung nicht gleichwertig. Denkbar ist, dass ein kürzeres Hausverbot den angestrebten Zweck befördert. Allerdings steht dem Behördenleiter auch eine gewisse Einschätzungsprärogative zu, die insoweit einen Spielraum mit Blick auf die Dauer des Verbots eröffnet. In diesem Rahmen bewegt sich die Jahresfrist sicherlich.

1700 Angemessen ist ein Mittel, wenn der angestrebte Erfolg nicht gänzlich außer Verhältnis zu der Belastung des Adressaten steht. Abzuwägen sind daher der Zweck der Maßnahme und der Eingriff in die Rechtssphäre des Betroffenen. Hier stehen sich der Schutz des ordnungsgemäßen Dienstbetriebs und die Interessen des S gegenüber. Der Dienstbetrieb ist als Rechtsgut beachtlich, hängt doch letztendlich die Erfüllung der dienstlichen Aufgaben von einer reibungslos organisierten und arbeitenden Verwaltung ab. Auf der anderen Seite stehen die Rechte des S, dessen Interesse als Journalist verfassungsrechtlich durch die Pressefreiheit verstärkt wird. Zu beachten ist jedoch, dass S weiterhin das Rathaus betreten darf, wenn Verwaltungsangelegenheiten den Besuch erfordern. Ob eine von der Pressefreiheit geschützte Tätigkeit ein Recht zum Betreten öffentlicher Gebäude begründet, erscheint zweifelhaft. Gründe, warum das Hausverbot unverhältnismäßig sein soll, sind daher nicht ersichtlich.

4. Zwischenergebnis

Das Hausverbot ist rechtmäßig.

Teil 2: Die Verweisung aus dem Sitzungssaal

Die Klage des S auf Feststellung der Rechtswidrigkeit der Verweisung aus dem Sitzungssaal ist begründet, soweit der Verwaltungsakt rechtswidrig war und S in seinen Rechten verletzt.

1. Ermächtigungsgrundlage

Als Ermächtigungsgrundlage kommt § 37 Abs. 1 BbgKVerf in Betracht. **1701**

2. Formelle Rechtmäßigkeit

Zuständig für Maßnahmen nach § 37 Abs. 1 BbgKVerf ist der Vorsitzende der Gemein- **1702**
devertretung, also Dr. W.

S konnte Stellung zum Verweis aus dem Sitzungssaal nehmen. Dem Anhörungserfordernis ist genügt.

Maßnahmen der Sitzungsleitung sind an bestimmte Formvorschriften nicht gebunden. Der Verweis konnte mündlich erfolgen.

3. Materielle Rechtmäßigkeit

§ 37 Abs. 1 BbgKVerf stellt besondere Tatbestandsvoraussetzungen nicht auf. Dennoch **1703**
kann festgestellt werden, dass Maßnahmen gegen Zuschauer nur dann zulässig sind, wenn von ihnen Störungen des ordnungsgemäßen Sitzungsbetriebs ausgehen. Fraglich ist daher, ob S die Sitzung der Stadtverordnetenversammlung gestört hat. Ein Rückgriff auf das bestehende Hausverbot ist problematisch, weil die Vollstreckung dieses Hausverbots keine Angelegenheit des Vorsitzenden der Stadtverordnetenversammlung ist, sondern dem Inhaber des Hausrechts obliegt. Allerdings könnte im Rahmen von Sitzungen der Stadtverordnetenversammlung von einer zweigeteilten Zuständigkeit ausgegangen werden, die vom Vorsitzenden und dem Bürgermeister gemeinsam wahrgenommen wird.

Die Antwort auf diese Frage kann dahinstehen, wenn sich S innerhalb der vom Haus- **1704**
verbot selbst gezogenen Grenzen bewegt. Das Hausverbot beinhaltete ein Betretungsverbot mit Ausnahme der Wahrnehmung persönlicher Verwaltungsangelegenheiten.

Zwar hatte der Bürgermeister damit ursprünglich nur Verwaltungsangelegenheiten im engeren Sinne im Blick, wie Pass- und Meldeangelegenheiten, Bauantragsstellung und dergleichen. Bei gesetzeskonformer Auslegung dieser Formel muss allerdings berücksichtigt werden, dass der Bürgermeister damit nur ein Betretungsverbot außerhalb des Widmungszwecks aussprechen wollte. Zum Widmungszweck des Rathauses gehören auch die Sitzungen der Stadtverordnetenversammlung; zu ihrem Besuch hat der Bürger einen Anspruch nach § 36 BbgKVerf. Deshalb wird man zu den persönlichen Verwaltungsangelegenheiten auch die Wahrnehmung der Kontroll- und Informationsrechte des Bürgers (Unterrichtung der Einwohner, § 13 BbgKVerf[9]; Einwohnerfragestunde, § 13 BbgKVerf[10]) zählen müssen, die durch den Öffentlichkeitsgrundsatz sichergestellt werden soll. In diesem Sinne bewegte sich S in einer der Widmung entsprechenden Weise im Rathaus und konnte nur nach einer konkreten Störung des Sitzungsablaufs des Saals verwiesen werden.

Das Hausverbot deckt die Verweisung aus dem Sitzungssaal nicht und ist rechtswidrig.

4. Zwischenergebnis

Die Fortsetzungsfeststellungsklage ist begründet.

III. Ergebnis

Die Klage des S hat nur hinsichtlich ihres zweiten Antrags Erfolg. Im Übrigen ist sie unbegründet.

Zur Vertiefung zur Fortsetzungsfeststellungsklage: BVerwG, NVwZ 2000, 63 ff.

Repetitorium

Gemeindliche Einrichtungen

1705 Die Gemeinde hat die Pflicht der öffentlichen Daseinsfürsorge. Als Mittel zur Erfüllung dieser Pflicht schafft die Gemeinde im Rahmen ihrer Leistungsfähigkeit die erforderlichen öffentlichen Einrichtungen. Diese dienen wirtschaftlichen, sozialen oder kulturellen Zwecken. Der Begriff „gemeindlichen Einrichtung“ ist gesetzlich nicht definiert, er kann jedoch als die Zusammenfassung personeller Kräfte und sachlicher Mittel in der Hand eines Trägers öffentlicher Verwaltung zur dauernden Wahrnehmung bestimmter Aufgaben der öffentlichen Verwaltung bestimmt werden[11].

9 *Entspricht:* § 20 GO BW; Art. 18 BayGO; § 8a HessGO; § 16 KV MV; § 23 GO NW; § 15 GO RP; § 20 SaarlKSVG; § 11 SächsGO; § 27 Abs. 1 GO LSA; § 16a GO SH; § 15 ThürKO.

10 *Entspricht:* § 20a GO BW; Art. 18 BayGO; § 8a Abs. 1 HessGO; § 17 KV MV; § 24 GO NW; § 16a GO RP; § 20a SaarlKSVG; § 11 SächsGO; § 27 Abs. 2 GO LSA; § 16c GO SH; § 15 ThürKO.

11 OVG NW, NWVBl 1997, 29.

Zu den öffentlichen Einrichtungen einer Gemeinde zählen z.B.: Museen, Schwimmbäder, Bibliotheken, Altenheime, Kindergärten, Schulen, Friedhöfe, Theater, Obdachlosenunterkünfte, Stadthallen.

Die Eigenschaft als öffentliche Einrichtung erhält der Gegenstand/die Sachgesamtheit **1706**
durch Widmung. Diese kann auch konkludent erfolgen. Lässt sich kein Widmungsakt feststellen und wird die öffentliche Einrichtung den Einwohnern tatsächlich zur Verfügung gestellt, so besteht eine widerlegbare Vermutung, dass die Einrichtung auch gewidmet und somit öffentlich ist[12].

Die Inanspruchnahme einer öffentlichen Einrichtung kann als klassischer Anwendungs- **1707**
fall der sog. Zwei-Stufen-Theorie gesehen werden. Es ist zwischen der Zulassung zur Einrichtung („Ob") und dem Nutzungsverhältnis und seiner Abwicklung („Wie") zu unterscheiden. Die Gemeinde selbst kann entscheiden, welche Organisationsform sie für die gemeindliche Einrichtung wählt, z.B. rechtsfähige juristische Person des öffentlichen Rechts, Eigenbetrieb, privatrechtliche Gesellschaften (sog. Eigengesellschaft) oder privatrechtliche Rechtsformen zur Leistungserbringung. Je nach der unterschiedlichen Organisationsform ist zu unterscheiden, ob es sich bei der Abwicklung um Privatrecht oder öffentliches Recht handelt[13].

Besteht eine gemeindliche Einrichtung, hat jeder Bürger grundsätzlich die Berechti- **1708**
gung, diese zu nutzen. Es besteht ein Anspruch auf Zulassung zur Benutzung. Niemand hat jedoch einen Anspruch auf Schaffung oder auf Beibehaltung einer öffentlichen Einrichtung. Ein Nutzungsanspruch besteht nur bezüglich vorhandener Einrichtungen[14].

Einschränkungen ergeben sich auch hinsichtlich des Widmungszwecks und der Kapazitäten. Bei Kapazitätserschöpfung ist eine willkürliche Ungleichbehandlung zu vermeiden. Der Bürger hat einen Anspruch auf ermessensfehlerfreie Entscheidung[15].

Die Gemeinde kann sich dem Benutzungsanspruch der Einwohner nicht dadurch ent- **1709**
ziehen, dass sie die öffentlichen Einrichtungen in privatrechtlicher Form betreibt. Sie muss den Bürgern den Zugang zur gemeindlichen Einrichtung verschaffen.

Die jeweiligen Landesgesetze können dahin Einschränkungen treffen, dass lediglich Einwohnern der Gemeinden der Zutritt zu öffentlichen Einrichtungen gewährt werden kann. Ortsfremde haben ein Benutzungsrecht nur dann, wenn durch die Widmung der Benutzerkreis auch auf Auswärtige ausgedehnt ist[16].

---

12 OVG NW, NJW 1976, 820, 822; vgl. *Tettinger/Erbguth/Mann*, BesVerwR, Rn. 237.

13 Vgl. hierzu: *Schniper*, in: Schumacher u.a. (Hrsg.), Kommunalverfassungsrecht Brandenburg, § 12 Ziffer 6.

14 OVG SH, NVwZ-RR 2000, 377; BayVGH, NVwZ-RR 1998, 193.

15 Vgl. hierzu: *Schniper*, in: Schumacher u.a. (Hrsg.), Kommunalverfassungsrecht Brandenburg, § 12 Ziffer 5.3.

16 *Schmidt*, Der Anspruch der Nichteinwohner auf Nutzung kommunaler Einrichtungen, DÖV 2002, 696 ff.

Fall 36***

Der Kampf gegen Windmühlen

Schwerpunkte: Kommunalaufsicht; wesensgleiches Minus; Kompetenzen der Gemeindevertretung und des Hauptverwaltungsbeamten; Weisungsgebundenheit des Hauptverwaltungsbeamten; Ausschluss von der Gemeindevertretungssitzung

1710 Die Verwaltung in der kreisfreien Stadt Frankfurt (Oder) ist in Dezernate gegliedert. Ein Dezernat ist eine organisatorische Grundeinheit der Verwaltung, welche für ein bestimmtes Sachgebiet zuständig ist. Leiter eines Dezernats ist ein Beigeordneter. In Frankfurt (Oder) bestehen laut Hauptsatzung drei Dezernate. Dezernat I ist für die Ordnung und Sicherheit sowie die Finanzen zuständig; Dezernat II nimmt Aufgaben im Bereich der Wirtschaft, des Bauens und der Umwelt war; Dezernat III widmet sich dem Kultur- und Bildungsressort. Der Oberbürgermeister der Stadt Frankfurt (Oder), Donald Kichotte (K), ist mit der Dezernatsstruktur unzufrieden. Er möchte die Aufgabengebiete der Dezernate ändern. Nach seinen Vorstellungen soll nunmehr ein Wirtschafts- und Finanzdezernat (Dezernat I) gebildet werden, da diese Aufgaben miteinander zu verknüpfen sind und Sachverstand zu koppeln ist. Er möchte auch ein großes „Ordnungsdezernat" (Dezernat II) bilden, in dem Fragen der Stadtentwicklung und des Sicherheitsrechts behandelt werden sollen. Den Umweltschutz möchte er ins Kulturdezernat (Dezernat III) verlagern.

Über sein Vorhaben informiert K die Stadtverordnetenversammlung (StVV) in einer Sitzung am 8.12.2011. Diese ist jedoch der Ansicht, dass über eine solche Änderung der Verwaltungsorganisation die StVV entscheiden müsse, und beauftragt den K im Beschlusswege, eine Beschlussvorlage zur „Änderung der Verwaltungsstruktur" in die StVV einzubringen. Mit gleichem Beschluss fordert die StVV den K auf, bis zur rechtssicheren Klärung der Beschlusskompetenz seinen Umstrukturierungsplan nicht umzusetzen. Diesen Beschluss der StVV beanstandet der K am 18.12.2011.

Über diese Beanstandung berät die StVV während einer Sitzung am 5.1.2012. Die Diskussion zur Umstrukturierung der Dezernate verläuft sehr hitzig. Als sich der Stadtverordnete Sancho Panzer (P) für das Vorhaben des K ausspricht, gibt der Stadtverordnete Robert Rosine (R) zu verstehen, dass er vom „Kronprinzen" des Oberbürgermeisters nichts anderes erwartet habe. P bittet daraufhin den Vorsitzenden der StVV, diese grobe Beleidigung als Fehlverhalten zu ahnden. Daraufhin schließt der Ratsvorsitzende den R von der Sitzung aus und weist ihn aus dem Saal. Schlussendlich bestätigt die StVV im Beschlusswege ihren Beschluss, den Oberbürgermeister zu verpflichten, eine Beschlussvorlage zur „Änderung der Verwaltungsstruktur" in die StVV einzubringen.

Der Oberbürgermeister beanstandet am 15.1.2012 auch diesen Beschluss und legt die Beschlüsse insgesamt dem Ministerium für Inneres als Kommunalaufsichtsbehörde zur Entscheidung vor.

Das Ministerium bittet daraufhin die Stadt Frankfurt (Oder) am 20.4.2012 um eine Stellungnahme.

Mit Bescheid vom 27.5.2012 stellt das Ministerium fest, dass die Beschlüsse der StVV vom 18.12.2011 und 5.1.2012 rechtswidrig sowie die Beanstandungen durch den Oberbürgermeister der Stadt Frankfurt (Oder) rechtmäßig seien.

In der Begründung heißt es: Die Verschiebung der Aufgaben der Dezernate sei keine durch die Stadtverordnetenversammlung zu entscheidende Frage. Es gehe hierbei nicht um allgemeine Grundsätze der Verwaltung, sondern um deren Organisation und Arbeitsweise. Die Maßnahme unterfalle deshalb allein der Zuständigkeit des Oberbürgermeisters nach §§ 53 Abs. 1 Satz 2, 61 Abs. 1 BbgKVerf.

Die Stadt Frankfurt (Oder) erhebt am 28.6.2012 (ein Montag) Klage gegen den Bescheid des Ministeriums. Bei der Änderung des Aufgabenbereichs der Dezernate handle es sich um eine Änderung der Grundsätze der Verwaltung iSv § 28 Abs. 2 Nr. 1 BbgKVerf. Da § 28 BbgKVerf die grundsätzliche Zuständigkeit der Gemeindevertretung regele, könne eine ausnahmsweise Zuständigkeit des hauptamtlichen Bürgermeisters nur aufgrund einer ausdrücklichen Zuständigkeitszuweisung angenommen werden; §§ 53 Abs. 1 Satz 2, 61 Abs. 1 BbgKVerf enthalte eine solche nicht. Die StVV sei außerdem nach § 61 Abs. 2 BbgKVerf Dienstvorgesetzte des Oberbürgermeisters, der nach § 2 Landesbeamtengesetz (LBG) deren Anordnung auszuführen habe. Eine ausdrückliche Regelung, wonach der hauptamtliche Bürgermeister in Fragen der Organisation der Verwaltung vom Weisungsrecht seines Dienstvorgesetzten befreit ist, fehle. Die Beschlüsse seien darüber hinaus einer Beanstandung bereits nicht zugänglich. Die Beschlüsse haben noch nicht in die Entscheidungszuständigkeit des Oberbürgermeisters eingriffen. Die StVV wollte sich lediglich mit dem Thema befassen, ohne Entscheidungen des Oberbürgermeisters in Frage zu stellen.

Prüfen Sie die Erfolgsaussichten der Klage der StVV. Gehen Sie dabei – ggf. hilfsgutachtlich – auf alle aufgeworfenen Fragen ein.

Bearbeitervermerk: Es ist zu unterstellen, dass der 27.6.2012 auf einen Sonntag fällt.

Vorüberlegung

1711 Die vorliegende Klausur ist von mittlerem Niveau, da sie nur wenige Schwierigkeiten enthält. Der Schwerpunkt liegt auf der Argumentation. In der Zulässigkeit besteht die Besonderheit darin, dass es sich um Rechtsschutz einer Gemeinde gegen kommunalaufsichtsbehördliche Maßnahmen handelt. Die Begründetheit befasst sich mit klassischen Themen des Kommunalrechts: Rechtsfolgen eines rechtswidrigen Ausschlusses eines Gemeindevertreters, Kompetenzen des Hauptverwaltungsbeamten. Auch geht es um den ordentlichen Umgang mit einer unbekannten Norm (Landesbeamtenrecht).

Gliederung

1712 **I. Sachentscheidungsvoraussetzungen**
1. Eröffnung des Verwaltungsrechtswegs
2. Statthaftigkeit
3. Klageartabhängige Sachentscheidungsvoraussetzungen
   a) Klagebefugnis
   b) Vorverfahren
   c) Richtiger Klagegegner
   d) Klagefrist
4. Beteiligten- und Prozessfähigkeit
5. Zwischenergebnis

II. Die Begründetheit der Klage
1. Ermächtigungsgrundlage
2. Formelle Rechtmäßigkeit
3. Materielle Rechtmäßigkeit
   a) Ausschluss des R
   b) Kompetenzen des Hauptverwaltungsbeamten
   c) Zwischenergebnis
4. Zwischenergebnis

III. Ergebnis

Lösung

Die Klage der StVV hat Aussicht auf Erfolg, wenn sie zulässig und begründet ist.

I. Sachentscheidungsvoraussetzungen

1. Eröffnung des Verwaltungsrechtswegs

Zunächst muss der Verwaltungsrechtsweg eröffnet sein. Da es an Sonderzuweisungen fehlt, ist die Frage, ob der Verwaltungsrechtsweg eröffnet ist, anhand von § 40 Abs. 1 VwGO zu beantworten. Der Verwaltungsrechtsweg ist danach eröffnet, wenn eine öffentlich-rechtliche Streitigkeit nicht verfassungsrechtlicher Art vorliegt. Eine Streitigkeit ist dann öffentlich-rechtlicher Art, wenn die streitentscheidende Norm einen Träger öffentlicher Gewalt als solchen berechtigt oder verpflichtet (modifizierte Subjektstheorie/Sonderrechtstheorie). Streitentscheidende Normen sind hier die des Kommunalrechts, insb. § 113 BbgKVerf [1]. Diese berechtigt einen Träger öffentlicher Gewalt – das zuständige Ministerium –, Beschlüsse und Maßnahmen zu beanstanden. Die Streitigkeit ist damit öffentlich-rechtlich. Es fehlt an der doppelten Verfassungsunmittelbarkeit, sodass die Streitigkeit nichtverfassungsrechtlicher Art ist. Es geht gerade nicht um Rechte aus der Verfassung. Der Verwaltungsrechtsweg ist nach § 40 Abs. 1 Satz 1 VwGO eröffnet. **1713**

2. Statthaftigkeit

Die statthafte Klageart richtet sich nach dem Begehren des Klägers, § 88 VwGO. Die Stadt Frankfurt (Oder) möchte hier die Feststellungen des Ministeriums aufheben lassen. In Betracht kommt mithin die Anfechtungsklage nach § 42 Abs. 1 Var. 1 VwGO. Eine Anfechtungsklage ist dann statthaft, wenn ein belastender Verwaltungsakt, der sich noch nicht erledigt hat, aufgehoben werden soll. **1714**

Hier sind zwei Merkmale des Verwaltungsakts problematisch: die Regelungswirkung und die Außenwirkung. Eine Regelung ist eine Willenserklärung, die einseitig, rechtsverbindlich und Rechtsfolgen festlegend einen Lebenssachverhalt ordnet. Die Rechtsfolge, die wirksam festgelegt wird, besteht in der Begründung, Änderung, Beeinträchtigung, Aufhebung, Verneinung oder Feststellung von Rechten und/oder Pflichten. Hier stellt das Ministerium mittelbar fest, dass die Stadtverordnetenversammlung nicht das Recht hatte, über die Organisation der Dezernate zu entscheiden. Eine Regelung liegt demnach auch in der Feststellung. Fraglich ist jedoch, ob die notwendige Außenwirkung vorliegt, da hier staatliche Organisationseinheiten (Behörden) handeln. Auch wenn grundsätzlich die Stadt Frankfurt (Oder) und das Ministerium zur Einheit Bundesland gehören, stehen sie sich hier in einem Außenverhältnis gegenüber. Das Ministerium tritt gegenüber der Stadt wie eine Behörde auf. **1715**

Die Beanstandung ist folglich ein Verwaltungsakt.

1 *Entspricht:* § 121 GO BW; Art. 112 BayGO; § 138 HessGO; § 81 Abs. 1 KV MV; § 173 NdsKomVG; § 122 Abs. 1 GO NW; § 121 GO RP; § 130 SaarlKSVG; § 114 SächsGO; § 136 GO LSA; § 123 GO SH; § 120 ThürKO.

1716 Zusätzlich sieht § 119 BbgKVerf[2] die Anfechtungsklage gegen Maßnahmen der Kommunalaufsicht vor.

Die Anfechtungsklage ist die statthafte Klageart.

3. Klageartabhängige Sachentscheidungsvoraussetzungen

a) Klagebefugnis

1717 Auch die Stadt Frankfurt (Oder) muss nach § 42 Abs. 2 VwGO klagebefugt sein. Zwar ist die Stadt Adressat der Entscheidung des Ministeriums, aber die Adressatentheorie ist nicht auf Gemeinden anwendbar, da sie sich grundsätzlich nicht auf Grundrechte und somit nicht auf eine Verletzung von Art. 2 Abs. 1 GG berufen können. Jedoch ist es hier nicht ausgeschlossen, dass die Stadt in ihrem Recht aus Art. 28 Abs. 2 GG – Selbstverwaltungsgarantie in Form der Organisationshoheit – verletzt ist.

b) Vorverfahren

1718 Gegen Entscheidungen der Kommunalaufsichtsbehörde ist unmittelbar die Anfechtungsklage zulässig. Es bedurfte nicht der Durchführung eines Vorverfahrens, § 119 BbgKVerf.

c) Richtiger Klagegegner

1719 Das Ministerium für Inneres ist hier als Kommunalaufsichtsbehörde nach § 78 Abs. 1 Nr. 2 VwGO iVm § 8 Abs. 2 BbgVwGG der richtige Klagegegner.

d) Klagefrist

1720 Nach § 74 Abs. 1 VwGO ist die Anfechtungsklage binnen eines Monats nach Zustellung des Widerspruchsbescheids zu erheben. Da es hier an einem Widerspruchsbescheid fehlt, kommt es auf die Zustellung der Feststellungsentscheidung an.

Nach §§ 57 VwGO, 222 Abs. 1 ZPO, 188 Abs. 2 BGB endet die Monatsfrist mit dem Tag, welcher durch seine Zahl dem Tag der Zustellung entspricht, hier also mit Ablauf des 27.6.2012. Dieser war ein Sonntag. Nach § 193 BGB ist in solchen Fällen der nächste Werktag maßgeblich. Nächster Werktag ist der 28.6.2012. Die Klage erfolgte demnach fristgemäß.

4. Beteiligten- und Prozessfähigkeit

1721 Die Gemeinde ist nach § 119 BbgKVerf Kläger, nicht die StVV. Die Gemeinde ist nach § 61 Nr. 2 Alt. 2 VwGO beteiligtenfähig. Sie ist – vertreten durch den Oberbürgermeis-

2 *Entspricht:* § 125 GO BW; § 142 HessGO; § 126 GO NW; § 114 SächsGO; § 141 GO LSA. Andere Länder sehen weiterhin ausdrücklich ein Widerspruchsverfahren vor, so nach: Art. 119 f. BayGO; § 85 KV MV; § 136 SaarlKSVG; §§ 124 f. ThürKO. In Niedersachsen, Sachsen und Schleswig-Holstein fehlen Regelungen zu den Rechtsbehelfen gegen Aufsichtsmaßnahmen, hier ist auf die VwGO zurückzugreifen; widersprüchliche Aussagen enthält § 126 GO RP.

ter – nach § 62 Abs. 3 VwGO prozessfähig. § 62 Abs. 3 VwGO ist weit zu sehen, sodass er auch juristische Personen des öffentlichen Rechts erfasst. Das Ministerium ist nach § 61 Nr. 3 VwGO iVm § 8 Abs. 1 BbgVwGG beteiligten- und nach § 62 Abs. 3 VwGO prozessfähig.

5. Zwischenergebnis

Die Klage ist zulässig.

II. Die Begründetheit der Klage

Die Anfechtungsklage ist nach § 113 Abs. 1 Satz 1 VwGO begründet, soweit die Feststellung des Ministeriums rechtswidrig und die Stadt Frankfurt (Oder) dadurch in ihren Rechten verletzt ist.

1. Ermächtigungsgrundlage

§ 55 Abs. 1 Satz 10 BbgKVerf[3], nach dem der hauptamtliche Bürgermeister erneut beanstandete Beschlüsse der Gemeindevertretung unverzüglich der Kommunalaufsichtsbehörde zur Entscheidung vorzulegen hat, enthält keine eigenständige Ermächtigung des Ministeriums. **1722**

Ermächtigungsgrundlage könnte hier § 113 Abs. 1 Satz 1 BbgKVerf sein, wonach die Kommunalaufsichtsbehörde u.a. Beschlüsse der Gemeindevertretung, die das geltende Recht verletzen, beanstanden und verlangen kann, dass sie innerhalb einer von ihr bestimmten Frist aufgehoben werden. Hier fehlt es jedoch an einem Aufhebungsverlangen. Den angegriffenen Bescheid vom 27.5.2011 erließ das Ministerium hier aber ausdrücklich als Kommunalaufsichtsbehörde nach § 110 BbgKVerf[4] im Rahmen eines entsprechenden Verfahrens mit den sich aus den §§ 113 ff. BbgKVerf ergebenden Entscheidungsbefugnissen. Die in dem Bescheid ausgesprochenen Feststellungen halten sich auch ohne Aufhebungsverlangen im Rahmen der Rechtsfolge des § 113 Abs. 1 Satz 1 BbgKVerf. Sie sind lediglich wesensgleiches Minus gegenüber der Beanstandung und dem Aufhebungsverlangen. Ermächtigungsgrundlage ist § 113 Abs. 1 Satz 1 BbgKVerf. **1723**

2. Formelle Rechtmäßigkeit

Das Ministerium des Inneren ist nach § 110 Abs. 2 BbgKVerf die zuständige Kommunalaufsichtsbehörde über kreisfreie Städte wie Frankfurt (Oder). Eine Anhörung nach § 28 VwVfG hat stattgefunden; es bedarf keiner Äußerung der Gemeinde. Eine entsprechende Form ist zu unterstellen. **1724**

---

3 *Entspricht:* § 43 Abs. 2 GO BW; Art. 59 Abs. 2 BayGO; § 63 Abs. 1 HessGO; § 33 Abs. 1, 2 KV MV; § 88 Abs. 1 Satz 4 NdsKomVG; § 54 Abs. 2 GO NW; § 42 GO RP; § 60 SaarlKSVG; § 52 Abs. 2 SächsGO; § 62 Abs. 2 GO LSA; § 43 GO SH; § 44 ThürKO.

4 *Entspricht:* § 119 GO BW; Art. 110 BayGO; § 136 HessGO; § 79 Abs. 1 KV MV; § 171 Abs. 1 NdsKomVG; § 120 Abs. 1 GO NW; § 118 GO RP; § 128 SaarlKSVG; § 112 SächsGO; § 134 GO LSA; § 121 GO SH; § 118 ThürKO.

1725 Im Rahmen der Beanstandung nach § 113 BbgKVerf auf Bitten des Oberbürgermeisters ist auch § 55 Abs. 1 BbgKVerf zu beachten. Ein entsprechendes Beanstandungsverfahren durch den Oberbürgermeister hat stattgefunden. Seine Beanstandungen waren fristgerecht. Er legte den Sachverhalt auch fristgerecht dem Ministerium zur Feststellung vor.

Der Bescheid ist damit formell rechtmäßig.

3. Materielle Rechtmäßigkeit

Der Bescheid des Ministeriums ist materiell rechtmäßig, wenn der Tatbestand des § 113 Abs. 1 BbgKVerf erfüllt ist. Danach müssen die Beschlüsse der Gemeinde – hier in concreto der StVV – rechtswidrig sein.

a) Ausschluss des R

1726 Fraglich ist, ob der Ausschluss des R von der Sitzung am 5.1.2012 zur Rechtswidrigkeit des Beschlusses führt. Ein Ausschluss von Gemeinderatsmitgliedern von einer Sitzung ist nach § 37 Abs. 2 BbgKVerf[5] möglich, wenn die Voraussetzungen erfüllt sind. Nach Satz 1 müsste R die Sitzung gestört haben. Dieses ist bereits zweifelhaft. R hat sich lediglich in einer Diskussion geäußert. Eine Störung ist darin nicht zu sehen. Auch wurde P entgegen seinem Empfinden nicht von R beleidigt. Die Wendung „Kronprinz" ist nur eine metaphorische Bezeichnung und spiegelt die enge politische Beziehung zum Oberbürgermeister wider. Der Tatbestand des § 37 Abs. 2 Satz 1 BbgVerf ist mithin nicht erfüllt. Selbst wenn eine Störung anzunehmen wäre, fehlte es an den Verfahrensvoraussetzungen des § 37 Abs. 2 Satz 2 BbgKVerf. Erst nach einem dritten Ordnungsruf kann der Vorsitzende den Störer des Raumes verweisen. Es fehlt ein Ordnungsruf. Der weitere Fall des § 37 Abs. 2 Satz 2 BbgKVerf, der „grobe Verstoß", ist ersichtlich nicht gegeben. Der Ausschluss ist folglich rechtswidrig.

1727 Fraglich ist jedoch, ob ein rechtswidriger Ausschluss auch zur Rechtswidrigkeit eines Beschlusses führt. Eine Rechtsfolge eines rechtswidrigen Ausschlusses wird im Gesetz nicht geregelt. In Betracht kommt eine Analogie zu § 22 Abs. 6 BbgKVerf[6]. Nach § 22 Abs. 6 BbgKVerf führt die Mitwirkung eines befangenen Gemeinderatsmitglieds nur dann zur Rechtswidrigkeit des Beschlusses, wenn die Mitwirkung für das Abstimmungsergebnis entscheidend war. Eine Analogie hätte zur Folge, dass formelle Fehler nur dann beachtlich sind, wenn der Fehler für das Abstimmungsergebnis entscheidend war. Für eine solche Analogie spricht der Aspekt der Rechtssicherheit. Die Rechtswidrigkeit der Sachentscheidung träte nur bei wirklich entscheidungserheblichen Fehlern

---

5 § 36 Abs. 2 GO BW; Art. 53 Abs. 1 Satz 3 BayGO; § 60 Abs. 2 HessGO; § 63 Abs. 2 NdsKomVG; § 38 Abs. 1 GO RP; § 43 Abs. 2 SaarlKSVG; § 38 Abs. 2 SächsGO; § 55 Abs. 2 GO LSA; § 42 GO SH; § 41 ThürKO. Allgemeiner in Nordrhein-Westfalen: § 51 Abs. 2 GO NW.

6 *Entspricht:* Art. 49 Abs. 4 BayGO; § 41 Abs. 6 Satz 1 NdsKomVG; § 31 Abs. 6 GO NW; § 22 Abs. 5 Nr. 1 GO SH; § 38 Abs. 4 ThürKO. Nach folgenden Normen werden Verstöße gegen die Befangenheitsregeln nach Zeitablauf unbeachtlich: § 18 Abs. 6 GO BW; § 25 Abs. 6 HessGO; § 24 Abs. 5 KV MV; § 22 Abs. 6 GO RP; § 27 SaarlKSVG; § 20 Abs. 5 SächsGO; § 31 Abs. 6 iVm § 6 Abs. 4 GO LSA.

ein. Jedoch ist fraglich, ob § 22 Abs. 6 BbgKVerf überhaupt derartig analogiefähig ist. Eine analoge Anwendung kommt nur dann in Frage, wenn zunächst eine planwidrige Lücke vorhanden ist. Dieses erscheint hier zweifelhaft. Aus den Vorschriften wie §§ 22 Abs. 6, 34 Abs. 6 BbgKVerf[7] ist zu schließen, dass der Gesetzgeber die Fälle, in denen formelle Fehler ausnahmsweise nicht zur Rechtswidrigkeit führen sollen, ausdrücklich geregelt hat. Eine solche Regelung fehlt in § 37 BbgKVerf. Der Gesetzgeber weiß um die Möglichkeit, eine solche Lücke zu schließen, hat dieses jedoch bisher unterlassen. Er wollte daher keine andere Regelung treffen. Zudem ist fraglich, ob die Regelung des § 22 Abs. 6 BbgKVerf einen dem hier vorliegenden vergleichbaren Fall erfasst. Das ist abzulehnen. § 22 Abs. 6 BbgKVerf befasst sich mit dem Umstand, dass ein eigentlich nicht Mitwirkungsberechtigter abstimmt. Im Vergleich zu § 37 Abs. 2 BbgKVerf wird einem Gemeindevertreter gerade nicht das Abstimmungsrecht entzogen. Auch systematische Gründe sprechen gegen eine Analogie. Könnte der rechtswidrige Ausschluss eines Gemeindevertreters unbeachtlich sein, wäre das Missbrauchspotential sehr hoch. „Unbeliebte“ Mitglieder könnten ausgeschlossen werden, ohne dass tatsächlich eine schwerwiegende Folge einträte. Zudem wirkt der Ausschluss eines Mitglieds wie eine fehlende Einberufung, die grundsätzlich zur Rechtswidrigkeit führt (Umkehrschluss aus § 34 Abs. 6 BbgKVerf). Im Ergebnis ist ein rechtswidriger Ausschluss eines Gemeinderatsmitglieds immer ein beachtlicher Fehler, wodurch auch ein folgender Beschluss formell rechtswidrig wird[8].

Der Beschluss vom 5.1.2012 war bereits formell rechtswidrig.

b) Kompetenzen des Hauptverwaltungsbeamten

Die Beschlüsse der StVV könnten hier gegen §§ 53 Abs. 1 Satz 2, 61 Abs. 1 BbgKVerf[9] **1728**
verstoßen, da sie die Kompetenzen des Hauptverwaltungsbeamten missachten. Danach ist der Hauptverwaltungsbeamte (hauptamtlicher Bürgermeister, Oberbürgermeister) Leiter der Gemeindeverwaltung und regelt die Aufbau- und Ablauforganisation der Gemeindeverwaltung sowie die Geschäftsverteilung. Ihm obliegt nach der genannten Vorschrift die Verantwortung für den Vollzug der gesamten Verwaltung. Die Erfüllung dieser Aufgabe des Oberbürgermeisters könnte auch die Entscheidung über die Struktur der Dezernate umfassen. Aufbau- und Ablauforganisation (Verwaltungsorganisation) im Sinne des § 61 Abs. 1 BbgKVerf ist die Untergliederung der mit Personal und Sachmitteln ausgestatteten Verwaltung in Arbeitseinheiten, d.h. der jeweiligen Größe entsprechend in Dezernate, Ämter, Abteilungen und Sachgebiete. Damit er der Verwaltungsorganisation gerecht werden kann, muss dem Hauptverwaltungsbeamten auch die Befugnis zustehen, die Verwaltungsgliederung festzulegen und den Geschäftsbereich

7 *Entspricht:* § 41 Abs. 4 SaarlKSVG und § 35 Abs. 3 ThürKO. Alle anderen Bundesländer kennen eine solche Regelung nicht.

8 A.A. gut vertretbar.

9 *Entspricht:* §§ 42 Abs. 1 Satz 1, 44 Abs. 1 GO BW; § 70 Abs. 1 Satz 2, Abs. 2 HessGO; § 38 Abs. 2 Satz 2 KV MV; § 62 Abs. 1 Satz 2 GO NW; § 47 Abs. 1 Satz 1 GO RP; § 59 Abs. 2 SaarlKSVG; §§ 51 Abs. 1, 53 Abs. 1 SächsGO; § 63 Abs. 1 GO LSA; § 55 Abs. 1, 3 GO SH; § 29 Abs. 1 Satz 1 ThürKO. Keine vergleichbare Regelung in Bayern, lediglich zur laufenden Verwaltung: Art. 34 Abs. 2 BayGO.

der einzelnen Dienstkräfte zu bestimmen. Die Regelungsbefugnis diesbezüglich beinhaltet, dass der Oberbürgermeister selbstständig und verbindlich einen Organisations- oder Verwaltungsgliederungsplan nebst dem dazugehörigen Geschäftsverteilungsplan erlassen und durchsetzen kann. Die ausdrückliche Erwähnung des Geschäftsverteilungsplans in § 61 Abs. 1 BbgKVerf verdeutlicht, dass der Oberbürgermeister auf diesem Gebiet in Abgrenzung zu § 28 Abs. 2 Nr. 1 BbgKVerf[10] ausschließlich zuständig ist. Die Verteilung der Geschäfte im Sinne einer personellen Zuordnung von Aufgaben und Aufgabengruppen umfasst demnach zwingend die Festlegung von Anzahl und Struktur der ausführenden Verwaltungseinheiten. Der Gemeindevertretung hingegen ist es verwehrt, auf die verwaltungsleitende Tätigkeit des Oberbürgermeisters einzuwirken, soweit nicht die von ihr festgelegten allgemeinen Grundsätze der Führung der Verwaltung nach § 28 Abs. 2 Nr. 1 BbgKVerf betroffen sind. Organisatorische Einzelmaßnahmen und die dem hauptamtlichen Bürgermeister gesetzlich zugewiesenen Kompetenzen werden von dem in § 28 Abs. 2 BbgKVerf geregelten Vorbehaltskatalog allerdings nicht erfasst. Beispielsweise kann die Gemeindeverwaltung zwar bestimmen, ob die Verwaltung als sogenannte Ämterverwaltung organisiert wird oder ob Dezernate eingerichtet werden. Die weiteren Einzelheiten der Organisation und Ausgestaltung der Ämter oder Dezernate entzieht sich aber ihrer Entscheidungsbefugnis. Die StVV hat demnach über § 28 Abs. 2 BbgKVerf keine Entscheidungsbefugnis über die Aufgabenstruktur der Dezernate.

1729 Ein Entscheidungsrecht der StVV könnte sich jedoch daraus ergeben, dass die StVV Dienstvorgesetzter des Hauptverwaltungsbeamten ist, § 61 Abs. 2 BbgKVerf[11]. Ob sich daraus ein (Mit-)Entscheidungsrecht der Stadtverordnetenversammlung ergibt, ist fraglich. In § 61 Abs. 2 Satz 1 BbgKVerf ist zwar geregelt, dass die Gemeindevertretung Dienstvorgesetzte und oberste Dienstbehörde des hauptamtlichen Bürgermeisters ist. Damit wird ihr aber gleichwohl keine Einflussmöglichkeit auf die Inhalte der verwaltungsleitenden Tätigkeit des Oberbürgermeisters eröffnet. Denn der Begriff „Dienstvorgesetzter" ist vom Begriff „Vorgesetzter" zu unterscheiden. Vorgesetzter ist, wer aufgrund seiner Stellung im Behördenaufbau nachgeordneten Mitarbeitern Weisungen erteilen kann (vgl. § 2 Abs. 2 LBG[12]). Der Dienstvorgesetzte hingegen ist für beamtenrechtliche Entscheidungen über die persönlichen Angelegenheiten der ihm nachgeordneten Mitarbeiter zuständig (vgl. § 2 Abs. 2 Satz 1 LBG). Demgemäß kann die Stadtverordnetenversammlung Entscheidungen nur in dienstrechtlichen Fragen treffen, wie etwa der Gewährung von Dienstaufwandsentschädigung oder der Erteilung von Nebentätig-

---

10 *Entspricht:* § 24 Abs. 1 Satz 1 GO BW; § 51 Nr. 1 HessGO; § 22 Abs. 2 Satz 1, Abs. 3 Nr. 4 KV MV; § 63 Abs. 1 Nr. 2 NdsKomVG; § 41 Abs. 1 lit. a) GO NW; § 32 Abs. 1 Satz 2 GO RP; § 28 Abs. 1 SächsGO; § 27 Abs. 1 Satz 1 GO SH. Ähnlich auch: Art. 30 Abs. 1 BayGO; § 34 SaarlKSVG; § 44 Abs. 2 GO LSA; § 22 Abs. 3 ThürKO.

11 *Entspricht:* § 22 Abs. 5 KV MV; § 59 Abs. 6 SaarlKSVG; § 44 Abs. 4 GO LSA; § 27 Abs. 4 GO SH. Ähnlich nach: Art. 30 Abs. 1 BayGO; § 54 Abs. 1 Satz 1 GO RP; § 51 Abs. 2 SächsGO; § 28 Abs. 2 ThürKO; diese Normen regeln den Beamtenstatus des Bürgermeisters.

12 *Entspricht:* § 4 Abs. 2 LBG BW; Art. 3 BayBG; § 3 Abs. 2, 3 BremBG; § 3 Abs. 2, 3 HmbBG; § 4 Abs. 4 HessBG; § 3 Abs. 2, 3 LBG MV; § 3 Abs. 2, 3 NdsBG; § 2 Abs. 4, 5 LBG NW; § 4 Abs. 2 LBG P-Pf; § 3 Abs. 3 SBG; § 4 Abs. 3, 4 SächsBG; § 3 Abs. 3, 4 LBG LSA; § 3 Abs. 2, 3 LBG SH; § 3 Abs. 2 ThürBG.

keitsgenehmigungen. Über § 61 Abs. 2 BbgKVerf konnte die StVV damit keinen Einfluss auf die Verwaltungsstruktur nehmen.

Fraglich ist jedoch, ob das Ministerium die Beschlüsse deshalb nicht beanstanden durfte, weil sie (noch) nicht in die Entscheidungsbefugnisse des Oberbürgermeisters eingriffen. Das Argument der StVV, dass sie sich lediglich mit dem Thema der Dezernatsverringerung befassen wollte, ist wenig überzeugend. Die sinngemäße Entscheidung der Stadtverordnetenversammlung, den Oberbürgermeister aufzufordern, eine Beschlussvorlage zur „Änderung der Verwaltungsstruktur" einzubringen, war ihrem klaren Erklärungsgehalt zufolge darauf gerichtet, der Stadtverordnetenversammlung eine Entscheidung über den Inhalt der Vorlage zu ermöglichen. Zum einen ist in den beanstandeten Beschlüssen ausschließlich von einer Beschlussvorlage die Rede, was unmissverständlich auf die Durchsetzung der Pflichten des hauptamtlichen Bürgermeisters nach § 54 Abs. 1 Nr. 1 BbgKVerf [13] schließen lässt. Für eine informatorische Befragung hätte es keiner Beschlussvorlage bedurft. Im Übrigen durfte der Oberbürgermeister laut Beschluss vom 8.12.2011 sein Vorhaben nicht umsetzen. Damit wird klargestellt, dass es der Stadtverordnetenversammlung allein darum ging, die Umsetzung der Verwaltungsstrukturänderung aufgrund der alleinigen Entscheidung des Oberbürgermeisters zu stoppen und eine eigene Entscheidung zu dieser Frage herbeizuführen. **1730**

Die Beschlüsse der StVV verstoßen demnach gegen § 61 Abs. 1 BbgKVerf.

c) Zwischenergebnis

Die Beschlüsse der StVV verstoßen (mehrfach) gegen die BbgKVerf. Die Beanstandung nach § 113 Abs. 1 Satz 1 BbgKVerf war folglich materiell rechtmäßig.

4. Zwischenergebnis

Die Entscheidung des Ministeriums ist rechtmäßig. Die Klage ist unbegründet.

III. Ergebnis

Die Klage der Stadt Frankfurt (Oder) hat keine Aussicht auf Erfolg.

Vertiefungshinweis: VG Frankfurt (Oder), Urteil vom 15.10.2008, Az.: 4 K 1197/04.

13 *Entspricht:* § 43 Abs. 1 GO BW; § 66 Abs. 1 Nr. 2 HessGO; § 38 Abs. 4 Satz 1 KV MV; § 85 Abs. 1 Nr. 1 NdsKomVG; § 62 Abs. 2 GO NW; § 47 Abs. 1 Nr. 1 GO RP; § 59 Abs. 2 Satz 2 SaarlKSVG; § 52 Abs. 1 SächsGO; § 62 Abs. 1 GO LSA. Ähnlich: Art. 36 BayGO.

Repetitorium

Wirtschaftliche Betätigung von Gemeinden

1731 Gemeinden betätigen sich am Wirtschaftsleben. Sie nehmen zum einen Leistungen anderer Anbieter in Anspruch. Sie selbst dürfen aber auch wirtschaftliche Unternehmen errichten, übernehmen oder wesentlich erweitern.

1732 Die wirtschaftliche Betätigung der Gemeinden ist von der **Selbstverwaltungsgarantie** des Art. 28 Abs. 2 Satz 1 GG umfasst. Die Gemeinden haben grundsätzlich die Wahl, ihre Aufgaben in öffentlich-rechtlichen oder auch in privatrechtlichen Formen zu erfüllen[14]. Die privatrechtliche Option der Aufgabenerfüllung befreit die Gemeinden nicht von den Bindungen an das Öffentliche Recht[15].

Wirtschaftliche Betätigung ist das Herstellen, Anbieten oder Verteilen von Gütern, Dienstleistungen oder vergleichbarer Leistungen, die ihrer Art nach auch mit der Absicht der Gewinnerzielung erbracht werden könnten. Eine wirtschaftliche Tätigkeit ist in der Regel durch eine Gewinnerzielungsabsicht geprägt.

1733 Im Grundsatz gilt, dass eine wirtschaftliche Betätigung der öffentlichen Hand nur unter bestimmten Voraussetzungen möglich ist.

Fast einheitlich bestimmt das Kommunalrecht der Bundesländer, dass eine Kommune wirtschaftlich nur tätig werden darf, wenn sie damit einen öffentlichen Zweck verfolgt, bei der Betätigung die Leistungsfähigkeit der Kommune in Relation zum Bedarf beachtet **(„Relationsklausel“**[16]**)** und dem Prinzip der Subsidiarität folgt[17] (sog. **Schranken-Trias**). Erst bei kumulativer Erfüllung dieser drei Voraussetzungen ist eine wirtschaftliche Betätigung der Kommune zulässig.

1734 Die Kommune verfolgt mit ihrer wirtschaftlichen Tätigkeit dann einen öffentlichen Zweck, wenn sie damit unmittelbar das gemeinsame Wohl der Einwohnerschaft fördert[18]. Bei der Beurteilung, ob die Betätigung einem öffentlichen Zweck dient, kommt der Gemeinde ein Ermessensspielraum zu[19]. Die sog. Relationsklausel soll unmittelbar die Kommune davor schützen, sich durch überdimensionierte Vorhaben finanziell zu

---

14 *Schink*, Wirtschaftliche Betätigung kommunaler Unternehmen, NVwZ 2002, 129, 132.
15 *Ehlers*, Rechtsprobleme der Kommunalwirtschaft, DVBl 1998, 497, 504.
16 *Gröning*, Kommunalrechtliche Grenzen der wirtschaftlichen Betätigung der Gemeinden und Drittschutz auf dem ordentlichen Rechtsweg, WRP 2002, 17, 19.
17 Das Prinzip der Subsidiarität findet sich nur bedingt in der Kommunalverfassung Brandenburgs. Nach § 91 Abs. 3 BbgKVerf, hat die Gemeinde im Interesse einer sparsamen Haushaltsführung dafür zu sorgen, dass Leistungen, die von privaten Anbietern in mindestens gleicher Qualität und Zuverlässigkeit bei gleichen und geringeren Kosten erbracht werden können, diesen Anbietern übertragen werden, sofern dies mit dem öffentlichen Interesse vereinbar ist.
18 VerfGH RP, NVwZ 2000, 801, 803.
19 BVerwGE 39, 329.

übernehmen[20]. Letztere Voraussetzung dient der Umsetzung der allgemeinen Haushaltsgrundsätze und des Erforderlichkeitsgrundsatzes[21].

Die größte Bedeutung innerhalb dieser drei Schranken in wettbewerbsrechtlicher Sicht kommt der **Subsidiarität** zu. Dabei sind zwei Arten der Subsidiarität zu unterscheiden. Zum einen kennen viele Gemeindeordnungen die sog. **„Einfache Subsidiarität“**[22]. Danach darf die Gemeinde wirtschaftlich tätig werden, wenn sie ihre Tätigkeit ebenso gut und wirtschaftlich wie Dritte ausführt[23]. Sie darf die Tätigkeit nicht schlechter als ein Dritter erledigen. Zum anderen existiert die sog. **„Echte Subsidiarität“**[24]. Diese besagt, dass eine wirtschaftliche Betätigung der Kommune nur dann zulässig ist, wenn sie den Zweck besser und wirtschaftlicher als ein anderer erfüllt oder erfüllen kann[25]. Hier reicht die Erbringung einer gleichen Leistung wie ein Dritter nicht aus. Die Kommune muss die Aufgabe besser erledigen. **1735**

Das Ziel wirtschaftlicher Betätigung, der öffentliche Zweck, muss in die sachliche und örtliche Zuständigkeit der Gemeinde fallen[26]. Daraus folgt, dass die Betätigung nicht über die Gemeindegrenzen hinausgehen darf[27]. **1736**

Gerade private Unternehmen könnten in der wirtschaftlichen Betätigung der Gemeinde eine unzulässige Konkurrenz sehen. In Betracht kommt für solche Fälle eine Unterlassungsklage gegen wirtschaftliche Aktivitäten von Gemeinden als Gebietskörperschaft. **1737**

Fraglich ist jedoch, aus welchen Normen der Konkurrent als Dritter eine Klagebefugnis ableiten kann. Die herrschende Meinung geht davon aus, dass die Bestimmungen der Grenzen im jeweiligen Kommunalrecht (Schranken-Trias, insbesondere Subsidiarität) keine drittschützende Wirkung zugunsten eines privaten Konkurrenten entfalten[28]. Diese Normen sollen lediglich die Gemeinde vor Überschreitung der finanziellen Leistungsfähigkeit schützen.

Grundrechtlicher Abwehranspruch gegenüber der wirtschaftlichen Betätigung der öffentlichen Hand besteht nur unter ganz engen Voraussetzungen. Art. 12 GG schützt nur dann, wenn die Wettbewerbsfreiheit in unerträglichem Maße eingeschränkt wird, also eine Auszehrung der Konkurrenz stattfindet[29]. Art. 14 Abs. 1 GG sichert weder Erwerbschancen noch bietet er Konkurrentenschutz. **1738**

---

20 *Gröning* (vgl. Fn. 16), WRP 2002, 17, 18.
21 *Thiele*, Niedersächsische Gemeindeordnung, 2007, § 108, S. 384.
22 *Gröning* (vgl. Fn. 16), WRP 2002, 17, 19.
23 So: § 68 Abs. 1 Nr. 3 KV MV; § 101 Abs. 1 Nr. 3 GO SH.
24 *Gröning* (vgl. Fn. 16), WRP 2002, 17, 19.
25 So: Art. 87 Abs. 1 Nr. 4 BayGO; § 102 Abs. 1 Nr. 3 GO BW; § 121 Abs. 1 Nr. 3 HessGO; § 107 Abs. 1 GO NW; § 85 Abs. 1 Nr. 3 GO RP; § 108 Abs. 1 Nr. 3 SaarlKSVG; § 116 Abs. 1 Nr. 3 GO LSA; § 71 Abs. 1 Nr. 4 ThürKO.
26 *Schink* (vgl. Fn. 14), NVwZ 2002, 133.
27 Vgl. jeweils mwN *Schink* (vgl. Fn. 14), NVwZ 2002, 135; *Ehlers* (vgl. Fn. 15), DVBl 1998, 503; *Hösch*, Öffentlicher Zweck und wirtschaftliche Betätigung der Kommunen, DÖV 2000, 393, 404.
28 *Schumacher*, Wirtschaftliche Betätigung der Kommunen, 1995, S. 134 ff.
29 BVerwGE 39, 329, 337.

Sachverzeichnis

Die Angaben beziehen sich auf die Randnummern.

Setzen Sie die richtigen Schwerpunkte!

Die Reihe „Schwerpunkte Pflichtfach"

- systematische Stoffvermittlung mit Tiefgang
- Vorlesungsbegleitung und Vertiefung oder punktuelle Wiederholung vor der Prüfung
- Übungen zur Fallanwendung und zum Prüfungsaufbau anhand von einleitenden Fällen mit Lösungsskizzen

Prof. Dr. Dr. h.c. Franz-Joseph Peine
Allgemeines Verwaltungsrecht
Mit ebook: Lehrbuch, Entscheidungen, Gesetzestexte
11. Auflage 2014. € 24,99

Prof. Dr. Wolf-Rüdiger Schenke
Polizei- und Ordnungsrecht
9. Auflage 2016. € 24,99

Prof. Dr. Wolf-Rüdiger Schenke
Verwaltungsprozessrecht
14. Auflage 2014. € 23,99

Prof. Dr. Wilfried Erbguth/Prof. Dr. Thomas Mann/Priv. Doz. Dr. Mathias Schubert
Besonderes Verwaltungsrecht
Kommunalrecht, Polizei- und Ordnungsrecht, Baurecht
12. Auflage 2015. € 28,99

Alle Bände der Reihen und weitere Infos unter: **www.cfmueller-campus.de/schwerpunkte**

Jura auf den gebracht

Ihre Prüfer sind unsere Autoren!

Die Reihe „Unirep Jura"

- von Prüfern geschrieben, die wissen, was drankommt
- Prüfungssicherheit durch Strukturverständnis und eigenständige Problemlösungsstrategien
- mit topaktuellen leading-cases der Obergerichte

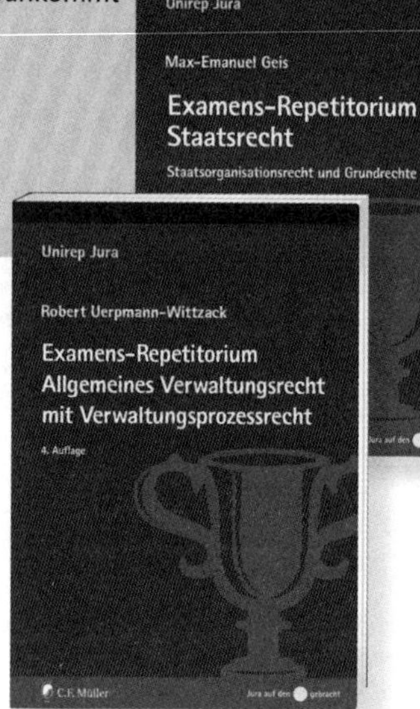

Prof. Dr. Robert Uerpmann-Wittzack
Examens-Repetitorium Allgemeines Verwaltungsrecht mit Verwaltungsprozessrecht
4. Auflage 2013. € 18,99
Auch als ebook erhältlich

Prof. Dr. Christian Seiler
Examens-Repetitorium Verwaltungsrecht
Allgemeines Verwaltungsrecht, Polizei-, Bau-, Kommunalrecht, Staatshaftungsrecht
5. Auflage 2014. € 19,99
Auch als ebook erhältlich

Prof. Dr. Max-Emanuel Geis
Examens-Repetitorium Staatsrecht
Staatsorganisationsrecht und Grundrechte
2. Auflage 2014. € 22,99
Auch als ebook erhältlich

Prof. Dr. Christoph Herrmann
Examens-Repetitorium Europarecht. Staatsrecht III
5. Auflage 2015. € 16,99
Auch als ebook erhältlich

Prof. Dr. Matthias Wehr
Examens-Repetitorium Polizeirecht
Allgemeines Gefahrenabwehrrecht
3. Auflage 2015. € 19,99
Auch als ebook erhältlich

Alle Bände aus der Reihe und weitere Infos unter: **www.cfmueller-campus.de/unirep**

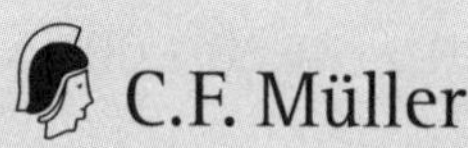

Jura auf den 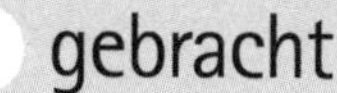 gebracht